समग्र कहानियां

(भाग-1)

समग्र कहानियां

नरेन्द्र कोहली

वाणी प्रकाशन

वाणी प्रकाशन

4695, 21-ए, दरियागंज, नयी दिल्ली 110 002

शाखा

अशोक राजपथ, पटना 800 004

फ़ोन : +91 11 23273167 फ़ैक्स : +91 11 23275710

www.vaniprakashan.in
vaniprakashan@gmail.com
sales@vaniprakashan.in

SAMAGRA KAHANIYAN-1
by Narendra Kohli

ISBN : 978-81-8143-623-8
Samagra

प्रथम (पराग प्रकाशन) संस्करण 1992
(वाणी प्रकाशन) संस्करण 2007, 2009
आवृत्ति 2018

मूल्य : ₹ 795

एम.एस. प्रिंटर्स, दिल्ली-110 093 में मुद्रित

वाणी प्रकाशन का लोगो मक़बूल फ़िदा हुसेन की कूची से

मेरी कहानियाँ

मेरा लेखन कहानियों से आरम्भ हुआ या कविताओं से—यह कहना कठिन है, किन्तु इसमें कोई भ्रम नहीं है कि मेरे लेखन का विकास कहानियों के माध्यम से ही हुआ। अपनी कॉपियों में तो कविताएँ भी खूब लिखी थीं; पर न तो उनका विकास हुआ और न प्रकाशन। किन्तु कहानियों की बात और थी। जिधर दृष्टि जाती थी, कोई-न-कोई कहानी दिख जाती थी—अपने भीतर भी, और अपने बाहर भी। फिर भी मेरी आरम्भिक कहानियाँ इस अर्थ में काफी आत्मकेन्द्रित रही हैं कि उनकी सामग्री मैंने अपने परिवार और निकट सम्बन्धियों के व्यक्तिगत जीवन से ही ली हैं। अबोध शैशव को पीछे छोड़ आए, पहली बार आँखें खोलते हुए तरुण मन के लिए शायद यही स्वाभाविक था। प्रतिदिन पारिवारिक-सामाजिक जीवन के किसी-न-किसी नये तथ्य का उद्घाटन हो रहा था। अपने आस-पास घटती घटनाओं की अनुभूतियों का ताजापन और उनके प्रति तीखी प्रतिक्रिया मुझे कहानी लिखने को बाध्य कर रही थी। कॉलेज के नये-नये अनुभव, हल्के-हल्के रोमांस, घर में पहला विवाह, नये बनते सम्बन्ध और पुराने सम्बन्धों के प्रति विद्रोह जैसे उपकरण मुझे अकस्मात् ही सुलभ हो गए थे; और मेरे पास था मस्ती से भरा तथा लोगों को कोंचने को आतुर चुलबुला मन, चुहल से कटाक्ष और विद्रूप तक जाती वाणी, स्वयं को बड़ों के बराबर मनवाने का किशोर प्रयास...क्योंकि बड़ों के गरिमा-युक्त व्यक्तित्व क्रमशः हल्के पड़ते जा रहे थे। आरम्भिक कहानियों में घटनाओं के नाटकीय संयोजन से विसंगतियों तथा दोहरे मानदंडों पर प्रहार करना ही शायद मेरा प्रमुख उद्देश्य था। आज सोचता हूँ तो लगता है कि शायद अपने विद्रोह की घोषणा करने के लिए ही, मैंने कहानियाँ लिखी थीं। 'पानी का जग, गिलास और केतली', 'दो हाथ', 'बदतमीजी', 'ज्ञान की पिपासा', 'दो-ढाई-आठ', 'उजड़े दयार में', इत्यादि कहानियाँ मेरे इसी मूड की अत्यन्त आरम्भिक कहानियाँ हैं।

इसी अवधि में कुछ कहानियाँ केवल इसलिए लिखी गई, क्योंकि कहानियाँ बन गई थीं। कहानीपन का भी अपना एक मजा होता है। उसको छोड़ पाना कठिन होता है, विशेषकर आरम्भिक दौर में। ऐसा भी हुआ कि परस्पर चर्चा में किसी ने

कोई रोचक घटना सुना दी, अथवा किसी की बातचीत में से कोई पक्ष उभर आया, तो उसकी भी कहानी बन गयी। 'राजा दशरथ के बेटे' तथा 'मम्मी, पापा और उनकी बेबी' ऐसी ही कहानियाँ हैं।

प्रेम-कथाएँ मैंने बहुत कम लिखी हैं, किन्तु आरम्भ में कुछ रोमानी कहानियाँ अवश्य लिखी थीं। 'स्नेह का उदय', 'संगिनी', 'उसने गलत नहीं कहा था' तथा 'मालिनी' जैसा कुछ कहानियाँ याद आ रही हैं। किन्तु इनमें से कोई भी गम्भीर प्रेम-कथा नहीं है। प्रेम-कथा लिखने में न मुझे तब संकोच था, न अब है, किन्तु प्रेम को कहानी बनने में शायद एक लम्बी अवधि चाहिए। लम्बे अरसे के बाद मैंने 'कथा पुरानी मैत्री की', 'त्रासदियाँ प्रेम की' तथा 'प्रीति-कथा' इत्यादि रचनाएँ अवश्य लिखीं, किन्तु उनमें 'प्रेम' कम, विश्लेषण और व्यंग्य ही अधिक सघन हुआ है, क्योंकि प्रेम की वास्तविकता अब उतनी अबूझ नहीं रह गयी थी।

फिर जैसे अपने-आप से अवकाश पाकर मेरा लेखक अपने दुख-दर्द के साथ-साथ दूसरों के दुख-दर्द को भी पहचानने लगा था। इस समय मेरी कहानियाँ, मेरे जीवन को छूते हुए अन्य लोगों के अनुभवों की कहानियाँ हैं। मेरी लेखकीय सहानुभूति इन्हीं दिनों विकसित होनी आरम्भ हुई थी। 'आहत-प्यार', 'भूखे बच्चे : सुखी डाली', 'मेरा अपना संसार' बहुत भावुक और आहत भावनाओं की कहानियाँ हैं। उनके साथ-साथ 'कहानी का अभाव', 'होने वाली पत्नी' तथा 'एक ही विकल्प' परिस्थितियों की विडंबना की कहानियाँ हैं। 'कहानी का अभाव' यद्यपि मेरी आरम्भिक कहानियों में से है, किन्तु मुझे अब भी बहुत प्रिय है। इसकी सामग्री मैंने अपने बड़े भाई के जीवन से ली थी, जो अत्यन्त नीरस, शुष्क तथा मशीनी हो चुका था। उनकी पीड़ा तो मेरे लिए महत्त्वपूर्ण भी है, किन्तु यह कहानी मुझे अन्य कारणों से भी प्रिय है। यह कहानी की संरचना के परम्परागत अकादमीय ढाँचे पर भी प्रश्नचिह्न लगाती है। 'एक ही विकल्प' कहानी मैंने तीन बार लिखी थी। पहली बार यह 'अँधेरे का जीवन' नाम से 'कहानी' पत्रिका में प्रकाशित हुई थी। उसे लिखने ही नहीं, प्रकाशित करवा देने के पश्चात् भी मेरे मन में एक बात सदा कौंधती रही कि उस कहानी में और बहुत कुछ कहने और चित्रित करने का अवकाश था, किन्तु मैंने उसे बहुत विरल रूप में प्रस्तुत किया है। यही कारण है कि मैंने उसे पुनः उपन्यास के रूप में लिखा, किन्तु लिखने के साथ ही मुझे लगा कि उसे उपन्यास बनाने के अविवेकी प्रयत्न में मैंने उसे अनावश्यक विस्तार दे दिया है और उस रचना की प्रखरता तथा प्रहारकता क्षीण कर दी है, उसे तीसरी बार लिखा और वह 'एक ही विकल्प' के रूप में सामने आयी।

जीवन के केन्द्र में अब भी कॉलेज ही था, किन्तु छात्र से अध्यापक बनने की प्रक्रिया से गुज़र चुका था। नयी-नयी नौकरी, विवाह, दाम्पत्य जीवन की कुछ आरम्भिक समस्याएँ...और इनके कारण अपने तथा अपने निकट के लोगों के जीवन

में उत्पन्न हुईं जटिलताएँ...जीवन के इन नये अनुभवों ने अपनी आकस्मिकता के कारण वाणी की वक्रता को गौण बना दिया था, अनुभूति ही प्रधान हो गई थी। 'मॉरिस नगर', 'कपूर', 'दूसरे कगार का निषेध' तथा 'सीमा के आर-पार' इन्हीं दिनों लिखी गयी कहानियाँ हैं।

1966-67 के दो वर्ष मेरे जीवन में घटनाओं की दृष्टि से अधिक हलचल भरे थे। पहली सन्तान का जन्म, छोटे बच्चे के पालन-पोषण की समस्याएँ, और फिर चार ही महीनों में उसकी मृत्यु! मैंने अनुभव किया कि विवाह अपने-आप में जीवन की एक बहुत बड़ी घटना हो सकता है, किन्तु सन्तान का जन्म तथा उसका पालन-पोषण—भावना, व्यवहार तथा परिस्थितियों इत्यादि के धरातल पर कहीं अधिक सघन अनुभव है, जो जीवन-क्रम को आपादमस्तक लील लेता है। 'परिणति', 'दूसरी आया' और 'किरचें' इत्यादि कहानियों की पृष्ठभूमि में ये ही घटनाएँ हैं। रोमानियत को छोड़ जीवन कठोर यथार्थ के ढर्रे पर आ रहा था। पारिवारिक सम्बन्धों की अनेक जटिलताएँ अपने केंचुल खोल रही थीं। मृत्यु को इस प्रकार आमने-सामने देखकर व्यक्ति रोमानी रह ही कैसे सकता है!

तब तक मेरे अनुभव कहानियों के रूप में ही ढलते थे, शायद इसलिए कि प्रत्येक घटना को स्वतः सम्पूर्ण तथा स्वतन्त्र मानकर मेरा सर्जक मन उस घटना को उसी की सम्पूर्णता में बुनता था। उसे कार्य और कारण की लम्बी शृंखला से स्वतन्त्र ही रखता था। कहानी उसी एक बिन्दु के चारों ओर बुनी जाती थी, उसे एक विराट जाल के अंग के रूप में बुनने की चेतना अभी नहीं जागी थी। तब तक 'व्यंग्य' भी पूरी तरह से मुझ पर हावी नहीं हुआ था : धीरे-धीरे अपनी आँखें अवश्य खोल रहा था। 'सार्थकता' में उसके अंकुर फूटते अवश्य दिखाई पड़ रहे थे। उपन्यास-लेखन की ओर बढ़ने की छटपटाहट भी चल रही थी। 'दि कॉलेज' शायद इन दोनों के मिश्रण का ही परिणाम था। आत 'वृत' को पढ़ता हूँ तो वह भी किसी बड़े सामाजिक-राजनीतिक उपन्यास का कथानक-सा ही दिखाई पड़ता है। 'साथ सहा गया दुख' का प्रथम प्रारूप भी इन्हीं कहानियों का समकालीन है।

1967-68 में लिखी गयी कहानियों की पृष्ठभूमि पिछले वर्ष की कहानियों से विशेष भिन्न नहीं है।...दूसरी सन्तान का जन्म हो चुका था। इस बार जुड़वाँ बच्चे थे—एक लड़का और एक लड़की। लड़की चौबीस दिनों की ही आयु लेकर आयी थी।...इस काल में लिखी कहानियों में इन घटनाओं की प्रत्यक्ष चर्चा नहीं है। हाँ, पिछले दो वर्षों के अनुभवों की कटुता के कारण विनोद की वक्रता अब यथार्थ की कटुता में बदलती अवश्य लग रही थी। इसी प्रक्रिया का आभास 'हिन्दुस्तानी' में मिलता है।

स्वयं पिता बनकर अपने पिता को मैंने और भी निकट से जाना। शायद इसीलिए वृद्धावस्था के प्रति संवेदना और सहानुभूति जागी। 'शटल', 'दृष्टिदेश में एकाएक',

'नमक का कैदी' तथा 'खर्च, डायरी और अस्पताल' इत्यादि कहानियाँ तो पिताजी से सम्बन्धित हैं ही, 'चारहान का जंगल' भी उन्हीं के जीवन में घटित एक घटना पर आधृत कहानी है।

जहाँ घटनाओं का चित्रण न कर उस पर प्रतिक्रिया और वह भी तीखी प्रतिक्रिया व्यक्त करने की आवश्यकता पड़ी, वहाँ कहानी नहीं बनी, व्यंग्य ही बना। 1969 ई. में कहानियों से अधिक मैं व्यंग्य लिख रहा था। बीच-बीच में कुछ कहानियाँ भी लिखी जा रही थीं, किन्तु क्रमशः कहानियों का स्रोत सूख रहा था। वैसे तो व्यंग्य में भी घटनाओं का उपयोग होता ही है, किन्तु व्यंग्य कथानक-विहीन विधा है। तो मेरे भीतर का कथा-तत्त्व कहाँ जा रहा था? 1970 ई. में जब उपन्यास-लेखन आरम्भ हुआ तो कहानी लेखन प्रायः बन्द हो गया। शायद तब छोटी घटनाओं का स्वतन्त्र महत्त्व कम लगने लगा था। वे घटनाएँ तो एक बड़ी व्यवस्था की कड़ियाँ थीं। और व्यवस्था का चित्रण उपन्यास लिखे बिना नहीं हो सकता था। सम्भवतः मेरा आक्रोश व्यंग्य का रूप ग्रहण कर रहा था और कथा-तत्त्व उपन्यास में ढल रहा था।

1970-75 की अवधि में बहुत कम कहानियाँ लिखी गयीं। व्यक्तिगत जीवन के विभिन्न पड़ाव (जो व्यक्ति के जीवन की महत्त्वपूर्ण घटनाएँ होती हैं) मैं प्रायः पार कर आया था। पढ़ाई, नौकरी, विवाह, सन्तान का जन्म, उनका रोग-शोक, गृहस्थी के तनाव और परेशानियाँ, सामाजिक सम्बन्ध, सामाजिक-आर्थिक-राजनीतिक दबाव—यह सब कुछ देख चुका था।...मेरी रचना-प्रक्रिया में एक विचित्र अन्तर आता जा रहा था। सृजन-प्रक्रिया के वृक्ष के तने में से दो शाखाएँ उग आयी थीं—व्यंग्य और उपन्यास। बीज आ जाने पर, फूल झड़ जाते हैं। इन दो टहनियों के विकास से कहानी अनायास ही सूख गयी थी।

मेरे सृजन-वृक्ष का तना अब भी कथा ही है, किन्तु विधा के रूप में कहानी जैसे विलीन हो गयी है। कथा तत्त्व उपन्यास में समा गया और आक्रोश व्यंग्य में। पिछले पन्द्रह वर्षों में मैंने कहानियाँ बहुत कम लिखी हैं, न के बराबर। अब तो स्वतन्त्र रचना के रूप में व्यंग्य भी कभी-कभार लिख लेता हूँ अन्यथा वह भी उपन्यास में ही समाहित हो गया है। लोग पूछते हैं—आपने कहानी लिखनी बन्द कर दी? मैं स्वीकार में सिर हिला नहीं पाता, क्योंकि न तो मैंने ऐसा कोई संकल्प ही किया है और न ही मुझे कहानी से किसी भी प्रकार का विरोध है। कहानियाँ लिख नहीं रहा तो इसलिए नहीं कि लिखना नहीं चाहता। हुआ यह है कि उपन्यास अधिक प्रबल हो उठा है...या यह कहना अधिक उचित होगा कि वह मुझ पर हावी हो गया है।

नरेन्द्र कोहली

175, वैशाली
दिल्ली-110034

डॉ० सत्यदेव ओझा, मेजर चंद्रभूषण सिन्हा

एल० एस० मीनाक्षी, चंदा मेघानी,

सूर्या राजपाल, रजनी आहूजा

तथा

सी० भास्कर राव

के लिए सस्नेह

जिनके मध्य

मैंने लिखना और उसे संवारना सीखा

कथा-क्रम

बदतमीज़ी

भैया अपने किसी मित्र के पास एक विशेष प्रकार का रूमाल देख आए थे। वह रूमाल उन्हें बहुत पसन्द आया था। उन्होंने ऐलान कर दिया कि अब वे वैसे ही रूमालों का प्रयोग करेंगे। हम लोगों का रूमाल देखकर वे खिल्ली उड़ाते, 'चले हैं रूमाल रखने। अरे भई, चीज़ रखनी है तो ढंग की रखो। आदमी का आख़िर कोई स्टैंडर्ड होना चाहिए।'

भैया के शादी के सूटों का कपड़ा आया, तो साथ-साथ एक विशेष प्रकार का सफ़ेद कपड़ा भी आया। पता चला कि यह भैया के रूमालों के लिए है। ये रूमाल विशेष उनकी शादी के लिए बनेंगे।

सूट तो बाद में बने, भैया के रूमाल पहले बन गए। जिस दिन रूमाल बने, उसी दिन एक हमने उनके हाथ में देखा।

'भैया! ये तो शादी के लिए बने थे न?' मैंने पूछा।

'शादी के लिए छह मैंने रख दिए हैं।' उन्होंने कहा।

'और?'

'और छह अभी डेली यूज के लिए निकाल लिये हैं।'

'अच्छा!'

'और क्या···!'

उसी दिन से भैया को एक आदत पड़ गयी। जब-तब वे नाक पोंछते, चश्मा साफ़ करते या मुख का पसीना सुखाते हुए नज़र आते। उनके हाथ में वैसा ही रूमाल होता। हम सब भाई-बहन उनकी इस आदत पर खूब हंसते। उनके पीठ फेरते ही, जेब से अपना-अपना रूमाल निकालकर मुख साफ़ करने लगते। 'रूमाल' हमारा सांकेतिक शब्द बन गया। शब्द 'रूमाल' सुनते ही हम हंस पड़ते। भैया

जेब में हाथ डालते तो हम में से कोई फुसफुसाकर कहता, 'निकला स्टैंडर्ड रूमाल।' और सचमुच ही भैया के हाथ में वही रूमाल होता।

भैया की शादी का दिन एकदम समीप आ पहुंचा। भैया दिन-रात तैयारियों में लगे हुए थे। हम सब भी काफ़ी व्यस्त थे। किसी को फुर्सत ही नहीं कि किसी दूसरे को देखता। पर फिर भी उस दिन हम सब ने नोट किया कि भैया अधिक बौखलाए हुए हैं। बात किसी की समझ में न आती थी कि आखिर हुआ क्या है। किसी में इतना साहस भी न था कि पूछ ही लेता पर जब भैया अपने ही शब्दों में अपनी ट्रबल की सारी सीमाएं पार करते दीख पड़े तो जीजी ने पूछ ही लिया, 'भैया, क्या बात है? बहुत परेशान हैं आप।'

'कुछ नहीं।' उन्होंने उदासीनता से कहा।

'फिर भी?'

'भागो यहां से!' भैया झल्ला गए।

जीजी वापस आ गयीं। हमें कुछ पता न चल सका। पर हमारी कौंसिल कैसे चुप बैठती! हम सब सिर जोड़कर बैठ गए—आखिर परेशानी का कारण भी तो कुछ हो।

बहुत-सी बातें सोचीं, पर कोई जंची नहीं। अंत में तंग आकर जीजी ने कहा, 'अरे, छोड़ो, शायद रूमाल गुम हो गए हैं।'

और हम सब फूट पड़े शब्द रूमाल सुनकर।

'स्टैंडर्ड रूमाल कहो, जीजी!' नवीन बोला। हम सब फिर हंस पड़े।

बात जीजी ने यूं ही कही थी, पर हमें जंच गयी। शायद भैया के रूमाल ही गुम हो गए हैं। कोई और बात होने पर भैया हम सबों की ड्यूटी लगा देते, खोज पर। पर शायद वे भी जानते थे कि हमने 'रूमाल' उनकी चिढ़ निकाल ली है। इसीलिए रूमाल कहने से झिझकते थे। हमारी कौंसिल ने अंत में यही पास किया कि भैया से कुछ न पूछा जाए। हमें मालूम था कि यदि कोई वस्तु गुम हो गयी है और वह न मिली, तो भैया अवश्य ही हमारी सहायता लेंगे।

हुआ भी यही। दूसरे दिन भैया ने धीरे से जीजी के कान में कह दिया कि वे शादी के लिए रखे हुए छह रूमाल न जाने कहां खो बैठे हैं। साथ ही साथ खोज देने की प्रार्थनामय आज्ञा भी दी। जीजी को कोई बात मालूम हो जाए और हमें उसका पता न चले, भला यह कैसे सम्भव था! जीजी ने दूसरे ही क्षण हमें बता दिया कि भैया अपने 'स्टैंडर्ड रूमाल' खो बैठे हैं। हमारी सेना ने खोज आरंभ कर दी। बड़ी देर तक हम खोजते रहे, पर वे कहीं न मिले। अंत में मैंने खीझ के मारे भैया का सूटकेस उलटना-पलटना आरंभ कर दिया। परंतु आश्चर्य! छह के छह रूमाल वहीं पड़े हुए थे। मैंने जीजी को बताया और जीजी ने भैया को।

भैया खिलखिलाकर हंस पड़े, 'शायद मैंने पहले ही वहां रख दिए थे और फिर भूल गया।'

भैया की इस हंसी को नवीन ने नाम दिया, 'स्टैंडर्ड हंसी'।

फिर तो भैया अपने स्टैंडर्ड रूमालों को साथ लेकर गए और विवाह के पश्चात भाभी को लेकर ही लौटे। दो-तीन दिन तो रीति-रिवाज पूर्ण करने में लग गए। हम न तो भाभी को ठीक से देख पाए और न ही भैया को।

चौथे दिन, पिताजी घर पर नहीं थे। भैया ने चुपके से ही भाभी के साथ स्टूडियो जाकर चित्र खिचवाने का प्रोग्राम बना डाला। यह कार्य इतनी सतर्कता के साथ किया गया था कि हमारी कौंसिल के किसी भी सदस्य को पता न चला। पता तो तब चला, जब भैया और भाभी दोनों ही खूब सज-धजकर अपने कमरे से बरामद हुए। नवीन ने मेरी ओर देखा और मैंने जीजी की ओर। वे भी कुछ न जानने का संकेत कर भैया की ओर देखने लगीं।

'कहां, भैया ?' अंत में जीजी ने पूछ ही लिया।

'जरा चित्र खिचवाने जा रहे हैं।' नयी भाभी ने घबराहट के मारे बता दिया।

हम तीनों एक-दूसरे की ओर देखकर मुसकरा पड़े। भैया को कुछ सूझ नहीं रहा था। आदतवश उनका हाथ जेब में गया और जेब से निकला स्टैंडर्ड रूमाल। भाभी की दृष्टि भी रूमाल पर पड़ी।

'आपने फिर वही रूमाल ले लिया ?' भाभी ने शिकायत की।

'ओ···हां···हां।' भैया घबरा-से गए।

अब भैया ने स्टैंडर्ड रूमाल जेब में डाला और एक विचित्र-सी मुद्रा बनाकर एक दूसरा रूमाल निकाला—यह निश्चय ही उनके स्टैंडर्ड रूमालों में से नहीं था।

हम तीनों ने फिर आश्चर्य से एक-दूसरे की ओर देखा, पर समझ में कुछ न आया। भैया और भाभी जा चुके थे। पर जाते हुए भैया की रुआंसी सूरत देखकर हमने समझ लिया कि कुछ हुआ अवश्य है।

'क्या हुआ ?' मैंने सरगोशी की।

'स्टैंडर्ड !' नवीन का उत्तर था।

हमने उसी समय से उस स्टैंडर्ड बात की खोज आरंभ कर दी। कुछ पता नहीं चल रहा था कि बात क्या है। अंत में हमने यह भार जीजी पर छोड़ा। उन्होंने विश्वास दिलाया कि वे भैया से अवश्य इस विषय में पूछेंगी।

दूसरे दिन उन्होंने पूछ ही लिया। भैया ने सब-कुछ बता दिया। कुछ भी नहीं छिपाया। वे बेचारे बड़ी विपत्ति में फंस गए थे। हुआ यह था कि भाभी मायके से ही बनाकर कुछ वस्तुएं उपहारस्वरूप उनके लिए लायी थीं। दुर्भाग्यवश उन

वस्तुओं में कुछ रूमाल भी थे। भाभी चाहती थीं कि भैया उनके दिए हुए रूमालों का ही उपयोग करें। पर वे रूमाल भैया के स्टैंडर्ड पर पूरे न उतरते थे। यही कारण था कि वे उनका उपयोग भी नहीं करना चाहते थे।

हमने वे रूमाल देखे भी। जहां भैया के रूमाल सफेद और किसी भी तरह की कढ़ाई से मुक्त थे, वहां भाभी वाले रूमाल सफेद होने पर भी सफेद नहीं रहे थे। उन पर रंगीन धागों से खूब सजाकर भैया और भाभी दोनों का नाम काढ़ा हुआ था। भाभी चाहती थीं कि भैया बार-बार उसी रूमाल से अपना मुख पोंछें।

दो दिनों के पश्चात ही, हमने फिर वैसी ही घटना देखी। भैया ने अपना स्टैंडर्ड रूमाल निकाला और भाभी रो-सी पड़ीं, 'आपको मेरे रूमाल पसंद नहीं हैं क्या?'

'पसन्द क्यों नहीं हैं!' भैया बौखलाए, 'बहुत पसंद हैं।'

और उन्होंने झट भाभीवाला रूमाल निकालकर खामखाह मुख रगड़ना आरंभ कर दिया। उनकी वाणी तो रूमालों को पसन्द करने का इकरार कर चुकी थी, पर मुख पर विद्यमान भाव कुछ और ही कह रहे थे।

हमने एक-दूसरे की ओर देखा और बरबस मुसकरा पड़े। हम समझ रहे थे कि भैया को भाभीवाले रूमाल पसन्द नहीं हैं। पर भाभी की स्टैंडर्ड ज़िद थी कि दूसरे रूमाल को भैया के हाथ में कभी न देखें।

उस दिन भैया और भाभी के साथ हम लोग एक टी-पार्टी में गए। चलने से पहले उनमें काफी खच-खच हो चुकी थी, कपड़ों के विषय में। जो कपड़े भैया चाहते थे, वे भाभी पहनना न चाहती थीं और जो भाभी ने पहन रखे थे, वे भैया को पसन्द न थे।

पार्टी में भी दोनों सुजे ही रहे। हम तीनों मुसकराते रहे और भैया-भाभी के इस स्टैंडर्ड झगड़े का आनन्द उठाते रहे।

सहसा हमारे कान खड़े हो गए, क्योंकि भैया ने एक स्टैंडर्ड बदतमीज़ी कर डाली।

उन्होंने पानी का गिलास उठाया और घबराहट के मारे पूरा का पूरा ही पी गए। दोनों हाथों से पैंट की जेबें टटोलीं। उनके मुख पर एक निराशा-सी झलकी। उन्होंने ढंकी-छिपी नज़र से भाभी को देखा और झट से कमीज़ की आस्तीन से अपना गीला मुख पोंछ डाला…

१२.१२.१९५९

राजा दशरथ के बेटे

भैया की ससुराल से पत्र आया था कि वे इस वर्ष भी विवाह नहीं कर सकते। पिताजी ने कहा, "चलो, अच्छा हुआ, अगले वर्ष तक हम अच्छी तरह विवाह की तैयारी कर लेंगे।" भैया कुछ नहीं बोले। सदा की तरह शांत रहे। मंझले भैया और छोटे भैया भी कुछ न बोले। मैं क्या बोलता।

पर दूसरे कमरे में आते ही छोटे भैया बरसने लगे, "मैंने तो पहले ही कह दिया था कि इस घर में विवाह की रीति ही नहीं है। पता नहीं पिताजी ने कैसे भूल से विवाह कर लिया, नहीं तो यहां तो विवाह की आवश्यकता ही नहीं है। पंडित नेहरू को पता चले तो पिताजी को 'पद्मश्री' से विभूषित करा दें कि ऐसे लोग भी हैं जो अपने चारों बेटों को कुंवारा बैठाए हुए हैं।"

"भैया, घबराने की क्या बात है?" मैंने एक प्रकार से उन्हें चिढ़ाया, "राजा दशरथ के भी चार बेटे थे और चारों कुंवारे थे। जब विवाह का समय आया तो चारों का विवाह एक साथ कर दिया गया।"

"अरे, चल!" भैया झल्लाए, "बड़े आ गए राजा दशरथ के बेटे! शकल देखो शीशे में। रामचन्द्र अभी सोलह वर्षों के तो हुए नहीं थे कि उनका विवाह हो गया था और यहां बड़े भैया अट्ठाईस के हो गये हैं और प्रत्येक वर्ष वही—हम इस वर्ष विवाह नहीं कर सकते।"

"भैया, आपको क्या जल्दी है?" मैंने कहा, "आप तो अभी चौबीस के ही हुए हैं, दो-तीन वर्ष और प्रतीक्षा कर सकते हैं।"

"समझोगे क्या?" उन्होंने बुद्धिमत्ता जताई, "एम० ए० में पढ़ने से ही संसार का ज्ञान प्राप्त नहीं हो जाता। हमारे कारखाने कभी आओ तो मालूम हो।"

"क्या है वहां, संसार का ज्ञान ?" मैंने उत्सुकता दर्शायी।

"अरे, वहां सारे भारत के लोग हैं और सब राजा दशरथ के इन पुत्रों के समान विवाह के लिए प्रतीक्षा भी नहीं कर सकते। किसी की शादी बारह वर्षों की अवस्था में हुई थी, किसी की चौदह वर्षों की अवस्था में। एक दिन जानते हो क्या हुआ ?"

"ऊं हूं !" मैंने नकारात्मक उत्तर दिया।

"एक ने मुझसे पूछा…" छोटे भैया सुनाने के मूड में थे, "कितने बच्चे हैं तुम्हारे ?' मैंने कहा, 'कोई नहीं।' उसने कहा, 'कोई नहीं ! कितनी उम्र है तुम्हारी ?' मैंने बताया, 'चौबीस वर्ष ! जानते हो उसने क्या कहा ?"

"नहीं !" मैंने फिर सिर हिलाया।

"उसने कहा, बस रह गए साढ़े बाईस ही। चौबीस वर्षों के होने को आए और अभी तक एक भी बच्चा नहीं ?' मैंने कहा, 'अरे भलेमानस, बीवी ही नहीं, तो बच्चा कहां से ?' वह बहुत घबराया। कहने लगा, 'अभी तक तुम्हारी शादी नहीं हुई ?' मैंने कहा, 'नहीं !' उसने पूछा, 'क्यों ?' मैंने कहा, 'अभी मेरे बड़े भाई की नहीं हुई।' वह जैसे आकाश से गिर पड़ा, 'तुमसे बड़े भाई की भी नहीं हुई ?' 'नहीं।' मैंने कहा; पर मैंने उसे नहीं बताया कि उससे भी बड़े एक महाशय हैं और शादी उनकी भी नहीं हुई है। यदि यह बता देता तो शायद उसका हार्ट फेल हो जाता।" भैया खूब जोर से हंस पड़े।

ये बातें छोटे भैया के लिए नयी नहीं थीं। जब से बड़े भैया की सगाई हुई थी, वे इसी तरह की बातें किया करते थे। जब कभी जोश में आते तो कहते, "यह जो राजा दशरथ के पुत्रों का घर है न, यह घर नहीं है—कुंवारों का घर है; 'बैचलर्स-डेन'। मैं दुनिया भर के कुंवारों को पकड़ लाऊंगा और यहीं रखूंगा। जब वे पूछेंगे तो कहूंगा, 'यही तुम्हारा उचित स्थान है—यह कुंवारों का घर है; बैचलर्स-डेन।"

एक बार तो वे 'बैचलर्स-डेन' का एक बोर्ड भी बनवाकर ले आए थे, पर बोर्ड बनवाना एक बात है और उसे घर के फाटक पर लगाकर पिताजी का सामना करना दूसरी।

उत्सुकता मुझे भी थी। मैं भी चाहता था कि हमारे घर में भी कभी कोई विवाह हो। हमारी भी भाभी आये। दूसरों के घर यह सब होता देख मेरा भी मन करता था; पर मैं छोटे भैया के समान हल्ला नहीं कर सकता था। वे तो इस तरह के गुल रोज ही खिलाते थे। कभी कोई नयी बात लाते, कभी कोई। एक दिन बाहर से आते ही बोले—

"नरेन्द्र ! सुनो, आज एक मजेदार बात हुई !"

'क्या ?" मैंने पूछा।

"आज एक गाना सुना।"

"कौन-सा ?"

"अरे, वह—तिरँये दा बुखार बुरा
सुरँये दा प्यार बुरा
बनिये दा उधार बुरा
ते सब कोलों बुरा साडा पाइया
जिन्ने कीती न साडी कुड़माई
ते हुन असी की करिये ?
ओ कोई बने न तेरी परजाई
ते हुन असी की करिये ?"

(तिरँये का बुखार बुरा होता है, सुरैया का प्यार बुरा होता है, बनिये का उधार बुरा होता है; किन्तु सबसे बुरे हमारे पिता हैं, जिन्होंने हमारी सगाई तक नहीं की ! अब हम क्या करें ? कोई भी तेरी भाभी बनने को तैयार नहीं, तो अब हम क्या करें ?)

मैं हंस पड़ा।

"क्यों, कैसा है ?" उन्होंने पूछा।

"अच्छा है।" मैं बोला, "आपके योग्य !"

"यह नेशनल सांग है— मालूम है ?"

"कहां का ?" मैंने आश्चर्य से पूछा।

"बैचलर्स-डेन का !" और वे फिर हंस पड़े।

"आज एक और बात हो गयी, जानते हो ?" वे बोले, "मेरे साथ काम करने वाला एक लड़का है, छत्तीसगढ़ का। कह रहा था, 'मालूम होता है तेरा बुड्ढा खूब पैसा जटना मांगता है, इसीलिए शादी नहीं कर रहा है तुम लोगों की।"

"आपने उसे कुछ कहा नहीं ?" मैंने आश्चर्य से पूछा।

"किस बात के लिए ?" प्रश्न का उत्तर प्रश्न में ही मिला।

"उसने पिताजी को 'बुड्ढा' कहा।" मैं बोला, "यह भी कोई तरीका है बात करने का।"

"अरे, तुम हो कॉलेजों वाले सभ्य लोग !" वे हंसे, "हम हैं टाटा कम्पनी के कुली। वहां सभ्यता नहीं चलती। जानते हो, अपने बाप को वह क्या कहता है ?"

"नहीं !" मैंने सिर हिलाया।

"बुढ़ऊ !" वे फिर हंसे, "हमारे पिताजी को तो उसने सभ्य भाषा में ही पुकारा है।"

ये सारी बातें सुन-सुनकर मैं समझता था कि छोटे भैया को भी घर में भाभी लाने का शौक है, यही कारण है कि रोज़ कोलाहल मचाये रहते हैं। पर एक दिन संध्या समय एक नयी बात हो गयी।

मैं अपने कमरे में बैठा पढ़ रहा था। घर चुपचाप-सा था। पिताजी जाने कहां गए हुए थे। माताजी रसोई में होंगी। बड़े भैया कारखाने में थे, अपनी ड्यूटी पर; और मंझले भैया शायद सोये हुए थे। छोटे भैया अभी नहाकर अपने कमरे में गए थे। बेबी शायद बाहर खेल रही थी।

सहसा बरामदे में बेबी की आवाज़ आयी। वह गा रही थी, फ़िल्म 'नवरंग' का गाना—

"यह कौन फूल महका
यह कौन पंछी चहका
महफिल में कैसी खुशबू उड़ी, दिल जो मेरा···"

···और 'चटाक्' का स्वर!

मैं बाहर निकल आया।

बेबी अपने गाल पर हाथ रखे छोटे भैया को एकटक निहार रही थी और छोटे भैया नर्वस-से खड़े उसको ताक रहे थे। उन्होंने केवल पतलून और बनियान पहन रखी थी। बाल बिखरे हुए थे, शायद कंघी नहीं की थी।

मैं कुछ समझ न सका। बोल कोई भी नहीं रहा था, केवल ताक रहे थे। आठ वर्ष की बेबी को, जो हमारी एकमात्र बहन थी, छोटे भैया इस प्रकार क्यों घूर रहे थे; मैं समझ नहीं सका। थोड़ी देर में भैया अपने कमरे में चले गये। अब बेबी ने मेरी ओर देखा। उसका हाथ गाल से नीचे आ चुका था।

वह मुसकरायी—उस मुसकान में शरारत थी।

वह जाने लगी।

"बेबी!" मैंने पुकारा।

वह भागने लगी।

मैंने झपटकर उसका हाथ पकड़ लिया, "इधर आओ!" मैं अपने कमरे में ले आया उसे। वह अब भी मुसकरा रही थी।

"क्या हुआ?" मैंने पूछा।

"कुछ नहीं!" वह बोली, "मैं गा रही थी 'महफिल में कैसी खुशबू उड़ी' और उन्होंने निकलकर मेरा कान खींचा और एक चांटा मार दिया।"

"क्यों किया ऐसा?"

वह कुछ नहीं बोली, केवल मुसकराती रही।

"बोलो न! क्यों मारा? तुम रोयीं क्यों नहीं? तुमने वह गाना क्यों गाया?"

वह बताना नहीं चाहती थी। शायद कमरे से भाग ही जाती, पर मैंने उसके दोनों हाथ पकड़ रखे थे।

उसने घूमकर एक बार दरवाज़े की ओर देखा। मेरे पास खिसक आयी और धीरे से बोली, "भैया ! जानते हो, मैंने क्यों गाया ?" वह फिर मुसकरायी।

मैं भी उत्तर में मुसकराया।

"सुख भैया पाउडर लगा रहे थे !"

"पाउडर !" मैं चौंका।

"हूं !" बेबी फिर शरारत से मुसकरायी।

"तभी महफ़िल में खुशबू उड़ी थी !" मैं भी मुसकराया। मैंने बेबी के सिर पर चपत जमाया, "बड़ी शरारतें करने लगी है तू !"

वह फिर मेरी आंखों में देख मुसकरायी।

मैं उसे छोड़कर छोटे भैया के कमरे में चला गया। भैया कहीं जाने के लिए तैयार थे। उन्होंने एक बार मुझे देखा और फिर दर्पण पर अंतिम दृष्टि डाली।

"कहीं जा रहे हैं, भैया ?" मैंने पूछा।

"हूं !"

"भैया, बेबी को क्यों मारा आपने ?"

"वह देखो !" वे ज़रा घबराए, "मैंने कितनी बार मना किया कि फ़िल्मों के गाने मत गाया करो, अच्छे बच्चे ऐसा नहीं करते; पर वह है कि मानती ही नहीं है।"

मैंने उनकी आंखों में देखा। वे साफ़ कह रही थीं कि वे झूठ बोल रहे हैं।

मैंने कुछ कहा नहीं। मुसकराकर रह गया।

और भैया चले गए।

मैंने भैया की मेज़ का दराज़ खोल डाला। सामने ही टैलकम पाउडर का एक नन्हा-सा डिब्बा चमक रहा था।

मेरे सामने रहस्य की दूसरी गुत्थियां थीं। एक तो सुख भैया ने कभी पाउडर लगाया नहीं था, पर आज···और यदि अब शुरू कर ही दिया तो छिपाने की क्या आवश्यकता थी ? बेबी ने गाना गाया तो उसे थप्पड़ मारने की क्या आवश्यकता थी ? ज़रूर भैया उससे चिढ़ गए होंगे, पर चिढ़े क्यों ?

यह भेद तब खुला जब मैंने भैया के कमरे की पूरी तलाशी ले डाली। दराज में तो और कुछ न मिला पर उनकी पतलून की जेब में सफ़ेद लिफ़ाफ़े में एक पत्र था। ऊपर नाम भैया का ही था, पर अक्षर अपरिचित थे। 'किसका पत्र है ?' मेरे मस्तिष्क में प्रश्न उठा—'इसे पढ़ूं ?' किसी दूसरे का पत्र चोरी-छिपे पढ़ना असभ्यता ही नहीं, नीचता है। पर मैं स्वयं को रोक न सका। मनुष्य अपनी इच्छाओं की पूर्ति के लिए तर्क खोज ही निकालता है। 'मैं देवता नहीं

हूं—मनुष्य हूं, हाड़-मांस का। कमज़ोरियां मुझमें हैं ही। और यह तो मेरे भाई का पत्र है, किसी पराये का नहीं। क्या भाई पर भाई का अधिकार नहीं होता? होता है!' और मैंने पत्र खोल लिया।

'सुख डार्लिंग!

आज शाम को जुबली पार्क में आओ न! मैं चिल्ड्रन-पार्क में तुम्हारी प्रतीक्षा करूंगी। अब रोज़-गार्डन खिल उठा है। एक फूल तोड़कर मेरे जूड़े में लगाओ तो जानूं!

तुम्हारी

पुष्प'

'ओह, यह बात!' मैंने तो कभी यह पहले सोचा ही नहीं था कि बात यह है। मैं तो उन सारी बातों को भैया का मज़ाक मानता था। मैं क्या जानता था कि सारी व्याकुलता की जड़ में यह 'पुष्प' खिला हुआ है। एक बार जी में आया, दौड़ता हुआ जुबली-पार्क चला जाऊं। चिल्ड्रन-पार्क, रोज़-गार्डन, मुगल-गार्डन, कैफेटेरिया—सब कुछ छान डालूं। पर फिर मन में आया—चलो, ठीक है। भैया ने कोई पाप तो किया नहीं। जल्दी ही भाभियों की बाढ़ आने वाली है।

सुख भैया जब रात को लौटे तो मैं उनके कमरे में चला गया। मेरा इरादा उन पर सब कुछ प्रकट कर देने का था।

"भैया, रोज-गार्डन कैसा है?" मैंने पूछा।

वे चौंककर घूमे। उनकी आंखों में वैसे ही भाव थे, जैसे किसी शरीफ चोर की आंखों में रंगे हाथों पकड़े जाने पर होते हैं।

"वहां पुष्प···!" मैंने वाक्य अधूरा ही छोड़ दिया।

"तुम वहीं थे क्या?"

"कहां?"

"जुबली-पार्क में?" उन्होंने हथियार डाल दिए।

"नहीं तो!" मैंने पूरी सच्चाई के साथ उत्तर दिया।

"तो···तो···?" वे शायद मेरी सूचनाओं का सूत्र जानना चाहते थे।

"मैंने टैलकम पाउडर का डिब्बा देखा है और···"

"तो तुम जान गए?" वे मुसकराए।

"जी!"

"चलो, अच्छा हुआ!" वे आश्वस्त थे।

"भैया, कौन है वह?" मैंने पूछा।

"है कोई!"

"फिर भी?"

"कभी देख लेना।"

मैं चुप हो गया, पर चुप न रह सका। थोड़ी देर बाद बोला, "भैया, आप शादी क्यों नहीं कर लेते ?"

"अरे, कैसे कर लूं ?" इस बार सचमुच ही उनके स्वर में खीझ थी, "रास्ता तो इतना जाम है कि क्या कहूं !"

"कैसे जाम है ?" मैंने पूछा।

"अरे, बड़े भैया बैलगाड़ी के समान सारा रास्ता छेके बैठे हैं। हम पार हों तो कैसे ?"

मैं हंस पड़ा, "मंझले भैया तो ऐसा नहीं कहते !"

"कहते कैसे नहीं ? तुमसे नहीं कहते तो क्या हुआ। और फिर उनकी सगाई भी तो हो चुकी है।"

"आप भी करवा लीजिए सगाई !" मैं बोला।

"कैसे करवा लूं ?"

"क्यों ?···पिताजी से कहिए !"

"वे नहीं मानते ! कहते हैं पहले दोनों बड़ों का इंतजाम कर लूं !"

"आपने कहा था ?" मैंने आश्चर्य से पूछा।

"नहीं, मंझले भैया ने कहा था।"

"अच्छा, बड़े भैया कैसे इतने आश्वस्त हैं ?" मैंने जिज्ञासा की।

"आश्वस्त !" उन्होंने मेरे कंधे पर हाथ मारा, "बैठो, मैं तुम्हें बताऊं !"

मैं बैठ गया।

"तुम हो सबसे छोटे और वैसे भी अभी पढ़ते हो, इसीलिए तुमको उतना पता नहीं रहता है। किसी से कहना मत कि मैंने तुम्हें बताया है। प्राइवेट बातें हैं। ठीक ?"

मैंने सिर हिलाकर स्वीकृति दे दी।

"एक दिन बड़े भैया से बात हुई तो कहने लगे, मैं तो तुम्हीं लोगों के आसरे हूं। मैं इस कुंवारी सेना का सेनापति हूं। तुम लोग तब तक शादी नहीं कर सकते, जब तक मैं कुंवारा हूं। मुझे मालूम है कि तुम लोग अपनी कोशिश में हो, पर तुम लोगों से पहले तो मेरी शादी हो ही जाएगी। इसलिए तुम लोग अपने लिए कोशिश करते हो तो इन-डायरेक्टली मेरे लिए भी कोशिश करते हो !"

फिर कुछ दिनों तक भैया से इस विषय में बातचीत न हो सकी। हमारे घर एक अतिथि आ गए। पिताजी के कोई मित्र थे—अपने पुत्र के लिए कन्या देखने आए थे।

हमने जब यह सुना तो सुख भैया ने उसी दिन ऐलान कर दिया—जो आदमी बैचलर्स-डेन की छत के नीचे है, उसके बेटे की शादी हो नहीं सकती।

और हुआ भी वही । उन महाशय को निराश होकर वापस जाना पड़ा। शादी के लिए बातचीत पूर्णता को नहीं पहुंच सकी । शायद इस असफलता की जड़ में दहेज की रकम थी, पर सुख भैया को पूर्ण विश्वास था कि यह बैचलर्स-डेन की महिमा है ।

मैंने एम० ए० की अंतिम परीक्षा दे दी। उसी की तैयारियों में मैं सब कुछ भूल गया था --बैचलर्स-डेन भी, उसका राष्ट्रीय गीत भी, सुख भैया और उनकी पुष्प भी ।

फिर कुछ घटनाएं जल्दी-जल्दी हो गईं। पहले बड़े भैया की ससुराल से झटपट दो-तीन पत्र आ गए । जाने पिताजी और भैया के ससुर में क्या गड़बड़ हो गयी थी कि सगाई टूटने-टूटने को हो गयी । फिर मेरा परीक्षाफल आया । मैं द्वितीय श्रेणी में उत्तीर्ण हो गया था । फिर तीसरे दिन मेरे नाम एक पत्र आया। पत्र अनि का था—उसने लिखा था कि अब मैं एम० ए० कर चुका हूं, इसलिए उसके पिताजी अधिक ठहर नहीं सकते । या तो मैं शीघ्रता करूं नहीं तो उसका विवाह कहीं और हो जाने का भय था । पत्र का उत्तर उसने शीघ्र मांगा था ।

मुझे जैसे इन झटकों ने झंझोड़ डाला था । मैं क्या लिखता अनि को, यही कि—'मैं बैचलर्स-डेन में रहता हूं, जहां शादी-विवाह की रीति नहीं । मेरे बड़े भैया उन्तीस के हो चले हैं, दूसरे सत्ताईस के हैं, तीसरे पचीस के—सब अच्छे-भले हैं । खाते-कमाते हैं । मैं तेईस वर्ष का हो गया हूं—एम० ए० पास कर लिया है । अनि, मैं तुमसे प्रेम करता हूं । विवाह करना चाहता हूं, पर कर नहीं सकता। रास्ता जाम है । आगे बैलगाड़ियां हैं, मैं साइकिल पर हूं । आगे निकलने की राह नहीं है । कूद मैं सकता नहीं । अनि, अपने पिता को रोको⋯उनको मनाओ—यह बैचलर्स-डेन सदा ऐसा ही नहीं रहेगा, कभी वसंत की दृष्टि इधर भी होगी। अनि ! ठहरो ⋯ठहरो⋯प्रतीक्षा करो⋯!'

१६.५.१९६०

उजड़े दयार में...

दफ्तर से रमेश डेढ़ बजे दोपहर को ही घर आ गया।

शनिवार का दिन था। यह दिन उसे बड़ा प्रिय था। कारण कई थे। उसका जन्म भी शनिवार को ही हुआ था। प्रकटतः कोई लाभ न होने पर भी उसे इस दिन से मोह था। उस दिन संध्या समय तक दफ्तर में नहीं रहना पड़ता था, डेढ़ बजे ही छुट्टी हो जाती थी। रोज़ दोपहर का खाना दफ्तर में खाता था, शनिवार को घर जाकर खाने में तो कोई विशेषता न होती थी, पर उसे घर में अपने भाई-बहनों के बीच बैठकर गर्म-गर्म खाना अच्छा लगता था। और शनिवार, इतवार की छुट्टी का संदेशवाहक भी था।

और फिर शादी के पश्चात के इन तीन महीनों में शनिवार का महत्त्व उसके लिए और अधिक बढ़ गया था। पहले कभी उसे संध्या तक दफ्तर में रहना और घर न जा पाना इतना न खटकता था, पर शादी के पश्चात दिनभर आशा से दूर रहना उसे बड़ा बुरा लगता। शनिवार को वह घर जाता तो आंखों के सम्मुख कितने ही चित्र होते। आशा उसकी प्रतीक्षा में बैठी होगी अब तक—वह साइकिल और तेज चलाता। चाहे वह डेढ़ बजे, दफ्तर से चलने के बदले, घर ही जा पहुंचता, तब भी आशा अवश्य ही कहती, "बड़ी देर कर दी आपने!"

"देर? नहीं तो!" वह उसे घड़ी दिखाता, "अभी तो डेढ़ ही बजे हैं और मैं घर भी पहुंच गया हूं।"

"अरे!" आशा आश्चर्य दर्शाती, "अभी केवल डेढ़ ही बजे हैं? मुझे तो लगा, कितनी ही देर हो गयी है। मैं तो कब से प्रतीक्षा कर रही हूं।"

"प्रेम में ऐसा ही होता है, मेरी आशू!" वह हंसता, "वियोग में क्षण भी युगों में बदल जाते हैं।"

"चलिए !" आशा इठलाती, "आपको किसने कह दिया, मैं प्यार करती हूं आपसे ?"

"प्यार नहीं करतीं मुझसे ?"

"ऊं हूं ! एकदम नहीं ।"

"तो बैठी क्यों रहती हो ?"

"वह तो पत्नी का धर्म है।"

"पत्नी ही क्यों बनीं तुम ?"

"मां-बाप ने गले बांध दिया आपके !"

और वे दोनों हंस पड़ते।

संध्या को वे कहीं घूमने जाते या पिक्चर चले जाते । आशा हमेशा मना करती, "क्या आवश्यक है कि प्रत्येक शनिवार कहीं-न-कहीं जाएं ही ?"

"क्यों ?" वह पूछता, "इसमें आवश्यक और अनावश्यक का प्रश्न कहां से आ गया ?"

"क्यों, प्रश्न कैसे नहीं है ?" वह कहती, "मैं नहीं जाऊंगी आपके साथ।"

"पर क्यों ?"

"सब क्या सोचेंगे !"

"अरे, सबको मालूम कैसे होगा ?" वह समझाता, "चुपके से निकल चलते हैं, किसी को पता भी नहीं चलेगा।"

"पता कैसे नहीं चलेगा !" वह झल्ला जाती, "आप तो ऐसे भोले बनते हैं, जैसे कुछ जानते ही न हों। एक ओर से दिनेश झांक जाएगा, दूसरी ओर से प्रवेश मुसकरा जाएगा।"

"तो उससे क्या ?" वह उसे चिढ़ाता।

" 'उससे क्या' क्या !" वह चिढ़ जाती, "प्रवेश कहेगा, 'हंसों की जोड़ी कहां चली ?' दिनेश मुसकराएगा, 'विहार करने !' आपको तो वे लोग कुछ कहते नहीं, मेरा तो नाक में दम किए रहते हैं ।"

"तुम्हें अच्छा नहीं लगता यह सब ?" वह गम्भीर हो जाता, "देवर तो भाभी से मजाक करते ही हैं ।"

"अच्छा क्यों नहीं लगता ?" वह कट-सी जाती ।

और अन्त में वे कहीं-न-कहीं चले ही जाते ।

पर आज रमेश का मन ही नहीं कर रहा था घर जाने को। क्या करेगा घर जाकर ? क्या करेगा शनिवार को ? क्या करेगा इस अवकाश को ?

सहसा उसे लगा, उसके मन में आशा के बीमार भाई के प्रति क्रोध उमड़ रहा है। कमबख्त को अभी ही बीमार होना था। विवाह को तीन महीने भी हुए नहीं और पड़ गया। और देखो तो इस आशा को, उसका जरा भी ध्यान न किया

और चली गई मायके, 'भैया बीमार हैं !' भैया न हो गए, क्या हो गए। स्वयं तो वहां अपने भाइयों-बहनों से घिरी बैठी होगी, और वह यहां निःसंग-सा होकर रह गया।

फिर विचार आया, उसके भी तो भाई-बहन हैं। यदि वह अपने भाई-बहनों में घिरकर बैठी होगी, तो वह भी अपने भाई-बहनों में बैठ सकता है। पर नहीं, वह तो उसी समय से स्वयं को अकेला-अकेला, उदास-उदास-सा अनुभव कर रहा है, जब से वह गई है।

घर आया तो खाने की मेज़ पर सब ही थे। उसने देखा, आज सारे परिवार ने उसकी प्रतीक्षा में खाना नहीं खाया था। प्रवेश भी बैठा था, दिनेश भी था, सुशी भी थी, माताजी भी थीं। पिताजी शायद अभी आये ही नहीं थे। पर सहसा उसे लगा, कोई नहीं है; कोई नहीं है उसके आसपास। वह अकेला बैठा है इस भीड़ में, अजनबी-सा। जिसको आंखें खोजें, जब वही नहीं तो···

खाकर अपने कमरे में आया तो दृष्टि पलंग की ओर चली गई। पलंग सूना था। उसे लगा, कमरा ही सूना था। उसकी श्री ही खो गई थी।

वह पलंग पर बैठ गया। कुछ देर पैर नीचे लटकाए बैठा रहा, फिर पैर भी उठा लिये। धीरे-धीरे वह अधलेटा-सा हो गया, और फिर लेट गया।···सहसा वह उठ बैठा। चारों ओर दृष्टि फेरी। लगा, सब सूना है; सब फीका है। वह उठकर बाहर चला आया।

बरामदे में कोई नहीं था। वह कुछ देर तक वहीं खड़ा रहा, फिर घर भर का चक्कर लगा डाला—प्रवेश और सुशी पढ़ रहे थे। पिताजी शायद किसी को पत्र लिख रहे थे। माताजी और दिनेश सो रहे थे।

उसे लगा, सब अपने-अपने ठिकाने पर हैं। सब ही कुछ-न-कुछ कर रहे हैं। वह अकेला, निःसंग, अपने घोंसले से निकाला गया पंछी ! घर में ठहरना उसके लिए कठिन हो गया। साइकिल ले वह निकल पड़ा···जाने कहां-कहां घूमता रहा, भरी दोपहर में। काफी देर तक पार्क में भी बैठा रहा, पर उदासी दूर न हुई।

पांच बजे के करीब वह घर की ओर मुड़ा—चाय का समय हो गया था।

चाय के समय वे लोग—वह और आशा—कभी भी अकेले न होते थे। सारा परिवार ही उपस्थित होता था। वे चोंचले नहीं कर सकते थे, पर उसकी दृष्टि बार-बार आशा की ओर मुड़ जाती थी। बार-बार उसकी आंखें आशा के मुखड़े पर जा ठहरती थीं। वह जानता था, सारे लोग उसकी नज़रों की कथा जानते थे। दिनेश और प्रवेश तो विशेष रूप से उसकी ताक में रहते थे। उसे एक दिन आशा ने बताया भी कि प्रवेश उसे चिढ़ा रहा था।

"क्या कह रहा था ?" उसने पूछा था।

"बस चिढ़ा रहा था, कहा न !" आशा ने टालने की चेष्टा की थी।

"फिर भी, मैं सुनूं तो !" उसने जिद्द की थी।

आशा बताना नहीं चाहती थी, पर बहुत बाध्य करने पर बोली, "कहता था, 'आज एक पिक्चर देखी।' 'कौन-सी ?' मैंने पूछा। उत्तर में हंसकर बोला, 'चाय की मेज़, बेताब नज़रें और घायल दिल'।"

"कुछ भी हो !" वह हंस पड़ा था, "मेरे भाई हैं इंटेलीजेंट। देखो, कैसे-कैसे बढ़िया रिमार्क देते हैं।"

"हां-हां, आप खुश होइए कि आपके भाई बड़े इंटेलीजेंट हैं !" आशा चिढ़कर बोली, "मैं तो परेशान हूं इन दोनों के मारे।"

"तुम्हें अच्छा नहीं लगता क्या ?" उसने अपना चिर-परिचित प्रश्न किया।

"अच्छा क्यों नहीं लगता !" और वह अपना क्रोध स्थिर न रख पायी।

रमेश अभ्यासवश ही समय पर घर आ गया था। पर फिर उसे लगा, बेकार ही आया वह ! उसे बाहर ही रहना चाहिए था। घर तो जैसे काटने को दौड़ता था।

चाय उसने पी ली, पर वह अतृप्ति, वह अवसाद मिट न सका। पर फिर वह कहीं जा भी न सका। ड्राइंगरूम में बैठा रहा।

बाहर अंधेरा बढ़ता गया, मन में अवसाद बढ़ता गया। उसे लगा, उसके भीतर कुछ है जो बाहर आने को व्याकुल है। वह फूट पड़ना चाहता है।

अंधकार बढ़ता गया। सब अपने-अपने कामों में लगे रहे और रमेश बैठा रहा। खाना खाने के लिए उठा और जाकर फिर वहीं बैठ गया···

"भैया, सोना नहीं है आज ?" सुशी ने पूछा।

और उसे लगा, अब सो जाना चाहिए। क्या करेगा वह बैठे-बैठे ! उठकर घिसटता हुआ-सा वह अपने कमरे में आया। आदत के अनुसार दरवाज़ा उसने बन्द कर लिया और बत्ती जलती ही छोड़ दी। लेटने से पहले तकिया ठीक किया तो उसके नीचे से 'उमर खैयाम की रूबाइयां' झांकने लगी। बरबस ही उसके हाथ बढ़ गए और उसने पुस्तक उठा ली—

"···बगल में मधु मदिरा का पात्र
सरस कविता की पुस्तक हाथ—
और सबके ऊपर तुम, प्राण !
गा रही छेड़ सुरीली तान···"

पुस्तक हाथ से छूट गई। बहुधा इस समय वे, वह और आशा, उमर खैयाम को पढ़ा करते थे, पर आज···उसे लगा, उसका दम घुट जायेगा। उसे यहां नहीं ठहरना चाहिए। यह पुस्तक, यह बिस्तर, यह कमरा—सब उसे काट खायेंगे।

वह उठ बैठा। पुस्तक जल्दी से तकिए के नीचे रख दी और दरवाज़ा खोल

कर बाहर निकल आया ।

दिनेश और प्रवेश अभी पढ़ रहे थे ।

"प्रवेश !" उसने कहा, "आज मेरे लिए भी अपने ही कमरे में एक बिस्तर लगा देना । मैं वहीं सोऊंगा ।"

"वेरी गुड !" प्रवेश की आंखों में एक विचित्र-सी मुसकान थी ।

"कमबख्त !" रमेश ने मन-ही-मन दांत पीसे, "हर बात में वही !"

अपने कमरे की बत्ती बुझा, दरवाज़े में ताला लगा जब वह फिर उनके कमरे की ओर आया तो दिनेश और प्रवेश मिलकर बिस्तर बिछा रहे थे । वह सिगरेट सुलगाने के लिए रुक गया, वे दोनों अन्दर मौज में दरी, खेस, चादर इत्यादि झाड़-झाड़कर बिछाते जा रहे थे । और फिर उसने सुना, शायद दिनेश का स्वर था—"लगता नहीं है जी मेरा उजड़े दयार में···"

और फिर उसने सुने दो कहकहे—एक प्रवेश का, एक दिनेश का !

उसने सिगरेट फर्श पर पटक, पैर से कुचल दी ।

९.९.१९६०

दो-ढाई और आठ

और कांति ने दृढ़ निश्चय कर लिया कि वह इस घर के लिए कोई भी वस्तु नहीं खरीदेगी। व्यक्ति कार्य करे तो उसका श्रेय तो मिलना ही चाहिए। यहां जब वह भी नहीं है, तो वह कार्य ही क्यों करे?

पिछली बार भी जब महीने के अन्त में उसने कहा था कि मेरे पास पैसे नहीं हैं, तो भाभी ने "तुम्हारे पैसे कहां खर्च हो जाते हैं?" कुछ इस प्रकार पूछा था कि कांति को लगा, उस पर मिथ्या-भाषण का आरोप लगाया जा रहा है।

अब वह क्या जाने, पैसे कहां जाते हैं। वह कोई हिसाब तो रखती नहीं कि निकालकर भाभी के मुख पर दे मारे—लो, अमुक तिथि को इतने खर्च हुए और अमुक को इतने। किसी प्रकार के अभाव में तो यही कहा जा सकता है कि घर में ही खर्च हो गये।

पर इस प्रकार के उत्तर को भाभी कभी भी स्वीकार नहीं करतीं। "देखो, कांति!" वह हमेशा समझाने लगतीं, "ऐसी बात किसी और के सम्मुख मत कह देना। लोग कहेंगे— कैसे लोग हैं ये, छोटी बहन की कमाई भी खा जाते हैं। तुम्हारे भैया ने इसलिए तो तुम्हें नहीं पढ़ाया कि तुम्हारी कमाई के पैसे खायें। और न ही हम तुमसे नौकरी ही करवाना चाहते हैं, वह तो तुम अपनी इच्छा से कर रही हो।"

"वह तो ठीक है, भाभी!" कांति कहती, "पर भैया के वेतन से तो सारी बातें पूरी नहीं होतीं। तुम देखो न, हर बार तो भैया से ड्राइंगरूम के पर्दों के लिए कहती थी। पर वे बेचारे क्या करें; कितने ही महीने हो गये, वे ला नहीं सके। पिछली बार मैं बाज़ार गयी तो ले आयी। अब इसी तरह से···"

"तुमने उन पर्दों के पैसे नहीं लिये ?" भाभी पूछतीं।

और कांति को क्रोध आ जाता— कब लिये हैं पैसे उसने ? और वह मांगती ही कब है ? वह तो जानती है कि भैया बहुत अमीर नहीं हैं, यदि वह थोड़ी-सी सहायता कर ही देती है तो क्या हुआ।

"कहां लिये हैं पैसे ?" वह उत्तर देती।

"तो ले लिया करो रानी !" भाभी बड़े प्यार से कहतीं, "ऐसे अच्छा नहीं लगता। घर में जो चीज़ आये, उसके पैसे घर से ही लेने चाहिए। तुम अपने साथ ले जाने के लिए कुछ विशेष लाओ तो दूसरी बात है।"

कांति को इससे खीझ ही चढ़ती। साथ ले जाने के लिए—ऊंह ! जैसे उसका विवाह रचा ही तो हुआ है कि साथ ले जाने के लिए चीज़ें इकट्ठी करे ! और उसने कोई चीज़ लाकर पैसे मांगे ही कब हैं। अधिक तो अपने भैया के लिए कुछ कर नहीं सकती। सौ रुपये तो सारा वेतन है उसका। इसमें अधिक वह करे भी क्या। जो भी थोड़ा-बहुत कर सकती है, कर देती है। पर भाभी शायद उसके पैसों से कुछ भी लेना नहीं चाहतीं। अरे, वह ज़माना गया, जब लोग पुत्रियों और छोटी बहनों के घर पानी तक नहीं पीते थे। अब तो व्यावहारिक युग आ गया है; वैसे आदर्श निभाना अब संभव नहीं है।

और फिर यदि नहीं लेना चाहतीं भाभी कुछ भी उसके पैसों से, तो दे दिया करें पैसे। देती भी नहीं और सदा कहती रहती हैं—ले लिया करो। कैसे ले लिया करे ? क्या मांगने जाए ? मांगने ही होते तो वह कोई चीज़ ही क्यों लाती ? पर वह जानती है, यदि वह न लाये तो शायद वे चीज़ें कभी न आएं। पिछले महीने ही तो परदे लायी है; चालीस रुपये खर्च हो गये उन्हीं में। अभी घर में एक अच्छा-सा टी-सेट भी तो नहीं है। कोई आ जाए तो ? भैया तो ला नहीं सकते। पैसे ही नहीं बचते। पर अब वह भी नहीं लायेगी कुछ। इस रोज़-रोज़ की क़च-कच से तो अच्छा है, वह कुछ न लाया करे घर के लिए। अपने पूरे के पूरे वेतन को संभालकर रखा करे। भाभी को आवश्यकता पड़े तो उधार देकर ब्याज समेत वापस ले लिया करे। तब भैया-भाभी चाहे मन में जो भी सोचें, कभी यह तो न सुनना पड़ेगा कि पैसे कहां गये।

भाभी को कुछ चीज़ें लेनी थीं, गवर्नमेंट एम्पोरियम से ! जाने लगीं तो सोचा— अकेली कहां जायेंगी, कांति को भी साथ ले लें। चलने को तो कांति चल पड़ी, पर उसने सोच रखा था कि वह कुछ खरीदेगी नहीं। बड़ी बुरी बीमारी है उसको। जब भी बाज़ार जाती है, कुछ न कुछ पसन्द आ ही जाता है उसे। और फिर कांति स्वयं को रोक नहीं पाती। चीज़ पसन्द आयी कि उसने खरीदी। उसने कई बार अपने को रोकने की चेष्टा की, पर जब तक वह चीज़ खरीद नहीं

लेती, वह उसकी आंखों में ही घूमती रहती थी। एक विचित्र-सी व्याकुलता क अनुभव करती वह। अन्त में उसे वह वस्तु खरीदनी ही पड़ती।

पर आज कांति ने सोच लिया था कि वह कुछ नहीं खरीदेगी। वह केवल भाभी के साथ जायेगी। चुपचाप भाभी को सामान खरीदते हुए देखेगी और चुपचाप वापस चली आयेगी। वह कुछ देखेगी ही नहीं, कुछ पसन्द ही नहीं करेगी तो फिर खरीदना कैसा?

उसने अपना हैंड-बैग देखा। दस का एक नोट था और कुछ नये पैसे थे। इतने में तो कोई वस्तु खरीदी भी नहीं जा सकती। उसके मन में था कि अब जब बाजार जायेगी तो भैया के लिए एक अच्छी-सी टाई और साथ ही एक टाईपिन लायेगी। पिछली बार जब भैया अपने एक मित्र की शादी की पार्टी में जाने लगे थे तो उनके पास एक भी टाई, सूट के साथ मैच करती हुई, नहीं निकली थी। उसी दिन कांति ने सोचा था कि वह भैया को टाई भी प्रेज़ेंट करेगी और टाईपिन भी। पर इन दस रुपयों में तो एक अच्छी-सी टाई भी न आयेगी। तो वह और कुछ रुपये ले ले? नहीं। उसने सोचा, कोई आवश्यकता नहीं है भैया को टाई-वाई की। टाई वह ले आये और बाद में वही पैसों की कच-कच! क्या लाभ? नहीं लायेगी वह कुछ भी। यदि भैया को जरूरत होगी तो वे स्वयं ले आयेंगे या फिर भाभी ला देंगी। वह क्यों अपने पैसे खर्च करे!

उसने अपना बैग उठाया और चल पड़ी भाभी के साथ।

उसे लगा, व्यर्थ ही लिया उसने यह बैग और दस रुपये भी। क्या करेगी वह इन रुपयों का, जब कुछ खरीदना ही नहीं है। मन में आया, बैग को छोड़ जाए घर में ही। पर फिर खाली-खाली हाथ चलना उसे कुछ अच्छा नहीं लगेगा। व्यक्ति पागल-पागल-सा लगता है खाली हाथ। शरीर के दोनों ओर झूलते-से हाथ, कांति को सदा ही बड़े विचित्र-से लगते थे। और फिर रूमाल की भी तो आवश्यकता पड़ सकती है बाजार में। हाथ में रूमाल ले जाने से तो अच्छा है, बैग ही ले चले। लड़कों के समान जेबें तो हैं नहीं उसकी, कि सारी चीज़ें उनमें ठूंस ले।

एम्पोरियम में भीड़ नहीं के बराबर थी। भाभी बिना इधर-उधर देखे, सीधे रेडीमेड कपड़ों के काउंटर पर ही जाकर रुकीं। शायद बच्चों के लिए कपड़े लेने थे। कांति भी चुपचाप साथ खिंची चली गयी। वैसे कांति इस काउंटर पर कम ही आती थी। अधिकतर वह सिल्क की साड़ियों वाले काउंटर पर ही जाया करती थी; या फिर हॉल के बीचों-बीच सजाई गई शोभा-वस्तुओं पर ही आंखें ठहरती थीं।

आज कांति ने अपनी दृष्टि को विशेष रूप से संयत कर रखा था। उसने सोच रखा था, वह कुछ देखेगी ही नहीं। जब देखेगी ही नहीं, तो खरीदने का मन कैसे करेगा।

वह चुपचाप भाभी के पीछे खड़ी थी और भाभी बच्चों के लिए विभिन्न कपड़े देख रही थीं —गीता के लिए फ्रॉक, कमल के लिए निकर, और जाने क्या-क्या। कांति बुत-सी खड़ी थी।

"यह एक नये डिजाइन की कमीज आयी है।" सेलसमैन ने सुन्दर-सी कमीज उठायी—पीली कमीज, नेवी ब्लू गला, बांहें भी उसी रंग की, कॉलर सुन्दर ! कांति के मस्तिष्क में सहसा कमल वही कमीज पहनकर आ खड़ा हुआ। उसका मन हुआ, भाभी से यह कमीज ले लेने को कहे।

भाभी कमीज़ देख रही थीं, आंखों में प्रसन्नता का प्रकाश लिये। कमीज शायद भाभी को भी पसन्द आयी थी।

"कांति, कैसी लगेगी यह कमल को ?"

"बहुत अच्छी ! इसे ले लो, भाभी !" कांति ने अपनी सहमति दे दी।

"कितना दाम है इसका ?" भाभी ने पूछा।

"साढ़े सात रुपये।" सेलसमैन ने कहा, "दे दूं ?"

"नहीं !" भाभी की आंखों की चमक धुंधली पड़ गयी, "अभी रहने दीजिये इसे। फिर देखा जाएगा।"

कांति के मन में आया, वह अपने पैसों से खरीद ले इस कमीज को, कमल को अच्छी लगेगी। पर सहसा उसको अपना निश्चय याद आया—नहीं लेगी वह। भाभी को लेनी हो तो ले ले अपने बेटे के लिए, वह नहीं लेगी।

उसने दृष्टि फेर ली, पर कमीज़ आंखों के सम्मुख नाचती रही— पीली-पीली, नेवी ब्लू गला, सुन्दर कॉलर··· उसने सिर झटक दिया, नहीं देखेगी वह कमीज़ को। पर कमीज नाचती रही आंखों के सम्मुख।

कांति ने काउंटर की ओर पीठ कर ली। नहीं देखेगी वह कमीज को। वह दूसरी ओर ध्यान लगाने की चेष्टा करने लगी— देखूं तो कोई नया डेकोरेशन-पीस आया है। ये एम्पोरियम वाले निकम्मे होते हैं एकदम ! बस, वही सड़ा-सा पुराना स्टॉक। नयी चीज़ तो कोई मंगाते ही नहीं। बह बगुलों की जोड़ी शायद साल भर से यहां है। वह तोता पता नहीं कब से पड़ा है और यह चन्दन का हाथी, जब से एम्पोरियम खुला है, तब से है···और यह महात्मा बुद्ध··· यह मूर्ति शायद नयी है···देखूं तो··· और कांति पास आ गयी—हां, नयी है। हाथीदांत की है। कैसी लगेगी भैया की मेज पर ? नहीं, ड्राइंगरूम में कोई अच्छा पीस नहीं है। लाल मेजपोश पर सफेद मूर्ति मैच करेगी ··नहीं, वह जो काला कपड़ा है न, उसके साथ और भी मैच करेगी—हां, काला और सफेद— वंडरफुल !

वह और पास चली गयी। उसे लगा महात्मा बुद्ध मुसकरा रहे हैं— उसने मूर्ति उठा ली। कितने की होगी ? शायद दो रुपये की होगी, शायद ढाई की हो

—सस्ती ही है दो-ढाइ रुपयों में। इतने कम पैसों में सजावट का सामान कहां मिलता है ? आजकल तो सजावट की चीज़ों में लूटते हैं ये लोग; कोई खरीदने वाला मिल जाना चाहिए । यह मूर्ति अच्छी रहेगी; सस्ती भी है और कलात्मक भी। और आजकल तो महात्मा बुद्ध की मूर्ति हर घर में ही होती है, फैशन-सा हो गया है। एक उन्हीं के घर में नहीं है। वैसे अच्छी भी लगेगी—सफेद हाथीदांत —काले या लाल या हरे या पीले, किसी भी मेजपोश पर अच्छी लगेगी— हां, ठीक तो है···

और वह मूर्ति लिये हुए भाभी के पास आ गयी।

भाभी कपड़े ले चुकी थीं। सेल्समैन थोड़ी दूरी पर खड़ा पैक कर रहा था। भाभी इधर-उधर ताक रही थीं, यूं ही।

"भाभी, यह मूर्ति मैं ले रही हूं," कांति कोली, "ड्राइंगरूम में कोई भी अच्छा पीस नहीं है। यह अच्छी लगेगी किनारे वाली मेज पर।"

"कितने की है ?" भाभी ने मूर्ति हाथ में ले ली।

"होगी कोई दो-ढाई की।" कांति बोली।

"ड्राइंगरूम के लिए ?" भाभी ने कुछ देर तक गम्भीर मुद्रा बनायी, "अच्छा, ठीक है। पैसे मैं दे देती हूं।"

"पैसे !" कांति चौंक-सी पड़ी। फिर वही पैसे ! चलो, ठीक है, देने दो भाभी को। दे रही हैं तो हरज़ ही क्या है। बल्कि अच्छा ही है— पर फिर उसके सम्मुख, भाभी की पीली कमीज वापस करते समय की मुद्रा नाच गयी, "नहीं, मैं दे देती हूं पैसे।"

"नहीं ! तुम क्यों दोगी ?" भाभी अपने चिर-परिचित स्वर में बोली, "घर के लिए ही तो ले रही हो न ! अपने साथ तो नहीं ले जाओगी।"

कांति के मन में एक खीझ की लहर-सी उठी। यह भाभी हर समय वैसी ही बातें करती रहती हैं। ज़रा भी नहीं समझतीं, कहां क्या कहना चाहिए। यहां एम्पोरियम में, सेल्समैन के सामने भी मूर्खता शुरू कर दी—पर फिर भी खीझ को उसने दबा दिया। औपचारिक स्वर में बोली, "नहीं, मैं देती हूं।"

"पागल हुई हो !" भाभी ने डांटने की-सी चेष्टा की, और अपना बैग खोल-कर रुपये निकालने लगीं।

सेल्समैन ने पैकेट रख दिया —"चौदह रुपये पचास नये पैसे !"

"यह कितने की है ?" कांति को ध्यान आया, अभी तो उसने मूल्य तक नहीं पूछा है।

"आठ रुपये !"

"आठ रुपये !" कांति चकित थी, उसने दो-ढाई रुपये सोचे थे, "इतनी महंगी ?"

"महंगी कहां है, बहनजी ?" सेल्समैन बोला, "हाथीदांत की चीज़ है, आठ रुपये कोई ज्यादा नहीं हैं इसके ।"

"खैर !" कांति बोली, "हम ले रहे हैं इसको ।" पर कैसा-कैसा तो लग रहा था उसको ।

उसने भाभी की ओर देखा, पर भाभी का ध्यान इधर न था । वह पैसे गिन रही थीं ।

"हां, कितने ?" थोड़ी देर बाद भाभी ने गर्दन उठाई ।

"साढ़े चौदह और आठ, साढ़े बाईस !" सेल्समैन रसीद लिखने लगा ।

भाभी एक क्षण के लिए रुक-सी गयीं । उनके दांत अनजाने ही अधरों को काट रहे थे । क्षण-भर ही अनिश्चित-सी रहीं, फिर वही हो गईं जो थीं ।

"यह लीजिए !" उसने काउंटर पर नोट रखते हुए धीरे-से कहा, "दस और पांच, पन्द्रह !"

सेल्समैन ने नोट उठा लिये, एक बार गिने और कांति की ओर देखा ।

कांति क्षण भर के लिए स्तंभित-सी रह गयी । समझ ही न पायी, क्या करे । उसे अपने हाथों में महात्मा बुद्ध की मूर्ति कुछ विचित्र-सी लगी, फिर झट से उसने बैग खोलकर दस का नोट निकाला, "इसके पैसे इसमें से काट लीजिए !" उसने नोट काउंटर पर रख दिया ।

"चलो, कांति !" भाभी ने अपनी अठन्नी उठा, दो पग आगे बढ़कर कहा ।

"आयी, भाभी !" कांति ने जल्दी से दो रुपये सेल्समैन से वापस ले, बैग में डाले और बैग को बन्द करती हुई भाभी के पीछे-पीछे चल पड़ी ।

१८.९.१९६०

कहानी का अभाव

मैं बैठा पढ़ रहा था कि जीजी मुक्ता को लेकर आयीं। मुक्ता उनकी सहेली है और बहुधा हमारे घर आया-जाया करती है। मेरे साथ भी उसकी अच्छी-खासी जान-पहचान है।

पर उस दिन वह कुछ विचित्र-सी अवस्था में थी। मुझे लगा कि वह शारीरिक रूप से थकी हुई न होने पर भी उसका मन काफी थका हुआ था। चेहरे के भाव ही कुछ ऐसे थे। अस्त-व्यस्त थी वह। बाल भी काफी उड़े-उड़े-से थे। मैंने पहले कभी उसे इस प्रकार उड़े हुए बालों के साथ नहीं देखा था। जहां तक मैं जानता था, फैशन से वह घृणा करती थी।

"नमस्ते।" मैंने कहा।

"नमस्ते।" उसने कुछ इस प्रकार कहा, जैसे मुझे अब तक देखा ही न था।

अन्य दिनों के समान उसने एकाध औपचारिक बात भी नहीं की। जीजी और वह अपनी बातों में लग गयीं और मैं उठकर दूसरे कमरे में चला आया।

कुछ देर बाद जीजी मेरे पास आयीं।

"मुक्ता को देखा तुमने ?"

"हां।" मैंने कहा, "क्यों ?"

"कैसे आगे के बाल माथे पर उड़ाकर आयी थी।"

"उड़ गए होंगे हवा से।" मैंने यूं ही कह दिया, "आवश्यक नहीं कि उड़ाकर ही आयी हो।"

"कुछ भी हो।" जीजी मुसकराती हुई बोलीं, "मैंने कहा, आज तो जुल्फें उ

रही हैं तो जानते हो उसने क्या कहा ?"

"क्या कहा ?' मेरी उत्सुकता जाग रही थी।

"कहने लगी, 'तुम्हारा भाई क्या सोचता होगा ?' 'क्या सोचता होगा ?' मैंने कहा, तो फिर वह हंसकर बोली, 'सोचने दो कुछ भी। वह तो कहानीकार है न। उससे कहो मेरे बालों पर एक कहानी लिख दे।"

"हुश् !" मैंने मुंह बनाया, "कैसी मूर्खा है ! उसके बाल उड़ रहे हैं, तो कहानी लिख दो। इतनी-सी बात पर कहीं कहानी लिखी जा सकती है।"

"अरे, लिख दो न !" जीजी हंसीं।

"आप भी कमाल करती हैं, जीजी !" मैं बोला, "लिख क्या दूं। न घटना, न प्लॉट और न क्लाइमेक्स। कुछ भी नहीं और कहानी लिख दो। मज़ाक है।"

बात आयी-गयी हो गयी। मैं इसे भूल-सा गया था कि कुछ ऐसा ही फिर हो गया।

मेरी नयी कहानी प्रकाशित हुई थी और घर में उसी की चर्चा हो रही थी। जाने कैसे बात कहानी की सच्चाई पर आ गयी और मैंने बताया कि कहानी मेरे एक मित्र के जीवन की सच्ची घटनाओं पर आधारित है।

"दूसरों की कहानी लिखी तो क्या लिखा।" भैया बोले, "मेरी कहानी लिखो तो जानूं।"

भैया आज पहले के समान गंभीर नहीं थे। पता नहीं मजाक कर रहे थे या अपनी इच्छा ही प्रकट कर रहे थे।

"सच, भैया ?" मैंने पूछा, "क्या आप कहानी के हीरो बनना पसंद करेंगे ?"

"क्यों नहीं !" वे बोले, "कहानी का हीरो बनने में क्या बुराई है !" और वे हंसे, "हीरो तो हीरो ही है। चाहे कहानी का हो, चाहे फिल्म का।"

"अच्छा। मैं एक कहानी लिखूंगा आप पर।" मैंने कहा, "पर कहीं उल्टी-सीधी बात लिख दी तो ?"

"आई डोंट माइण्ड।" वे बोले, "एज़ फॉर एज़ आई एम हीरो, इट इज ऑल राइट।"

उस दिन से मैं भैया की गतिविधियों का विशेष रूप से अध्ययन करने लगा। वैसे इसकी आवश्यकता नहीं होनी चाहिए थी। भैया की एक-एक बात मेरी जानी-पहचानी थी। रोज़ सवेरे उठकर छह बजे अपने होटल चले जाना। जाते ही चाय-समोसों, पेड़ों और रसगुल्लों की सुगंध या दुर्गंध। दिन-भर ग्राहकों का आना-जाना और उनकी खच-खच। रात को दस बजे घर लौटना। दोपहर का खाना भी भैया होटल में खा लेते थे। न कहीं आना, न कहीं जाना। न किसी से दोस्ती, न किसी से बातचीत। न कोई शौक, न अभिलाषा। सीधा-सपाट चिकनी सड़क-सा

जीवन। कहीं कोई उतार-चढ़ाव नहीं।

घर में भी भैया के साथ कोई विशेष बात नहीं थी। जब भी घर में कोई ऐसी बात हो जाती और पिताजी हमें डांटते तो भैया का उदाहरण अवश्य देते—'देखते नहीं तुम लोग! कैसा सीधा है तुम्हारा भाई, जैसे भगवान की गाय। न कुछ उल्टा, न सीधा। न ऊपर और न नीचे। जब जैसा कहो, वैसा ही मान लेता है। कभी किसी बात के लिए न की है उसने? अपने को झोंक दिया है उसने भट्ठे में तुम लोगों के लिए। दिन-भर कोल्हू के बैल की तरह जुता रहता है ताकि चार पैसे घर में लाए और तुम पढ़-लिखकर मनुष्य बन सको। तुम लोग हो कि उससे कुछ सीखते भी नहीं।"

बात थी भी कुछ ऐसी ही। भैया हमारे लिए आदर्श बन गए थे। आठ भाई-बहनों में सबसे बड़े थे। पिताजी ने कठिनाई से मैट्रिक तक पढ़ाया था। और उसके बाद से ही वे अपना होटल चला रहे थे। पहले तो होटल छोटा-सा था। पर अब अच्छा-खासा चल निकला था। वे चाहते तो कहीं नौकरी कर लेते। आठ घंटे की ड्यूटी के पश्चात् अच्छे कपड़े पहन, बन-संवरकर घूमने-फिरने जा सकते थे। सड़कों पर मटरगश्ती और मित्रों के साथ खुशगप्पियां कर सकते थे। सप्ताह में एक दिन की छुट्टी भी मिल जाती।

जब पिताजी ने आगे पढ़ाने से इनकार कर दिया था, तो भैया ने चाहा भी यही था। उन्हें नौकरी के लिए कहीं जाने का बुलावा भी आया था। परन्तु पिताजी ने उनका बंधा-बंधाया सामान खुलवाकर कहा था, "तुम तो नौकरी कर सौ-डेढ़ सौ रुपए कमाकर अपना जीवन मजे से बिता सकते हो, पर हमारी सहायता तुम नहीं कर सकोगे। और वैसे भी सौ डेढ़-सौ रुपयों की कमाई से जीवन सुन्दर नहीं बन सकता। पीछे तुम्हारे भाई-बहनों की अवस्था क्या होगी। मुझमें इतना सामर्थ्य नहीं कि मैं इन लोगों को किसी योग्य बना सकूं। हां, यदि तुम भी यहां कुछ कर लो, तो मैं इन्हें खाना-कपड़ा दे सकूंगा। तुम पढ़ाई का खर्च देना, ताकि ये लोग आदमी बन सकें।"

भैया और पिताजी में हम लोगों को लेकर एक समझौता हो गया। भैया ने अपना बलिदान कर देना ही उचित समझा। तब से आज तक बारह वर्ष हो गए हैं, भैया वैसे ही जुते हैं अपने काम में। हम सारे भाई-बहन पढ़-लिख रहे हैं। हमारे जीवन में कोई सोच-फिकर नहीं है।

मैं तब काफी छोटा था, जब की ये बातें हैं। किंतु छह वर्षों से तो मैं अपनी आंखों से देख रहा था कि भैया का जीवन आदमी का जीवन नहीं है। दिन में सोलह घंटे की ड्यूटी बहुत कठिन काम है। नौकरी करते तो ड्यूटी तो आठ घंटे की होती, किंतु मैट्रिक पास को थोड़े ही कोई सौ-सवा सौ से अधिक देता। पिताजी शायद दो सौ ला रहे थे। और वे वर्ष भर में अवकाश ग्रहण करने वाले थे। इतने

में हमारा परिवार चल नहीं सकता था। अब भैया का जीवन चाहे जैसा भी हो, पर वे तीन सौ रुपया महीने तक कमा लेते थे, और हमें रुपयों की बहुत जरूरत थी। मंझले भैया इंजीनियरिंग के अन्तिम वर्ष में थे। मैं स्वयं बी०ए० का फाइनल देने वाला था। रुपये तो हमें चाहिए ही थे।

भैया के जीवन में कभी-कभार यदि कोई व्यतिक्रम होता तो वह सिनेमा के कारण। बस, महीने में एक-आध बार सिनेमा ही जा पाते थे। वैसे यदि दिन के समय में वे कभी घर आ जाते तो हम समझ जाते कि वे बीमार हैं। लगता था मानवीय गुण तो उनमें रह ही नहीं गए हैं। न कभी क्रोध, न झुंझलाहट और न खीझ। बस, एक ऐसा साधक जो कभी भी उद्वेलित न हो। ऐसा सागर जिसमें कभी ज्वार न आए। एक ऐसी घड़ी जिसकी सूई कभी न ठहरे। सवेरे से शाम तक पक्का कार्यक्रम, कोई व्यतिक्रम नहीं। कहीं आना नहीं, जाना नहीं। भैया का शायद कोई मित्र भी नहीं था। कई बार हम लोग मजाक भी उड़ाया करते, "भैया, कोई फ्रेंड है आपका?"

"नहीं।" वे कहते।

"अच्छा। कोई गर्ल-फ्रेंड?"

"हुश्!" वे कहते, "असंभव।"

बस, ऐसा ही था उनका जीवन। बहुत दिन हो गए, परन्तु मुझे कहानी लिखने के लिए कोई बिंदु न मिला।

एक दिन मैंने भैया से कह ही दिया, "भैया, मैं नहीं लिख सकता कहानी आप पर।"

"क्यों?" भैया ने पूछा, "लिख क्यों नहीं सकते? या लिखना ही नहीं चाहते?"

"लिखना तो चाहता हूं, पर कुछ मिल ही नहीं रहा लिखने को।" मैंने कहा।

"अरे, वाह!" भैया बोले, "सारा जीवन पड़ा है तुम्हारे सामने और तुम एक कहानी भी नहीं लिख सकते?"

"अच्छा, भैया!" सहसा मुझे एक बात सूझी, "आपके होटल में लड़कियां आती हैं?"

"नहीं तो। क्यों?"

"लीजिए।" मैंने झुंझलाकर कहा, "वह भी नहीं, तो लिखूं क्या?"

"कुछ भी लिखो।" उन्होंने आग्रह किया।

"अच्छा, भैया! सच्ची बात बतलाइएगा।" मैंने मुसकराते हुए कहा।

"पूछो।" सरल-सा उत्तर था उनका।

"आपका किसी लड़की से संबंध रहा है?" मैंने पूछा।

मैंने सोचा था कि या तो भैया नाराज हो जाएंगे और मुझको मार बैठेंगे, या फिर धीरे से मुसकराकर कहेंगे, "बदमाश कहीं के ! बड़े भाइयों से ऐसी बातें की जाती हैं।" दोनों में ही मुझे कुछ मिल जाता लिखने को। वास्तव में मैंने कभी भैया को क्रोधित होते भी नहीं देखा था। आवेग के नाम पर कोई बात मैंने उनमें नहीं देखी थी। यही कारण था कि हमने उन्हें चिढ़ाने के लिए उनका नाम रखा था—'आल्वेज़ नॉर्मल'। सदा नम्र। पर कठिनाई थी कि वे कभी चिढ़ते भी नहीं थे।

पर उस समय भैया ने अपेक्षित में से एक भी उत्तर नहीं दिया। उनके मुख पर कुछ-कुछ उदासी-सी छा गई। धीरे-से बोले, "नहीं।"

"क्या जीवन है, भैया ?" मैंने कहा, "कभी प्रेम-पत्र लिखा है आपने ?"

"नहीं।"

"कभी प्रेम किया है आपने किसी से ?"

"नहीं।"

"घृणा की है किसी से ?"

वे कुछ देर चुप रहे, फिर बोले, "नहीं।"

"झगड़ा किया है ?"

"नहीं।"

"झूठ बोला है कभी ?"

"नहीं।"

मैं चुप हो गया। और भैया भी चले गए।

कुछ दिन और बीत गए, पर मैं कहानी न लिख सका। सच तो यह है कि मैंने लिखने का विचार ही छोड़ दिया था। जिसके जीवन में कहानी ही न हो कोई, उस पर कहानी लिखी कैसे जाए ? और अंत में एक दिन मैंने भैया से कह दिया कि मैं कहानी नहीं लिखूंगा।

मुझे लगा, भैया उदास हो गए हैं। यह मेरे लिए नयी बात थी। पर उन्होंने कुछ कहा नहीं। केवल पूछा, "क्यों ?"

"भैया, देखिए !" मैंने कहा, "सच्ची बात बताऊं आपको। बर्नार्ड शा ने कहा है, 'नो कंफ्लिक्ट, नो ड्रामा।' मैं कहता हूं, 'नो कंफ्लिक्ट, नो स्टोरी।' जब तक जीवन में कोई विरोध नहीं हो, टकराव नहीं हो, संघर्ष नहीं हो तो कहानी कैसे लिखी जाए ?"

"तो तुम्हारा मतलब है कि मेरे जीवन में संघर्ष नहीं है ?" उन्होंने मेरी आंखों में देखा। उनकी आंखों में मैंने ऐसी चमक पहले कभी नहीं देखी थी। वह चमक ऐसी ही थी जैसी कि किसी को चुनौती देते समय हुआ करती है। "सुबह छह बजे से रात के दस बजे तक सोलह घंटा जुता रहता हूं और तुम कहते हो मेरे

जीवन में संघर्ष ही नहीं है !"

"नहीं, भैया ! वह संघर्ष नहीं ।" मैं अचकचाकर बोला, "देखिए, कहानी में कुछ विशेष तत्त्व होते हैं। उसमें एक चरम सीमा या क्लाइमेक्स होता है । यह चरम सीमा कैसे मिले, जब तक कहानी में कोई समस्या, कोई कंपिलवट, कोई उतार-चढ़ाव, कुछ भी न हो। आपका जीवन मशीन होकर रह गया है, सीधा-सपाट !"

"एक मनुष्य के मशीन बनने की कहानी नहीं लिखी जा सकती क्या?" भैया का स्वर साधारण नहीं था। आज वे 'आल्वेज़ नॉर्मल' वाले रूप में नहीं थे ।

मुझे आज पहली बार लगा कि भैया के भीतर कुछ उबल रहा है ।

"पर, भैया ! जब तक घटना न हो, मोड़ न हो, व्यतिक्रम न हो," मैंने कहा, "कहानी का प्लॉट कैसे बने और अभी तो आपका विवाह भी नहीं हुआ, नहीं तो भाभी के साथ किसी झगड़े की कहानी बनती ।"

"कहानीकार जीवन की व्यथा की तो कहानी लिख सकता है।" भैया ने कहा ।

"हां, भैया !" मैं बोला, "पर आपने कभी व्यथा भी तो प्रकट नहीं की। और मेरा विचार है कि आपके मशीनी जीवन में व्यथा के लिए भी अवकाश नहीं है। तो फिर कहानी···"

"यही क्या कम व्यथा है कि अट्ठाईस वर्षों के जीवन में एक भी कहानी नहीं।" भैया ने विचित्र स्वर में उत्तर दिया ।

मैंने अनुभव किया कि ऐसा भी हो सकता है कि जीवन में कहानी का अभाव ही बहुत बड़ी व्यथा है। पर मैं उसकी कहानी कैसे लिखूं? किन शब्दों में लिखूं ?

मैंने बहुत प्रयत्न किया । बहुत सोचा। पर सब कुछ बेकार गया। कई बार लिखने भी बैठ गया, पर लिखा न गया ।

और इस प्रकार कई दिन बीत गए, पर मैं कहानी न लिख सका। भैया ने भी फिर कुछ नहीं कहा । शायद वे मेरी बात समझ गए थे ।

और अब हारकर मैं फिर इस बात को छिपाने लगा हूं कि मैं कहानियां लिखता हूं । डरता हूं कहीं कोई कहानियों से हीन जीवन बिताने वाला व्यक्ति अपने जीवन की कहानी लिखने को न कह बैठे। पता नहीं कितने लोग हैं, जो मशीनें बनाने को बाध्य हुए हैं और जिनके जीवन में एक भी कहानी ने कभी जन्म ही नहीं लिया ।

८.१०.१९६०

नाबालिग वर

सुषमा को किसी ने बताया तो नहीं था, पर वह सब कुछ समझ रही थी। उससे केवल इतना ही कहा गया था कि पिताजी के कोई मित्र आ रहे हैं। पर वह कोई छोटी बच्ची तो थी नहीं कि इस झूठ को चीरकर उसके तले में छिपे सत्य को नहीं देख सकती। पिताजी के तो कितने ही मित्र आते रहते थे, पर कभी तो घर की ऐसी सफाई नहीं हुई थी, कभी तो सारी वस्तुएं चमकायी न गयी थीं। और फिर आने वाले जब पिताजी के मित्र थे तो उसको क्यों अच्छे कपड़े पहन तैयार होने को कहा गया था।

कल जब सुषमा कॉलेज से संध्या समय लौट रही थी तो उसने रसोई में पिताजी के धीरे-धीरे बोलने की आवाज़ सुनी थी। ठिठककर वह बाहर ही रुक गयी थी।

"लड़का अच्छा है," पिताजी कह रहे थे, "आजकल के लड़कों के समान नहीं है। बहुत सुशील है। कह रहा था, आप कहते हैं तो आ जाऊंगा, पर स्वीकृति तो मेरे माता-पिता ही दे सकेंगे।"

"अच्छा!" माताजी का प्रसन्न स्वर सुनायी पड़ा था।

"हां।" पिताजी फिर बोले, "सोचो न, इस युग में ऐसा लड़का कहां मिलेगा जो मां-बाप का ख़याल करे। और शादी-विवाह के संबंध में तो लड़के बहुत उच्छृंखल हो गए हैं। कहते हैं कि हमें शादी करनी है कि मां-बाप को!"

"तब तो लड़का अच्छा है।" माताजी शायद सब्जी में करछुल चला रही थीं, "हमें ऐसा ही लड़का चाहिए।"

सुषमा ने पिताजी के बाहर आने की-सी आवाज़ सुनी। वह भागकर अपने कमरे में चली गयी।

उस समय उसके हृदय में तूफान-सा मचा हुआ था—कौन है यह जिसकी इतनी प्रशंसा हो रही है? इसमें तो कोई संदेह ही नहीं था कि यह सब कुछ उसी के लिए हो रहा था। अब बी० ए० की परीक्षा में दो ही महीने तो रह गये थे। पिताजी को इसलिए उसकी चिंता अधिक सता रही थी। वे चाहते थे, परीक्षा देते ही उसके हाथ पीले कर दिये जाएं। और शायद वे खोज ही लाये थे किसी को।

पर यदि पिताजी उसी के लिए यह लड़का ठीक कर रहे हैं, तो भूल कर रहे हैं। ऐसा पति उसे नहीं चाहिए, जिसमें जरा-सा भी पौरुष न हो, जो अपना विवाह भी मां-बाप से पूछकर ही करे! यह क्या एक युवक का कथन है—माता-पिता स्वीकृति देंगे! जैसे स्वयं अभी नाबालिग हो या कोई अनपढ़ घरेलू लड़की हो कि अपने मुख से विवाह की स्वीकृति देने के लिए आवाज़ न निकलती हो। इससे तो आज की लड़कियां ही अच्छी। कम-से-कम अपने जीवन से संबंधित बातों का निर्णय तो स्वयं ही करना चाहिए। यह आया है बड़ा पितृभक्त! बाप लाकर गांव की एक भैंस बांध देगा खूंटे से तो उसी को स्वीकार कर लेगा अपनी पत्नी। चलो, ठीक है, ऐसे व्यक्ति के विषय में उसे कुछ नहीं सोचना है···

पर फिर उसे पिताजी पर भी क्रोध आया। यदि उसी के लिए सब कुछ है तो उससे छिपाने की आवश्यकता ही क्या है। बच्ची तो है नहीं वह, बीस वर्ष की हो चुकी है, इक्कीसवां चल रहा है। और फिर उसके विवाह में उससे आखिर पूछा क्यों न जायेगा। लड़के को वह पसन्द आ भी गयी तो क्या, यदि उसी को लड़का पसन्द न आए तो? यदि वह 'ना' कर दे तो पिताजी क्या करेंगे? पहले तो उनको उसी से पूछना चाहिए था। समय के परिवर्तन का तो पिताजी पर जरा भी प्रभाव ही नहीं पड़ता। ये अभी अपने विवाह के समय के समाज में ही जी रहे हैं। अभी तक इन्हें पता ही नहीं कि लोग कहां से कहां चले गए हैं। अब वह समय नहीं रहा, जब उन्होंने पुष्पा जीजी का विवाह उनसे एक बार भी पूछे बिना ही कर दिया था। और आज उस बात को बारह वर्ष भी तो बीत चुके हैं। दुनिया कहां से कहां पहुंच गयी है। पुष्पा जीजी केवल छठी कक्षा तक ही पढ़ पायी थीं और वह तो कुछ महीनों में बी० ए० हो जायेगी। पुष्पा जीजी ने कभी घर से बाहर पग नहीं निकाला था, और वह दुनिया भर घूम-फिर आयी है। पुष्पा जीजी आज चार बच्चों की मां होकर भी अकेली बाज़ार नहीं जा सकतीं और वह किसी समय भी, कहीं भी आ-जा सकती है। कितना बदल गया है युग! और पिताजी अब भी वैसे के वैसे हैं—जड़ पत्थर!

फिर उसके विचार उस लड़के की ओर भटक गए···वह भी मालूम होता है, उसी युग में जी रहा है, जिसमें पिताजी जीते हैं। 'स्वीकृति तो माता-पिता ही देंगे'—ऊंह! आने तो दो उसको। वह भी पूछेगी—क्यों, स्वयं ही आये हो

या बापू की अंगुली पकड़कर ? या अम्मा से पूछकर तो आये हो न ? वापस जाने पर अम्मा मारेंगी तो नहीं ? वह फिर मन-ही-मन हंस पड़ी—क्या-क्या सोच जाती है वह भी।

माताजी ने उसे तैयार होने के लिए दुबारा कहा, तो वह पूछ ही बैठी, "कौन आ रहा है, मां ?"

"तुम्हारे पिताजी के ऑफिस में काम करते हैं, बेटी !" मां ने बताया।

"पिताजी के मित्र हैं ?" उसने फिर पूछा।

"हां-हां।" माताजी जल्दी में थीं। बोलीं, "तुम तैयार हो जाओ।"

"क्यों आ रहे हैं, मां ?" सुषमा ने बड़े ही भोलेपन से पूछा, पर एक दुष्ट-सी मुसकान उसके अधरों पर खुल-खेलने के लिए व्याकुल हो रही थी।

"बस आ रहे हैं।" मां ने व्यग्र-सी होते हुए कहा।

"पहले तो कभी नहीं आये, मां ?" वह पीछा छोड़ने को तैयार न थी।

"हां-हां, पहले नहीं आए। अब वे अपने घर जा रहे हैं बनारस। इसीलिए तेरे पिताजी ने चाय पर बुलाया है।" और माताजी चली गयीं।

ओह, यह बात है !···सुषमा के सामने बातें कुछ स्पष्ट-सी हो चली थीं—तो वह आ रहा है उसे देखने के लिए। यहां से देखने के पश्चात वह बनारस जाएगा, अपने मां-बाप के पास, ताकि उनसे पूछ ले और तब पिताजी को सूचित कर सके। 'अच्छा, तुम भी क्या याद करोगे, बच्चू !' सुषमा ने उसे मन-ही-मन ललकारा, 'किसी से पाला पड़ा था।' पिताजी भी मुझसे पूछ नहीं रहे न ! पूछना तो दूर, सच्ची बात भी नहीं बता रहे। ठीक है—जब सब कुछ ठीक-ठाक हो जाएगा, तो वह इनकार कर देगी ! वह जानती थी, घर में कुहराम मच जाएगा, उसे क्या-क्या न कहा जायेगा। जनमते ही मर जाने की दुहाई दी जायेगी। शायद माताजी ज़हर खाकर मर जाने की धमकी भी दें—पर ये सब पुरानी बातें हैं। उसके पास सबका उत्तर है। माताजी ज़हर खाने की बात कहेंगी, तो वह भी कहेगी—नहीं, आप क्यों मरेंगी, मुझे ही संखिया दे दीजिए। वह भी दिखा देगी कि मां-बाप अपनी ही इच्छा से सब कुछ करना चाहें, तो परिणाम क्या हो सकता है···

विचारों में उसे पता ही न चला कि जब माताजी फिर उसके पास आ गयी थीं।

"तू तैयार नहीं हुई अब तक ?"

"जाती हूं, मां !" और वह चली गयी।

पहले तो उसके मन में आया कि तैयार ही न हो, बल्कि इन कपड़ों को भी उतारकर, धोबी को देने वाले कपड़ों की टोकरी में से निकालकर मैले-कुचैले-से कपड़े पहन ले और बाल भी अच्छी तरह से बिखेर ले—पूरी ताड़का राक्षसी

बनकर जाए उसके सम्मुख ! फिर सोचा—क्या लाभ, उससे तो अच्छा है कि अच्छी तरह सज-धजकर तैयार हो जाए। खूब सुंदर बनकर उसके सम्मुख, उस पर बिजलियां गिरा आए। और जब वह हां कर दे तो, 'मैं नाबालिग से विवाह नहीं करूंगी' कहकर वहीं इनकार कर दे।

अपने सौंदर्य और उसके प्रभाव से वह अपरिचित नहीं थी। वे सारे के सारे रिमार्क उसे एक-एक कर याद आने लगे, जो कॉलेज में इधर-उधर से आते-जाते लड़के धीरे-से उछाल दिया करते थे।

सहसा उसने सोचा—क्या पहने वह ? ओह ! ठीक है—हरी साड़ी पहनेगी वह, हरे ही ब्लाउज के साथ ! और सहसा उसके गाल लाज से अरुणिम हो उठे···

जब पहली बार वह यही कपड़े पहनकर कॉलेज गयी थी तो कोलाहल-सा मच गया था। कम्पाउण्ड में प्रवेश करते ही, कहीं से आवाज़ आयी थी, "कत्ले-आम !"

"आज कॉलेज में लाशें गिरेंगी।" किसी दूसरे ने कहा।

"फोर्थ इयर डाई हुआ आज !" एक और स्वर आया था।

उसे बड़ा क्रोध आया था—ये मुस्टंडे इसीलिए खड़े रहते हैं गेट के पास कि आती-जाती लड़कियों पर आवाज़ें कसते रहें।

और फिर जब वह क्लास में गयी तो कांत अकेला वहां बैठा था। वह झिझक-सी गयी। वह जानती थी, आज बहुत आकर्षक लग रही थी वह। यदि कांत भी कुछ कह बैठे तो ? क्लास में और कोई है भी तो नहीं। पर वह जानती थी, कांत ऐसा लड़का नहीं है। वही तो एक लड़का है कॉलेज में जिसे सभ्य कहा जा सकता है। आज तक किसी लड़की को उससे किसी प्रकार की शिकायत नहीं हुई थी।

वह साहस करके आ गयी क्लास में। उसने कांत की ओर देखा—वह उसी की ओर देख रहा था। आज तक उसने कांत की आंखों में ऐसे भाव नहीं देखे थे। वह फिर संकुचित-सी हो गयी।

"सुषमा, एक बात कहूं ?" कांत ने स्वयं ही पूछा था।

"कहो !" वह बड़ी कठिनाई से कह पायी, पर वह समझ रही थी, वह भी कपड़ों के विषय में कहना चाहता था। "यू आर लुकिंग ग्रेण्ड," कांत बोला, "हरे पत्तों में जैसे कोमल गुलाब की कली !"

और वह उठकर क्लास से बाहर चला गया। सुषमा कट-सी गयी। पर इस उपमा पर उसे क्रोध न आया। अच्छी लगी उसे—भला इसमें क्रुद्ध होने की बात ही क्या थी ? उसने सौंदर्य की सुन्दर तथा शिष्ट शब्दों में प्रशंसा ही तो की थी।

उसने तैयार होकर दर्पण पर अंतिम दृष्टि डाली—सचमुच आज फिर वह गुलाब की कली लग रही थी, हरे पत्तों से घिरी हुई। अनजाने ही मुसकान उसके अधरों पर आ विराजी।

"तैयार हो गयी, सुषी ?" दरवाज़े पर माताजी खड़ी थीं।

"हां।" वह बोली, "पर मां, पिताजी के मित्र आने वाले हैं तो मुझे क्यों तैयार करवा रही हो ? तुम लोग तो ऐसे कर रहे हो जैसे कोई मुझे देखने आ रहा हो !"

"चुप, बदतमीज़ !" माताजी ने डांटने की चेष्टा की, पर डांट सकीं नहीं। सुषमा भी मुसकराकर रह गयी।

"अच्छा !" माताजी बोलीं, "थोड़ी देर में तुझे बुलाऊंगी मैं।"

ओह—सुषमा ने सोचा—तो वे महाशय आ चुके हैं। अच्छा, कैसा होगा यह नाबालिग वर ? वह सोचने लगी—बुद्धू-सा होगा अवश्य, या भोला-सा। जरूर छोटा-सा बच्चा लगेगा देखने में। जिसका मस्तिष्क परिपक्व न हो, इच्छा दृढ़ न हो—उसके मुख पर परिपक्वता और मेधा के चिह्न कैसे हो सकते हैं ? जरूर-बुद्धू-सा ही होगा ! सुषमा को सारा-का-सारा व्यापार मजाक-सा लग रहा था। किसी भी बात को गम्भीरतापूर्वक सोच ही न पा रही थी।

"सुषी !" माताजी की आवाज़ आयी।

"आयी, मां !" और वह चंचल बच्चियों के समान फुदकती-सी रसोई में चली गयी।

"कॉफी दे आ पिताजी को।" माताजी ने कहा।

उसे लगा, उसकी सहजता और मुसकान उसका साथ न दे सकेंगी। एक प्रकार का संकोच-सा छा गया उस पर। क्या हुआ यदि वह पढ़ी-लिखी आधुनिका है ? क्या हुआ यदि वह अतिथि नाबालिग वर है ? क्या हुआ यदि वह इनकार करने की ठान चुकी है ? आखिर तो वह उसे देखने के लिए ही आया है।

और वह ठीक लजीली लड़कियों के समान ही ठिठकती-ठिठकती, सिहरती सिहरती-सी दरवाज़े तक आयी और अन्त में रुक ही गयी। पग उठ ही नहीं रहे थे।

"आओ, सुषी ! आ जाओ !" पिताजी ने कहा।

और वह बंधी-बंधी-सी घिसटती हुई भीतर चली गयी। मेज़ पर ट्रे रखकर मुड़ी ही थी कि नज़र उस नाबालिग पर पड़ी। वह ठहर न सकी—भागती हुई-सी बाहर आ गयी। हांफ-सी रही थी, जाने क्यों। जाकर अपने बिस्तर पर गिर पड़ी।

उसका मुख सुषमा की आंखों में फिर रहा था—नाबालिग तो नहीं

लगता, भोला भी नहीं, बुद्धू भी नहीं। मेच्योर्ड है! गोरा रंग, क्लीन शेव। मोटे फ्रेम की ऐनक, तीखी नाक। 'सुन्दर है! सुन्दर है!' कोई स्वर उसके मन में बार बार गूंज रहा था। 'सुन्दर हो न हो, आकर्षक है—जैसे मेधा स्वयं बोल रही हो आंखों से! पर देखने से क्या हुआ? है तो बुद्धू ही न! बाप की अंगुली पकड़कर चलने वाला। छोड़ो, जिसके पास अपनी इच्छा-शक्ति, विल-पॉवर ही नहीं, वह पुरुष कैसा! छोड़ो...'

जाने वह कब तक वैसे ही पड़ी रही। चेतना तब लौटी, जब बाहर पिताजी का स्वर सुनायी पड़ा। वे शायद छोड़ने जा रहे थे उसे।

क्या बातें हुई होंगी उनमें? सहसा प्रश्न उसके मस्तिष्क में उठा। कौन बताएगा उसे? कौन बताएगा? पिताजी से वह पूछ नहीं सकती थी, माताजी बताएंगी नहीं। तब? तब क्या? उसे बड़ा क्रोध आया स्वयं पर। बड़ी निडर, आधुनिक, पढ़ी-लिखी और जाने क्या-क्या बनती है; इतना तो साहस नहीं कि जाकर पिताजी से कुछ पूछ ही सके। तो क्या करे? क्या धैर्य?

उस दिन के पश्चात सुषमा रोज़ एक बार पिताजी की मेज़ की तलाशी ले जाया करती थी। जितने भी पत्र आते थे, सब चोरी-छिपे पढ़ जाया करती थी। कई बार उसने मन को समझाया भी—क्या लाभ? उसे तो विवाह करना नहीं है उस नाबालिग वर से, फिर क्यों यह उत्सुकता थी? वह रोज़ एक बार पिताजी की डाक देख ही जाती।

एक बार मन में प्रश्न उठा भी, कहीं वह 'इनकार' की बात सोचकर पिताजी के प्रति अन्याय तो नहीं कर रही है। वैसे तो लड़का अच्छा है, देखने में सुन्दर भी है, कमा भी रहा ही होगा—पर क्या करना है सुन्दरता और कमाई को—उसने सोचा—उसे पति चाहिए, जो बालिग हो, पुरुष हो, दृढ़ हो। बाप की अंगुली पकड़कर चलने वाले बच्चे को वह पति-रूप में स्वीकार नहीं कर सकती, कभी नहीं!

सुषमा को देर हो गयी थी। उस दिन कॉलेज से ही सुधा खींचकर ले गयी थी उसे। उसके पिताजी दिल्ली से कुछ साड़ियां लाये थे। वे ही दिखाना चाहती थी सुधा उसे। सुषमा ने कितनी बार कहा था सुधा से कि जल्दी जाने दे। पर उसने आने ही न दिया।

अब तो कुछ-कुछ अंधकार भी उतर आया था। सुषमा जानती थी, इस प्रकार देर होने से पिताजी कितने क्रोधित होते हैं। जान ही तो नहीं छोड़ते, बोले ही जाते हैं।

कुछ मजा ही नहीं आया सुधा के घर जाने का—सुषमा सोच रही थी। वहां भी भय लगा ही रहा था पिताजी का। एक क्षण के लिए भी तो आश्वस्त नहीं हो

पायी थी। लाभ ही क्या?

पर अब तो देर हो ही चुकी थी। सुधा को बुरा-भला कहने का कोई लाभ न था। सुषमा मन-ही-मन मना रही थी कि पिताजी अभी न लौटे हों, उन्हें कहीं विलम्ब हो जाए, या नहीं तो घर में ही कोई अतिथि आ जाए···पर वह जानती थी, ऐसा नहीं होगा।

घर पहुंचते ही सुषमा धक्-सी रह गयी—पिताजी की साइकिल बरामदे में खड़ी थी। तो आ गये पिताजी? वह संभल गयी। धीरे-धीरे बिना शब्द उत्पन्न किये वह अपने कमरे तक पहुंच जाना चाहती थी। पर वह गयी नहीं। स्वयं ही रुक गयी रसोई के पास।

अंदर माताजी और पिताजी दोनों ही थे। सुषमा पिताजी का स्वर पहचानती थी। जब कभी वे इस प्रकार स्वर दबाकर बोलते थे तो अवश्य ही कोई रहस्य वाली बात होती थी।

सुषमा दरवाज़े के एकदम पास आ गयी।

"सुषी कहां है?" पिताजी पूछ रहे थे।

"अभी आयी नहीं है कॉलेज से!" यह माताजी का स्वर था।

सुषमा ने सोचा, जल्दी से भागकर चली जाए अपने कमरे में···पर पिताजी इस प्रकार क्यों बोल रहे हैं?

"ठीक है।" पिताजी का स्वर बहुत दबा हुआ था, पर वे आश्वस्त थे, "बनारस से पत्र आया है।"

"ऐं? क्या लिखा है?" माताजी के स्वर के साथ सुषमा की उत्सुकता भी जाग उठी थी।

"उसके पिता नहीं मानते।" पर इस बार स्वर में उदासी नहीं थी।

"सौरभ ने मनाया नहीं?" माताजी का प्रश्न था।

"यदि वे मान भी जाएं तो अब हम रिश्ता नहीं करेंगे।" पिताजी का स्वर दृढ़ था।

चलो, जान छूटी—सुषमा सोच रही थी।

"क्यों?" माताजी ने पूछा।

"मैंने समझा था लड़का सुशील है, आज्ञाकारी है," पिताजी रुक-रुककर कह रहे थे, "इसीलिए जब वह रिश्ते के लिए 'हां' करके गया था तो मैं प्रसन्न था। पर इसने वहां जाकर क्या किया है, जानती हो?"

"क्या किया है?"

क्या किया होगा—सुषमा ने सोचा—बाप से कहा होगा कि एक लड़की देखी है मैंने, शादी कर लूं? और बाप ने मना कर दिया होगा···आज्ञाकारी पुत्र ···हूं!

"बाप ने कहीं और वचन दिया हुआ है," पिताजी कह रहे थे, "बेटा मुझे वचन दे गया है। बाप अपने वचन पर अटल है, बेटा भी अड़ गया है अपनी बात पर। अपने पिता से लड़ाई की है उसने और घर छोड़कर अब किसी होटल में ठहरा हुआ है, 'मैं अब भी अटल हूं अपने वचन पर।' बड़ा आया वचन वाला!" पिताजी के स्वर में भी तिरस्कार था, "हमें नहीं चाहिए ऐसा लड़का! बेहूदा!"

सुषमा को लगा, उसके भीतर कहीं प्रसन्नता का शीतल स्रोत-सा फूटा है। उसे लगा वह प्रसन्न थी, बहुत प्रसन्न! वह दौड़ती हुई अपने कमरे में आयी—सचमुच यह तो नाबालिग नहीं है। यह तो पुरुष है, दृढ़ पुरुष, पौरुषपूर्ण। क्या समझा था मैंने—उसने सोचा—और क्या है वह। वह पुरुष ही क्या जो तनकर खड़ा न हो सके संसार के सम्मुख। वह वरेगी, इसी पुरुष को वरेगी। पर पिताजी? ···पिताजी जो नहीं मान रहे···

और सुषमा के बीच का शीतल-स्रोत ताप का उत्स बन गया। उसे लगा, वह जल रही है। भीतर ही भीतर। उसके लिए सौरभ ने विद्रोह किया था पिता से, वह भी विद्रोह करेगी, नहीं मानेगी पिताजी की बात। उसे तो ऐसा ही पुरुष चाहिए जो अपनी जीवन-संगिनी के लिए पिता से क्या, भगवान से भी लड़ सके। जो झुके नहीं, चाहे टूट ही जाए!

सुषमा दौड़कर पढ़ने की मेज़ पर आयी। पत्र लिखे वह उसे? हां, वह पत्र लिखेगी उसे। अपनी स्वीकृति देगी। वह उसी को वरेगी, जो उसे पाने के लिए लड़ सकता है···पर पता? किस पते पर लिखे?

उसे लगा, उस पर निराशा-सी छा रही है। तो क्या वह कुछ नहीं कर सकती? बिलकुल असमर्थ है, अशक्त है? कुछ नहीं कर सकती? कर सकती हूं। कर क्यों नहीं सकती?—वह तड़प उठी—मैं प्रतीक्षा करूंगी। आओगे तो तुम भी यहां लौटकर। नौकरी तो नहीं छोड़ दी तुमने। मैं स्वयं तुमसे मिलूंगी, अवश्य मिलूंगी...

पर पिताजी को पता चला तो? पिताजी? उसे भय नहीं है पिताजी का, नहीं डरती वह पिताजी से! एकदम नहीं डरती···और उसे लगा, भय उसमें कतई नहीं है।

१२.१०.१९६०

लोगों के बच्चे

प्रवीण तंग आ गया था सुनते-सुनते। कितनी बार कहा भी, पर मां सुनती ही नहीं। अब भला वह किस-किस ओर ध्यान दे? एक तो पढ़ाई, फिर घर के छोटे-मोटे काम और अब वह मां का काम भी ले ले अपने हाथ में, यह तो सम्भव नहीं उसके लिए। और यदि उस ओर ध्यान न दे तो फिर मां की बातें!

कल ही तो चूल्हे पर पड़ी-पड़ी दाल जलने लगी थी, पर उसका उस ओर ध्यान ही नहीं गया था। सीधी-सी तो बात थी, जो काम उसने कभी किया नहीं था, उस ओर ध्यान कैसे जाता। अब वह अपनी पढ़ाई करे कि देखे चूल्हे पर की दाल जल रही है या पक रही है! पर मां को समझाना कठिन था। स्त्रियों की तो शायद यह जन्मजात प्रवृत्ति होती है। मां ने घर के अंतिम छोर से दाल के जलने की गंध सूंघ ली थी और प्रवीण बगल के कमरे में बैठा हुआ भी कुछ न जान पाया।

मां ने दाल उतारने के पश्चात, दाल जलने का क्रोध प्रवीण पर उतारा, "पास बैठे रहते हो, इतना भी नहीं देख सकते कि चूल्हे पर क्या पक-सड़ रहा है।"

"मुझे पता नहीं चला, मां!' प्रवीण ने सहज भाव से कहा।

"तुम्हें पता नहीं चला," मां का क्रोध बढ़ा, "और मुझे दो कोस पर गंध आ गयी।"

"इसका कारण है, मां!" प्रवीण ने समझाना चाहा।

"क्या कारण है रे, जरा मैं भी तो सुनूं?" मां बोली, "तेरी नाक तेरे पास नहीं है क्या?"

"नहीं, मां!" प्रवीण जरा खीझ उठा, "मेरा ध्यान पढ़ाई में था। मां,

तुम्हारा तो काम ही है खाना पकाना, इसलिए तुम्हें मालूम हो जाता है।"

"हां, मां का काम है खाना पकाना, और तुम्हारा काम है मां को दुख देना। यह भी नहीं होता कि जरा-सी सहायता ही कर दें। मैं ही सब जगह दौड़ी फिरूं। आखिर क्या फायदा है ऐसे जवान बेटों का?"

"मां, अजीब हो तुम भी।" प्रवीण के स्वर में भी आवेश था, "क्या रोज़-रोज ताने देती हो। जो मेरा काम है, वह तो कर ही देता हूं। अब खाना पकाने का काम भी मैं ही करूं? लड़कियों के काम मुझसे नहीं होते।"

"हां-हां!" मां का स्वर और तेज हो गया, "पकाना लड़कियों का काम है और खाना लड़कों का। लोगों के लड़के मां की मदद नहीं करते? जिनके घरों में लड़कियां नहीं होतीं, वहां लड़के ही तो सब काम करते हैं।"

"फिर लोगों की बात!" प्रवीण को सदा ही क्रोध आ जाता था लोगों के उदाहरण से। "लोग चोरियां करते हैं, डाके मारते हैं, हत्याएं करते हैं। लोगों की बात ही क्या है? तुम्हारा बेटा भी लोगों जैसे काम करे तो उसे घर से निकाल दो तुम।"

"हां, लोगों की बुराइयां तो दिखती हैं," मां लड़ाई का अंत करने के ढंग से बोली, "उनके गुण भी देखा करो न!"

बात समाप्त हो गयी, पर यह एक दिन की तो बात नहीं। रोज ही तो किसी-न-किसी बहाने मां से झड़प हो जाती। प्रवीण बहुत चेष्टा करता समझाने की, पर मां समझती ही नहीं।

पर कभी-कभी प्रवीण सोचता—ठीक ही तो कहती है मां! बेचारी कब तक काम करेगी! भगवान भी अजीब है—लड़के तीन दिये, लड़की एक भी नहीं। अब कोई तो चाहिए सहायता के लिए। बड़े दोनों भाई तो काम पर चले जाते, घर में प्रवीण ही होता और मां उसी से कह बैठती काम करने के लिए। कभी-कभी वह कोई काम कर भी दिया करता। आखिर तो मां बेचारी बूढ़ी है, क्या हुआ अगर कह देती है ऐसे काम करने के लिए।

पिछली बार घर में किसी का खाना था तो पिताजी पचास तरह की वस्तुएं बनाने के लिए कह गये थे। घर में कोई नौकर भी तो नहीं, अकेली मां है काम करने वाली। आखिर कहां तक करे? प्रवीण की भी परीक्षा थी, सप्ताह भर में। आई० एस० सी० का टेस्ट था, कोई साधारण परीक्षा तो थी नहीं कि छोड़-छाड़कर मां के साथ लग जाता। परीक्षा का भय छोड़कर वह मां की सहायता करता भी, तो क्या करता? वह रसोइया थोड़े ही था! फिर भी कुछ-न-कुछ तो करता ही रहा। कुछ काट दिया, कुछ पीस दिया, कभी पूरियां तल दीं, कभी पानी ही ला दिया—पचास काम होते हैं रसोई के। उस दिन उसका पूरा दिन ही समाप्त हो गया।

और जब अतिथि खा-पीकर चले गये तो मां थकी-टूटी चारपाई पर पड़ी रही।

"थक गयी, मां !" उसने पूछा।

"थकूंगी नहीं तो क्या होगा ?" मां ने करवट बदली, "काम करने वाले को पता चलता है। इनको तो रोज़ ही भोज देने की पड़ी रहती है।"

"अरे मां !" प्रवीण हंसा, "मैं भी तो लगा रहा तुम्हारे साथ। मेरी तो अगले सप्ताह परीक्षा है, तुमको कौन-सी परीक्षा देनी है !"

"तो मैं क्या करूं, बेटा !" मां का स्वर कोमल हो गया, "मैं कब चाहती हूं कि तुमको कष्ट दूं। अब बूढ़ा शरीर है, काम नहीं करता। मजबूर हूं, और क्या !"

"एक काम करो, मां !" प्रवीण बोला, "भैया का विवाह कर दो, सारे काम आसान हो जाएंगे।"

और मां को यह बात पसन्द आयी। उसने उसी दिन भैया के सामने प्रस्ताव भी रख दिया। भैया ने इनकार किया तो मां ने अपना दुखड़ा रोना प्रारम्भ कर दिया, "मुझसे नहीं होता चूल्हे-चौके का बखेड़ा। अब ब्याह नहीं करना है तो होटल में खा लिया करो।"

फिर तो घर में खूब कोलाहल मचा। मां ऐसे पीछे पड़ी, जैसे कल ही बहू ले आयेगी। भैया शादी के नाम से ऐसे घबराते थे जैसे शादी शादी न हो, फांसी हो। प्रवीण ने कई बार सोचा—ठीक ही कहते हैं भैया। डेढ़ सौ रुपये ही तो मिलते हैं उन्हें, कैसे कर लें शादी ! पत्नी आयेगी तो संतान भी होगी ही। कई प्रकार के खर्च बढ़ जाएंगे, वे कहां से लाएंगे इतना ? वे अपना ही काम चलाएं, घर में पैसे न दें तो और मुसीबत !

भैया के घर में पैसे न देने के विचार से प्रवीण चौंक उठा। भैया यदि कल ही विवाह करके अलग हो जाएं या घर में पैसे देना बन्द कर दें तो उसकी पढ़ाई कैसे होगी ? पिताजी के वेतन से घर का किराया और राशन भर ही तो आता है। उन्होंने तो कितनी बार संकेत भी किया था कि प्रवीण अब पढ़ाई छोड़कर कहीं काम-धाम खोजे। पर भैया ही अड़े हुए थे कि कम-से-कम एक भाई तो पढ़-लिखकर आदमी बने।

इसी विचार से प्रवीण ने फिर कभी मां को बहू का स्मरण नहीं दिलाया था, नहीं तो घर में फिर महाभारत छिड़ जाती।

लेकिन घर में भाभी न आए, तो रसोई का काम ! और फिर मां के ताने !

उस दिन दोपहर ही से मां कहीं गयी हुई थी, पड़ोसियों के घर। प्रवीण ने सोचा था, चार बजे चाय के समय तक लौट आयेगी मां। पर बातों का क्या है,

समाप्त होने में नहीं आतीं। मां पांच बजाकर ही आयी और प्रवीण को चाय के अभाव में घर में ही बैठे रहना पड़ा। कहीं जा नहीं सका वह।

पहले तो बैठा सोच रहा था कि मां आयेगी तो चाय बनवायेगा और पीकर जल्दी से चला जायेगा किन्तु मां को देखकर उबल पड़ा—"तुमको मालूम नहीं मां कि चार बजे चाय का समय होता है। कहां चली जाती हो रोज़-रोज़ ?"

मां को भी आते ही ऐसी बात सुनकर बुरा लगा, "कहां चली जाती हूं रोज़-रोज़ ? स्वयं चाहे दिन-भर शक्ल न दिखाओ, मैं पल-भर को चली जाऊं तो दिल घबराने लगता है सबका। तुम लोग तो चाहते ही हो, मैं कहीं जाऊं ही नहीं। घर में ही मरी रहूं।"

"अरे, मां, तुम भी···" प्रवीण कुछ नरम पड़ा, "जाओ न बाबा, जहां मन हो जाओ, पर चाय के समय तो आ जाया करो।"

पर मां का क्रोध उतरा नहीं, "मुई चाय न हुई, क्या हो गया। मैं चली गई थी तो क्या रसोई भी ले गई थी साथ ? चाय भी घर में थी, चीनी भी, दूध भी था, पानी की कोई कमी है क्या ?"

"सब कुछ तो था, मां !" प्रवीण बोला, "पर तुम जो नहीं थीं। बनाता कौन ?"

"लो, और सुनो !" मां चारपाई पर बैठती हुई बोली, "लोगों के बच्चे चाय बना-बनाकर लोगों को पिलाते हैं और मेरे बच्चों से अपने लिए भी नहीं बनती।"

"कौन बनाता है चाय लोगों के लिए ?" प्रवीण खीझ उठा।

"तुम्हारे दोस्त ही हैं, और कौन ? सुनीत के घर गयी थी। मां उसकी मेरे पास बैठी रही और वह चाय बनाकर ले आया।"

"लोगों की बात छोड़ो तुम, मुझसे नहीं होता लड़कियों का काम। लोग करते हैं तो करें।"

और प्रवीण का क्रोध मां से हट सुनीत पर चला गया। यह कमबख्त भी अजीब है। पहले भी वह सुनीत के कारण मां से कितनी बातें सुन चुका है। सुनीत है भी तो पूरा रसोइया। खाना पकाने का सारा काम जानता है। पिकनिक में साथ चलता है तो बहुत मजा आता है। किसी को काम नहीं करना पड़ता। सब कुछ वही कर देता है चटपट। प्रवीण मज़ाक भी करता है उससे, "जिस दिन होटल खोलूंगा, उस दिन तुमको अपना हैड-कुक बना लूंगा।"

पर वही सुनीत जब घर में काम करता तो प्रवीण को अच्छा न लगता। उसी के कारण प्रवीण को भी रसोई का काम करना पड़ता। जब कभी इनकार करता, मां सुनीत का उदाहरण देने लगती, "एक वह है सुनीत, जो पढ़ता भी है, बाज़ार का काम भी करता है। घर में कोई आ जाए, मां जा बैठती हैं और वह

सारा नाश्ता तैयार कर लाता है। एक तुम लोग हो कि बस! कल मैं बीमार पड़ जाऊं तो होटल से ही आएंगी रोटियां।"

और ऐसे समय में सदा ही प्रवीण सोचता—यदि कहीं सुनीत आसपास होता तो वह अवश्य उसे पीट बैठता।

दूसरे दिन संध्या समय मां नाश्ते के लिए मट्ठियां तल रही थी कि सुनीत की मां आ गयी। मां से इतना धैर्य भी नहीं हुआ कि कड़ाही में डाली हुई मट्ठियां निकाल ही ले। सब कुछ प्रवीण पर छोड़कर भाग ही गयी, "बेटा प्रवीण, इन मट्ठियों को निकाल ले और चाय के दो कप ले आ।"

प्रवीण के जी में आया, इनकार कर दे। पर दूसरे ही क्षण उसने सोचा, आयी भी है तो सुनीत की मां। इनकार करूंगा तो मां अभी भाषण आरम्भ कर देगी सुनीत की प्रशंसा में। इससे तो अच्छा है, वह इतना-सा काम कर ही दे।

मट्ठियां उसने निकाल ही लीं, चाय के कप बनाये और दे भी आया। पर उसने मन में सोच लिया कि अब सुनीत को डांटना ही पड़ेगा। उसी बदतमीज के लिए यह सब करना पड़ता है।

दूसरे दिन सुनीत जब कॉलेज में मिला तो प्रवीण को आश्चर्य हुआ, क्योंकि बात सुनीत ने ही आरम्भ कर दी, "अरे, यार, कल तुमने मेरी माताजी को मट्ठियां तलकर खिलायीं!"

"तेरे ही तो कारण सब कुछ करना पड़ता है!" प्रवीण ने दांत पीसे।

"मेरे कारण क्यों? तुमने ही तो कल उनको चाय पिलाकर मेरी जान को मुसीबत कर दी!"

"क्या हुआ?" प्रवीण की उत्सुकता जागी।

"होता क्या, आज सवेरे सारा नाश्ता तैयार किया। कुछ पढ़ भी नहीं सका।"

"क्यों किया?"

"करता कैसे नहीं?" सुनीत बोला, "इनकार किया तो भाषण का डोज मिला। माताजी कहने लगीं, 'लोगों के बच्चे यह करते हैं, वह करते हैं।' मैंने सोचा इससे तो अच्छा है बना ही डालो।"

"और जानते हो, मुझे क्यों करना पड़ता है?" प्रवीण बोला, "क्योंकि तुम करते हो। तुमने ही तो चाय पिला-पिलाकर मेरी माताजी की आदत बिगाड़ दी है। मैं न करूं तो तुम्हारा उदाहरण दिया जाता है और लोगों के बच्चों की विरुदावलियां गायी जाती हैं।"

"अच्छा, यह बात!" सुनीत हंस पड़ा, "तो एक समझौता करो—अब जब

तुम्हारी माताजी आएं तो मैं कुछ नहीं करूंगा और मेरी माताजी आएं तो तुम कुछ नहीं करोगे।"

"ठीक।"

समझौता पक्का हो गया।

रविवार की छुट्टी थी और प्रवीण सवेरे से ही पढ़ रहा था। अभी वह सोच ही रहा था कि आज 'धातुओं' का अध्याय समाप्त करके ही उठेगा।

सुनीत की मां को आए आधा घंटा हो गया था। मां वहीं बैठी हुई थी। बातें छोड़कर कैसे उठती? उठती नहीं तो चाय कैसे बनाती? पर अतिथि को चाय पिलानी भी तो आवश्यक थी।

"बेटा प्रवीण, जरा चूल्हे पर चाय का पानी तो रख दे!" मां ने आवाज़ को लंबी करते हुए कहा।

आवाज सुनते ही प्रवीण को सुनीत के साथ किया हुआ वायदा याद हो आया। उसने जी कड़ा करके वहीं से कह दिया, "अपने आप रख लो, मां, मैं पढ़ रहा हूं।"

मां ने फिर कुछ नहीं कहा। वह जानता था, यदि और कोई समय होता तो अवश्य ही उसे डांट पड़ती और लोगों के उदाहरण सुनने पड़ते। पर शायद बाहरी व्यक्ति के सम्मुख मां ने कुछ कहना उचित नहीं समझा। वह भन्ना अवश्य ही रही होगी, यह प्रवीण जानता था।

वह ज्यादा देर बच नहीं सका। सुनीत की मां के जाते ही मां उसके सिर हो गयी, "क्या करूं मैं, मेरे बेटे एक से एक बढ़कर हैं। बड़े से कहती हूं ब्याह कर ले तो वह नहीं मानता। एक यह छोटकू, इससे जरा-सी चाय नहीं बनती। भाड़ में गई पढ़ाई! पढ़कर मां-बाप की सेवा नहीं की तो क्या फायदा? लोगों के बच्चे..."

प्रवीण अपने को रोक न सका। बोला, "लोगों की क्या बात करती हो, मां? मैं पढ़ता भी हूं और तुम्हारे काम भी करता हूं। लोगों के बच्चे पढ़ाई में भी साढ़े बाईस हैं और काम की तो बात ही नहीं।"

"हां, एक तू निकला है विद्वान-पंडित।" मां ने डांट दी, "वह सुनीत है, पढ़ाई में भी तुझसे अच्छा है और मां के सारे काम भी करता है।"

"अब सुनीत चाय पिलाए तो कहना! प्रवीण हंसा।

"अच्छा, देखूंगी।" मां ने उसकी चुनौती स्वीकार कर ली।

उसी दिन मां सुनीत के घर हो भी आयी। प्रवीण बहुत उत्सुक था जानने के लिए कि वहां क्या हुआ। सुनीत ने कोई काम किया कि नहीं? पर पूछता कैसे? और

पूछे बिना जानता कैसे ? मां ने स्वयं कुछ नहीं बताया। कितनी बार मन में बात आयी कि हो सकता है सुनीत की मां ने कुछ कहा ही न हो। पर यदि कहा हो तो क्या सुनीत ने काम किया होगा ? अंत में उसने यही सोचा कि सुनीत ने कुछ नहीं किया होगा।

दूसरे दिन प्रवीण कॉलेज जाने लगा तो उसे लगा कि उसे प्यास लगी हुई है। वह रसोई में गया और बोला, "मां, पानी !"

"पानी का बच्चा !" मां अकस्मात ही उबल पड़ी। वह डर गया कि मां कहीं बेलन ही न चला बैठे ! मां कह रही थी, "दिखता नहीं है तुझे, रसोई में बूट पहनकर घुसा आ रहा है। सब कुछ भ्रष्ट करने पर ही लगे रहते हैं। लोगों के बच्चों को देखो, बिना समझाये ही सब कुछ समझ जाते हैं और एक मेरे बच्चे हैं कि…"

इस बार लोगों की बातें सुनकर प्रवीण को क्रोध नहीं आया। चुहल सूझी उसे, "किन लोगों के बच्चों की बातें कर रही हो, मां ? आजकल तो कोई भी इन बातों का विचार नहीं करता।"

"करता कैसे नहीं !" मां का क्रोध बढ़ा, "कल ही तो गयी थी मैं तेरे सुनीत के घर। उसकी मां ने उसे रसोई से कुछ बना लाने को कहा तो उसने स्वयं कह दिया, 'मैं नहीं जाऊंगा मां रसोई में, मैंने बूट पहन रखे हैं।' विचार कैसे नहीं करता कोई ?"

बुरे फंसे ! प्रवीण ने सोचा—सुनीत ने शायद काम न करने का यह बहाना किया होगा और मां इसमें भी उसके गुणों को ही देख रही है। उसे लगा, सुनीत से अब दूसरा समझौता भी करना पड़ेगा कि वह आदर्शवादी बातें न किया करे। पर फिर भी वह प्रसन्न था कि सुनीत ने समझौते के अनुसार कल चाय नहीं बनायी थी।

कॉलेज पहुंचते ही उसने सुनीत को जा पकड़ा। बिना किसी भूमिका के ही बोला, "कल चाय नहीं बनायी तुमने, मेरी माताजी के जाने पर, मैंने भी नहीं बनायी थी।"

"हां," सुनीत हंसा, "जब माताजी ने कहा कि कुछ बना लाओ तो मैंने कह दिया कि मैंने बूट पहने हुए हैं।"

"वह तो ठीक है, यार !" प्रवीण उतना प्रसन्न न रह सका, "पर आज फिर मुझे लोगों के बच्चों की प्रशंसा ही सुनने को मिली। आज मैं बूटों समेत रसोई में घुस गया तो फटकार और साथ-ही-साथ तुम्हारा उदाहरण भी दिया गया।"

"अच्छा !" सुनीत ने ठहाका लगाया, "यह तो बड़ी मुसीबत है। मेरी माताजी के जाने पर तुमने चाय बनाने से इनकार करते हुए पढ़ने का बहाना

किया था शायद ?"

"हां।"

सुनीत फिर हंस पड़ा।

"क्या हुआ ?" प्रवीण ने उत्सुकतापूर्वक पूछा।

"मजा आ गया !" सुनीत की हंसी रुक नहीं रही थी, "मैं कल पिक्चर जा रहा था। मां को पता चला तो बहुत क्रुद्ध हुईं, कहने लगीं, "लोगों के बच्चों को काम कहो तब भी वे पढ़ाई छोड़कर नहीं उठते और मेरे बच्चे···" उसने वाक्य अधूरा ही छोड़ दिया।

"हत्तेरी लोगों की !" प्रवीण ने दांत पीसे।

और दोनों एक बार फिर ठठाकर हंस पड़े।

४.४.१९६१

गाड़ीवान

पिताजी का पत्र पढ़कर खुशी तो हुई किन्तु आश्चर्य भी कम नहीं हुआ। अभी केवल दो ही महीने तो हुए थे मुझे घर से आए। तब मुझे गिरीश भैया के विवाह की गंध भी नहीं मिली थी घर में। आज पिताजी का पत्र आया है, '२८ अगस्त को विवाह निश्चित हुआ है, शीघ्र चले आओ।' मैं समझ नहीं पा रहा था कि इतनी शीघ्रता से सारे कार्य हो कैसे गए?

मेरे भीतर खीझ उत्पन्न हुई, यह भी कोई मज़ाक है! अभी-अभी दो महीने घर पर बिताकर आया था, अब फिर चले आओ, जैसे एम० ए० की पढ़ाई का कोई मूल्य ही न हो! फिर होस्टल को छोड़कर जाना भी तो आसान नहीं। कितने ही अधिकारियों से अनुमति लेनी पड़ती है, कितनों को सूचना देनी पड़ती है। मुझे क्रोध-सा आया पिताजी पर। गिरीश भैया पर भी क्रोध आ रहा था। भला यह भी कोई ढंग है विवाह कराने का?

किससे हो रहा है विवाह? पिताजी ने कुछ लिखा नहीं था और मेरे जानने में कहीं बातचीत चल नहीं रही थी जो मैं किसी निष्कर्ष पर पहुंच सकता। इतनी शीघ्र हो जाने का अर्थ है कि सब कुछ गिरीश भैया की इच्छा से ही हुआ है। जब मेरा ध्यान गिरीश भैया की इच्छा पर रुका तो मुझे घर पर व्यतीत की गयी उन छुट्टियों की कितनी ही बातें याद आयीं।

गिरीश भैया अपने घर में ही नहीं, परिचित परिवारों में भी अपनी बातों के लिए प्रसिद्ध थे। वास्तव में बातें करने की कला आती थी उन्हें। बातें क्या करते थे, मीठी चुटकियां लेते थे। उनकी प्रत्येक बात में वाक्यार्थ के अतिरिक्त एक अर्थ और भी होता था। यही कारण था कि स्वभाव में कुछ-कुछ उद्दंडता भी आ गयी थी। स्पष्ट बात मुंह पर कह मारते थे, पर श्रोता को क्रुद्ध होते मैंने कभी

नहीं देखा, चाहे बात कितनी ही कटु क्यों न हो। वे स्वयं इसे 'मक्खन लगाकर छुरी मारना' कहा करते थे। बातें करते हुए कुछ इस प्रकार ज़रा-सा हंस देते कि सुनने वाला समझ ही न सकता था कि वे सच बोल रहे हैं या मज़ाक कर रहे हैं। इसीलिए कभी-कभी उनकी बातों को गम्भीरतापूर्वक नहीं लिया जाता था। यह सब कुछ मैं पहले भी जानता था, पर इन छुट्टियों में मैंने कुछ नयी बातें भी देखी थीं।

जिस मकान में हम रहते हैं, वह बहुत बड़ा है। उसमें कितने ही हिस्से बने हुए हैं। वास्तव में वह मकान किराया वसूल करने के विचार से ही बनवाया गया है। हम जिस निचले भाग में रहते हैं, उसी के ठीक ऊपर वाले भाग में इस बार एक नया परिवार आया था। इस विषय में मेरी जानकारी सीमित थी, क्योंकि मैंने कभी भी जानने की चेष्टा नहीं की थी।

उस दिन रविवार था। मैं, गिरीश भैया और परेश भैया बैठे ताश खेल रहे थे। हम तीनों ही गम्भीरतापूर्वक खेल में लगे हुए थे। बात यह थी कि गर्मी के मारे काम कुछ हो नहीं रहा था। ऐसी स्थिति में समय बरबाद करने की भावना मन से हटाने के लिए हम सारी शक्ति ताश खेलने में ही लगा रहे थे, ताकि संतोष रहे कि हम बेकार नहीं हैं। सहसा गिरीश भैया ने पत्ते फेंक दिए।

"क्यों ?" परेश भैया ने उनकी ओर देखा।

"अब खेलने को मन नहीं करता।"

"तो क्या करोगे और ?" परेश भैया ने कहा।

"गाना गाऊं ?" जाने क्यों गिरीश भैया के अधरों पर दुष्टतापूर्ण मुसकान आ गयी।

मेरे ख़याल से संगीत और गिरीश भैया में पैदाइशी वैर था। मैंने बहुधा उनके मुख से सुना था कि वे सब कुछ कर सकते हैं, पर गा नहीं सकते। बात भी सच थी। जब कभी वे गाते, तो यही कहना पड़ता था कि मत गाइए, और इस बात से अनभिज्ञ वे भी नहीं थे। कोई कितना ही अनुरोध क्यों न करे, कितना ही ज़ोर क्यों न लगाए, पर वे गाते कभी नहीं थे। और यह कैसी विचित्र बात कि स्वयं ही गाने का प्रस्ताव कर रहे थे। पर परेश भैया ने कोई आश्चर्य नहीं दिखाया, और "गाओ !" कहकर वे भी हंस पड़े। गिरीश भैया ने गाना नहीं, चीखना आरम्भ कर दिया—

"अपनी हर आह इक तूफान है
ऊपरवाला जानकर अनजान है···"

गाने में कोई विशेषता नहीं थी। विशेषता उत्पन्न करने की चेष्टा भी वे नहीं कर रहे थे। पर उनकी एक अंगुली बड़ी भावपूर्ण मुद्रा में ऊपर उठ गयी थी। मैंने आश्चर्य से देखा, अंगुली सीधी न उठाकर एक विशेष कोण पर झुकी हुई थी।

शायद यह ऊपरवाले एक विशेष कमरे की ओर संकेत था।

परेश और गिरीश भैया दोनों ही हंसने लगे, गाने का कार्यक्रम आगे न बढ़ सका।

मैं समझ नहीं पाया कि बात क्या है, पर इतना जान गया कि कुछ न कुछ है तो अवश्य।

"क्या बात है, भैया?" मैंने पूछा।

"बता दूं, गिरीश?" परेश भैया बोले। मुझे लगा, भेद गिरीश भैया का ही है, तभी तो उनसे पूछा जा रहा है।

"बता दो!" गिरीश भैया अब भी मुसकरा रहे थे।

"बात यह है," परेश भैया बोले, "कि गिरीश ऊपरवाले के पास पुकार भेजता है और ऊपरवाला है कि सुनता ही नहीं।"

"गिरीश भैया कब से भक्त हो गए?" मैं आश्चर्य से बोला।

"नहीं समझे?" परेश भैया बोले।

"नहीं!" मैंने सिर हिलाया।

और फिर परेश भैया ने खुलकर बताया कि ऊपरवाले भाग में रहने वाले परिवार में एक लड़की थी—शान्ति! गिरीश भैया उसी के पास पुकार भेजते रहते थे। वह ज़्यादातर किनारेवाले कमरे में पढ़ती थी, इसीलिए गिरीश भैया जब भी ये पंक्तियां गाते, उस कमरे की ओर अंगुली का संकेत अवश्य कर देते थे, ताकि कोई भ्रम भी न रहे।

धीरे-धीरे मुझे और भी बातों का पता चला। भैया उसे शान्ति कहकर तो पुकार नहीं सकते थे, क्योंकि भेद प्रकट हो जाने का भय था, इसलिए उसके विषय में जब भी चर्चा करनी होती तो शान्ति का अंग्रेज़ी अनुवाद 'पीस' कर देते थे।

भैया की प्रकृति तो मैं अच्छी तरह जानता था, किंतु वे किस सीमा तक जा सकते हैं, यह मैंने उसी दिन देखा।

हमारे ऊपरवाले खन्ना साहब आए हुए थे। कमरे में गिरीश भैया के अतिरिक्त मैं, परेश भैया और पिताजी भी थे। बातें अधिकतर विश्व-युद्ध को लेकर ही चल रही थीं। यदि तीसरा विश्व-युद्ध छिड़ गया तो मानवता की क्या दुर्गति होगी, यह सोचकर हम कांप-कांप उठते थे। यही कारण था कि कमरे का वातावरण काफ़ी गर्म हो गया था। बातें अधिकतर पिताजी और खन्ना साहब में ही हो रही थीं। परेश भैया कभी-कभार दो-चार शब्द बोल लेते थे और मैं तथा गिरीश भैया मौन ही थे।

सहसा गिरीश भैया प्रथम बार बोले, "आई लव 'पीस' (मैं शान्ति चाहता हूं)।"

मैंने देखा, उनके अधरों पर मुसकान थी। पिताजी और खन्ना साहब ने इस वाक्य को अपनी बातों का ही एक अंग समझा था, पर मैं और परेश भैया वास्तविक अर्थ समझकर अपनी हंसी को रोकने की चेष्टा कर रहे थे।

खन्ना साहब उसी मूड में बोल रहे थे, "यस, माई डियर, यू मस्ट हैव पीस इन यूअर लाइफ (हां, बेटे, तुम्हें जिन्दगी में शान्ति चाहिए ही)।" गिरीश भैया ने परेश भैया को आंख मारी। मेरी हंसी थी कि रुक ही नहीं रही थी। अन्त में, मैं उठकर बाहर चला आया।

यह सब देख-सुनकर भी पहले मैंने बात की गम्भीरता का अनुभव नहीं किया था, क्योंकि गिरीश भैया ऐसी कोई-न-कोई फुलझड़ी रोज़ ही छोड़ा करते थे। बाद में मुझे परेश भैया से मालूम हुआ कि इस बार की यह फुलझड़ी कुछ मतलब भी रखती थी। गिरीश भैया वास्तव में शान्ति की ओर आकर्षित थे। यही नहीं, वे उससे विवाह करने को भी तैयार थे।

किन्तु एक बाधा थी। खन्ना साहब हमारी बिरादरी के नहीं थे और पिताजी के समान पुराने विचारों वाला व्यक्ति बिरादरी से बाहर शादी करने पर किसी प्रकार भी तैयार न होता। हम तीनों भाइयों में इस विषय को लेकर काफ़ी सोच-विचार हुआ था और अन्त में परेश भैया ने पिताजी को मनाने का उत्तरदायित्व अपने कंधों पर ले भी लिया था।

आज यह पत्र आया है गिरीश भैया के विवाह का। अन्य किसी सूचना के अभाव में मैं यही सोच सकता था कि भैया की बात मान ली गयी होगी, तभी तो सब कुछ इतनी जल्दी हो गया ! नहीं तो पिताजी का ढंग दूसरा ही है। उस ढंग के अनुसार तो बात पक्की करने में छह महीने लग जाते। पहले लड़कीवाले लड़के के पिता से बात करें, पिता विचार करें, फिर लड़कीवाले लड़का देखने आएं और लड़केवाले लड़की को देखने जाएं। बात पक्की होने पर दहेज की समस्या। पिताजी अपने किसी पुत्र के विवाह में दस हज़ार से कम लेने को तैयार नहीं थे। परेश भैया की शादी में तो उन्होंने बारह हज़ार गिनवा लिये थे।

अब यदि गिरीश भैया का विवाह शांति से हो रहा था तो यह परेश भैया की बहुत बडी जीत थी। परेश भैया हमारे परिवार के सबसे बड़े और शायद प्रथम क्रांतिकारी थे। उन्होंने अपने विवाह में काफ़ी कोलाहल किया था कि दहेज नहीं लिया जाए, पर पिताजी के सामने चली नहीं थी। अपने विवाह के पश्चात उन्होंने प्रतिज्ञा की थी कि वे अब मूर्ति-भंजक रूप धारण करेंगे और इस परिवार में से सारी कुरीतियों को उखाड़ फेंकेंगे, सारी जड़-परम्पराओं का खंडन कर देंगे। इसीलिए उन्होंने सर्वप्रथम गिरीश भैया की शादी बिरादरी से बाहर कराने का बीड़ा उठाया था। उनका विचार था कि बिरादरी से बाहर विवाह करने पर पिताजी दहेज के लिए भी ज़िद नहीं कर सकेंगे। पर मुझे उनकी शक्ति पर

विश्वास नहीं था।

पिछली बार जब अपने अविश्वास की बात मैंने भैया से कहीं थी तो वे उबल पड़े थे, "क्यों सोचते हो ऐसा तुम ?"

"इसलिए भैया, कि पिताजी मानेंगे नहीं।"

पर मैंने देखा, भैया काफ़ी बदले हुए थे। उनमें आत्मविश्वास पहले से अधिक आ गया था। दृढ़ता भी थी और साथ-ही-साथ वे बातों को राजनीतिक नेताओं के समान उपमाओं और रूपकों के द्वारा स्पष्ट करना भी सीख गए थे।

"पिताजी मानेंगे कैसे नहीं ?" भैया बोले, "देश बदल रहा है, समाज बदल रहा है, पिताजी कैसे नहीं बदलेंगे ? तुम देख नहीं रहे, अब युग कितना आगे निकल गया है ? इस जेट-जहाज़ के युग में हम पुरानी गाड़ी पर पुरानी गति से तो नहीं चल सकते ! हमारे समाज की गाड़ी भी बदल गयी है, उसकी मशीन बदल गयी है, उसके पुर्जे बदल गए हैं, तो चाल कैसे पुरानी रहेगी ?"

"आपने अपने विवाह में क्यों नहीं कहा था यह सब ?" मैंने उन्हें चिढ़ाने की चेष्टा की।

"मैं उस समय छोटा था और फिर अपने विवाह में स्वयं मैं कैसे लड़ता ?" वे थोड़ा रुककर बोले, "और यह तुम कैसे कह सकते हो कि अपने विवाह में मैंने कुछ कहा ही नहीं था ? हां, अपनी बात मनवा नहीं सका था।"

"इस बार आप मनवा लेंगे ?" मैंने जैसे अपना अविश्वास प्रकट किया।

"क्यों नहीं ?" भैया दृढ़ थे, "इस बार मेरी नहीं, गिरीश की शादी है। मैं खुलकर बोल सकता हूं। तुम नोट कर लो, हमारे समाज की मशीन बदल गयी है, अब गाड़ी नयी है। गिरीश उसी नये समाज का अंग होने के कारण नयी गाड़ी का अंग है और यह नयी गाड़ी अब न तो पुरानी गति से चलेगी और न ही पुराने रास्तों पर चलेगी।"

मैं भैया की दृढ़ता के सम्मुख ठहर न सका। यही कारण था कि उनकी बात मैंने स्वीकार कर ली और मज़ाक में ही गिरीश भैया का नाम 'नयी गाड़ी' रख दिया। कई दिनों तक हम सब उन्हें इसी नाम से पुकारते रहे।

आज मैं सोच रहा था कि परेश भैया की वह दृढ़ता खोखली नहीं थी। उन्होंने वास्तव में पिताजी को मना लिया होगा, तभी तो गिरीश भैया का विवाह बिरादरी से बाहर हो रहा था।

सहसा मुझे लगा कि यदि मुझे गिरीश भैया के विवाह में पहुंचना है तो आज ही से जाने का प्रबंध करना पड़ेगा। तैयारियों में दो-तीन दिन लग ही जायेंगे।

मैं जाने की तैयारियां भी करता रहा और साथ-ही-साथ कल्पनाओं के ताने-बाने भी बुनता रहा। एक बात मैंने सोच रखी थी कि मैं गिरीश भैया को अब

'नयी गाड़ी' नहीं, 'सफल नयी गाड़ी' कहूंगा तथा नयी भाभी को भी 'भाभी' के स्थान पर 'पीस (शान्ति) भाभी' कहकर ही पुकारूंगा।

दो दिन पश्चात् जब मैं घर पहुंचा, तो मेरी कल्पनाओं के ताने-बाने बिखर गए। पहली ही बात से मुझे जोर का झटका लगा। गिरीश भैया का विवाह ऊपर वाली लड़की शान्ति खन्ना से नहीं हो रहा था। यह विवाह कहीं अपनी ही बिरादरी में हो रहा था। परेश भैया ने बहुत प्रयत्न किया था, किन्तु पिताजी किसी प्रकार भी मानने को तैयार नहीं थे। भैया को प्रत्येक पग पर झुकना पड़ा था और उन्होंने बार-बार झुककर समझौता किया था। यह विवाह पिताजी की ही इच्छा से हो रहा था और सबसे बड़ी बात थी कि दहेज भी लिया जा रहा था।

परेश भैया की बात तो मैं जानता था, पर मुझे आश्चर्य हुआ कि गिरीश भैया कैसे मान गये। वे परेश भैया के समान न तो घोषणाएं करते थे, न भविष्य-वाणियां; पर मैं जानता था, वे बहुत अधिक दृढ़ थे। हंसते रहते थे, प्रत्येक बात को मज़ाक में टालते थे, पर रहते थे अपनी ही बात पर।

इस बार जिस रूप में मैंने उन्हें देखा, उससे पता चला कि शान्ति के प्रति उनका अनुराग कितना गम्भीर था। लगता था जैसे वे टूट गए हों। जैसे दूध में एक बूंद विष के पड़ जाने से सारा-का-सारा दूध विषैला हो गया हो। बातें अब भी वे करते थे, हंसते भी थे, पर हंसी बड़ी रूखी-सी थी, कटुता लिये हुए। बातें अब भी थीं, पर रसपूर्ण नहीं, व्यंग्यपूर्ण। मुझे लगा कि उनके भीतर विष का स्रोत उबल रहा है और उसी विष को उगल-उगलकर वे दूसरों को जलाने के प्रयत्न में लगे हुए हैं, मानो अपनी असफलता का प्रतिशोध ले रहे हों। और तो और, अब वे परेश भैया पर भी छींटे कसने में संकोच नहीं करते थे।

"भैया! आपने पिताजी से कहा क्यों नहीं, अपनी इच्छा के विषय में?" मैं अंत में गिरीश भैया से पूछ ही बैठा।

"ज़रा संकोच कर गया, और क्या?" वे बहुत उदास होकर बोले, "मैंने उसकी विशेष आवश्यकता भी नहीं समझी, क्योंकि मुझे विश्वास था कि परेश भैया इस नयी गाड़ी को पुरानी राह पर नहीं चलने देंगे।" उनके अधरों पर फिर विष-भरी मुसकराहट थी।

"पिताजी नहीं माने," मैं तनिक आवेश में बोला, "तो आपने विद्रोह क्यों नहीं किया? स्वयं विवाह क्यों नहीं कर लिया? घर छोड़कर चले क्यों नहीं गये कहीं? आप बड़े निर्बल निकले, भैया!"

"तुम देर से आये, रमेश!" भैया धीरे-से बोले, "मुझे तुम्हारी आवश्यकता पहले थी।"

"मेरी क्या आवश्यकता थी ?" मैंने पूछा।

"परेश भैया की बात मानने से पिताजी ने जब इनकार कर दिया तो मैंने भी विद्रोह की ही बात सोची थी। लेकिन जानते हो संस्कार की जड़ें बहुत गहरी हैं। अकेले साहस नहीं पड़ा। तुम होते तो शायद मैं कुछ कर ही बैठता।"

"मैं नहीं था तो क्या हुआ ?" मेरा आवेश समाप्त नहीं हुआ था, "परेश भैया तो थे। वे तो सुधारवादी हैं, समाज को बदलने के स्वप्न देखते हैं।"

"उन्होंने ही तो सब कुछ समाप्त कर दिया।" गिरीश भैया बहुत धीरे-से बोले, "जब पिताजी नहीं माने तो परेश भैया ने पिताजी का पक्ष लेकर उलटा मुझे ही समझाना आरम्भ कर दिया कि मैं अपनी जिद छोड़ दूं। जानते हो, उन्होंने मुझे क्या वचन दिया था ?"

"क्या ?" मैंने पूछा।

"उन्होंने कहा था, गिरीश ! यदि तुम पिताजी की इच्छा से बिरादरी में ही विवाह कर लो तो मैं वचन देता हूं, अन्य कोई भी कुरीति नहीं होने दूंगा। न दहेज लिया जायेगा, न कुछ और मांगा जायेगा, न विवाह में शराब ही पी-पिलाई जायेगी।"

"पिताजी ने मान लिया यह सब ?" मैंने पूछा।

"कहां मानते हैं ?" गिरीश भैया के स्वर में चीत्कार छिपा था, "परेश भैया यह भी न मनवा सके। अब कहते हैं दहेज उतना ही लिया जायेगा, जितना विवाह में हमारा व्यय होगा।"

मैं गिरीश भैया की अवस्था समझ रहा था। जब लड़की चुनने में ही उनकी इच्छा के अनुसार काम नहीं किया गया, तो वे और किसी की बात में हस्तक्षेप क्यों करें ? वे सब कुछ देख रहे थे, भीतर-ही-भीतर जल रहे थे, किन्तु तटस्थ थे, कुछ कहते नहीं थे।

परेश भैया से भी मेरी बातें हुईं। मैंने देखा, वे आशावादी राजनीतिक नेताओं के समान अब भी आशापूर्ण थे। वे गिरीश भैया के समान हारे-थके हुए-से नहीं लगे। वे अपने ढंग से अब भी काम में लगे हुए थे।

मेरे पूछने पर उन्होंने अपनी हार नहीं मानी। वे फिर अपनी गाड़ी के रूपक पर उतर आये। कहने लगे, "तुम लोग जो चाहते हो, वही मैं भी चाहता हूं। मैं भी इन कुरीतियों को समाप्त करना चाहता हूं। मैंने तुमसे 'नयी गाड़ी' की बात कही थी। पर अब मैं सोचता हूं कि सारी-की-सारी गाड़ी सर्वथा नयी नहीं हो सकती। कुछ पुर्जे पुराने रखने ही पड़ेंगे, नहीं तो गाड़ी चलेगी नहीं।"

"आपका तात्पर्य क्या है ?" मैंने स्पष्ट बात सुननी चाही।

"देखो !" भैया बोले, "सारी बुराइयां तो एक साथ समाप्त नहीं हो सकतीं। गिरीश को दुःख हुआ है, मैं जानता हूं; पर इतना क्या कम है कि पिताजी दहेज

में दस-बारह हजार रुपये न लेकर उतने ही रुपये ले रहे हैं जितने विवाह में खर्च होंगे। विवाह की खुशी में पी जाने वाली शराब में भी हजार-पन्द्रह सौ रुपये बरबाद नहीं होंगे। बोलो, यह क्या कम है?"

मुझे स्वीकार करना पड़ा कि यह कम नहीं है। हमें इसी से संतुष्ट हो जाना चाहिए।

फिर सप्ताह भर किसी से कोई बात न हो सकी। घर में कोलाहल-सा मचा हुआ था। लड़के की शादी में वास्तव में कार्य तो कुछ अधिक नहीं होता, किन्तु अतिथि इतने आ गये थे कि घर में तिल धरने को भी स्थान नहीं रहा था। पिताजी ने शायद ही किसी रिश्तेदार को छोड़ा होगा। सारे-के-सारे नाते-रिश्तेदार बुलाए गये थे। दूर-दूर से लोग आए थे। और यह मुझे दूसरे ही दिन मालूम हो गया था कि उन सारे अतिथियों को आने-जाने का किराया पिताजी ही दे रहे थे। मुझे लगा, ये सब खर्च बढ़ाने के ही ढंग हैं।

इस खर्च का भेद तब खुला, जब हम गिरीश भैया की ससुराल पहुंचे। वहां पिताजी ने परेश भैया के साथ अपने समझौते के अनुसार गिरीश भैया के ससुर के सम्मुख दस हजार की मांग रख दी। यह दस हजार पिताजी के हिसाब से विवाह का खर्च भर ही था, जिसमें चार हजार रुपया अतिथियों के आने-जाने का किराया और एक हजार रुपया शराब का भी था।

सारी बातें जानकर मैंने गिरीश भैया की आंखों में देखा। उनमें तीव्र वेदना जड़-सी होकर बैठ गयी थी। वे कुछ बोले नहीं, केवल तनिक-सा मुसकराए। मुझे लगा, उनकी मुसकान में छिपा हुआ विष बहुत तीव्र हो उठा है।

मैंने परेश भैया से अनेक बार बातचीत करनी चाही, किन्तु अवसर ही न मिला। वास्तव में मैं देखना चाहता था कि वे अब अपनी 'नयी गाड़ी' को किस रूप में देख रहे हैं। पर उस धमा-चौकड़ी में एक मिनट के लिए भी एकांत पा जाना कठिन था।

विवाह की रीतियां होती रहीं और समय बीतता गया। मिलनी हुई, समधी मिले, कन्या ने वर के गले में माला डाल दी, फेरे हुए और एक अनजान लड़की हमारी नयी भाभी बन गयी। ऐसे समय में किसी को एक मिनट का भी अवकाश नहीं था। और समय था कि दौड़ता जा रहा था। दूसरे दिन विदाई का अवसर भी आ गया।

विदाई की तैयारियां हो रही थीं और पिताजी दहेज का सामान बंधवा रहे थे। सहसा मैंने देखा, उनकी आंखों में लाल डोरे खिंचने लगे। स्पष्ट ही उन्हें दहेज का सामान अपर्याप्त-सा लगा था। वास्तविक बात का कुछ-कुछ आभास मुझे पहले ही मिल चुका था। गिरीश भैया के ससुर का कहना था कि दस

हजार नकद देकर अधिक सामान दहेज में देने की सामर्थ्य उनमें नहीं है और पिताजी का विचार था कि इतना कम सामान देकर उनका अपमान किया गया है।

फिर भी पिताजी मौन ही रहे, यद्यपि उनकी आंखों के डोरे लाल ही रहे।

बारात विदा हो आयी थी और इधर की रीतियां आरम्भ हो गयी थीं। वर और कन्या गृह-प्रवेश कर रहे थे। गृह-प्रवेश के समय ससुर की ओर से बहू को कुछ दिया जाता था। थी तो मात्र रीति ही, इसलिए बहुधा ससुर घर की चाबियां ही बहू को दे डालते और इस प्रकार उसका अधिकार अपने घर में स्वीकार कर लेते।

जब ससुर की बारी कुछ देने की आयी तो माताजी ने चाबियों का गुच्छा पिताजी के हाथ में दिया, "बहू को दे दीजिए।"

सहसा पिताजी की आंखों के डोरे सुर्ख हो उठे। बोले, "क्यों दूं चाबियों का गुच्छा इसे? क्या लेकर आयी है यह? फटे-पुराने कपड़े और थोड़ा-सा कचरा!"

मैंने देखा, सुननेवाले सन्न थे। स्पष्ट ही, ऐसे समय में ऐसे कटु वाक्यों की अपेक्षा किसी व्यक्ति से नहीं की जा सकती थी। मेरे तो सिर से पैर तक सारे शरीर में ज्वाला-सी धधक रही थी। मैंने देखा, नयी भाभी, जो अब तक कपड़ों में लदी हुई एक गठरी-सी लग रही थी, जिसने एक बार भी गर्दन तक सीधी नहीं की थी, कुछ तन गयी थी, सीधी हो गयी थी। मुझे लगा, भाभी कुछ कहेगी, पर कुछ कहा नहीं भाभी ने। केवल एक बार देखकर ही रह गयी। कहती क्या, कहने की स्थिति में नहीं थी वह।

मेरी आंखें परेश भैया को ढूंढ़ रही थीं—बड़े क्रांतिकारी बनते हैं! समाज-सुधारक हैं! घर तो सुधारा नहीं जाता, विश्वभर का ठेका लिये घूमते हैं। यदि और कुछ नहीं कर सकते तो भाभी के इस अपमान का विरोध तो कर ही सकते हैं! पहले वह कुछ भी रही हो, कैसी भी रही हो, किसी की भी बेटी रही हो, अब तो हमारी थी, हमारे परिवार का एक अंग थी। उसका अपमान हमारा अपमान था। पिताजी का सारे अतिथियों के सम्मुख इस प्रकार कहना उचित था क्या? पर भैया शायद पहले ही वहां से हट चुके थे।

मैं भी परेश भैया को खोजता हुआ वहां से हट आया। भैया मुझे एक कमरे में चुपचाप बैठे हुए मिले। मैं जिस क्रोध में भरा हुआ आया था, वह न रह सका। भैया वैसे नहीं थे, जैसे हुआ करते थे। उनका वह आशावादी रूप मेरे सम्मुख नहीं था। वे तो गिरीश भैया से भी अधिक थके-हारे, टूटे हुए-से दीख रहे थे। उनके मुख पर विषाद का ऐसा घनघोर अंधकार मैंने पहले नहीं देखा था।

पर आ तो मैं चुका था। बोला, "पिताजी की बातें सुनीं आपने?"

भैया ने मेरी ओर देखा। उनकी आंखों की वेदना देखकर मैं सहम गया। लगा, भैया को कुछ कहने का अधिकारी मैं नहीं हूं। मैं चुप खड़ा रह गया।

"सुनी हैं !" भैया धीरे-से बोले, "तुम शायद मुझसे पूछने आए हो कि मैंने पिताजी को रोका क्यों नहीं ?"

"हां, भैया !" मैं बोला। स्वर मेरा भी डूबा हुआ था, "मैं आपको दोष नहीं देता, भैया ! पर आपसे इतना पूछना चाहूंगा कि आपकी आशावादी वृत्ति अब क्या कहती है ?"

भैया कुछ देर तक चुप रहे। अंत में धीरे-से बोले, "मैं अब क्या कहूं, रमेश ! जो मैंने कहा, एक बात भी तो पूरी नहीं कर सका। मैंने नयी गाड़ी की बात कही थी तुमसे। मैं मजाक नहीं करता, गम्भीरता से पूछता हूं, हम पिताजी से भिन्न हैं कि नहीं, हमारी गाड़ी नयी है कि नहीं ?"

मैं भैया का प्रश्न समझ न सका और जरा-सा क्रोध भी आया कि ऐसी स्थिति में भी भैया अपने रूपक छोड़ने को तैयार नहीं हैं; पर क्रोध व्यर्थ था।

"हां !" मैंने संक्षिप्त उत्तर दिया।

"पर रमेश !" भैया का स्वर और भी उदास हो गया, "यह मैं आज जान पाया हूं कि हमारा गाड़ीवान नया नहीं है, वह तो पुराना ही है।"

"हां, भैया !" मैं और कुछ न कह सका।

"मेरी बात समझते हो न ?" मैंने देखा, भैया शायद मुसकराने की चेष्टा कर रहे थे और इसी प्रयत्न में उनकी आंखों में अश्रु चमक आये थे।

३.७.१९६१

सहारा

उसे लगा जैसे शिराएं फट जाएंगी, खिचती जो जा रही थीं क्षण-क्षण। पर वह करता भी क्या ? अपने वश की तो बात थी नहीं। आंखों के सम्मुख बार-बार एक परकटे पक्षी का चित्र आ जाता था, जो थोड़ी-सी शक्ति संगृहीत करके उड़ने का प्रयास करता है, पर परों के अभाव में फिर भूमि पर आ गिरता है। जितनी शक्ति से पक्षी उड़ान भरता, उतने ही वेग से पृथ्वी पर गिर पड़ता और उतनी ही अधिक चोट लगती थी उसे।

उसने चेष्टा की कि वह सोचना छोड़ दे। पर वह ऐच्छिक चिंतन तो था नहीं कि इच्छा करते ही चिंता उसका साथ छोड़ देती और मानसिक व्यथा मिट जाती। अब तो चिंता जैसे उसके जीवन के साथ एकरूप-सी हो चुकी थी, सांसों में बस गयी थी। उसे लगा, उसके लिए जितना आवश्यक जीवन था, उतनी ही महत्त्वपूर्ण चिंता भी थी।

सहसा उसे लगा, स्वयं ही तो उसने पाल रखी हैं सारी चिंताएं। स्वयं ही तो उसने संघर्ष को जन्म दिया है। यदि वह भी अपने अन्य भाइयों के समान जीवन के साथ समझौता कर लेता, जो कुछ उसे मिल रहा था, उसी में संतुष्ट हो जाता, तो क्या पिताजी उससे ऐसी बात कहते ? ठीक ही तो कह रहे थे पिताजी, उनके घर से कोई भी अपने शहर से बाहर नहीं गया था पढ़ने। उसके दोनों बड़े भाइयों ने अपने ही छोटे-से शहर में बी० ए० किया था और वहीं नौकरियों पर भी लग गये थे। तो वह ही क्यों जाना चाहता है बाहर ? उसकी आंखों के सम्मुख पिताजी के साथ बातचीत का दृश्य घूम-सा गया।

उसने इलाहाबाद विश्वविद्यालय से प्रवेश-पत्र मंगवाया था। वह उसी दिन डाक द्वारा पहुंचा था, और पिताजी के हाथों में था।

"इधर आओ, प्रवाल !" पिताजी ने उसे बुलाया था।

"जी !" और वह सब कुछ समझ गया था, उनके स्वर से ही।

"यह क्या है ?" उन्होंने पूछा था।

"एम० ए० के लिए प्रवेश-पत्र।"

"अपने ही शहर में है क्या ?" पिताजी ने प्रश्न का उत्तर जानते हुए भी पूछा था।

"नहीं, पिताजी !" उसने अपने स्वर को अधिक-से-अधिक कोमल बनाने की चेष्टा की, "इलाहाबाद जाना होगा।"

उसे लगा, पिताजी एकदम क्रुद्ध हो उठे थे, पर शायद उन्होंने क्रोध दिखाना उचित नहीं समझा था। अपने स्वर में, सायास नम्रता लाते हुए उन्होंने कहा था, "बेटा, तुम जानते हो कि हमारी स्थिति ऐसी नहीं है कि हम तुमको पढ़ने के लिए इलाहाबाद भेज सकें, नहीं तो क्या मैं नहीं चाहता कि मेरा बेटा अधिक-से-अधिक पढ़कर ऊंचे-से-ऊंचा अफसर बन जाए। जब हम तुम्हें बाहर भेज ही नहीं सकते तो फिर ये सब···" और उन्होंने प्रवेश-पत्र की ओर संकेत किया, "मंगवाने से क्या लाभ ?'

"पर पिताजी, मैं पढ़ना चाहता हूं।" वह बड़ी कठिनाई से कह पाया था।

"मैं जानता हूं, बेटा !" पिताजी बोले, "कि तुम पढ़ना चाहते हो और यह भी समझता हूं कि पढ़ाई बहुत लाभदायक है, पर अपनी स्थिति भी देखनी है हमें। तुम यहां रहकर जितना भी पढ़ सकते हो पढ़ो, मुझे कोई आपत्ति नहीं है, पर यदि बाहर जाना चाहते हो तो सुन लो, प्रतिमास मनिआर्डर करने की शक्ति हममें नहीं है।"

प्रवाल समझ गया कि यह पिताजी का संकेत नहीं, स्पष्ट निर्देश था और उसकी अवज्ञा कर, घर में रहना बड़ा कठिन था।

और फिर उसी दिन से अन्य लोगों की बातों का ढंग भी बदल गया। भाभी, जो सदा ही उसको पढ़ने का बढ़ावा देती रहती थीं, अब पिताजी की ही बात मान लेने के लिए कह रही थीं।

"पर भाभी !' वह बोला, "मैं एम० ए० नहीं करूंगा तो मेरी सारी महत्त्वाकांक्षाओं का क्या होगा ?"

"वह तो ठीक है, प्रवाल !" भाभी ने समझाने की चेष्टा की, "पर अपनी शक्ति को देखकर ही तो महत्त्वाकांक्षाओं को पालना चाहिए। ऊंची उछाल में गिरने का भी तो भय रहता ही है।"

पर प्रवाल इन बातों पर ध्यान नहीं देना चाहता था। उसे भय था, कहीं इस चिंतन-पद्धति का उस पर भी प्रभाव न पड़ जाए। यदि कहीं वह भी वैसा ही हो

गया तो उसकी सारी महत्त्वाकांक्षाओं का दम घुट जाएगा और उसे जीवन में वही बनना पड़ेगा, जो वह नहीं बनना चाहता—एक क्लर्क !

नहीं ! उसने मन-ही-मन बहुत जोर से कहा—वह इन लोगों की बात नहीं मानेगा। उसे कुछ-न-कुछ करना ही पड़ेगा। वह और लोगों की तरह जीवन के इस विशाल सागर में खो जाना नहीं चाहता। वह अपना विशिष्ट स्थान बनाएगा, चाहे कुछ भी हो जाए।

पर दूसरे ही क्षण, विचारों की धारा दूसरी ओर मुड़ गयी। ऊंचा उठने के लिए, विशिष्ट बनने के लिए जो मार्ग उसने चुना था, उसका प्रथम सोपान था—एम० ए०। यदि वह एम० ए० कर नहीं पाया, तो क्या होगा ? एम० ए० करेगा कैसे ? आय उसकी कोई थी नहीं और एम० ए० के लिए तो दो वर्षों का खर्च चाहिए। पर इच्छा थी कि जीती ही जा रही थी।

अंतिम प्रयत्न यही हो सकता था कि वह फरियाद लेकर भैया के पास जाता, शायद भैया कोई राह निकाल देते। उसे ठीक पता नहीं था, पर फिर भी विचार था, कि भैया दो सौ रुपये तक अवश्य कमा लेते थे। यदि छोटे भैया सौ भी कमाते हों और पिताजी को डेढ़ सौ मिलते हों तो उनके परिवार की आय साढ़े चार सौ के लगभग हो जाती थी। तो क्या साढ़े चार सौ रुपये मासिक आयवाला परिवार एक व्यक्ति को भी पढ़ाने की क्षमता नहीं रखता ? वह जानता था खर्च भी बहुत है, पर उसके कितने ही मित्र थे, जिनके घरों में इससे कम आय पर भी सारे काम होते थे।

भैया अवश्य ही कुछ-न-कुछ कर सकेंगे—उसने सोचा। पर दूसरी कठिनाई यह थी कि भैया से उसने इस विषय में कभी बातचीत ही नहीं की थी। इतने वर्ष हो गये थे उसे पढ़ते हुए, किन्तु एक बार भी उसने भैया से किसी विषय पर राय नहीं ली थी। एक बार भाभी ने संकेत भी किया था इस ओर।

उस समय उसने बी० ए० में एडमीशन लिया था। आवेदन-पत्र देकर लौटा ही था कि भाभी मिलीं, "फॉर्म भरकर दे आए, प्रवाल ?"

"हां, भाभी !"

"करनी तो तुमको अपने मन की ही है", भाभी बोलीं, "पर लाला, बड़ों से भी तो कुछ बातचीत कर लेनी चाहिए, इससे उनका महत्त्व स्थायी रहता है। अपने भैया से तुमने इस विषय में बात भी नहीं की। वे इतना भी नहीं जानते कि तुमने बी० ए० में कौन-कौन से विषय लिये हैं।"

उसे लगा कि वास्तव में उससे भूल हो गयी है। यदि वह भैया से विषय के चुनाव के विषय में ही बातचीत कर लेता तो क्या हर्ज था। उसे बड़ों के महत्त्व के विषय में भाभी की बात एकदम सत्य प्रतीत हुई। यदि वह भैया से पूछ ही लेता तो भैया उसे उसकी पसंद के विषय लेने से रोकते तो नहीं ही—हां, उन्हें

लगता कि वह उनके मत का भी कुछ मूल्य समझता है। पर अब तो कुछ भी नहीं हो सकता था।

वैसे ही प्रत्येक बार हुआ था। कभी-कभी तो वह चाहकर भी किसी विषय में भैया से बात नहीं कर सका था। वास्तव में भैया से उसका संबंध ही कुछ ऐसा रहा था। कभी भी वह उनसे खुल नहीं पाया था। शायद ही कभी आवश्यक बातों के अतिरिक्त एक-आध बात भी उनसे हुई हो।

आज किस प्रकार वह जाकर भैया से कह सकता था कि वह दो वर्षों तक उसका बोझ उठाये रहें। पर और कोई रास्ता भी तो नहीं था। उसने निश्चय कर लिया कि वह अवश्य ही संध्या समय भैया से इस विषय में बातें करेगा।

भैया दफ्तर से आए तो काफी थके हुए थे। साइकिल भी कहीं छोड़ आये थे, पैदल ही घर पहुंचे थे। आते ही वे चारपाई पर लेट गये। दफ्तर काफी दूर था। यदि सारा रास्ता पैदल ही चलकर आये थे, तो थक जाना कोई बड़ी बात नहीं थी।

"साइकिल क्या हुई आपकी ?" भाभी ने पूछा।

"जाते हुए ही पंक्चर हो गयी थी। उसे मैं यहीं बनने के लिए दे गया था।" भैया धीरे-से बोले।

"गये भी पैदल थे ?" भाभी के स्वर में आश्चर्य था।

"हां।" भैया बोले।

"ठीक समय पर पहुंच गए थे ?"

"नहीं, विलंब हो गया था।"

"बस पर क्यों नहीं चले गये थे ?"

"बस पर जाने के लिए पैसे चाहिए, मेम साहब !" भैया के अधरों पर बड़ी कड़वी-सी मुसकान थी।

और प्रवाल ने उसी क्षण, भैया से अपनी पढ़ाई के विषय में बात करने का विचार छोड़ दिया। उसने देख ही लिया था, भैया दोनों ओर पैदल चलकर ही गए थे। ऐसा उन्होंने शौक से नहीं किया था। उनकी आर्थिक स्थिति बस के खर्च की भी अनुमति नहीं देती थी। ऐसी अवस्था में वह कैसे उनसे कहता कि वे दो वर्षों तक उसका बोझ अपने कंधों पर लिये रहें। यदि वह उनसे कह ही दे और वे कुछ सहायता देने के लिए तैयार भी हो जाएं तो पीछे उनकी क्या स्थिति होगी ? नहीं, वह नहीं कहेगा उनसे कुछ भी।

स्थिति सारी-की-सारी प्रवाल के सम्मुख थी। आशा की कोई क्षीण-सी रेखा भी दीख नहीं रही थी। फिर भी जाने क्यों, प्रवाल अनुभव कर रहा था कि उसकी आकांक्षाएं दुर्बल नहीं हुईं। उस पर अवसाद नहीं छाया, बल्कि एक प्रकार का आत्मविश्वास उत्पन्न हुआ था उसमें। उसे लगा, उसके भीतर एक प्रकार का

बैल उत्पन्न हो गया था, जो उसे झुकने नहीं देता था, टूटने नहीं देता था। कुछ था उसके भीतर, जो जिये जा रहा था।

दूसरे ही क्षण मस्तिष्क में एक विचार उत्पन्न हुआ—क्या वह स्वयं कुछ नहीं कर सकता? स्वयं वह कुछ नहीं कमा सकता? कितने ही लोग तो काम भी करते हैं और पढ़ते भी हैं। क्या वह उनमें से एक नहीं बन सकता? जिनके पास कोई सहारा नहीं है, क्या वे आगे नहीं बढ़ते? यदि उसके परिवार से कोई उसको सहारा देने के लिए तैयार नहीं है तो क्या वह अपने पैरों पर खड़ा नहीं हो सकता?

और उसे लगा, यह विचार उसके मस्तिष्क में बहुत पूर्व आ जाना चाहिए था। दूसरे ही क्षण उसने किसी से सहायता लेने का विचार ही त्याग दिया। जो कुछ भी करना है, वह स्वयं ही कर लेगा। वह बहुत हल्का हो गया। अब तक तो यू ही दुर्बल बना हुआ था।

प्रवेश-पत्र उसने भरकर भेज दिया। चाहा तो था उसने कि सब कुछ चुपचाप ही हो जाए, पर किसी प्रकार पिताजी के कान में भनक पड़ ही गयी।

"भेज दिया?" उनके स्वर में जिज्ञासा के अतिरिक्त भी बहुत कुछ था।

"जी!" प्रवाल सहम-सा गया।

"तुम्हें मैंने मना किया था न!" पिताजी खुलकर सम्मुख आ गये, "मैं कितनी बार कहूं कि हम तुम्हारी पढ़ाई का खर्च नहीं दे सकते। अच्छा हो कि ये सारे विचार छोड़कर अब तुम कुछ कमाओ।"

"पिताजी, सारा खर्च तो मैं नहीं कहता," प्रवाल के गले में कुछ अटक-सा रहा था, "कुछ मैं स्वयं ही कर लूंगा और थोड़ा-सा सहारा आप दे दीजिएगा। वैसे इस समय मेरे पास अपनी छात्रवृत्ति के चार सौ रुपये हैं।"

"मैंने कह दिया न कि मैं एक पैसा भी नहीं दे सकता।" पिताजी का स्वर उग्र हो उठा था।

जाने कैसे प्रवाल के गले में अटकनेवाली वस्तु पिघल गयी। उसे पिताजी का भय भी दूर होता-सा लगा। पिताजी के सम्मुख वह सदा ही घबरा जाता था। इतना बड़ा होकर भी वह पिताजी के क्रोध के सम्मुख ठहर ही नहीं पाता था। पर अब उसे लगा, वह कुछ और ही हो गया है, जैसे सारे बंधन ही उसने तोड़ डाले हों। आत्मविश्वास जैसे जागा नहीं, तड़प उठा हो उसके भीतर। उसे लगा, संघर्ष से शक्ति जागती है, बाधाओं से टकराकर व्यक्ति दृढ़ होता है। सहारे की आशा का अन्तिम तंतु टूट जाने पर वह और भी दृढ़ हो उठा था।

"मत दीजिए एक पैसा भी आप।" वह बिना किसी संकोच के कह गया, "मैं कोई-न-कोई प्रबंध कर ही लूंगा।"

पिताजी उससे इस प्रकार के उत्तर की अपेक्षा नहीं कर रहे थे। और यह

तो वैसे ही उनके लिए असह्य था कि उनका पुत्र उनकी अवज्ञा कर अपने निश्चय पर स्थिर रहे। उन्होंने विकराल रूप धारण कर लिया। प्रवाल को वैसी डांट कभी भी नहीं मिली थी—उस डांट में न केवल आज्ञाकारी न होने का दोष उस पर आरोपित किया गया था, वरन् उसे निकम्मा घोषित कर, बहुत शीघ्र उसका मस्तिष्क ठिकाने आ जाने की भविष्यवाणी भी की गयी थी।

डांट जितनी अधिक पड़ती गयी, प्रवाल उतना दृढ़ ही नहीं, कठोर बनता गया। भला क्या अधिकार था पिताजी को उसे डांटने का ! अब तो उसने यहां तक कह दिया था कि वह घर से एक पैसा भी नहीं लेगा। और दूसरे ही क्षण उसके सम्मुख एक नया प्रवाल आ उपस्थित हुआ। प्रवाल—जो पढ़ता था; प्रवाल—जो ट्यूशन पढ़ाता था; प्रवाल—जो पत्र-पत्रिकाओं में लिखता था; प्रवाल—जो दिनभर काम करता था; प्रवाल—जो थकता नहीं था और प्रवाल—जो अंत में सफल होकर संसार के सम्मुख आया था।

उसे लगा, पिताजी की डांट ने उसे मार्ग दिखाया है और वे सारे मोह के बन्धन तोड़ दिये हैं, जिन्होंने उसे दुर्बल बना रखा था। बिना किसी आश्वासन के ही वह निश्चिन्त था कि वह अपने खर्च के अनुसार कमा ही लेगा।

एक बात का अनुभव उसने और किया। वह मन-ही-मन पिताजी से अधिक भैया से विमुख हो बैठा था। पिताजी का स्वभाव वह जानता था। वे तो प्रत्येक बात में निराश पक्ष को ही देखते रहते थे और प्रत्येक नये कार्य में उनका निषेध था। भैया भी तो जानते थे इन बातों को, तो फिर क्यों नहीं आये वे उसे सहारा देने ? उसने भैया से कहा तो नहीं था, पर अनजाने ही उसके मन में यह इच्छा बैठ गयी थी कि भैया उसके मूक आह्वान का उत्तर दें और उसकी सहायता के लिए आएं।

दूसरे ही दिन से प्रवाल ने समाचार-पत्रों में नौकरी के लिए सिचुएशन वैकेन्ट का कॉलम देखना आरम्भ कर दिया। विज्ञापन पढ़ते समय दो बातें उसके ध्यान में रहतीं—एक तो वह नौकरी इलाहाबाद में ही हो और फिर ऐसी हो कि वह अपनी पढ़ाई भी कर सके। उसने इलाहाबाद के अपने एक-दो मित्रों को ट्यूशन इत्यादि का प्रबन्ध करने के लिए भी लिख दिया।

दिन-प्रतिदिन प्रवाल तनता जा रहा था। उसके मन में बैठ गया था कि उसे इस परिवार से अपने सारे संबंध तोड़ लेने हैं। ठीक तो है, जो परिवार सामर्थ्य रखते हुए भी उसकी पढ़ाई का बोझ उठाना अस्वीकार करता है वह क्यों रखे कोई भी संबंध उसके साथ ? उसे लगा, उसके हृदय में किसी के लिए भी ममत्व की कोई भावना नहीं है। अपना यह रूप उसने पहली बार ही देखा था। उसे पहली बार पता चला था कि वह इतना अधिक कठोर है। वह अपने कई मित्रों की कहानियां जानता था, जिनका अपने परिवार से जरा-सा भी पृथक् होने को

मन नहीं मानता था। किसी को किसी की याद आती थी तो किसी को किसी की। पर उसे लगा, वह बिना किसी हिचक के सबको छोड़ सकता है। इन संबंध-तंतुओं को तोड़ने में कभी भी वह दुर्बलता का अनुभव नहीं करेगा।

इन विचारों ने उसके व्यवहार को भी परिवर्तित कर दिया था। किसी की ज़रा-सी भी तीखी बात उसे सह्य न थी। प्रत्येक क्षण तलवार उठाये, लड़ने को तैयार-सा फिरता था। कोई बात हुई नहीं कि उबल पड़ा, "जा तो रहा ही हूं घर छोड़कर। क्या मेरा दो-चार दिन भी रहना नहीं देखा जाता?"

और फिर विश्वविद्यालय से उसके प्रवेश की स्वीकृति आ गयी। साथ ही साथ इलाहाबाद से उसके मित्र का पत्र भी आ गया कि यदि प्रवाल इलाहाबाद चला आये, तो सत्तर-अस्सी रुपयों की ट्यूशन का प्रबंध वह कर देगा।

प्रवाल को लगा, अब जैसे उसके मार्ग में कोई अड़चन ही नहीं रह गयी थी। अपने बल का अनुभव कर मन में एक प्रकार की प्रसन्नता-सी भर गयी और उसने अपने प्रस्थान के विषय में घर में घोषणा कर दी। और किसी के विचार से तो उसे रुचि थी नहीं, पर पिताजी की इस विषय में प्रतिक्रिया वह जानना चाहता था। वह जानता था, पिताजी सहज ही इस बात को स्वीकार नहीं करेंगे।

पिताजी ने उसके जाने के विषय में सुना। उन्होंने कुछ कहा नहीं, मौन धारण कर लिया। प्रवाल जानता था यह उनके क्रोध की चरम सीमा है। जब कभी भी वे अत्यन्त क्रोधित हो जाते थे, तो मौन धारण कर लेते थे। यह उनका सबसे बड़ा विरोध था। परिवार में सब लोग उनकी डांट आदि सुनकर उतने भयभीत नहीं होते थे, जितना उनके मौन से डरते थे। पर प्रवाल पर इस मौन का भी कोई प्रभाव नहीं पड़ा—उसे स्वयं आश्चर्य हुआ यह जानकर। वह परिवार-वालों के प्रति एकदम निर्मम ही नहीं, कुछ उद्दंड भी हो गया है। कभी-कभी सोचता तो उसे स्वयं आश्चर्य होता कि वह किस प्रकार, किसी भी प्रकार के सहारे की आशा के अभाव में भी इतनी दृढ़ता से खड़ा है और अपने निश्चय पर अटल है। यदि कहीं परिवारवालों ने उसे तनिक-सा भी सहारा दिया होता तो जाने कितनी शक्ति आ जाती उसमें, अपने सपनों को साकार करने के लिए।

जाने के एक दिन पूर्व उसने अपना सारा सामान बांध डाला। उसे लगा, वह अनुभूति-शून्य-सा हो गया है। जीवन का इतना बड़ा कांड वह सहज ही कर डाल रहा था। वह जीवन में प्रथम बार अपने परिवार से पृथक् होकर उनसे दूर, अकेला रहने जा रहा था। पर उसके हृदय में किसी भी प्रकार के भावों की लहरें नहीं उठ रही थीं, जैसे वह दैनिक कार्यों जैसा कोई सहज-सा ही कार्य कर रहा हो।

सहसा उसने सोचा, कहीं परिवार से रूठकर जाने के कारण तो ऐसा नहीं

है। कहीं ऐसा तो नहीं कि वह क्रोध में ही, अपने अवसाद को छिपा बैठा हो। पर यह विचार टिका नहीं। दूसरे ही क्षण उसने सोचा, यदि वह रूठकर जा रहा है तब तो उसे परिवार से पृथक् होने की प्रसन्नता होनी चाहिए। पर वह किसी प्रकार की प्रसन्नता का भी तो अनुभव नहीं कर रहा था। यह कैसी चेतना-शून्य-सी स्थिति है!

अन्त में उसने इन उलटे-सीधे विचारों से पीछा छुड़ाने के लिए उठकर टहलना आरम्भ कर दिया। टहलते-टहलते वह सोच रहा था कि कुछ छूट तो नहीं गया। कहीं ऐसा न हो कि वह कोई छोटी-सी वस्तु अनावश्यक समझकर छोड़ जाए और उसी की आवश्यकता आ पड़े।

वह अभी सामान उलट-पलट ही रहा था कि भैया आकर उसके पास खड़े हो गये। देखते ही वह समझ गया कि भैया उससे कुछ कहना चाहते हैं, पर शायद निश्चय नहीं कर पाये थे कि कहें कैसे। वह समझ नहीं पा रहा था कि भैया इस समय क्या कहना चाहते हैं। हो सकता है उसके जाने के विषय में ही कुछ कहना चाहते हों। हो सकता है कोई और बात हो। कुछ भी हो, उसने सोचा, वह भी पूछेगा नहीं। कहना होगा तो भैया स्वयं ही कहेंगे। और वह सामान उलटता-पलटता रहा।

भैया कुछ देर तक खड़े उसे देखते रहे, फिर धीरे-से बोले, "तो तुम कल जा रहे हो?"

"जी!" प्रवाल प्रश्न का तात्पर्य समझ नहीं पा रहा था।

"ठीक हो गया सब कुछ?" भैया ने फिर पूछा।

ओह! प्रवाल ने सोचा, अब आप आये हैं मुझे समझाने। पिताजी की तो कुछ चली ही नहीं, अब आपको भेजा है। सहारा देने तो आप आ नहीं सके, अब जब मैं स्वयं ही उठ खड़ा हुआ हूं तो आप धक्का मारकर गिराने आये हैं। वह भी कर देखिए। खैर, कह लीजिये जो कुछ कहना है; करूंगा तो वही, जो मेरा मन चाहेगा।

"तुम्हारे पास कितने पैसे हैं अभी?" भैया ने पूरी बात जाननी चाही।

"चार सौ रुपये हैं।"

"कुछ तो यात्रा में खर्च हो जायेंगे", भैया बोले, "कुछ प्रवेश लेने में चले जायेंगे। शेष कब तक चलेंगे?" भैया का स्वर सहानुभूतिपूर्ण था। उनमें कोई भी विरोधी तत्त्व प्रवाल को नहीं लगा।

"जब तक चलेंगे, चलाऊंगा ही।" प्रवाल के स्वर में रुखाई बहुत अधिक मुखरित हो उठी थी।

"यह महीना निकल जाएगा किसी प्रकार?" भैया ने फिर पूछा।

"मैं पूरे दो वर्ष निकालने की बात सोच रहा हूं, भैया! और आप एक महीने

की पूछ रहे हैं।"

"प्रवाल !" भैया अब बैठ गये थे, "तुम भी समझते हो और मैं भी जानता हूं कि इन चार सौ में ऐसा नहीं हो सकता। कल्पना की बात और होती है और सत्य कुछ और ही होता है।" वे तनिक-सा रुककर बोले, "वैसे मैं कहने आया था कि चिन्ता की कोई विशेष बात नहीं है। यह न हो कि तुम रुपयों की चिन्ता में ही घुलते रहो और पढ़ाई न कर सको। तुम यदि यह महीना निकाल सको, तो मेरा विचार है अगले महीने से मैं किसी-न-किसी प्रकार तुम्हें थोड़ा-सा सहारा दे सकूंगा। आई विल सेन्ड यू सम मनी।"

प्रवाल ने भैया से इसी बात की आशा बहुत पहले की थी। उसे लगा, भैया ने उसका मूक आह्वान सुना अवश्य था, किन्तु उत्तर देने बहुत देर से आये थे। और चाहे देर से आये हों, पर आये तो थे, यही क्या कम था। उसे लगा, व्यर्थ ही वह भैया से क्रुद्ध था। भैया भी तो अपना उत्तरदायित्व समझते हैं। पिताजी के विरोध के कारण वे खुलकर उसकी सहायता कर नहीं सकते थे। और उनकी आर्थिक स्थिति···प्रवाल के सम्मुख भैया के पैदल आने, थककर चारपाई पर गिर जाने की घटना घूम गयी।

प्रवाल के भीतर-ही-भीतर कुछ पिघल गया। उसे लगा, उसके भीतर जो वस्तु अब तक जमकर जड़ हो चुकी थी, वही धीरे-धीरे ठोस से तरल में परिवर्तित हो रही है और उठ-उठकर उसके कंठ, नाक और आंखों में उपस्थित हो रही है।

अब तक तो वह अपने को बहुत दृढ़, कठोर, चेतना-शून्य और जाने क्या-क्या समझ रहा था; पर भैया के थोड़े से सहारे ने उसे बहुत दुर्बल और भावुक-सा बना दिया था। बड़ी कठिनाई से उसने भैया के सम्मुख अपने स्वर को संयत रखा और आंखों में जलकणों के चमक उठने से भी रोकता रहा; पर भैया के जाते ही एकाध बूंद गिर पड़ी।

भैया के जाते ही एक अवसाद-सा उस पर घिर आया। आज उसे पहली बार लगा कि वह अपने परिवार से बिछुड़कर पृथक् रहने के लिए जा रहा है, वह अपना घर छोड़ रहा है, अपने संगी-साथी छोड़ रहा है। और सहसा उसे मां का विचार आया। इन दिनों पिताजी के विरोध के कारण वह मां को भी भुला बैठा था। भला मां क्या सोचती होगी? कैसा लगता होगा उन्हें? और उसकी आंखों के सम्मुख कितने ही बीते दृश्य घूम गये···

उस दिन वह अंग्रेज़ी फ़िल्म 'द टेन कमान्डमेन्ट्स' देखने चला गया था। फ़िल्म लम्बी है, यह वह जानता था; पर इतनी लम्बी है, यह नहीं जानता था। फ़िल्म जब समाप्त हुई तो देखा, रात के साढ़े ग्यारह बजे थे। भागता हुआ घर आया तो पौने बारह बज चुके थे। दूर से ही उसने देखा, मां सीढ़ियों पर बैठी

दीवार का सहारा लिये ऊंघ गयी थीं। वह भीतर ही भीतर कांप-सा उठा। धीरे-धीरे सीढ़ियां चढ़ने लगा, पर मां की आंखें खुल ही गयीं। मां ने एक बार उसे देखा—वह सकुशल लौट आया है। मां की आंखों से आशंका की परछाइयां मिट गयीं और वह बिना कुछ कहे ही उठकर भीतर चली गयीं।

और सहसा प्रवाल को लगा, उसने मां के प्रति अन्याय किया है। मां के प्रति ही नहीं, दूसरों के प्रति भी।

भैया फिर लौट आए थे। जाने इस बार किसलिए आए थे। कुछ और कहना चाहते हैं क्या, प्रवाल सोच रहा था। पर भैया ने कुछ कहा नहीं, आकर चुपचाप खड़े हो गये। एक बार घूमकर उन्होंने पीछे की ओर देखा, कोई आ तो नहीं रहा! फिर धीरे से उन्होंने जेब में हाथ डाला और कुछ निकाला। प्रवाल ने देखा, दस-दस के नोट थे। भैया ने नोट उसकी ओर बढ़ा दिये, "रखो! यात्रा में काम आयेंगे।"

और भैया बिना एक मिनट भी ठहरे, वापस चले गये।

प्रवाल ने गिने—तीस रुपये थे। उसे लगा इनकी बहुत आवश्यकता थी उसे। और वैसे भी अब वे कुछ-न-कुछ तो भेजेंगे ही उसे। वह तो चला था बिना किसी की सहायता लिये; पर क्या वह खर्च भर को कमा सकता था? पत्र-पत्रिकाओं की बात उसने सोची थी, पर क्या प्रत्येक व्यक्ति पत्रिकाओं में लिख सकता है? और यदि लिखे भी तो क्या इतने पैसे मिल जाते हैं कि महीने का खर्च चल सके? ट्यूशनों का क्या भरोसा—हो सकता है ट्यूशनें मिलतीं ही नहीं। अनजान व्यक्ति को कोई ट्यूटर भी तो नहीं रखना चाहता।

उसे लगा, वह तो यूं ही आंखें मूंदे हुए खाई में कूदने जा रहा था। यदि वह विश्वविद्यालय में प्रवेश पा भी लेता, तो क्या था। बाद में पैसे न रहने पर उसे सब कुछ छोड़ना पड़ता। उससे क्या लाभ? भैया यदि सहारा न देते, तो क्या होता? वह कांप-सा उठा।

१५.७.१९६१

मम्मी, पापा और बेबी

चलने लगी तो साधना ने पीछे से चोटी पकड़कर घसीट लिया, "देख, ठीक ढाई बजे आ जाना। देर की तो तेरी खैर नहीं।"

साधना की यह आदत कभी-कभी बुरी लगती है मुझे, जब देखो तब पीछे से चोटी पकड़कर घसीट लेती है। पर कभी-कभी प्यार भी आता है उस पर। उस समय तो ज़रा-सा गुस्सा ही आया, "आगे तो इतनी देर करा दी, अब ढाई बजे बुला रही है। एक तो बज ही गया है। यदि कोई आने नहीं दे तो ?"

"देख, मेरी लाडो !" साधना ने प्यार जताया, "टिकटें मैंने खरीद ली हैं। अब यदि तू नहीं आयी तो समझ, पांच रुपये गये पानी में। अकेली तो मैं भी नहीं जाऊंगी देखने।"

"अच्छा, बाबा ! आ जाऊंगी।" मैंने हाथ लहराया, "बॉय-बॉय !"

जल्दी-जल्दी पग बढ़ाते हुए मैंने एक बार फिर घड़ी देखी, एक बजकर पांच मिनट हो चुके थे। बारह बजे हमारी कक्षाएं समाप्त हो गयी थीं और मुझे किसी भी अवस्था में सवा बारह तक घर पहुंच जाना चाहिए था। पर इस कमबख्त साधना ने देर करा दी। घसीटकर ले गयी यूनिवर्सिटी रेस्तरां में, 'कॉफी पियेंगे !' बड़ी आयी कॉफीवाली ! और अब टिकटें भी खरीद रखी हैं 'उर्वशी' की।

एक तो रात को तबीयत भी खराब हो गयी थी। सवेरे मम्मी आने ही नहीं दे रही थीं। जिद करके आयी तो इतनी देर हो गयी और···और आज तो पापा ऑफिस भी नहीं गये थे। मम्मी और पापा—दोनों से ही भुगतना होगा। और···

घर पहुंची तो देखते ही समझ गयी कि मम्मी का मूड बिगड़ा हुआ है। वह तो मैं जानती ही थी। मम्मी की तो आदत ही है, बस ज़रा देर हुई तो मुंह फूलकर

गुब्बारा हो गया। कभी-कभी जब मम्मी ऐसे ही रूठकर मुंह फुला लेतीं और पापा मूड में होते तो बड़ा मज़ा आता। पापा मम्मी को सुनाकर मुझसे कहते, "बेटा लाडो ! बड़े मच्छर हो गये हैं हमारे घर में।"

"कहां, पापा ?" मैं समझते हुए भी न समझने का अभिनय करती।

"देख, बेटे ! फ्लिट छिड़कवा दे," पापा बड़े मजे से कहते, "नहीं तो इनके काटे देख तेरी मम्मी की क्या हालत हुई है।"

"क्या हुआ, पापा ?" मैं पूछती।

"देखती नहीं लाडो तू !" पापा मम्मी को तिरछी आंखों से देखते, "मच्छरों ने काट-काटकर तेरी मम्मी का मुंह सुजा दिया है। यहां तो मच्छरों ने काट-काटकर मुख लाल कर दिया है और लोग कहते हैं, वर्मा साहब की पत्नी घी पी-पीकर लाल-सुर्ख हो रही हैं।"

"बहुत हुआ, बस कीजिए अब !" मम्मी झल्लाकर रसोई में चली जातीं और पापा ठठाकर हंस पड़ते।

पर इस समय तो मुझे केवल मम्मी के क्रोध का ही ध्यान था। मुझे देखते ही बोलीं, "कहां रह गयी थी तू ?"

"मम्मी, बस नहीं मिली। बस-स्टैंड पर खड़े-खड़े थक गयी मैं तो।" मैंने पुस्तकें मेज पर पटककर कुर्सी पर गिरते हुए, थकावट का प्रदर्शन किया।

मम्मी ने कुछ कहा नहीं, वे भनभनाती हुई चली गयीं। और मैं सोचती रह गयी कि काश, मम्मी की भी कोई सहेली उन्हें चोटी से पकड़, घसीटकर कॉफी पीने को बाध्य करती तो वे मुझसे नाराज नहीं होतीं ! पर मैं जानती थी, उनकी कोई भी सहेली नहीं थी। पापा ने कभी ऐसा किया हो तो मुझे पता नहीं।

मम्मी के जाते ही, चुपके से उठकर मैं पापा को भी देख आयी। वे नाराज नहीं लगते थे, बल्कि अच्छे-खासे मूड में थे। पाइप पीते हुए समाचार-पत्र पढ़ रहे थे और आप-ही-आप मुसकराते भी जा रहे थे। यह उनकी विशेष मुद्रा थी। जब कभी उन्हें मैं इस प्रकार स्वयं ही मुसकान पीते हुए देखती तो समझ जाती कि मम्मी से उनकी झड़प हो चुकी है और उन्होंने मम्मी को खूब चिढ़ाया है।

तो मम्मी मुझसे नहीं, पापा से ही नाराज़ थीं। पर फिर भी नाराज़ तो वे थीं ही—और मुझे ढाई बजे साधना के घर पहुंचना था···

खाना खाकर मम्मी तो अपने कमरे में चली गयीं और पापा खाने की मेज़ पर ही समाचार-पत्र पढ़ते-पढ़ते पाइप पीते रहे। मैंने घड़ी देखी, सवा दो बज रहे थे। अब बस से तो कठिन ही था, स्कूटर रिक्शा लेकर साधना के घर पहुच सकती थी। और यदि समय पर नहीं पहुंची तो ? मेरे मन में सहसा प्रश्न उठा —और उत्तर में मुझे अपनी चोटी पीछे से खिंचती-सी लगी···

"पापा !" मैंने बहुत धीरे-से कहा।

पापा ने दृष्टि ऊपर उठाई। मैंने देखा, वे अब भी पाइप के धुएं के साथ-साथ मुसकान पी रहे थे।

"मैं उर्वशी देखने जाऊं, पापा?" मेरा स्वर और भी धीमा हो गया।

"बेटा!" पापा ने पाइप मुंह से निकाल ली, "अभी रात को ही तो डॉक्टर बुलाया था और अभी दोपहर को उर्वशी सूझ रही है। फिर तबीयत को कुछ हो गया तो?"

पर मैंने देखा, यह स्वर बाधापूर्ण नहीं था, चुहल थी उसमें।

"पापा! कुछ नहीं होगा तबीयत को।" मैं जाने कैसे कह गयी, "वह तो··· वह तो बहल जायेगी इससे।"

"अच्छा!" पापा अट्टहास कर उठे, "तो उर्वशी न देखने से ही तबीयत खराब हो गयी थी मेरे बेटे की।"

"नहीं, पापा, वह तो···" मैंने जाने क्या कहना चाहा।

"पर, बेटे!" पापा बोले, "क्या डॉक्टर ने बताया है कि भरी दोपहरी उर्वशी देखने जाओ!"

"नहीं, पापा!" मैंने सच्चाई प्रकट कर दी, "बात यह है कि साधना ने टिकटें खरीद ली हैं। नहीं जाने से पांच रुपये व्यर्थ ही चले जाएंगे।"

"तो मम्मी से पूछो अपनी।" मैं देख रही थी, पापा रोक नहीं रहे थे, पर स्पष्ट अनुमति भी नहीं दे रहे थे।

"मम्मी ने तो जाने के लिए कह दिया है।" मैंने बड़ी कठिनाई से थूक गले के नीचे उतारा।

"तो ठीक है!" पापा की दृष्टि फिर समाचार-पत्र की पंक्तियों पर दौड़ने लगी, "जब मम्मी ने कह ही दिया है तो हमसे पूछने की जरूरत ही क्या है। अरे, हम होते कौन हैं रोकनेवाले!" और पापा के अधरों की मुसकान अधिक मुखर हो उठी।

ठीक समय पर साधना के घर पहुंच तो मैं गयी, पर उस झूठ को क्या करती जो बोलते ही अवसाद बनकर मन को घेर बैठा था। साधना प्रसन्न थी कि मैं ठीक समय पर पहुंच गयी हूं और मैं अपने हृदय की तीव्र धड़कनों की गणना कर रही थी।

मुझे पिक्चर में ज़रा-सा भी मज़ा नहीं आया। वास्तव में मैं ठीक तरह से कुछ देख ही न पायी थी। और जो कुछ देखा भी था, वह उस समय भूल गयी जब पिक्चर के अंत में साधना मुझे घसीटकर चाट की दुकान पर ले गयी। दिल्ली की लड़कियों को बड़ी बीमारी है चाट की। जहां चाट की दुकान देखी, खड़ी हो गयीं। मुझे फुटपाथ पर खड़े-खड़े एकदम अच्छा नहीं लगता, पर साधना का विरोध मैं कर नहीं सकती।

"जल्दी चलना है, साधना !" मैंने बड़े प्यार से कहा कि कहीं वह नाराज़ न हो जाए, "देर हो गयी तो मम्मी कहेंगी—जा, चली जा वापस, जहां अब तक थी ।"

"तू चिन्ता मत कर," साधना ने मुझे समझाने का-सा अभिनय किया, "जब कभी ऐसी बात हो, मेरे घर आ जाया कर । और आज यदि तेरी मम्मी यह कहें तो आ जाना मेरे पास, हम 'उर्वशी' का दूसरा शो भी देख लेंगे ।"

मैं उसकी बात पर हंस न सकी और न ही चाट का स्वाद ही ले सकी । मुझे तो मम्मी का डर लगा हुआ था—कहीं जाते ही झाड़-बुहार हुई तो···

पर घर पहुंचते ही मुझे पता चला कि बाज़ी पलट गयी है । पापा के हाथ में समाचार-पत्र नहीं था, न ही मुंह में पाइप और न अधरों पर मुसकान ही थी । वे काफी झल्लाये बैठे थे ।

"लो, आ गयी तुम्हारी लाडो ! संभालो अपनी बेटी को !" और सहसा उनका स्वर बदल गया, "कितनी बार कहा, सयानी लड़की को देर-अंधेर बाहर मत जाने दिया करो, पर ये तो चाहती ही हैं कि जो कुछ मैं कहूं, उसका उल्टा ही हो ।"

"क्या हो गया," मम्मी जाने क्यों मेरे पक्ष में बोल उठीं, "ज़रा-सा बाहर चली गयी तो ? अब दूध-पीती बच्ची तो है नहीं, अपना भला-बुरा समझती है ।"

"आखिर तुम्हारी ही तो बेटी है न !" पापा ने प्रत्यक्ष आक्रमण किया, "तुम्हारे गुण नहीं तो क्या मेरे गुण होंगे उसमें । सयानी हो गई है इसीलिए तो कहता हूं कि मत जाने दिया करो अकेली देर-अंधेर बाहर ।"

"हां-हां, मेरी ही बेटी सही," मम्मी हारने को तैयार नहीं थीं, "मैं जो अच्छा समझूंगी, वही करूंगी । हम बूढ़े होने को आए, अभी तक बाज़ार से अकेले ज़रा सब्जी भी नहीं ला सकते । ज़रा-सा काम हो तो लोगों की खुशामद करो । मैं अपनी बेटी को वैसी नहीं रहने दूंगी । अब ज़माना वह नहीं रहा जब लड़कियां गठरी के समान होती थीं, जहां चाहो उठाकर रख दो ।"

"और तुमसे आशा ही क्या हो सकती है ।" पापा भन्नाकर दूसरे कमरे में चले गये ।

पापा दूसरे दिन सुबह तक नाराज़ थे । मम्मी प्रसन्न थीं मुझसे । जाने वास्तव में ही प्रसन्न थीं या पापा का विरोध कर उन्हें चिढ़ा रही थीं । सवेरे जब मैं यूनिवर्सिटी जाने लगी तो मम्मी ने बड़े प्यार से विदा किया मुझे ।

यूनिवर्सिटी में सबसे पहले मैं साधना से ही मिली ।

"घर से निकाल तो नहीं दिया मम्मी ने ?"

"नहीं ! मम्मी तो बहुत खुश हैं मुझसे ।"

"सच्ची !"

"तेरी कसम !"

"बड़ी प्यारी है तू !" और साधना ने घसीटकर ममतामयी मां के समान मेरे माथे को चूम लिया।

मैं शरमा-सी गयी। साधना बड़ी 'वो' है। न समय देखती है, न स्थान। भरी कक्षा में चूम लेती है। आखिर बहुत सारे लड़के भी तो हैं, वे क्या सोचते होंगे !

ऐसे ही एक बार पहले भी साधना ने मुझे जकड़कर चूम लिया था, तो कहीं पास से ही एक स्वर आया था, "कठिनाई यह है कि लड़कियां लड़कों का प्रत्येक कार्य स्वयं ही कर लेना चाहती हैं।"

मैं लज्जा से लाल हो गयी थी, पर क्रोध भी बड़ा आया था मुझे। घूरकर देखना चाहती थी कि कौन बदतमीज़ है यह। पर साधना ने देखने नहीं दिया। जकड़ रखा था उसने मुझे। कमबख्त ने स्वयं भी तो नहीं देखा।

मैंने बड़ी कठिनाई से छुड़ाया स्वयं को। अभी छूटी ही थी कि सुधा आकर लिपट गयी मुझसे, "मरी ! कहां रह गयी थी तू ! कब से खोज रही हूं।"

"पर क्यों खोज रही है ?"

"देख ! बात यह है," सुधा बोली, "आज कक्षाओं के समाप्त होने पर डिबेट है। उसमें बोलना है तुझको।"

"मैं नहीं बोलती डिबेट-विबेट में।" मैंने पीछा छुड़ाया।

"बोलेगी कैसे नहीं तू !" सुधा बड़े अधिकार से बोली, "अगर नहीं बोलेगी तो मैं तुझसे कभी नहीं बोलूंगी।"

"चुप !" मैंने उसके मुंह पर हाथ रख दिया, "मुंह से शब्द निकालते हुए तू ज़रा भी तो नहीं सोचती है, सुधी ! कैसे बोलूंगी ?"

"पर बोलेगी क्यों नहीं ?"

"बाबा ! छुट्टी के बाद मैं ठहर नहीं सकती। देर होने से मम्मी और पापा दोनों ही गुस्सा होते हैं और पापा तो कल संध्या से ही नाराज़ हैं।"

"तू इसे कह, साधना !" सुधा बोली, "तू मुझसे ज़रा भी प्यार करती है तो इसे मना।"

साधना ने मेरी ओर देखा, "तू बोलेगी, मेरी लाडो !" और वह उठकर चली गयी।

अब मैं क्या करती ! पापा का भय भी था और इन दोनों की ज़बर्दस्ती भी। रुक ही गयी मैं। डिबेट में बोली भी। प्रथम पुरस्कार भी जीता। पर मज़ा नहीं आया। आता भी कैसे ? भीतर-ही-भीतर मन तो कांप रहा था।

घर पहुंची तो मेरा हाथ कांप रहा था, साथ-ही-साथ कप भी कांप रहा था जो मैंने पकड़ रखा था।

मम्मी मिलीं। सवेरे के समान प्रसन्न नहीं थीं वे।

"फिर देर कर दी तूने आज! आखिर अपने बाप की ही बेटी है न! जो कहो उसी का उल्टा करना है।"

"मम्मी, बात यह···"

"बात क्या है? रह कहां गयी थी तू, यह बता?"

"मम्मी! देखो, यह प्राइज़ जीता है डिबेट में।" मैंने बड़े साहस से कपवाला हाथ आगे बढ़ाया।

मम्मी के मुख की तनी रेखाएं क्षणभर में ही ढीली पड़कर स्निग्ध हो गयीं, "डिबेट थी आज? क्या फर्स्ट आयी तू?"

"हां, मम्मी!" मैंने सिर हिलाया।

"तेरे पापा गुस्सा हो रहे थे, पर आ तू!" और मम्मी एक हाथ में कप लिये, दूसरे हाथ से मुझे घसीटती हुई, पापा के पास जा पहुंचीं।

मैंने देखा, पापा का मूड अच्छा नहीं था। वे नाराज़ थे। शायद वे कुछ कहते, पर मम्मी ने कहने ही नहीं दिया, "देखो जी! सवेरे से मेरी बेटी को बुरा-भला कह रहे थे। देखो, मेरी बेटी कप जीतकर लायी है डिबेट में।"

पापा ने मेरी ओर देखा। उनका हाथ जेब में गया और पाइप बाहर निकल आया। उनके चेहरे की रेखाएं बदल रही थीं—"क्यों नहीं जीतेगी कप? आखिर मेरी ही तो बेटी है। तुम्हारे गुण लेती तो आलू के बोरे के समान घर में पड़ी होती। किसी पुरुष से बात भी करनी पड़ती तो शर्म से लाल मिर्च हो जाती।"

मम्मी चिढ़ गयीं, "हां-हां, तुम्हारी ही तो बेटी है। मेरी होती तो घर में बैठती। दिन-दिन भर आवारागर्दी नहीं करती। अभी तो खुश हो—मेरी बेटी, मेरी बेटी! कल जब दुनिया वर्मा साहब की बेटी को छोकरों के समान घूमते देख आंखें तरेरेगी तो मुंह भी न दिखा पाओगे···"

और मम्मी क्रोध से कप सोफ़े पर फेंककर चली गयीं।

"फिर जाहिल औरतोंवाली बात!" पापा ने बुरा-सा मुंह बनाया, "देखेंगे हमारी बेटी को कैसे कोई कुछ कहता है?"

और उन्होंने बड़े प्यार से कप को उठाकर उस पर स्निग्ध-सी दृष्टि डाली और मेरी पीठ थपथपा दी।

४.१०.१९६१

आहत प्यार

भैया और जीजी के झगड़े दिन-प्रतिदिन बढ़ते ही जा रहे थे। रोज़ ही कुछ-न-कुछ हो जाया करता और साथ ही घर का वातावरण भी बिगड़ जाता। भैया कहीं मुंह फुलाये पड़े रहते, जीजी कहीं रोती रहतीं। घर में प्रत्येक व्यक्ति का मूड खराब हो जाता। सभी खीझ उठते।

झगड़े पहले भी हुआ करते थे, पर ऐसे नहीं। भैया और जीजी में परस्पर बहुत स्नेह था। कभी-कभी मुझे उन पर क्रोध भी आ जाता था। जीजी जैसे ही शाम को कॉलेज से आतीं, मैं दौड़ता, "जीजी-जीजी!"

"भैया कहां हैं?" वे पूछतीं और भैया के कमरे में चली जातीं।

भैया भी जब ऑफिस से आते तो उनका पहला प्रश्न होता, "गुड्डी कहां है?"

खाने बैठते तो दोनों इकट्ठे। कहीं जाने का विचार होता, तब भी इकट्ठे। कुछ भी खरीदना होता तो दोनों बाज़ार जाते। एक-दूसरे से पूछे बिना कोई वस्तु न खरीदते। एक-दूसरे के जन्मदिनों पर भी कोई-न-कोई उपहार देते ही रहते।

मुझे कभी-कभी यह सब बहुत बुरा लगता था। आखिर यह भी कोई तरीका है। मैं भी तो हूं घर में। पर कौन पूछता है मुझे। क्या मेरा जन्मदिन नहीं आता, पर मुझे तो कभी कोई उपहार नहीं मिला! न भैया से, न जीजी से। खाने के समय भी मुझे कोई नहीं पूछता। मेज़ पर मेरी प्रतीक्षा नहीं करता। मैं स्कूल कब जाता हूं, किसी को भी पता नहीं, और न ही कोई जानने की चेष्टा करता है। कई बार सोचता, मुझे भी बड़ा ही होना चाहिए था; ताकि या तो कॉलेज में पढ़ता, या ऑफिस में काम करता। अच्छा, कोई बात नहीं, मैं सोचता, अगले साल तो कॉलेज में चला ही जाऊंगा। मैट्रिक में आ ही गया हूं।

पर जितना स्नेह था जीजी और भैया में, उतने ही झगड़े भी होते थे। मैं कभी भी समझ नहीं सका कि उन झगड़ों का कारण क्या है ?

खाना खाने के पश्चात् भैया सेब काटते, एक टुकड़ा स्वयं खाते और एक जीजी को देते।

"मुझे भूख नहीं है अब !"

"अरे, एक टुकड़ा खा लो न। इसमें भूख की क्या बात है।"

"सच भैया, पेट में एकदम जगह नहीं है।"

"तो तुम नहीं खाओगी ?"

"अच्छा बाबा, खा लेती हूं।"

मुझे विचित्र लगता यह सब। अरे, यदि वे नहीं खातीं तो इसमें क्रोध की क्या बात है। फिर सोचता—यदि जीजी ही खा लेतीं, तो क्या था ?

भैया का वेतन मिलता। वे कुछ-न-कुछ जीजी के लिए ले आते—कभी कोई साड़ी, कभी कुछ और।

जीजी साड़ी देखतीं और नाराज़ हो उठतीं, "आपको किसने कहा था साड़ी लाने के लिए ?"

"अपने मन से लाया हूं।"

"क्यों लाए हैं आप ?"

"पैसे थे, ले आया।"

"पैसे थे तो अपने लिए पतलून का कपड़ा क्यों नहीं लाये ? बड़े आये हैं पैसे-वाले ! स्वयं सड़ी हुई पतलूनें पहनेंगे और चले हैं साड़ी लाकर देने। जाइए, वापस करके आइए।"

"चुप ! बड़ी आयी है वापस करानेवाली, रख इसे !"

"नहीं रखती !" और जीजी साड़ी फेंक देतीं।

भैया पैर पटकते हुए चले जाते। दोनों बोलते नहीं, कुछ कहते नहीं, अपने-अपने कमरे में पड़े रहते। फिर या तो जीजी जाकर भैया को मनातीं और साड़ी लेकर भैया से वचन लेतीं कि अब वे और कुछ नहीं लायेंगे, या भैया ही जाकर जीजी को मनाते और वादा करते कि वे और कुछ नहीं लायेंगे।

कभी जीजी बाज़ार से कोई अच्छी-सी टाई ले आतीं और भैया लड़ पड़ते। "किसने कहा था बीस रुपये वेस्ट करने के लिए तुझे ? अपने लिए कुछ क्यों नहीं लायी ?"

"हां-हां, मेरे तो प्रत्येक काम में कोई-न-कोई बुराई होती है न ?"

और फिर झगड़ा, और फिर सन्धि !

यह क्रम चलता ही रहता था। प्रत्येक दो-तीन दिनों के पश्चात् एक बार वे लड़ पड़ते। पर झगड़ा कभी घंटे-डेढ़ घंटे से अधिक न चलता।

भैया के विवाह के लिए प्रत्येक वस्तु जीजी की इच्छा से खरीदी गयी थी। कोई भी अच्छी साड़ी आने पर भैया कहते, "यह तुम रख लो।" पर जीजी उसे भाभी के लिए रख देतीं।

जीजी ने कितने चक्कर बाजार के लगाये, दुकान-दुकान छान मारी, फिर भी वे भाभी के लिए आये हुए कपड़ों-गहनों से संतुष्ट न थीं।

हम सब ही भाभी को घर में लाने के लिए बहुत उत्सुक थे, पर जीजी तो सबसे अधिक व्यग्र थीं। बारात के जाने के दूसरे ही दिन से उन्होंने घर को सजाना शुरू कर दिया। एक-एक वस्तु ठिकाने से रखी। यह भाभी का कमरा, यह भाभी की श्रृंगार मेज, यह वस्तु भाभी के लिए, यह वस्तु···

कभी-कभी मेरी उनके साथ झड़प भी हो जाती। मेरी कोई भी बात वे न मानतीं। अन्त में मैं लड़ पड़ता, "भाभी क्या आपकी ही हैं?"

"हां, मेरी ही हैं।"

"कैसे?" मुझे क्रोध आता।

"भैया जो मेरे हैं।"

"बड़ी आयीं भैयावाली!" और मैं चुप हो जाता।

मैं जानता था, उनके कथन में सचाई है। भैया को और किसी की भी इतनी चिन्ता न थी, जितनी जीजी की। उन्होंने जीजी से कह रखा था, वे जैसे चाहेंगी, अपनी भाभी को रखेंगी।

भाभी-भैया और दूसरे लोगों को लाने के लिए, हमें स्टेशन जाना था। कहीं भी जाना होता, जल्दी तैयार हो जाता। जीजी को सदा देर हो जाया करती थी। पर उस दिन कैसे वे मुझसे जल्दी तैयार होकर रोब जमाने लगीं, "चलो, जल्दी करो, देर हो रही है।"

"देर कैसे होगी, जीजी?" मैंने घड़ी दिखाकर कहा, "अभी नौ ही बजे हैं और गाड़ी साढ़े दस बजे आती है।"

"अगर आज जल्दी आ गयी तो?"

मैं हंस पड़ा। "वाह-वाह, क्या कहने! गाड़ी जल्दी आ जाएगी। ऐसा भी कभी हुआ है?"

"क्यों?" जीजी खीझकर बोलीं, "गाड़ी लेट हो सकती है, तो समय से पहले क्यों नहीं आ सकती!"

"नहीं आ सकती, बस।" मैंने ज़िद की।

"अच्छा-अच्छा", वे बोलीं, "तुम जल्दी करो, गाड़ी की बात छोड़ो।"

"पर स्टेशन पर जाकर क्या करेंगे, जीजी?" मैंने पूछा।

"कुछ भी करें।"

"धूप होगी प्लेटफॉर्म पर।"

"तुम चलो भी।"

वे कोई भी तर्क सुनने के लिए तैयार नहीं थीं।

हम दस बजे ही स्टेशन पर जा पहुंचे। गाड़ी बारह बजे से पहले न आयी। पर जीजी अपने में ही मस्त थीं।

भाभी जैसे ही लिपटी-लिपटायी, गाड़ी से उतरीं, जीजी ने उन्हें संभाल लिया। बस, ऐसा संभाला कि किसी को पास तक न फटकने दिया। वे थीं और उनकी भाभी। बस, 'मेरी भाभी', 'मेरी भाभी'।

शाम होते-होते हम सब भाभी से मिल चुके थे, पर जीजी की निगरानी में। उन्होंने खाना भी भाभी को साथ ही खिलाया, चाय भी साथ ही पिलायी, एक पल के लिए भी न छोड़ा।

मन तो मेरा भी बहुत कर रहा था भाभी से बातें करने को, कितने ही वर्षों पश्चात् तो आज एक भाभी आयी थीं। पर ये जीजी थीं कि छोड़ ही नहीं रही थीं। मैं भाभी से मिला तो, पर उनको अपने साथ, अपने कमरे तक भी न ला सका। जीजी छोड़तीं तब न?

दूसरे दिन भी यही हालत रही। जीजी भाभी के साथ लगी रहीं। "भाभी, यह करो! भाभी, वह करो!" और भाभी भी करती रहीं। पर उनको आये हुए एक दिन तो हो ही चुका था। वे कुछ-कुछ स्वयं भी कर लेती थीं। कभी-कभी कह देतीं, "नहीं गुड्डी, यह नहीं।"

शाम को चाय की मेज़ पर जब हम मिले तो बात वैसी नहीं थी। बहुत कुछ बदल चुका था। भैया और भाभी पहले से ही आकर मेज़ पर बैठे हुए थे। जब मैं आया तो भाभी चाय बनाकर भैया को कप दे रही थीं। जीजी कुछ देर में आयीं, पर एकदम गुमसुम थीं। उन्होंने किसी से कुछ कहा-सुना नहीं। चाय का कप बनाया और चुपचाप पी गयीं। और तो और, भाभी तक से नहीं पूछा। चाय पीते ही उठ गयीं और अपने कमरे में जा बैठीं।

भैया हैरान थे। मुझे स्वयं कम आश्चर्य न था।

"गुड्डी को क्या हुआ?" उन्होंने माताजी से पूछा।

"मुझे क्या पता, तुम लोग क्या करते रहते हो।" माताजी निर्विकार भाव से बोलीं।

भैया भी उठ गये, "क्या हुआ इसे?"

अब मैं और भाभी ही थे मेज़ पर।

"भाभी!" मैंने धीरे-से कहा।

भाभी ने आंखें उठायीं। पर उनका चेहरा कल के समान न था। मुझे एक प्रकार का क्रोध-सा उन आंखों में दीख पड़ा। जाने यह क्रोध कैसा था। शायद

अभिमान के आहत होने पर व्यक्ति ऐसा ही हो उठता है।

"तुम्हारे भैया कहां गये हैं ?"

"जीजी को मनाने। भाभी, इनकी चिन्ता मत करो, ये लोग ऐसे ही करते रहते हैं।"

भाभी कुछ न बोलीं।

उनकी चाय समाप्त हो गयी। मैंने सोचा था कि वे भी भैया के पीछे जाएंगी —जीजी को मनाने या जानने कि बात क्या है। पर वे उठकर अपने कमरे में चली गयीं। मैं अकेला ही बैठा रह गया।

थोड़ी देर में भैया लौट आये।

"आशा कहां है ?"

"भाभी अपने कमरे में हैं।"

मैंने देखा, भैया की आंखों से बेबसी झांक रही थी। शायद जीजी के इस व्यवहार का कारण वे नहीं समझ पाये थे। डगमगाते पैरों से वे भी भाभी के पास अपने कमरे में चले गये।

अब मेरी बारी थी। मैं चुपके से जीजी के पास पहुंचा। जीजी का क्रोध मैं जानता था। जब कभी किसी बात से रूठ जातीं तो मुश्किल से ही मानती थीं। और क्रोध आने पर तो उनके सामने जाना भी कठिन था। मुझमें तो इतना साहस नहीं था कि उनके नाखूनों की मार सह सकता। पर उस दिन जीजी को देखकर मैं स्तंभित-सा रह गया। जीजी क्रोध में नहीं थीं। वे हौले-हौले सुबक रही थीं। एक-एक करके आंसू उनकी आंखों से गिर रहे थे और वे उन्हें पोंछती जा रही थीं।

"जीजी !"

वे कुछ नहीं बोलीं।

"जीजी ! क्या हुआ ?"

"कुछ नहीं हुआ।" उन्होंने मुख उठाये बिना ही कह दिया।

"जीजी, भाभी क्या सोचेंगी। उनका तो इस घर में आज दूसरा ही दिन है।"

"तो मैं क्या करूं ?" उन्होंने आंखों से अपना दुपट्टा हटा लिया। "मैंने कुछ कहा है तुम्हारी भाभी को ?"

"जीजी !" मैं और कुछ न कह सका।

"जाओ यहां से !"

"जीजी, बोलिए तो क्या हुआ ?"

"कुछ नहीं हुआ, तुम जाओ।" और उनके आंसू फिर गिरने लगे।

"मैं चला आया। घर का वातावरण घुट-सा गया था।

दूसरे दिन फिर भैया और जीजी लड़ पड़े।

भैया और भाभी कहीं जा रहे थे। भैया ने जीजी को कहा कि वे भाभी को जरा तैयार करा दें। जीजी ने साफ इनकार कर दिया। भैया ने आज तक जीजी को इस मूड में नहीं देखा था।

"गुड्डी!"

जीजी ने कुछ नहीं कहा।

"पहले तो 'मेरी भाभी, मेरी भाभी' करती रहती थी, अब क्या हुआ है?"

"मैं नहीं जानती।"

"क्या मतलब?"

"कुछ भी नहीं।"

"गुड्डी! मैं तुझे मारूंगा।" भैया खीझ उठे।

"वही तो बाकी रह गया है।"

"गुड्डी, तुम बताती क्यों नहीं?"

"क्या बताऊं?"

"क्या हुआ है?"

"कुछ नहीं।"

भैया भी रूठकर चले गए थे।

अब झगड़े दिन-प्रतिदिन बढ़ने लगे थे। ये पहले-जैसे झगड़े नहीं थे। पहले वे लोग लड़ते थे तो केवल रूठते थे और मान जाते थे, पर अब जाने क्या हो गया। पहले एक-दूसरे को डांटते थे, अब स्वयं रोने बैठ जाते थे। जब कभी पिताजी को मालूम होता तो वे भी क्रोधित हो उठते, दोनों को डांटते, पर बात न बनती। सबसे विचित्र बात थी कि अब भाभी भी रूठना सीख गयी थीं। जब कभी कुछ हो जाता, भैया और जीजी लड़ पड़ते तो भाभी न जाने क्यों उठकर अपने कमरे में चली जातीं और तब तक न आतीं जब तक भैया उनको मनाने न जाते।

भैया का क्रोध भी बढ़ता जा रहा था। वे अब रूठते तो खाना न खाते, न नहाते, न कुछ करते। रात को रूठते तो सवेरे अपने कमरे से ही न निकलते। अन्त में जीजी को मनाने जाना ही पड़ता और जब भैया मान जाते तो रूठी भाभी को मनाने जाते। पर अब भैया को मनाने के बाद जीजी कभी भी खुश नहीं होतीं। मनाने के बाद भी रोती रहतीं, और पूछने पर कुछ न बतातीं।

एक दिन मैं अपने कमरे में बैठा पढ़ रहा था कि जीजी आयीं।

"देखा तुमने!" वे रोने-रोने को थीं।

"क्या?" मैंने आश्चर्य से पूछा।

"तुम रोज़ मुझसे लड़ते थे न कि मैं भैया से लड़कर घर का वातावरण बिगाड़ देती हूं।"

उनके होंठ फड़फड़ा रहे थे। नथुने बार-बार फूल-फूलकर रह जाते थे। बड़ी कठिनाई से वे रोक रही थीं आंसुओं को।

"बैठिए!" मैंने कुर्सी उनकी ओर खिसकायी।

वे खड़ी रहीं, मुझे घूरती रहीं। मैंने उनके कंधे को ज़रा-सा दबाया। वे कुर्सी पर गिर-सी पड़ीं।

"तुम लोग सब मुझे ही बदनाम करते हो कि मैं ही इस कलह का कारण हूं, घर में। मर जाऊं तो पाप कटे।"

"जीजी!" क्या पागलों के समान बक रही हैं!" मैं चिल्लाया।

"तुम्हीं तो मुझे कहते थे न?"

"क्या हुआ?"

"होगा क्या! मैं भैया की बात नहीं मानती थी न! मैं ही तो सब झगड़ों की जड़ हूं न!" वे बोले जा रही थीं। मन का गुबार निकालने ही शायद वे आयी थीं।

"क्या हुआ, जीजी?" मैंने फिर पूछा।

"भैया रोज़ कहते थे न पिक्चर चलने के लिए। जब तक मैंने हां नहीं की, तब तक कहते थे कि मैं भी नहीं जाऊंगा। आज हां की, तो भाभी के साथ चुपके से खिसक गये।"

"जीजी, आप गलत समझ रही हैं। हो सकता है कोई और बात हो।"

"और बात क्या होगी। भाभी ने कहा होगा मुझे नहीं ले जाने के लिए। भाभी के सामने तो कुछ बोल नहीं सकते हैं न!"

"आपको कैसे मालूम है? भैया को आप ऐसा समझती हैं?"

"भैया जो कुछ हैं, मैं जानती हूं!"

"जीजी! आप कैसे ऐसी बातें कर सकती हैं। भैया आपको कितना प्यार करते हैं।"

"मैं जानती हूं, जितना प्यार वे करते हैं।" उनके होंठ ज़ोर से फड़कने लगे।

"प्यार नहीं करते, जीजी?"

"नहीं करते!"

"खाने के समय आपको बुलाते हैं। चाय पर आपकी प्रतीक्षा करते हैं। ऑफिस से आकर आपको पूछते हैं। रात को सोने से पहले, आपको गुडनाइट करके जाते हैं।"

"मुझे नहीं अच्छा लगता यह सब!"

"आपको अच्छा न लगे पर वे तो करते हैं।"

"यह सब प्यार है?" जीजी के स्वर में चीत्कार था, "यह सब दिखावा है, आडम्बर है, हिपोक्रेसी है।"

"आप कैसे कह सकती हैं, यह दिखावा है?" मेरा स्वर भी तेज़ था।

"तुम नहीं जानते, विनी ! जो मेरे साथ हुआ है, यदि तुम जानते···!"

"जीजी ! छोटी-सी तो बात है, आप स्वयं ही तो बतंगड़ बना रही हैं। वे आपको पिक्चर नहीं ले गये, अगली बार अब कहेंगे तो आप रिफ्यूज कर दीजिएगा।"

"अब तो मैं कभी भी नहीं जाऊंगी।"

जीजी चली गयीं। मैं समझ नहीं सका कि भैया ने ऐसा क्यों किया। यदि वे अकेले ही जाना चाहते थे, तो जीजी से कहने की आवश्यकता क्या थी। और जब कहा ही था, तो इस प्रकार भागे क्यों?

जीजी का व्यवहार भी मेरी समझ में नहीं आ रहा था। वे कैसे यह समझती थीं कि भैया सब कुछ केवल दिखावे के लिए करते हैं।

पर फिर मुझे लगा, यह सब स्वाभाविक ही है। भैया और जीजी में जितना स्नेह था, वह मैं जानता ही था। पर अब तो भाभी आ गयी थीं, उनका भी कुछ अधिकार था भैया पर। अब भैया हर बात जीजी से नहीं पूछ सकते थे। उनकी सारी चीज़ें भाभी की इच्छा से आती थीं। उनके कपड़े भाभी की मर्जी से बनते थे। दूसरे कार्य भी भाभी ही करना चाहती थीं।

भैया-भाभी जव पिक्चर देखकर आए, तो बहुत कोलाहल मचा। भैया बार-बार कह रहे थे कि उन्होंने समझा था कि गुड्डी नहीं जाएगी और यदि गुड्डी जाना ही चाहती है तो वे कल उसके साथ चले चलेंगे।

जीजी का न क्रोध ही उतरता था, न अश्रु ही थमते थे।

उधर भाभी अलग रूठी हुई अपने पलंग पर पड़ी थीं।

"भाभी, क्या हुआ?" मैंने पूछा।

"होगा क्या?" उनकी आंखें लाल अंगारे-सी थीं, "यहां किसी को हमारी खुशी एक पल नहीं भाती।"

"भाभी!" मैंने जरा तेज़ स्वर में कहा, "आप भूल जाती हैं कि जीजी मेरी भी बहन हैं।" और मैं कमरे से चला आया।

भाभी के व्यवहार में एक बात सबसे अधिक मुझे अखरी थी। वे नहीं जानती थीं कि इसे क्या कहना चाहिए और क्या नहीं कहना चाहिए। जाने क्यों उनका मान भी इधर बढ़ता ही जा रहा था। मैं इन तीनों में से किसी को भी नहीं समझ पा रहा था।

भैया उस समय से ऐसे रूठे कि मनाना कठिन हो गया। माताजी ने कितना बुलाया, पर वे रात को खाना खाने नहीं आए।

"सिनेमा तू ही उसे लेकर नहीं गया और रूठ भी तू ही गया है।" माताजी ने उन्हें डांटा।

"यह बात नहीं, मां!" वे बोले, "गुड्डी मुझे गलत समझ रही है। मेरी समझ में नहीं आता, उसके मन में यह बात कैसे आयी ?"

"चल, उठ !" माताजी बोलीं।

"नहीं, मैं नहीं जाऊंगा।"

माताजी को क्रोध आ गया। हममें से जब भी कोई उनकी बात नहीं मानता था, वे ऐसे ही क्रोधित हो उठती थीं। पर उनका क्रोध विचित्र था। जैसे ही क्रोध आता, उनकी आंखों में आंसू आ जाते। शायद यह क्रोध नहीं, क्षोभ होता था, जो बच्चों की ऐसी हठ देखकर उभर आता था।

अन्त में जीजी को बड़ी डांट पड़ी, वे खूब रोयीं, पर भैया को मनाने के लिए उन्हें जाना ही पड़ा।

भैया किसी पार्टी में जा रहे थे। जीजी ने साथ जाने से इनकार कर दिया। भैया भी चुपचाप बैठ गए।

"मैं भी नहीं जाऊंगा।"

"क्यों नहीं जाएगा तू ?" माताजी ने पूछा।

"गुड्डी जो नहीं जा रही।"

"तू जा, आशा तो जा रही है तेरे साथ।"

"नहीं ! गुड्डी जाएगी, तो जाऊंगा।" भैया ने ज़ोर से कहा।

"तू समझता क्यों नहीं ?"

"गुड्डी क्यों नहीं समझती ?" भैया बोले, "कोई कितने प्यार से कहता है, इसका किसी को कोई ख़याल ही नहीं है।"

"झूठ मत बोलो, भैया !" जीजी बोलीं, "तुम कितना प्यार करते हो और कितनी किसी की चिंता है तुमको, मैं जानती हूं। भाभी तो है, उसका प्यार कम है ?"

"गुड्डी ! बकवास मत करो !" भैया गरजे, "केवल पत्नी का ही प्यार होता है संसार में ? भाई-बहनों के प्यार की कोई जरूरत नहीं होती ?"

"बहन के प्यार का क्या मोल है तुम्हारी नजरों में ?" जीजी बोलीं।

"गुड्डी, दिमाग ठीक है तेरा ! मुझको कभी नहीं समझ पाएगी।"

"पहले नहीं समझती थी, अब समझ गयी हूं।"

जीजी उठकर चली गयीं।

भैया ने पार्टी में जाने के लिए जो कपड़े पहने थे, वे उतारकर फेंक दिये। बाहर बालकनी पर ही खड़े रहे।

"जीजी ! जीजी !" मैं जीजी के पास पहुंचा।

जीजी बैठी रो रही थीं।

"जीजी, क्या हुआ तुम्हें ?"

"जाओ तुम !"

"जीजी, बोलो न ! आज तो भैया ने कुछ नहीं कहा, आप ही तो उलझ पड़ी थीं।"

"हां-हां, सब कुछ मेरे ही कारण है।" वे बोले जा रही थीं, "प्यार का अपमान मैंने किया, सब कुछ गलत मैंने समझा, धोखेबाजी मैंने की, दिखावा मैंने किया, सब कुछ मैंने ही तो किया है।"

"जीजी, तुमको क्या हुआ है ?" मैं रुआंसा-सा हो गया, "जीजी, तुम बहुत बदल गयी हो, चिड़चिड़ी हो गयी हो।"

"जाओ, तुम जाओ।" वे फिर रोने लगीं।

"जीजी, जीजी !" मैं फिर बोला, "तुम कितनी बदल गयी हो।"

मेरी आवाज में कुछ हो गया था। जीजी का सुबकना बंद हो गया। उन्होंने आंख उठायी।

"मेरे भैया !" उन्होंने मेरे चेहरे को दोनों हाथों से पकड़ लिया, "तू नहीं समझ सकेगा, प्यार के आहत होने पर कितना दुःख होता है।"

"जीजी, बोलो न क्या हुआ है ?" मेरी आंखों से आंसू बहने लगे थे, "मुझे कुछ बताओ भी तो ?"

"तू क्या करेगा सुनकर ?" जीजी की गीली आंखें मेरी आंखों में झांक रही थीं।

"जीजी ! मैं सब ठीक कर दूंगा।"

"नहीं कर सकेगा, विनी !" वे मुझे छोड़कर रो पड़ीं, "मेरे हृदय में जो कांटा गड़ा है, तू उसे निकाल सकेगा ?"

मैंने जीजी के कंधे पकड़ लिये। उनकी पीठ पर अपना मुख रख दिया। मेरे आंसू रुक नहीं रहे थे। जाने क्या हुआ था मुझे।

"जीजी !"

"मैं जानती हूं, मेरे भैया, तू दुःखी है।" वे धीरे-धीरे कह रही थीं, "तू मुझसे कितना प्यार करता है, मैं जानती हूं। पर मैं क्या करूं ? मत रो, विनी ! मत रो।"

"मुझे बताओ, जीजी, क्या हुआ है ?" मैं मचल उठा।

"क्या बताऊं तुझे ? मेरा प्यार आहत हुआ है। जिस भाई को मैंने इतना प्यार दिया, जितना किसी भी बहन ने न दिया होगा, उसने उसका क्या मोल जाना···?"

मैंने सिर उठाकर जीजी की ओर देखा।

"जानता है भैया ने भाभी से पहली ही रात क्या कहा ?"

मैंने इनकार में सिर हिला दिया।

"भैया ने भाभी से कहा—आशा, मैं प्यार का भूखा हूं। मुझे प्यार दो। मुझे आज तक किसी का प्यार नहीं मिला। न मां का, न बहन का, न ही भाइयों का। आशा, मैं तुम्हारे प्यार का भूखा हूं।"

मेरे आंसू रुक गए।

"तुमसे किसने कहा, जीजी ?"

"दूसरे ही दिन भाभी ने बड़े गर्व से मुझे बताया था।" वे फिर सिसक पड़ीं, "मेरे विनी ! उसी दिन से मेरा प्यार रो रहा है..."

"जीजी, जीजी !"

"आदमी कितना नीच हो सकता है। एक औरत की दया पाने के लिए कितना गिर सकता है। तू मेरा दुःख नहीं समझ सकेगा, विनी !"

"समझता हूं, जीजी ! मैं समझता हूं।" मेरे आंसू फिर बह चले।

"विनी, विनी !"

"जीजी, जीजी !"

१९६१

संगिनी

पैड सामने रखे शून्य में दृष्टि गड़ाए मैं कलम के पिछले भाग से दांत ठोक रहा था। उचित तो था कि उसी प्रकार कलम के पिछले भाग से मस्तक ठोकता—क्योंकि जो कुछ लिखना था, वह तो मस्तक से ही निकलता—पर क्या करूं, आदत मस्तक ठोकने की नहीं, दांत ठोकने की ही है।

दृष्टि शून्य से घूर रही थी। मेरा मस्तिष्क उसी ओर केन्द्रित था, पर उपचेतन दूसरी ओर था। शायद इसीलिए मैं कमरे की अन्य वस्तुओं से अपरिचित भी नहीं था। मैं कमरे को और उसकी वस्तुओं को देख नहीं रहा था, न ही उसकी ओर ध्यान दे रहा था। पर वे ही मुझे दिख जाती थीं और ध्यान में भी आ जाती थीं। लगा, बड़ी ढीठ हैं मेरे कमरे की ये वस्तुएं।

और इसी अवस्था में कमरे की वस्तुओं में एक संख्या और बढ़ी। मैंने उसे देखा तो नहीं, पर वह भी दिख ही गयी। यह चीज़ और कुछ नहीं, मेरी अपनी पत्नी रमा थी।

"सुनते हैं आप?" रमा ने मुझसे कहा।

जी में आया कि कहूं, नहीं सुनता। और अगर कोई विशेष बात है तो सुनना भी नहीं चाहता। इस रमा की बच्ची को कितनी बार समझाया है कि तुम एक पढ़े-लिखे प्रगतिशील लेक्चरर की पत्नी हो, किसी फूहड़ चनाचूर गरमवाले की नहीं—फिर भी उसका वही दक़ियानूसी तरीका है बुलाने का, "सुनते हैं आप!"

मेरी बात नहीं मानती, क्योंकि अपनी मां की बात मानती है। और उसकी मां की बात मेरी बात का समर्थन कैसे कर सकती है! हम दोनों की परिस्थितियों में अंतर भी कितना है। उसकी मां ने बताया है कि शरीफ घरों की कुलवधुएं अपने पति का नाम नहीं लेतीं। और इसे कौन अस्वीकार करेगा कि रमा शरीफ

भी है और कुलवधू भी।

पर इस शरीफ कुलवधू के संबोधन से क्रोध-सा आ जाता है मुझे। बहुत बार प्रयत्न किया कि क्रोध न आए, पर होता है हर बार उल्टा। होता यह है कि जब कभी 'सुनते हैं आप' या 'अजी, सुन रहे हैं' का स्वर सुनता हूं तो मेरे सम्मुख एक चित्र-सा खिच जाता है। चित्र किसी अनदेखे गांव का होता है। उस गांव में एक नीम का बड़ा-सा छायादार वृक्ष होता है, और उसके नीचे एक झोंपड़ी। झोंपड़ी में एक दरवाजा होता है और दरवाज़े पर टाट का पर्दा। पर्दे के साथ ही सटकर एक खाट—नहीं, 'खटिया' होती है, जिसके आस-पास, ऊपर-नीचे कच्ची-पक्की, हरी और पीली, कठोर और कोमल ढेर-सी निम्बोलियां बिखरी होती हैं। हवा चल रही होती है—स्वस्थ और शीतल, जैसी प्रत्येक सघन छायादार निम्बोलियों से भरे हुए नीम के वृक्ष के नीचे चला करती हैं। उसी हवा में उस नीम के नीचे खटिया पर एक बुड्ढा बैठा होता है। बुड्ढे के शरीर पर कुर्ता, नीचे तहमद और सिर पर ढीली-सी पगड़ी होती है, लड़वाड़ी। उसकी बड़ी-बड़ी मूंछें होती हैं, और मूंछों से ढंके होंठों में होती है हुक्के की नली। सहसा दरवाज़ा खुलने का स्वर होता है, पर्दा जरा-सा हटता है। एक सफेद, मरियल-सा, कांच की चूड़ियों से खनकता-सा हाथ बाहर निकलता है और स्वर आता है, 'सुनते हैं आप ?'

मैं अपने आपको हुक्का पीते हुए उस बुड्ढे के रूप में देख नहीं पाता और रमा के इस संबोधन पर क्रुद्ध हो उठता हूं। पर क्या करूं, वह मेरे क्रोध का बुरा नहीं मानती।

"अजी, सुन रहे हैं ?" उसने फिर पूछा।

लगा, बड़ा कष्ट हो रहा है उसे बोलते हुए। उसके प्रत्येक वाक्य, प्रत्येक क्रिया-कलाप से यही लगता है। शायद यह भी अच्छे घरों की कुलवधुओं का ही गुण है, सुस्ती ! ऐसा आलस्य जो प्रत्येक शब्द में बोलता है।

किसी आलसी नारी का जैसा चित्र किसी के सम्मुख आ सकता है, कुछ वैसी ही है मेरी पत्नी रमा ! मोटी-सी गोल-मटोल ! न तो जल्दी-जल्दी बोलती है, न जल्दी-जल्दी चलती है। लगता है, प्रत्येक कार्य को धीरे-धीरे, शिथिल ढंग से करने में ही उसकी गरिमा है।

वैसे तो मैं सह लेता हूं, क्योंकि उसके ढीले-ढाले व्यक्तित्व को सहने की आदत पड़ गयी है, पर सह तब नहीं पाता, जब उसी के कारण बस छूट जाती है। लोग चढ़ जाते हैं और मैं खड़ा रह जाता हूं। और कभी यदि चढ़ भी जाता हूं तो या तो उसी स्टॉप पर उतरना पड़ता है या अगले पर, क्योंकि बस में स्वयं को पत्नी-विहीन पाता हूं।

"कहिए, क्या बात है ?" मैंने पूछ लिया कि कहीं फिर उसी ढंग से सुनना न पड़े, सुनते हैं आप !

लगा, रमा के मुख पर जरा-सी प्रसन्नता आयी है। यह प्रसन्नता अधरों से फूटी और आंखों में जा समायी। पर काफी देर लगी उसे, क्योंकि सुस्ती से धीरे-धीरे फैली थी वह।

"आपका काम कब तक समाप्त होगा ?" उसने पूछा।

"क्यों ? क्या बात है ?" मैंने कहा, "अभी तो काम शुरू ही नहीं हुआ है।"

"हाय राम !" वह बोली, "पिक्चर में तो आधा ही घंटा रह गया है।"

"पर पिक्चर जा कौन रहा है ?" खीझ-सी पनप उठी मेरे भीतर।

"क्यों !" वह उसी प्रकार धीरे-धीरे बोली, "हम जा रहे हैं, और कौन जा रहा है !"

"किसने कहा ?" मैं आवेश में उठ खड़ा हुआ।

"मैं जो कह रही हूं।" उस पर मेरी खीझ का कोई प्रभाव नहीं पड़ा।

"पर रमा !" मैंने समझाने की चेष्टा की, "यदि अभी हम पिक्चर देखने चले गए तो मेरा यह काम रह जाएगा।"

"रह जावे !" वह बोली।

"तुम समझी नहीं !" मैंने अपने समस्त धैर्य का आह्वान करके कहा, "कल कॉलेज में निराला-जयंती है। उसमें मुझे भाषण देना है। यदि भाषण तैयार न हुआ तो कल जयंती कैसे होगी ?"

"वह सब कुछ ठीक है पर मैं पिक्चर जाऊंगी।" लगता था, उसमें मुझसे कहीं अधिक धैर्य है। "आपका काम ही देखते रहे तो शायद हम जीवन में एक भी पिक्चर नहीं देख पायेंगे।"

"तुम्हें अपने पति के कार्य का कोई विचार नहीं ?"

"और आपको अपनी पत्नी की इच्छा का कोई ख़याल नहीं ?"

"अच्छा तो जाओ भाड़ में !" मैं झल्ला उठा, "मैं तो नहीं जा रहा। तुम्हें जाना है तो जाओ !"

उसने कुछ कहा नहीं। एक सुस्त-सी दृष्टि मुझ पर डाली और चली गयी।

इस बार मुझे लगा, कमरे की एक चीज़ बाहर नहीं गयी वरन् कुछ बहुत महत्त्वपूर्ण बाहर चला गया है—वह तब भी महत्त्वपूर्ण था, जब कमरे में था और तब भी महत्त्वपूर्ण है जब कमरे में नहीं है।

मैं जानता था, वह झगड़कर इस प्रकार पिक्चर देखने नहीं जा सकती और न ही वह गयी। पर मेरे कार्य में तो बाधा उपस्थित हो ही गयी। मेरे विचार बिखर चुके थे, मूड खराब हो चुका था और मुझे सविता की याद आ रही थी।

ऐसा पहली बार नहीं हुआ था। बहुधा रमा मुझसे इसी प्रकार झगड़ जाया करती थी। मेरे विचार बिखर जाते थे। मूड खराब हो जाया करता था। और तब मुझे सविता की याद आया करती थी···

एम० ए० में मैं और सविता इकट्ठे विश्वविद्यालय आया-जाया करते थे। पास नहीं था विश्वविद्यालय, काफी दूर था। फिर भी हम पैदल ही जाते थे। सवारी लेने की बात न कभी उसने सोची थी, न मैंने। आते-जाते रास्ते में ढेर सारी बातें किया करते थे, सवारी में यह संभव नहीं था।

उस दिन मुझे विश्वविद्यालय में प्रो० मेहता से ग्यारह बजे मिलना था और पौने ग्यारह हमें रास्ते में ही हो गये थे। हम तेज-तेज चल रहे थे। सविता वैसे तो काफ़ी तेज चल लेती थी, पर आख़िर तो थी लड़की ही। बेचारी साथ नहीं दे पा रही थी, फिर भी भागी चल रही थी।

"सवि ! जरा और तेज।" मैंने कहा।

हम गेट तक आ चुके थे, पर तीन ही मिनट शेष रह गये थे केवल।

"कोशिश तो कर रही हूं।" वह बोली।

मैंने देखा, उसका मुख लाल हो गया था। पसीने की बूंदें उभर आयी थीं। नसें तक गर्दन उठाकर जैसे अपने होने का पता दे रही थीं।

"सवि, जरा और !" मैं फिर बोला, "एक मिनट की भी देर हुई तो प्रो० मेहता चले जायेंगे।"

और सविता सहसा रुक गयी।

"देखो, नरेन्द्र !" वह बोली, "जहां तक हो सका, मैंने तुम्हारा साथ दिया। अब नहीं चला जाता। तुम जाओ, मैं धीरे-धीरे आ रही हूं।"

"नहीं, तुम साथ चलो।" मैं बोला।

"साथ रहकर मैं तुम्हारी गति में बाधा बनूंगी। तुम जाओ।"

विवाद करने का समय नहीं था। मैंने एक बार घड़ी देखी और लपकता हुआ प्रो० मेहता के पास जा पहुंचा।

सविता ने मेरा साथ छोड़ दिया था, यह मुझे अच्छा नहीं लगा। उसके साथ के लिए ही तो मैं रोज इतनी दूर से चलकर आया करता था। और उसी ने अंत में मेरा साथ छोड़ दिया था कि मेरी गति मंद न हो जाए।

पर यह कोई नयी बात तो थी नहीं उसके लिए, ऐसा तो वह बहुधा किया करती थी।

उस दिन शाम को साहित्य-परिषद् का वार्षिकोत्सव था। वैसे तो उत्सवों में सविता कम ही जाया करती थी, पर उस दिन वह विशेष रूप से जा रही थी। मुझे पुरस्कार मिल रहे थे—पांच ! वह मुझे पुरस्कार लेते हुए देखना चाहती थी।

मैं तैयार हो रहा था कि पापा ने मुझे बुलाया।

"क्या बात है, पापा ?"

"कहीं जा रहे हो क्या ?" उन्होंने पूछा।

"हां, पापा !" मैं बोला, "हमारा वार्षिकोत्सव है आज !"

"जरूरी है जाना ?"

"क्यों ?" मैं चौंका, "कुछ काम है क्या ?"

"हां, बात यह है," वे बोले, "मि० सेठी शाम को बम्बई जा रहे हैं। उनके पास अभी ये दो फाइलें पहुंचनी चाहिए। तुम जानते हो, इतनी दूर बीमारी की हालत में मैं जा नहीं सकता और नौकरों के हाथ ये भेजी नहीं जा सकतीं।"

"पर पापा···" मेरे ध्यान में सविता मेरी प्रतीक्षा में बैठी थी।

"बेटे, देख लो !" पापा ने कहा, "मैं समझता हूं यह ज़्यादा जरूरी है। आगे तुम स्वयं समझदार हो।'

और मुझे समझदारी का प्रमाण देना पड़ा। मैंने फाइलें ले लीं और सविता के घर जा पहुंचा।

सविता तैयार बैठी थी।

"चलें ?" उसने मुझे देखते ही पूछा।

"नहीं, भई ! बात यह है कि मैं मि० सेठी के पास जा रहा हूं," मैं बोला, "तुम चाहो तो मेरे साथ चलो या उत्सव में चली जाओ।"

"पर तुम्हें तो पुरस्कार लेने हैं न ?" उसने कहा।

"वे तो मिल ही जायेंगे।"

"पर वहां सबके सामने लेने में बात कुछ और है।"

"तो ?" इस बार मैंने पूछा।

वह कुछ बोली नहीं, चुप रही कुछ देर। फिर बोली, "तुम उत्सव में जाओ।"

"पर ये फाइलें ?" मैंने पूछा।

"इन्हें मैं पहुंचा आती हूं।" उसने फाइलें मुझसे ले लीं।

मेरे भीतर कुछ हुआ—शायद धमाका-सा ! खुशी भी थी उसमें और थोड़ी-सी उदासी भी।

"तो तुम मेरे साथ नहीं चलोगी ?"

"नहीं !"

"तुम्हारे कारण ही तो मैं उत्सव में जा रहा था।" मैंने कहा।

"वह ठीक है !" वह धीरे से बोली, "पर कोई बात नहीं···"

और उस दिन भी उसने मेरा साथ छोड़ दिया। अंतिम बार उसने मेरा साथ तब छोड़ा, जब मैं एम० ए० कर चुका था।

एम० ए० के बाद मेरा विचार नौकरी करने का था। पर पापा ने नौकरी करने नहीं दी। उनका कहना था कि मैं पी-एच० डी० भी कर डालूं। और जब मैं पी-एच० डी० कर रहा था, तभी मुझे अचानक एक दिन सविता मिली

और उसने मुझे बताया कि उसकी शादी हो रही है।

मुझे लगा, जैसे भूचाल-सा आया हो। बहुत देर तक मैं स्वयं को संभाल नहीं पाया और सविता मुझे समझाती रही। उसने धीरे-धीरे मुझे सारी बातें बतायीं। उसके डैडी बहुत दिनों से उसकी शादी करने के विचार में थे। पर वह टालती आ रही थी। अब वह एम० ए० कर चुकी थी। टालने का बहाना उसके पास नहीं था। वह क्या करती?

"पर याद है तुम्हें, सवि!" मैं चीख-सा पड़ा था, "अपनी संगिनीवाली बात! अब तुम मेरा संग कैसे निभाओगी?"

"मुझे इनकार कब है?" वह सहज ढंग से बोली, "पर अब क्या किया जा सकता है। मैं घर छोड़ नहीं सकती और घर में रहकर पिताजी के विरुद्ध भी नहीं जा सकती।"

"तो तुम घर छोड़ दो···" मैं बोला।

"और जाऊं कहां?" उसके अधरों पर हल्की-सी मुसकान थी।

"हम शादी कर लेंगे!"

"तुम्हारे पिताजी मान लेंगे?" उसकी मुसकान वर्तमान थी।

"न सही!" मैं जैसे विद्रोह पर तुला हुआ था, "मैं भी घर छोड़ दूंगा।"

"नहीं, नरेन्द्र!" वह सहसा गम्भीर हो गयी, "मैं तुम्हारी संगिनी हूं, शत्रु नहीं। और संगिनी की सार्थकता संगी के गंतव्य की सीढ़ियां बनने में है, उसकी गति बाधित करने में नहीं।"

"क्या मतलब?"

"मतलब स्पष्ट है।" वह मुझे समझाती हुई बोली, "यदि हम शादी कर लेंगे तो तुम्हें घर छोड़ना होगा, पी-एच० डी० भी छोड़नी होगी। और इसी समय, जैसी भी कोई नौकरी मिलेगी, करनी होगी। मैं तुम्हारा कैरियर खराब करना नहीं चाहती।"

"तो?"

अब तक वह गंभीर थी, दृढ़ थी--शिला-जैसी। अब पिघलने-सी लगी, "नरेन! जब तक हो सका, मैंने तुम्हारा साथ दिया है। अब नहीं हो सकता। अब यदि तुम्हारा साथ चाहूंगी तो तुम्हारे पथ की बाधा बनूंगी। इसलिए मेरे नरेन! यहीं से विदा···"

सविता जैसी लड़की की आंखों में मैंने पहली बार हल्के-से आंसू देखे थे।

और सविता मेरा साथ छोड़ गयी थी। पर मुझे लगता था, अब भी वह मेरे साथ है, सदा मेरे आस-पास बनी हुई है···

मैं उठकर बाहर चला गया। देखा, रमा बेबी के सिर में तेल लगा रही थी। तेल

नहीं लगा रही थी, उसके बाल नोच रही थी। मेरे प्रति अपना क्रोध वह मेरी बेटी पर उतार रही थी —हल्के-हल्के, बड़े आलस्य के साथ ! और बेबी रो रही थी, जोर-जोर से—उसके रोने में मुझे आलस्य नहीं लगा। मुझे लगा, वह मेरी बेटी है, रमा की नहीं।

"गयीं नहीं आप ?" जाने क्यों मैं पूछ बैठा।

"आप अपना काम कीजिए !" वह एक-एक शब्द पृथक्-पृथक् करके बोली, "लोग परायों के लिए भी क्या कुछ कर जाते हैं और आप हैं कि अपनी घरवाली को पिक्चर तक नहीं ले जा सकते !"

और मुझे लगा, वह रो पड़ेगी अभी। पर मुझे कुछ हुआ नहीं, मेरे भीतर कुछ पिघला भी नहीं। मैं कठोर दृष्टि से देखता रहा अपनी जीवनसंगिनी की ओर, जो मेरी बेटी के बाल नोच रही थी, तेल लगाने के बहाने।

४.२.१९६२

होने वाली पत्नी

इससे पूर्व कि मैं कुछ कहूं, समझूं या बूझूं, उन्होंने मुझे बांहों में भरकर चूम लिया। मैं कैसी-कैसी तो हो गयी—एकदम जड़। कोई सुखद अनुभूति मुझे नहीं हुई। बस, यही जी में आया कि उनकी बांहों में से छूट जाऊं। पर स्पष्टतः जोर भी तो नहीं लगा सकती थी। बेबस-सी आंखों से इधर-उधर देखकर मैंने कहा, "कोई आ जाएगा।"

"कोई नहीं आता।" उनके होंठों पर किसी अत्यन्त लालची व्यक्ति की अनुनय दिखायी पड़ी, "किस मी।"

मुझे अच्छा नहीं लगा। उनका चुंबन ही मुझे अच्छा नहीं लगा, तो मैं स्वयं कैसे करती। यह अनैतिक था। छूटने की चेष्टा करती हुई बोली, "मम्मी आ रही हैं।"

उनकी बांहों ने ढील दे दी। मैं छूटकर भागी। अपने कमरे में जाकर मैंने दरवाजा भिड़ा दिया। बिस्तर पर गिरने पर पता चला कि मैं हांफ रही थी। मन में पचासों प्रकार के विचार गड्ड-मड्ड हो रहे थे। और उन सब के ऊपर थी ढेर सारी खीझ। पापा पर क्रोध आ रहा था। उन्हीं के कारण यह सब हुआ। सगाई पक्की हो जाने से वे मुझ पर अपना अधिकार समझने लगे थे। उन्हें इस घर में ठहराने का क्या अर्थ? पापा ने उन्हें मेरे लिए पसन्द किया, मैंने विरोध नहीं किया। वे मुझे देखने आए, मैंने आपत्ति नहीं की। उन्होंने मुझसे प्रश्न किए, मैंने उत्तर दे दिए। अब और क्या चाहते हैं वे? आज उन्होंने मुझे चूम लिया है, कल कुछ और चाहेंगे तो?

मुझे स्वयं पर भी क्रोध आया। जब पता था कि बंगले के उस विंग में वे ठहरे हुए हैं तो उस ओर मैं करने ही क्या गयी थी।...पर मैं तो काम से गयी थी।

अब लायब्रेरी ही उधर है तो मैं क्या करूं? पढ़ूं न, या पुस्तकें लेने न जाऊं? पापा ने शायद इसीलिए उन्हें ऊपर कमरा दिया था कि वे खाली बैठे-बैठे ऊब न जाएं। जब और कुछ न हो, पढ़ते रहें। वे शायद इस घात में रहते हैं कि उधर जाऊं तो वे मुझे याद दिलाते रहें कि वे मेरे मंगेतर हैं। पर मुझे भी अकेली नहीं जाना चाहिए था…

सहसा मेरा क्रोध उनकी ओर मुड़ गया। यह क्या ढंग है? आपसे विवाह होने वाला है तो आप विवाह तक भी धैर्य नहीं रख सकते? यह तो बड़ी ओछी-सी बात है। पिताजी द्वारा दी गयी स्वतंत्रता का अनुचित प्रयोग…

मैं खौलती रही, उबलती रही। मम्मी मुझे दो-तीन आवाजें दे चुकी थीं और मैं 'आयी, मम्मी' कहकर भी अभी तक नहीं उठी थी। जब मम्मी स्वयं ही कमरे में आ उपस्थित हुईं तो मुझे उठना पड़ा।

"संगीता! चल, बेटे!" मम्मी बोली, "जल्दी से तैयार हो जा!"

"क्यों, कहीं जाना है, मम्मी?" मैं दर्पण में स्वयं को देखती हुई सोच रही थी, "ऐसी ही चली जाऊं?"

"सतीश के साथ जरा घूम-फिर आओ।" मम्मी जाने कैसे बोल रही थीं, "न हो कोई पिक्चर ही देख आओ।"

मैंने कुछ कहा नहीं। मम्मी से क्या कहती। उन्हें स्वयं सोचना चाहिए था। पर कैसे सोचतीं, उन्हें पहली घटना का पता ही कहां था। न बताऊं? साथ चली जाऊं? पिक्चर-हॉल में अंधेरे में वे मुझसे कुछ न चाहेंगे क्या? मम्मी समझती क्यों नहीं?

"उनके साथ?" मैं धीरे से बोली।

"क्यों, क्या हुआ?" मम्मी को शायद मेरी बात अच्छी नहीं लगी, "वह क्या तेरा मंगेतर नहीं है?"

"अभी कल ही तो सगाई हुई है!"

"सुहाग रात में भी कहना, आज ही तो शादी हुई है।"

"क्या?" मैंने सिर उठाया। पर मम्मी चली गयी थीं। जाने उनके मुख पर कैसे भाव थे? क्रोध में कहा था मम्मी ने यह, या चुहल में?…

मैंने कपड़े बदले। अनिच्छा से तैयार होती रही। दरवाजे पर दस्तक हुई। समझ गयी, समय हो जाने की सूचना थी। दरवाजा खोल दिया।

वे स्वयं द्वार पर खड़े थे।

"तैयार हो?"

"हूं!"

"चलें?"

मैंने सिर हिला दिया।

उनके सामने होते ही मुझ पर संकोच छा जाता था। मैं चुप रहनेवाली लड़की नहीं हूं। काफी बातें करती हूं। अन्य लोगों की उपस्थिति में उनसे भी बातें कर लेती हूं, पर एकांत में जिह्वा थम जाती है। बोला ही नहीं जाता।

टैक्सी में भी हम चुप ही रहे। उन्होंने भी कुछ कहने की चेष्टा नहीं की और मेरे बोलने का तो प्रश्न ही नहीं था। उन्होंने मेरी ओर दो-तीन बार देखा अवश्य; शायद कुछ कहना चाहते थे। चुप्पी उन्हें खल रही थी। मैं रास्ते भर बाहर ही देखती रही—बिना भय के कि वे मुझे बदतमीज़ समझ रहे होंगे। चुप्पी भी अस्वाभाविक नहीं लग रही थी। मैं सजग थी कि वे मेरे मंगेतर हैं—मेरे होने वाले पति! मेरी ज़रा-सी ढील से वे मुझे बांहों में भर सकते हैं—उनके होंठ बहक सकते हैं, उनके हाथ भटक सकते हैं।

ड्राइवर को पैसे देकर वे मुड़े। लगा, वे और चुप नहीं रह सकेंगे। "संगीता! वास्तव में मैं पिक्चर देखने के विचार से नहीं आया। मुझे कुछ बातें करनी हैं।" वे बोले।

"कहिए!" मैं बड़ी कठिनाई से कह पायी। चाहती थी, मुझे कुछ भी बोलना न पड़े; वे जो कहना चाहते हैं, कह डालें, मैं सुन लूंगी।

उन्होंने तब तक कुछ नहीं कहा, जब तक टिकटें लेकर हम अपने स्थान पर बैठ नहीं गए। वे शायद मेरी ओर से संकेत चाहते थे। मैंने उनकी ओर देखा। वे समझ गए।

"मैं चाहता हूं, हमारा वैवाहिक जीवन सुखी रहे···"

यह भी कोई कहने की बात थी। कौन नहीं चाहता!···पर मैं कह न सकी और वे बोलते गए, "मैं पहले ही स्पष्ट कर देना या कर लेना चाहता हूं। तुमसे कल भी पूछा था···"

कल भी समय और एकांत उन्होंने निकाल लिया था, "संगीता!"

मेरी आंखों ने ही कहा था, "कहिए!"

"सगाई तुम्हारे पापा की इच्छा से हुई है। तुम्हारी क्या राय है?···" वे रुके थे, हिचकिचाए भी थे, पर फिर कह ही गए थे, "मैं···मैं तुम्हें पसन्द हूं?"

मैं क्या उत्तर देती! सीधी बात थी। पापा ने उन्हें चुना था, मैंने विरोध नहीं किया था। पुत्री के रूप में मैंने पापा की इच्छा को स्वीकार कर लिया था। अब मेरा कर्तव्य था कि मैं उन्हें प्रसन्न रखूं, उनकी इच्छा के अनुसार चलूं।··· इन प्रश्नों के लिए अवकाश ही कहां था।

"उत्तर नहीं दिया?" उन्होंने फिर कहा।

"पापा की इच्छा ही मेरी इच्छा है।"

मैं चली आयी थी। भय था, कहीं फिर वे ऐसा ही प्रश्न न पूछ बैठें।

वे आज फिर वही, या वैसा ही प्रश्न पूछने जा रहे थे।

"कल तुमने कोई उत्तर नहीं दिया था। मैं दुहराऊंगा नहीं। तुम यदि प्रेम न भी दे सको तो यह तुमने स्वीकार किया है कि कर्तव्य के रूप में कुछ न कुछ तो मुझे दे ही सकोगी। वैसे मैं चाहूंगा तुम्हारा व्यवहार कर्तव्य से नहीं, प्रेम से अनुप्राणित हो।" वे रुक गए, फिर धीरे से बोले, "आज मैं दूसरी बात पूछना चाहता हूं।"

"पूछिए!" मुझमें कोई स्फूर्ति नहीं आयी थी।

"न बताना चाहो तो मत बताना।" शायद वे ईमानदारी दिखा रहे थे अपनी या उदारता, "पर झूठ मत बोलना!"

"पूछिए!"

"सोच लो, बात बहुत व्यक्तिगत है!"

"पूछिए न!" भूमिकाओं से मुझे खीझ चढ़ा करती है।

"किसी से तुम्हारा अफेयर तो नहीं है?"

वे मेरी ओर देख रहे थे। जाने उनकी नजरों में क्या था। पर मुझे लगा, वे मेरा अपमान कर रहे हैं। जी में आया एक तमाचा लगाऊं खींचकर और कहूं—"इस बेहूदे प्रश्न का यही उत्तर है।"

वे उत्तर की प्रतीक्षा में मेरी ओर देख रहे थे। बोली, "नहीं।"

"सच कह रही हो?"

मुझे लगा, यह व्यक्ति मेरे धैर्य की परीक्षा ले रहा है।

"मैं कैसे मान लूं," उनका चेहरा दूसरी ओर था, "कि को-एजुकेशन में पढ़ने वाली एक लड़की किसी से प्रेम न कर पायी हो।"

"न मानें," मैंने प्रथम बार उत्तर शब्द में न देकर वाक्य में दिया, "पर सत्य यही है।"

"तुम्हें क्या कोई भी लड़का अच्छा नहीं लगता?"

भला इस प्रश्न का उत्तर कैसे दिया जा सकता था। उत्तर मैं देना भी नहीं चाहता थी।···मेरे सामने रवि का चित्र था—अच्छा लगता था मुझे। अच्छा लगने की बात भी थी। योग्य था, मेधावी था, सुन्दर था और बदतमीज़ भी नहीं था। फिर अच्छा क्यों न लगता, पर अच्छा लगने का अर्थ यह तो नहीं कि उसके साथ अफेयर ही हो।

पर मुझे इन प्रश्नों पर विचार नहीं करना था—न उसका अवकाश था, न इच्छा। मैं अपने मंगेतर के साथ हॉल में बैठी थी, मुझे ध्यान रखना था कि उसे मेरी कोई बात बुरी न लगे। प्रश्न का उत्तर न देना भी तो उन्हें बुरा लग सकता है। मैंने फिर संक्षिप्त-सा उत्तर दिया, "नहीं।"

"देखो!" वे लापरवाही से बोले, "कोई बात हो तो बता दो। छिपाने की आवश्यकता नहीं।"

हॉल से उठकर चल देने की तीव्र इच्छा मुझमें जागी। बड़ी कठिनाई से स्वयं

को रोका, और बोली, "ऐसी कोई बात नहीं है।"

उन्होंने कुछ नहीं कहा। पर मुझे लगा, उन्हें विश्वास नहीं हुआ। निरंतर मेरे मन में हथौड़ा बजता रहा कि साथ बैठा व्यक्ति मेरा मंगेतर है और उसे मुझ पर विश्वास नहीं है।

उनके अविश्वास से मुझे हानि नहीं हुई, उलटे लाभ हुआ। मेरी आशंका फलीभूत नहीं हुई। अविश्वास में न उनके हाथ भटके, न होंठ ! मुझसे दूर हो वे तटस्थ-से बैठे रहे।

सोचती हूं, अच्छा ही हुआ। वैसे मुझमें पर्याप्त आत्मनियंत्रण है, और धैर्य का भी अभाव नहीं है। पर अपनी प्रश्नावली से उन्होंने मुझे इतना चिढ़ा दिया था कि यदि वे कुछ और चाहते तो मेरे भी हाथ भटक जाते। एक-आध चांटा बहुत बड़ी बात न होती।

फिर कोई बातचीत नहीं हुई। हम अनबोले ही घर चले आए। मैं अपने कमरे में आ गयी, वे अपने कमरे की ओर चले गए।

दूसरे दिन विदाई से पूर्व वे मिले तो काफी बदले हुए थे। अविश्वास की रेखाएं उनके चेहरे पर नहीं थीं। गंभीर भी नहीं थे। हल्का-हल्का-सा था उनका मूड—"पत्र लिखूं तो उत्तर दोगी ?"

"मम्मी से पूछ लीजिए !" मैं और कोई उत्तर सोच ही न सकी।

उन्होंने बताया कि मम्मी ने बड़ी प्रसन्नता से पहले ही अनुमति दे दी थी। उनके जाने के तीसरे दिन ही उनका पत्र आ गया। पत्र वैसा ही था, जैसा कोई प्रेमी अपनी प्रिया को लिखता है। मुझे यह भी अनुचित लगा। उन्होंने ऐसा पत्र क्यों लिखा ? उन्हें अधिकार ही क्या था ? मैं उनकी प्रेमिका नहीं, मंगेतर थी—होने वाली पत्नी। फिर···?

उन्होंने शीघ्र उत्तर मांगा था। पर उसका यह अर्थ नहीं था कि मैं उत्तर लिखने बैठ ही जाती। मात्र औपचारिक-सी बात। प्रत्येक पत्र में शीघ्र उत्तर पाने की आकांक्षा की जाती है। और फिर मैं अपने भीतर उबलता, खौलता, उमड़-घुमड़ करता हुआ भाव भी तो नहीं पा रही थी कि पत्र लिख अपनी व्याकुलता से मुक्ति पा लेती ! मेरे लिए तो समस्या थी कि उन्हें क्या लिखूं ! जैसा पत्र उन्होंने लिखा था, वैसा मैं नहीं लिख सकती थी।

बहुत जल्दी करने पर भी एक सप्ताह से पूर्व उत्तर नहीं दे सकी। और भी तो इतने सारे कार्य थे। पत्र-व्यवहार तो विवाह तक चलता ही रहेगा।

मेरे पत्र के चौथे दिन ही फिर उनका पत्र आ गया। पत्र में प्रेम था और उपालंभ···मुझे लगा, मुझसे भूल हुई है। वे मेरे मंगेतर हैं, होने वाले पति ! मुझे उनकी इच्छा के अनुसार ही चलना चाहिए। शीघ्र उत्तर देने का संकल्प कर पत्र मैंने दराज में रख दिया। परिणाम यह हुआ कि डेढ़ सप्ताह से पूर्व पत्र न लिखा

जा सका।

पत्र-व्यवहार चलता रहा। उनके प्रत्येक पत्र में उपालंभ होते, शिकायतें होतीं कि मैं शीघ्र नहीं लिखती और मैं थी कि पूर्ण चेष्टा के पश्चात भी जल्दी नहीं लिख पाती थी। बात यहीं तक नहीं थी। उन्हें शिकायत थी मेरे पत्र 'कोल्ड' होते हैं। उनमें प्रेम की उष्णता नहीं होती। पर मैं क्या कर सकती थी! जो भावना मुझमें नहीं थी, उसे बलात् मैं कहां से उत्पन्न करती!

सहसा पत्र आया कि वे आ रहे हैं। छुट्टियां नहीं थीं, पर मुझसे मिलने की तीव्र इच्छा के कारण आ रहे थे। मम्मी और पापा को भी उन्होंने सूचना दे दी थी। घर भर में हलचल मच गयी। पापा और मम्मी के जामाता आ रहे थे। पर मेरा कमरा वैसा ही पड़ा हुआ था···

वे आए। पापा और मम्मी उन्हें रिसीव करने स्टेशन गए। मुझे घर पर ही मिलना अच्छा लगा। वैसे भी स्टेशन पर पापा और मम्मी के सम्मुख मैं कैसे मिलती। कितनी विचित्र स्थिति होती मेरी!

घर पर आए तो सहज भाव से जाकर मैं नमस्ते कर आयी। एकांत में मिलने की चेष्टा नहीं की। लंच हमने पापा और मम्मी के साथ ही किया, पर डिनर पर हम दोनों ही थे। पापा और मम्मी किसी पार्टी में गए हुए थे। वे तो चाहते थे कि हम भी चलें पर मेरे 'वे' थके हुए थे और घर पर अकेले छोड़ जाना अच्छा नहीं लगता था, अतः मैं भी नहीं गयी। पापा और उन्हें मम्मी डिनर पर वापस आ नहीं सकते थे, क्योंकि पार्टी के बारह-साढ़े बारह से पूर्व समाप्त होने की कोई संभावना नहीं थी।

डिनर हम हम दोनों ही थे—मैं और वे! बैरा क्षण-भर के लिए ही आता था, चीज़ें परोसकर चला जाता था। उससे एकांत में किसी प्रकार का विघ्न नहीं पड़ता था।

"तुम मिली ही नहीं सवेरे से!"

"मिली तो हूं!" मेरे स्वर में आश्चर्य था।

"इतना-सा तो कोई घर आए अतिथि से भी मिल लेता है।" वे बोले, "उसे मिलना कहते हैं!"

"तो?"

"अपने मंगेतर से मिलना ऐसे नहीं होता, संगीता!" उनकी आंखों में जाने क्या था।

"तो?" मैंने सिर झुका लिया।

"भई, इसमें शरमाने की क्या बात है!" वे धीरे-से बोले, "पापा और मम्मी तो हैं नहीं।"

"शरमा कौन रहा है!" मैंने सिर उठा लिया।

"डिनर के बाद क्या प्रोग्राम है ?" उन्होंने विषय बदल दिया।

"कुछ भी तो नहीं।" मैं बोली, "सोने का विचार है।" लगा, उनका उत्साह ठंडा पड़ गया है। फिर भी बोले, "लॉन में जरा घूम लिया जाए तो ?"

जी में आया, कहूं, 'मुझे तो माफ ही कीजिए।' पर कहा, "आई डोंट माइंड।"

खाना समाप्त कर हम लॉन में चले आए। दस बज चुके थे, सड़क वीरान थी। लॉन की घास भी जैसे सोयी हुई थी। दूर हैज के पार सड़क के किनारे कार्पोरेशन की बत्ती मात्र जाग रही थी।

और हम दोनों चुपचाप टहल रहे थे। मैं तो कुछ कहना ही नहीं चाहती थी। उनके विषय में कह नहीं सकती, पर कह वे भी कुछ नहीं रहे थे। सहसा उन्होंने मेरा हाथ पकड़ लिया। पहली बार मुझे उनका यह कार्य अस्वाभाविक नहीं लगा। यह आशंका तो उस समय से मेरे मन में थी, जब मम्मी और पापा पार्टी में जा रहे थे।

मैंने हाथ खींचा नहीं, हटाया नहीं, उनसे कुछ कहा भी नहीं। पर हाथ को वहीं रहने देने के लिए भी मुझे प्रयत्न करना पड़ रहा था।

"संगीता !" वे कह रहे थे, "चांद कितना सुन्दर है आज !"

मैंने चांद की ओर देखा—रोज के समान ही तो था, कोई विशेषता मुझे उसमें नहीं लगी। और सच्ची बात तो यह है कि चांद मुझे कभी सुन्दर ही नहीं लगा।

"मौसम बड़ा गुनाहगार है, संगीता !" वे फिर बोले।

"जी !" मैंने उत्तर में कहा।

सहसा वे मुड़े, "आओ, चलें !"

मैंने कुछ कहा नहीं। वे मेरा हाथ पकड़े-पकड़े लॉन पार कर आए। पहला कमरा उन्हीं का था और हम कमरे में थे। कमरे में धीमा-सा नीला प्रकाश था। उन्होंने वह भी बुझा दिया।

सारी बातें मेरे मस्तिष्क में कौंध गयीं—चांद सुन्दर क्यों था, मौसम गुनाहगार क्यों था। मेरे भीतर विरोध उठा।···तब तक मैं बिस्तर पर थी। मैंने देखा, उनकी जकड़ सख्त होती जा रही थी। उनके होंठ निर्विलंब मेरे होंठों, आंखों, गालों को छूते हुए गले पर जा पहुंचे थे···

मुझमें शक्ति कौंधी। उन्हें झटककर मैं उठ खड़ी हुई, "यह क्या है ?"

वे खड़े थे, मुझसे कुछ ही दूरी पर। उस अंधेरे में भी उनकी आंखों की भाषा मैं पढ़ पा रही थी।

"संगीता, तुम मेरी पत्नी हो !" वे बोले, "क्या मैंने कुछ अनुचित किया है ?"

"हूं नहीं !" आज पहली बार मैं खुलकर बोली, "होने वाली हूं। अभी मैं कुंवारी हूं। आप मुझसे···"

मैं बहुत कुछ कहना चाह रही थी, पर बोली नहीं—भला इस सबके पश्चात्, अपना सब कुछ दे देने के पश्चात् मैं विवाह की वेदी में कैसे बैठ सकती थी। कुंवारी कन्या के रूप में मेरे मम्मी-पापा कन्यादान कैसे कर सकते थे। पति की इच्छा पर चलना मेरा कर्तव्य था, पर विवाह के पूर्व यह कैसे हो सकता था ! मैं अपने कमरे में चली आयी। उन्होंने मुझे रोकने की चेष्टा भी नहीं की।

फिर मैं उनसे मिली नहीं। दूसरे दिन जाने से पूर्व वे मेरे कमरे में आए और मैंने उनकी ओर देखे बिना ही नमस्ते कर दी।

वे रुके रहे, शायद कुछ कहना चाहते थे, पर मैंने उनकी ओर देखा नहीं।

"कल की घटना के लिए क्षमा कर देना, संगीता !" उनका स्वर सुनाई पड़ा, "शेष पत्र में लिखूंगा !"

मैंने कुछ नहीं कहा और वे चले गए। कहने को था भी क्या ? उन्होंने अपनी गलती का अनुभव कर लिया था, यह अच्छा ही था। पर फिर भी मुझे सावधान रहने की ही आवश्यकता थी। मैं सामाजिक समझौते के बिना अपना शरीर उन्हें नहीं दे सकती थी।

उनका पत्र आया। विशेष कुछ नहीं था। विस्तार से क्षमा-प्रार्थना की गयी थी और अंत में उन्होंने लिखा था कि अगले महीने वे एक सप्ताह के लिए शिमला जा रहे थे, यदि मैं भी उन्हीं दिनों वहां जा सकूं तो उन्हें प्रसन्नता होगी।

पर मैं कैसे जा सकती थी ! जो व्यक्ति मेरे घर में आत्म-नियंत्रण खो बैठा, शिमला जैसे स्थान में अकेली रातों में वह मुझसे क्या कुछ न चाहेगा। धैर्य रख सकेगा ? मैं विश्वास न कर पायी और उत्तर जब दिया तो स्पष्ट लिख दिया कि आ तो मैं सकती हूं, पर आना उचित नहीं समझती !

इस बार उनका उत्तर काफी देर से आया और यह पिछले पत्रों से पर्याप्त भिन्न भी था—

"संगीता,

क्षमा करना, मैं किसी विशेषण से तुम्हें संबोधित नहीं कर रहा। कारण ? मैं समझता हूं मुझे कोई अधिकार नहीं है।

बहुत सोचने पर मैं इस निष्कर्ष पर पहुंचा हूं कि जो प्यार मुझमें है, वह तुममें नहीं है। विवाह के पश्चात् भी तुम जो कुछ करोगी, कर्तव्य समझकर ही करोगी, प्रेम से नहीं। अतः जो सुख मुझे नहीं मिल सकता, उसकी इच्छा भी छोड़ रहा हूं···

—सतीश !"

मैं समझ नहीं पायी कि बात क्या है ! कैसा सुख वह छोड़ रहे हैं ! सारा दि मैं सोचती रही, उलझी रही । शायद ही पहले कभी उनके विषय में मैंने इतन सोचा हो ।

डिनर पर मैं ही नहीं, मम्मी और पापा भी सोच रहे थे । वे क्या सोच रहे थे ? थोड़ी-सी उत्सुकता तो हुई पर अपनी चिंता ही इतनी थी कि उत्सुकता उसी में उलझ गयी ।

"ए पीस ऑफ न्यूज फॉर यू, संगीता !" पापा बोले ।

मैंने उनकी ओर देखा ।

"सतीश के डैडी का पत्र आया है ।" पापा बोले, "कारण बताए बिना ही उन्होंने तुम्हारा रिश्ता तोड़ दिया है ।" पापा ने जेब से पत्र निकालकर मेरी ओर बढ़ा दिया ।

मैंने पत्र ले लिया, पत्र पढ़ा नहीं । पढ़ने की आवश्यकता ही नहीं थी ।

"पता नहीं क्या दोष देखा उन्होंने !" मम्मी कह रही थीं ।

मैंने उनकी ओर देखा—कितनी भोली थी मेरी मम्मी ! पर उन्हें मैं कैसे बताती, दोष किसका है । मैंने धीरे से कहा, "जाने दो, मम्मी ! जैसी उनकी इच्छा ।"

और हम तीनों डिनर खाते रहे ।

४.७.१६६२

उसने गलत नहीं कहा था

शैल को लगा जैसे अजाने ही उससे कोई गलत काम हो गया हो। पर अब तो हो ही गया था—गलत हो या ठीक ! पर इसमें गलत क्या था ? यदि वह प्रत्येक सामान्य मनुष्य के समान सारे कार्य कर सकता था, खा-पी सकता था, घूम-फिर सकता था, सिनेमा देख सकता था, खेल सकता था, वाद-विवादों में जा सकता था, कहानियां लिख सकता था और कक्षा में प्रथम आ सकता था, तो किसी से प्यार ही क्यों नहीं कर सकता था ? और अब तो एम० ए० का अंतिम वर्ष था। अगले वर्ष वह कहीं नौकरी करेगा। घरवाले चाहेंगे कि वह विवाह भी कर ले, उसे स्वयं भी इसमें कोई आपत्ति नहीं थी—तो यदि वह अनामिका से प्रेम कर ही बैठा था, तो गलत क्या हुआ ? यदि पापा को, मम्मी को पता चलेगा तो ? उसे लगा कि वे प्रसन्न ही होंगे ! भला इसमें नाराज़ होने की बात ही कौन-सी थी ?

पर फिर भी कुछ खटकता-सा रहा, एकदम निर्विघ्न हो नहीं सका वह। यह खटक कुछ-कुछ उसकी समझ में आ भी रही थी। प्रेम का अभाव जाने उसे कब से खल रहा था। एक साथी की प्रतीक्षा उसे सदा ही रही थी। और उस साथी का एक चित्र था उसकी कल्पना में—संगमरमर-सा रंग, लम्बे घने काले बाल, बड़ी-बड़ी आंखें, लम्बा छरहरा शरीर और पढ़ी-लिखी इन्टलेक्चुअल लड़की। पर अनी तो ऐसी न थी। वर्ण उसका भी संगमरमर का-सा कहा जा सकता था, पर बाल न लम्बे थे, न घने और न ही काले। हल्के, सामान्य-से, सुनहले बाल थे। शरीर छरहरा न होकर गदराया हुआ था। और सबसे बड़ी चीज़, वह एम० ए० फाइनल की छात्रा होकर भी इन्टलेक्चुअल नहीं लगी थी उसे। लगता था, जबर्दस्ती पढ़ रही है, वैसे स्वयं उसे कोई रुचि नहीं है। उसे शैल में रुचि थी, शैल के कपड़ों की ओर उसका ध्यान जाता था, उसके जूतों के रंग से वह अवगत

रहती थी, पर शैल की कहानियों ने उसे कभी आकर्षित नहीं किया, उसके वाद-विवादों ने उसका ध्यान नहीं खींचा, शैल के कक्षा में प्रथम आने पर उसे कोई विशेष प्रसन्नता नहीं हुई।

शायद इसीलिए शैल का मस्तिष्क अभी भी अनी को स्वीकार करने में हल्के से संकोच का अनुभव कर रहा था। पर शैल ने प्राणों के विदेह बंधन की शक्ति का भी उन्हीं दिनों अनुभव किया। अनी जाने क्यों उसे प्यारी-सी लगी—निरीह! और उसे लगा, इसे किसी रक्षक की आवश्यकता है। और शैल यदि वह रक्षक स्वयं बन जाए तो?

अनी की बातें शैल को अच्छी लगतीं—उसका बोलना, चलना, उठना, बैठना—सब उसे अच्छा लगता। और शैल की दृष्टि बहुधा अध्यापकों से हटकर अनी पर चली जाती। किंतु व्याख्यान पर ध्यान केन्द्रित न कर सकने पर, स्वयं पर क्रोध नहीं आया उसे।

वे बातें करते। वह बोलता, अनी बोलती। वह उसे बताती— अपने बारे में, अपने भाई-बहनों के बारे में, अपने घर के बारे में। वह बातें करती अपनी सहेलियों की और फिल्मों की। शैल किसी पुस्तक की बात करता तो वह रोक देती, 'पुस्तकों के विषय में मैं कुछ नहीं जानती।'

'क्यों, तुम पढ़ती नहीं?'

'पढ़ना-वढ़ना अपना काम नहीं है।'

'तो क्या करती हो घर पर?'

'सोती हूं।'

और वह शैल को और भी अच्छी लगती। सोचता, ठीक तो है। यह बेचारी कोमल-सी लड़की कहां किताबों में सिर मारेगी। पुस्तकालयों में दिमाग खराब करने से तो अच्छा है कि वह घर पर आराम से सोती रहे। जाने क्यों उसके मन में इच्छा होती कि वह अनी को कोई कष्ट न होने दे, उसके सारे कष्ट वह स्वयं स्वीकार कर ले। एक कवच-सा बनकर घेर ले उसे चारों ओर से और उस पर किया गया प्रत्येक प्रहार अपने वक्ष पर झेल ले।

वह अनी के और पास आने की चेष्टा करता। जी चाहता, अनी उसके साथ रहे, कहीं जाए तो उसे भी साथ आने के लिए कहे। अनी उसकी पसंद के कपड़े पहने, उसकी पसंद से बाल संवारे, उसी की पसंद से रहे-सहे।

'सोचता हूं, अनी!' वह अकसर कहता, 'एक फैशन-ब्यूरो खोलूं।'

'क्या करेगा तुम्हारा ब्यूरो?' वह पूछती।

'देखो!' वह बड़ी गम्भीरता से समझाता, 'दूसरे देशों में ऐसी बहुत सी ऐजेन्सीज या ब्यूरो हैं। भारत में अभी एक भी नहीं है।'

'पर भारत में उनकी जरूरत ही क्या है?'

'वाह ! जरूरत क्यों नहीं है ?' शैल के स्वर में आवेश आ जाता, 'यहां की लड़कियों को फैशन करना भी नहीं आता। देखो, फैशन वह होता है जो व्यक्ति को सुन्दर बनाये। यहां भेड़-चाल, सब एक-जैसा फैशन करेंगी—अच्छा लगे, न लगे !'

'जैसे ?' अनी आंखें बंद कर बड़ी गंभीरता से पूछती।

'जैसे,' शैल भी उतनी ही गम्भीरता से समझाता, 'जैसे यह बालों को गिरा कर कान ढंकने का फैशन है। लड़कियां बाल नीचे गिरा लेती हैं, बाल घने होते नहीं और कान नजर आने लगते हैं।' और उसकी दृष्टि अनी के बालों से झांकते हुए कानों पर जा ठहरती।

'अच्छा तो मैं कैसे बाल बनाऊं ?' वह मुसकराती।

'तुम !' शैल उसकी मुसकान की चिंता न करते हुए उसी गंभीरता से कहता, 'तुम्हारा मुख गोल है, चंद्रमा-सा ! बाल कानों के ऊपर उठाकर बड़ा-सा गोल जूड़ा करो। माथे पर बड़ी-सी गोल…'

'धत् !' और अनी चली जाती। पर उसने कभी भी बाल कानों से ऊपर नहीं उठाये।

और एक दिन शैल को लगा, अनी कोल्ड होती जा रही है। वह बातें करता है, वह जवाब नहीं देती। वह उसके साथ बैठती नहीं। वह मजाक करता है, वह मुसकराती नहीं।

आखिर उसे पूछना ही पड़ा, 'क्या बात है, अनी ! आजकल ऐसा लगता है कि तुम बात तक नहीं करना चाहतीं ?'

उत्तर में अनी कुछ न बोली और अंत में शैल चला गया।

दो दिन बीत गये, शैल भी नहीं बोला, अनी भी नहीं बोली। बोली अनी की सहेली क्षितिजा।

कक्षाएं समाप्त हो चुकी थीं। प्रायः लोग जा चुके थे। शैल ने पुस्तकें उठायीं तो क्षितिजा बोली, 'शैल ! जरा ठहरो।'

और शैल ठहर गया। कुछ आश्चर्य-सा हुआ। कौन-सी विशेष बात है आज कि क्षितिजा उसे ठहरने के लिए कह रही है।

'सुनो ! तुमने किसी से अनी के विषय में कुछ कहा है क्या ?'

'मैंने ? नहीं तो।'

'बात यह है कि,' क्षितिजा बोली, 'एक लड़की है हमारी ही क्लास की, मैं नाम नहीं बताऊंगी।' वह तनिक रुकी, 'वह कह रही थी कि लोग कह रहे हैं कि अनी शैल को अच्छी लगती है।'

'तो ?'

'तुमने किसी से कुछ कहा तो नहीं ?'

'मैंने ? मैं क्या लोगों से कहता फिरता हूं कि कौन मुझे अच्छा लगता है और किससे मैं घृणा करता हूं ।' शैल खीझ-सा गया।

'बात यह है,' क्षितिजा बोली, 'अनी दो-तीन दिनों से बहुत अपसेट है और आज तो बहुत बुरी हालत है उसकी।'

शैल कुछ न बोला। पर बुरी हालत होने की इसमें कौन-सी बात थी, समझ न सका।

'अच्छा !' और क्षितिजा चली गयी।

शैल बैठा रहा। वह जानता था, क्षितिजा और उसकी सहेलियां बाहर खड़ी होंगी—हो सकता है अनी भी उनके साथ हो। वह चाहता था वे चली जाएं तो वह जाए।

दो-तीन मिनट बाद शैल उठा, क्षितिजा आदि अभी खड़ी थीं। वह चुपचाप बगल से निकलने लगा।

'सुनो, शैल !' क्षितिजा ने उसे ठहरा लिया।

शैल रुक गया। उसने देखा, अनी भी वहीं थी। उसकी आंखों में अश्रु थे।

'तुम मुझसे नाराज हो, अनी ?' शैल ने पूछा।

अनी कुछ बोली नहीं। आंसुओं को रोकते हुए उसने नकार में सिर हिला दिया।

'यदि तुम समझती हो', शैल बोला, 'कि यह मेरे कारण है तो ठीक है, मैं तुमसे बात भी नहीं करूंगा। बस !'

पर अनी कुछ न बोली।

और क्षितिजा की बात सुने बिना ही शैल चला आया।

अब अपसेट होने की बारी शैल की थी। जाने कौन है वह मूर्खा !

बेचारी अनी को रुला दिया। और क्षितिजा की बच्ची है कि नाम भी नहीं बताएगी, नहीं तो वह ठीक ही कर देता उसे। अभी रो रही थी बेचारी ! अनी का आंसुओं भरा मुख उसकी आंखों के सम्मुख उभर आया, और साथ ही साथ उभरा गुलाब का एक फूल, जिस पर पानी की दो-चार बूंदें पड़ी हुई थीं।

और फिर उसने सोचा, पर इसमें रोने की बात क्या थी ? क्या वह ऐसा ही है कि यदि कोई उसे अच्छा लगे तो उसे रोने की आवश्यकता पड़े ? क्या वह इतना बुरा है कि उसका अनी को पसंद करना भी, अनी के लिए रोने का कारण हो सकता है ? उसका क्षोभ उस अनजान लड़की से हटकर अनी की ओर मुड़ गया। यदि अनी उसको अच्छी लगती है तो इसमें रोने की क्या बात है ?

और सहसा उसने निश्चय कर लिया कि वह अनी से सारे संबंध तोड़ देगा। स्वयं तो वह बोलेगा नहीं, अनी यदि बुलाएगी तो भी शायद ही बोले। किंतु अनी

को सामने पाकर उससे न बोलना बड़े जीवट की बात थी।

मौन के इन्हीं दिनों में उसकी पीड़ा मुखर हुई। शैल के साथियों को भी पता चला कि उसके और अनी के बीच कोई सूत्र था, जिसे वह आग्रहपूर्वक तोड़ने की चेष्टा कर रहा है। और शैल को लगा इस सूत्र के तोड़ने के प्रयास में वह स्वयं भी टूट रहा है। उसे लगा, यह क्रम अधिक दिन नहीं चल सकेगा।

क्रम अधिक दिन चला भी नहीं। उस दिन बस में शैल अपनी सीट अनी को देकर जब स्वयं खड़ा हो गया तो बातचीत स्वयं अनायास ही आरंभ हो गयी।

'कहां?' अनी ने पूछा।

'नयी सड़क तक जा रहा हूं।'

'टिकट लूं?'

'नहीं! ले चुका।'

और जब अनी के साथ वाली सीट खाली हुई तो शैल बैठने लगा, पर फिर रुक गया, 'बैठ जाऊं यहां?'

'बैठो!' अनी ने उसकी ओर आश्चर्य से देखा, शायद इसलिए कि वह बैठ क्यों नहीं रहा।

'सोच लो!' शैल मुसकराया, 'फिर किसी ने तुम्हें मेरे साथ देख लिया तो?'

'तो क्या?'

'भई इसीलिए तो मैंने बातचीत बंद की तुमसे।'

'बहुत अच्छा किया था।' अनी जैसे जलकर बोली।

और शैल को उस पर प्यार आ गया। उसे लगा, अनी ने चाहे कभी कुछ कहा नहीं, पर उसे भी पीड़ा हुई होगी—खिचाव के इन दिनों में।

और वे जैसे एक-दूसरे के बहुत समीप आ गए। शैल और अधिक मुक्त हो गया। उसका व्यवहार अधिक खुल गया। यूनिवर्सिटी-रेस्तरां में वे अधिक बैठने लगे। वह अनी को और अधिक चिढ़ाने लगा।

और चिढ़ाना इतना बढ़ा कि क्षितिजा पूछ ही बैठी, 'क्यों शैल, तुम हमारी अनी को इतना तंग क्यों करते हो?'

शैल के जी में आया, कहे—तंग करता हूं, क्योंकि अनी मुझे अच्छी लगती है। मैं चाहता हूं, वह मेरे साथ बोले, बोलती नहीं तो झगड़े, लड़ाई करे। पर वह बोलती नहीं, इसलिए तंग करता हूं। मैं उसकी पैसिविटी समाप्त करना चाहता हूं। पर उसने यह सब कहा नहीं। बोला, 'सबको थोड़ा तंग करता हूं। खास-खास लोगों को तंग करता हूं।'

'अनी !' क्षितिजा बोली, 'तुम खास लोगों में से निकल जाओ।'

'यह उसकी इच्छा पर नहीं है, जनाब !' शैल अनी के बोलने से पूर्व बोला, 'खास लोगों में रखना न रखना मेरी अपनी इच्छा पर है।'

और दूसरे ही दिन शैल को अपना वाक्य निगलना पड़ा। विश्वविद्यालय पहुंचा ही था कि राजेश उसे एक ओर ले गया, 'आ, तुझे एक मजेदार बात बताऊं।'

'क्या बात है ?'

'तुम्हें बताया था न कि होस्टल में मेरी घड़ी चोरी हो गयी है।' राजेश बोला।

'हां !'

'हुआ यह कि', राजेश हंसा, 'थोड़ी देर पहले अनी और क्षितिजा बैठी हुई थीं यहां। मैं आया तो क्षितिजा ने पूछा—राजेश, घड़ी मिल गई तुम्हारी ? कहां ? मैं बोला। खोयी हुई चीजें भी कभी मिली हैं। लोगों के दिल खो जाते हैं, वे नहीं मिलते, यह तो घड़ी ही है। किसका दिल खो गया है ? क्षितिजा ने जिज्ञासा की। एक है अपना बंधु ! मैंने कहा। होगा कोई मूर्ख ! क्षितिजा ने कहा तो उत्तर में मैं बोला—मूर्ख है या बुद्धिमान, यह तो समय ही बतायेगा। और मैं चला आया।'

'यार, दिल और घड़ी में साम्य तो है,' शैल बोला, 'वह धक्-धक् करता है, यह टिक-टिक् करती है।'

और उसी क्षण से शैल पर एक अवसाद-सा छा गया। उसका स्वाभिमान आहत हुआ था। उसे लगा, उसने स्वयं को इतना नीचा गिराया है कि क्षितिजा जैसी एक सामान्य-सी लड़की भी उसे 'मूर्ख' कह सकी है और वह भी अनी के सामने, उसकी इच्छा से। अनी—जिसके लिए वह कुछ भी कर सकता है। उसे लगा, वह अनी की पैसिविटी समाप्त नहीं कर पाया है अब तक। उसमें अपने प्रति अनुराग नहीं जगा पाया है अब तक। तो फिर क्या लाभ स्वयं को गिराने का ?

और शैल के बीच एक पत्थर का शैल जागा, जिसने सारी कोमल भावनाओं को जड़ से उखाड़ फेंका, सारे सूत्र छिन्न-भिन्न कर दिये। पर वह एक क्षण के लिए भी नहीं भुला सका कि उसे मूर्ख कहा गया है···जैसे वह शब्द पत्थर के वक्ष पर खुद गया हो।

···और आज दो वर्षों के पश्चात् कनॉट प्लेस में अनी को अपने पति के साथ देखकर उसे लगा, क्षितिजा ने ठीक ही कहा था—वह मूर्ख ही था। ग़लत नहीं था कुछ उसमें। जो कांच की चमक का मूल्य हीरे की आभा से अधिक आंके,

उसके सम्मुख रत्नों की प्रदर्शनी मूर्खता नहीं तो और क्या है ? जो लड़की पति-रूप में एक बड़े सेठ के सबसे बदसूरत और निखट्टू बेटे को पाकर संतुष्ट थी, उसे यदि कोई इन्टलेक्चुअल अपनी जीवन-संगिनी के रूप में पाना चाहे तो उसे क्या कहा जाएगा ? क्षितिजा ने ग़लत नहीं कहा था, वह मूर्खता ही कर रहा था…

२६.८.१९६२

मालिनी

जो हर ऐरे-गैरे के साथ जहां-तहां चल पड़े, किसी के भी साथ रेस्तरां में जा बैठे, पिक्चर चली जाए, कारों में लिफ्ट ले—उसे आवारा नहीं तो और क्या कहा जाएगा ! ठीक ऐसी ही थी, मालिनी एकदम आवारा !

देखने में वह आवारा नहीं लगती थी। लोगों को कैसी लगती थी, मैं नहीं जानता, पर मुझे उसमें हमेशा गरिमा का आभास मिलता था—बोलने-चालने, उठने-बैठने और चलने-फिरने में। वह लंबी और पतली थी। साड़ी में काफी ग्रेसफुल लगती। चलती थी तो समुद्र की बढ़ती लहरों के समान साड़ी आगे की ओर बिखर जाती और फिर लौट आती। उसकी आंखें न बड़ी थीं, न छोटी, पर उनमें एक आभा थी। रंग काफी गोरा था। और यही आकर्षक युवती आवारा कहलाती थी।

मैंने पहली बार उसे शुक्ला के साथ मज़ाक करते देखा था। शुक्ला नया सूट पहनकर आया था और अपने सूट के प्रति काफी सजग था। मालिनी ने उसके कंधे पर झुककर कहा था, "लुकिंग वेरी स्मार्ट, शुक्ला, लाशें गिरेंगी आज।"

मज़ाक एकदम कॉलेज के लड़कों वाला था। बेचारा शुक्ला शरमा गया। कान की लौएं तक लाल हो गयी थीं उसकी।

मुझे मालिनी पहली नज़र में ही अच्छी लगी थी। न जाने क्यों अच्छी लगी। शायद इसलिए कि वह और लड़कियों से एकदम अलग थी। मुझे लगा था कि इस लड़की का साथ अच्छा रहेगा। यह रेस्तरां में साथ जाएगी तो मुझे यह नहीं सोचना पड़ेगा कि क्या बातें की जाएं। अपने दोस्तों से बातें करने के लिए कहां सोचना पड़ता है ? उसी प्रकार मालिनी के साथ बातचीत करने के लिए सोचने की आवश्यकता नहीं थी। वह किसी बात का बुरा नहीं मानेगी, ऐसा मेरा

विश्वास था। जो लड़की पुरुषों को उनके कपड़ों, आंख, नाक, कान तक के लिए रिमार्क दे सकती है, भला उससे बात करने के लिए सोचने की क्या आवश्यकता थी। कभी-कभी तो लगता था कि वह ग़लत जगह आ गयी है। उसे टाइपिस्ट बनने की क्या आवश्यकता थी, वह तो पुलिस अफसर बन सकती थी, लेडी जेलर बन सकती थी या फिर किसी गर्ल्स होस्टल की वार्डन हो सकती थी।

मेरा परिचय उससे ऑफिस में पहले ही दिन हो गया था किंतु वह दूसरे लोगों के समान मेरे साथ फ्रैंक नहीं थी। कई बार मैंने सोचा कि आखिर इसका क्या कारण है ? वह घोष जैसे व्यक्ति के साथ हंसी-मज़ाक ही नहीं, हाथापाई तक कर सकती थी, चपरासियों तक पर रिमार्क कस सकती थी, हर क्लर्क के साथ घूमने जा सकती थी तो मुझसे ही कतराने की क्या आवश्यकता है ! ऐसा बुरा तो मैं नहीं था। कामदेव न सही, पर अष्टावक्र का अवतार भी तो नहीं हूं। पढ़ा-लिखा हूं, सभ्य-सुसंस्कृत हूं और फिर सेक्शन ऑफिसर हूं। फिर···फिर···

उस दिन मैं जान-बूझकर जल्दी ऑफिस चला आया। मैं जानता था कि मालिनी ओवर टाइम करने के लिए डेढ़-दो घंटे पहले ही आ जाती है।

मालिनी अपनी मशीन पर बैठी टाइप कर रही थी। चपरासी बाहर अपने स्टूल पर बैठा था और ऑफिस में कोई नहीं था।

"हलो, मालिनी !" मैंने अपनी बरसाती कुरसी पर फेंकते हुए कहा, "नो बडी हैज़ कम ?"

"नो, सर !" और उसका सिर झुक गया। वह फिर काम करने लगी।

"काम बहुत अर्जेंट है क्या ?" मैंने पूछा।

"नहीं," वह बहुत धीरे-से बोली, "क्यों ?"

"मैं ज़रा चाय पीने जा रहा हूं।" मैंने उसकी ओर देखा, "तुम यदि मेरा साथ दे सको तो···"

उसके चेहरे पर असमंजस की रेखाएं उभरीं और मेरे मन में क्षोभ। मैं जानता था कि यदि किसी और ने उससे यह बात कही होती तो वह तुरंत ही काग़ज़ फेंककर खड़ी हो गयी होती और उसके कंधे पर मुक्का मारकर कहती, "श्योर, श्योर !"

यह ठीक है कि मैं अफसर था और वह टाइपिस्ट, पर मुझसे बड़े अफसरों तक को तो वह कुछ समझती नहीं थी; फिर मैं क्या था ! अंत में वह तैयार हो गयी। धीरे-धीरे उठी और मेरे साथ चल पड़ी। हम सामने वाले रेस्तरां में आए। उसने केवल एक एस्प्रेसो कॉफी ली, कुछ खाया नहीं। हम में बातें भी हुईं, पर अधिकांश मौसम के ही विषय में। जहां तक मुझे याद है, बातें भी सारी मैंने ही की थीं, उसने सिवाय हूं-हां के और कुछ भी नहीं कहा।

उसी दिन मेरे मन में एक प्रश्न उठा जो अंत तक मुझे सताता रहा कि आखिर

ऐसा क्यों ? क्या मैं चपरासी से भी गया-बीता हूं अथवा वह मुझसे घृणा करती है ? पर नहीं, वह घृणा नहीं करती। यदि ऐसा होता तो उस जैसी लड़की मेरे साथ रेस्तरां में कभी न जाती। तो फिर वह मुझसे अन्य लोगों के समान व्यवहार भी क्यों नहीं करती ? पर उत्तर मेरे पास नहीं था।

मैंने दूसरी बार उसे पिक्चर देखने के लिए आमंत्रित किया। "मालिनी, मेरे पास पिक्चर की दो टिकटें हैं। तुम यदि चल सको तो…"

पर उत्तर में उसने 'श्योर, श्योर' नहीं कहा। उसकी आंखों में जैसे सांध्यकालीन आकाश उतर आया जिसमें अनेक रंग थे। एक कोने में छिपा मजबूरी का रंग मैंने पहचाना। शेष रंग मेरे लिए अजनबी थे।

"पिक्चर तो…" उसने बात पूरी नहीं की।

मैं समझ गया कि यह शिष्ट इनकार था। दोबारा कहना मेरे स्वभाव के विरुद्ध था।

"कोई बात नहीं", मैं बोला, "तुम नहीं जा सकतीं, न सही। साढ़े तीन रुपयों की एक टिकट ही बेकार जाएगी न ! और तो कोई विशेष बात नहीं है।"

"देखिए," उसकी आंखें नीची ही थीं, "आप किसी और को साथ ले जाइए। इतने मित्र हैं आपके, मैं पिक्चर…"

"देखा जाएगा !" और मैं अपनी मेज़ पर आ गया।

स्पष्ट था कि वह मेरे साथ नहीं जाना चाहती थी। न सही, मैं भी अब कभी उससे कहने वाला नहीं था। जब वह मुझे पसंद नहीं करती तो मैं ही क्यों उस पर गिरूं ? भाड़ में जाए ! हां, भाड़ में जाए।

दूसरे दिन मैं ऑफिस में पहुंचा ही था कि वह मेरे पास आयी। "आपकी टिकट वेस्ट तो नहीं गयी ?"

"क्यों ?" मैंने त्योरियां चढ़ाईं।

वह झेंप-सी गयी। "देखिए, मेरे कारण आपके पैसे खराब हों, यह मुझे अच्छा तो नहीं लगेगा। मैं आपके साथ चलती, पर पिक्चर…"

अनजाने ही मेरे मुंह से निकल गया, "नहीं, मैं एक मित्र को साथ ले गया था।" जैसे उसके चेहरे का तनाव खत्म हो गया।

"हां, यह ठीक हुआ।"

अब मुझे फिर से अपने निर्णय पर पहुंचना पड़ा। यदि वह मुझसे घृणा करती अथवा मुझे पसंद न करती तो इस प्रकार की क्षमायाचना का क्या अर्थ था। अवश्य ही कोई मजबूरी रही होगी। वह बार-बार 'पर पिक्चर, पर पिक्चर' कह रही थी। शायद वह पिक्चर देखती ही न हो अथवा किसी पुरुष के साथ पिक्चर देखने न जाती हो। कुछ भी तो हो सकता है।

मैंने उसे फिर पिक्चर चलने के लिए नहीं कहा। पर मैं स्वयं तो यह नहीं

छोड़ सकता था। अकेले जाना अच्छा नहीं लगता था और अन्य किसी के साथ जाना भी मुझे पसंद नहीं था, पर क्या करता, मालिनी साथ जाने को तैयार नहीं थी। कारण उसने बताया नहीं था और मैंने फिर कभी पूछा भी नहीं था। पर कोई मजबूरी थी, यह तो मैं समझता ही था। यदि वह एक बार मुझे कारण बता देती तो मेरी सारी उलझन समाप्त हो जाती। पर मालिनी इस विषय में ठीक अन्य भारतीय लड़कियों के समान थी जो किसी भी अस्वीकृति का स्पष्ट कारण बताने में संकोच करती है।

उस दिन मैं पिक्चर गया तो मालिनी मिल गयी। उसके साथ हमारे ही ऑफिस का एक टाइपिस्ट युवक था। मेरे लिए यह बात किसी भी बड़े झटके से कम नहीं थी। मेरी सभी पुरानी धारणाएं एक ही क्षण में समाप्त हो गयीं। मैं तो अब तक यही समझ रहा था कि मालिनी किसी कारण से पिक्चर देखने नहीं जा सकती थी, नहीं तो अवश्य ही मेरे साथ जाती। पर नहीं, पिक्चर तो वह देखती थी, दूसरे पुरुषों के साथ भी आती थी, पर मेरे साथ…मेरा निमंत्रण उसने अस्वीकार किया था और दूसरे के साथ आ गयी।

उसने मुझे नमस्ते की। मुझे अच्छा नहीं लगा। इससे तो कहीं अच्छा होता कि वह मुझे देखकर मुंह फेर लेती। मैं पिक्चर न देख सका, बार-बार मेरा ध्यान मालिनी की ओर चला जाता था।

अंतिम बार मैंने उसे अपने जन्मदिन पर निमंत्रित किया। "मालिनी!" मैंने कहा, "कल मेरा जन्मदिन है। मैं चाहूंगा कि तुम भी इस पार्टी में आओ।"

"कल?" उसने मेरी ओर देखा, "किस समय?"

"शाम को किसी भी समय।" मुझे स्वीकृति का आभास मिला।

"और कौन-कौन आ रहा है?"

स्पष्ट था कि अब वह मेरे निमंत्रण का अपमान नहीं करेगी अन्यथा पहली ही बार में इनकार कर देती।

मेरे सभी पुराने उलाहने धुल गए। "मैं, तुम और दो-एक मित्र होंगे। अधिक लोगों को नहीं बुला रहा।"

"देखिए, आप बुरा तो नहीं मानेंगे?" सहसा उसकी पुरानी मुद्रा लौट आयी, "मेरी अम्मा बहुत बीमार हैं। मैं ज़रूर आती पर…"

मेरे भीतर भी कुछ उबला। "कोई बात नहीं," मैंने कहा।

और उसी दिन से मैंने मालिनी से किसी भी प्रकार की आशा छोड़ दी। उसे फिर मैंने निमंत्रित नहीं किया। कभी बात करने की भी चेष्टा नहीं की। वास्तव में मैंने उसके अस्तित्व को ही भुला देना चाहा। पर यह सहज नहीं था।

वह नहीं मिली तो इसका यह अर्थ तो नहीं था कि मैं किसी भी साथी की आशा छोड़ देता। मैंने दूसरी साथिन चुन ली। और जब मैंने अपनी शादी का

कार्ड मालिनी के हाथ में रखा तो उसने सहज रूप से कार्ड ले लिया। "किसकी शादी है ?" उसने पूछा।

"मेरी।"

"आपकी ?" और पहली बार उसने मेरे साथ भी वही व्यवहार किया, जो औरों के साथ करती थी।

उसने कार्ड के टुकड़े-टुकड़े कर मेरे चेहरे पर फेंक दिए। मेरे कोट के कॉलर उसके हाथों में थे। "तुम्हारी शादी हो जाएगी तो मैं क्या करूंगी ?"

मैं इसके लिए बिलकुल तैयार नहीं था। "तुम क्या कह रही हो ?"

"हां-हां, ठीक कह रही हूं।" वह चीखी, "इतने दिनों से मैंने जो प्यार तुम्हारे लिए पाला है, मैंने जो सपने देखे हैं, उनका क्या होगा ?"

मेरी समझ में कुछ नहीं आया। जो लड़की औरों के साथ इतनी खुली हुई थी, जिसने मेरे हर निमंत्रण का अपमान किया था, जिसने मुझसे कभी अधिक बात तक नहीं की थी, वह कह रही थी कि उसने मेरे लिए प्यार पाला है। ऐसा प्यार तो मैंने कभी नहीं देखा।

उसने मेरा कॉलर छोड़ दिया और कुर्सी पर बैठकर फूट-फूटकर रोने लगी।

"मालिनी, तुमने मुझसे कभी बात तक नहीं की," मैंने समझाया, "तुम औरों के साथ पिक्चर देखने गयीं पर मेरे साथ तुम कभी रेस्तरां तक में नहीं गयीं। फिर मैं···"

"कैसे जाती तुम्हारे साथ !" उसने मेरी बात काटी, "तुमसे मैं प्यार जो करती थी। तुमसे लाज आती थी।"

अब शायद रोने की बारी मेरी थी। पर मैं रोता कैसे ? मैं पुरुष हूं, रो नहीं सकता था। उठकर चुपचाप ऑफिस से बाहर चला आया। और मालिनी रोती रही···

११.१२.१९६२

भूखे बच्चे : सूखी डाली

शाम के सात बज गए और बेबी नहीं आयी तो मुझे खीझ-सी चढ़ने लगी। खीझ शीघ्र ही क्रोध में परिवर्तित हो गई : आयी क्यों नहीं अब तक बेबी ! यह भी कोई ढंग है ! तीन-तीन घंटे घर से बाहर रहना, मुझे एकदम पसन्द नहीं है। चार बजे से गयी हुई है और सात बज गए हैं। अप्पा[1] कुछ कहते नहीं न, इसी से ये छोटे बच्चे बिगड़ गये हैं। और अम्मा बेचारी तो चारपाई पर पड़ी है। वह तो किसी को कुछ सिखा नहीं पायी, कुछ बता ही नहीं पायी, बस जन्म भर दे सकी थी।

मुझे लगा, अप्पा अब नहीं डांटते; पर पहले ऐसे नहीं थे वे। अन्ना[2] और भास्कर और मुझे अप्पा बहुत डांटते थे और अन्ना और भास्कर को तो मार भी पड़ती थी। अप्पा का क्रोध—बाप रे ! हम तो कांप जाया करते थे। दुर्वासा का अवतार ही हैं अप्पा ! गुस्सा आ तो जाए, फिर क्या है—किसी पर कोई दया नहीं। लगता है अप्पा का वही क्रोध अन्ना और भास्कर में कूट-कूटकर भरा हुआ है।

पर अप्पा अब वैसे नहीं रहे। मुझे याद नहीं कि उन्होंने रामू, बेबी और राधा को कभी डांटा भी हो ! ये तीनों तो लाड़ले हैं अप्पा के ! शायद आयु के साथ मनुष्य की ममता भी बढ़ती है। अप्पा में अब उतनी दृढ़ता भी नहीं है। ये बच्चे ऐसी-ऐसी बातें करते हैं कि मैं हैरान रह जाती हूं। हम तीनों बड़े तो अप्पा को देखते ही चुप हो जाया करते थे। और ये ! बेबी तो हमेशा फ़िल्मों के गाने गाती रहती है।

यही नहीं कि अप्पा को अब क्रोध नहीं आता। लेकिन अब वे क्रोध प्रकट

---

१. पिताजी (तमिल)   २. बड़ा भाई (तमिल)

नहीं करते। जिस दिन बहुत क्रोध आएगा, खाना नहीं खाएंगे।

मुझे लगा, अप्पा का यह क्रोध मुझमें भी है। यही क्रोध तो था जो कि बार-बार बेबी की याद दिला देता था। और जब बेबी आयी तो मैं बरस ही तो पड़ी, "कहां थी तुम अब तक?"

"अक्का![1] मैं भोली के घर खेलने गयी थी।"

"यह खेलने का समय है?" मैंने उसका कान पकड़ा।

"नहीं, कान पकड़ने का समय है, अक्का!" बेबी मुसकरा रही थी। उसकी आंखों में विश्वास की निर्भयता थी।

मैं झल्ला पड़ी, "कमबख्त मज़ाक करती है!" मैंने उसका कान छोड़कर एक धौल जमा दिया।

बेबी की मुसकराहट लुप्त हो गयी और एक प्रकार का क्रोध-सा झलक आया उसके मुख पर। पर वह रोयी नहीं जिसका मुझे भय था।

उधार से रामू अपना राग अलापता आ गया।

"अक्का ने बेबी को चपत जो जमाई
चपत जो जमाई
तो मैं क्या करूं?
भाग जाऊं!"

और इसके पहले कि मैं उसे भी एक चपत जमा देती, वह भाग निकला।

क्रोध मेरा समाप्त हो चुका था। पर खीझ अब भी वर्तमान थी और बड़े उग्र रूप में थी। खीझ बेबी या रामू पर नहीं थी, स्वयं पर ही थी। क्या हो गया यदि बेबी तनिक देर ही कर आयी तो! ऐसी तो कोई बात नहीं थी—सारे बच्चे ही खेलते हैं। मैं क्या नहीं खेलती थी! क्या ज़रूरत थी मुझे उसे मारने की। और मुझे लगा, मैंने एक गुड़िया के मुख से हंसते हुए बच्चे का मुखौटा उतारकर, एक क्रुद्ध बच्चे का मुखौटा लगा दिया है।

पर मैं क्रोध न करूं, खीझूं नहीं तो क्या करूं? जब भी शाम होते ही बच्चे घर में न आ जाएं, मुझे चिंता होने लगती है। बच्चों को सात बजे तक खाना खा लेना चाहिए। अगर ये लोग नौ बजे तक इधर-उधर टहलते रहेंगे, खाना दस बजे खाएंगे तो मुझे अवकाश कब मिलेगा और मैं पढ़ूंगी कब?

बच्चों की क्या बात है; अन्ना, भास्कर और अप्पा भी ठीक समय पर घर न आएं, ठीक समय पर खाना न खाएं तो मैं कुछ विचित्र-सा अनुभव करती हूं। हल्की-सी व्याकुलता-सी होने लगती है। और देर करने पर मैं उन्हें कब छोड़ती हूं! अप्पा तक को तो मेरी डांट सुननी पड़ती है। जिस दिन कुछ ज्यादा देर हो

---

१. बड़ी बहन

जाए और उनके पास कोई बहाना न हो तो वे भी बेबी, रामू या राधा के समान ही दबे-पांव धीरे-धीरे आकर कहीं चुपके-से बैठ जाते हैं। मुझे अप्पा भी एक छोटे-से बच्चे लगते हैं तब! पर मेरी बात का, मेरी डांट का बुरा वे कब मानते हैं! अन्ना को तो मैं खाना देने से इनकार कर देती हूं और वे मेरी खुशामद करते फिरते हैं-- "श्यामली, आज माफ कर दे। कल से देर नहीं होगी।"

"नहीं, तुम रोज़ देर किया करो, अन्ना!" मैं पुचकारकर कहती हूं, "मेरा क्या है, तुम सब देर से आया करो। मैं किसी को खाना नहीं दूंगी। अच्छा ही है मुझे रात को खाना नहीं बनाना पड़ेगा, बैठकर पढ़ूंगी।"

पर अन्ना चुप नहीं रहता। बार-बार खुशामद करता है, "श्यामली! मेरी बड़ी अच्छी बहन, श्यामली अक्का! अब देर की तो मुर्गा बना देना।"

और कहीं से राधा आ जाती है, सिफ़ारिश करने, "दे दो, अक्का! अन्ना बेचारा बहुत भूखा है।"

अन्ना राधा की खुशामद करने लगता है, जैसे उसी की सिफ़ारिश पर तो मैं खाना देने वाली हूं। पर मुझे लगता है, अन्ना भूखा होगा बेचारा—और मैं देखती हूं यह मेरा बड़ा भाई है—छह फीट तीन इंच का लम्बा-तगड़ा, कड़ियल जवान! कितना दीन बना बैठा है मेरे सम्मुख! मैं भात, रसम् और सांबर परोसती हूं और समझाती जाती हूं, "देखो अन्ना, अब देर मत करना।"

हमारी मौसी कितनी ही बार कह चुकी है, "तू तो ऐसे करती है, श्यामली, जैसे तेरा अन्ना भी अभी ज़रा-सा बच्चा हो।"

मैं सोचती हूं, बेचारी मौसी समझ नहीं सकती। उसने कभी जाना ही नहीं शायद कि ममता क्या होती है। बेचारी विधवा है और कोई बच्चा भी तो नहीं है! चाहती तो हमें अपने बच्चे बना सकती थी; मौसी ही तो है! क्या अपनी बीमार, सदा चारपाई पर पड़ी रहने वाली बहन के बच्चों की मां नहीं बन सकती थी वह! पर ऐसा कर नहीं सकी वह। फल भी मिला है उसे। रहती वह भी हमारे साथ है। पर कोई बोलता नहीं उससे विशेष। जिस कमरे में मौसी होती है, बच्चे तो बच्चे, कोई बड़ा भी उसमें बैठना पसन्द नहीं करता। बस, मौसी है, उसका स्कूल है और पुस्तकें! स्कूल में बच्चों को डांटती होगी, घर पर किताबों को फटकारती रहती है। भला ऐसे भी रहता है कोई घर में। जैसे शरीर का कोई अंग जड़ हो गया हो, या हरे-भरे वृक्ष की कोई डाली उसके साथ लगी-लगी ही सूख गयी हो।

अन्ना अभी बच्चा नहीं तो और क्या है? कारख़ाने में फोरमैन होगा तो होगा, घर पर तो वह वैसे ही बच्चा है जैसे बेबी है, रामू है या राधा है। वैसे ही हंसता-बोलता है; वैसे ही उछलता-कूदता है; वैसे ही लड़ता-झगड़ता है। भास्कर से तो कई बार ज़ोरों की लड़ाई, यहां तक कि हाथापाई भी हो जाती है। तब

बच्चा नहीं तो क्या है ? कभी-कभी तो मुझे लगता है कि ये सब केवल बच्चे ही नहीं हैं, उससे बढ़कर हैं। ये मेरे बच्चे हैं। और मैं इनकी अक्का नहीं हूं—मैं इनकी अम्मा हूं !

उस दिन मैंने मणि मामा को डांटा था। शायद अम्मा नहीं डांटती उसे उतना। पर मैं क्या करती, मैं अपने को रोक नहीं पायी थी।

बेबी कलकत्ता गयी हुई थी, ताता[1] के पास। और उनका पत्र आया कि बेबी वापस आ रही है जमशेदपुर, मणि मामा के साथ। और मैं कांप-सी गयी—बेबी आएगी मणि मामा के साथ ! मणि मामा छोटा-सा तो है, मेरी ही अवस्था का होगा। आयु से कुछ नहीं होता; पर वह तो बड़ा ही भुलक्कड़ है और कितना लापरवाह है !

पिछली बार मणि मामा आया था कलकत्ता से तो हम सब हैरान रह गए थे उसे देखकर। उसने इतनी सर्दी में कोट भी नहीं पहन रखा था।

"मामा, सर्दी नहीं लगती तुम्हें ?" भास्कर ने पूछा था।

"लगती तो है !" मामा के दांत बज रहे थे।

"तो कोट क्यों नहीं पहनता ?"

"पहनता था।" मामा जरा लजाकर हंसा, "पर रात को ट्रेन में सोते हुए कोई मोशाय[2] उतारकर ले गए !"

मामा कलकत्ता में रहकर बंगाली बहुत अच्छी बोलता है, जैसे हम सब घर में हिन्दी बोलते हैं। तमिल तो मद्रास से आए हुए किसी अतिथि के साथ ही बोलते हैं।

पर हमें आश्चर्य मामा के बंगाली हो जाने पर नहीं था। आश्चर्य तो था कि यह व्यक्ति कितना बेसुध होकर सोता है, जिसे कोट उतारे जाने का भी पता नहीं लगा।

"टिकट ?" अन्ना ने पूछा।

"टिकट पैंट की जेब में थी।" मामा हंसा, बंगाली हंसी।

पर हमें विश्वास नहीं हुआ था। और उस रात जब मामा सोया तो अन्ना और भास्कर ने मिलकर मामा की कमीज ही नहीं, बनियान भी उतार ली थी, और मामा सोया रहा।

सवेरे हम सब एकत्रित थे, यह देखने के लिए कि मामा उठते ही कैसे हैरान होगा। पर मामा चकित नहीं हुआ जागकर। उठते ही बड़ी लापरवाही से हंसकर बोला, "बस, ऐसे ही कल ट्रेन में भी कोई मोशाय कोट ले गये थे मेरा।"

---

१. नाना (तमिल)

२. महाशय (बंगाली)

ऐसा है मणि मामा ! और ताता ने उसके साथ बेबी को भेज दिया है। वह सो जाए और कोई चाहे बेबी को ही उठाकर ले जाए। छोटी-सी तो है बेचारी।

मामा को देखते ही मैं एकदम बरस पड़ी थी, "मामा, एकदम पोंगा हो तुम ! तुम क्यों लाए बेबी को, रास्ते में गुम हो जाती तो ?"

मामा क्रुद्ध नहीं हुआ। खिसियाकर मुसकराया। उसने गर्दन खुजलाई। धीरे से बोला, "रात भर मैं सोया नहीं ट्रेन में।"

और तब मुझे शांति मिली। मामा सो भी गया होता तो कोई हानि नहीं, बेबी ठीक-ठाक घर पहुंच ही गयी थी ! मुझे चिंता होती है, मैं क्या करूं ?

मैं ही नहीं, सब ही जानते हैं परिवार में कि मैं इन बच्चों की अम्मा के ही स्थान पर हूं। अप्पा भी यही समझते हैं।

मुझे याद है, मेरे बी० ए० करते ही दादी ने पिताजी से कहा था कि वे मेरी शादी कर दें। जवान लड़की अपनी ससुराल में ही शोभती है। मुझे कैसा लगा था, जैसे पहली बार निद्रा टूटी हो ! तो अब तक जिसे मैं अपना घर समझती रही हूं, वह मेरा घर नहीं था। जहां के कण-कण में एक पेड़ के समान मेरी जड़ें समाई हुई थीं, वह मेरा स्थान नहीं है। मुझे ये जड़ें समेटनी होंगी, इस मिट्टी से स्वयं को पृथक् करना होगा। पर ऐसे तो यह सारी मिट्टी उधड़ जाएगी, कण-कण हिल-डुल जाएगा।

अन्ना ने यह बात सुनी तो बहुत झल्लाया, "कौन कहता है श्यामली मायके में अच्छी नहीं लगती। हमें नहीं करनी है उसकी शादी-वादी ! वह चली गयी तो हमें खाना कौन देगा ? सवेरे छह से तो मेरी ड्यूटी होगी तो मुझे जगाएगा कौन, चाय कौन देगा ? बच्चों को तैयार करके स्कूल कौन भेजेगा ?"

मेरे सामने तीन मुख थे—बेबी, रामू और राधा ! वे मुरझाए हुए थे, आशंकित ! जैसे भय से कांप रहे हों, "अक्का ! तुम ससुराल चली जाओगी ?"

मैं जैसे रुआंसी-सी हो गयी। एक-एक का मुख अपने हाथों में लेकर प्यार किया, उनके आंसू पोंछे, "नहीं-नहीं, मैं कहीं नहीं जाऊंगी। मैं तुम्हारे साथ रहूंगी।"

मैं रोक नहीं पायी स्वयं को और फिर तीनों बच्चे बारी-बारी मेरे आंसू पोंछ रहे थे, "अक्का ! अक्का ! मत रोओ, अक्का !"

अप्पा ने बहुत सोचा और दादी से साफ़ कह दिया कि अभी वे मेरा विवाह नहीं कर सकते ! जब राजू (अन्ना) की पत्नी आ जाएगी, बच्चों को बड़ी भाभी के रूप में मां मिल जाएगी, तभी वे मेरा विवाह कर सकते हैं।

उस दिन घर में सब बड़े प्रसन्न थे—अन्ना ज़ोर-ज़ोर से गा रहा था। भास्कर उसे डांट रहा था, "अबे ओ अन्ना के बच्चे ! घर की छत क्यों गिरा रहा है ! अप्पा ने पसीने की क़माई से घर बनाया है।"

अन्ना क्रुद्ध नहीं हुआ, हंसकर बोला, "साले ! तेरे बाप का क्या जाता है, गिरा भी रहा हूं तो अपने बाप की छत गिरा रहा हूं।"

राधा और बेबी अपनी सहेलियों को बुला लायी थीं और 'चोर-चोर रानी, इतना-इतना पानी' खेल रही थीं। और रामू गाय के नवजात बछड़े को अखबार पढ़ा रहा था, "अबे, पढ़ ले ! मां तेरी तो अनपढ़ है, एकदम अनपढ़ !"

घर में त्योहार-सा हो रहा था। मैं स्वयं कितनी प्रसन्न थी, जैसे कोई दंड पाने से बच गयी होऊं। और अप्पा अपने बच्चों को देख-देखकर खुश हो रहे थे। अप्पा की आंखों में मैंने इन सात-आठ वर्षों में पहली बार मुसकान की एक हल्की-सी चमक देखी थी। दादी शायद कुढ़ रही थी अप्पा की दुर्बुद्धि पर और मौसी वीतराग थी, सदा की तरह !

उस दिन से हमारे घर में एक प्रतीक्षा का-सा जन्म हुआ था— हमें भाभी की प्रतीक्षा थी—अन्नी[1] की, पिताजी को अपनी बहू की ! अन्ना को भी शायद अपनी पत्नी की प्रतीक्षा रही हो। पर उसने कहा नहीं कभी। कहने की आवश्यकता भी क्या थी, हम सब तो उसी की पत्नी को लाने की चेष्टा कर रहे थे।

बच्चों में तो बहुत ही उत्साह था। वे तो अभी से सारी योजना तैयार कर रहे थे। अन्नी आएगी तो किस कमरे में रहेगी, कौन उससे क्या बात करेगा, कौन अन्नी के कार्य करेगा, कौन अन्नी को कौन-सी चीज़ देगा।

मैं स्वयं बहुत उत्सुक थी, अपनी भाभी पाने के लिए ! बच्चों के लिए तो मैं भी थी—मेरे लिए कौन है ? मेरी भी तो कोई अक्का हो, मेरी भी तो कोई अम्मा हो ! कितना मधुर नाम है— भाभी, अन्नी ! मेरे सम्मुख एक सौम्य, वात्सल्य से छलछलाती हुई मूर्ति थी, अन्नी की ! अन्नी ने अपना आंचल पसारकर तीनों बच्चों को समेट लिया था उसमें ! बच्चे प्रसन्न थे। अन्ना भी प्रसन्न-मुख अन्नी को निहार रहा था—और मैं उन सबको देख, हल्की-हल्की-सी हो गयी थी।

कभी-कभी तो मुझे लगता—मैं किसी और के स्थान पर बैठी हुई हूं, किसी की लीव-वेकैंसी पर कार्य कर रही हूं। जिस दिन उचित व्यक्ति आएगा, उसी दिन मुझे छुट्टी मिल जाएगी।

पर मुझे बुरा नहीं लगा कभी। कभी ऐसा नहीं लगा कि मैं कम महत्त्वपूर्ण हूं। बस यही लगा कि मैं इतनी महत्त्वपूर्ण हूं कि जब तक कोई मेरे स्थान पर आ नहीं जाता, मुझे अवकाश नहीं दिया जा सकता, रिलीव नहीं किया जा सकता।

एक दिन पिताजी ने एक चित्र लाकर दिया। घर में उथल-पुथल-सी मच

---

१. बड़ी भाभी (तमिल)

गयी। यह चित्र हमारी अन्नी का था। पहले तो हर्ष की लहर उठी, फ़िर तनातनी-सी चलने लगी। अन्ना चाहता था चित्र उसके पर्स में रहे, बेबी चाहती थी वह उसके ट्रंक में रहे और रामू की इच्छा उसे भगवान शंकर के चित्र के साथ दीवार पर टांगने की थी। पर अंत में वह गया मेरे एलबम में! इसका विरोध न अन्ना ने किया, न बेबी ने और न रामू ने ही। मैं उनकी 'अक्का' जो थी!

उन दिनों हमारे घर में सबसे महत्त्वपूर्ण चीज़ थी—अन्नी का चित्र। और वह था मेरे पास, क्योंकि मैं भी किसी से कम महत्त्वपूर्ण नहीं थी। घर पर जब भी कोई आता, तो सबसे पहले उसे मेरे एलबम में से अन्नी का चित्र दिखाया जाता।

पर चित्र का महत्त्व स्थायी नहीं रहा—हां, समाप्त भी नहीं हुआ। वह उस दिन कम अवश्य हो गया, जिस दिन बहुत धूमधाम से हम अन्नी को अपने घर ले आए। बड़े समारोह के साथ अन्नी घर में आयी। जब तक रिसेप्शन-पार्टी समाप्त नहीं हुई, हम सब ही बहुत व्यस्त रहे। और तब हमने अन्नी को अपने बीच पाया। हमारी अन्नी छोटी-सी थी, गुड़िया-सी!

हमने अन्नी को अपना सारा घर दिखाया। चीज़ों के बारे में बताया। सबकी आदतें बतायीं। और जाने क्या-क्या बातें हुईं। अन्नी सुनती रही। बहुत अच्छी है हमारी अन्नी—सबसे बहुत प्यार से बातें करती है।

तब दादी ने फिर ज़ोर दिया कि अब बहू भी आ गयी है घर संभालने के लिए, इसलिए श्यामली का विवाह हो जाना चाहिए।

"कर देंगे।" अप्पा बोले, "अभी तो बहू आयी है।"

"कब कर दोगे?" दादी झल्लायी, "जब लड़की बूढ़ी हो जाएगी। फिर कहीं विवाह भी नहीं होगा उसका। क्या करेगी तब इस घर में?"

अप्पा को मानना पड़ा कि मेरा विवाह हो जाना चाहिए अब। मुझे भी लगा कि मैं भी तैयार हो जाऊं। मैंने घर की एक-एक बात अन्नी को बतानी आरम्भ कर दी, जैसे चार्ज दे रही होऊं उसे! अन्नी सुनती जाती, "अच्छा, अक्का! अच्छा, अक्का!"

मुझे विचित्र-सा लगा। मेरी बड़ी भाभी है यह तो। वह जो मेरी भी अक्का ही नहीं, अम्मा का भी स्थान संभाल सके। पर यह···

"अन्नी, आप बड़ी हैं। अक्का क्यों कहती हैं मुझे?"

अन्नी शर्माई, "नहीं, मुझे आपसे बहुत-कुछ सीखना है। आपका तो 'वे' भी आदर करते हैं। मैं कैसे नाम लूं आपका!"

मैंने अपनी अन्नी की ओर देखा। गुड़िया-सी भाभी मेरी! जी में आया उसे बांहों में भर लूं और जी-भर प्यार करूं, जैसे कभी-कभी राधा को करती हूं।

और उसी समय ड्राइंग-रूम में ज़ोर-ज़ोर से अन्ना और भास्कर झगड़ने लगे।

अन्नी सशंक-सी हो गयी, पर मैंने ध्यान नहीं दिया। ये तो रोज़ ही झगड़ते रहते हैं। बेबी और राधा झगड़ती हैं तो अन्ना और भास्कर क्यों न झगड़ें ?

अंत में मैं अन्नी को लेकर पहुंची ड्राइंग-रूम में, "क्या बात है, अन्ना ?"

"देख, श्यामली !" अन्ना ने बताया, "यह साला यहां बैठा किताब पढ़ रहा था और बछड़ा यहां खड़ा मेज़ पर से अखबार चबा रहा था। इसे कुछ पता ही नहीं है।"

"क्यों, भास्कर ?" मैं भास्कर की ओर मुड़ी।

भास्कर का क्रोध भाग गया था शायद। बोला, "रामू रोज़ उसे अख़बार पढ़ाता था, आज नहीं पढ़ाया तो वह चला आया होगा पढ़ने। मैं किसी की व्यक्तिगत स्वतन्त्रता में हस्तक्षेप क्यों करूं !"

पर अन्ना का क्रोध नहीं गया। वह और ज़ोर से गरजा, "एक तो नुकसान करा दिया और अब मज़ाक करता है। साले को जेब से पैसे देने पड़ें तो पता लगे।"

"चुप बे ! बड़ा आया पैसों वाला !" भास्कर को भी क्रोध आ गया।

दोनों गुत्थम-गुत्था हो गए और मैं खड़ी हंस रही थी। अन्नी ने उन्हें अलग किया और दूर खड़ी होकर कांपने लगी।

रामू उधर से निकला।

"अन्ना ने भास्कर से की हाथापाई
जो की हाथापाई
तो मैं क्या करूं ?
तो मैं क्या करूं ?
कॉफी पिऊं !"

मैं हंसती रही। अन्नी अब भी कांप रही थी। मुझे उस पर और प्यार आया, बिलकुल बेबी-जैसी है अन्नी ! बेबी भी किसी को लड़ता-झगड़ता देख ले तो रोने लगती है। बहुत रोती है बेबी और मुझे उस पर प्यार आता है।

पर अन्ना का क्रोध उतरा नहीं। और अप्पा भी नाराज थे बहुत। दोनों ही शाम को खाने के समय पर नहीं आए। मैं अप्पा को बुलाने गई, "खाना नहीं खाना, अप्पा ?"

"राजू ने खा लिया ?" उन्होंने पूछा।

"अन्ना ने ?" मैं बोली, "अभी नहीं खाया।"

"उसे कहो खा ले !"

और मैंने अन्ना को आवाज़ दी, "अन्ना, खाना खा लो।"

"सावित्री से कहो, मेरे लिए यहीं खाना ले आए।"

और मैं अन्नी को खोजने चली। पर मुझे कुछ विचित्र-सा लगा। अन्ना ने

इस प्रकार पहले कभी नहीं किया था। आज शायद वे राधा और बेबी के समान, बच्चों के समान नहीं झगड़े। बड़ों के समान लड़े हैं आज पहली बार वे!

अप्पा ने मुझे विशेष रूप से बुलाकर कहा कि मैं सारा काम अन्नी पर छोड़ दूं अब। मैं समझी नहीं कि नयी-नयी भाभी को इतना कष्ट देने की आवश्यकता क्या थी। अभी तो मैं कर ही रही थी। कितने वर्षों से कर रही हूं! सवेरे का सारा कार्य करके विश्वविद्यालय जाती हूं, और शाम का सारा कार्य आकर करती हूं, और रात को पढ़ती हूं। पर कभी भी मुझे नहीं लगा कि यह कार्य मुझसे नहीं होगा। तो फिर अब ही क्यों? पर अप्पा ने कहा था, इसलिए मैंने सारा कार्य छोड़ दिया। उस दिन कुछ नहीं किया।

दूसरे दिन सारे बच्चों को स्कूल जाने में देर हो गयी। वे क्या करते, अन्नी खाना तैयार नहीं कर पायी थी। और अन्नी बेचारी क्या करती, उसने मायके में कभी काम ही नहीं किया था। कितनी ही चेष्टा की उसने, पर देर हो ही गयी। बेचारी को सवेरे उठने की आदत भी नहीं थी। आज सवेरे से उठी हुई थी, उसे नींद भी आ रही थी और काफी थक भी गयी थी वह।

मुझे लगा, अप्पा ने व्यर्थ ही अन्नी पर इतना बोझ डाल दिया है। मैं तो अभी हूं ही और कार्य भी कर सकती हूं, तो फिर···?

शाम को अप्पा ने मुझे बुलाया, "श्यामली, तुझसे कुछ बातें करनी हैं।"

"विशेष बात है, अप्पा, कोई?"

"देख, श्यामली!" अप्पा बोले, "मैं वह नहीं कर रहा, जो सामान्य पिता करता है। मैं समझता हूं मेरी लड़की बच्ची नहीं है, बड़ी है। समझदार है, पढ़ी-लिखी है···"

"बात क्या है, अप्पा?" मैं बोली। अप्पा ने पहले तो कभी इस प्रकार बात नहीं की थी मुझसे।

"तेरे लिए एक लड़का देखा है।" अप्पा ने कहा—और मेरी दृष्टि नीचे झुक गयी।

"शर्माने की बात नहीं है, श्यामली!" अप्पा बोले, "एम० एस-सी० है और साइंटिफिक ऑफिसर है। तू सोच-समझ ले और अपने निर्णय से सूचित कर दे मुझे।"

अप्पा एक चित्र मेरे हाथ में थमाकर चले गए—चित्र अच्छा था। गोरा मुख, मेधावी आंखें, तीखी नाक। जान क्यों एकांत में भी मैं शर्मा-सी गयी।···और फिर से मुझ में वही पुराना भाव जागा, कि मेरा घर यह नहीं है। मेरा स्थान तो दूसरा है—जहां यह व्यक्ति होगा। मैं और मेरा पति! हम दोनों, हम दोनों···

मैं उखड़-सी गयी घर में से! अन्नी तो आ भी गयी थी। वह काम सीख लेगी। रोज़-रोज़ तो बच्चों को देर भी नहीं होगी! ठीक ही तो है, मेरा यहां अब

क्या काम ! बार-बार अच्छे लड़के भी तो नहीं मिलते । अधिक आयु होने पर तो विवाह ही नहीं हो पाएगा। और तब ? मैं जानती थी कि नारी का अकेला जीवन कितना नीरस हो सकता है। मौसी का जीवन मेरे सम्मुख था— नीरस, बियाबान, धूप में चिलचिलाती मरुभूमि, जहां कहीं भी हरीतिमा नहीं थी।

वैसे भी बच्चे अब काफी बड़े हो गए थे, रामू का बछड़ा तक तो अखबार पढ़ने लगा था···मैं मुसकरा पड़ी।

सहसा ड्राइंग-रूम से अन्ना की ज़ोरदार आवाज़ आयी, "साले, तूने गाली क्यों दी मुझे !"

मैं भागी। इस बात की मुझे पहले ही आशंका थी। वे आज बच्चों के समान नहीं, बड़ों के समान लड़े थे।

मैंने देखा, दोनों आमने-सामने खड़े थे—अन्नी दूर दीवार से लगकर कांप रही थी।

"अन्ना ! भास्कर ! क्या है यह सब ?" मैंने डांटा।

"कुछ मत बोल श्यामली आज !" भास्कर चिल्लाया, "आज मैं इस साले की बोटियां कर डालूंगा !" और वह गाय के घर की ओर भागा।

क्रोध इनमें था, मैं जानती थी। पर क्रोध क्या भाइयों के लिए ही रह गया है। आगे भी ये लड़े हैं—बार-बार लड़े हैं। मुहल्ला-भर इकट्ठा हो जाता था, मुझे कितनी शर्म आती थी— पर आज तो बात ही और थी।

और भास्कर आया तो उसके हाथ में गंडासा था, "साले, देख, तेरी धुकधुकी आज बन्द ही कर दूं।"

"है मेरे बाप का बेटा तो कर दे मेरी बोटी-बोटी !" अन्ना चिल्लाया।

और मैं कांप उठी। भास्कर ने गंडासा तो कभी नहीं उठाया था पहले। मैं लिपट गयी उससे, "भास्कर, क्या है यह सब ! छोड़ो !" और गंडासा मैंने छीन लिया।

पर दोनों उलझ ही गए। बेबी और राधा भी आ गयी थीं—दोनों रो रही थीं खड़ी-खड़ी। रामू भी खड़ा था—पर वह 'अन्ना ने भास्कर से जो की हाथापाई' नहीं गा रहा था। मैं क्या करती ? मैं भी गुंथ गयी उनसे और चिल्लाई, "अन्नी, अप्पा को बुला लाओ।"

अप्पा स्वयं ही आ गए थे। उन्होंने अन्ना और भास्कर को पृथक् किया। पर दोनों चीखते रहे, गालियां देते रहे।

"अन्ना, चुप करो !" मैं बोली, "मेरी बात नहीं मानोगे ?"

"मुझसे ही क्यों कहती है !" अन्ना को और क्रोध आया, "उस हरामज़ादे को क्यों मना नहीं करती !"

"अन्ना !" मुझे भी क्रोध आया, "तुम्हें मेरी परवाह नहीं ?"

"मुझे किसी की परवाह नहीं है।" अन्ना बोला।

जैसे सारा झाग बैठ गया। मैं चुपचाप चली आयी रसोई में। बेबी, रामू और राधा भी मेरे पीछे-पीछे चले आए। पर मैंने उनकी ओर ध्यान नहीं दिया।

अन्ना ने मुझसे ऐसे कभी भी बात नहीं की थी। तो अब अन्ना को मेरी परवाह नहीं है, उसे मेरी ज़रूरत नहीं है। हां, अब क्यों ज़रूरत होगी मेरी—बड़ा हो गया है, उसकी पत्नी आ गयी है। उसे मेरी ज़रूरत क्यों होगी! कल भास्कर की भी शादी हो जाएगी, उसे भी मेरी ज़रूरत नहीं रहेगी। रामू भी अपनी पत्नी ले आएगा। बेबी और राधा भी अपनी-अपनी ससुराल चली जाएंगी। रह जाऊंगी मैं और अप्पा। अप्पा जीवन जी चुके हैं—पर मेरा क्या होगा? मैं इस परिवार में रहूंगी – मौसी की तरह, पेड़ की सूखी डाली की तरह, शरीर के जड़-व्यर्थ अंग की तरह! जब मेरी ज़रूरत किसी को नहीं होगी, तब मैं क्या करूंगी? तब तक मैं काफ़ी बड़ी हो जाऊंगी, मेरी शादी भी नहीं होगी। वह चित्र वाला साइंटिफिक ऑफ़िसर किसी और का हो जाएगा। यहां भी अन्ना की, भास्कर की, रामू की पत्नियां होंगी, उनके बच्चे होंगे और मैं—बंजर भूमि! मौसी की तरह पड़ी रहूंगी।

पर मैं क्यों रहूंगी ऐसी? कल ही अप्पा को कह दूंगी—एम० ए० करते ही मेरी शादी कर दीजिए। जब किसी को मेरी आवश्यकता ही नहीं है, तो क्यों रहूं मैं? मैं भी अपने घर चली जाऊंगी···

अन्ना और भाभी अपने कमरे में रहे, भास्कर शायद कहीं चला गया था। बच्चे शायद सो गए थे। अप्पा अपने कमरे में टहल रहे थे। खाना शायद किसी ने नहीं खाया था। कैसे खाता कोई, पकाया ही किसने था? और मैं चारपाई पर पड़ी सोच रही थी, मैं भी अपने घर चली जाऊंगी। उस साइंटिफिक ऑफिसर के पास···

सवेरे उठी तो रामू मेरी चारपाई पर बैठा हुआ था, "अक्का···"

"क्या बात है?" मैं हैरान थी।

"अक्का!" रामू ने मेरी ओर देखा, पानी था उसकी आंखों में। "अक्का! भूख लगी है।" और वह लिपट गया मुझसे।

"मेरा भैया!" मैं रो पड़ी, "तू भूखा है। मर जाए तेरी अक्का! किसलिए है वह! उसके रहते तू भूखा है।"

"अक्का!" वह धीरे से सिसककर बोला, "अक्का, बेबी और राधा रो रही हैं; उन्हें भी भूख लगी है···"

मैं उछलकर खड़ी हो गयी—हाय ये बच्चे! इन्हें रात को किसी नें खाने को ही नहीं दिया। मैं चली गयी तो क्या होगा इनका? कौन देखेगा इन्हें? अन्ना को जब मेरी ज़रूरत नहीं तो इनकी क्या ज़रूरत है। और जब अन्ना नहीं चाहेगा

तो अन्नी इनकी देखभाल क्यों करेगी !

मैं रसोई में गयी। रामू मेरे पीछे था। मैंने देखा, बेबी और राधा भी चुपके-चुपके आकर बैठ गयी थीं, और मेरी ओर आशा-भरी दृष्टि से देख रही थीं। उनके आंसू गालों पर ही सूख गए थे। और मेरे हाथ तेज़ी से चलने लगे।

मैंने जल्दी से चावलों का आटा घोला। तवे पर घी डाला और दोशे बनाने लगी। घी पर आटा पड़ा तो 'छन्न-नन्न'-सी आवाज़ हुई और मैंने देखा—बेबी और राधा दोशे को ही देख रही थीं। रामू मुसकरा रहा है। रामू की शक्ल अन्ना से कितनी मिलती है ! मुझे लगा, अन्ना ही मुसकरा रहा है। रामू···अन्ना ! अन्ना को मेरी ज़रूरत नहीं है, कल रामू को भी नहीं रहेगी ! पर आज···रामू भूखा है, बेबी और राधा भूखी हैं···मैं कहीं नहीं जाऊंगी। मैं इनके लिए रहूंगी—यहीं, इसी घर में···पर कल जब रामू को मेरी आवश्यकता नहीं रहेगी···तब मेरी शादी भी नहीं हो पाएगी·· मेरा जीवन होगा, मौसी का जीवन···सूखी डाली, जड़ अंग···तो मैं अप्पा को क्या उत्तर दूं ? सोचती हूं···उस साइंटिफिक ऑफिसर को क्या उत्तर दूं ? क्या करूं ?

और मेरे सम्मुख बेबी, राधा और रामू बैठे हैं, वे भूखे हैं···रामू की शक्ल अन्ना से मिलती है, वह मुस्कराता है तो लगता है, जैसे अन्ना मुसकरा रहा हो !

१९६२

मेरा साथी कोई नहीं है

जिस मेज़ पर मैं बैठा हूं, उस पर चार कुर्सियां हैं, किंतु बैठा मैं अकेला हूं। सामने ही काउंटर पर मैनेजर बैठा हुआ है। जब भी उसकी दृष्टि भटकती हुई मुझ तक आती है, मुझे लगता है कि वह सोच रहा है कि मैंने अकेले ही चार आदमियों की जगह क्यों घेर रखी है। कॉफ़ी-हाउस खाली होता तो शायद वह यह न सोचता पर इस समय तो कोई स्थान नहीं है बैठने का। कितने ही लोग खड़े, किसी मेज़ के खाली होने की प्रतीक्षा कर रहे हैं।

पर मैं क्या कर सकता हूं। मैं अकेला हूं—मेरे साथ कोई नहीं है। और मेज़ के इर्द-गिर्द चार कुर्सियां रखी हुई हैं तो मेरा क्या दोष। शेष लोग अकेले नहीं हैं, उनके साथ कोई न कोई है। इनमें ज्यादातर यूनिवर्सिटी के लड़के हैं। शाम को वे अपने होस्टल छोड़, यहीं आ बैठते हैं।

बैरा आकर मेरे सामने खड़ा हो गया है। मैं सिर उठाकर देखता हूं। वह बैरों जैसा बैरा है, उसमें कोई विशेषता नहीं है। कॉफ़ी-हाउस के बैरों के समान सफ़ेद वर्दी है उसकी और लाल चौड़ी-सी पेटी बंधी है उसकी कमर पर।

"हां, साब ?" बैरा कहता है।

बैरा शायद पहाड़ी है, हिन्दी कुछ दूसरे ही ढंग से बोलता है। कोई आश्चर्य नहीं है इसमें। दिल्ली में मेसों, कैंटीनों तथा रेस्तरांओं में अकसर बैरे पहाड़ी ही हैं। हमारे होस्टल के मेस में भी पानसिंह, नारायणसिंह, मर्क्सिंह—सब ही तो पहाड़ी हैं।

"एक मसाला दोशा लाओ।" मैं कहता हूं।

"और साब, कॉफ़ी ?" बैरा पूछता है।

जी में आता है, कहूं—'हां'। दोशे के बाद कॉफ़ी पीनी मुझे अच्छी लगती है।

दोशे के बाद ही क्या—वैसे भी कोई अच्छा लगने वाला साथी हो, तो कॉफ़ी पीनी मुझे अच्छी लगती है। और यदि जेब में पैसे हों तो, अपने पैसों से कॉफी पिलाना भी अच्छा लगता है।

पर मैं 'कॉफ़ी' के लिए 'हां' नहीं कहता। कुछ सोचकर कहता हूं, 'नहीं !'

"क्यों, साब ?" बैरा पूछता है। उसे शायद आश्चर्य हो रहा है मेरे इनकार पर। शायद अन्य लोग, जो यहां आते हैं, दोशे के साथ कॉफ़ी अवश्य ही पीते हैं। मैं यहां कभी-कभार ही आता हूं। बैरा मुझे जानता नहीं है। यदि जानता तो उसे यह भी ज्ञात होता कि मैं और लोगों के समान काम करना पसंद नहीं करता। मेरी अपनी कुछ विचित्र आदतें हैं और मुझे उनसे प्यार है।

बैरा मुझे आश्चर्य से देखता हुआ चला जाता है। वह शायद जानना चाहता है कि मैंने कॉफ़ी के लिए इनकार क्यों किया। पर मैं उसे क्यं. बताता? वह एक सामान्य-सा बैरा है, और वह भी ऐसा बैरा जो मुझे जानता तक नहीं—जिसे मैं भी नहीं जानता।

और यदि मैं उसे बात बता दूं तो शायद वह समझ न पाये। बात कोई छोटी-सी तो है नहीं, बहुत बड़ी बात है। यह बात मुझसे संबंधित है—मेरे व्यक्तित्व से। बात मेरे कॉलेज से और मेरी यूनिवर्सिटी से संबद्ध है, और बात मेरे घर और परिवार से भी संबद्ध है। और इस बात का सबसे ज्यादा संबंध तो दोपहर से है।

दोपहर को रिसेस में जब मैं यूनिवर्सिटी से होस्टल लंच खाने आया था, तो मैं वह मैं नहीं था, जो अब हूं। तब मैं कुछ और था। खुश था मैं काफी।

लंच पर एक सूचना भी थी। लोहड़ी के पर्व के कारण शाम को मेस बंद था और डिनर न मिलने की सूचना थी। किंतु यह कोई बड़ी बात न थी। मेरे बहुत सारे मित्र थे, कुछ रिश्तेदार भी थे। होटल में न सही, मैं किसी के भी घर पर जाकर खाना खा सकता था। और फिर मेरी जेब में तीन सौ रुपये थे। ऐसी भी क्या बात थी।

मैं खाना खाता रहा, आस-पास बैठे लड़कों से बातें करता रहा, उन्हें छेड़ता रहा और होस्टल के कुत्ते को हड्डियों के लालच में इधर-उधर दौड़ाता रहा।

लंच के बाद फीस देने के लिए फीस-क्लर्क के पास आया तो मूड खराब हो गया। उसने मुझसे दो सौ अट्ठानबे रुपये मांग लिये थे। पर दोष उसका नहीं था। जनवरी का महीना है और एम० ए० का अंतिम वर्ष। यूनिवर्सिटी की फीस देनी है, कॉलेज की चार महीनों की फीस देनी है, होस्टल का चार महीनों का किराया भी देना है और पिछले महीने का मेस-बिल भी देना है।

पांच मिनटों के ही पश्चात् मैं दफ्तर से बाहर निकला तो मेरे पास नकद दो रुपये और दो सौ अट्ठानबे रुपयों की रसीद थी। पर चिंता किस बात की थी।

मैं सीटी बजाता हुआ अपने डिपार्टमेंट की ओर जा रहा था।

सीटियां चढ़ते ही आंखों ने 'अनी' को खोज लिया था। अनी बरामदे में बैठी धूप सेंक रही थी। पर अकेली नहीं थी वह। अकेली वह होती ही कब है। सदा उसकी सहेलियां होती हैं आस-पास। जाने वे उसे नहीं छोड़तीं, या वह ही उन्हें छोड़ना नहीं चाहती।

इच्छा होते हुए भी मैं उसके पास नहीं गया। अनी मुझे अच्छी लगती है तो इसका यह अर्थ तो नहीं है कि मैं उसकी सहेलियों को भी कर्टसी विज़िट्स देता रहूं। मैं भीतर जाकर बैठ गया। सोचा, शायद अनी भीतर आ जाए। और कुछ नहीं तो 'हलो' ही हो जाय।

अकेला बैठता हूं तो यूं ही 'कामायनी' पढ़ने की इच्छा होती है। लोग मुझे अकेला बैठा देखते हैं तो समझते हैं कि मैं बहुत पढ़ने लग गया हूं। मुझे बुरा भी नहीं लगता – बहुत पढ़ना कोई गाली तो है नहीं।

अनी आयी भीतर! "यह लो!" उसने कहा।

मैंने देखा—पत्रिका थी एक। मैंने कल ही उसे दी थी। उसमें मेरी एक कहानी प्रकाशित हुई थी।

पर वह लौटा क्यों रही है? मैंने तो उसे प्रेजेन्ट की थी। पर हां, संकोच के कारण उस पर कुछ लिखा नहीं था।

"यह वापस लेने के लिए नहीं दी थी।" मैंने कहा।

"मैंने पढ़ ली न," वह बोली, "अब क्या करूं इसका?"

सोचता हूं, यदि उसने मुझे कोई वस्तु दी होती, चाहे वह कुछ भी होता— तो क्या मैं पूछता कि उसका क्या करूं। संभालकर रखता उसे। उसको हवा भी न लगने देता। और वह मुझसे पूछ रही है कि वह उसका क्या करे।

"फेंक दो।" मैंने कहा।

"रख मैं लूंगी।" उसने सफ़ाई दी, "पर क्या करूंगी इसका?"

"फेंक दो।" मैंने फिर कहा।

उसने उत्तर नहीं दिया। पत्रिका चुपचाप फ़ाइल में रख ली।

मुझे लगा, अभी फिर वह भागकर अपनी सहेलियों के पास चली जायेगी और मुझे अकेले बैठकर फिर 'कामायनी' का पारायण करना पड़ेगा।

मैं उठकर खड़ा हो गया, "अनी! उस दिन मैं तुम्हारे घर गया था न?"

"हां!" वह बोली, "अम्मी ने मुझे बताया था कि तुम आये थे।"

"उस दिन एक चोरी की थी मैंने!"

"क्या?"

"तुम्हारा एलबम देखा था मैंने बिना किसी से पूछे।"

"तो क्या हुआ?" लगता है, अनी मेरी किसी बात को महत्त्व नहीं देती।

"बहुत लालच हुआ कि तुम्हारी एक-आध फोटो खिसका लूं," मैं बोला, "पर खिसकायी नहीं।"

"जा-जा !" अनी भाग गयी बाहर।

समझ में नहीं आया, वह चली क्यों गयी। शरमा गयी थी या सहेलियों के पास जाने की जल्दी थी या फिर मेरे पास खड़ा होना ही उसे पसंद नहीं है।

अनी पहेली है एक। कितने समय से वह इसी प्रकार पहेलियां बुझा रही है मुझसे। अकसर सोचता हूं, प्रेम बड़ी वाहियात-सी वस्तु है। मुझ जैसा वहशी भी इतना पालतू हो गया है कि एक छोटी-सी लड़की उसे आंख-मिचौनी खेला रही है।

आज तक मुझे अनी ने कुछ समझने का अवसर ही नहीं दिया। प्रेम की बात करता हूं तो पास नहीं फटकती। क्रुद्ध हो जाता हूं तो रूठने नहीं देती। एक बार मुसकराती है और मैं पानी-पानी हो जाता हूं। जब कुछ स्पष्ट पूछता हूं तो प्रश्न टाल जाती है। अनी को समझना कठिन है।

उसे उत्तर देने के लिए बाध्य करने की शक्ति मुझमें नहीं है। यदि उसने मेरा प्रेम अस्वीकार कर दिया तो? तब शायद मेरी पढ़ाई यहीं ठप हो जायेगी। सोचता हूं, अच्छा ही है, किसी प्रकार ये चार महीने कट जाएं—परीक्षा हो जाए। एम० ए० करके कुछ कमाने योग्य हो जाऊं तो उससे पूछूंगा। अभी ज़िद की और प्रतिकूल उत्तर पाकर अपना कैरियर बिगाड़ लिया तो क्या लाभ?

और कहीं उसने भी अपने प्रेम की स्वीकृति दे दी तो मेरे जैसा आदमी दिन-भर सपने ही देखता रहेगा, पढ़ेगा खाक। अभी तो तब से उसके 'जा-जा' की खुशी ढो रहा हूं।

होस्टल आते ही पढ़ाई सूझती है मुझे। पढ़ाई तो करनी ही है—घरवालों के पत्र और अध्यापकों की शिक्षाएं तो हैं ही, मुझे अपने कैरियर का भी विचार है। यदि अच्छी पोज़ीशन न आयी और अच्छी नौकरी न मिली तो मैं किस मुंह से अनी को जीवन-संगिनी बनने का निमंत्रण दूंगा। हो सकता है कि अनी मुझे आज तक इसीलिए टालती आयी हो।

नया टॉपिक शुरू करने का विचार था। बगल के कमरे में मैं हरीश के पास गया। "हरीश! जायसी पर कौन-कौन-सी पुस्तकें हैं तुम्हारे पास?"

अच्छा है, हरीश मेरा पड़ोसी है। हम एक-दूसरे की सहायता कर सकते हैं, नहीं तो लाइब्रेरी भागना पड़ता है।

हरीश ने कुछ नहीं कहा। और मुझे याद आया कि वह तो 'सूर' के नोट्स तैयार कर रहा है, जायसी विषयक पुस्तकों का उसके पास क्या काम?

"ओह! तुम्हारे पास तो शायद कोई पुस्तक नहीं है जायसी पर!" मैं स्वयं

ही बोला।

हरीश ने कुछ कहा नहीं, वह मुसकराया मात्र। और मैं रवीन्द्र के होस्टल की ओर चल पड़ा। पढ़ना मुझे है, पुस्तकें भी मुझे चाहिए ही। ऐसे हर समय में रवीन्द्र ही मेरे काम आता है। वैसे भी अपने होस्टल में तो डिनर आज था नहीं। जेब में दो रुपये लेकर बाज़ार खाना खाने जाने का साहस भी मुझमें नहीं था। उसके होस्टल में खाना भी खाया जा सकता था।

पर रवीन्द्र था नहीं कमरे में। कहीं गया हुआ था। कहां गया था, पता नहीं चला।

मानिक मिल गया वहीं।

"क्यों ?" मैंने उसका कॉलर पकड़ा, "जायसी पर कोई किताब है तेरे पास ?"

"जायसी···जायसी !" मानिक ने अपना कॉलर छुड़ाया, "जायसी पर मेरी पुस्तकें हरीश ले गया है।"

और मैं लौट आया। रवीन्द्र था नहीं। हरीश—मेरा पड़ोसी, मुझसे पुस्तकें छिपा रहा था। मैं जिसकी सहायता कर रहा था, वही मुझे बुद्धू समझ, स्वयं चालाक बन रहा था। उसने मुझे बताया नहीं कि पुस्तकें उसके पास हैं।

ऐसी-तैसी पुस्तकों की, मैंने सोचा। भूख लग आयी थी। पहले कहीं खाना खा लिया जाए। फिर पढ़ाई होगी। पर कहां खाया जाए ? बाज़ार में खाना संभव नहीं था। जहां बेशरम होकर खा सकता था, वह रवीन्द्र होस्टल में नहीं था। तो कहां खाया जाए ?

निमंत्रण मेरे पास कई थे। भाभी ने कल ही कहा था, "जब होस्टल के खाने से ऊब जाओ और घर का खाना खाने की इच्छा हो तो यहां चले आना। स्वयं खाना बनाकर खिलाऊंगी।" पर भाभी, मुंह-बोली भाभी थीं। मौसी ने कहा था खाने के लिए, पर मौसी अपनी नहीं थीं, दूर के रिश्ते की मौसी थीं। वहां जाना अच्छा नहीं लगा।

और अन्त में कॉफी-हाउस जाने की बात सोचता हूं, किन्तु अकेले जाना मुझे अच्छा नहीं लगता। कान्त के कमरे की ओर जाता हूं। सोचता हूं, उसे भी डिनर के लिए कहीं जाना होगा। और यदि उसने फीस न दी हो तो पैसे उसके पास होंगे ही। पर वह भी अपने कमरे में नहीं है। अभी तक यूनिवर्सिटी से ही नहीं आया। घूम रहा होगा कहीं प्रभा के साथ। यह कांत अब किसी की परवाह ही नहीं करता। या तो प्रभा के साथ घूमता है या फिर दूसरे जोड़ों को देखता है।

एक जोड़ा अक्सर हम देखा करते हैं यूनिवर्सिटी में। कांत ने एक विशेष बात नोट की है, उस जोड़े में।

"देखो, यार !" उसने मुझे बताया था, "लड़कियां बदनाम हैं ज्यादा बोलने

के लिए और इस जोड़े में लड़की हमेशा सुनती रहती है। लड़का ही बोलत रहता है।"

"यह लड़की सुनती तो है," मैंने कहा था, "अपनी वाली तो सुनती भी नहीं और बोलती तो है ही नहीं।"

मेरी बात सुनकर वह धीमे से हंस पड़ता है। वह जानता है, मैं मज़ाक नहीं कर रहा, यही सत्य है।

पर इस समय वह कांत भी नहीं है और मैं अकेला हूं एकदम!

थककर इस कॉफी-हाउस में आ बैठा हूं। चारों ओर लोग हैं और मैं उनके बीच अकेला हूं। जाने, कॉफी-हाउस में लोगों की हंसी और तेज़ क्यों हो जाती है। और मेरी उदासी बढ़ जाती है।

मुझे लगता है, मैं घर से दूर इस परदेश में अकेला बैठा हूं। ज़िन्दगी इसी तरह की उदास शाम है, जिसमें दूसरों को हंसते देख, अपनी उदासी याद आती है। और जो साथी हैं भी, वे हरीश जैसे हैं, जिन पर विश्वास नहीं किया जा सकता।

मेरे आस-पास सिगरेट का धुआं उड़ रहा है। इच्छा होती है, मैं भी सिगरेट पिऊं, पर मैं सिगरेट पीता नहीं। मैंने अनी से कह रखा है कि मैं सिगरेट नहीं पिऊंगा। अनी ने मेरी कोई बात नहीं मानी, पर मैं उसकी हर बात मानता हूं।

अचानक बैरे पर क्रोध आता है। यह अभी तक दोशा लाया क्यों नहीं, मुझे जाकर पढ़ना है। पर क्रोध मैं प्रकट नहीं करता। जानता हूं, अब पढ़ाई संभव नहीं है। जब अकेली उदास शामें इस तरह काटती हैं, साथी कोई नहीं होता और जेब की ओर देखकर बैरे को कॉफी लाने के लिए भी मना करना पड़ता है तो पढ़ाई नहीं होती। उस समय अपने कैरियर का भी विचार नहीं रहता। मां-बाप की आशाएं भी याद नहीं आतीं, छोटे भाइयों के स्वप्नों को साकार करने की भी इच्छा नहीं होती।

बैरा मेरे सामने दोशा रख गया है। मुझे भूख लगी है, किन्तु खाने की इच्छा नहीं होती। और लोगों के समान मैं हंस भी नहीं सकता। हंसूं? क्यों हंसूं? खाऊं? क्यों खाऊं? पढ़ूं? क्यों पढ़ूं? ऐसी-तैसी कैरियर की! मैं नहीं पढ़ता। मुझे कुछ अच्छा नहीं लगता। मेरा साथी कोई नहीं है। मैं अकेला हूं।

मैं दोशा खाने की तैयारी करता हूं। मुझे खाना अच्छा नहीं लगता, पर मैं खा रहा हूं, क्योंकि मुझे भूख लगी है।

१४.१.१९६३

पूर्णता

जीवन में पहली बार मेरी ऐसी स्थिति हुई थी, इससे पूर्व ऐसी घटनाएं भी कहां घटी थीं। लगता है पीड़ा देने से पहले प्रकृति उसे सहने की शक्ति भी देती है। मैंने कभी इतनी पीड़ा की कल्पना भी नहीं की थी, किन्तु आज सब कुछ समाप्त हो चुका था और मैं जड़ बना बैठा था। मेरे सम्मुख मेरे जीवन का शव पड़ा हुआ था···

···अम्मा को जब मैंने पहली बार बताया था कि मैं राधा से विवाह करना चाहता हूं तो अम्मा बिगड़ खड़ी हुई थीं, 'दिमाग ठीक है तेरा? राधा से विवाह करेगा! मैं कह रही हूं, यदि तेरे मस्तिष्क में ऐसा कोई भी विचार है तो सदा के लिए निकाल दे उसे।'

'पर, अम्मा!' और मैं सोच नहीं पा रहा था कि क्या कहूं। वास्तव में मैंने कभी सोचा ही नहीं था कि अम्मा हमारे विवाह का विरोध करेंगी। यही कारण था कि मैं इस विषय में वाद-विवाद के लिए एकदम तैयार नहीं था। और यह मेरी कमजोरी है कि मैं बिना पहले से सोचे विवाह कर नहीं सकता, 'पर, अम्मा! राधा से विरोध क्या है आपको? वह आपकी भतीजी है।'

अम्मा का पारा और चढ़ गया, 'वह भतीजी है तो तू मेरा बेटा नहीं है। मैं भतीजी की बात पहले सोचूं या बेटे की। वह सदा की बीमार लड़की। तुझे पसंद कैसे आयी! और इतनी सुन्दर लड़कियां हैं, स्वस्थ हैं। उनमें से कोई अच्छी नहीं लगी तुझे। पसंद आयी तो राधा!'

और अम्मा जाने क्या-क्या कहती रहीं, बड़बड़ाती रहीं। लगा, अम्मा बूढ़ी हो चुकी हैं। भावनाएं उनकी बुद्धि ने तपा-तपाकर गला दी हैं। भला यह भी

कोई बात है—उन्हें अपनी भतीजी से कोई सहानुभूति नहीं है और शायद उनकी सौन्दर्य-भावना भी समाप्त हो चुकी है। कहती हैं, और इतनी सुन्दर-सुन्दर लड़कियां हैं। और राधा— जैसे गुलाब का पीला फूल! ठीक है— वह अस्वस्थ रहती है, दवाइयां खाती रहती है। अम्मा कहती हैं, वह बीमार है। डॉक्टर कहता है, वह बहुत लम्बी उम्र नहीं पाएगी; पर मेरा प्रेम कहता है, वह जीवित रहेगी। मेरा प्रेम उसे जीवन भी देगा और स्वास्थ्य भी···

इस निरन्तर अस्वस्थता ने ही राधा को पीड़ा दी थी और पीड़ा ने ही राधा को तपा-तपाकर और अधिक सुन्दर बना दिया था। हर आंख पीड़ा में ढले सौन्दर्य को देख नहीं पाती। उदासी का माधुर्य प्रत्येक व्यक्ति तो समझ नहीं पाता।

वास्तव में अम्मा भी गलत ही समझी थीं मुझे। उनका विचार था शायद कि मैं उनसे विवाह की अनुमति मांग रहा हूं और अनुमति न देकर वे सन्तुष्ट होकर बैठ गयी थीं कि बात समाप्त हो गयी। किन्तु अनुमति का मेरे लिए क्या मूल्य था। जो कुछ करना था, वह तो मैं निश्चय कर ही चुका था। मैंने तो उन्हें सूचना भर दी थी।

अम्मा इस बात को भूल बैठी थीं और शायद भूली ही रहतीं, यदि उन्हें दूसरी सूचनाएं न मिलतीं। किन्तु सूचनाएं उन्हें मिलीं और उनके मन के दफ्तर में पेंडिंग पड़ा हुआ राधा का केस फिर से उनके सम्मुख आया। किन्तु तब तक मैं जमशेद-पुर में टाटा आयरन एण्ड स्टील कम्पनी में असिस्टेंट इंजीनियर लग चुका था। मेरा और राधा का विवाह हो चुका था और हम मजे में एक फ्लैट में पति-पत्नी के रूप में रह रहे थे।

अम्मा हमसे नाराज थीं, नाराज ही रहीं। किन्तु नाराजगी का कोई कारण नजर नहीं आता था। हो सकता है कि जिस वातावरण में अम्मा ने अब तक सांस ली है, वहां बड़ों की अवहेलना इस प्रकार न की जाती हो। किन्तु मेरे आस-पड़ोस में अनेक उत्तर भारतीय थे। उनमें से अधिकांश ने इसी प्रकार अपनी इच्छा से विवाह किये थे। मेरे पंजाबी मित्रों ने तो मुझे बहुत अधिक नैतिक बल दिया था। उन लोगों ने तो अनजाने परिवारों की अनजानी लड़कियों से विवाह किये थे, जिनकी भाषा अलग थी, रहन-सहन भिन्न था, खान-पान पृथक् था। और मैंने तो शुद्ध दक्षिण भारतीय परम्परा के अनुसार अपने मामा की बेटी से शादी की थी। राधा मेरी पत्नी ही नहीं थी, अम्मा की भतीजी भी थी। हमारे अपने लोगों से, हमारे अपने रक्त से संबद्ध थी।

पर शायद अम्मा के मस्तिष्क में ये बातें कभी नहीं उठी थीं। उन्हें बहू स्वीकार्य नहीं थी अतः पुत्र को भी छोड़ रखा था उन्होंने। वे नाराज थीं, नाराज ही रहीं—हमारे पास कभी नहीं आयीं।

और फिर ऐसा हुआ, एक दिन मद्रास से अम्मा का तार आया कि वे आ रही हैं और तीसरे दिन वे जमशेदपुर आ पहुंचीं। मैं उन्हें समझाते-समझाते हार गया था। मैंने अब बुलाने का विचार ही छोड़ दिया था। जब वे मानने को तैयार ही नहीं थीं, तो मैं क्या करूं।

पर अब यह आश्चर्य हुआ कि अचानक ही आ धमकी थीं। स्टेशन पर तो मैंने कुछ कहा नहीं; पर घर पहुंचकर हम बैठे ही थे कि मैं पूछ बैठा, 'अम्मा, आप आ कैसे गयीं ?'

जाने क्यों मेरी दृष्टि राधा की ओर उठ गयी। उसकी आंखें मुझे मना कर रही थीं। मेरी बुद्धि कुछ काम नहीं कर रही थी—राधा मुझे मना क्यों कर रही है ? अभी तक तो अम्मा को ही समझने का प्रयत्न कर रहा था, अब राधा ने एक और समस्या खड़ी कर दी थी।

राधा उठी, 'अच्छा, मैं जरा कॉफी के लिए पानी रख दूं।' वह चली गयी।

थोड़ी देर के बाद आशा के अनुसार राधा का स्वर सुनायी दिया, 'जरा सुनिए।'

और मैं अनजाने ही खिंचा-सा जाकर रसोई में राधा के सम्मुख खड़ा हो गया।

'आप अम्मा से कुछ न पूछिएगा।' वह बोली, 'मैंने उन्हें बुलाया है।'

मैंने राधा की ओर देखा, पर उसकी पीठ थी मेरी ओर। राधा ने अम्मा को बुलाया और अम्मा आ गयीं, यह कैसी बात है। मैं उन्हें बुलाता-बुलाता थक गया, पर वे नहीं आयीं और आज राधा के बुलाने पर अनायास ही आ गयीं। जिस बहू के कारण बेटा छोड़ा था उन्होंने, उसी बहू के कहे पर इस प्रकार बिना किसी आनाकानी के आ पहुंचीं। मैं अधिक गहरे धुंधलकों में उतर गया था···

मैंने और अधिक जानने के लिए राधा की ओर देखा। पर अब भी उसकी पीठ थी मेरी ओर। मुझे लगा, वह जान-बूझकर मुझसे मुख फेरे हुए है। ये सास-बहू दोनों ही मेरी समझ से बाहर थीं।

मैंने राधा के कंधों को पकड़कर अपनी ओर घुमाया, 'राधा ! क्या बात है, स्पष्ट बताओ ?'

राधा मेरे अर्धालिंगन में पड़ी-सी मेरे कंधे से टिकी हुई दाहिने हाथ से मेरी कमीज का बटन घुमा रही थी, 'बात यह है कि···'

उसने मेरी ओर देखा और चुप हो गयी। पर चुप्पी कुछ अधिक रहस्यमयी थी। आंखें और उसके अधरों की मुसकान उसकी चुप्पी के प्रति विद्रोह कर रही थीं।

'क्या बात है ?' मैंने उसका मुख ऊपर उठाया।

उसने मुख मेरे वक्ष में गड़ा दिया, 'लिखा मैंने ही था। पर मेरे बुलावे पर

वे आयीं नहीं। बात यह है···' वह फिर रुकती-रुकती-सी बोली, 'मां नहीं आयीं, सास नहीं आयीं, पर दादी को आना पड़ा है···'

'राधा···राधा !' और मैंने राधा को अपने में समेटना चाहा और वह स्वयं ही संकोच में मुझमें सिमटती गयी।

अम्मा एक बार आयीं क्या, सदा के लिए ही आ गयीं। शायद उन्हें लगा कि अपने एकमात्र बेटे और बहू को त्यागकर उनसे दूर, मद्रास में पड़े रहना, व्यर्थ की हठधर्मी ही है। और फिर अब तो जो होना था, वह हो चुका था। दुनिया में यह तो होता ही रहता है, मैंने जग से अनोखा कार्य तो कोई किया नहीं है। और राधा ऐसी बुरी भी तो नहीं थी।

नन्हे गौतम ने मुझे और राधा को ही एक नये बंधन में नहीं बांधा था, अपनी दादी को भी सदा के लिए बांध लिया था। अम्मा अब मद्रास वापस जाने की बात नहीं करती थीं। वे अपने बेटे और बहू को तो छोड़ सकती थीं, पर नन्हे पोते को छोड़ना कठिन हो गया था उनके लिए। मूल से अधिक ब्याज ही प्यारा लगा था उन्हें।

अम्मा ने धीरे-धीरे बहुत से कार्य सम्भाल लिये थे। घर पर उन्हीं का नियन्त्रण था एक प्रकार से। राधा के लिए यह बहुत अच्छा हो गया था। बेचारी वैसे ही बीमार रहती थी, अब गौतम के जन्म के बाद से और अधिक कमजोर हो गयी थी। अम्मा ने उचित समय पर ही आकर सहारा दिया था उसको।

राधा की स्थायी बीमारी के कारण, घर में जो एक प्रकार की अव्यवस्था-सी रहती थी, वह अम्मा ने दूर कर दी थी। रसोई के लिए भी सामान लाने से पकाने और खिलाने तक का कार्य अम्मा ने संभाल लिया था। और गौतम हमारा बेटा कम था, दादी का पोता ही अधिक था।

पर अम्मा चिंतित थीं। गौतम कमजोर है, गौतम बातें क्यों नहीं करता··· गौतम चलता क्यों नहीं···

और हम—मैं और राधा—हंसा करते थे, 'अम्मा ! भला कोई पैदा होते ही चलने लगता है ?'

अम्मा खीझ उठतीं, 'कभी बच्चे पाले भी हैं तुमने ! यों ही चोंच लड़ाने की आदत पड़ गयी है तुम्हें। बच्चे को समय पर बैठना चाहिए, रेंगना चाहिए, चलना चाहिए, दांत निकलने चाहिए, बोलना चाहिए···'

हम चुप हो जाते। हम कैसे दावा कर सकते थे बच्चे पालने का। अम्मा ने मुझे तो पाला ही था कम-से-कम। पर धीरे-धीरे अम्मा की चिंता हमारी चिंता बन गयी। वस्तुतः गौतम सुस्त था। उसने और बच्चों के समान न समय पर

बैठना सीखा था, न रेंगना। 'आं-वां' वह करता था, पर शब्दों का उच्चारण तो दूर, वह कुछ समझता भी नहीं दीखता था।

मैंने अपना अधिक समय गौतम को देना आरंभ कर दिया और राधा के लिए तो वह सब कुछ था ही। हम तीनों का संसार सिमटकर बहुत छोटा हो गया था। गौतम केन्द्रबिन्दु था हमारा। स्त्रियों के लिए तो ठीक ही था पर मेरे लिए वह स्थिति घातक थी। मेरे मित्र पहले ही मुझसे सूजे-ऐंठे रहते थे, इन दिनों उनकी शिकायतें और भी बढ़ गयी थीं कि मैं उनके साथ घूमता नहीं, उन्हें मिलता नहीं, उनके साथ सैर-तमाशों के लिए नहीं जाता।

पर मैं इस घेरे से निकल नहीं पा रहा था। मुझे भी विश्वास हो गया था कि गौतम ठीक ढंग से बढ़ नहीं रहा है। और अंत में मैं उस रविवार को डॉक्टर साहनी को ले ही आया। डॉक्टर साहनी मेरे अच्छे मित्रों में से थे और टिस्को मेन अस्पताल में कार्य कर रह थे। परिवार के डॉक्टर और मित्र दोनों ही रूपों में आने में न उन्हें कोई कठिनाई थी, न आपत्ति।

अम्मा और राधा भी डॉक्टर को आया देखकर संतुष्ट हुईं। इतना आश्वासन तो उन्हें मिला ही कि मैं गौतम की ओर से एकदम बेपरवाह नहीं था।

डॉक्टर साहनी ने काफी समय लगाकर अच्छी तरह गौतम को देखा-भाला। अनेक प्रश्न करते रहे और फिर मौन धारण करके बैठ गये।

'मिस्टर पंचापकेशन !' अंत में डॉक्टर बोले, 'इतना निश्चित है कि आपका बच्चा नॉर्मल डेवेलप नहीं कर रहा। वास्तव में उसका 'ब्रेन' ही डेवेलप नहीं कर रहा, यही कारण है कि अपने अंगों पर उसका अधिकार नहीं है। आप जानते हैं 'सेरेबलम' यदि ठीक न हो तो शरीर की क्रियाओं में संतुलन नहीं रहता। वैसे मुझे संदेह है कि किसी प्रकार यह ठीक भी हो पायेगा या नहीं, क्योंकि इस अवस्था का कारण शायद इसके ब्लड में है। वैसे आप बच्चे को अस्पताल में ले आइए, मैं वहां निरीक्षण करूंगा।' वे थोड़ा-सा रुककर बोले, 'मैं आपका और मिसेज पंचापकेशन का ब्लड भी टेस्ट करना चाहूंगा।

डॉक्टर साहनी चाय के पश्चात् चले गये, किंतु घर को एक उदास-सी परछाईं ने अपने आलिंगन में भींच लिया था। मैंने कभी नहीं सोचा था कि बात इतनी भयानक होगी, नहीं तो शायद मैं डॉक्टर को बुलाना कभी पसन्द नहीं करता। मैं अम्मा और राधा को ही नहीं, स्वयं को भी धोखा देना, इस सत्य को जान लेने से अच्छा समझता। पर अब तो सब कुछ हो चुका था। मैं जान चुका था, राधा जान चुकी थी और अम्मा जान चुकी थीं।

सबसे अधिक उदास राधा लगी मुझे। उसने कुछ कहा नहीं, पर उसके मन की स्थिति मैं समझता था। राधा कुछ कहने वाली जीव नहीं है। वह केवल

सोचती है और सोचती रहती है। जब अम्मा की अनुमति के अभाव में भी मैंने उससे विवाह कर लिया था और अम्मा नाराज होकर एक प्रकार से मुझे त्याग ही चुकी थीं, तब भी राधा की यही अवस्था थी। वह सोचती थी और सोचती जाती थी। उसने मुझसे कहा नहीं था कुछ, पर मैं उसके मस्तिष्क में लगे घुन को जानता था अच्छी तरह। उसके मन में एक ही बात थी उन दिनों कि उसने मुझसे मेरी मां को या अम्मा से उनके पुत्र को छीन लिया है। पर ऐसी स्थिति में मैं उसे समझाता भी कैसे ! कहती तो कुछ थी नहीं वह, बस बैठी सोचती रहती थी और घुलती रहती थी।

इन दिनों वह फिर उसी प्रकार पत्थर हो गयी थी। शायद, स्वयं को गौतम की बीमारी का कारण समझ बैठी थी। सीधा-सा तर्क था कि रुग्ण मां के कारण ही बेटा भी रोगी उत्पन्न हुआ है। मुझे याद है, जाने किस मनःस्थिति में एक बार फूट पड़ी थी वह। मन के कपाट अजाने ही खुल गये थे, 'मैं रोग की विकराल छाया हूं। जहां जाती हूं, रोगों का प्रसार करती हूं। मुझसे बचो, मुझसे दूर रहो।'

और फिर संभल गयी थी। रोक लिया था अपने-आपको उसने। उसने बहुत सारे बंधन बांध रखे थे स्वयं पर। किसी भी बंधन को शिथिल नहीं होने देती थी। मुझे लगता था कि इस बांध में कहीं-न-कहीं दरार पड़नी चाहिए, ताकि पानी का आवेश बह सके, अन्यथा सारा बांध ही धराशायी हो जायेगा।

पर इन दिनों तो राधा पत्थर हो गयी थी एकदम ! न कहती थी, न सुनती थी। बस, सोचती थी और घुलती थी। मैं भी उसे क्या समझाता, मेरी अपनी स्थिति भी ठीक नहीं थी। डॉक्टर साहनी गौतम का पूर्ण निरीक्षण कर चुके थे। मेरा और राधा का रक्त भी जांचा जा चुका था। और धीरे-धीरे मैत्रीपूर्ण ढंग से डॉक्टर ने जो कुछ मुझे बताया था, वह और भी अधिक भयानक था। डॉक्टर का विचार था कि प्रकृति व्यक्ति की प्रत्येक इच्छा पूर्ण नहीं करती। वह किसी को भी पूर्ण नहीं होने देती। यदि व्यक्ति एक वस्तु पाता है तो उसके लिए किसी अन्य वस्तु का त्याग भी करना पड़ता है। हमने प्रेम पाया था। हमें उसके लिए त्याग करना होगा। हम माता-पिता नहीं बन सकते। मेरा और राधा का विवाह से पूर्व का रिश्ता बहुत समीपी था और हमारा रक्त इतना समान था कि हम यदि संतान उत्पन्न करेंगे तो वह संतान गौतम के समान ही अपाहिज होगी··· मैं सुन नहीं सका था, पर डॉक्टर मेरे सम्मुख सत्य रखना चाहता था···प्रकृति शायद समीपी रिश्तेदारों में रक्त-संबंध नहीं देखना चाहती थी। यही कारण था कि रक्त जितना दूर का हो, संतान उतनी अच्छी होगी—शायद इसी कारण से कोई भी सभ्य समाज सगे भाई-बहनों में रक्त-संबंध स्थापित करने की अनुमति नहीं देता।

पर मैंने राधा से प्रेम किया था, उसे चाहा था। मैंने कभी नहीं सोचा था

कि अम्मा के समान प्रकृति को भी हमारे पति-पत्नी-संबंध में आपत्ति होगी। अम्मा का हृदय फिर मां का हृदय था। लड़-झगड़कर, नाराज होकर फिर मान गयी थीं, हमें त्यागकर फिर अपना बैठी थीं। पर प्रकृति का हृदय मां का नहीं था, शायद गुरु का हृदय था जो सिखाने के लिए दंड भी दे बैठता है। हमने भूल की थी, चाहे अजाने ही की हो—भूल आखिर भूल है। हम माता-पिता नहीं बन सकते थे, स्वस्थ बच्चों के माता-पिता नहीं कहला सकते।

डॉक्टर साहनी ने मुझे भी परामर्श दिया था कि जब हम इस तथ्य को स्वीकार कर लेते हैं कि हमें माता-पिता नहीं बनना है, मात्र पति-पत्नी ही रहना है, तो सदा के लिए जोखिम से बचने के लिए मुझे राधा का ऑपरेशन करा देना चाहिए, ताकि संतान उत्पन्न होने का भय ही न रहे।

पर मैं इस परामर्श को स्वीकार नहीं कर सका था। यह मुझे सदा ही पुरुष की क्रूरता ही लगी थी कि वह अपना छोटा-सा ऑपरेशन न कराकर, नारी का बड़ा ऑपरेशन कराये। जब मुझे पिता नहीं बनना था, संतान की इच्छा ही त्याग देनी थी तो राधा के बदले मैं अपना ऑपरेशन क्यों न कराऊं! राधा बेचारी तो वैसे ही बीमार रहती है, उसका ऑपरेशन होगा तो जाने वह सह सकेगी कि नहीं। कहीं ऐसा न हो कि पिता बनने की इच्छा का त्याग कर, राधा का ऑपरेशन कराकर, मैं पति भी न रह पाऊं। मेरे लिए इतना ही पर्याप्त था कि मेरी राधा मेरे ही पास रहे, मेरी रहे। मैं अनदेखी होनेवाली संतान के मोह में नहीं पड़ना चाहता था।

पर यह बोझ बहुत भारी था मुझ पर। मैं राधा को कुछ नहीं बता सकता था। यदि राधा को इन सब तथ्यों का पता चल जाता तो शायद वह मुझे ऑपरेशन न कराने देती। और यदि मैं उसकी बात मानकर, उसका ऑपरेशन करवाता, तो जाने क्या होता···मैं कल्पना भी नहीं करना चाहता।

अम्मा को बताना और कठिन था। उनके लिए यह बहुत भारी चोट होती। मुझे ऑपरेशन तो वे नहीं ही कराने देतीं, शायद उनका अपनी बहू के लिए सारा प्यार भी समाप्त हो जाता—शायद वे मुझे दूसरे विवाह के लिए बाध्य करतीं। मैं क्या करूं···इस बोझ को अकेले ही उठाना था मुझे।

डॉक्टर साहनी भी मुझसे सहमत नहीं थे, यह सबसे बड़ी कठिनाई थी मेरे सम्मुख। उनका तर्क था कि एक युवक—जिसका एक भी स्वस्थ बच्चा नहीं है—को वे पिता बनने की शक्ति से वंचित नहीं कर सकते। पर मैंने आज तक राधा के लिए बड़ा-से-बड़ा त्याग किया था, यह तो कुछ भी नहीं था। मैं पति बनकर ही संतुष्ट था, पिता बनने की इच्छा ही नहीं रह गयी थी अब मुझमें।

ऑपरेशन मेरे शरीर के लिए कुछ भी नहीं था, शायद मेरे शरीर को पता भी नहीं लगा था उसका। पर मस्तिष्क के लिए बहुत जोरदार धक्का था यह। मैं अपने भीतर इस बात को समेट नहीं पा रहा था। किसी-न-किसी को तो बताना ही था। और अब तो सब कुछ हो ही गया था, छिपाने से क्या लाभ ?

मैं आया तो राधा लेटी हुई थी। शायद थक गयी थी बेचारी। जरा-से श्रम से थक जाती है वह। पहले ही कमजोर थी। अब तो इन मानसिक थपेड़ों ने उसका स्वास्थ्य एकदम नष्ट कर दिया था।

"आ गये !" वह उठने लगी।

जाने क्यों, मैंने उसे उठने नहीं दिया। कंधों से पकड़कर फिर लिटा दिया उसे, और उसके सिरहाने बैठ गया। कुछ समझ में नहीं आ रहा था, क्या कहूं। चुपचाप उसके रेशमी मुलायम बालों में अंगुलियां फिराता रहा। अब राधा के बाल मुलायम और रेशमी ही हैं, किसी समय बहुत लम्बे भी थे वे। लम्बे बाल मेरी कमजोरी रहे हैं सदा से। सोचता हूं, शायद मैंने मीनाक्षी, दीर्घकेशी राधा से ही प्यार किया था, पहले तो। पर अब···अब तो इस नाजुक, छुई-मुई को—पीड़ा से दग्ध उसके हृदय को भी प्यार करता हूं मैं···

'राधा !' मैंने धीरे से कहा।

उसने कुछ कहा नहीं, केवल आंखें ऊंची कर मेरी ओर देखा।

'मैं बहुत खुश हूं, राधा !' मैंने मुसकान ओढ़ने की चेष्टा की।

पर उसने समझ लिया कि मुसकान वास्तविक नहीं थी, ओढ़ी हुई थी। वह मुसकरायी नहीं, आश्चर्य से बोली, 'क्या बात है ?'

'राधा !' मैं बोला, 'अब हम निश्चिंत होकर पति-पत्नी की भांति रह सकते हैं। अब हमें अस्वस्थ संतान के उत्पन्न होने का भय नहीं है···'

'डालिंग ! डालिंग ! तुमने···' राधा समझ गयी थी कि मैं ऑपरेशन करा आया हूं। मैं जानता था कि यह उसके लिए एक भीषण झटका होगा। किंतु इसके सिवाय उपाय भी क्या था ?

राधा चुप हो गयी, बोली कुछ भी नहीं। बोलना भी क्या था ? उसके मन की अवस्था को मैं समझता था। पर जो कुछ मैंने किया था, उसी के प्रेम के कारण किया था।

अम्मा को भी पता लग गया था। राधा ने बता दिया था उन्हें। उसे ऐसा नहीं करना चाहिए था, वह शायद करती भी नहीं; पर उसी दिन से वह चारपाई पर पड़ गयी थी। अस्पताल में जाने किस मनःस्थिति में उसने अम्मा को सब कुछ बता दिया था। अम्मा ने रोष प्रकट नहीं किया, मुझे कुछ कहा भी नहीं। चुपचाप पी गयीं सब कुछ।

और राधा एक बार अस्पताल क्या गयी, घर लौटी ही नहीं।

जीवन में पहली बार मेरी ऐसी स्थिति हुई थी; इससे पूर्व ऐसी घटनाएं भी कहां घटी थीं। लगता है पीड़ा देने से पहले प्रकृति उसे सहने की शक्ति भी देती है। मैंने कभी इतनी पीड़ा की कल्पना भी नहीं की थी; किंतु आज सब कुछ समाप्त हो चुका था और मैं जड़ बना बैठा था। मेरे सम्मुख मेरे अपने जीवन का शव पड़ा हुआ था···

डॉक्टर साहनी ने कहा था, 'प्रकृति किसी को पूर्णता नहीं देती।' मैंने कहां चाही थी पूर्णता? पिता बनने की इच्छा छोड़कर पति मात्र बनना चाहा था। पर···

२२.६.१६६३

मिल का मॉडल

नये मरीज़ की अवस्था बहुत ही ख़राब थी। किसी भी समय उसकी हालत बिगड़ सकती थी। और अस्पताल में भी यदि हालत बिगड़ जाए तो अर्थ एक ही होता है—मृत्यु !

सायरा कह रही थी कि जब वह लाया गया था तो और भी बुरी अवस्था में था। पायलट अफसर था कोई। जहाज़ गिर पड़ा था और उसे खेतों में पड़े हुए को उठा लाए थे। और मैं सोच रही थी—सिविलियन जहाज़ों में तो यही बुरी बात है कि एक ही आदमी को जहाज़ देकर उड़ा देते हैं। उसे कुछ हो जाए तो कोई बचाने वाला भी न हो। सैनिक जहाज़ों में शायद ऐसा न होता हो—मुझे पता भी क्या है। मैं कौन-सी एयरफोर्स में काम कर चुकी हूं।

और अब, जब मैं नाइट ड्यूटी पर आयी तो मैंने उस नये मरीज़ को देखा। साथ ही, परिचय भी मिला। पट्टियों से बंधा पड़ा था वह। स्वभावतः मुझे उत्सुकता हुई। मैंने ध्यान से देखा उसे। कोई नयी बात नहीं थी। रोज़ ही मरीज़ देखती हूं। नर्स हूं—पेशा ही यही है। बच्चा पैदा करने से पूर्व मां को तड़पते देखा है। । पैदा होते हुए और धरती पर आने पर हाथ-पैर पटकते हुए बच्चे को देखा है। मां की वह गर्व भरी मुसकान भी देखी है। और उन्हीं छोटे-बड़े बच्चों को निरीह, बिस्तर पर पड़े तड़पते भी देखा है। कितना बेचारा-सा लगता है व्यक्ति—अस्पताल के इन बिस्तरों पर पड़ा हुआ, जैसे बच्चा हो छोटा-सा। करवट बदल दूं तो बदल लेगा, नहीं तो एक ही करवट पड़ा सोता-जागता रहेगा। और मृत्यु से लड़ता हुआ आदमी ! ओफ ! कैसे हाथ-पैर मारता है। अंत में शांत होकर पड़ रहता है। रोज़ ही देखती हूं। सत्य तो यह है कि मरे-जीते आदमी में विशेष अंतर नहीं लगता मुझे। दो अवस्थाएं मात्र हैं आदमी की ये !

पर यह मरीज—नया मरीज—उन लोगों में से नहीं लगता मुझे। यह नहीं मरेगा—यह मैं जानती हूं। अपने इंस्टिक्ट से ही बता सकती हूं कि यह नहीं मरेगा, क्योंकि यह जीना चाहता है। उसके बेहोश मुख की लकीरों में ऐसी कोई बात नहीं थी, जो उसे मृत्यु से आशंकित बताती। वह जिएगा।

वैसे इस समय तो उसकी हालत खराब ही थी। पट्टियों से यूं बंधा पड़ा था कि उसकी अपनी मां भी शायद उसे इस हालत में पहचान न सके।

सोचती हूं, उसकी मां अपने घर में बैठी होगी संतोष से। क्या कर रही होगी? शायद अपने इसी बेटे के लिए जुराबें बुन रही हो—सर्दियां आ रही हैं न! सोचती होगी कि बेटा अपनी फ्लाइट से वापस आएगा तो उसे जुराबें देगी। और बेटा यहां पड़ा है—बेहोश! डॉक्टर अभी तक यह आश्वासन भी नहीं दे सके कि वह जी ही पड़ेगा। पर मैं कहती हूं, वह जिएगा। नर्स किसी डॉक्टर से कम तो नहीं होती है।

पर कौन जाने उसकी मां भी किसी अनदेखे भय, किसी आशंका के कारण बिस्तर पर करवटें बदल रही हो। अपने बेटे की खैर मना रही हो। कहते हैं कि खून के रिश्ते में इस प्रकार की घटनाओं का आभास हो जाया करता है। और इसकी मां तो जानती ही होगी कि उसका बेटा हवा में उड़ रहा है—जहां किसी क्षण भी दुर्घटना हो सकती है।

पर मैं मां के विषय में ही क्यों सोच रही हूं? मैं उसकी पत्नी के विषय में क्यों नहीं सोचती? वह क्या कर रही होगी? यदि विवाहित न भी हो उसकी प्रेमिका तो होगी ही। पायलट है—कोई एयर-होस्टेस या कोई और। प्रेमिका तो होगी ही—पर प्रेमिका! पत्नी ही हो तो ठीक है।

सायरा ठीक कहती है कि मेरे इंग्लैंड जाने का कोई लाभ नहीं हुआ। छह वर्ष रहकर आयी हूं इंग्लैंड में, पर अब भी दक़ियानूसी हिन्दू लड़कियों के समान मां या पत्नी की ही बात अधिक सोचती हूं, प्रेमिका की कम। मुझसे तो वे एंग्लो-इंडियन लड़कियां ही अधिक एडवांस्ड हैं, जो कभी भारत की सीमाओं को पार कर कहीं नहीं गईं—किंतु प्रत्येक बात इंग्लैंड की दृष्टि से ही सोचती हैं।

पर सायरा एक बात नहीं जानती। मैं मां और पत्नी के रूप में अब भी नहीं सोचती—अब ही सोचती हूं। जब मैं इंग्लैंड में थी और मेरा बाबी मेरे पास था, तब तो कभी मैंने दक़ियानूसी हिंदू लड़कियों के समान नहीं सोचा था। तब मैंने अपने परिवार के बारे में, अपने भाई-बहनों के बारे में कभी नहीं सोचा था। तब मैंने बाबी के घरवालों के विषय में भी नहीं सोचा था। तब मैं थी और मेरा बाबी था। हम व्यक्ति थे, परिवारों से हमारा कोई सम्बन्ध नहीं था। मैं तब प्रेमिका मात्र थी···न पत्नी थी, न कुलवधू, और इसलिए मां भी नहीं थी।

पर उन दिनों मैं जवान थी। आठ वर्ष बीत चुके हैं उस बात को। कुल बीस

वर्षों की हुआ करती थी मैं। तब की बातें अब नहीं हैं। उसके पश्चात कितना जीवन देखा है मैंने। कितना घूमी हूं। यह आठ वर्षों का, खानाबदोशों का-सा जीवन। कुछ महीने कहीं, कुछ महीने कहीं। कोई घर नहीं, परिवार नहीं। जीवन से पृथक्, कटे-छंटे-से होटल! वह भी कोई जीवन है—आडम्बर!

अब मैं थक गई हूं। उन दिनों के समान हर समय टिप-टाप, सजी-धजी नहीं रह सकती। हमेशा अकड़कर बैठ नहीं सकती। अट्ठाईस वर्षों का होकर, अब जीवन स्वयं को ढीलना चाहता है। रेस्तराओं, होटलों और पार्टियों के जीवन से तंग आ गई हूं। अब तो एक छोटे-से घर की इच्छा होती है, जिसमें दो-एक कमरे हों—जो मेरे अपने हों, जिनकी सफाई मैं स्वयं करूं—सजावट मैं करूं। रसोई हो मेरी अपनी। बहुत सारे डिब्बे हों साफ़-सुथरे! उन पर लिख-लिखकर मैं अपने हाथों से लेबिल लगाऊं। उनमें से चीजें निकाल-निकालकर पकाऊं और अपने पति और छोटे-छोटे दो-एक बच्चों को खिलाऊं। जब डिब्बे खाली हो जाएं तो एक-एक डिब्बा देखकर पति को लिखाऊं—दाल चने की दो सेर, दाल मसूर की डेढ़ सेर—अब स्वयं साथ जाकर सामान लाने की इच्छा नहीं होती। वे जाएं और ले आएं। रसोई तक ही सीमित हो जाऊं। इन्हीं दीवारों में घुट जाऊं।

और उस घर में एक गुसलखाना भी हो। जब वे काम पर चले जाएं तो मैं अपने गंदे बिखरे बालों का—जिनमें झाड़ू करते हुए या चूल्हा फूंकते हुए धूल और राख पड़ गयी हो—रद्दी-सा जूड़ा बनाऊं और छोटे-बड़े अनेक कपड़े लेकर धोने बैठ जाऊं। उसमें उनकी बनियानें हों, कच्छे हों, रूमाल हों, पाजामे हों, कुर्ते हों। पैंट-कमीज़ तो धोबी से ही धुलवाऊंगी। चादरें हों, छोटी-छोटी कमीजें हों और एक छोटी-सी फ्रॉक! अंत में एक साड़ी या एक सलवार-कमीज मेरी ही हो।

गार्डन हो, जिसमें···

"सिस्टर! सिस्टर!" वह कोने के बेडवाला मरीज़ हमेशा ही रात को पुकारता है। नींद नहीं आती बेचारे को। वह चाहता है कि मैं उसे नींदवाली गोलियां दूं—किंतु क्या लाभ है उन गोलियों का! सिस्टम बिगड़ जाता है।

"क्या बात है, बेड नम्बर तेरह?" मैं मुसकरायी।

मैं हमेशा बेड नम्बर से ही पुकारती हूं मरीज़ों को। अच्छा लगता है मुझको। वे भी मुसकराते हैं कि वे आदमी न होकर बेड नम्बर हो गए हैं।

"नींद नहीं आती, सिस्टर!" बेड नम्बर तेरह मुसकराया।

आगे वह कुछ बोला नहीं, पर मैं जानती थी कि वह नींद की गोलियां मांग रहा है।

मुझे दया-सी आ गयी। देखो, बेचारे को नींद के लिए भी रोज़ गोलियां मांगनी पड़ती हैं। "सो जाओ, बेड नम्बर तेरह!" मैंने उसके माथे पर हाथ रखा,

"सोने की कोशिश करो, नींद आएगी।"

मैंने उसका कंधा थपथपाया और लौट आयी। मैं जानती थी, वह सो जाएगा।

मुझे लगता था, ये सब मेरे बच्चे हैं। मैं मां हूं इनकी। इनकी नींद सोती हूं और इन्हीं की नींद जागती हूं। ये बच्चे हैं, जिद्दी बच्चे! सोने से पहले चॉकलेट मांगते हैं, टॉफियां मांगते हैं और मेरे मनाने पर मानकर सो जाते हैं।

मेरा अपना घर होगा, तो मैं अपने बच्चों को भी सुलाया करूंगी। कोई ज़िद करेगा तो उसे एक-आध चांटा लगा दूंगी। वह रो पड़ेगा तो मैं भी उसके साथ रो पड़ूंगी, "हाय, मेरे लाल!"

क्या हो गया है मुझे। मुझे अपने बच्चों के बदले, इन मरीज़ों का ख़याल करना चाहिए। नया मरीज़ कितने मज़े से सो रहा है···हेल्दी स्लीप! उसे कोई खतरा नहीं है। वह जिएगा, क्योंकि वह शायद किसी के लिए जीना चाहता है। मैं भी किसी के लिए जीना चाहती हूं। कितने समीप हैं हम!

दूसरे दिन जब मैं आयी तो मेरा ध्यान सबसे पहले नये मरीज़ की ओर गया। वह खतरे की सीमाओं को बहुत पीछे छोड़ आया था। मैं सोचती हूं कि यदि सिविलियन के स्थान पर वह सैनिक पायलेट होता तो ज़्यादा अच्छा होता। वह मृत्यु से किस प्रकार जूझा था, यह मैंने देखा था। एक क्षण के लिए भी वह निराश नहीं हुआ था। ठीक कहा था डॉक्टर पुरी ने, "ही हैज़ विल!" और अब तो कोई बात ही नहीं थी। घाव अब भी उतने ही गहरे थे। पीड़ा अब भी उसे उतनी ही हो रही होगी, किंतु जान का खतरा अब नहीं रह गया था उसे।

धीरे-धीरे नया मरीज़ भी पुराना हो गया था। उसके परिवारवालों का पता लग गया था। वे आते थे उससे मिलने। मां थी उसकी, बूढ़ी-सी। एक बहन थी छोटी। सुंदर नहीं कही जा सकती, किन्तु आकर्षक अवश्य थी। गोरी झक्क! अच्छी फैशनेबुल लड़की थी। और उसके दो भाई आए थे मिलने।

अश्विनी···नया मरीज···अधिक बातें नहीं करता था। बस मुसकराता जाता था। मैंने उसे अपनी मां से भी अधिक बातें करते नहीं देखा था। भाइयों के दुर्घटना के विषय में पूछने पर बस यही कहा था उसने, "मशीनरी गड़बड़ा गई और गिर गए।" और अंत में एक मुसकान जोड़ दी थी उसने।

बहन बहुत सारी बातें करती रही थी। वह सुनता रहा था। मुझे लगा, उसकी यह छोटी बहन ही सबसे अधिक समीप है उसके। वे शायद बहन-भाई के औपचारिक रिश्ते से ऊपर उठकर मैत्री के स्तर पर आ चुके थे। अच्छा लगा मुझे। इंग्लैंड जाने से पहले, मेरी भी भैया से ऐसी ही दोस्ती थी। पर फिर मैं इंग्लैंड चली गई थी। मुझे बाबी मिल गया था। मुझे और किसी की जरूरत भी नहीं रही थी और वैसे भी मैं भैया को बाबी के विषय में स्पष्ट बता नहीं सकती

थी। मैं जानती थी, मेरा परिवार कितना भी नये विचारों का हो, पर वे बाबी के साथ मेरा कोई सम्बन्ध पसन्द नहीं करेंगे। आखिर तो वह विदेशी था और वह भी ईसाई।

इधर भैया को भी 'ज्योति' मिल गई थी। 'ज्योति' भाभी है मेरी। भैया को भी मेरी कोई विशेष आवश्यकता नहीं रही थी। हम मैत्री के स्तर से नीचे उतरकर फिर बहन-भाई होकर रह गए थे।

पर ये लोग—अश्विनी और करुणा—मित्र थे। अश्विनी को कोई ज्योति नहीं मिली थी और करुणा के पास भी उसका बाबी नहीं था। पर मैं जानती थी कि समय आएगा जब करुणा किसी की हो जाएगी और अश्विनी भी किसी और के लिए जीना चाहेगा।

अभी ऐसी कोई बात नहीं थी। वे रोज़ मिलते थे। अश्विनी जीवन के समीप आता जा रहा था। मैं रोज़ उसे देखती थी—उसे दवाई पिलाते हुए, पट्टी बदलते हुए, बिस्तर ठीक करते हुए, उसे वाश करते हुए। वह बातें नहीं करता था, बोलता नहीं था। बस देखता था। शायद वह भी समझता था कि एक पेशेवर नर्स के समान मरीज़ को देखना और उससे अधिक—सहानुभूतिपूर्वक एक व्यक्ति को जीवन के लिए प्रोत्साहित करने में फर्क था।

बात ठीक भी थी। मुझे अश्विनी ने प्रभावित किया था। जो व्यक्ति मौत से लड़ सकता है, उसे जीने के लिए सहायता क्यों न दी जाए। और अभी तो अश्विनी के दिन थे, वह शायद किसी के लिए जीना चाहे—करुणा के लिए, मां के लिए, अपने भाइयों-भाभियों के लिए और शायद किसी और के लिए भी···

और जब अश्विनी ठीक होकर घर जाने लगा तो धन्यवाद देने के लिए मेरे पास आया था वह। मुझे लगा, हम दोनों जीवन और मृत्यु के लिए एक ही रूप में सोच रहे थे। उसने कुछ ऐसा ही कहा था।

"मिस वर्मा !" उसने मुझे सम्बोधित किया।

मैं बताना चाहती थी उसे कि अस्पताल में किसी नर्स को बुलाने का यह गलत ढंग है। हमें डॉक्टर तक, सिस्टर अथवा सिस्टर वर्मा इत्यादि कहकर बुलाया करते हैं। जो मरीज़ अपनी किसी ग्रंथिवश सिस्टर कहकर नहीं बुलाना चाहते, वे नर्स कहकर ही पुकारते हैं।

पर मेरे कुछ कहने से पहले ही वह बोला, "यह औपचारिक धन्यवाद नहीं है, मिस वर्मा ! तुमने वाकई मुझे जीवन दिया है। मैंने मरना तो कभी नहीं चाहा, किंतु जीना तुमने ही सिखाया है मुझे।" वह रुका, पर जल्दी से बोला, "सच मानना, मिस वर्मा ! पहली बार तुम्हें देखकर जीने की इच्छा जागी थी मुझ में। अच्छा, मैं फिर मिलूंगा।" और इससे पहले कि मैं कुछ कहूं, वह कमरे से निकल गया था।

मुझे बेढंगा लगा यह लड़का—हर बात में बेढंगा, क्लम्जी ! चारपाई पर पड़ा था तो पड़ा ही था। मुख से कोई बात नहीं फूटती थी। अब ठीक हुआ तो आ धमका, "मिस वर्मा !" मिस वर्मा का कुछ लगता है। 'आप' भी नहीं, 'तुम'। उंह ! बड़ा आया फिर मिलने वाला ! और मुझे देखकर जीने की इच्छा जागी इसमें। इन मरीजों को पता नहीं क्या बीमारी है, बस इनकी देख-भाल क्या की, समझ बैठे—अभी तक इन्हीं की प्रतीक्षा में बैठी थीं हम। रोमांटिक फूल्स ! और यह कौन-सा ढंग था ऐसी बात कहने का। आए, गोली दागी और चल दिए। वाकई इस लडके को सेना में होना चाहिए था।

दूसरे ही दिन अश्विनी मुझसे मिलने के लिए आ पहुंचा। रिसेप्शनिस्ट ने मुझसे जब फोन पर कहा कि कोई मिलने आया है तो मेरे मस्तिष्क के किसी भी कोने में अश्विनी का विचार न था।

"अरे, अश्विनी, तुम !" जाने कहां से मेरे स्वर में आत्मीयता आ गई।

"क्यों ?" अश्विनी आज एकदम बदला-बदला-सा था। न घायल, न मुर्झाया हुआ। पैंट, कमीज और टाई में सजा-संवरा अच्छा लग रहा था।

"मैंने कल कहा था, शील !" अश्विनी ने पहली बार मुझे नाम से सम्बोधित किया, "कि मैं मिलने आऊंगा। बात यह है", वह रुककर बोला, "कि मैं बहुत कुछ कहना चाहता था तुमसे। कल ही कहता पर मेरे घरवाले ज़ल्दी में थे और फिर मुझे भी सोचने के लिए कुछ समय चाहिए था।"

अश्विनी बोलता गया, मैं सुनती रही। उसकी बातों में, उसके स्वर में, कहीं कोई ऐसी बात नहीं थी, जो मुझे बेढंगी लगती। कहीं गोली दागने वाली बात नहीं आयी। मुझे सब कुछ स्वाभाविक लगा। बस एक ही बात थी मन में कि यह सब तो होना ही था। शायद मैं इसी की प्रतीक्षा कर रही थी। मैं इंग्लैंड और बाबी को छोड़कर इसीलिए तो अपने देश में आयी थी कि मुझे कोई मिलेगा, जो भारतीय होगा। जो मुझे वैसा घर दे सकेगा, जिसकी मैं कल्पना करती हूं और जिसके साथ देखकर मेरा परिवार—मेरे माता-पिता, मेरे भाई-बहन प्रसन्न होंगे। अश्विनी वही था। वह सुन्दर है, हिम्मतवाला है। पायलट अफसर है। ठीक होकर नौकरी पर जाएगा तो पैसेवाला भी हो जाएगा। फिर सबसे बड़ी चीज़···वह भारतीय है। भारतीय रीति-रिवाजों में पला हुआ। मैं अश्विनी की ही प्रतीक्षा कर रही थी। तभी तो मैं इतना ध्यान दे सकी थी उसको···

अश्विनी ने मुझे बहुत कुछ बताया। अपते एक्सिडेंट का विस्तार से वर्णन किया। होश में आने पर मुझे देखने की बात बताई और फिर उसने काम करते हुए मेरी अंगुलियों को देखा था, मेरी बांहों को निहारा था; मेरे कंधे, मेरी गर्दन और मेरे मुख को देखा था। वह भी किसी के लिए जीना चाहता

था। वह शायद 'मैं' थी। उसने बहुत पहले ही मुझसे सारी बातें कहनी चाही थीं। पूछना चाहा था कि क्या मैं उसे स्वीकार कर सकूंगी? पर वह समझ नहीं पा रहा था कि कैसे कहे। सबसे बड़ा भय मेरी अस्वीकृति का था। यही कारण था कि अंत में उस बेढंगेपन से कहकर चला गया था। आज जब वह आया था और मैं उससे इस ढंग से मिली थी, तो उसने समझ लिया था कि मेरे मन में क्या था।

मैं क्या कहती? मन डरता था। वचन कैसे दे सकती थी अश्विनी को? अभी मैं उसके विषय में अधिक जानती भी नहीं थी। उसके माता-पिता से बात करने का कोई अवसर नहीं आया था। अभी मेरी मम्मी ने, मेरे पापा ने अश्विनी को देखा तक नहीं था। पर मैं अश्विनी को अस्वीकार भी कैसे करती? तर्क तो काम नहीं करता। भावनाओं का, इंस्टिक्ट्स का सहारा लेना पड़ेगा। और यही कारण था कि मैं अश्विनी को कुछ न कह सकी—न 'हां', न 'ना'।

अंत में अश्विनी मुझसे दूसरे दिन 'गेलार्ड' में मिलने की बात कहकर चला गया।

मैं उसे छोड़ने के लिए बाहर तक आयी। उसने जाते हुए कैसी तो आंखों से मुझे देखा और मैं घबराकर लजाती, शरमाती, मुसकाती-सी वापस लौट आयी।

बहुत देर तक बैठी सोचती रही कि अश्विनी को मिलने का वचन देकर अच्छा किया या बुरा। पर कुछ निश्चय नहीं कर पा रही थी। चाहती थी, कोई हो मेरे पास, जिसे सब कुछ बता दूं। कोई सलाह दे मुझे। कोई कह दे कि मैंने बुरा नहीं किया। कोई कहे कि अश्विनी बुरा नहीं है, अच्छा लड़का है। और कितनी कमजोर हूं मैं। बाबी से मिली थी, तब भी ऐसी ही दुर्बलता ने घेर लिया था मुझे। मैं कोई निश्चय ही नहीं कर पाती थी।

दूसरे दिन जब हम गेलार्ड में मिले तो अश्विनी के साथ करुणा भी थी। करुणा को देख मैं पहले भी चुकी थी, किन्तु परिचय अश्विनी ने आज ही कराया। अच्छी लग रही थी करुणा। लाल रंग की साड़ी में उसका गोरा रंग बहुत निखर आया था। यंग एण्ड फ्रेश, हेल्दी लुकिंग लड़की। अच्छी लगी मुझे करुणा।

अश्विनी कल से भी अच्छा लग रहा था। गोरा-चिट्टा, क्लीन शेव्ड! नेवी ब्लू सूट और नीली ही टाई, आंखों को खींचती थी।

"तुम तैयार होकर नहीं आयी!" अश्विनी ने मुझसे कहा।

"तैयार! क्यों?" मैंने स्वयं पर दृष्टि डाली। तैयार तो होकर आयी थी मैं। सफेद साड़ी-ब्लाउज। नयी जयपुरी चप्पलें। जूड़ा भी मैंने बड़े जतन से किया था। "तैयार नहीं हूं क्या?" मैंने पूछा।

"कहां !" अश्विनी बोला, "पाउडर तक तो लगाया नहीं है तुमने। करुणा को देखो, कितनी गुडी-गुडी लग रही है।"

मैंने भरपूर दृष्टि से करुणा को देखा। करुणा अभी छोटी थी—ऊर्जा से भरपूर। अठारह वर्षों की अल्हड़ ! मैं अट्ठाईस की थी। थक गई थी—ढीलना चाहती थी अपने आपको। मुझमें इतनी एक्स्ट्रा एनर्जी नहीं बची कि सदा सजी-सजाई, तनी-तनाई रहूं। पर यदि अश्विनी इसी प्रकार प्रेमी दृष्टि के बदले आलोचक दृष्टि से मुझे देखता रहा, इसी प्रकार प्रत्येक नवयौवना से मेरी तुलना करता रहा तो हो चुका !

"करुणा तो बड़ी गुडी-गुडी है।" मैंने मुसकराने की चेष्टा की, "किंतु मुझे गुडी-गुडी बनने की क्या आवश्यकता है।"

"हां, ठीक है।" वह शायद मेरा संकेत समझ गया था।

हम मेज पर बैठ गए। किंतु मुझे अच्छा नहीं लगा। जब कभी मैं इस तरह के होटलों-रेस्तराओं में आती हूं तो मुझे लगता है कि मैं जिस वातावरण से भागकर भारत आयी थी, उसने मेरा पीछा अभी नहीं छोड़ा है। कितना अच्छा होता यदि मुझे अश्विनी ने अपने घर बुलाया होता। मैं उसकी मां, उसकी भाभियों और करुणा के साथ बैठकर, घर की छोटी-छोटी बातों की चर्चा करती। गेलार्ड में बैठकर मेकअप में छिपी करुणा तथा टिप-टिप अश्विनी के विषय में क्या जान सकती थी। इसी नकली जीवन को जीते-जीते तंग आकर मैं छोड़ आयी थी। मैं तो अब अपने इंस्टिंक्ट्स के अनुसार छोटा-सा सादा जीवन जीना चाहती थी। पता नहीं मनुष्य अपने यथार्थ को स्वीकार करने से घबराता क्यों है।

"शील ! डांस के लिए चलें।" अश्विनी कह रहा था। और तब मैंने ध्यान दिया कि डांस के लिए म्यूजिक शुरू हो गया। अंग्रेजी धुनों के रिकार्ड बजेंगे, अंग्रेजों की नकल करते हुए ये हिन्दुस्तानी बच्चों के समान गलत-सलत फॉक्स-ट्राट, चा-चा-चा, ट्विस्ट इत्यादि करेंगे और बड़े खुश होंगे।

"पर अश्विनी···" मैं कोई बहाना नहीं सोच पा रही थी, "मैं डांस के विचार से आयी ही नहीं।" अंत में मुझे सत्य बात कहनी पड़ी।

"ओह ! कम ऑन, डार्लिंग !" अश्विनी ने मुझे बांह से पकड़कर उठाया, "तुम इतने वर्ष इंग्लैंड में रहकर भी दकियानूसी ही रहीं।"

मैं उसे बताना चाहती थी कि अगर इंग्लैंड न गई होती तो शायद मैं भी उसके समान होती। चूंकि इंग्लैंड हो आयी हूं, इसलिए उसके खोखलेपन को देखकर नकली जीवन जीने से इनकार करती हूं। पर वहां करुणा थी—अभी उससे खुलकर मैंने बात भी नहीं की थी। उसके सामने उसके भाई को इतनी कड़ी बात कैसे कहती ? और फिर अश्विनी मेरा होने वाला जीवन-साथी था। हमने एक-

दूसरे के लिए जीने का निश्चय-सा कर लिया था। फिर झगड़ने का क्या फ़ायदा···

मेरा एक हाथ अश्विनी के हाथ में था, दूसरा उसके कंधे पर। उसका दूसरा हाथ मेरी कमर में था। हम घूम रहे थे, चल रहे थे, खिसक रहे थे···मुझे अच्छा लगा, पुरुष है अश्विनी। वह मेरा एक हाथ पकड़कर, दूसरा कमर में डाल मुझे सहारा दे रहा है; मुझे गिरने से बचाने का आश्वासन दे रहा है। मुझे जीने का आधार मिल रहा है। और मैं—नारी···उसके कंधे पर हाथ रखकर उसका सहारा स्वीकार कर रही हूं। उसकी बांहों में बांहें डाले, उसके कंधे से मस्तक टिकाये मैं संसार में निकल पड़ना चाहती थी— इसी तरह! पर असली जीवन में, नकली जीवन में नहीं, जहां हम नृत्य कर लोगों को बता रहे थे कि हम भी नाच सकते हैं।

अश्विनी के मुख को देखा मैंने—क्या सोच रहा है वह? उसके मुख पर मुसकान थी, भौंहों में गर्व। वह मुझे देखने के बदले लोगों को देख रहा था। मैं समझ गई···उसे अपनी पार्टनर का गर्व था, क्योंकि मैंने डांस बरमिंघम में सीखा था, दिल्ली में नहीं।

मुझे लगा, अश्विनी जीने से अधिक दिखाने में विश्वास रखता है। और धुन समाप्त हो गई। जोड़े अपनी मेजों पर लौट गए···

दूसरी धुन शुरू हुई तो अश्विनी फिर उठा, पर मैंने इनकार कर दिया। मुझे अच्छा नहीं लग रहा था नाचना। मैं जानती थी कि अश्विनी को बुरा लगेगा मेरा इनकार। पर क्या करती! मुझे नाचने की इच्छा ही नहीं हो रही थी।

अश्विनी के मुख पर नाराजगी की कुछ रेखाएं उभरीं, पर वह दबा गया। कहा नहीं कुछ उसने। वह नाचता रहा, कभी करुणा के साथ, कभी अन्य लड़कियों के साथ और मैं देखती रही।

रात को जब हम चलने लगे तो वे मुझे अस्पताल तक छोड़ने आए। मैं भीतर जाने लगी तो अश्विनी ने पूछा, "फिर कब मिलोगी, शील?"

"हां, भा···शील!" करुणा 'भाभी' कहते-कहते 'शील' कह गई। मैं शरमा-सी गई। अच्छा लगा मुझे।

"जब कहो!" मैं धीरे से बोली, "पर घर पर बुलाओ। रेस्तराओं में अच्छा नहीं लगता मुझे।"

अश्विनी ने करुणा को देखा, "इस सनडे को तो पापा घर पर नहीं होंगे, कन्नी?"

"न!" करुणा ने कहा।

"तो शील! सनडे ईवनिंग को आ जाओ।" अश्विनी बोला।

मैं अपने कमरे तक यही सोचती चली आयी कि उसने मुझे उस समय क्यों बुलाया, जब पापा घर पर न हों। ये हिंदुस्तानी लोग अंग्रेजों से अधिक अंग्रेज बनते हैं, किन्तु उनके गुण नहीं सीखते। बाबी मुझे पहले ही दिन अपने बाप से मिला लाया था। और यह अश्विनी··· कितना साहसी है। मौत से लड़ते इसे मैंने देखा है। पर इतना साहस नहीं इसमें कि मुझे अपने पापा से मिलाए या उनके घर पर होते हुए मुझे बुलाए। पर शायद कोई और कारण हो। घर पर हम भी तो यही करते थे। सारे भाई-बहन मिलकर निश्चय कर लेते थे और अंत में पापा को सूचना देते थे।

रविवार की संध्या को मैं गयी तो अश्विनी मुझे बाहर ही मिल गया, "हलो, शील !"

"हलो, अश्विनी !" मैं बोली, "बाहर खड़े होकर किसका इंतजार हो रहा है, जी !"

"तुम्हारे लिए ही वेट कर रहा था, शील !" वह धीरे से बोला, "एक अन-एक्सपेक्टेड गेस्ट आ गई है। हम बाहर चलें क्या ?"

"नहीं !" मैं आश्चर्य से बोली, "गेस्ट आ गई हैं तो क्या हो गया। मुझे मिला दो उनसे। बात खत्म !"

"अच्छा !" मुझे लगा कि वह अपने माथे का पसीना पोंछ रहा है। पर उसमें घबराने की क्या बात थी, मैं समझ नहीं सकी।

अश्विनी भीतर ले गया मुझे। सारा परिवार ड्राइंगरूम में ही था। उसने मेरा परिचय 'अनएक्सपेक्टेड गेस्ट' से भी करा दिया, "मेरी मौसी जी और शील !"

मैंने हाथ जोड़ दिए। देखा, वे काफी छोटी लगीं, अश्विनी की मम्मी से। शायद सगी बहन न हों। फैशनेबुल थीं—या कहूं कि मॉडर्न थीं। काफी सम्भ्रांत लग रही थीं—पहनावे से। सुन्दर भी रही होंगी।

"क्या करती हो तुम, बेटी ?" उन्होंने मुझसे पूछा, "पढ़ रही हो क्या ?"

"जी, मैं···"

"यहां पढ़ाती हैं आंटीजी ये ?" अश्विनी कह रहा था। मेरी बात तो बीच में ही धरी रह गई।

"कहां पढ़ाती हो, बेटी ?" मौसीजी मेरी ओर झुक आयीं।

पर मैं क्या बताती, मैं तो पढ़ाती ही नहीं थी। मैंने अश्विनी की ओर देखा। वह मौसीजी को बता रहा था। मैंने सुनने की कोशिश ही नहीं की कि वह क्या बता रहा है। एक ही बात जानती थी मैं···जो कुछ बता रहा था, झूठ बता रहा था।

पर क्यों झूठ बता रहा है वह ? क्या मेरा नर्स होना उसके यहां अच्छी दृष्टि

से नहीं देखा जाएगा ? यदि उसे अच्छा नहीं लगता मेरा नर्स होना तो उसने मुझे चुना ही क्यों ? और यदि नर्स होने में बुराई नहीं समझता वह, तो स्वीकार क्यों नहीं करता वह तथ्य को ? मैं समझ नहीं पायी, यह कैसा रूप है साहसी अश्विनी का !

कुछ और बातें उभरीं मेरे मन में। यदि हमारा विवाह हो जाए और तब भी अश्विनी इस तथ्य को छिपाने की चेष्टा करे तो क्या होगा। इतने लोग जानते हैं मुझे। और सब लोग जानते हैं कि मैं नर्स हूं। और कैसे न जानेंगे लोग, मैंने कभी चेष्टा नहीं की छिपाने की। छिपाऊं भी क्यों ? क्या बुराई है इस पेशे में ? मेरे परिवार ने, मेरे माता-पिता ने, मेरे भाई-बहनों ने कभी इसे बुरा नहीं माना. फिर अश्विनी को इसमें क्या बुराई लगी है, वह यथार्थ को छिपाना चाहता है ! नकली जीवन जीना चाहता है और मैं थक गई हूं बनावट से। अपने स्वाभाविक रूप में जीना चाहती हूं ताकि तनी हुई मांसपेशियां स्वयं को ढील सकें और मै शांति का अनुभव कर सकूं।

उस दिन गेलार्ड में भी तो उसने चाहा था कि वह मुझे मेकअप में देखे। शादी के बाद सवेरे जब मैं उठूंगी तो उस समय तो मेकअप न होगा। रसोई में काम करते हुए, घर की सफाई करते हुए तो मैं टिप-टाप नहीं रह सकूंगी। उस समय मेरे बाल बिखरे होंगे, मुख पर धूल जमी होगी, कपड़े मैले होंगे; तब मैं उसे गुडी-गुडी न लगूंगी। कैसा होगा मेरा जीवन ?

और मैंने अश्विनी की ओर देखा, वह बैठा था, कपड़ों की किसी मिल के मॉडल के समान—स्मार्टी ब्वाय ! साथ करुणा बैठी थी; और लोग भी बैठे थे, और मौसीजी कह रही थीं कि उनकी लड़की का किसी कॉलेज में एडमीशन नहीं हो रहा है, यदि मैं उसका एडमीशन करा सकूं तो अच्छा होगा। और अश्विनी मेरी ओर से वचन दे रहा था कि उसका एडमीशन अवश्य हो जाएगा।

मौसीजी जाने के लिए उठीं, मैं भी तैयार हो गई। अश्विनी उन्हें भेजकर मुझे किसी रेस्तरां में ले जाना चाहता था, पर मैं तैयार न थी।

मैं टैक्सी में बैठी तो अश्विनी पास खिसक आया, "फिर कब मिलोगी ?"

"फिर···फिर···" मैंने कहा, "मैं जरा बाहर जा रही हूं दिल्ली से, अभी कुछ कह नहीं सकती।"

"फिर ?"

"मैं आकर बताऊंगी। तुम अस्पताल की ओर से मत आना।" मैं बोली, "अच्छा, बाई !"

"बाई-बाई !"

और टैक्सी चल पड़ी। मैं मुड़ी ताकि आखिरी बार अश्विनी को देख लूं, जिसे

मैंने कभी प्यार ही नहीं किया था, अपना पति भी बनाना चाहा था। पर अब यह नहीं हो सकेगा। उसे कोई छोटी लड़की चाहिए थी, जो धोखे का जीवन जी सके; और मुझे लड़का नहीं आदमी चाहिए था, समझदार आदमी···जो जीवन के यथार्थ को उसके स्वाभाविक रूप में स्वीकार कर सके!

अश्विनी अब भी खड़ा था। गोरा-चिट्टा, सुन्दर-- कपड़ों की किसी मिल के मॉडल के समान!

१३.१०.१९६३

अन्य लोग भी

सोचा मैंने भी था कि जिस ढंग से यह सब होता है, उस ढंग से नहीं होना चाहिए और मैं तो इस ढंग से नहीं ही करूंगा। वैसे यह सोचने वाला मैं अकेला ही तो नहीं था, और भी तो बहुत सारे लोग सोचते हैं इसी ढंग से।

अभी उस दिन शीला का फियांसी आया हुआ था यूनिवर्सिटी में। दोनों रेस्तरां में बैठे हुए थे और हमारे क्लास के कितने ही लड़कों और लड़कियों ने उसे देख लिया था। मैं तो था नहीं वहां पर, सुरेश कह रहा था—वह अपनी सीट पर बैठी हुई खामखाह ही लाल होती जा रही थी। उसका फियांसी एक बात कहता और चुप होकर उसका मुंह ताकने लगता क्योंकि वह इधर-उधर देखकर, गले की थूक नीचे उतार बहुत कुछ सोच-समझकर फिर 'हां' या 'ना' में गर्दन हिलाती थी। शायद वह काफी सचेत थी कि उसके सहपाठी उसे देख रहे हैं और वह अपने फियांसी के साथ बैठी है।

वह बेचारा थोड़ी ही देर बैठा और फिर बाई-बाई कर बिना शीला से उत्तर पाए ही उठकर चला गया था। मेरा विचार है हमें—मेरा मतलब है शीला के सहपाठियों को—मन-ही-मन गालियां देता गया होगा और शीला के इस फूहड़पन पर नाराज़ भी हुआ होगा। भला इसमें झेंपने की क्या बात है। आखिर उसका फियांसी था—सबके ही होते हैं। फिर वह एम० ए० में पढ़ रही है। इसमें झेंपने की कौन-सी बात थी।

उसके फियांसी के जाते ही आशा दौड़ी थी शीला के पास, यह पूछने के लिए कि वह उसका फियांसी ही था न! या शायद उसे चिढ़ाने के लिए ही गई हो।

पर उसे चिढ़ाती क्या, स्वयं ही रोती हुई वापस आयी। पता चला कि शीला ने उसे बुरी तरह डांटा है और कहा है कि तुम लोगों की तो थिंकिंग ही करप्ट है।

जहां किसी लड़की को किसी लड़के के साथ देखा, उसे उसका फियांसी बना दिया, जैसे कोई लड़का और कुछ हो ही नहीं सकता।

शीला ने तो बात समाप्त कर दी, किन्तु आशा उसे समाप्त न कर सकी। वह चाहती भी तो कैसे करती, उसके आंसू ही नहीं रुकते थे। यह आशा ऐसी ही है। जहां किसी ने ज़ोर से झिड़क दिया, डांट दिया, लगेगी रोने। लड़कियां होती ही ऐसी हैं।

फैकल्टी में अच्छा-खासा तमाशा बन गया। आशा बैठी रो रही थी और लोग उसे मना रहे थे। इसी समय प्रो० वर्मा आ गए क्लास लेने। पर आशा को रोते देखकर वे क्लास कैसे लेते? आशा थी भी उनकी प्रिय छात्रा। परिणाम यह हुआ कि उन्होंने क्लास लेने के बदले इंक्वायरी शुरू कर दी। और, अनायास ही उन्होंने शीला को डांटना आरम्भ कर दिया। यदि वह इसका फियांसी नहीं था और आशा ने ऐसा कह दिया था तो उसने आशा को डांटा क्यों? वह उसे बता देती कि वह उसका भाई था।

बीच में ही शीला खड़ी हो गई, "पर, सर···"हमने देखा यह सामान्य शीला न थी। सामान्य शीला रही होती तो उसमें इतना साहस ही नहीं होता कि वह प्रो० वर्मा को उत्तर देने के लिए क्लास में उठ खड़ी होती। इस समय तो वह कुछ और ही थी। उसका चेहरा तमतमाया हुआ था, आंखें भी डबडबाई हुई थीं और स्वर भी विकृत हो उठा था।

"पर क्या?" प्रो० वर्मा ने और भी डपटकर पूछा।

"पर, सर! वे मेरे भाई नहीं थे।" शीला ने शायद अपने शरीर की सारी शक्ति लगा दी थी।

"ठीक है, न सही!" प्रो० वर्मा ज़रा ठंडे हुए, "तुम इतना ही कह देतीं कि वह तुम्हारा फियांसी नहीं है।"

"पर, सर!" शीला बीच में ही बोल पड़ी—"वे मेरे फियांसी ही थे।"

वह गिर पड़ी सीट पर, झेंपकर। क्लास में शोर मच गया और हम समझ गए कि उसने आशा को इस बुरी तरह क्यों डांटा था।

हमें प्रो० वर्मा का एक लम्बा डोज़ पीना पड़ा। जैसे जीवन में हम खाते-पीते, चलते-फिरते हैं उसी प्रकार हम प्यार भी करते हैं और शादी भी करते हैं। वे भी तो जीवन की आवश्यकताएं हैं। भला इसमें झेंपने और छिपाने की क्या बात है। हम बहुत पिछड़े हुए हैं, इसीलिए जान-बूझकर हम एक सामान्य वस्तु को असामान्य बना देते हैं। अन्त में वे इस निष्कर्ष पर पहुंचे थे कि जब तक भारतीय लड़कियों का व्यवहार शीला का-सा रहेगा, तब तक भारत उन्नति नहीं कर सकता।

मैंने उसी दिन सोचा था कि मैं अपने जीवन में इस सामान्य-सी वस्तु को असामान्य न बनने दूंगा और उसी दिन से मुझे उन लड़कों पर क्रोध आने लगा था

जिनकी टांगें लड़कियों से बातें करते हुए कांपने लगती थीं, या जिनके कान लाल हो जाते थे। मुझे उन लड़कियों पर भी गुस्सा आने लगा जो लड़कों से बातें तो कम करती थीं, चौंकती अधिक थीं, या जिनके मुख से स्वर ही नहीं निकलता था।

पर सबसे अधिक क्रोध मुझे उन कवियों और लेखकों पर आने लगा था जो खामखाह ही जीवन की इस सामान्य-सी बात को इतना तूल दे रहे थे। भला क्या रखा है इसमें? सीधी-सी बात है— आदमी में सहज प्रवृत्तियां हैं। अपनी रक्षा के लिए उसे अन्न की आवश्यकता पड़ती है और जातीय रक्षा के लिए एक प्रकार की शारीरिक भूख लगती है। इसमें विशेष क्या है? प्रेम पर लिखा गया ढेर सारा साहित्य ऐसा ही लगता था जैसे किसी ने मनुष्य के खाना खाने का वर्णन करके कागज़ों का ढेर लगा दिया हो।

फिर क्षितिजा को देखकर मुझे भी कुछ-न-कुछ होने लगा। क्या-क्या होता था, कह नहीं सकता। और किसी से बात करने की इच्छा ही नहीं होती थी। उसकी सहेलियों पर क्रोध आता था कि वे उसे अकेली क्यों नहीं छोड़तीं? इच्छा होती कि उसे देखता रहूं, बातें करता रहूं। वह मेरे साथ कॉफी पीने चले। हम बैठे रहें और कोई आसपास न हो।

उसकी आंखें सामान्य आंखें न लगती थीं, कानों की ओर लपकते हुए नीले कमल लगते। उसके बालों में अखरोटी रंग नज़र आता, उसकी चाल में गरिमा झलकती। उसकी गर्दन कस्तूरी के समान प्यारी थी। और जाने क्या-क्या था।

और, बहुत दिनों के पश्चात मुझे पता लगा कि दुनियावाले इसे ही प्रेम कहते हैं। बड़ा अजीब-सा लगा कि मैं भी प्रेम करने लगा हूं क्षितिजा से।

पर जानकर भी मैं नहीं चाहता था कि यह सामान्य-सी वस्तु असामान्य बने। सीधी-सी तो बात थी, सब लोग जीवन में किसी-न-किसी से प्यार करते हैं। मैंने भी क्षितिजा से प्यार किया था। सीधा ढंग तो यह था कि जाकर मैं उससे कहता कि मैं उसे प्यार करता हूं। यदि वह मेरा प्रेम स्वीकार कर लेती है तो हम विवाह की बात करते, अन्यथा मैं उसे भूल जाने की चेष्टा करता।

किन्तु मैं यह कर न सकता। प्रेम, जो जीवन की आवश्यकता है, मेरे लिए सामान्य बात न रही। वस्तुत: मैं उसे सामान्य बात बना न सका। लगा, जो वस्तु सामाजिक रूप से सामान्य लगती है, व्यक्तिगत होने पर असामान्य हो जाती है।

क्षितिजा से कहने की इच्छा थी, पर साहस नहीं था। आखिर आदमी में आत्मसम्मान नाम की भी तो कोई वस्तु होती है। मैं यदि अपनी ईमानदारी में पूर्ण विश्वास करके जाकर कहूं कि मैं उसे प्यार करता हूं और विवाह करना चाहता हूं, तो आवश्यक नहीं कि वह भी मेरे गले में बांहें डाल ही दे। वह चप्पल

उतारकर मेरे सिर से उसका परिचय भी करा सकती है। अथवा मुझे घूरकर मुंह बनाकर वहां से चली भी जा सकती है।

और यदि कल वह अपनी सहेलियों को मुझे दिखाकर यह घोषणा करती फिरे, "ये हज़रत आये थे प्रेम का प्रस्ताव लेकर मेरे पास !" तो मेरे लिए सिवाय डूब मरने के और कोई चारा न होगा।

कुछ ही दिनों में मैं जान गया कि मैंने उस समय प्रेम करके जीवन की सबसे बड़ी भूल की थी। वह प्रेम का मौसम नहीं था, क्योंकि परीक्षा का समय था। परीक्षा और वह भी एम० ए० की अन्तिम परीक्षा, जिस पर मेरा सारा भविष्य निर्भर करता था। परीक्षा एवं प्रेम में वैसा ही वैर है जैसे किन्हीं दो सामान्य शत्रुओं में हो सकता है।

जी में आता, इस मुसीबत से छुटकारा पाने का एक ही रास्ता था कि जाकर सब कुछ क्षितिजा के सम्मुख बक दूं। ऐसी बात तो थी नहीं कि मेरा उससे परिचय नहीं था या मैं उससे मिलता नहीं था। अच्छी-खासी मित्रता थी। किन्तु एकान्त में मिलकर कभी बात नहीं की थी और उसके लिए साहस भी नहीं था। है तो सामान्य-सी बात, पर कैसे कहूंगा, "मैं तुमसे प्रेम करता हूं, क्षितिजा !"

और यदि उसने कह दिया, "पर मैं नहीं करती।" तो ? तब शायद मैं परीक्षा में बैठ ही न सकूं। और, परीक्षा न दी तो नौकरी कैसे मिलेगी ? तब घरवाले···?

इससे तो यही अच्छा है कि पीड़ा सहते हुए भी किसी प्रकार परीक्षा दे डालो। मस्तिष्क ने भावनाओं को ऐसा जकड़ा कि जीभ खुल ही न सकी और परीक्षा बीत गयी।

एम० ए० होकर नौकरी कर ली। सामान्य-सी बात थी। एम० ए० था और नौकरी करना चाहता था, अतः नौकरी मिल गयी; किन्तु लगा कि जो अब तक दबाए बैठा था, वह अब न दबा सकूंगा। यदि प्रेम जीवन की एक सामान्य-सी बात है, जीवन की एक आवश्यकता ही सही, तो भी आखिर उस आवश्यकता की उपेक्षा कब तक की जा सकती है ?

यूनिवर्सिटी के रेस्तरां में उस दिन क्षितिजा दीख गयी तो लगा—मैं बहुत दिनों से प्यासा हूं, भूखा हूं। जीवन तो एक सूखा रेगिस्तान है, या फिर धूप में सूखी नदी के किनारे बालू पर तपती हुई चट्टान !

क्षितिजा ने मुझे देखा। हम बैठ गए।

"कैसे हो ?" उसने पूछा।

और, मैं बह चला, "अच्छा-खासा हूं, एक क्षण के लिए भी चैन नहीं है।"

"क्यों ?" वह बोली, "मैंने तो सुना था, तुम्हें नौकरी मिल गयी है।"

"नौकरी तो मिल गयी है।" मेरे स्वर में चीत्कार-सा था, "पर तुम तो नहीं मिलीं।"

उसने क्षण भर मेरी आंखों में देखा। भौंचक्की-सी थी वह। मैं भी उसकी आंखों में देख रहा था। अब कह तो चुका ही था।

उसने सिर झुका लिया। तनी हुई रेखाएं धीरे-धीरे शिथिल पड़ गयीं। चेहरे पर लाज की लालिमा उभर आयी। बोली, "पर तुमने मुझे चाहा ही कब ?"

मुझे लगा बाढ़ गुजर गयी, आंधी शान्त हो गयी, "मैंने कब तुम्हें नहीं चाहा, क्षितिजा ? मैंने तो तुम्हें चाहा जब···"

अब सोचता हूं तो लगता है कितनी बड़ी बात, कितने सहज ढंग से हो गयी। शायद सारी बड़ी बातें इसी प्रकार सहज रूप में हो जाती हैं। मैंने कभी सोचा भी न था कि यह सब इस रूप में हो जाएगा। किंतु अब तो हो चुका था। मैं और क्षितिजा विवाह के एक सप्ताह पश्चात् ही घर जा रहे थे। घर पर किसी को भी इस बात की भनक तक नहीं थी। मेरी आत्मा कांप रही थी।

यह सब कुछ इस सहज ढंग से इसलिए हो गया था क्योंकि हम दोनों ही प्रेम और विवाह में कोई असामान्यता नहीं देखते थे। प्रो० वर्मा ने हमें सिखाया था कि यह भी जीवन की एक ज़रूरत है। हम यूनिवर्सिटी से एम० ए० की डिग्री ले चुके थे। प्रो० वर्मा यूनिवर्सिटी के प्रोफेसर थे। हम में आदर्शवाद था। हम व्यवहार की अपेक्षा सिद्धान्तों में अधिक विश्वास करते थे। पर पिताजी तो ऐसे नहीं थे ! उन्होंने बड़े भैया की शादी में पचास हज़ार नकद गिनवाये थे। मेरी शादी में वह सब तो शायद न होता, किंतु यह भी तो उन्होंने नहीं चाहा था। मुझे उन्होंने पढ़ाया था और चाहा था कि मैं नौकरी करके सतीश का बोझ सम्हालूं और उसे आगे पढ़ाऊं। बड़े भैया शादी के पश्चात् पिताजी की अधिक सहायता नहीं कर पा रहे थे। मैंने भी तो कहा था कि सतीश को पढ़ाने का ज़िम्मा मेरा है। अपने एकमात्र छोटे भाई को भी न पढ़ा सका तो ?

और, अब मैं शादी कर बैठा था। बड़े भैया पांच सौ में से पिताजी को कुछ नहीं दे पा रहे थे, क्योंकि उनकी पत्नी है और एक मुन्ना भी। मैं तो मात्र तीन सौ ले रहा था और क्षितिजा नई-नवेली थी। फिर मैं सतीश की पढ़ाई के लिए डेढ़ सौ रुपये महीना कैसे दे सकता था ?

फिर माताजी भी थीं, जिन्होंने कभी यह सुना भी नहीं होगा कि इस प्रकार भी लड़के और लड़कियां शादी कर लेते हैं। शायद सुन लिया हो— इधर उनका भी काफी ज्ञानवर्धन हुआ है। पर यह तो कभी न सोचा होगा कि उनका पुत्र भी कभी स्वयं इस प्रकार विवाह कर सकता है। उन्होंने मुझे अपनी ओर से पूरी स्वतंत्रता दे रखी थी कि मैं लड़की स्वयं चुन लूं और उन्हें बता दूं। पर यहां तो मैं विवाह भी कर चुका था और उन्हें सूचना भी नहीं। अगर उन्होंने जाते ही हम दोनों को घर से निकाल दिया तो ? यदि उनके मुख से उलटी-सीधी बात निकल गयी तो ?

यह ठीक है कि मुझे अपनी मां से बहुत प्यार है। अब तक हम तीनों भाई पक्के नास्तिक होते हुए भी मां के एक संकेत पर भगवान की किसी भी तथाकथित मूर्ति के सम्मुख सिर झुका देते थे। वह मां का प्यार ही था जो तीन जवान सिरों को अपनी इच्छा के विरुद्ध एक पाषाण के सम्मुख झुका देता था। पर यदि मां ने मेरी पत्नी को कुछ कहा तो? यदि मां ने ज़हर खा लेने की धमकी दी तो?

और मेरा हृदय कांप गया। मैं क्या करूंगा? मैं क्या करूंगा? मैंने देखा, क्षितिजा भी कुछ सोच रही थी। गाड़ी में भी वह इसी प्रकार सोचती आयी थी। मैं भी सोचता ही रहा था। वह भी शायद यही सोच रही थी कि मेरी मां उसके साथ कैसा व्यवहार करेगी। वह समझ रही थी कि उसे बहू के समान सामान्य आदर देकर घर में प्रवेश नहीं मिलेगा। पर हम तो संघर्ष के लिए तत्पर होकर आए थे। क्योंकि हमारे समान सब लोग तो जीवन की इन महत्त्वपूर्ण घटनाओं को सहज ढंग से नहीं ले सकते थे।

टैक्सी रुकी और हमने सामान उतार लिया। था ही क्या—एक भारी ट्रंक, एक अटैची और बिस्तर। मैंने क्षितिजा की ओर देखा और उसने मेरी ओर। मैं अपने मां-बाप के घर के नीचे खड़ा था। वह एक अनजान घर के नीचे अपने पति के साथ खड़ी थी। मैं उसे लेकर कैसे ऊपर जाऊंगा, कैसे परिचय कराऊंगा? पिताजी का क्रोध, मां के आंसू, भैया का धिक्कार, भाभी का व्यंग्य, सतीश का कौतूहल—सब कुछ मेरी आंखों के सम्मुख था। मुझे लगा मेरे शरीर में खून है ही नहीं। मेरा साहस जवाब दे गया था।

"क्षितिजा!" मैं धीरे से बोला।

"हूं," उसने मेरी ओर देखा।

"तुम ऊपर जाकर किसी को भेज दो ताकि सामान ऊपर ले जाया जा सके।"

उसने मेरी ओर देखा। अपना बैग उठाया और धीरे-धीरे खट्-खट् करती सीढ़ियां चढ़ गयी। मैं सोच रहा था, क्या होगा अब! कहीं कोई क्षितिजा को कुछ कह न बैठे। मेरा खून उबल-सा गया। कोई कहे तो सही कुछ क्षितिजा को! क्या किया है मैंने—विवाह ही न! क्यों न करता, मुझे ज़रूरत थी उसकी। लेकिन बताता क्यों नहीं? और मुझे पसीना आ गया। सतीश सीढ़ियां उतरकर नीचे आया। नौकर उसके साथ था।

"इट इज़ वेरी अनएक्सपेक्टेड, भैया!" उसने हाथ मिलाया, "ऊपर जाओ, मैं सामान ले आता हूं।"

मैं थर्रा गया। 'ऊपर जाओ!' क्या हो रहा है ऊपर! वह इतना नॉर्मल-सा क्यों है! वह कुछ कहता क्यों नहीं है? क्रोध, विस्मय, प्रसन्नता—कुछ भी तो नहीं है उसके मुख पर। वह सामान उठवा रहा था।

ऊपर आया। सब लोग खाने के कमरे में थे। एक ही नज़र में देखा मैंने—

क्षितिजा खाने की मेज पर बैठी थी, आर्मलेस चेयर पर। एक ओर पिताजी खड़े थे, दूसरी ओर अम्मा। अम्मा के हाथों में फ्राई पैन था।

तो इन लोगों ने क्षितिजा को घर में अभी घुसने ही नहीं दिया। बेडरूम में न सही, ड्राइंगरूम में ही बिठाते, पर बैठा रखा है डाइनिंगरूम में। सब कैसे चुप हैं, जैसे अभी तूफान आएगा—लल बिफोर स्टार्म! कैसा घुटा-सा वातावरण है। लगा, अभी अम्मा के हाथ का फ्राई पैन मेरे सिर पर होगा।

"कैसे हो?" पिताजी ने पूछा।

"ठीक हूं।" मैं कुरसी पर बैठ गया। किसी भी बात के लिए तैयार था मैं।

अम्मा की आंखें मेरी ओर घूमीं, "बहू तो आमलेट खाएगी, तुम क्या खाओगे?"

"मैं भी आमलेट ही खाऊंगा।" जाने कैसे मेरे मुख से निकल गया।

अम्मा ने फ्राई पैन में घी डाला—छन्न-न-न।

"भई!" पिताजी कह रहे थे, "पानी भी गर्म कर देना बहू के लिए। थकी होगी, नहा ले तो नींद अच्छी आएगी।"

और मैं सोच रहा था—नाश्ते के बाद मैं भी नहा डालूं तो अच्छा हो।

१९६३

पछतावा

गोटे-तिल्ले की सितारों वाली साड़ी पें लिपटी-लिपटाई मैं मेज की बायीं ओर वाली कुर्सी पर बैठी थी। मेरी साथ वाली कुर्सी पर 'ये' थे। इनके सामने इनकी छोटी बहन सुषमा बैठी थी और उसके साथ बैठा था इनका मौसेरा भाई—श्याम !

वातावरण काफी औपचारिक-सा हो गया था। मुझे एकदम अच्छा नहीं लगता है इस प्रकार सज-धजकर बंधे-बंधे बैठना। जैसे खाना खाने न बैठे हों, किसी को दिखाने बैठे हों। पर इच्छा होने पर भी मैं इसका विरोध नहीं कर सकती। कहते हैं, शादी के पश्चात् लड़की पराई हो जाती है, वास्तव में ही तो पराई हो जाती है, न केवल मां-बाप, बहन-भाइयों का उस पर कोई अधिकार नहीं रह जाता—मुझे तो लगता है कि उसका अपना भी कोई अधिकार नहीं रह जाता। न अपनी इच्छा से खा सकती है, न पहन सकती है, न कहीं आ-जा सकती है, न किसी से मिल ही सकती है।

मैं 'इनकी' या अपनी ससुराल की बुराई नहीं कर रही, न मैं यह कह रही हूं कि मैं यहां प्रसन्न नहीं हूं। मैं तो सोचती हूं कि मेरे जैसा ही पति सबको मिले और ऐसी ही ससुराल भी। मैं बहुत प्रसन्न हूं यहां।

पर सत्य यह है कि विवाह के पश्चात् के इस एक महीने में मैं अपनी इच्छा से एक दिन भी कपड़े न पहन सकी हूं। जी तरसकर रह गया है सफ़ेद कपड़े पहनने को। विवाह से पूर्व तो मैं पहनती ही सफ़ेद थी— सफ़ेद साड़ी, सफ़ेद ब्लाउज ! मेरे कॉलेज के लड़के मुझे मोमबत्ती कहा करते थे—ऐसा मुझे सुशीला ने बताया था। अब मैं कल्पना करती हूं कि मैं कैसी रही हूंगी। तब—लम्बी, पतली-सी लड़की, सफ़ेद साड़ी और सफेद ब्लाउज। ठीक ही नाम रखा था लड़कों

ने, मैं मोमबत्ती ही लगती रही हूंगी। पर क्या मेरा मुख उस जलती लौ के समान था ? यदि था तो कैसी थी वह लौ, उद्दीप्त या स्निग्ध !

विवाह के पश्चात् तो सदा इन गोटे-तिल्ले वाली रंगीन साड़ियों में लिपटे रहना पड़ता है। जब जरा सादे कपड़े पहनना चाहो, झट 'ये' कहते हैं, "ससुराल आयी हो तो सप्ताह भर के लिए तो ऐसे कपड़े मत पहनो, नहीं तो सारे मुहल्ले में चर्चा फैल जाएगी कि नवीन मां-बाप की इच्छा के विरुद्ध लड़की भी लाया है तो कंगालों की जिन्होंने दहेज में एक अच्छी साड़ी भी नहीं दी।"

मैं नहीं परवाह करती लोगों की बातों की। मेरे मां-बाप जो कुछ हैं, मैं जानती हूं, भंगी को कोसने से बैल नहीं मरा करते। पर क्या करूं, मेरी सास भी यही चाहती है कि मैं सदा बनी-ठनी बैठी रहूं ताकि कोई आए तो मुझे साधारण कपड़ों में न देखे। शायद सारे सास-ससुर ऐसे ही होते हैं। बड़ी भाभी आयी थीं तो पिताजी हमेशा ही माताजी को समझाते रहते थे कि बहू को सजा-धजाकर रखो।

और वैसे भी आज तो श्याम बैठा हुआ था। उसके सम्मुख तो मुझे नयी बहू के समान बैठना ही था। वह तो अभी पिछले महीने ही इंग्लैंड से आया था, उसे कब चिन्ता थी इन रीति-रिवाजों की, पर इनकी माताजी चाहती थीं कि मैं इस प्रकार सज-संवरकर बैठूं कि घर जाकर श्याम को मेरी प्रशंसा करनी ही पड़े। बहुत आवश्यक था यह।

मैंने सोचा था शायद श्याम यहां खाना न खाए। पर इन्होंने इसे रोक ही लिया। अच्छा होता यदि वह खाने से पहले ही चला जाता—अब कोई गुड़िया के समान बैठा रहे या खाए। मुझसे तो दो-दो काम एक साथ नहीं होते। जरा-सा पल्लू हटा, ज़रा-सा आंचल खिसका, तो यह उच्छृंखलता होगी, फिर कैसे खाया जाए ?

इनकी माताजी—अब तो वे मेरी भी माताजी हैं—ने लाकर अन्तिम डोंगा भी रख दिया। यह खाना आरम्भ करने का संकेत था। मैंने ढंकी-छिपी नज़रों से देखा। वहां से दृष्टि उठाई तो वह सुषमा के मुख पर रुक गयी। शायद वह भी मेरे समान खाने के विषय में सोच रही थी। बेचारी सुषमा ! चावलों के साथ मीट खाना बहुत पसंद है उसे, पर कैसे खाएगी आज ? जब भी खाने की मेज़ पर कोई बाहर का आदमी हो तो ये चावल हाथ से नहीं खाने देते। और आज तो श्याम बैठा था—जो इंग्लैंड-रिटर्न्ड था। मैंने देखा मेज़ पर कांटे और छुरियां भी थीं। ये सारी वस्तुएं हम स्वयं व्यवहार में नहीं लाते। ऐसे ही किसी समय के लिए—जब कोई अतिथि आया हो—ये पड़ी रहती हैं। मेज़ पर कोई दूसरा व्यक्ति न हो तो मैं और सुषमा दोनों ही हाथ से गपागप खाना पसन्द करती हैं। पर आज···

''शुरू करो, भई !" माताजी ने कहा।

"आप पहले आ जाइए न !" श्याम बोला।

"एक मिनट में आयी मैं।" और माताजी फिर रसोई में चली गयीं। शायद रसोइए को कुछ बताने गयी थीं।

माताजी के आते ही खाना आरम्भ हो गया। ये एक-एक डोंगा श्याम की ओर बढ़ाते जाते थे और वह अपनी प्लेट में डालता जाता था, शेष लोग काफी संभल-संभलकर शिष्टतापूर्वक अपने लिए परोस रहे थे।

खाना आरम्भ हुआ तो मेरा ध्यान सुषमा की ओर चला गया। उसके एक हाथ में चम्मच था और दूसरे में कांटा। मीट का टुकड़ा उससे कटता नहीं था। बार-बार वह टुकड़ों को काटती और वे इधर-उधर खिसक जाते और तब चम्मच प्लेट से टकराता—खटाक् !

मैं सोच रही थी, कोई बात क्यों नहीं करता। सब जैसे सचेत-से हो गए थे या खाने में ही दत्तचित्त हो गए थे। खाने की मेज़ पर मौन प्रार्थना करती हुई-सी मूर्तियां मुझे अच्छी नहीं लगतीं। कुछ बातचीत हो, ज़रा हो-हल्ला, कुछ कहकहे — यह क्या कि सब चुप बैठे हैं। और फिर इस नीरवता में सुषमा का प्लेट से टकराता हुआ चम्मच और भी मुखर हो उठता था। कभी-कभी माताजी का चम्मच भी उसकी ध्वनि में योग दे जाता था। वैसे हम अभ्यस्त हो गए थे एक निश्चित अन्तराल के पश्चात् खट्-खट्-खटाक् सुनने के। यदि कोई बातें करता तो शायद ये ध्वनियां भी दब जातीं।

मैं सोच रही थी, इनको अवश्य ही क्रोध आ रहा होगा। इस महीने भर में ही मैं इनके स्वभाव को जान गयी थी। घरवालों की कोई दुर्बलता या कमी किसी बाहरी व्यक्ति के सम्मुख प्रकट हो जाए तो ये बड़े वैसे हो जाते थे—शायद खीझ उठते थे। और आज तो श्याम बैठा था जो कुछ ही दिन हुए इंग्लैंड से लौटा था। पर मैंने देखा, इनके मुख पर कोई भी असामान्य बात नहीं थी। लगता था जैसे भारतीय नाटक के नायक के समस्त गुण इन्हीं में एकत्र हो गए हों—धीर, गम्भीर, प्रशान्त···

मैं सोच अधिक रही थी, खा कम रही थी। सब लोग खाना खत्म करने को थे और मैं भरी प्लेट लिये बैठी थी। मैंने भी जल्दी करनी चालू की। पर बड़ी कठिनाई है मीट के टुकड़ों के साथ। कमबख्त चम्मच से तो कटते ही नहीं। और मैंने ज़ोर लगाया, टुकड़ा कट गया और चम्मच प्लेट से बजा—खटाक् !

सहसा ये मेरी ओर घूमे। लगा इनके मुख पर आक्रोश ही आक्रोश था, क्षोभ ही क्षोभ, "ठीक से खाओ ! प्लेट तोड़ने की आवश्यकता नहीं है।"

मैं कैसी-कैसी तो हो गयी। यह क्या है ? इनकी अपनी बहन तो चाहे चम्मच और प्लेट से घुड़दौड़ की-सी ध्वनि उत्पन्न करे तो भी कुछ नहीं और मुझसेएक

बार चम्मच लग गया तो 'प्लेट तोड़ने की आवश्यकता नहीं है।' जी में आया कि उठाऊं प्लेट और फेंक दूं फर्श पर। बड़ी कीमती प्लेट है न !

फिर मन में आया, क्या हुआ—ज़रा-सी बात कही है इन्होंने। पर यह विचार मन में ठहरा नहीं। बात ज़रा-सी सही, पर कहने का ढंग कैसा था—और इनका चेहरा फिर उभरा मेरी आंखों के सम्मुख—आक्रोश ही आक्रोश, क्षोभ ही क्षोभ !

"भाभी ! ज़रा पानी का जग !" श्याम कह रहा था। मैंने पानी का जग उसकी ओर सरका दिया।

यदि कहना ही था तो ये इसी बात को हंसकर कह देते तब शायद मैं इसे चुहल समझती, पर कैसे बुरे ढंग से कहा इन्होंने—जैसे इसी प्रतीक्षा में बैठे हों कि मेरा चम्मच एक बार प्लेट से लगे और ये श्याम के सम्मुख मेरा अपमान करें। और मेरे भीतर कुछ कठोर से कठोरतर होता गया, ऊपर चढ़ता गया, चढ़ता गया…

हाथ धोकर ये लोग ड्राइंगरूम में जा बैठे पर मैं नहीं गयी वहां। आकर अधलेटी-सी होकर अपने पलंग पर बैठ गयी। सब पुरुष एक समान होते हैं। भैया की भी यह बुरी आदत थी। जब किसी का खाना होता था, वे मेज पर ही या तो खाने की इतनी बुराई कर देते कि भाभी रो पड़तीं या भाभी को किसी बात पर डांट देते। समझते थे कि वे अतिथि की दृष्टि में इतने अच्छे खाने की बुराई करके ऊंचे उठ रहे हैं। भाभी कितना ही प्यारा खाना बनाती थीं। और भैया डांट देते—छोटी-सी, गुड़िया-सी प्यारी भाभी का मूड खराब हो जाता था। फिर अतिथि को छोड़कर भैया भाभी के पास आ जाते। भाभी रो पड़तीं और भैया मनाने लगते। भाभी भैया की गोद में सिर रखकर खूब रोतीं, फफक-फफककर रोतीं और भैया अपनी डांट पर पछताते रहते। मुझे बड़ा अच्छा लगता था भाभी का भैया की गोद में सिर रखकर रोना, अपने भैया का पछताना। मेरे सम्मुख आदिम पुरुष और नारी का रूप उभर आता—पुरुष 'कठोरता' ही 'कठोरता' था, नारी 'कोमलता' ही 'कोमलता'। कोमलता के सम्मुख पौरुष को झुकना पड़ता। भाभी पूर्ण नारी थीं—कोमल ! ज़रा-सी बात में रो पड़ती थीं, भैया पछताते, मनाते, और वह मान जाती थीं। फिर आंसुओं से धुली हुई आंखों में चमक लिये भाभी और खीझे-से होंठों पर मुसकान लिये भैया—हाथ पकड़ कमरे से बाहर आते तो हम समझ जाते कि संधि हो गयी है।

पर मैं शायद दूसरी ही मिट्टी की बनी हुई थी, क्या मैं पूर्ण नारी नहीं थी—क्या थी मैं ? भाभी के समान रो नहीं सकती थी। मुझे तो क्रोध ही आता था। मैं स्वयं को इतनी अपमानित समझकर भी रुआंसी तक नहीं हुई थी, रोना तो दूर रहा।

मुझे लगा, ये आ रहे हैं इस ओर। पर बूटों की आवाज़ से चाल में कोई जल्दी नहीं लगती थी। निश्चित-से चले आ रहे थे, जैसे कुछ हुआ ही न हो। कितना धैर्य है इस व्यक्ति में, या स्वयं पर पूर्ण विश्वास। क्या है यह?

ये ही थे। आकर दरवाज़े में खड़े हो गए। ये मुसकरा रहे थे। मुझे लगा, द्वार पर कोई ढीठ बच्चा खड़ा है, जो अपने खिलौने को जमीन पर पटक, चूर-चूर करके भी मुसकरा रहा हो, अपनी विजय समझ रहा हो।

मैने मुख फेर लिया। क्यों देखूं मैं उस धृष्ट बच्चे को! वे आकर पलंग पर बैठ गए, "हलो, मैडम!"

···मैं कुछ न बोली।

"नाराज हो गयीं?" वे अब भी हंस रहे थे।

मेरा क्रोध छलका, "और डांटिए, और अपमानित कीजिए लोगों के सामने। मैं कौन होती हूं नाराज़ होने वाली! मुझे अधिकार ही क्या है, मैं ठहरी आपके चरणों की दासी।"

वे फिर हंसे, "कहो तो किसी पिक्चर का डायलॉग फिट कर दूं, यहां—तुम मेरे चरणों की दासी नहीं, हृदय की महारानी हो, पटरानी हो, पता नहीं क्या-क्या हो और मैं तुम्हारे चरणों का दास, दासानुदास। समझीं।"

मुझे अच्छा नहीं लगा यह सब। एक तो मुझे डांट दिया, अपमानित किया, और अब आए हैं चुहल करने। मैं कुछ न बोली।

"भई, अब यह गुस्सा थूक दो।" उन्होंने मुझे गुदगुदाने की चेष्टा की।

"मुझे मत छुइए," मैं उछलकर परे हो गयी, "मुझ अकेली छोड़ दीजिए।"

"तुम्हें अकेली छोड़ने के लिए थोड़े लाया हूं यहां।"

"तो आइए, सट जाइए फिर।" मेरा क्रोध कम ही नहीं हो रहा था।

"फिर कहोगी, किस जंगली आदमी से पाला पड़ा है।"

"वह तो पड़ा ही है।" मैं बोली।

"तो दोष किसका है?" वे फिर हंसे, "तुमने स्वयं ही तो देख-भालकर, सोच-समझकर मुझे चुना था।"

"चुनाव गलत भी तो हो सकता है।" मैं तुनक उठी।

"तो तुम्हें पछतावा हो रहा है अपने चुनाव पर?"

"और नहीं तो क्या? जाने किस घड़ी में आपको चुना था।"

उनका स्वर नहीं आया, मैंने भी मुड़कर देखा नहीं। वे कुछ देर चुप बैठे रहे और फिर मैंने उनके बूटों की आवाज़ सुनी। वे कमरे से बाहर चले गए थे।

और मैं सोच रही थी, कैसा पुरुष है यह? आदिम पुरुष भी नारी की कोमलता के आगे झुक गया था। उसने भी अपना धनुष-बाण फेंक नारी को बांहों में भर लिया था। लहरें भी जब तड़पकर पुलिन के वक्ष पर सिर मारती हैं तो उसमें

दरार पड़ जाती है। और यह मेरा पुरुष ! क्या यह आदिम पुरुष से, पत्थर से भी अधिक कठोर है? लगता है, यह भी पूर्ण पुरुष है। मेरी कोई चिन्ता ही नहीं इसे···

"कल्याणी ! नवीन ऊपर गया है, बेटी !" माताजी कमरे तक आ गयी थीं, "तू भी चली जा ज़रा छत पर।"

और सहसा मैं सचेत हो गयी, घर-भर के प्रति ! अपनी एकांत कुटिया से निकल आयी थी मैं।

"श्याम चला गया, माताजी ?" मैं उठकर अपनी साड़ी ठीक करने लगी।

"वह तो कब का गया।" और माताजी बाहर चली गयीं।

वे छत की मुंडेर पर बैठे थे। हाय राम ! कहां बैठे हैं ये ? मैंने सोचा—इतनी चारपाइयां पड़ी हैं यहां, उन पर क्यों नहीं बैठते ?

"यहां क्यों बैठे हैं आप ?" मैं जाकर उनके पास खड़ी हो गयी। उनकी पीठ थी मेरी ओर, वे मुझे देखने के लिए घूमे भी नहीं। केवल धीमा-सा स्वर आया उनका, "सोचता हूं, नीचे जा पड़ूं।"

धक्-सी रह गयी मैं। कैसी बातें करते हैं ये। भला नीचे कूद पड़ने—मर जाने के विषय में कोई ऐसी बातें करता है। कितने सहज ढंग से कहते हैं, "सोचता हूं, नीचे जा पड़ूं।" जैसे नीचे का पड़ना कोई महत्त्व की बात, गम्भीर बात ही न हो। कैसा व्यक्ति है यह, जो मृत्यु के विषय में भी उसी ढंग से बातें करता है, जैसे जीवन के विषय में की जाती हैं, जैसे मृत्यु से डरता ही न हो। पर यदि सहसा, भगवान न करे, गिर ही पड़ें तो···

और मेरे दोनों हाथ उनके कंधों पर जा पड़े, "चलिए, उठिए यहां से। वहां चलकर चारपाई पर बैठते हैं।"

उन्होंने कुछ कहा नहीं, उठकर लड़खड़ाते-से बढ़ चले। मैंने देखा, उनके मुख पर चुहल या मुसकान नहीं थी, काले बादलों की गहरी छाया थी। और मैं सोच रही थी, पहले तो डांट दिया, अपमानित किया और अब ऐसा मुंह बिसूर रहे हैं, जैसे मैंने ही इन्हें डांटा हो। भैया भाभी को डांटते थे तो भाभी रो पड़ती थीं और तब भैया बैठे मनाते-पछताते रहते थे। पर मैं तो रोयी भी नहीं थी, रूठी भी नहीं थी, वास्तव में क्रुद्ध हो उठी थी, तब भी इन्हें कितना पछतावा हो रहा है। कैसा पुरुष है मेरा ?

मैंने उन्हें चारपाई पर ला बैठाया। काफी निढाल-से लगे मुझे वे। झुके-झुके पड़ रहे थे, जैसे उन्हें किसी सहारे की आवश्यकता हो। यदि वहीं मुंडेर पर बैठे-बैठे ऐसे ही झुक पड़ते तो ? मैंने उन्हें अपने कंधे का सहारा दिया।

"क्या हो गया है आपको ?" मैं उन्हें झकझोरकर बोली, "जिसे रूठना चाहिए, वह तो चुपचाप, ठीक-ठाक बैठी है और आप मुंह बिसूर रहे हैं।"

"यह बात नहीं है, कल्याणी !" वे जैसे अपने-आप से बातें कर रहे थे, "मैंने तुमको तो नहीं डांटा था, वह डांट सुषमा के लिए थी। कितनी बदतमीजी से खा रही थी, खट्-खट्-खट् ! श्याम क्या सोचता होगा। पर उसे कुछ कहता तो उसे बुरा लगता, मां भी गुस्सा होतीं।"

"तो बन्दर की बला तबेले के सिर ? हुं !" मैं शायद मुसकरा रही थी।

"मैंने यही सोचकर तुम्हें कहा था," वे जैसे सिसक रहे थे, "कि सुषमा भी समझ जाएगी और तुम बुरा नहीं मानोगी। मैंने तो तुम्हें अपना अंग समझकर डांटा था।"

मैं झूम-झूम-सी उठी। कितने अच्छे हैं ये, कितना···पर इन्हें क्या हो रहा है, वे और झुके-झुके पड़ रहे थे। "अच्छा तो छोड़िए न, बात खत्म हो गयी।"

"वह तो खत्म हो गई," इस बार वे एकदम झुक पड़े, उनका सिर मेरी गोद में था, "पर मैं सोच रहा हूं कि मैं ऐसा हूं कि जिसको जीवन-साथी के रूप में चुनकर अपने चुनाव पर भी तुम्हें पछतावा हो रहा है।"

"वह तो···वह तो···" मैं कहना चाह रही थी कि वह तो मज़ाक में कहा था मैंने, पर कहती क्या। ये तो मेरी गोद में सिर रखे फफक-फफककर रो रहे थे। हाय अम्मा ! कितते बड़े-बड़े आंसू गिर रहे थे। ये पुरुष के अश्रु थे—अश्रु और पुरुष के ? और मेरी आंखों के सम्मुख मेरे भैया-भाभी आ गए। भैया बैठे थे और उनकी गोद में सिर रखे भाभी फफक रही थीं, भैया की मुद्रा उदास थी। और ये···ये···यह उलटी बात ! मैं बैठी थी और ये मेरी गोद में सिर रखे रो रहे थे। कैसा तो लगा मुझे। यह···यह···पुरुष···इसकी आंखों में आंसू···विरक्ति-सी हो आयी मुझे···

और मैं सोच रही थी, जब मैंने कहा था, तब तो वह मज़ाक था, मेरे मन में कुछ न था। पर अब ? शायद सचमुच ही मेरे भीतर अपने चुनाव पर पछतावा जन्म लेने लगा था।

१९६३ .

विरोध

रीमा को मुझसे शिकायत थी कि मैं उसकी कोई भी बात नहीं मानता। भला यह भी कोई तरीका है कि मैं मुंह से तो पचासों बार कहूं कि मैं उससे प्रेम करता हूं, और बात एक भी न मानूं। लोग तो कहते हैं कि पुरुष शादी के बाद स्त्री की बात पर कान नहीं धरता; और मैं हूं कि शादी से पहले ही उसकी बातों की उपेक्षा कर रहा हूं।

लगा मुझे भी कि बात ठीक है। मैं रीमा की बातें मानता हूं या नहीं— इस पर तो मैंने कभी सोचा ही नहीं है। हां, यह मानता हूं कि मुझे उसकी बातें मान लेनी चाहिए। प्रेम में तो व्यक्ति का अपना अहम् रहता ही नहीं है, फिर मैं कैसे उसके सामने अकड़ सकता हूं। यदि किसी बात में उसका विरोध करता हूं, तो अर्थ साफ़ है कि उससे पृथक् मेरा अपना अहं है इसलिए मैं प्रेम में ईमानदार नहीं हूं। पर मुझे पूरा विश्वास है कि मैं अपने प्रेम में पूरी तरह ईमानदार हूं— इसलिए मुझे उसका किसी बात में विरोध नहीं करना चाहिए। ऐसी घटना अब नहीं घटेगी।

पर घटनाएं हैं कि घटती ही हैं। कोई क्या करे? अब उस दिन जब रीमा से मिलने के लिए मैं उसके घर गया तो सब के सामने तो वह कुछ नहीं बोली, पर एकांत मिलते ही उबल पड़ी, "जाइए, हम आपसे नहीं बोलेंगे। आप बड़े वह हैं।"

"क्यों? क्या हो गया, रीमा डार्लिंग!"

"बस नहीं बोलते हम! हमारी मर्ज़ी!"

"पर कुछ मुझे भी तो पता चले।"

"हां! जैसे आपको कुछ पता ही नहीं है।" रीमा बड़े अंदाज़ से बोली, "आप कल आए नहीं थे अपनी मौसी के घर?"

"आया तो था !" मैंने स्वीकार किया।

"तो फिर हमारे यहां क्यों नहीं आए आप !" उसने शिकायत की, "इतने पास से होकर चले जाने का क्या अर्थ है ! मैं तो पहले ही जानती थी···"

"क्या जानती थी तुम ?" मैंने पूछा।

"कि आपका मन नहीं होता हमसे मिलने का।"

"तो मैं आता किसलिए हूं ?"

"वह तो मैं बुलाती हूं तो आप मन रखने के लिए आ जाते हैं।"

"पर मैं तुम्हारा मन रखने की भी चेष्टा क्यों करता हूं ?"

"चलिए, बस कीजिए ! मैं आपसे बहस नहीं कर सकती—न ही करना चाहती हूं। अब तो खुश हैं !"

मुझे लगा, बात यूं नहीं समाप्त होनी चाहिए। इस तरह तो रीमा के मन में शिकायत रह जाएगी। मैंने समझाया उसे, "देखो, रीमा ! मेरी बात सुनो।"

"कहिए !" जैसे वह ज़बरदस्ती सुनने की मुद्रा में बैठ गयी।

"मैं जानता था कि मैं गौरी के घर आऊंगा। मुझे याद है कि पिछली बार मैंने तुम्हें बताया भी था। बताने का मतलब ही था कि तुम मुझे बुलाओ, ताकि मैं तुम्हारे घर भी आ सकूं।"

"यानी मेरे बुलाने पर ही आप आएंगे।" रीमा झल्लाकर बोली, "आपकी अपनी इच्छा नहीं होती है आने की ?"

"मेरी इच्छा होती क्यों नहीं, रीमा !" मैं बोला, "पर मैं नहीं चाहता कि मैं बार-बार आकर तुम्हारे काम में बाधा डालूं। इसलिए···"

"हां ! रहने दीजिए, बहाने बहुत हैं।"

"बहाने नहीं, रीमा !" मैं बोला, "तुम खुद ही सोचो कि सब कामों से पहले कर्तव्य होता है। वह प्रेय चाहे न हो, पर श्रेय यही है। कुछ दिन और हैं, फिर शादी ही हो जाएगी। ऐसी बात के लिए अवकाश ही कहां होगा तब···"

"अच्छा, चलिए, मान गए कि आप मेरी ही भलाई के लिए, मुझसे नहीं मिलते। बस !"

और बात आयी-गयी हो गयी। पर इन बातों के साथ अगली-पिछली और भी बहुत सारी बातें मेरे मन में जुड़ती गयीं। मैं कई दिनों तक सोचता रहा कि आखिर रीमा मानती क्यों नहीं कि मैं भी उससे उतना ही प्रेम करता हूं, जितना वह मुझसे करती है; या मेरा भी उससे मिलने का उतना ही मन करता है, जितना उसका मन मुझसे मिलने का होता है। मैंने तो कभी उसकी भावनाओं का मूल्य कम नहीं आंका, तो फिर···

क्या यह इसलिए है कि रीमा के मन में अभी भी अलगाव है ? क्या वह अभी भी लेन-देन में, व्यापार में, तुलना में विश्वास रखती है ? वह ही क्यों बुलाए, मैं

ही क्यों न जाऊं या मैं ही उसे क्यों न बुलाऊं···

पर नहीं, उसे क्यों व्यर्थ दोष दूं ? प्रेम में भी आदमी बार-बार मांगना नहीं चाहता। कभी-कभी वह अपना अधिकार बिना कहे भी जताना चाहता है। मैं ही क्यों चाहता हूं कि वह मुझे बुलाए। मैं बिना बुलाए ही क्यों नहीं जाना चाहता ? मिलने की चेष्टा केवल उसी की ओर से क्यों हो ? और मैंने निश्चय किया कि भविष्य में इस बात के प्रति सतर्क रहूंगा।

अगली बार जब रीमा मुझसे मिली तो बहुत जल्दी में थी। किसी के विषय में कोई सूचना चाहिए थी उसे। अपना काम समाप्त कर चलने को हुई, तो मैंने रोका, "अभी तो आयी हो, रीमा। इतनी भी क्या जल्दी है ?"

"जल्दी है !" वह बोली, "हमें जाना है नहीं तो काम में हर्ज़ होगा ?"

मैंने आंखें फाड़कर देखा, कहीं वह मेरा मज़ाक तो नहीं उड़ा रही। पर नहीं, वह गम्भीर थी।

"अच्छा चलो, मैं तुम्हें बस स्टैंड तक पहुंचा आऊं।" मैं बोला।

"नहीं ! आप बैठिए, मैं चली जाऊंगी।"

"पर क्यों ?" मैंने तनिक-सा डांटा उसे, "यदि मैं पांच-सात मिनट और रहना चाहता हूं तुम्हारे साथ, तो क्या आपत्ति है तुम्हें ?"

"बस, नहीं !" वह धीरे से बोली, "मेरी सहेलियां मिल गयीं तो ? उन्हें सब मालूम हो जाएगा !"

"मालूम तो उन्हें होना ही है, रीमा !" मैं बोला।

"बस, अभी नहीं !" और वह चली गयी।

दूसरी बार फिर, जब मैं उसके घर गया, तो भी वह उसी मूड में थी। मैंने उसे बताया कि इन दिनों मैंने बहुत सोचा है और मुझे खुद लगा है कि मेरी ओर से अब तक ऐक्टिव रिस्पॉन्स की काफी कमी रही है। इसलिए अब मुझे स्वयं ही उससे मिलना चाहिए। और पहले से अधिक मिलना चाहिए।

"पर मैंने तो कुछ और सोचा है।" वह बोली।

"क्या सोचा है तुमने ?" मैंने पूछा।

"मुझे लगा है कि आप ठीक कह रहे थे। अभी बहुत अधिक मिलना-जुलना प्रेय हो सकता है, पर हमारे लिए यह श्रेय नहीं है। हमें अभी बहुत अधिक नहीं मिलना चाहिए।" और वह चुप हो गयी।

मैं कुछ बोला नहीं, बस उसे देखता रहा। लगा, वह चिढ़ा रही है मुझे। यह रीमा की पुरानी आदत है। वह मेरी बातों को दुहरा-दुहराकर चिढ़ाती है मुझे।

पर वह चिढ़ा नहीं रही थी···गम्भीरता से कह रही थी। और इसलिए जब मैंने कहा कि अगले दिन मेरी छुट्टी है; हम शाम को कहीं मिलें तो उसने इनकार कर दिया।

"पर क्यों ?" मैंने झल्लाकर पूछा।

"बस यूं ही !" वह शान्ति से बोली, "हमें बहुत अधिक मिलना नहीं चाहिए !"

मुझे लगा कि हम में जब भी कोई विरोध आ जाता है तो हम दोनों ही अपने प्रेम के कारण स्वयं को दूसरे के अनुकूल बना लेते हैं और परिणामतः हमारे बीच एक नया विरोध जन्म ले लेता है।

पिछली बार मैं रीमा को मिला तो बात कुछ और ही हो गयी।

हम दोनों घूमने निकले थे। अकेले घूमना कोई नयी बात तो थी नहीं हमारे लिए। अकसर ही घूमने जाते थे हम। पर रोज़-रोज़ एक ही रास्ते पर घूमते-घूमते तंग आ गए थे हम दोनों ही। रीमा ने मुझे बताया कि उसने घूमने के लिए एक नया मार्ग खोज निकाला है और वह मुझे नये रास्ते से ले चली।

रास्ता नया था, बात भी नयी हो गयी। अचानक हमारे सामने, जाने किधर से आकर प्रवाल खड़ा हो गया।

"हलो !"

"हलो-हलो !"

"कहो, किधर ?"

"बस यूं ही घूमने निकले थे।"

"और तुम ?"

"मैं भी यूं ही।"

"अच्छा।"

"अच्छा।"

और वह चला गया।

प्रवाल हम दोनों को ही जानता था। पर हमारे प्रेम-सम्बन्ध का पता उसे नहीं था। और हम चाहते थे कि पता किसी को न ही लगे। पर अब तो उसने देख ही लिया था। इस समय, रात के नौ बजे, अकेले सड़क पर हमें यूं घूमते देखकर, वह सब कुछ समझ ही गया होगा। इसीलिए तो उसने कुछ नहीं पूछा। कमबख्त ने एक ज़रा-सा आश्चर्य भी नहीं दिखाया। पर पकड़े तो हम गए ही थे।

मैंने रीमा के मुख की ओर देखा। वह भी शायद यही सब सोच रही थी।

"अब क्या होगा ?" वह बोली।

"होगा क्या ?" मैं बोला, "मुझसे कुछ पूछेगा, तो मैं समझ लूंगा। तुमसे पूछे तो टाल देना। यदि न टले तो कह देना कि पता तो उसे लग ही गया है, अब चुप रहे।"

"फिर वह पूछेगा थोड़ी," वह बोली, "वह सबको बताता फिरेगा।"

"नहीं बताएगा।" मैंने रीमा को झूठी तसल्ली दी।

रीमा कुछ बोली नहीं, चुपचाप चलती रही। मैं जानता था कि अब वह इस

बात को लेकर खामखाह सोचती रहेगी और अपना दिमाग खराब करेगी।

"बहुत थक गयी हूं।" वह बोली।

मुझे लगा, वह सचमुच निढाल हो गयी है, शायद इसी घटना के कारण।

"तुम ठहरो यहीं। मैं अभी टैक्सी लाता हूं।"

"नहीं! टैक्सी में पैसे खर्च होंगे।"

"कितने खर्च हो जाएंगे!" मैं बोला, "तुम्हारे लिए तो, डार्लिंग···"

"बस-बस!" वह बोली, "मेरे लिए कुछ करना चाहते हैं तो मेरी एक बात मानिए।"

"क्या?"

"हम अब फिर कभी सैर के लिए नहीं आएंगे।"

"क्यों नहीं आएंगे?" मैं समझ गया कि उसके दिमाग में प्रवाल की ही बात चक्कर काट रही है, "घूमने तो ज़रूर जाएंगे।"

"अभी तो मेरे लिए क्या-कुछ करने को तैयार थे और अब···"

"नहीं, डार्लिंग! सुनो!" मैं जानता था कि यदि बात न टली तो वह मुझसे फिर कभी घूमने न आने का वचन ले लेगी; और इस बात के लिए मैं किसी भी प्रकार तैयार नहीं था। "देखो, मुझे यह बात बता दो।" मैंने बात बदल दी।

"कौन-सी बात?" वह याद करने की चेष्टा कर रही थी।

"वही, जो उस दिन तुम बताती-बताती रह गयी थीं।"

"अरे, वह। छोड़िए भी।"

"पर तुम बताती क्यों नहीं?" मैंने ज़िद की, "मैं तुम्हें अपनी एक-एक बात बता देता हूं और तुम मुझसे छोटी-छोटी बातें छिपाती हो।"

"भई, वह बात बताने की नहीं है।" वह बोली, "वह बात मैं कभी नहीं बताऊंगी।"

"देखो!" मुझे भी ज़िद-सी चढ़ गयी थी, "प्रेम में कुछ भी छिपाया नहीं जाता।"

"हां, नहीं छिपाया जाता।" उसने कहा, "पर वह मेरी बात है, मैं नहीं बताना चाहती। कुछ मेरा अपना, निजी भी तो···"

"तो अभी तुम्हारे प्रेम में 'मेरा' भी है। मैं तो सब कुछ 'हमारा' ही समझता हूं। तुमसे छिपाकर, तुमसे अलग मेरा अपना कुछ भी नहीं है···"

"देखिए, आप बुरा मान गए।" वह मुझे मनाते हुए-सी बोली, "इसीलिए तो कहती थी, मत पूछिए।"

पर मुझे बुरा नहीं लगा था। मुझे लगा था कि रीमा ठीक कह रही है। व्यक्ति के जीवन में कई ऐसी बातें होती हैं, जिन्हें यदि उसका वश चले, तो वह अपने आप से भी छिपाना चाहेगा। फिर क्या जरूरी है कि रीमा सब कुछ बता ही दे।

पुरुष से पृथक् नारी अपना कुछ न रखे, सब कुछ उसे ही समर्पित कर दे—यह तो पुरुष का स्वार्थ है। नारी का अपना अस्तित्व क्यों न रहे ? मैं रीमा से कुछ नहीं पूछूंगा।

"नहीं, मैंने बुरा नहीं माना, रीमा !" मैंने कहा।

"हां, बुरा नहीं माना !" रीमा बोली, "मैं तो पहले ही जानती थी। पर क्या करूं, जीभ वश में ही नहीं रहती। मैं बहाने बनाना सीख नहीं पायी। सच कह देती हूं तो आपको बुरा लग जाता है। कितनी खराब हूं मैं !"

"नहीं, रीमा, यह बात नहीं है।" मैंने समझाया उसे, "मैंने सचमुच बुरा नहीं माना।"

"अच्छा, रहने दीजिए अब !"

"सच, रीमा, मैंने…"

"अच्छा-अच्छा !" रीमा मेरा विश्वास नहीं कर रही थी।

और मुझे लगा, एक विरोध मिटाते-मिटाते शायद मैं दूसरे विरोध को जन्म दे बैठा था।

३.३.१९६४

पिल्लू

अनीता सवेरे जब से बेडरूम से बाहर आयी थी, उसका मूड खराब था। जाने क्यों खराब था। सवेरे कुछ हुआ तो था नहीं, पर उसका मूड खराब था। और जैसे-जैसे समय बीतता जाता था, मूड अधिक खराब होता जाता था।

ब्रश उठाया, तो उसकी तह में पेस्ट जमी हुई-सी नज़र आयी। अच्छा-खासा तो कल रात को ब्रश धोया था उसने। या तो यह पेस्ट बहुत रद्दी आने लगी है, या ब्रश ही ऐसे बनने लगे हैं। घृणित लगा उसे यह सब। उबकाई-सी आयी। सोचा, ब्रश न करे। क्या लाभ है इस गंदे ब्रश को मुंह में डालने का। फिर मुंह में रात भर की थूक जमा होगी—उस गंदगी को तो साफ करना ही है।

बेसिन के एकदम पास होकर, दांतों पर ब्रश रखना ही चाहती थी कि ऊपर लगे शीशे में देखकर रुक गयी। शीशा छोटा था, और वह अपना मुख उसके पास ले आयी थी। शीशे में और कुछ नहीं दिख रहा था, बस होंठ-होंठ नज़र आ रहे थे, और जरूरत से अधिक बड़े लग रहे थे। उसके शरीर में एक सिहरन-सी दौड़ गयी। रात को इन्हीं होंठों को बार-बार हेमेन्द्र ने चूमा था। बड़ी प्रशंसा की थी होंठों की···उसका जी कैसा हो गया···क्या हैं ये—मांस के दो टुकड़े, भद्दे और बदसूरत !

वह शीशे के पास से हट गयी। वह उन कुरूप मांस के टुकड़ों को नहीं देखना चाहती थी, नहीं देखेगी वह ! और वह शीशे की ओर से मुंह फेरकर हल्के-हल्के ब्रश फेरती रही दांतों पर। ध्यान रात की बातों में उलझ रहा था। एक-एक बात याद आती जा रही थी। और, सहसा किसी एक बिन्दु पर उसके मुख का स्वाद कड़वा हो गया। उसने घूमकर बेसिन में 'आ-आ' कर दिया। पेस्ट की सारी झाग बेसिन में आ गई। उसने नल खोल दिया और किसी प्रपात के समान नल का

पानी झाग बहा ले गया।

बहती हुई झाग को देखा अनीता ने, वह श्वेत नहीं थी, यहां-वहां रक्त की लालिमा थी उसमें। तो फिर उसके मसूड़ों में से खून आने लगा है। उसने मुंह खोलकर शीशे में देखा। बायीं ओर के लाल-लाल घायल मसूड़ों में से खून रिस रहा था। लाल-लाल खालहीन मांस और खून। उसे कटे हुए खालहीन बकरे का मटन-स्टाल में उलटा लटका हुआ मांस याद आ गया जिसमें से लाल पानी की बूंद-बूंद टपककर सीमेन्ट की पतली-सी नाली को लाल करती रहती है···

उसने ब्रश वहीं पटक दिया और बाहर आ गयी।

कल शाम को वह बड़ी देर तक हेमेन्द्र के लौटने की प्रतीक्षा करती रही थी। सात-साढ़े सात तक वह लौट आया करता था, पर जाने क्यों देर कर रहा था। पता नहीं, क्या हो गया है उसे। जब कभी भी अनीता उसकी व्याकुलता से प्रतीक्षा करती है, उसी दिन वह देर से आता है। कल भी वह साढ़े नौ बजे के लगभग लौटा था।

"कहां रह गए थे आप?" अनीता ने पूछा।

"दूकान के काम से चला गया था।" अनीता के प्रश्न में छिपी जिज्ञासा, प्रिय के प्रति आशंका तथा स्नेह—किसी की ओर भी उसका ध्यान नहीं गया, "खाना लगाओ, मुझे भूख लगी है।"

अनीता के प्रेम पर वह बहुधा इसी प्रकार ठंडे छींटे दे दिया करता था। अनीता को बुरा लगा, पर कुछ कहा नहीं उसने। चुपचाप मेज़ पर खाना लगाती रही।

उसके मन का उल्लास भीतर-ही-भीतर उबल रहा था। वह बताना चाहती थी। जो कोई भी सामने पड़ जाए, उसी को बताना चाहती थी। फिर अपने पति को ही कैसे न बताती! पानी के ठंडे छींटों से दूध का एक उबाल रुक सकता है, पर दूध एकदम उबलना तो नहीं रुक सकता। हेमेन्द्र, जब हाथ-मुंह धो, उन्हें तौलिए से पोंछता हुआ मेज़ पर आ बैठा, तो अनीता से न रहा गया, "सुनो, मेरी एक कहानी दैनिक 'विश्वमित्र' में छप गयी है।"

"अच्छा।" हेमेन्द्र ने चुपचाप खाना शुरू कर दिया।

अनीता एकटक देखती रही उसे। जाने उसकी दृष्टि में क्या-क्या था··· अनीता बहुत छोटी थी तब। उसे कहानियां सुनने के साथ पढ़ने का भी शौक था। और कुछ दिनों के पश्चात् कहानी लिखने की भी इच्छा हुई। कब से वह कहानी-लेखिका बनने की चेष्टा कर रही है। कब से वह हर सप्ताह कुछ-न-कुछ लिखकर पत्रिकाओं को भेज रही है। और, आज इतने वर्षों के पश्चात् जब उसकी साध पूरी हुई है···

कहानी प्रकाशित होने की प्रसन्नता, हेमेन्द्र के व्यवहार के अपमान से बड़ी

सिद्ध हुई। कुछ ही देर में हेमेन्द्र और उसका व्यवहार कहानी-लेखिका के संसार से कहीं अलग जा पड़े। वह मेज़ साफ कर हेमेन्द्र से पहले ही जाकर पलंग पर लेट गयी! उसके मस्तिष्क में कहानियों और पत्रिकाओं के सिवाय और कुछ भी न था।

हेमेन्द्र आया, तो उसका मूड भी पेट भर जाने से कुछ बदल गया था। वह लेट गया। पहले तो अनीता को देखता रहा कि शायद वह कुछ बोले, पर वह अपनी कहानियों के विषय में ही सोच रही थी···

हेमेन्द्र ने करवट ली और दाहिने हाथ से अनीता की बायीं बांह को सहलाते हुए अपनी ओर खींचा—"ए सुनो···"

"मुझे छुओ मत।" वह हंसती हुई बोली। प्रसन्नता ने बहुत हल्का बना रखा था उसे, "मैं बहुत बड़ी कहानी-लेखिका हूं। सम्मान से बात करो।"

हेमेन्द्र ने आंखें फाड़कर एकटक उसे देखा और फिर झपटकर उसे दबोचते हुए भिंचे स्वर में बोला, "जो कुछ भी हो, मेरी तो पत्नी ही हो न।"

अनीता की प्रसन्नता की बिजली का तार कहीं से कट गया। सारा प्रकाश लुप्त हो गया। वह उस बन्द अंधेरे कमरे में लौट आयी। उसे लगा, किसी उड़ती हुई चिड़िया को पटककर किसी ने उसे हथौड़ी से पीस डाला है।

अपने शरीर पर फिरते, उसे नोचते-खसोटते हेमेन्द्र के हाथों का अनुभव उसे हो रहा था, और उसके वाक्य का अर्थ उसके सम्मुख खुलता जा रहा था···वह औरत है, इसलिए वह उसे कहानी-लेखिका मानने से इनकार करता है। वह कुछ भी बन जाए, तो भी औरत ही रहेगी। औरत···एक विशेष प्रकार का शरीर··· शरीर, यानी मांस···मांस···केवल मांस···!

हेमेन्द्र बड़ी देर तक प्रयत्न करता रहा, पर अनीता न बोली, न हिली। काठ के जड़े कुंदे की तरह पड़ी रही, और अन्त में हेमेन्द्र को भी करवट बदलकर सो जाना पड़ा था।

अनीता बाथरूम से निकलकर रसोई में चली गयी। जड़ मशीन के समान काम करती रही। पानी उबाला, केतली में डाला। पत्ती डाली। दूध उबाला। और सारी चीज़ें ट्रे में रखकर, मेज़ पर ले आयी। अभ्यास के अनुसार ही आवाज़ भी लगा दी, "सुनो, चाय तैयार है।" हेमेन्द्र चुपचाप सामने की कुर्सी पर बैठ गया। अनीता ने उसके लिए एक कप में कहवा डाला, दूध डाला और चीनी के दो चम्मच डालकर वह घोलती रही···फिर उसने चुपचाप कप खिसका दिया।

हेमेन्द्र का ध्यान उस ओर नहीं था। अनीता ने उसकी आंखों को देखा, वह उसी को एकटक देख रहा था। वह उसकी भूखी नज़रों को पहचानती थी।

अनीता ने गर्दन झुकाकर देखा। चाय बनाते हुए उसका पल्ला हट गया था।

ब्लाउज़ का ऊपर का बटन खुला रह गया था और उसमें से गोलाइयां झांक रही थीं। हेमेन्द्र की आंखें उन्हीं पर टिकी हुई थीं।

अनीता फिर जड़-काठ-सी हो गयी। क्या देख रहा है यहां···मांस। वह मांस है जड़, ठंडा मांस। और कुछ भी नहीं···

उसने अपनी चाय बनाई। चीनी डालने लगी, तो हाथ रुक गया। चम्मच में एक सफेद-सा बड़ा पिल्लू सरसरा रहा था। गोल, मोटा और सफेद···यह भी मांस है—अनीता सोच रही थी। क्या अन्तर है उसमें और अनीता में! दोनों एक हैं···

उसे एक झटका-सा लगा···उसे जीवन को इसी रूप में स्वीकार करना है, करना पड़ेगा। पर कैसे करेगी? किन्तु, कोई रास्ता भी नहीं है। जब वह स्वयं को मनुष्य न मान, मांस मान सकती है, तो यह क्यों नहीं कर सकती···

उसने चम्मच अपने कप में उलट दिया। चीनी कप की तह में चली गयी, पर पिल्लू हल्का था, वह सतह पर तैर गया। अनीता ने देखा, वह गोल, बड़ा-सा सफेद पिल्लू गर्म खौलते पानी में तड़प रहा था, उलट-पलट रहा था···

उसने कप उठाया और बिना चीनी घोले, कड़वी गर्म-गर्म चाय, दो-तीन घूंट गट-गट पी गयी। जब कप उसने प्लेट में रखा, तो उसके मुख पर मुसकान थी। वह विजय-उल्लास भरी आंखों से हेमेन्द्र को देख रही थी। और, कप में अब वह पिल्लू नहीं था।

७.७.१९६४

काठ

जीवन की व्यर्थता का बोध···ओफ ! तंग आ गयी थी लीला। प्रत्येक क्षण, प्रत्येक वस्तु, प्रत्येक व्यक्ति—सब ही जैसे कह रहे हों कि वह व्यर्थ है। जन्म से अब तक उसने जो कुछ भी किया था, उसके माता-पिता ने उसको जो कुछ दिया, उसके लिए जो कुछ किया, सब व्यर्थ ! लीला का सारा व्यक्तित्व···

वह आक्रोश से भरी हुई रसोई में चली गयी। शेलफ पर से एक-एक बरतन उतारकर नीचे पटक दिया और ढेर सारी राख लेकर उन्हें साफ करने बैठ गयी। एक पतीला उठाया, उलट-पलटकर देखा। कितना गंदा हो रहा था ! उसे लगा, सुधीर ने भी, शादी की पहली रात, उसके शरीर को इसी प्रकार उलट-पलटकर देखा था। उस समय सुधीर के चेहरे पर भी ऐसे भाव थे, जैसे अभी, इस पतीले को देखते समय लीला के चेहरे पर हैं। सुधीर भी उसे एक पतीले के समान ही उलट-पलटकर देखता गया था···और वह व्यर्थ का एक बरतन करार दी गयी थी।

तब से इन दो महीनों में उसने सुधीर की आंखों में एक ही भाव पढ़ा था। अब तो जैसे और लोगों को भी पता लग गया था और सबकी आंखों में वह वही पढ़ती थी जो सुधीर की आंखों में था। वह उसके सामने पड़ने से भी घबराती थी। उसकी आंखों में देख नहीं सकती थी। हर समय व्यर्थता का बोध···मस्तिष्क का बोझ···

पर वह कम से कम इस पतीले को तो व्यर्थ नहीं रहने देगी।

उसने ढेर सारी राख पतीले में डाली और देर तक उसे रगड़ती रही। पतीले को बाहर-भीतर अच्छी तरह साफ कर पानी में डाल दिया। धो-पोंछकर देखा तो कैसा चमक रहा था। अब वह व्यर्थ और निरर्थक नहीं था। उससे कोई भी कार्य

लिया जा सकता था, जो अन्य किसी भी पतीले से हो सकता था ।

एक-एक कर उसने सारे बरतन मांज डाले । उन्हें धोया और सुखाकर शेल्फों पर सजा दिया । कैसी जगमग कर रही थी रसोई !

वह रसोई से बाहर निकल आयी । ढेर सारे मैले कपड़े इकट्ठे किए और उन्हें कूटने बैठ गयी । गन्दे कपड़ों का कचूमर ही निकाल दिया उसने, जैसे गन्दे हो जाने के अपराध का दंड दे रही हो । अन्तिम कपड़ा धोते-धोते उसकी बांहें जड़ हो गयीं—रक्त जम गया था बांहों में । घुटनों पर हाथ टेक, थकी-सी वह उठी, और कपड़ों को पानी में डाल उनका साबुन निकालने लगी । फिर उन्हें निचोड़ और फटककर सूखने के लिए डाल दिया । आंगन के सारे तार धुले कपड़ों से भर गए ।

झाड़ू उठाकर वह वापस गुसलखाने में आयी । अच्छी तरह से उसके फर्श की फिसलन को साफ किया । बेसिन को विम से चमकाया और तब बाहर निकल आयी ।

अब बेडरूम और ड्राइंगरूम में झाड़ू लगाना शेष था । जल्दी-जल्दी उसने बिस्तर की चादरें झाड़ीं । पलंग ठीक किए । सभी चीज़ें ठीक-ठिकाने रखीं और कमरे को बुहार दिया । ड्राइंगरूम में तो विशेष कुछ करना नहीं था । झाड़ू दिया और सोफे के कपड़े से झाड़-पोंछ दिया ।

सुधीर के आने में अभी कुछ देर थी । तब तक वह खाना बड़ी आसानी से बना सकती थी । पहले नहाए या खाना बनाए ? पहले खाना ही बना ले, फिर नहाने जाए । वह रसोई में आ बैठी··· इतना काम किया है सवेरे से ! अब तो घर की शक्ल ही कुछ और निकल आयी है । पहले क्या था—गन्दा-सा घर ! उसे चमकाने वाली, सजाने वाली वह स्वयं थी ।

सवेरे वह क्या समझ रही थी अपने-आपको । नहीं, वह व्यर्थ नहीं है । पर वह स्वयं को कहां कुछ समझती है । उसे तो समझाया जाता है । उसे सुधीर के शब्द याद आए, "ठंडी काठ··· फ्रिजिड !" उसके बाद सुधीर उसके पास नहीं आया था । और तब से वह भारी मस्तिष्क लिये जी रही थी···

सुधीर दोपहर को घर आया, तो उसे घर बहुत बदला-बदला-सा लगा । सब कुछ साफ़-साफ़ था । धुला-पुंछा, निखरा-सा । कई दिनों के बाद उसे घर आना अच्छा लगा । लगता था, वह घर आया है, जहां आकर व्यक्ति अपनी थकावट भूल जाए । लीला भी कैसी भली लग रही थी !

"दीखता नहीं है तुम्हें ?" लीला की कुछ अतिरिक्त कर्कश आवाज उसके कानों में पड़ी, "पैर जरा पोंछकर आते । पायदान क्या सूंघने के लिए है ? सारा धुला-धुलाया फर्श गन्दा कर दिया !"

सुधीर ने पहली बार लीला के मुंह से ऐसी बात सुनी थी । उसकी खीझ का

झाग फर्श को देखते हुए खुद ही उतर गया। ठीक ही तो कह रही है बेचारी। इतना साफ़ फर्श उसने बूटों में लगे कीचड़ से वाकई खराब कर दिया था। आखिर फर्श साफ़ करने में परिश्रम करना पड़ता है।

वह बिना कुछ कहे, लज्जित-सा भीतर आ गया। देखा, लीला फिर चूल्हे के पास लौट गयी थी। शायद कुछ पकाना बाकी हो। वह रसोई के द्वार पर आ गया। भीतर पैर रखा ही था कि लीला खाने को पड़ी, "हैं-हैं! देखते नहीं रसोई है। जूते लिये कहां घुसे चले आ रहे हो!"

वह उलटे पैरों लौट आया। बेडरूम में जाकर पलंग पर बैठा, तो याद आया कि वह पानी पीने के लिए रसोई की ओर गया था और बिना पीए ही लौट आया है। खैर, कपड़े बदलकर पी लेगा पानी। उसने धीरे-धीरे बूटों के तस्मे ढीले किए। बूट उतारे और गंधाती जुराबें भी उनके ऊपर ही रख दीं। नजरें दौड़ाईं, तो स्लीपर कहीं नहीं दीखे। शायद शीला ने सफाई करते हुए कहीं सम्हाल कर रख दिए थे। उसने ही रखे होंगे।

"ली···" उसकी आवाज गले में ही अटक गयी। उसे लगा वह लीला का सामना नहीं करना चाहता। इन पन्द्रह मिनटों में ही जाने क्या हो गया था। वह पति था, इस घर का स्वामी। स्वभाव से दब्बू भी नहीं। फिर उसे क्या हो गया था? लीला का चेहरा उसकी आंखों के सामने उभरा··· सख्त नाराजगी में डूबा हुआ, "हैं-हैं, देखते नहीं···"

उसने कमीज उतारी। कमीज हाथ में पकड़े सोचने लगा, इसे कहां रखे? कब से सोच रहा था, इस कमरे में खूंटी लगवा दे। कपड़े टांगने का प्रबन्ध तो हो। पर अभी तक कभी ऐसी आवश्यकता का अनुभव नहीं हुआ था। उसे लगा, यदि आज उसने पलंग पर कोई कपड़ा रखा, तो पलंग चीख पड़ेगा, "देखते नहीं, यह कपड़े रखने की जगह नहीं है।"

और पलंग की वह आवाज, लीला की आवाज से मिलती-जुलती होगी।

उसे लगा, घर की हर वस्तु व्यवस्थित रूप से रखी हुई है। सजी-सजाई है। उसने कहीं हाथ लगाया, पैर रखा, तो कुछ-न-कुछ अव्यवस्थित हो जाएगा। मैला-गन्द हो जाएगा।

वह कमीज हाथ में पकड़े हुए ही नंगे पैरों गुसलखाने में चला गया। वहां एक साफ-सुथरा, धुला हुआ सफेद तौलिया टंगा था। मुंह पोंछने के बाद सुधीर को लगा कि वह तौलिया गन्दा हो गया है।

उसे इस तौलिए से अपना गन्दा मुंह नहीं पोंछना चाहिए था। घर में और तौलिए भी होंगे, मैले तौलिए।

उसने उस तौलिए को उलटकर टांग दिया जिससे उसका मैलापन छिप गया।

वह धीरे-धीरे चलता हुआ खाने की मेज पर आया। हाथ में पकड़ी कमीज वह गुसलखाने में ही टांग आया था।

मेज पर लीला उससे पहले बैठी हुई थी। देखते ही बोली, "हे राम! समझ में नहीं आता कि तुम्हें हुआ क्या है? नंगे पैरों ही गुसलखाने में चले गए? तुम्हारे स्लीपर क्या हुए?"

सुधीर ने पलटकर देखा, अपने पीछे रास्ता भर वह गीले पैरों के निशान छोड़ता आया था।

वह चुपचाप बैठ गया और बड़ी मुश्किल से दो-चार कौर गले के नीचे उतारे।

अचानक उसका हाथ लगा और शीशे का एक गिलास फर्श पर गिरकर टुकड़े-टुकड़े हो गया। वह सहम-सा गया। उसने भीत दृष्टि से एक बार लीला को देखा, पर वह कुछ नहीं बोली। बस, देखती रही उसे।

सुधीर जल्दी से उठ गया। लीला ने भी उससे कुछ पूछा नहीं, बस, देखती रही।

सुधीर ने आज जरा-सा आराम भी नहीं किया। कमीज पहनकर ऑफिस लौट गया।

उस शाम वह काफी देर तक काम करता रहा। जब ऑफिस से उठा तो घर न जाकर सतीश के पास चला गया। खाना भी उसी के साथ उसके ढाबे पर खाया।

रात को पिक्चर देखी और जब उसे विश्वास हो गया कि लीला अवश्य ही सो गयी होगी, तो वह घर की ओर मुड़ा।

८.८.१९६४

मारिसनगर

इस ठंडी सुबह में धुंध की चादर ओढ़े मारिसनगर सोया पड़ा है। काफी देर तक सोता रहता है। उठने की कोई जल्दी नहीं। बहुत तड़के ताजी खबरें सुनाता हुआ कोई हॉकर इसे नहीं जगा सकता, न कोई दूधवाला ही इसकी नींद में बाधा डाल सकता है। कमलानगर और रूपनगर से 'रिज' की ओर घूमने जाने वाले लोग इसके पास से चुपचाप निकल जाते हैं। न वे धुंध की चादर हटा सकते हैं, न इसकी नींद उचाट कर सकते हैं।

ठीक इसके चौराहे पर हम भी अपने होस्टल में यों ही सोया करते थे। सुबह जब अलार्म बजते-बजते थक जाता तो अलसाए हाथों की बेखबर अंगुलियों से उसे बन्द कर दिया जाता। 'पेपर-र्-र्' कहकर पांडेयजी दरवाजे के नीचे से अखबार खिसका जाया करते। कभी-कभी जब कोई खबर उनको अच्छी लगती तो जगाकर उसे सुना भी जाते। जब कभी उन्हें लगता कि बहुत देर हो गयी है और मुझे उठ जाना चाहिए, वह दरवाजा खटखटा जाते। अगर कभी मैं उठ गया होता और पांडेयजी अखबार न दे गए होते तो झल्लाहट होती। आखिर इतनी सुबह कोई और कर भी क्या सकता है सिवा अखबार पढ़ने के।

"पांडेयजी ! आप इतनी देर···"

"गोयल साहब, क्या करें···" पांडेयजी सारी कैफियत देते। कैफियत मैं नहीं सुनता। पहले ही शब्द पर भटक जाता हूं, मैंने पचासों बार पांडेयजी को बताया है कि मैं कोहली हूं, गोयल नहीं। पर, मजाल है पांडेयजी याद रखें ! स्वयं को किसी अन्य नाम से पुकारा जाता सुनकर बड़ी कोफ्त होती है। अपने नाम को स्वयं से अलग कर नहीं सका हूं आज तक। और स्वयं को अपने इसी रूप में इतना प्यार करता हूं कि थोड़ा-सा बदल नहीं पाता। कोई बदलने की चेष्टा करता है

तो क्रोध आता है। फिर डांटने का 'टोन' सुनकर पांडेयजी कुछ ऐसे घबरा जाते हैं कि मैं स्वयं डर जाता हूं।

पांडेयजी अब भी होस्टल में जाते होंगे। शायद जाते हों, कह नहीं सकता। मुझे देखें भी तो शायद पहचानें तक नहीं। वह ही क्या, होस्टल का कोई लड़का न पहचाने। लौटकर जाऊं तो नये-नये आने वाले लड़के एक उपेक्षा की दृष्टि डालेंगे मुझ पर—"ओ कबूतर ! नया आया है क्या ?"

मारिसनगर जाग रहा है। साढ़े आठ बजे अचानक ही उठ बैठता है मारिसनगर। नगर के हर कोने से डी० टी० यू० की यूनिवर्सिटी स्पेशल बसें, ढेर-सा जागरण इकट्ठा कर देती हैं यहां। उसी जागरण से मारिसनगर को उठना पड़ता है। स्वयं नहीं उठता है तो वैसे ही उठा दिया जाता है जैसे पांडेयजी मुझे उठा जाया करते थे। वैसे भी, साढ़े आठ बजे हालात ऐसी हो जाती है कि यदि न जागे तो शर्म आने लगेगी इसे। इतने धुले 'फ्रेश-चेहरे' आकर जमा हो जाते हैं यहां कि सुस्ती स्वयं शरमा जाए। इन चेहरों की ताजी जागृति यह सोचने ही नहीं देती कि वे कभी सोए होंगे, अलसाए होंगे ! पर, मस्तिष्क तो सोचता ही है। मारिसनगर के इक्कीस नम्बर के स्टॉप पर 'शेड' से पीठ लगाए सोच रहा हूं, कितनी जल्दी उठते होंगे ये लड़के-लड़कियां, जो साढ़े आठ बजे यहां आ भी जाते हैं ! कितने ही चेहरे एलानियां कहते फिरते हैं कि वे रात को सो नहीं पाते, क्योंकि वे चाहते हैं कि जल्दी-से-जल्दी सवेरा हो और वे मारिसनगर पहुंचें।

मेरे पास थोड़ी ही दूर दायीं ओर एक साहब आकर खड़े हो गए हैं। अब वे साहब नहीं रहे, मोलवी साहब हो गए हैं। मारिसनगर के साथ-साथ मैंने भी उन्हें साहब के रूप में देखा था। पर आज अकेले हैं। चार साल पहले जब उन्हें देखा था, वे अकेले नहीं थे। तब वे अच्छे-खासे स्मार्ट लड़कों में थे। 'क्लीनशेव्ड', 'टेरिलीन' के कपड़े, चमचमाते काले बूट और हाथों में नयी फाइल। पर आज ···उन्होंने 'चारमीनार' का पैकेट निकाला और सिगरेट निकाल, डिबिया पर ठोकते हुए खाली नजरों से इधर-उधर देखते रहे। उनकी नजरें बहककर मुझ तक आयीं, पर 'एक्सरे' की तरह या तो पारदर्शी शीशे के समान मुझ में से गुजर गयीं या फिर मुड़कर, आड़ी-तिरछी होकर मेरे अगल-बगल से गुजर गयीं—उन साहब ने सचमुच मुझे नहीं देखा। देखा भी होता तो पहचानते नहीं। मैं मारिसनगर का 'पर्मानेंट फीचर' कभी नहीं रहा···

चहल-पहल आरम्भ हो गयी है। नौ बज रहे हैं। मारिसनगर इसी समय मुसकराता है। हिन्दू कॉलेज और सेन्ट स्टीफेन्स के लड़के भी मारिसनगर की मुसकान देखने के लिए यहीं उतरते हैं, चाहे उन्हें फिर कॉलेज़ तक चलकर क्यों न जाना पड़े। जब मैं यहां था तो इतनी भीड़ नहीं थी यहां। अब जनसंख्या काफी बढ़ गयी। दौलतराम कॉलेज भी आ गया है यहीं। एक हजार लड़कियां

बढ़ी होंगी तो पांच सौ लड़के भी बढ़े होंगे। कभी-कभी सोचता हूं तो लगता है, पुरुष जैसा मूर्ख जन्तु भी भगवान ने कोई नहीं बनाया और जब मैं ऐसी बातें सोचता हूं, मारिसनगर और भी अधिक मुसकराने लगता है। वह मुझसे ज्यादा अनुभवी है।

दायीं ओर खड़े साहब तीसरी सिगरेट पी रहे हैं। उनकी 'वह' नहीं आयी यानी···अब उनकी 'उस' का स्थान दाढ़ी और सिगरेट ने ले लिया है! तभी मारिसनगर की अनुभवी, व्यंग्यभरी मुसकान उनके चारों ओर तह-पर-तह जमा कर रही थी···

हमारे पास ही एक जोड़ा आ बैठा है और मारिसनगर का बूढ़ा-अनुभवी चेहरा जरा धुंधला-सा गया। इस लड़के का क्लास में जाने का इरादा नहीं लगता। लड़की···वह तो शायद ही क्लास में गयी हो। लड़का छोटा है अभी। काफी जोरदार शेव बनाई है उसने! आंखों पर मोटे फ्रेम की काफी आकर्षक ऐनक लगी है। पढ़ने वाला लड़का है। पर मारिसनगर का बूढ़ा चेहरा धुंधला क्यों रहा है? वह इस लड़के को भी मौलवी बन, 'चारमीनार' की सिगरेटें पीते नहीं देखना चाहता। पर वही होगा···इस लड़के का मासूम ईमानदार चेहरा···इसकी यही नियति है···

दायीं ओर खड़े साहब ने हाथ में आधी बची 'चारमीनार' की सिगरेट पटक दी है झल्लाकर! उनका मुख कड़वा-सा गया है। आज फिर निराश हुए हैं वे। उनकी नजरें साथ बैठे जोड़े पर हैं, पर वे पहले जैसी खाली-खाली नहीं हैं। वे उस को पारदर्शी शीशे के समान पार नहीं कर सकी हैं। जलती हुए क्रुद्ध आंखें उन्हें कुछ क्षण देखने के पश्चात् लौट गयीं। मुड़ गए वे। छह वर्षों से खुदे इस नाले पर रखे तख्ते को पार कर, दीवार के साथ सटी सिगरेटों की दुकान पर जाकर वे जेब में से टूटे पैसे निकाल रहे हैं, सिगरेट की डिबिया का दाम पूरा करने के लिए। बड़ा अटपटा-सा लगता है मुझे···इन हाथों में मैंने अकसर दस रुपये के ही नोट देखे थे। मुझे खेद होता है और वे थके-थके डग लेते 'वैंगर्स' की ओर चले जाते हैं। यहां वे शाम तक बैठे-बैठे ब्लैक-कॉफी के कड़वे घूंट भरेंगे और यदि पैसों का कहीं से प्रबन्ध हो गया तो शाम को किसी 'बार' में नजर आएंगे···जाते-जाते वे एक जलती-सी दृष्टि उस बैठे हुए जोड़े पर भी डाल जाते हैं···

उस जोड़े का ध्यान उस ओर नहीं है। लड़का बड़ा मासूम है, उसका ध्यान अभी इन बातों की ओर नहीं जाएगा। मारिसनगर की बूढ़ी, दर्द-भरी आंखें भी उसी लड़के पर टिकी हैं। उन्हीं आंखों से देखता हूं तो लगता है, लड़का घर से अमीर नहीं है। वह रुपए बहा नहीं सकता। उसकी मां ने बड़े जतन से कमीज धोकर प्रेस की है, खाना अपने हाथों से टिफिन-बॉक्स में डालकर दिया है, ताकि बेटा दोपहर को खा सके। पढ़ाई से थक जाता है बेटा उसका। सबसे बड़ा बेटा

है। पढ़-लिखकर कुछ बन जाएगा तो छोटे भाई-बहनों का जीवन संवार देगा। बुढ़ापे में मां को अपने हाथों से कपड़े नहीं धोने पड़ेंगे, अपने हाथों से बरतन नहीं मांजने पड़ेंगे।···पर मारिसनगर की बूढ़ी, दर्द-भरी आंखों में से मैं देखता हूं··· इस लड़की के साथ वह यहीं बैठा रहेगा। नहीं जाएगा क्लास में। भूख लगेगी तो खाना भी नहीं खाएगा। मां का बन्द किया टिफिन-बॉक्स इसी तरह घर वापस चला जाएगा। लड़की के सामने वह सूखे आलुओं के साथ फुलके आखिर कैसे खा सकेगा? हां, जब वह लड़की कहेगी, अपने दोस्तों से उधार लिये पैसों के बल पर वह उसे 'वेंगर्स' ले जाएगा, उसे कटलेट और हैमबर्गर खिलाएगा और खुद भूख न होने का बहाना कर चाय की चुस्कियां भरता रहेगा···

मारिसनगर की आंखों में अधिक दर्द सिमट आया है। ये आखें भविष्य को देखती हैं। चार वर्ष बाद इस लड़के को भी ये दाढ़ी बढ़ाये 'बार' में बैठे नहीं देखना चाहतीं···

दोपहर हो चली है। दो घंटे की शान्ति के बाद मारिसनगर फिर से शोर करने लगा है। लंच के लिए छुट्टी हुई है। कुछ लोगों की क्लासें खत्म हो गयी हैं। गुच्छे-के-गुच्छे लड़के-लड़कियां जमा हो गए हैं। वे शोर मचा रहे हैं, जोर-जोर से बोल रहे हैं, हंस रहे हैं। किशोरावस्था की कच्ची आंखें बार-बार घूमकर देख लेती हैं कि जिसके लिए इतना शोर मचाया जा रहा है, वह देख रही है या नहीं। स्कूटर और मोटर-साइकिलें आ-जा रही हैं। घूम-घूमकर फिर आ रही हैं। जब तक एक भी लड़की मारिसनगर पर खड़ी रहेगी ये इसी प्रकार अपना सरकस दिखाते रहेंगे।

नौ नम्बर के स्टॉप पर मेरा एक जाना-पहचाना चेहरा है। मैं भी उधर ही चल पड़ता हूं। एक बार सोचता हूं, कहीं वह मुझे पहचान न ले। पर चार वर्ष हो गये हैं—क्या पहचानेगा? वैसे भी जिस लड़के के साथ कोई लड़की हो, वह किसी को नहीं पहचानता।

मैं उसके पास जाकर खड़ा हो जाता हूं। वे दोनों बातें कर रहे हैं, पर उस लड़की को मैं नहीं पहचानता। उसे पहले कभी नहीं देखा। पहले कोई और लड़की रहती थी इसके साथ! यह लड़का क्या करता है? प्रेमिकाएं बदलता रहता है? या बारी-बारी से कई प्रेमिकाएं इसे बदल चुकी हैं? मारिसनगर की आंखें हंसने से बन्द-सी हो जाती हैं—उस हंसी से, जो बहुत कुछ कहती हैं—प्रेमी कहां है यह! यह तो बस पर चढ़ाने वाला नौकर है एक। उस लड़की के सारे काम करता है। उसके फार्म भरवाता है, लाइब्रेरी से किताबें दिलवाता है, रेस्तराओं के बिल देता है, बस से उतरते ही उसकी अगवानी के लिए खड़ा हो जाता है, बस-स्टैंड से क्लास तक छोड़ने जाता है, क्लास से बस-स्टैंड तक लाता है और फिर उसे बस पर चढ़ाकर घर जाता है। अन्त में उस लड़की को कोई और अमीर नौकर

मिल जाता है तो यह कोई दूसरी लड़की ढूंढ़ लेता है। दाढ़ी बढ़ाकर खाली-खाली आंखों से आकाश को घूरने और 'बार' में बैठने से तो अच्छा ही है कि लड़कियों के विषय में गम्भीर न हुआ जाए। मारिसनगर की बात में अनुभव का ठोसपन है…

साढ़े तीन बजे मारिसनगर पर मेला लगता है। इस बार भीड़ सबसे ज्यादा है। विश्वविद्यालय का बस-स्टॉप नहीं लगता मारिसनगर। ब्राउनिंग की 'दि पाइड पाइपर ऑफ हेमेलिन' याद आती है। बच्चे बांसुरीवाले के पीछे चलते हैं तो कैसी खटर-पटर होती है जूतों की। कैसी किलकारियां सुनाई पड़ती हैं। यहां बहुत शोर है। मुझे लगता है, बूढ़े मारिसनगर को अपने कानों में अंगुलियां देकर और आंखों पर पट्टी बांधकर जीना होगा। मारिसनगर पर बसें कम नहीं आतीं, पर धक्के मारने की आदत पड़ गयी है लोगों को। सारे शहर में सबसे अधिक पढ़े-लिखे लोगों का वर्ग है यह, पर सबसे अधिक उच्छृंखलता यहीं है। इन धक्कों को तो लड़के भी नहीं सह सकते। सोचता हूं, लड़कियां कैसे बर्दाश्त करती हैं यह सब! ये धक्के और फिर बदतमीजी भरी आवाज़ें, सारे रास्ते की बकवास। यह उच्छृंखलता दिल्ली की समृद्धि की उपज है, जहां लोगों के पास पैसा भी है और समय भी। इस गरीब देश में इसका क्या काम? पर दिल्ली गरीब नहीं है। विश्वविद्यालय का सारा क्षेत्र तो एकदम गरीब नहीं है। यहां गरीबी अपराध है। इसलिए कोई अपनी गरीबी स्वीकार भी नहीं करता। मारिसनगर की आंखों में आंसू आ जाते हैं। यह सब नहीं देखा जाता पर देखना पड़ता है। रोज़ देखता है मारिसनगर। विश्वविद्यालय में पुलिस का क्या काम? पर अब रोज़ पुलिस आती है। लड़कियों को बस में चढ़ाने और घर पहुंचाने के लिए भी पुलिस की आवश्यकता होने लगी है अब तो।

डी० टी० यू० की बसें इस उच्छृंखलता को नगर-निगम के कूड़ा ढोने वाले ट्रकों की तरह भर-भरकर ले जाती हैं और दिल्ली में बिखेर आती हैं। मारिसनगर को शान्ति मिलती है। पांच बजने को हैं। इक्कीस नम्बर वाले स्टॉप पर बैठा जोड़ा भी उसी भीड़ के साथ चला गया है और नौ नम्बर के स्टॉप वाला भी। मारिसनगर अब शान्त है। थोड़ी देर में ईवनिंग इंस्टीट्यूट वाले लोग आने लगेंगे, पर उनमें उतनी उच्छृंखलता नहीं है। जीवन की जिम्मेदारियों से दबे वे लोग कितना भी उत्पात करें, पर मारिसनगर की शांति को वे भंग नहीं करते।

सात बजने को हैं। मारिसनगर शान्त है। कोई लड़का नहीं है यहां, क्योंकि सारी लड़कियां अपने-अपने घर जा चुकी हैं। पन्द्रह नम्बर के स्टॉप पर एक अकेली परछाईं खड़ी है। दूर से ही सूट और हाथों में पकड़ी पुस्तकें बतला रही हैं कि कोई लेक्चरर है। इस समय तक शायद कोई लेक्चरर ही रुकता है पर मारिसनगर के लिए ऐसे लोग अजनबी नहीं। कुछ हैं, जो लेक्चरर बनने के बाद भी चार-पांच

घंटे लायब्रेरी में पढ़कर ही घर जाते हैं और घर पढ़ने के लिए पुस्तकें साथ ले जाते हैं। लेक्चरर बनना मात्र ही उनके जीवन का उद्देश्य नहीं।

मैं उस परछाईं के पास चला जाता हूं। मेरी आंखें उसे पहचानती हैं। चार वर्ष पूर्व की बात है। अकसर मैं इसे यहां देखता था। पर अब कितना बदल गया है। तब भी वह दमकता-चमकता-सा, फैशन-परेड के मॉडल-सा, एक लड़की के साथ यहीं घिसटता दिखाई पड़ता था। फिर मारिसनगर ने उसे अकेले भी देखा था। वह लड़की उसे छोड़ गयी। दो-एक दिन वह परेशान-सा घूमा था। फिर बदल गया था, जैसे कोई किसी लम्बी बीमारी को त्यागकर चारपाई से उठ खड़ा हो—पहले से अधिक स्वस्थ, सुन्दर, आकर्षक, अधिक स्फूर्ति लिये हुए।

मैंने गौर से उसे देखा। उसके चेहरे पर यह गरिमा पहले तो नहीं थी। पहले कैसा मनहूस-सा रहा करता था वह। अब फटेहाल भी नहीं है। कपड़ों में सुरुचि का अभाव भी नहीं खटकता। सचमुच कितना बदल गया है! इसे भी तो इसकी प्रेमिका छोड़ गयी थी···पर, उसने दाढ़ी नहीं बढ़ाई, चारमीनार की सिगरटें नहीं फूंकीं, 'बार' की तरफ नहीं गया। लायब्रेरी की तरफ मुड़ गया था वह···

दूर से ही स्कूटर की आवाज नजदीक आती जा रही थी। स्कूटर पास आ गया। उसने हाथ उठाया। स्कूटर रुक गया। वह बैठा और स्कूटर चल पड़ा।

मारिसनगर ऊंघने लगा है। अब इक्के-दुक्के लोग आएंगे और चुपचाप अपने रास्ते चले जाएंगे। मारिसनगर को कोई भी खलल नहीं पहुंचाएगा। सो जाना चाहिए मारिसनगर को, कल तक के लिए, जब तक कि सवेरे डी० टी० यू० की यूनिवर्सिटी स्पेशल बसें ढेर-सा जागरण उंड़ेलकर उसे जगा न दें।

और मारिसनगर सो गया। मैंने आखिरी दृष्टि खाली पड़े स्टॉपों पर डाली और अपने पुराने होस्टल की ओर मुड़ गया, जहां आज चार वर्षों बाद मैं अपनी जान-पहचान के एक लड़के के पास ठहरा था।

१९६४

पुराना दोस्त

राजेश अचानक उस दिन मेरे कमरे में आ गया। बहुत दिनों के पश्चात अचानक ही आ गया था। वह बहती धारा था—कहीं भी, किसी भी समय आ-जा सकता था। मैं ही था, जो खिड़कियां-दरवाज़े भिड़ाकर अपने कमरे में बन्द हो गया था। कोई उन भिड़े द्वारों को खोलकर भीतर आ जाए, मुझे कोई आपत्ति नहीं थी। कोई न आए तो कोई रोष नहीं था। मैं वैसे ही प्रसन्न था।

राजेश आया तो मेरे भीतर से कुछ बहुत पुराना जाना-पहचाना जाग उठा। मैंने बढ़कर उसे लिया— हाथ मिलाया, पर लगा आत्मीयता दिखाने के लिए इतना ही पर्याप्त नहीं होगा, इसलिए ज़ोर की एक धौल जमाकर कहा—"कहो, गुरु ! क्या हाल हैं ?"

"ठीक हैं, पंडितजी !" उसने अपनी जानी-पहचानी मुसकान उड़ेल दी। सिगरेट पीने से होंठ उसके पहले भी काले थे, अब मसूड़े भी रंगे जा रहे थे।

'गुरु' हमारा पुराना सम्बोधन था। मेरे भीतर जागे हुए कुछ पुरानेपन ने ही यह सम्बोधन मेरे मुंह से बुलवाया था। पर यह नया सम्बोधन 'पंडितजी' कुछ खटका कानों को। कहीं यह मेरा मज़ाक तो नहीं उड़ा रहा। उसके जोरदार ठहाके के साथ जो शब्द उच्चरित होते थे, उनके पीछे के भावों को समझना मुश्किल ही था।

थोड़ी देर पश्चात उसको लगा कि हम चुपचाप बैठे हैं। वह मुझे मिलने आया है इसलिए उसे कुछ बातचीत करनी चाहिए। चुपचाप तो वह अपने घर भी बैठ सकता था।

"तुम्हारे क्या हाल हैं, दोस्त ?" उसने पूछा।

आंखों और हाथों के इशारे से मैंने बता दिया कि चल रहा है। मुख से कुछ

नहीं कहा। और फिर खामोश बादल का एक टुकड़ा हम दोनों के बीच आ गया। हम दोनों को अहसास भर था कि हम दोनों बैठे हैं, आमने-सामने, वैसे इतना भी नहीं समझ पा रहे थे कि एक-दूसरे को कहां छुएं। कहीं हाथ रखा जाए और अगला चीख पड़े। इससे तो अच्छा है कि पहले दूर से ही पता लगा लें कि क्या स्थिति है। हर आदमी जो मिलता है, अपने घावों को इस प्रकार ढक-छिपाकर आता है कि उसके किसी भाव का पता नहीं चलता। पर एक अनजान छुअन, जानी-पहचानी चीख को जन्म देती है।

"कहां हो आजकल ?" मैंने बड़ा अस्पष्ट-सा प्रश्न किया।

"कालटेक्स की रसीदें काटते हैं, गुरु !" उसके मुख पर व्यावसायिक पीड़ा उभरी।

हर व्यक्ति अपने व्यवसाय की बात करते हुए इस प्रकार की पीड़ा से भर उठता है। उसे उस पेशे की सारी बुराइयां रोज लगने वाले इंजेक्शन की तरह कोंचने लगती हैं—बांहें छलनी हो जाने पर भी इन्हें लगवाने के लिए रोगी विवश है। पर यह पीड़ा इसलिए उभरती है क्योंकि वह दूसरे पेशों की तकलीफों को नहीं जानता।

मैंने संतोष की सांस ली। मैंने गलत स्थान छूकर, राजेश को पीड़ा नहीं पहुंचाई थी। कम से कम वह नौकरी तो कर रहा था, कहीं बेकार होता—जैसा कि वह अकसर होता था—तो इतना कष्ट होता उसे। जी में आया कि पूछूं—कालटेक्स की रसीदें काटने का क्या अभिप्राय है उसका। पर दूसरे को कुरेदना जोखिम का काम है। तब उसे भी अधिकार हो जाएगा कि वह मुझसे पूछे। मैं नहीं चाहता कि कोई मुझे नंगेपन में देख ले—लज्जा सह नहीं सकता। इसलिए चुप रहना ही अच्छा है। वह मेरा पुराना मित्र है, इसलिए मेरे कमरे का भिड़ा किवाड़ धकियाकर भीतर आ गया है...मैंने बुरा नहीं माना। पर इससे अधिक नहीं। हम एक कमरे में पड़े हुए ढक्कन-बन्द दो डिब्बों के समान भी तो आमने-सामने बैठे रह सकते हैं—जिससे एक-दूसरे को पता न चले कि हमारे भीतर क्या है।

"तुम ?" शायद वह मेरे विषय में जानना चाहता था।

"ठीक हूं।" मैंने टाल दिया।

वह फिर चुप होकर बैठ गया। थोड़ी देर बैठा रहा। पहले अंगुलियों से बाल संवारे। फिर बारी-बारी अपने हाथों की दसों अंगुलियों के नखों का निरीक्षण किया। सब साफ हैं अथवा सब गन्दे हैं—वह किस निष्कर्ष पर पहुंचा, कह नहीं सकता। फिर उन्हीं अंगुलियों से अपने मुख को नापता-पोंछता रहा। और अन्त में उसने लपककर मेज से अखबार उठा लिया।

यह हरकत मुझे बुरी लगी जरा। भला यह भी कोई वाचनालय है क्या, जहां कोई आए, बैठे और अखबार पढ़ने लगे। पर अगर मैं ही बातें न करूं तो वह

क्या करे।

"सुनो ! सतीश क्या कर रहा है ?"

यह सुरक्षित मार्ग था। न मेरे कुरेदे जाने का भय था, न उसके चीख उठने का।

"ट्रांस्लेशन्स।"

"नौकरी कर रहा है या···?"

"नहीं।" उसने अखबार मोड़कर रख दिया। शायद बातचीत लम्बी हो जाए। हम पास-पास बैठे ही न रहें, एक-दूसरे को पीड़ा पहुंचाए बिना एक-दूसरे को छूते भी रहें।

"वैसे ही काम ले आता है कहीं से।" उसने बताया।

"इतना काम मिल जाता है ?" मैंने निरर्थक ही पूछा। यदि मिल जाता है तो मुझे कोई तकलीफ नहीं है और यदि नहीं मिलता, तो मैं उसकी सहायता नहीं कर सकता था।

"हां, ले आता है।" राजेश के स्वर में कहीं पीड़ा थी। शायद उसे अगले दिन याद आ रहे थे, जब वह बेकार था और किसी भी काम के पीछे लपक पड़ता था। उन दिनों उसने ट्रांस्लेशन के काम के लिए भी बहुत प्रयत्न किया था, पर उसे अधिक काम मिला नहीं था।

"घिसा हुआ आदमी है।" उसने सतीश के काम पाने का राज़ बताया।

मुझे लगा, सतीश और उसके काम की बात करके मैंने उसे पीड़ा पहुंचाई है। पर यदि मैं किसी की भी बात न करूं तो वह फिर अखबार उठा लेगा और वह मैं नहीं चाहता था।

"लो, सिगरेट पियो।" उसने जेब से सिगरेट की डिबिया निकाली।

"तुम्हें पता है कि मैं सिगरेट नहीं पीता।" मुझे इनकार करते हुए बुरा लग रहा था।

उसने बढ़ा हुआ हाथ वापस खींच लिया। खुद एक सिगरेट निकाल दाहिने हाथ के अंगूठे और तर्जनी से उसे डिबिया पर ठोकता रहा। उसकी तर्जनी का नख काला पड़ गया था, जो चारमीनार के अन्तिम कश—जब तक अंगुली जलने न लगे—तक पीने का परिणाम था।

उसने सिगरेट होंठों में दबाई। माचिस पर तीली घिसी और दोनों हाथों की ओट कर तीली को बुझने से बचाते हुए, सिगरेट सुलगाते हुए कुनमुनाया, "तुम-सा आदमी मिलना भी मुश्किल है।"

मैं उसके मुख पर से कुछ पढ़ता रहा। वह मेरा पुराना दोस्त है। मैं उसकी हर मुद्रा को पहचानता हूं, पर यह मुद्रा उसकी अपनी थी, निजी थी। कह नहीं सकता कि 'तुम-सा' से क्या अभिप्राय था उसका। क्या वह कहना चाहता था कि मैं सिगरेट पीने में भी उसका साथ न देकर अपने कठमुल्लापन का प्रमाण दे रहा

हूं। या वह मेरी 'विल पॉवर' की प्रशंसा कर रहा था, जिसे सतीश हर आदमी के दाहिने अंगूठे की प्रथम पोरी में पढ़ता था।

यह मुद्रा जो राजेश की अपनी थी— लगता था कि हर व्यक्ति अपनाता जा रहा है। वह एक ही स्वर, एक ही मुद्रा में, प्रशंसा और अभिशंसा दोनों कर जाता है और उसके पुराने मित्र भी यह समझ नहीं पाते कि वह क्या कर रहा है।

पर मुझमें, इस विशिष्ट मुद्रा के झिलमिल परदे को उठाकर उसके वास्तविक भाव से आंखें मिलाने का साहस नहीं था। यदि उसने मुझे कम्पलिमेंट दिया था, तो उसके पीछे उसकी अपनी दृढ़ता के अभाव की पीड़ा छिपी हुई थी, और यदि उसने मेरी निन्दा की थी तो उसे मैं सुनना नहीं चाहता था। कहीं झिलमिला परदा उठ न जाए—इस भय से मैंने अपनी दृष्टि उसके मुख पर से हटा ली।

वह सिगरेट पीता रहा, सिगरेट के धुएं ने उसे ढक लिया था। मुझे उससे कुछ पूछने की आवश्यकता नहीं थी। वह भी व्यस्त था, इसलिए कुछ पूछने की ओर उसका ध्यान नहीं गया। मैंने ऐसी ही एक स्थिति पैदा करने के लिए ही तो अपने जीवन की खिड़कियां-किवाड़ भिड़ा दिए थे कि पास से गुज़रने वाले को तो आभास होता रहे कि मैं हूं, यहां हूं। पर मुझे अजनबी नजरों और अपरिचित हाथों की छुअन की पीड़ा न उठानी पड़े। किवाड़ बन्द कर सांकल नहीं लगा सकता, क्योंकि अकेलेपन की अनुभूति बहुत कोचती थी मुझे। कोई ऐसे ही आकर सामने बैठा रहे तो एकाकीपन दूर हो जाता है, पर छूने की चेष्टा करे तो पीड़ा होती है। पर सामने बैठा रहे, बैठा रहे और छुए नहीं, तो बेगानापन सताता है इसलिए छुअन का आभास चाहिए। उसके लिए कोई सामान्य व्यक्ति, कोई सामान्य विषय चाहिए…पर बहुत बचाने पर भी कभी-कभी वह इस आभास मात्रा से आगे बढ़कर छू जाता है…

"अच्छा, गुरु!" राजेश ने सिगरेट फर्श पर फेंककर कुचल दी। यह उसकी पुरानी आदत थी। वह हमेशा फ़र्श गन्दा कर देता था। पर पुरानी आदत है उसकी, मुझे अच्छी लगती है।

मैंने उसे रुकने के लिए नहीं कहा, मैं रोकना चाहता नहीं था उसे। पर वह जाना भी नहीं चाहता था। एक इतना पुराना दोस्त आए और इतनी जल्दी चला जाए। पर जाना ही था उसे।

"अच्छा।" उसने दोबारा कहा।

"फिर आना।" उसके दरवाज़े के बाहर निकलने के पश्चात् मैंने कहा।

"आऊंगा।" उसने बिना मुड़े कहा और बिना देखे हाथ हिलाता हुआ आगे बढ़ गया।

२४.११.१९६४

कपूर

काली तंग मोहरी की पैंट, पेन की निब के समान नुकीले जूते, सर्फ अथवा सनलाइट का विज्ञापन करती-सी, सफेद जगमगाती कमीज, कास्त्रो मार्का बिखरी दाढ़ी तथा लेटे बड़े ब्रेकेट की-सी नुकीली मूंछें और क्रूकट बालों वाला कपूर था।

जाने क्या बात थी होस्टल में उसके आते ही पहले दिन हवा-सी उड़ चली कि यह कपूर है। मुझे तब नहीं पता था कि यह कपूर है, पर अब सोचता हूं तो लगता है, कपूर को ऐसा ही होना चाहिए था, क्योंकि वह और किसी प्रकार का नहीं हो सकता था।

दूसरे दिन सवेरे ही होस्टल के नोटिस-बोर्ड पर एक कागज चिपका हुआ था। "वार्डन साहब ने अपने पहले एड्रेस में फरमाया कि यह होस्टल है, आपका घर नहीं। होस्टल, घर और होटल के मध्य की वस्तु होती है। आप उसे वैसा ही समझें।

पर मैं समझता हूं कि होस्टल घर और हॉस्पिटल के बीच की वस्तु है। आपका क्या खयाल है?

और मुझे जो भी मिला, उसी ने बताया कि यह काम कपूर का है। मैंने भी चुपचाप मान लिया कि कपूर का ही काम होगा। पर यह निश्चित था कि यह कार्य मैंने नहीं किया।

सच तो यह है कि होस्टल भर पर एक ही दिन में कपूर जैसे छा-सा गया था, वह मुझे अच्छा नहीं लग रहा था। एक फ्रेशर इस प्रकार आकर पुराने सारे लड़कों को पीछे छोड़ दे, यह मेरा अहं स्वीकार करना नहीं चाहता था। शायद यही कारण था कि न मैंने नोटिस-बोर्ड पर चिपके उस पर्चे को महत्त्व दिया और न कपूर को।

पर दूसरे ही दिन वह स्वयं मुझसे आ टकराया, "एक्सक्यूज मी," उसने कहा, "सुना है, कोहली साहब, आप बिहार से हैं ?"

"जी, ठीक सुना है आपने।" मैंने कहा।

"बात यह है···" वह बड़ी नम्रता से कह रहा था, "कि मैं भी बिहार से ही आया हूं।"

"तो ?" मैंने भवें उठायीं।

"यदि मैं आपकी दोस्ती चाहूं, तो···"

और सहसा मेरे भीतर सोया हुआ पुराना जंगलीपन जाग उठा। मैं यहां का इतना सीनियर स्टूडेण्ट और यह फ्रेशर। क्या समझता है अपने-आपको !

"एक शर्त पर।" मेरे होंठ भिंचे हुए थे।

"कहिए।"

"तुम मुझे इस दाढ़ी के साथ नज़र मत आओ !" और मैं उसे ज़बरदस्ती धकियाता-सा, बिना उसका उत्तर सुने, एक ओर निकल गया।

मेरे मन में खीज ही खीज थी। मेरी मित्रता मांगकर जाने मेरे मुखर अहं के किस कोने पर उसने अमानुषिक प्रहार कर दिया था। मेरी अवस्था ज़ोर से चोट खाते, किकियाते हुए कुत्ते की-सी हो रही थी। मैं किसी पर भी भौंक सकता था। किसी को भी काट सकता था।

दूसरे दिन सवेरे किसी ने मेरा दरवाजा खटखटाया, तो मेरी नींद खुली। रात को मैं काफी देर तक पढ़ता रहा था। आज इतवार था, इसलिए दस-ग्यारह बजे तक सोने का विचार था। घड़ी उठायी, तो अभी साढ़े नौ बजे थे। अपने-आप हाथ चारपाई के नीचे पड़ी छड़ी पर चला गया। जी में आया कि दरवाज़ा खोलकर बिना देखे कि वह कौन है, उसे बेतहाशा पीटना शुरू कर दूं। कुर्सी की पीठ पर टंगा हुआ तौलिया घसीटकर कमर के चारों ओर लपेटा और दरवाज़ा खोल दिया।

"मैं कपूर हूं।" सामने खड़े लड़के ने कहा।

एक क्षण में ही उसके आत्मपरिचय की सार्थकता मेरे उनींदे मस्तिष्क में भी आ गयी। वह अपनी दाढ़ी ही नहीं, अपनी मूंछें भी क्यूबा में छोड़ आया था और अब एकदम क्लीन-शेव किए हुए मेरे सम्मुख खड़ा था।

मेरे हाथ ने छड़ी छोड़ दी और मैं मुसकरा पड़ा, "कहो भाई कपूर, आज सवेरे-सवेरे···?"

"आपने कहा था," वह बोला, "आप मुझे दाढ़ी के साथ नहीं देखना चाहते। मैं आज सवेरे-सवेरे शेव करा आया था। आपके कमरे में आया, तो आप सोये हुए थे। डाइनिंग-हॉल में आपका वेट करता रहा। आप नहीं आए, तो आपके पास आया हूं।"

"आओ, बैठो।" मैंने उसे रास्ता दे दिया।

जाने कैसे मेरे भीतर का सारा जंगलीपन बिखर गया था। कहीं कुछ पिघल गया था। मैं बड़ी देर तक उससे बातें करता रहा। ऐसे, जैसे या तो अपने छोटे भाई से करता हूं, या अपनी प्रेमिका से कर सकता हूं।

उसने मुझे बहुत कुछ बताया। घर से वे लोग बहुत ही सम्पन्न थे। यहां दिल्ली में भी उनका एक मकान है, जो किराये पर चढ़ा हुआ है, पर एक पोर्शन उन्होंने अपने लिए खाली रखा है। एक कार भी है यहां। जब कोई घर से यहां आता है, तो उसका उपयोग करता है। वह पहले भी होस्टलों में ही रहा है। अब भी होस्टल में रह रहा है। वह चाहता था कि मां घर से यहां आ जाये, वे लोग एक नौकर रख लें और अपने मकान में ही रहें, पर जाने क्यों उसके पिताजी नहीं माने। वह फिर होस्टल में आया है। बड़ा अकेला है और उदास भी।

कभी वह मुझे एकदम बच्चा लगता, कभी समझदार, परिपक्व पुरुष। कह नहीं सकता, उसका कौन-सा रूप सत्य था, या फिर दोनों का अद्भुत सम्मिश्रण।

जब मैं लंच के लिए डाइनिंग-हॉल में जा रहा था, तो कपूर खाना खाकर बाहर आ रहा था। अकेला नहीं था। बहुत से लड़के थे उसके साथ। बहुत ज़ोर-ज़ोर से बोल रहे थे वे लोग। कपूर उनका लीडर बना नज़र आ रहा था। सवेरे की तरह वह अकेला और उदास नहीं लग रहा था। काफी मस्त था। मुझे देखकर उसने बड़ी मीठी-सी 'हलो' की।

"क्या हाल-चाल हैं, कपूर साहब?" मैंने होस्टल की औपचारिकता निबाही।

"बड़ी मुश्किल है, जनाब!" उसके मुख पर बेबसी पुत गयी।

"क्यों, क्या बात है?" मैं गम्भीर हो गया।

"खाते-खाते उठ आना पड़ता है।" वह बोला।

"ओह!" मैं हंसा। बात उतनी गम्भीर नहीं थी, जितनी वह दिखा रहा था। "क्यों, क्या लंच के बाद क्लास होती है तुम्हारी?"

"नहीं, जी।" वह धीमे से बोला, "पेट जो भर जाता है!"

और वह अपने साथियों के साथ कहकहे लगाता हुआ आगे बढ़ गया।

उसके बाद कपूर मुझे कभी भी उदास नजर नहीं आया। मैं उसके कमरे में गया, तो हैरान रह गया। कमरे की तीन दीवारों पर बड़े-बड़े चित्र थे—भारतीय और विदेशी अभिनेत्रियों के। नग्न तथा अर्धनग्न। चौथी दीवार पर हनुमानजी का एक बड़ा-सा चित्र लगा हुआ था।

"यह क्या, कपूर?" मैंने कहा, "इस परिस्तान में इस चिर-ब्रह्मचारी का क्या काम?"

"कोहली साहब, बात यह है कि…" उसने बड़ी गम्भीरता से बताया, "हमारे शास्त्रों में लिखा है कि जिस काम को करो, पूरा मन लगाकर करो। मैं जब पढ़ने

के लिए इस मेज़-कुर्सी पर बैठता हूं, तो मेरी आंखों के सम्मुख केवल हनुमानजी होते हैं। विद्यार्थी पूर्ण ब्रह्मचारी होता है और ब्रह्मचारियों में सबसे बड़ा हनुमान ब्रह्मचारी। फिर यहां और किसका चित्र लगाऊं ?"

"ठीक है···ठीक है···" मैंने कहा, "पर फिर ये तारिकाएं किस लिए···?"

"अरे भई, हमेशा थोड़े ही पढ़ता हूं मैं !" वह बोला, "जब खाली होता हूं, या सोने लगता हूं, तो यूं लेट जाता हूं।" और वह हनुमानजी के चित्र की ओर सिर करके लेट गया। अब उसकी दृष्टि जिन तीन दीवारों पर पड़ती, वहां अभिनेत्रियों के चित्र थे।

"बहुत अच्छे, कपूर !" मैंने दाद दी।

"पर रात को यहां बहुत बड़ी ट्रेजेडी हुई है !" वह बड़ी गमगीन आवाज़ में बोला। मैं उसकी ओर चुपचाप देखता रहा।

वह चारपाई से उठा और दीवार में लगी अलमारी के पास चला गया।

"रात को अलमारी का पल्ला यूं खुला रह गया।" उसने एक पल्ला खोल दिया। उसके अन्दर की ओर डेढ़ फुट लम्बा, सर्वथा नग्न नारी चित्र लगा हुआ था।

"रात को अचानक मेरी आंख खुली, तो मुझे लगा कि कुछ गड़बड़ है।" वह रात की कथा सुना रहा था, "मैंने बत्ती जलाई, तो देखा कि यह पल्ला खुला है और ये श्रीमतीजी बहुत लजाई-शरमाई नज़रों से सामने की दीवार देख रही हैं। मैंने पलटकर जल्दी से देखा, तो हनुमानजी बहुत मुसकरा-मुसकराकर इसे देख रहे थे और ये शरमा रही थीं···"

"चुप, बदतमीज़ !" जाने कहां से मुझमें धार्मिक प्रवृत्ति जाग्रत हो गयी, "देवी-देवताओं के साथ भी मज़ाक करता है !"

"लीजिए, और सुनिए !" वह बोला, "सच्ची बात को आप मज़ाक समझते हैं। आज से तो मैं अलमारी में ताला लगाकर सोऊंगा। मेरा विचार है, हनुमानजी आंख मारते हैं···"

मैं उठकर चला आया। मेरे मन में अभी उसकी तसवीरों की बात उतरी नहीं थी कि उधर से गुज़रते हुए एक दिन मैंने देखा कि उसकी दीवारें एकदम साफ़ हैं, कोई भी तसवीर वहां नहीं थी। पूछने पर उसने बड़े दुःख से बताया कि परसों उसके भैया और भाभी यहां तशरीफ़ ले आए। वह अपने किसी मूर्ख मित्र को रात का खाना रखवाने के लिए कमरे की चाबी देकर गया था। उसी ने कमरा खोलकर भैया और भाभी को अन्दर बैठा दिया। बस, वे दोनों कमरे में लगी चित्रों की प्रदर्शनी देख गए हैं और उसके लिए सन्देश छोड़ गए हैं कि वह उनसे मिले। आते ही उसने सारी तसवीरें फाड़ फेंकी हैं और भैया से छिपता फिर रहा है, उनसे मिलने के लिए भी नहीं गया।

"पर कपूर, तुम्हारा कमरा अब एकदम सूना-सूना लगता है।" मैंने मज़ाक किया, "न वह सजावट, न···"

"हां, कोहली साहब, मुझे खुद यही लगता है।" उसने मेरी बात को बड़ी गम्भीरता से स्वीकार किया, "जो कुछ हो सकता है, कर रहा हूं···" और उसने अलमारी का दरवाज़ा खोल दिया। उस पर अब उस नग्न चित्र के स्थान पर रंग-बिरंगी तितलियां पिनों से चिपकाई गयी थीं। दूसरे दरवाज़े की पीठ पर चिड़ियों के पंख थे, जो लाल रंग से रंगे हुए थे।

अलमारी से हटकर वह चारपाई के पास आया। झुककर पाये से बंधी रस्सी को खींचा, तो चारपाई के नीचे से घिसटता हुआ एक कबूतर निकल आया। "रात को यह पकड़ा है।" उसने कहा, "इस बार भाई साहब आए, तो उन्हीं को प्रेजेन्ट कर दूंगा!"

और सहसा होस्टल की हंसी की सारी ध्वनियां थम गयीं। सारी चहल-पहल बुझ गई। हमारे होस्टल के चार-पांच लड़के यमुना में नहाने गए थे। धारा तेज़ थी। एक लड़का डूब गया था। उस दिन हम सब लोग इसी भाग-दौड़ में लगे रहे। दिनभर खोज होती रही, पर उसका शव तक न मिला। कपूर और मैं साथ ही थे। कपूर ने सबसे अधिक काम किया। जब सब लोग थक-हारकर यमुना के तट पर बैठ गए थे, तब कपूर ही दौड़-दौड़कर बाज़ार से खाना लाया था।

जब हम लौटे तो सब थककर चूर थे। एक ओर शारीरिक थकावट, दूसरी ओर उदासी और निराशा। मैं बहुत जल्दी सो गया था।

सबेरे-सबेरे ही मुझे वार्डन साहब ने बुला भेजा, "रात को आपके ब्लॉक में क्या होता रहा था, कोहली साहब?"

"जी, रात को?" मैं बोला, "मुझे पता नहीं जी, मैं थककर बुरी तरह सोया हुआ था।"

"रात को," वार्डन साहब बोले, "आपके ब्लॉक के कपूर और उसके दोस्तों ने बहुत परेशान किया लड़कों को। उन्होंने लड़कों से कहा कि रात को वह डूबा हुआ लड़का अपने कमरे में बैठा पढ़ता हुआ देखा गया है। ज़ोर-ज़ोर की चीखें लगायी गई हैं। अब उस कमरे के आस-पास के कमरों में रहने को कोई तैयार नहीं है। रात को कितने ही लड़के अकेले सोने से डरते रहे और एक-दूसरे के कमरे में सोए रहे।"

"जी, मुझे पता नहीं है।" मैंने अपनी सफ़ाई दी।

"आपने चीखें भी नहीं सुनीं?"

"जी, नहीं।"

"कमाल है!" वे बोले, "मैंने यहां से चीखें सुन लीं। कैसे सोते हैं आप! वैसे

भी कुछ दिनों से शिकायतें आ रही हैं कि वे लोग रात को एक-डेढ़ बजे शोर मचाते हैं।"

"जी, अब मैं ख़याल रखूंगा।" मैं चला आया।

डूबे हुए लड़के के भूत की बात काफी ज़ोर पकड़ गयी थी। बहुत सारे छोटे लड़के होस्टल छोड़कर अपने रिश्तेदारों के घर चले गए थे और वापस आने को तैयार नहीं थे। रात को शोर मचाने की भी शिकायत हुई थी। कपूर और उसके साथियों को काफी डांट पड़ी और कपूर को दस रुपए फ़ाइन हुआ।

पर फ़ाइन से कपूर का रात का शोर घटा नहीं, बढ़ गया। मेरे जैसा गाढ़ी नींद में सोने वाला व्यक्ति भी रात को जाग गया।

होस्टल के एक कोने में सन्नाटे में एक आवाज़ गूंजी, "की होया ?"

दूसरी ओर से स्वर उठा, "चाओ मोया।"

और फिर बाकायदा नारे लगने लगे। लगता था, जैसे होस्टल में कोई राजनीतिक सभा हो रही हो। शोर बढ़ता गया, होस्टल के कोने में बने वार्डन साहब के बंगले तक आवाज़ ज़रूर पहुंच रही होगी। जी में आया कि उठकर डांटूं इनको। कपूर को भी सीधा कर दूं एक बार। पर चीन के साथ युद्ध के दिन थे। सारा देश राष्ट्रीयता की भावना में बह रहा था। अपनी नींद खराब कर राष्ट्रीयता का प्रचार करने वाले कपूर को मैं क्या कह सकता था! पर वार्डन साहब ने सवेरे फिर बुलाया, तो ? सवेरे कुछ हुआ नहीं। लगा, वार्डन साहब भी राष्ट्रीयता का विरोध नहीं कर सके।

छुट्टियां आ गयीं। सारा होस्टल सामान बांधकर अपने-अपने घर जाने को तैयार हो गया। मुझे उनसे कोई मतलब नहीं था। छुट्टियों में होस्टल शान्त रहता है, इसलिए पढ़ाई अच्छी हो सकती है। मैंने बहुत पहले ही सोच लिया था कि मैं छुट्टियों में यहां रहकर अपना थीसिस पूरा कर लूंगा।

कपूर आया मेरे पास, "कोहली साहब, आप घर जा रहे हैं छुट्टियों में ?"

"नहीं।" मैं बोला, "मेरा विचार यहां रहकर काम करने का है।"

"ठीक है···ठीक है।" उसके मुख पर खुशी झलकी। लगा, वह भी होस्टल में रहना चाहता होगा। कितना मस्त है होस्टल में! घर की कोई चिन्ता नहीं। शोर सबसे ज्यादा यह मचाता है, घूमता-फिरता यह है, पिक्चर्स···

"तुम जा रहे हो ?" मैंने शिष्टाचारवश पूछा।

"मुझे क्या करना है घर जाकर!" वह उठकर खड़ा हो गया, "घर में क्या रखा है! मैं हमेशा होस्टल में रहा हूं, होस्टलों में पलकर बड़ा हुआ हूं।" वह दरवाजे की ओर जा रहा था। उसकी पीठ मेरी ओर थी, "मैं किसी होस्टल में ही पैदा हुआ होऊंगा। मेरा विचार है कि मेरे मां-बाप भी होस्टल में ही पैदा हुए···" वह कमरे से बाहर जा चुका था।

मैंने देखा, कपूर होस्टल के ऊपरी बरामदे की दीवार पर बैठा था। उसका मुख लाल था। वह वहशी-सा लग रहा था। नीचे टैक्सियां आ रही थीं। एक-एक लड़के का सामान ट्रैक्सी में रखा जाता और वह दोस्तों से मिलकर टैक्सी में बैठता और टैक्सी चल पड़ती। टैक्सी चलती और कपूर ऊपर से ज़ोर-ज़ोर से जाने वालों को मां-बहन की गालियां देने लगता। उसने किसी को नहीं छोड़ा। मैंने उसका यह रूप कभी नहीं देखा था। मैं उसके पास चला गया, "क्या बात है, कपूर ?"

"ये घर क्यों जा रहे हैं ?" वह जैसे आपे में नहीं था।

"तुम भी क्यों नहीं चले जाते ?" मैंने पूछा।

"मेरा बाप नहीं चाहता···!" मुझे लगा, जैसे उसकी आंखें छलछला आयी हों, उसकी आवाज़ रुंध गयी हो। वह मुख मोड़कर चला गया।

रात तक होस्टल प्रायः खाली हो चुका था। लम्बे बरामदे सुनसान पड़े थे। काफ़ी रात गए दूर कोने में से किसी के बूटों की धम-धम की आवाज़ आयी और बेसुरा-सा स्वर :

"सावन के महीने में
इक आग-सी सीने में
लगती है तो पी लेता हूं···"

स्वर कपूर का था। मैं बाहर नहीं निकला। कमरे में ही बैठा रहा।

"अबे ओ चौकीदार !" कपूर का स्वर गूंजा।

"जी, सा'ब !" चौकीदार कहीं दूर से बोला।

"शतरंज लाए हो ?"

"हां, सा'ब !"

"आओ, हम खेलेंगे···रात भर खेलेंगे···रात भर खेलेंगे।"

और फिर आवाजें होस्टल के कॉमन-रूम से आने लगीं। कपूर बहुत ज़ोर-ज़ोर से कहकहे लगा रहा था और गालियां बक रहा था।

रातभर उन्होंने मुझे सोने नहीं दिया। उसकी आवाज़ में छिपा बेबसी का चीत्कार मुझे चुभ रहा था। और जब आवाजें बन्द हुईं, तो मैंने कॉमन-रूम में जाकर देखा। कपूर कॉमन-रूम में चौकीदार की बगल में बेसुध सोया पड़ा था।

१९६५

दूसरे कगार का निषेध

सात बज गए थे। मैं बार-बार घड़ी की ओर देख रही थी। सुई आगे बढ़ती जा रही थी और मेरा भय बढ़ता जाता था। घर से चलते समय ही इन्होंने मुझसे कह दिया था कि हम साढ़े सात बजे वहां से चल पड़ेंगे। मैंने जब वचन दे दिया, तभी ये आने को तैयार हुए थे। इन्हें यह अच्छा नहीं लगता था कि मैं जब भी अपने मायके आऊं, यहां सात से दस बजे तक बैठी रहूं। फिर घर लौटने के लिए कोई सवारी नहीं मिलती तो खीझ उठते हैं।

मैं अपने मायके की बात भी जानती हूं। इतने साल वहां रही हूं, जानूंगी कैसे नहीं। समय का वहां किसी को कोई ध्यान नहीं रहता। इनके साथ जब पहला ही अनुभव वैसा हुआ तो बहुत बुरा लगा था। हम अपनी शादी के बाद पहली बार, 'फेरे' के लिए घर आए थे। मम्मी बड़े उत्साह के साथ बुलाकर लायी थीं। शादी अभी हुई-हुई ही थी और रोज़ ही मेहमान अपने-अपने घर लौट रहे थे। इन्होंने मम्मी से पहले ही कह दिया था कि कुछ लोगों को विदा करने हमें स्टेशन जाना है, इसलिए हमें रात के नौ बजे तक 'फ्री' कर दें।

"पर बेटा, आज खाना वहीं खाना है तुम्हें।" मम्मी बोलीं, "नौ बजे तक कैसे हो सकेगा?"

"छोड़िए, मम्मी!" इन्होंने कहा, "फार्मेलिटीज़ में क्या रखा है। जगह-जगह खाने की मिठाइयां खा-खाकर हम वैसे ही उकताए हुए हैं। आप हमें हल्की-सी खिचड़ी खिला दीजिएगा।"

मम्मी धन्य हुई थीं ऐसा सीधा-सादा दामाद पाकर, प्रसन्न हो गयीं, "ठीक है, बेटे। खिचड़ी का शगुन भी अच्छा होता है।"

और हम वहां गए। सब हमें घेरे बैठे बातें करते रहे। और नौ बजे, घड़ी

देखते हुए जब यह उठकर खड़े हो गए तो मम्मी को ध्यान आया कि खिचड़ी बनाने का तो किसी ने उपक्रम ही नहीं किया अभी। उस पहले 'फेरे' में ही हम बिना खाए चले आए थे। कैसी बेशगुनी हुई पर इन्होंने कभी शिकायत नहीं की थी इस बात की।

आज जब मैंने इन्हें बताया कि पीछे से आकर भैया शाम की चाय के लिए बुला गए हैं तो ये अनमने-से हुए, पर मैंने बात सम्भाल ली, "देखिए! कुछ लोग और भी आ रहे हैं। हमारा जाना जरूरी है। मैंने भैया को वचन दे दिया है आने का।"

"कितने बजे जाना है?" इन्होंने पूछा। मैं जानती थी, इन्हें समय की अधिक चिन्ता है।

"पांच बजे जाना है।" मैंने बताया, "सात बजे तक आ जाएंगे। चाय तो है ही, काफी 'हैवी' हो जाएगी। खाना वहां नहीं खाएंगे।"

"सात!" वह कुछ सोचते रहे, "सात नहीं, साढ़े सात सही। पर साढ़े सात के बाद वहां नहीं रुकेंगे।"

और जब हम यहां पहुंचे तो बात कुछ और ही निकली। बहुत सारे लोग आए बैठे थे। इतने लोग? मैंने सोचा भी नहीं था। मम्मी, गुड्डी और डैडी तो थे ही, गिरिधर साहब का सारा-का-सारा परिवार भी आया हुआ था। गिरिधर साहब के आने की कोई सूचना न थी। पर यहां तो वे सभी उपस्थित थे।

गिरिधर साहब की लड़की से भैया के रिश्ते की बातचीत चल रही थी। वह इसमें कितने 'इंटरेस्टेड' थे, मैं नहीं जानती। पर मम्मी बुरी तरह इस रिश्ते के पीछे पड़ी थीं। किसी की इच्छा-अनिच्छा से अन्तर नहीं पड़ता था, मम्मी की इच्छा पूरी होनी चाहिए। डैडी तो बेचारे बुरी तरह कांपते थे मम्मी से। और मम्मी बड़े गर्व से सबके बीच घोषणा किया करती थीं, "विवाह के पहले ही ज्योतिषी ने कहा था कि इनके सितारे तुझसे हल्के हैं। ये सारी उम्र तुझसे डरेंगे।"

हमें यह अच्छा नहीं लगता था। मम्मी की यह आदत इनको तो खासकर पसन्द नहीं थी। मम्मी ने आज तक मर्यादा का ध्यान नहीं रखा था। वे नाराज होने पर भरे बाजार में भी डैडी पर झपट पड़ती थीं और कठोर से कठोर बात कह जाती थीं।

मुझे मम्मी की बहुत-सी बातें उत्तराधिकार में मिली हैं। मैं जब कोई असंयत बात करती, ये मेरे प्रति अपना समस्त प्रेम भूलकर बुरी तरह नाराज हो जाते, "अमर्यादित मत होओ, पार्वती! अपनी सीमा में रहना सीखो। तुम्हारे पढ़े-लिखे परिवार के दंभ का क्या लाभ, यदि तुम सुसंस्कृत व्यवहार नहीं कर

सकतीं ?"

और मुझे लगता है कि डैडी भी इसी प्रकार कराल होकर मम्मी को डांटते तो न उन्हें अस्वाभाविक जीवन जीना पड़ता, न हमें—जो हमने जिया है।

गिरिधर साहब की लड़की के विषय में मम्मी की जबरदस्ती चल रही थी। हम में से विरोध तो कोई नहीं कर रहा था पर लगता था गिरिधर साहब स्वयं ही बहुत रुचि नहीं दिखा रहे थे। इसलिए मम्मी चाहती थीं कि उनकी अधिक-से-अधिक दिलजोई की जाए। उन्हें भय था कि कहीं वे छोड़कर भाग ही न जाएं।

मैंने गिरिधर साहब को ध्यान से देखा। अंग्रेजों के समय के रायसाहब जैसे दिख रहे थे। अभी सर्दियां बाकायदा आरम्भ नहीं हुई थीं और उन्होंने 'थ्री-पीस' का गर्म सूट डाट रखा था। मुंह में मोटा-सा सिगार था, जो चर्चिल की याद दिलाता था। सिगार का धुआं छोड़ते हुए इधर-उधर निगाहें फेंकते जा रहे थे और उनकी प्रत्येक हरकत कह रही थी, 'तुम सब तुच्छ हो, बहुत तुच्छ।'

मम्मी तम्बाकू का धुआं वैसे नहीं सह सकतीं, पर गिरिधर साहब के किसी काम में वे आपत्ति करना नहीं चाहती थीं। इस समय गिरिधर साहब के साथ वही बैठी हुई थीं। डैडी दूर एक कोने में उदासीन बैठे थे।

गिरिधर साहब की लड़की अचला और मिसेज गिरिधर बातचीत में कोई विशेष रुचि नहीं दिखा रही थीं। उनका लड़का अवश्य बढ़-बढ़कर बोल रहा था। बाईस वर्षीय यह छोटा गिरिधर अंग्रेजी में एम० ए० कर रहा था। शायद ही कोई शब्द हिन्दी का बोलता हो।

मैंने आते ही स्थिति जान ली थी। इनके कान में मैंने धीरे से फूंक दिया था, "देखिए, अचला के साथ भैया का रिश्ता होने वाला है। अपनी आदत के अनुसार, अलग-अलग ही मत बैठ जाइएगा। मम्मी को अच्छा नहीं लगेगा।"

और इन्होंने मेरी बात एकदम मान ली थी। इन्हें इतना चहकते हुए मैंने कम ही देखा था। वैसे यह अपरिचितों के साथ कम ही बोलते थे। 'इन्ट्रोवर्ट' आदमी हैं, चुपचाप ही बैठे रहते हैं। गिरिधर साहब के परिवार को देखते ही मैं समझ गयी कि इस परिवार से इनकी निभेगी नहीं। ऐसे भारतीय अंग्रेजों से तो इन्हें बहुत घृणा थी।

पर आज यह तरंग में आ गए थे। मम्मी की बातें अकसर इन्होंने अपनी इच्छा के विरुद्ध भी मानी हैं—मुझे मालूम है। हमारी शादी के अवसर पर ही कितनी बार यह संघर्ष हुआ था। मम्मी ने एक बार नहीं, अनेक बार अपने 'वीटो' का प्रयोग किया था और इन्होंने बिना किसी विरोध के मम्मी की बात स्वीकार कर ली थी। यह दूसरी बात है कि एक दिन बड़ी व्यथा से इन्होंने कहा था मुझसे,

"पार्वती, तुम नहीं जानती कि मैं कितना टूटा हूं इन दिनों। आज तक पुरानी रूढ़ियों के विरुद्ध जितने नवीन आदर्शों का मैंने निर्माण किया था, वे सब एक-एक करके मेरे ही हाथों से टूटे हैं, क्योंकि यदि उन पर अडिग रहता तो कभी तुम्हें चोट लगती, कभी मम्मी को···"

आज फिर मम्मी की इच्छा जानकर, अपने स्वभाव के विरुद्ध वे गिरिधर साहब के परिवार से खुशगप्पियां कर रहे थे। मुझे आश्चर्य था कि वे इतने बदल गए हैं।

और सहसा वे कोई चुटकुला सुनाते हुए अटके, "आई मीन···आई मीन···" वे कोई उपयुक्त शब्द ढूंढ़ रहे थे।

"जनाब, आप हिन्दी में ही कह दीजिए।" गिरिधर साहब के साहबजादे ने पहली बार हिन्दी में, बड़ी कोरी आवाज में कहा और उसके परिवारवालों ने जोरदार कहकहा लगा दिया।

हम सब सन्न रह गए थे। बात मामूली नहीं थी। गिरिधर के बेटे ने हिन्दी के समर्थक होने के कारण इनका मजाक उड़ाया था और मैं जानती थी कि वह तीर कितना गहरा लगा होगा इन्हें। यह किसी व्यक्ति का मात्र मजाक ही नहीं था, समाज के अंग्रेजी पढ़े-लिखे वर्ग में भारतीयता के प्रति जमी हुई घृणा की तीव्र अभिव्यक्ति थी।

वे एक पल के लिए रुके और आवेश को दबाकर अंग्रेजी में बोले, "जब शब्द नहीं सूझता तो न अंग्रेजी में सूझता है, न हिन्दी में, बर्खुरदार!" और इन्होंने अपनी चहकती बातें बीच ही में छोड़ दीं। कभी-कभी ही कुछ कहते। मैं अपनी घड़ी देख रही थी। साढ़े सात बजे हमें उठना था। पार्टी बदमजा हो गयी थी।

साढ़े सात बजे ये उठ खड़े हुए, "अच्छा मम्मी, हम चलें।" हमारे घर में इस प्रकार की अनुमति मम्मी से ही ली जाती थी, डैडी को कोई नहीं पूछता था। डैडी को सर्वथा निरीह करके ही मम्मी ने अपना अधिकार स्थापित किया था।

"पार्वती, खाना खाकर जाओ।" मम्मी ने इनकी बात का उत्तर न देकर मुझसे कहा।

मम्मी इस प्रकार की बातें सदा मुझसे ही कहती हैं। उनका तरीका यही है। मम्मी की बात मैं इनसे कह देती थी और यह मान जाते थे। इस प्रकार अप्रत्यक्ष आज्ञा से मम्मी इन पर भी नियन्त्रण रखती थीं। आज भी उन्होंने वही तरीका अपनाया था। पर मम्मी एक भूल कर रही थीं। वे नहीं जानती थीं कि ये मम्मी की बात केवल शालीनता के कारण स्वीकार कर लेते थे, उनके रोब के कारण नहीं। और जहां तक मेरे अधिकार की बात थी, अपने

प्यार के अधिकार से ही मैं अपनी बात मनवा सकती थी। डैडी पर मम्मी के रोब के समान इन पर मेरा वश नहीं था और न ही वैसी कोई बात मैं चाहती थी।

मैंने इनकी ओर देखा। इन्होंने स्वयं ही मेरी ओर से कह दिया, "मम्मी ! आज मत रोकिए।"

"क्यों ? आज क्या बात है ?" मम्मी के स्वर में न प्यार था, न अनुरोध, कैफियत तलब करने का-सा भाव था।

"कोई खास बात तो नहीं है।" इन्होंने कहा और सबको हाथ जोड़कर बाहर निकल आए।

मम्मी इस बात से प्रसन्न नहीं थीं। हमारे चले जाने से वे बहुत नाराज होंगी, मैं जानती थी, पर मैं इनका अपमान सहन करने में स्वयं ही असमर्थ थी। इनसे क्या कहती ! चुपचाप सबको नमस्ते कर इनके पीछे-पीछे चली आयी।

बस-स्टैण्ड तक हमें छोड़ने कोई नहीं आया। कैसे आता कोई ? गिरिधर साहब जो बैठे हुए थे घर पर।

हम दोनों —मैं और ये—कुछ दूर तक चुपचाप चलते रहे। इनके चेहरे पर आवेश के चिह्न स्पष्ट थे। ऐसे समय पर हमेशा चुप रह जाते हैं।

"अपना मूड ज्यादा खराब मत कीजिए," मैंने कहा, "भूल जाइए उस बात को !"

वे बेजान-सी हंसी हंसे, "और कर ही क्या सकता हूं।"

मैं चाहती थी वे बोलें, मुझसे बातें करें। अपना आक्रोश मेरे सामने उगल दें। तभी स्वस्थ हो सकेंगे ये।

पहले तो वे इस विषय पर मुझसे बातें करने के लिए तैयार नहीं हुए, पर बार-बार कहकर मैं उन्हें राह पर ले आयी। वे बहुत ज्यादा अपमानित अनुभव कर रहे थे। यह आक्रोश किसी एक व्यक्ति के प्रति नहीं था। यह जातीय आक्रोश था—उस सम्पूर्ण वर्ग के प्रति, जो कुछ छिछली विदेशी चीज़ों के आधार पर संपूर्ण भारतीयता का उपहास करने का दुस्साहस करता है।

वे घर के किसी व्यक्ति पर नाराज नहीं होते थे। मम्मी से भी नहीं। अपनी ससुराल में उनका अपमान हुआ था—इस बात से वे बहुत अव्यवस्थित थे। पर कोई करता भी क्या ? गिरिधर साहब का परिवार वहां अतिथि जो था।

दूसरे दिन जब मैं मम्मी से मिली तो मम्मी कल की घटना से बहुत नाराज लगीं। उनका कहना था कि हमने गिरिधर साहब के बैठे, चले जाकर अच्छा नहीं किया। इससे भैया के रिश्ते की बात पर बुरा असर पड़ सकता है। मैंने अपना दृष्टिकोण समझाने का बहुत प्रयत्न किया किन्तु वे हठी हैं। जब वे चाहती

थीं कि हम ठहरें, तो हम क्यों न ठहरें ? मम्मी तो इनसे भी बहुत नाराज थीं। आज तक उनकी बात कोई ठुकरा नहीं सका था। पति की भी उन्होंने एक नहीं चलने दी थी, फिर बच्चों को वे कैसे कुछ समझतीं ? इन्होंने मम्मी के कहने पर न रुककर उनके अहं पर चोट की थी। आहत होकर मम्मी अमर्यादित हो उठीं। उन्होंने मेरे और इनके विरुद्ध बहुत कुछ कहा।

मैंने उतराधिकार में मम्मी से और जहां बहुत कुछ पाया था, थोड़ा-सा क्रोध भी पाया था, जो अब तक अपनी ससुराल के प्रभाव से बहुत कुछ संयमित हो चुका था। पर क्रोध तो था ही। मम्मी के कटु बचनों ने मेरे क्रोध को भी हवा दी। इन्होंने मुझे मम्मी को जवाब देने से मना किया था। पर आज मैं अकेली थी, ये साथ नहीं थे। उबल ही पड़ी, "मम्मी, बहुत हुआ, बस करो अब। गिरिधर साहब आपके होने वाले समधी हैं तो ये भी इस घर के दामाद हैं। अपना अपमान न वे सह सकते हैं, न मैं। उन्होंने तो कुछ कहा नहीं, शालीनता से उठकर चले ही गए न ? उनकी नम्रता को आप उनकी कमजोरी न समझें।"

और बहुत सारा झगड़ा बटोरकर मैं रो पड़ी। बहुत चीखी-चिल्लाई। घर लौटी तो मेरी सूजी हुई आंखों ने इनसे सारी बात कह दी।

"क्या हुआ, पार्वती ?" इन्होंने बहुत शांत स्वर में पूछा।

"कुछ नहीं !" मैंने कहा। पर मेरी आवाज कांप रही थी।

ये समीप आ गए और मेरे सिर पर हाथ रखा, "पार्वती, क्या हुआ ?"

स्वर के स्नेह ने मुझे पिघला दिया। मैं अपने आपको रोक न सकी। फूट ही पड़ी, "कल की घटना में मम्मी हमें ही दोषी समझती हैं। हमसे नाराज हैं। आखिर हम मम्मी की बात कैसे मान लें ? जीवन भर न उन्होंने अपने पति का सम्मान किया, न किसी से करवाया। वे मेरी बात क्या समझेंगी ! हमने बहुत से गुण लिये हैं उनसे, दुर्गुण नहीं लेंगे।"

मैं बहुत देर तक रोती रही। वे बैठे चुप कराते रहे। पर चुप कराना उन्हें आता नहीं है। जब कभी रोती हूं, तो दो-एक बार बहुत प्यार से चुप होने के लिए कहते हैं। चुप हो जाऊं तो प्रसन्न हो जाते हैं। और यदि आंसू बहते ही जाएं तो अत्यंत दीन और विवश-से हो उठते हैं।

पर उस दिन वे अत्यंत धैर्य से मुझे चुप कराते रहे। बहुत शांत थे वे।

"पार्वती ! मुझे बहुत कुछ कहना है तुमसे।" वे मेरे पास बैठ गए।

मैंने आंखें उनके चेहरे पर टिकाईं। बोली कुछ नहीं, आंखों ही आंखों में प्रश्न करती रही।

"देखो ! किताबी आदमी हूं, किताबी बातें अधिक सोचता हूं।" वे फीकी-सी हंसी हंसे, "आज तक तुम्हारे मायके के विरुद्ध कुछ नहीं कहा, सोचता था तुम्हें

बुरा लगेगा। पर आज जब स्वयं तुमने ऐसी बात कही है तो साहस कर रही हूं।" वे तनिक रुके, "जो मेरा सम्मान नहीं करते, वे तुम्हारा भी सम्मान नहीं करेंगे···"

और मेरे सम्मुख मम्मी की क्रुद्ध मुद्रा घूम गई।

"···हम उनकी प्रत्येक बात स्वीकार कर सकते हैं, किन्तु सिद्धान्त की बात पर नहीं झुक सकते। समझ रही हो न?"

"हां।" और मैंने अपना सिर उनके कंधे से टिका दिया।

इस विषय पर फिर हमने कभी बात नहीं की। न वे बोले, न मैं। मुझे लगा कि वे इन घटनाओं को भूलकर फिर से अपने काम में मग्न हो बैठे हैं।

मम्मी-डैडी ने जब मेरा विवाह किया था तो 'चाहे गरीब मगर शरीफ' लड़का ढूंढ़ा था। लेकिन अब गिरिधर साहब के समधी बनकर मेरे मायके वाले बड़े आदमी हो गए थे।

अब भैया के विवाह की तिथि समीप आती जा रही है। डैडी आकर हमें निमंत्रण दे गए हैं। गुड्डी भी आकर अपने जीजाजी को बुला गई है। भैया भी आए थे एक बार। पर गिरिधर साहब की समधिन, मेरी मम्मी का अहंकार अभी नहीं टूटा—न वे आयीं, न अपनी ओर से कोई संदेश भेजा।

मैं दुर्बल स्त्री—रोक नहीं पाती अपने को। भैया के विवाह में जाने का कितना मन है। पर कोई है, जो बार-बार रोकता है मुझे। पति के अपमान की अवज्ञा करके अपने पिता के घर चली तो जाऊं। पर यदि किसी ने पूछा भी नहीं? और तो और, मम्मी भी मेरे जले पर मरहम नहीं रखेंगी।

और यदि वहां फिर से इनका अपमान हो गया, तब? ओह! नहीं!

आज भैया का विवाह है। सेहराबंदी का समय हो आया है। जी में हूक-सी उठती है। वे हंसते हुए पूछते हैं, "भाई के विवाह में नहीं जाओगी, पार्वती?"

मेरी आंखों में आंसू तैरते हैं। क्या करूं! भैया घोड़ी चढ़ा होगा···बारात चल पड़ी होगी···बारात गिरिधर साहब के घर पहुंची होगी···

"पार्वती! चलना है?" ये पूछते हैं और मेरी आंखों में आंसू घने हो जाते हैं।

अब भैया को जयमाल पहनाई होगी अचला ने—अब भैया ने पहनाई होगी ···अब···ये मेरे सम्मुख खड़े हैं। उदार मन से पूछते हैं, "अब भी चलना है, पार्वती?"

मेरी आंखें और ज्यादा भीग आयी हैं। नीचे देखने लगी हूं। मौन! मौन

का अर्थ कहीं यह ऐसा न लगा बैठें कि पार्वती जाना चाहती है। अनुभव होता है, मुझे स्पष्ट कह देना चाहिए कि नहीं जाना है मुझे। क्यों जाऊं? इनके साथ अब मैं जिस कगार पर खड़ी हूं, वह कगार वह नहीं है, जिस पर कभी मैं मम्मी-डैडी के साथ खड़ी थी। मैं कठोरता से चेहरा उठाकर इनकी ओर ताकने लगी हूं।

२८.१.१९६६

सीमा के आर-पार

झगड़े ! झगड़े पचासों होते थे हमारे घर में। रोज-रोज होते थे, और दिन में दो-चार बार भी हो जाते थे ! झगड़ों का क्या है ! जितने मर्जी हो जाएं। पर मूल झगड़ा तो अम्मा और बाबूजी का था। कब हुआ था, कैसे हुआ था—हमें क्या पता ! हमारे जन्म से पहले कभी हुआ होगा, पर फिर भी हम पैदा हो ही गए—भाई भी, बहनें भी।

हमें अब जो कुछ भी पता है इन झगड़ों के बारे में, सब अम्मा से ही मालूम हुआ है। अम्मा अकसर उन किस्सों को ले बैठती हैं। हमें कभी-कभी लगता है, अम्मा को ऐसा नहीं करना चाहिए। हम तो फिर भी उनके अपने ही बच्चे हैं। पर वे तो रिश्तेदारों, गली-पड़ोसवालों और हर आए-गए के सामने बाबूजी के साथ हुए झगड़ों की कथाएं सुनाने बैठ जाती हैं।

वे सुनाती हैं कि विवाह के समय, बाबूजी देखने में बहुत सुन्दर थे। पढ़े-लिखे भी थे। उस जमाने के ग्रेजुएट हैं बाबूजी। और फिर उनकी जमीन-जायदाद भी बहुत थी। लड़के को हर प्रकार से देखभाल कर शादी कर दी गई। पर अम्मा कहती हैं कि बाबूजी के घरवाले लोग अच्छे नहीं थे। उनसे कभी नहीं बनी अम्मा की। न सास-ससुर से, न देवर-ननद से। अम्मा को वे एक आंख नहीं भाते थे—कमीने लोग हैं वे, मांस-अंडे खानेवाले ! और अम्मा बहुत अच्छे परिवार की हैं—पढ़े-लिखे, सभ्य-सात्विक परिवार की।

हमने उन लोगों को नहीं देखा है। न बाबूजी के घरवालों को, न अम्मा के घरवालों को। क्योंकि अम्मा की पहले तो अपने ससुरालवालों से नहीं बनी, फिर अपने भाइयों से भी झगड़ा हो गया। अम्मा अब उनमें से किसी से भी नहीं मिलतीं। बाबूजी दोनों तरफ आते-जाते रहते हैं, पर अम्मा हमें साथ जाने की

अनुमति नहीं देतीं—और बाबूजी अम्मा से बहुत डरते हैं।

हमने दोनों परिवारों के प्रतिनिधियों को ही देखा है। बाबूजी बड़े असभ्य परिवार के हैं—मांस-अंडा खानेवाले परिवार के। पर कभी किसी से ऊंचे स्वर में भी बात नहीं करते। सब उनसे खुश रहते हैं, कोई भी नाराज नहीं होता। अम्मा कहती हैं—बाबूजी डरपोक हैं, डरपोक! अम्मा हमारी बहुत बहादुर हैं। किसी से भी नहीं डरतीं। बाबूजी से भी नहीं। हममें से जिसे चाहें, जब-तब पीट दें। बाबूजी को पीटतीं तो नहीं पर यों डांटें कि बाबूजी की सिट्टी-पिट्टी गुम हो जाए। मजाल है कि बाबूजी कुछ बोल जाएं। अम्मा के डर से वे हफ्ते में सातों दिन ऑफिस जाते हैं, इतवार को भी। सवेरे-सवेरे आठ बजे निकल जाते हैं और रात को नौ-साढ़े नौ बजे लौटते हैं। कहते हैं, काम बहुत होता है ऑफिस में। और अम्मा गरजकर कहती हैं—"काम क्या तुम्हें दुनिया से ज्यादा होता है! सुस्त हो, सुस्त! आलसी! एक ही फाइल लेकर घंटों बैठने वाले!"

हमारे घर में कोई ज्यादा आता-जाता नहीं है। जो एक-आध बार आ गया, उसे अम्मा आंखें दिखाती हैं, अगला फिर कभी आने का नाम भी नहीं लेता।

एक है हमारी धर्म-मौसी। वह अकसर आती है। उसकी लड़की भी आती है—शान्ति। शान्ति का बाप शराब बहुत पीता है। गन्दी-गन्दी गालियां बकता है। शान्ति की मां को पीटता है। घर में पैसे नहीं देता। बच्चों को पढ़ने नहीं देता। उनकी पुस्तकें फाड़ देता है। उन्हें धक्के मारकर घर से बाहर निकाल देता है और दरवाजा बन्द कर लेता है।

शान्ति की मां—हमारी मौसी—अम्मा के पास अपना दुखड़ा लेकर आती है। पर हमारी अम्मा को उससे कोई सहानुभूति नहीं है। अम्मा को किसी भी दुर्बल स्त्री से कोई सहानुभूति नहीं है। वे नारी-स्वातंत्र्य की ध्वजवाहिका हैं। 'जूता लेकर मुंह सूर दो उस हरामजादे का!' वे एक ही बात कहती हैं। पर शान्ति की मां अपने पति का मुंह सूर नहीं सकती, उलटे अपने शरीर पर पड़े हुए नील दिखाती है अम्मा को।

बाबूजी को शान्ति की मां से बहुत सहानुभूति है। वे अकसर उसे ढाढ़स बंधाते हैं—'हम दोनों एक-से ही हैं, बहन!'

अम्मा सुनाया करती हैं अपनी शादी के बाद के किस्से। जब उनकी शादी हुई थी, तो उन्होंने कॉलेज में दाखिला लिया ही था। शादी से उनकी पढ़ाई छूट गयी। पर अम्मा का मन सास-ससुर के पास नहीं लगा। वे बाबूजी के साथ आ गयी थीं। मन उनका बाबूजी के साथ भी नहीं लगा था। कैसे लगता, बाबूजी सारा

बाजार घूम आते थे और कहीं कुछ खाने का मन नहीं करता था बाबूजी का। और अम्मा को तो इतना शौक था खाने-पीने का। आज भी अम्मा हमें साथ लेकर फतेहपुरी में रेढ़ीवालों के पास खड़ी होकर इतना खाती-पीती हैं। हमें भी खिलाती हैं। अम्मा दिलेर हैं, किसी से डरती थोड़े ही हैं। बाबूजी का क्या है, किसी तांगे-रिक्शावाले से भी नहीं लड़ सकते।

तो अम्मा का मन ही नहीं लगा था बाबूजी के पास। और वे फिर पढ़ने लगी थीं। बाबूजी ने उन्हें पढ़ाया-लिखाया। सोचा, पढ़ने में क्या हर्ज है। और फिर अम्मा में स्त्री-जागरण की चेतना आयी। इस बार जब अम्मा अपनी ससुराल गयीं तो पूर्वजों के मकान में उन्होंने एक भाग पर जबरदस्ती कब्जा कर लिया। तीन-चार कमरों में ताले लगा दिए। औरत जात—कौन लड़ता अम्मा से! अम्मा का कहना है—बड़ा डरपोक निकला अंडे-मांस खानेवाला बाबूजी का परिवार! और अम्मा से डरकर हमारे दादा ने मकान का दूसरा भाग अपने छोटे बेटे को देकर मकान का बंटवारा कर दिया। अब जब बंटवारा हो ही गया था, तो अम्मा ने जमीनों को भी बांटने की मांग की। और इस बार जब अम्मा लौटीं तो जमीनों के दो भाग करवाकर, खेतों के बीचों-बीच अपनी मेड़ बनवाकर, अपनी जमीन अपने खेतिहरों को देकर आयीं। बाबूजी ने तो कुछ भी नहीं किया इस झगड़े में। बाबूजी के पास जितनी जमीन है इस समय, सब अम्मा के कारण है—नहीं तो बाबूजी क्या कर लेते! खड़े टुकुर-टुकुर देखते रहते।

अम्मा सुनाती हैं कि बाबूजी की इस कमजोरी पर अम्मा को बहुत गुस्सा आया। गुस्सा मशहूर है अम्मा का—बहुत दूर-दूर तक अम्मा के ननिहालवाले आज भी याद करते हैं उनके गुस्से को। बचपन में जब कभी वे अपने ननिहाल जाती थीं तो खटाई बहुत खाती थीं। उनकी मामियां रोकतीं तो अम्मा खाने की थाली को एक ठोकर मारकर सारी कटोरियां गली के बाहर पहुंचा देतीं। खड़ी-खड़ी दूध का गिलास दे मारतीं। पानी भरे घड़े फोड़ देतीं। और किसी में भी हिम्मत नहीं होती कि अम्मा को कोई रोक लेता। छोटी बच्ची थीं तो क्या हुआ! मजाल है किसी की! अम्मा बड़ी दिलेर थीं। उनके ननिहालवालों को आज भी याद है। अम्मा को भी याद है। वे हमें सुनाया करती हैं···

जब अम्मा को बाबूजी पर गुस्सा आया, तो बाबूजी के साथ उनकी शादी करनेवालों पर भी गुस्सा आया। बाबूजी सुन्दर थे तो क्या हुआ! घर-बारवाले जमीन-जायदादवाले थे तो क्या हुआ! अम्मा उनसे संतुष्ट नहीं थीं, और जब अम्मा उनसे संतुष्ट नहीं थीं, तो किसी को क्या अधिकार था कि उनका विवाह बाबूजी से कर देता। अम्मा को लगता था, उनके भाइयों ने अपने लिए तो अच्छी-अच्छी पत्नियां चुन लीं, और उनकी बारी किसी ने ध्यान ही नहीं दिया।

जब अम्मा को क्रोध आता है तो वे उसे छिपाती कभी नहीं। छिपाने की क्या जरूरत है। क्रोध आता है तो उसे दिखाया क्यों न जाए। उस दिन हम बाबूजी के किसी मित्र के घर जा रहे थे। घर फ्रेंड्स कॉलोनी में था। बड़े-बड़े मकान—सुन्दर-सुन्दर। बड़ी पॉश कॉलोनी है। चारों ओर शांति और सुरुचि। पर हमें घर नहीं मिल रहा था। बाबूजी भाग-भागकर इधर-उधर मकान खोज रहे थे। जितनी बार इधर-उधर मुड़ना पड़ता, बाबूजी एक डरी-सी निगाह अम्मा पर डाल देते—कहीं अम्मा को गुस्सा तो नहीं आ रहा है। पर अधिक चलना पड़ा था। अम्मा थक गई थीं। और थकने पर गुस्सा तो आता ही है। अम्मा लगीं वाही-तबाही बोलने—"जब पता नहीं था आपको, तो क्यों चले आए उड़कर ? अपनी बेवकूफी कभी भी छोड़ी जाएगी आपसे…!"

क्या डीसेंट और पॉश कॉलोनी है—फ्रेंडस् कॉलोनी ! चारों ओर शांति और सुरुचि। और इन सबके बीच सड़क पर अम्मा की जोरदार गरज एक विचित्र कंट्रास्ट पैदा कर रही थी। लोग घरों से निकलकर देख रहे थे कि क्या हो रहा है। बाबूजी ने एक-आध बार बेबसी से अम्मा की ओर देखा और फिर भागते हुए बहुत आगे बढ़ गए। वे इतने फासले पर जा रहे थे कि लगता ही नहीं था कि वे हमारे साथ हैं, अथवा हम उनके साथ हैं। पर अम्मा इस जिद पर अड़ी थीं कि इतनी दूर से भी वे बाबूजी को अपनी टिप्पणी सुनाकर ही रहेंगी। मुझे बुरा लगा। सब लोग बाहर निकल-निकल अम्मा को देख रहे थे, तो मुझे भी घूर रहे थे, जैसे मैं लड़की न होकर ऊदबिलाव होऊं।

"अम्मा ! आहिस्ता बोलो।" मैंने धीरे-से टोका।

"क्यों आहिस्ता बोलूं !" अम्मा की गरज कुछ और जोरदार हो गयी, "किसी के बाप की सड़क है क्या ?"

मैं चुपचाप, बेबसी से इधर-उधर देखती रही। लोगों ने यह घोषणा सुनी तो वे भी अपने-अपने घरों में छिप गए—सड़क उनके बाप की तो सचमुच नहीं थी।

अम्मा सुनाती हैं, जब उन्हें अपने भाइयों पर गुस्सा आया था तब भी ऐसा ही कुछ हुआ था। कोई शादी थी। सारे रिश्तेदार इकट्ठा थे। अम्मा के सारे भाई भी वहीं थे। अम्मा को बड़ी सुविधा हो गयी इससे। अलग-अलग सबके घर जाने की आवश्यकता नहीं पड़ी उन्हें। सारे डायलॉग एक ही जगह बोल दिये। उनको बिना किसी कारण के ही काफी अच्छी फटकार सुनाई अम्मा ने और अम्मा के वे सारे भाई चुपचाप सुनते रहे। कुछ भी नहीं बोले। बाबूजी के ही समान कायर निकले सब। ऐसे डरे कि उसके पश्चात् हमारे घर भी नहीं आए। राखी-टीके पर भी आने का साहस नहीं हुआ उन्हें और अम्मा ने भी समझ लिया कि इस दुनिया में कोई किसी का नहीं होता। संसार बहुत स्वार्थी है।

इसके बाद अम्मा कुछ सुनाती नहीं हैं। सुनाने की जरूरत नहीं है उन्हें। हम खुद ही बड़े हो गए हैं, सारे बहन-भाई। अब भला मेरी शादी की बातचीत के बारे में भी कुछ सुनाने की जरूरत है अम्मा को ? यह तो अम्मा बहुत दिन से सुनाया करती थीं कि मैं बड़ी हो गयी हूं। मेरी शादी के विषय में कुछ होना चाहिए। वे रोज सवेरे उठकर बाबूजी को उनके निकम्मेपन को लेकर कोसने लगतीं और बाबूजी बड़े सहमे-सहमे-से दफ्तर चले जाते थे। उन दिनों वे अपनी बीमारी से बड़े परेशान थे। उनका पेट हमेशा ही खराब रहता था। डॉक्टर का कहना था कि यह सब स्ट्रेन के कारण है। उनका मानसिक तनाव हल्का होना चाहिए। पर बाबूजी के मन पर कौन-सा बोझ था, मुझे समझ में नहीं आता था, घर का सारा बोझ तो अम्मा पर था। सब कुछ तो अम्मा करती-करवाती थीं, फिर बाबूजी खामखाह···हां, बाबूजी की नब्ज पर स्वयं अम्मा सवार हों तो बात और है···

अम्मा हमेशा कहती थीं कि मैं अब बड़ी हो गयी हूं। मेरी शादी का प्रबन्ध होना चाहिए। पर मुझे कभी भी नहीं लगा था कि मैं इतनी बड़ी हो गयी हूं। अभी तो एम० ए० में पढ़ ही रही हूं। छोटी-सी तो हूं। आज तक किसी ने भी नहीं कहा कि मैं एम० ए० की छात्रा लगती हूं। फ्रॉक तो फ्रॉक, सलवार-कमीज में भी लोग मुझे स्कूल की छात्रा ही समझ बैठते हैं। बड़ा मजा आता है, जब मैं किसी को बताती हूं कि मैं एम० ए० में पढ़ रही हूं और वह व्यक्ति उजबक-सा मेरा मुंह देखने लगता है। अम्मा यूं ही मेरे बड़े होने का, जवान होने का शोर मचाती रहती हैं। बाबूजी से लड़ने का बहाना खोजती हैं, और क्या ! उनका मेरे साथ व्यवहार युवती अथवा बड़ी समझदार लड़की का-सा थोड़े है। बच्चों की तरह कान खींचे जाते हैं।

पर उस दिन मुझे अम्मा की बात सच लगी, जब मैं कार्त्तिकेय से मिली। कार्त्तिकेय ने इसी यूनिवर्सिटी से एम० ए० किया था और अब एक मासिक पत्रिका के संपादकीय विभाग में हैं। जानती मैं उन्हें पहले से थी, और मुझे अच्छे भी लगते थे, पर इधर बहुत दिनों से दिखे नहीं थे। उस दिन अचानक बस-स्टॉप पर मिल गए। कुछ देर तक बातें होती रहीं—यूनिवर्सिटी की ही या फिर मेरी पढ़ाई की। और फिर मैं उन्हें अपने घर ले आयी।

घर में घुसते ही मुझे कुछ अटपटा-सा लगा। जैसे ही हम दोनों ड्राइंगरूम में सोफे पर बैठे, अम्मा की कड़कदार जिज्ञासा कमरे में गूंज गई, "कौन है ?"

"हम हैं, अम्मा !" मैं बोली, "मैं और···" और अकस्मात ही मैं कई बातों के प्रति सजग हो गई। अम्मा शायद दूसरे कमरे में आराम कर रही थीं और वहीं से उन्होंने हांक लगाकर पूछा था। बड़ा अटपटा लगा मुझे। इस तरह दूर से

चीखकर पूछने और उत्तर देने में कहीं डिसेंसी का अभाव खटका मुझे। और मेरा उत्तर···'हम हैं, मैं और···और···' और कौन ? यह मैं बता नहीं सकी थी। मैं आज पहली बार इस बात के प्रति सचेत हुई कि मैं एक लड़की हूं—बच्ची नहीं हूं। क्या हूं—कुछ भी होऊं, पर बच्ची नहीं हूं। और इस प्रकार एक युवक को लेकर घर में आना···कुछ नया-नया-सा लगा मुझे। और सहसा एक डर जागा—अम्मा पूछेंगी तो ?···

कार्त्तिकेय कुछ ही देर बैठकर चले गये। अम्मा से सामना नहीं हुआ उनका। वे चले गए, तो भी मैं बैठी सोचती ही रही। क्या बातें कर रहे थे हम ? अनजाने ही सारी बातें कार्त्तिकेय के विवाह सम्बन्धी हो रही थीं। मैंने ही बात आरम्भ की थी। मैंने ही जानना चाहा था कि वे अपनी पत्नी के रूप में कैसी लड़की पसन्द करेंगे ? जाने क्यों पूछ रही थी मैं ? कैसे पूछ बैठी ? घर में मेरे विवाह की बातें होती रहती हैं और मैं दूसरों से उनके विवाह के विषय में पूछती रहती हूं। पर कार्त्तिकेय दूसरे हैं क्या ? उनके साथ की गयी बातें— व्यर्थ जिज्ञासा के अतिरिक्त कुछ नहीं था क्या ? और मुझे लगा कि मैं कार्त्तिकेय के प्रति इतनी तटस्थ नहीं रह सकती। वह, जो कुछ मैंने पूछा था, अन्य किसी बात के अभाव में, समय काटने के लिए नहीं पूछा था। कोई तार है उन बातों के पीछे। मैं अब बच्ची नहीं रही हूं !

कार्त्तिकेय फिर आए हमारे घर। मैं स्वयं ही यूनिवर्सिटी से पकड़ लायी थी उन्हें। मन में कहीं क्षीण-सी इच्छा थी कि घर के सब लोग देख लें उन्हें। अम्मा भी देख लें—जो कुछ उन्हें कहना हो, अभी कह लें और यदि कुछ नहीं कहना, तो सवेरे उठकर बाबूजी से झगड़ा न किया करें मेरे विवाह के सम्बन्ध में।

वे आ गए मेरे साथ। किन्तु अभी तक उन्होंने अपनी ओर से कोई आकर्षण नहीं दिखाया था। पर कहीं कुछ है, यह तो मैं भी समझती थी।

घर पर अम्मा से मिले वे। अम्मा इधर-उधर की थोड़ी-सी बातों के पश्चात् उनके विषय में ही प्रश्न करने लगीं। बड़ी सन्तुष्ट-सी लगीं अम्मा। लगता था, अम्मा को वे पसन्द आ गए थे।

"आप चाय तो पियेंगे ?" मैंने उनसे पूछा।

और इससे पहले कि वे कुछ कहते, रसोई में कोई वर्तन गिरा। बर्तन शीशे का था शायद। आवाज वैसी ही हुई थी, खन-खन···

"कौन है रे ?" अम्मा बैठे-बैठे दहाड़ीं।

कार्त्तिकेय की आंखें झप-सी गईं—जैसे कोई आकस्मिक धमाका सुना हो। अम्मा उठकर गरजती-बरसती रसोई में पहुंचीं।

"सूझता नहीं तुझे, सुअर के बच्चे !" अम्मा ने शायद नौकर को चांटा मारा

था—तड़ाक् ! मैं कार्त्तिकेय को देखती रह गई। कैसा लग रहा होगा उन्हें ? लगा, जैसे हमारे घर में उन्होंने ड्राइंग-रूम में कूड़े का ढेर पड़ा देख लिया हो। वे अनजान-से बने बैठे रहे। रह-रहकर मम्मी की सख्त किस्म की गालियां हमारे कानों में टकरा रही थीं।

"चाय पिएंगे न ?" मैंने दुहराया।

"यदि आप पिला दें।" वे उस चीख-दहाड़ के झटके को पीछे छोड़ आए थे।

"साथ क्या लेंगे ?" मैंने बात आगे बढ़ाई।

"क्या देंगी आप ?"

"जो आप मांगें, वही मिलेगा।"

"सोच लीजिए !"

"सोच लिया।" जाने मैंने कैसे कह दिया।

"तो समझ भी लीजिए।" वे हिल-से गए थे। उनके मुख के भाव बड़े मिश्रित-से थे, जिन्हें मैं अपनी सहज वृत्तियों से ही समझ पा रही थी। उनके दोनों हाथ आपस में मिले हुए थे जैसे अंजुली बनाकर कुछ मांग रहे हों।

मैं अनजाने ही उनके पास जा बैठी और मेरा हाथ उनकी अंजुली में था। और उनके मुख पर कमल-ही-कमल खिल आए थे।

फिर तो कार्त्तिकेय कई बार हमारे घर आए। बात घर में साफ हो गयी थी और सबने स्वीकार भी कर ली थी। सबसे अधिक राहत बाबूजी को मिली थी। अब अम्मा को उनसे लड़ने के लिए और बहाने ढूंढ़ने पड़ते थे।

कार्त्तिकेय घर आते थे, तो कोई-न-कोई नयी बात भी देख जाते थे। अकसर वे ड्राइंग-रूम में बैठे होते और आंगन में घमासान हुआ करता। कभी अम्मा नौकर को डांट रही होतीं, कभी बाबूजी को। कभी वे भैया को थप्पड़ दे मारतीं, कभी भंगी को लात। मैं सहमी बैठी रहती चुपचाप और कार्त्तिकेय के मुख पर आते-जाते भावों को देखती रहती। कहीं वे बुरा न मान जाएं···कहीं वे इधर आना ही न छोड़ दें, कहीं···

पर उन्होंने कभी भी ऐसा भाव नहीं दिखाया। उलटे मुझे समझाते, "पगली ! यह तो हर घर में होता है। कुछ-कुछ तो लगा ही रहता है सब जगह। तू चिन्ता क्यों करती है ! हमारे घर में यह सब नहीं होगा। यह सब यहीं रह जाएगा···"

"हमारे घर !" और मेरे मन में अपना घर बस गया। कार्त्तिकेय ने नया संसार बनाया था मेरे लिए। मुझे पहली बार लगा कि यह घर मेरा नहीं है। यह घर इसी प्रकार, यहीं रह जाएगा। यह अशान्ति, यह क्लेश, यह इस घर की विशेषता है— सब यहीं रहेगा। मेरे घर में यह सब नहीं होगा—मैं होऊंगी और मेरे कार्त्तिकेय। हम दोनों का प्यार होगा। और मुझे लगा, इस मनहूस जगह से मुझे बहुत जल्दी छुटकारा मिलने वाला है···

पर दूसरे दिन अम्मा ने जब मुझे भी कार्त्तिकेय के सामने डांटना शुरू किया तो मुझसे न रहा गया, "अम्मा ! कुछ तो ख़याल करो। इनके सामने ही···"

अम्मा और अधिक बिफर गयीं, "देखो, भैया ! ये बातें तो घरों में होती ही रहती हैं।" वे सीधी उन्हीं से बोलीं, "तुम घर पर आओगे तो कब तक हम छिपाते फिरेंगे तुमसे ! न देख सको तो न आया···"

"अम्मा !" मैं चीख पड़ी।

"आप ठीक कहती हैं, अम्मा !" कार्त्तिकेय बड़े शान्त, पर तटस्थ भाव से बोले, "मैं स्वयं भी सोचता हूं कि अब शादी में अधिक दिन भी नहीं रह गए हैं। मेरा यहां आना अच्छा नहीं लगता।"

बात टल गयी, पर ये फिर घर पर नहीं आए। जब कभी मिले, बाहर ही मिले। जब कभी उस घटना की चर्चा हुई, इन्होंने मुसकराकर टाल दिया। पर इन्हें अच्छा नहीं लगा था यह सब।

विवाह तक के दिन स्वप्न बुनने में ही बीतते गए। जैसे-जैसे विवाह पास आता जाता था, इस घर का असंस्कृत व्यवहार अधिक चुभने लगा था मुझे। लगता, जीवन के नियमों का उल्लंघन कर उच्छृंखलता बसती है यहां। यहां छोटे-बड़े का कोई सम्मान नहीं है। अम्मा अब भी अपने बच्चों के साथ खाने-ओढ़ने की स्पर्धा करती हैं। मानसिक रूप से वे अभी तक परिपक्व नहीं हो पायीं-- इसलिए बच्चे भी अभी तक किसी विधि-निषेध को नहीं सीख पाए। यहां जीवन का भोग वन्य-नियमों से परिचालित होता है···

···साथ ही मैं अपने घर का स्वप्न देखती। वहां मैं होऊंगी और मेरे पति होंगे। मेरे सास-ससुर होंगे, देवर-ननदें होंगी, जेठ-जेठानियां होंगी। उस भरे-पूरे घर में बड़े-छोटे का लिहाज होगा। व्यवहार में शिष्टता होगी। बड़े की बात को आदेश के समान, अपनी इच्छा के विरुद्ध भी, माना जाएगा···लगता था, मैं धीरे-धीरे समय के साथ मुक्ति की ओर बढ़ रही हूं।

अम्मा में भी, विवाह के आस-पास कई तरह के परिवर्तन आ रहे थे। हमें लगता था कि वे भी इन दिनों कुछ बड़ों का-सा व्यवहार सीख रही हैं। यह दूसरी बात है कि मेरे कपड़ों के साथ उन्होंने कुछ अपने कपड़े तथा मेरे गहनों के साथ कुछ अपने गहने भी बनवाए थे। पर फिर भी वे बदल रही थीं। अपने समय की इंटर-पास हमारी आधुनिका अम्मा अकस्मात ही बड़ी रूढ़ि-ग्रस्त हो उठी थीं और कार्त्तिकेय को अपनी इच्छा के विरुद्ध अम्मा की बात मानकर अपनी शालीनता के कारण सेहरा बांधकर घोड़ी पर चढ़कर आना पड़ा था। अम्मा अपनी विजय पर मुसकरायी थीं। उनकी बात जब उनके पति नहीं टाल सके, तो दामाद क्या चीज़ है !

पर हमारी आधुनिका रूढ़ि-ग्रस्त अम्मा कुछ गड़बड़ा गयी थीं। समझ नहीं पा रही थीं कि कहां तक उन्हें आधुनिक होना है और कहां तक रूढ़ियों को निबाहना है। सेहरा बांधकर दामाद को बुला लिया, किन्तु आगे बढ़कर, स्वागत करते हुए, सेहरा हटाकर मुंह-दिखाई देना भूल गयीं। और फेरों के समय, वेदी पर जोर-जोर से मौसी को सुनाकर झेंप मिटा रही थीं—"अरी, सुना तूने ! मेरी तो मति ही घूम गई। मुझसे सारियां कहती भी रहीं कि दामाद से छंद सुनो, कोई छंद सुनो। और मैं दामाद की योग्यता का बखान करती लौट पड़ी। अरी, याद ही नहीं रहा कि मुंह-दिखाई भी देनी है और छंद-कहाई भी…"

कार्त्तिकेय इन बातों को टालते रहे। भला इन बातों का क्या बुरा मानना। यदि पढ़े-लिखे लोग भी इसी तरह लकीर पीटते रहें तो समाज उदार कैसे बनेगा ! और मैं अपने पति का उदार मुख अपनी आंखों में संजोती रही।

दहेज का सामान डोली के साथ न आ सका, क्योंकि भेजने का प्रबन्ध नहीं हो सका था। न मेरे कपड़े आए, न श्रृंगार का सामान और न पलंग। मैंने ससुराल से अम्मा को फोन किया, "अम्मा ! मेरे कपड़े-लत्ते तो भेज दो। और हां, पलंग भी भिजवा दो।"

"मैं क्या-क्या करूं अब !" अम्मा फोन पर ही झुंझला पड़ीं, "तेरे बाबूजी तो किसी काम के हैं नहीं। कपड़े भिजवा देती हूं। पर पलंग तो अभी फर्नीचरवाले के यहां से ही नहीं आए। अच्छा, उसे भी फोन करती हूं।"

कपड़े आए। कुछ देर बाद पलंग भी आए। पर पलंग सीधे फर्नीचरवाले के यहां से आए थे, इसलिए साथ बिल भी आया था। क्रोध आया उस फर्नीचरवाले पर। कमबख्त को इतना भी पता नहीं कि बिल यहां न भिजवाना चाहिए था—अम्मा के पास भेजता बिल। पर इन्होंने चुपचाप पैसे दिए और पलंग रखवा लिये।

"ऐसा तो होता ही रहता है।" मेरा संकोच दूर करने के लिए ये कहते गए।

और तीसरे दिन ही अम्मा आ पहुंचीं, "भैया, वह जो अटैची-केस है न तुम्हारा, वह देना जरा। तुम्हारे बाबूजी को बाहर जाना है, जरूरत पड़ेगी। ये तो इतने संकोची हैं, कहने लगे, बेटी के घर से कैसे मांगें? क्या है, मैंने कहा—कार्त्तिकेय तो अपने बेटे ही हैं।"

"इसमें संकोच की क्या बात है, अम्मा?" ये बोले, "आपका अपना घर है, अपनी चीजें हैं। पुरानी रूढ़ियों को पकड़े रहने से क्या होगा !"

"ठीक कहते हो, बेटे !" अम्मा बोलीं, "भगवान् तुम्हारा भला करे। कैसा समझदार दामाद मिला है मुझे। पिछले जनम में कोई पुन्न किया होगा।"

और अम्मा बलैयां लेती हुई सीढ़ियां उतरने लगीं।

"हां, अम्मा !" ये रोककर बोले, "बाबूजी तो बाहर आते-जाते ही रहते हैं। उन्हें अटैची-केस की जरूरत पड़ा करेगी। हमारे पास तो बेकार ही पड़ा है। और भी हैं। रखने की जगह भी नहीं है। लौटाने की जल्दी मत करना।"

"अच्छा, बेटे, अच्छा।" अम्मा ने इनकी बात स्वीकार कर ली।

दीपावली के दिन अम्मा का बहुत जोर का बुलावा आया—'दोनों सवेरे ही आ जाना। रात का खाना खाकर जाना।'

"हमारी यह पहली दीवाली है, अम्मा !" इन्होंने कहा, "हम अपना घर अंधेरा छोड़कर कैसे जाएंगे?"

"वापस आकर उजाला कर लेना !" अम्मा जाती-जाती कह गयीं, "तुम्हारी पहली दीवाली वहीं कर देंगे धूमधाम से।"

और धूमधाम देखने के लिए जब हम वहां पहुंचे, अम्मा के बचकाने पर हंसी भी आयी, क्रोध भी। इससे कहीं अच्छी दीवाली तो वैसे ही मनाई जाती है। और अम्मा हमारी पहली दीवाली मनाने जा रही हैं इस सामान से !

"अम्मा ! बस इतनी-सी मिठाई मंगायी है !" मैंने अपनी झेंप मिटाने के लिए इन्हें सुनाना चाहा, "और मोमबत्तियां भी बस दो ही पैकेट !"

"हां-आं-ां।" अम्मा दूर तक आवाज लटकाती हुई बोलीं, "अब तो सब कुछ कम-ही-कम लगेगा, रानी, तुझे ! हमने तो तेरी शादी पर अपना घर फूंक दिया···"

मुझे अम्मा की यह अशिष्टता दूर तक चीर गयी। इनके मुख पर भी दो-चार अशोभन रेखाएं-सी उभरीं, पर कुछ बोले नहीं ये। पर इनका मूड वहीं से अलसा-सा गया। हर बात में उदासीनता ने घर कर लिया।

बड़ी फीकी-फीकी-सी लगी दीवाली मुझे। अम्मा पर बहुत क्रोध आया। उन्हें क्या अधिकार था, हमारी पहली दीवाली की सारी आभा छीन लेने का? इससे अच्छा था, वे मुझे न बुलातीं। अपनी ओर से वे मेरे पहले-पहले त्योहारों का चाव दिखा रही थीं और कर क्या रही थीं !···कार्त्तिकेय ने लेन-देन के मामले में कभी कोई रुचि न दिखायी थी। न ये कुछ लेना चाहते थे। उनका तर्क सीधा था—न मैं कुछ दे सकता हूं, न लेना चाहता हूं। फिर अम्मा ने जो कुछ किया, अपने मन से किया। नहीं किया जाता था, तो नहीं करतीं। दे देतीं अपनी बेटी को तीन कपड़ों में। क्या जरूरत थी करने की, यदि इस प्रकार सुनाना था तो?

बड़ी बनी फिरती हैं। नये-नये रिश्ते जोड़े हैं, तो उनकी मर्यादा भी रखनी चाहिए···और ये चुपचाप फुलझड़ियां देखते रहे···

चलने लगे तो अम्मा ने पांच रुपये का एक नोट मुझे दिया। मैंने चुपचाप नोट अपने पर्स में डाल लिया। दूसरा नोट अम्मा ने इनकी ओर बढ़ाया।

"रहने दो, अम्मा !" ये पीछे हट गए, "बहुत ले लिया है पहले ही। अब कहां

तक देती जाओगी ?"

"बहुत जल्दी ही होश आ गया भैया तुम्हें !" अम्मा ने बेशरम मुसकान के साथ हाथ बढ़ाया।

लगा, कार्त्तिकेय का धैर्य भी टूट रहा है, "अम्मा ! मैंने तो कभी कुछ नहीं मांगा, फिर मुझे ऐसी जली-कटी क्यों सुना रही हो ?"

"जली-कटी कौन सुना रहा है तुम्हें, लड़के !" अम्मा बोल रही थीं, "तुमने मांगा नहीं तो कुछ लेने से मना भी तो नहीं किया। दिया है तो कह दिया। ऐसी कौन-सी आफत आ गयी।"

"अम्मा !" मैं एकदम रुआंसी हो गयी, "दिया है तो फिरा लो। उठवा लो अपना सामान। यह कौन-सा तरीका है देने का !" और मेरे आंसू बह चले।

"बढ़-बढ़कर मत बोल, लड़की !" अम्मा डपटकर बोलीं, "क्या उठवा लाऊं ? मैंने तो दान कर दिया है..."

"दान दिया है तो सुनाती क्यों हो, अम्मा ?" मैं तड़पकर बोली, "कौन-सा मेरे सिर अहसान किया है ? अपनी बेटी को कौन नहीं देता ?"

"अच्छा !" अम्मा का क्रोध उबल पड़ा, "एक तो तेरे लिए इतना किया, ऊपर से उन्हें कुछ गिनती ही नहीं।"

"बुला-बुलाकर इस प्रकार गिनाना हो, तो मत बुलाया करो हमें !" मैं भी उसी प्रकार रोते हुए चीखकर बोली।

"मत आया कर !" अम्मा ने तुर्की-बतुर्की जवाब दिया, "आना भारी लगता है, तो मत आया कर। तुझे कोई बुलाने नहीं जायेगा।"

"बस करो, अम्मा !" कार्त्तिकेय बोले, "बहुत हो चुका।" और फिर मेरी बांह पकड़कर बाहर ले चले, "चल ! अपने घर चलें। यहां अब हमारा कोई काम नहीं है।"

हमें किसी ने रोका नहीं। अम्मा रोकना चाहती नहीं थीं। और कोई उनकी इच्छा के विरुद्ध रोकने का साहस नहीं कर सकता था।

उस दिन जो हम वहां से आए, फिर लौटकर कभी नहीं गए। उधर से भी बुलाने कोई नहीं आया। इन्हें बड़ा अटपटा-सा लगा। काफी चुप-चुप-से रहे। "क्या हो गया ?" मैंने इन्हें समझाने की चेष्टा की, "नहीं रहेगा उनसे कोई सम्बन्ध, तो क्या बिगड़ जाएगा हमारा ?"

"पगली है तू !" ये हंसे, "दुःख सम्बन्ध टूटने का नहीं है, दुःख तो उनसे सम्बन्ध होने का है।"

और इनकी पलकों पर ओस जमने लगी।

दुःख मुझे भी था इस घटना का, पर मैं इसे कोई महत्त्व नहीं दे पा रही थी।

ऐसा तो वहां रोज ही होता रहता है। यह तो बड़ी सामान्य-सी बात थी। इतने छोटे-छोटे झगड़े तो इतने हुए हैं कि गिने भी न जा सकें।

पर इन्हें काफी धक्का लगा था। ये इन चीज़ों के अभ्यस्त नहीं थे। इनकी दशा देखकर दुःख तो होता था; पर भीतर-ही-भीतर मैं कहीं बहुत हल्कापन महसूस कर रही थी—चलो, जंजाल छूटा। वहां न जाओ, तो वे लोग वैसे नाराज होते थे कि आते नहीं; और जाओ तो कोई-न-कोई नया झगड़ा-टंटा। अब पीछा ही छूटा। न जाएंगे, न क्लेश होगा। जब तक यह दूरी बनी रहेगी, मन को शांति तो मिलेगी !

चौथे-पांचवें दिन बाबूजी आये हमसे मिलने। कार्त्तिकेय बड़ी अच्छी तरह मिले उनसे। उनके मन में बाबूजी के लिए सहानुभूति भी थी और आदर भी। दोनों में जाने क्या-क्या बातें होती रहीं। मैंने पास जाने की चेष्टा ही नहीं की। कार्त्तिकेय नाराज भी हुए, "यह क्या तरीका है ! तुम्हारे बाबूजी आये हैं और तुम आकर दो मिनट के लिए भी पास नहीं बैठीं !"

पर मैं फिर भी नहीं गयी। ये बड़े भोले हैं। इन्हें क्या पता है। पर मैं जानती हूं सब कुछ। बाबू जी वही पुराना रगड़ा लेकर आये होंगे कि अम्मा की तो यह आदत ही है। आखिर सब लोग अभी तक सहते ही आये हैं। वे फिर भी बड़ी हैं। दो-चार कड़ी बातें कह ही दें तो क्या है, इतना तो गम खा ही जाना चाहिए।

ऐसी स्थिति में बाबूजी सदा अपना उदाहरण दिया करते हैं, "देखो, मैंने भी तो आखिर उसके साथ सारा जीवन निबाहा है। उसमें अगर एक दोष है, तो दस गुण भी हैं। गुस्सा करती है, तो प्यार भी तो वही करती है। आखिर अपने ही बच्चे न सहेंगे, तो कोई बाहर से सहने आएगा ?"

पर मैं यह सब सुनना नहीं चाहती थी। मैं नहीं गयी बाबूजी के पास। काफी देर बैठकर अन्त में बाबूजी चले गए। जाते-जाते कह गए, "अच्छा बच्ची, जा रहा हूं। तुम लोग घर आना।"

मैंने कोई उत्तर नहीं दिया। उत्तर देती भी तो बाबूजी उसे सुनने के लिए रुकते नहीं। वे तर्क से बहुत घबराते हैं। अपनी बात कहते हैं और खिसक जाते हैं।

बाबूजी चले गए, तो ये मेरे पास आकर चुपचाप खड़े हो गए। कुछ बोले नहीं। मैं समझ गयी कि ये बाबूजी के विषय में ही बात करना चाहते हैं। पर स्वयं ये कभी बात आरम्भ नहीं करते। मैंने ही पूछा, "क्या कह रहे थे बाबूजी ?"

"तुम्हारे बाबूजी कह रहे थे," इन्होंने 'तुम्हारे' पर विशेष बल देकर कहा, "कि अम्मा की तो यह आदत ही है। अब कोई नयी बात तो हुई नहीं है। आखिर सब सहते ही आए हैं अब तक। इस तरह सम्बन्ध तोड़ने से तो कोई लाभ नहीं है।"

"आपने क्या कहा ?" मेरी जान गले में अटकी हुई थी।

"मैंने कहा," वे बोले "कि दुर्गुण कोई विशेषता नहीं है कि उसे विशेषाधिकार मान लिया जाए। सब सहते आए हैं, इसलिए आवश्यक नहीं कि हम भी सहें।"

वे चुपचाप मेरी ओर देखते रहे। फिर धीरे-से बोले, "मैंने तुम्हारे बाबूजी की बात नहीं मानी। तुम नाराज तो नहीं हो, रानी ?"

"मैं ! नहीं तो ! एकदम नहीं।" मैं जल्दी-जल्दी बोली।

वे संशय की नजर से मुझे देखते रहे, "मैं नहीं जानता कि तुम सच कह रही हो या···" वे रुके, "पर मेरी मजबूरी है, आई एम हैल्पलेस।"

उन्होंने मेरी ओर देखा नहीं और चले गए। मैं बहुत कुछ कहना चाहती हूं उनसे। पर कह नहीं सकती। क्या कहूं ? उनसे कुछ छिपा नहीं है, पर मेरे घरवाले बुरे हैं, यह मैं कैसे कहूं ? पर डरती हूं, कहीं मुझे गलत समझकर, वे फिर समझौता न कर लें। समझौते की बात सोचती हूं, तो मेरे रक्त की बूंद-बूंद कांप जाती है।

विवाह एक सीमा-रेखा है। उसके पहले का जीवन पीछे छूट चुका है। मैं नहीं चाहती कि ये समझौता कर लें और वह क्लेश, जो मैं सीमा के उस पार छोड़ आयी हूं, वह सीमा के इस ओर भी अनधिकार प्रवेश करे। मैं कैसे समझाऊं इन्हें !

४.२.१९६६

दुहराव

राधा सवेरे से ही कुछ उलझी-उलझी-सी थी आज।

सवेरे जब वह पूजा के कमरे में पाठ करने बैठी, तो उसे कोई जल्दी नहीं थी। पूजा समाप्त कर उसके उठकर बाहर आने की कोई प्रतीक्षा नहीं कर रहा था। उसके देर करने पर अब कोई झल्लाने वाला नहीं था। फिर जल्दी किस बात की?

पहले जब पूजा करने बैठती थी, तो मन में हड़बड़ी लगी ही रहती थी। पूजा का काम एक प्रकार का अटकाव था। उसके पश्चात् उसे पचासों काम और करने होते थे। पर पूजा करने से पहले और कोई काम कैसे करती! इसलिए पूजा एक प्रकार की जल्दी में समाप्त होती। कई वर्षों से यही क्रम था। कोई आज की ही बात तो थी नहीं।

पूजा में वह एक बार ध्यान लगाती, तो गीता की चीख सुनायी पड़ती। उससे निपटती, तो रीता को किसी चीज़ की जरूरत होती। उससे पीछा छुड़ाती तो नीता···ये ही क्या कम थीं···ऊपर से इनके पिता!

आज पूजा के कमरे से निकलकर राधा लॉन में चली गयी। घास भली लग रही थी। फूलों के गमलों में पानी नहीं दिया गया था अब तक। वह अकसर झल्लाया करती थी माली पर। पर झल्लाने का क्या लाभ! वह स्वयं ही पानी क्यों नहीं दे देती! मन भी थोड़ा बहल जाएगा। उसे ही और कौन-सा बड़ा काम करना है। कोई-न-कोई काम तो उसे भी अब अपने हाथ में लेना चाहिए, नहीं तो इस तरह समय कैसे कटेगा? जीवन का कोई-न-कोई ढर्रा बनाना ही पड़ेगा।

छब्बीस वर्ष पहले जब वह इस घर की बहू बनकर आयी थी, तब भी वह ऐसे ही खाली थी। कोई काम नहीं था उसके लिए। जो थोड़ा-बहुत था, उसके

लिए नौकर-चाकर थे।

रीता, गीता तथा नीता के पिता तब इनमें से किसी के भी पिता नहीं थे। तब वे ऐसे भरे जिस्म वाले, गंजी खोपड़ी वाले, रोबदार पुरी साहब भी नहीं थे। तब तो वे पतले-दुबले, छरहरे शरीर के थे—हंसमुख और सुन्दर। पुरी साहब नहीं थे—रतनलाल थे। बल्कि केवल रतन। और वह स्वयं भी कितनी भिन्न थी आज से। सोलह-सतरह वर्षों की पतली-दुबली लड़की थी, जो अपनी ही किसी बात को गम्भीरतापूर्वक नहीं लेती थी। मायके में नौकर भी उसकी बात को बच्चों की बात के समान हंसकर टाल देते थे। यहां जब नौकरों ने उसे मेम साहब के रूप में स्वीकार किया और उसकी बात को इतना महत्त्व दिया जाने लगा, तो उसे स्वयं ही हंसी आने लगी थी।

दिनभर क्या करे? कभी पढ़ती, कभी लॉन में जा बैठती, कभी एक खिड़की पर खड़ी होती और कभी दूसरी पर। फिर उसने धीरे-धीरे पुरी साहब का हर काम नौकरों से छुड़ाकर अपने हाथों में ले लिया था। पुरी साहब की हर जरूरत वह स्वयं पूरी करने लगी। शुरू में उन्होंने कहा भी कि वह क्यों यह झंझट करती है, नौकरों को करने दिया करे।

पर वह नहीं मानी। सवेरे उठकर पति के लिए बेड-टी तैयार करवाती। उनके ब्रश पर पेस्ट लगाकर उनके हाथ में पकड़ाती। उनके कपड़े और तौलिया गुसलखाने में टांग देती। अन्दर पहनने के मरदाने कपड़े छूते उसे रोमांच-सा होने लगता। उनके शेव का सामान धोते-धोते रूमानी बातों में डूब जाती। उनके जूते साफ करवाती···दोपहर के बाद सोकर उठती, तो पुरी साहब के आने से पहले ही आलस झाड़-पोंछकर अलग कर देती। हाथ-मुंह धोकर ड्रेसिंग पर आ बैठती। बाल संवारती। जूड़े में फूलों की वेणी लगाती। कपड़े बदलती। और जब शाम को पुरी साहब आते, तो वह एकदक फ्रेश होकर उनका स्वागत करती।

पुरी साहब एक-आध मजाक करते। उसके सौन्दर्य की बात कह देते या कपड़ों की···और वह अपने-आप में संकुचित-सी होती हुई एक विशेष प्रकार के आनन्द को भोगती रहती।

वे घूमने चले जाते, तो वह रात के खाने की ओर ध्यान देती। वे खाना खाकर पढ़ते रहते और वह बेडरूम का शृंगार कर डालती। यह काम उसने कभी भी नौकरों से नहीं करवाया था। उसे लगता, वह उसका अपना निजी काम है। वह एक विशेष प्रयोजन से कमरे को तैयार कर रही है। पति-पत्नी के अतिरिक्त किसी तीसरे व्यक्ति को इसका पता भी नहीं होना चाहिए।

और तब तक पुरी साहब ने उसकी गोद में गीता डाल दी। राधा के लिए बहुत सारे काम एक साथ ही जुट गए। उसका अपना स्वतन्त्र संसार बन गया था। वह उसी में व्यस्त हो उठी। फिर रीता आयी और तब नीता। एक का काम

करती, तो दूसरी तैयार। दूसरी का करती, तो तीसरी को किसी-न-किसी चीज़ की जरूरत हो उठती।

राधा को इनसे तनिक भी अवकाश नहीं था। जीवन एक विशिष्ट ढर्रे पर चल निकला था, जिसमें कोई नवीनता नहीं रह गयी थी। उसे लगता रोज़मर्रा के तो काम पूरे नहीं होते···कोई नयी बात कैसे हो? फिर ये बच्चे···लड़के होते, तो नौकरों का भरोसा कर लेती। पर लड़कियों को नौकरों पर वह नहीं छोड़ सकती थी। वह किसी पर भी विश्वास नहीं कर सकती थी। वैसे भी अपने बच्चों का पालन-पोषण वह स्वयं ही करना चाहती थी।

वह कभी-कभी इन सबसे ऊब उठती। कब ये बड़ी हों और उसकी जान छूटे।

पुरी साहब अपने दफ्तर में लीन होते गए और राधा अपनी लड़कियों में डूबती गयी। पुरी साहब ज्यादा-से-ज्यादा कमाने की धुन में थे, ताकि उनके बच्चों को आराम मिले। और राधा उन पैसों को उचित रूप से खर्च कर बच्चों को आराम देने में लगी हुई थी।

लड़कियां बड़ी हुईं, उनके काम भी बढ़ते गए। उनकी पढ़ाइयां, उनके कपड़े, उनकी सहेलियां। राधा की जिम्मेदारियां बढ़ती गयीं।

राधा को लगता, उसके पास न अपने लिए कोई समय है, न पुरी साहब के लिए। उसका सारा समय इन तीन लड़कियों के लिए ही था। वह पुरी साहब से भी एकदम कट गयी थी। और अब और कोई रिश्ता भी तो नहीं था उन दोनों का। राधा उन तीन लड़कियों की मां थी और ये पिता। उनका अपना सीधा सम्बन्ध तो कई वर्षों से समाप्त हो चुका था। दोनों उन लड़कियों के लिए ही जी रहे थे।

कई बार राधा ऊब उठती थी। सोचती, कब उसे अपने लिए कुछ समय मिले। यह तभी सम्भव था, जब वह इन तीनों का विवाह कर उन्हें अपने-अपने घर भेज देती। और सहसा ही राधा उनकी शादी के लिए उतावली हो उठी।

पुरी साहब लड़कियों की शादी के लिए किसी प्रकार की जल्दी में नहीं थे। पर ये लड़कियां राधा के सिर का बोझ बनती जा रही थीं। उसे लगता, लड़कियां दिन-प्रतिदिन बड़ी होती जा रही हैं। इनका कुछ होना चाहिए।

और लड़कियों के लिए वर खोजने का काम भी राधा ने अपने सिर ले लिया। वह जानती थी, पुरी साहब को न इस काम की कोई जल्दी है और न उनके पास इसके लिए समय ही है। राधा ने गीता के लिए लड़का ऐसी लगन से खोजा, जैसे प्लेटफार्म पर बीवी-बच्चों को बैठाकर आया हुआ कोई व्यक्ति अपने लिए एक मकान खोजता है।

राधा ने गीता के लिए वर ढूंढ़ निकाला। पुरी साहब को लड़का खास पसन्द

नहीं आया, पर कोई ऐसा बुरा भी नहीं था कि शादी से इनकार कर देते। और राधा ने गीता को डोली में बैठाकर ही चैन की सांस ली।

पर गीता को ससुराल भेजकर राधा को शान्ति नहीं मिली। जैसा कि उसने सोचा था, कर्तव्य पूर्ण करने का एक विशिष्ट सन्तोष उसे अवश्य मिला। पर इस सन्तोष ने शेष दोनों लड़कियों— रीता और गीता—के प्रति उसकी कर्तव्य-भावना को और अधिक उग्र कर दिया। थोड़ा-थोड़ा-सा ही तो अन्तर है उनमें—उसने सोचा। और ज्यादा पढ़-लिखकर भी क्या करेंगी। चूल्हा ही तो झोंकना है दूसरे घरों में जाकर। औरत का पढ़ा-लिखा होना किस काम का! हां, जरा अनपढ़ न कहलाये। अब जब वह अपनी तीनों बेटियों का विवाह कर चुकी है, उसका कर्तव्य पूरा हो चुका है। घर कैसा भायं-भायं कर रहा है। लड़कियों के सारे काम उसके जिम्मे थे और लड़कियां अब अपने-अपने घर चली गयी थीं। पुरी साहब से उसका अपना सीधा सम्बन्ध, स्पन्दन के अभाव में जाने कब से जड़ हो गया था।

घर कैसा खाली-खाली हो गया है। उसका मन उलझ-उलझकर वापस लौट रहा है···

जब वह बहू बनकर आयी थी, तब भी ऐसा ही था यह घर। बस, दो ही प्राणी थे—वह और पुरी साहब। पर तब ऐसा उदास नहीं था यह घर। थकावट-सी नहीं थी यहां।

अब फिर वे दोनों ही हैं यहां जैसे छब्बीस साल पहले थे। बच्चे आये, बड़े हुए और चले गए। ये फिर वैसे के वैसे रह गए हैं दोनों। दोनों—वह और पुरी साहब। उन दोनों ने मिलकर एक संसार बनाया था। उसे पूर्णता तक पहुंचाया। और वे मुक्त हो गए। पर इस मुक्ति ने उन्हें एकदम खाली और अकेला कर दिया। अपने इस अकेलेपन को क्या करे राधा!

उसे इस प्रकार जीने की आदत नहीं है। ये पहाड़-से दिन कैसे कटेंगे···वह एकदम उदास हो गयी।···अभी तो बयालीस वर्षों की है। जाने कितने वर्ष और जीना है। पर वह जीवन कैसा होगा? अब तो जीवन जैसे इस बिन्दु पर आकर रुक गया है। इतने सारे वर्षों में इतना काम करने की आदत डाल ली है उसने। जिम्मेदारियां ढोना उसका स्वभाव बन गया है। फिर जीवन की यह रिक्तता। उसकी इस कार्य-शक्ति का क्या होगा?

पुरी साहब के दफ्तर चले जाने पर कोई काम नहीं रह गया था राधा को। 'अब क्या? अब क्या?' की भीतरी जिज्ञासाएं उसे कोंच रही थीं। अजाने ही वह पुरी साहब के लौटने की प्रतीक्षा करने लगी। ऐसे ही वह उनकी प्रतीक्षा तब किया करती थी—छब्बीस वर्ष पूर्व।

और उसका मन लौटकर पीछे जाने लगा।

वह उठकर नये-पुराने कई पत्र बटोर लायी और उनके उत्तर लिखने बैठ गयी। पत्र लिखकर वह फिर खाली हो गयी थी।

नौकर ने खाने के लिए पूछा, तो उसने ठहरने के लिए कह दिया। पर ठहरने का मतलब ? शायद वह पुरी साहब का इन्तजार कर रही है। पर वे तो लंच पर घर नहीं आते। आज कितने वर्षों के बाद उसके जी में इतनी उत्कट इच्छा उठी थी कि पुरी साहब लंच के लिए घर आएं। वे दोनों इकट्ठे खाना खाएं। वह अकेली खाना नहीं खा सकती···

दोपहर को भी कोई काम नहीं था। पढ़ने की कितनी कोशिश की, पर पढ़ नहीं पायी। कितनी ही किताबें शुरू कीं और रख दीं। मन नहीं लग रहा था···

दोपहर ढलते-ढलते बिस्तर पर पड़े-पड़े वह बुरी तरह उकता गयी थी। उठकर कुछ करने के विचार से ड्रेसिंग टेबुल पर जा बैठी। आज बहुत दिनों के बाद वह ढंग से तैयार हुई थी।

और उसका मन लौट-लौटकर वापस जा रहा था।

शाम को जब पुरी साहब आये, तो वे काफी हलके मूड में थे। जब दोनों चाय पीने बैठे, तो वे स्वयं ही हलके-हलके मुसकराते रहे और फिर कुछ ऐसी नज़रों से उन्होंने राधा को देखा कि राधा झेंप-सी गयी। अचानक ही वह अपने शरीर के प्रति सचेत हो गयी। उसने गरदन झुकाकर अपने वस्त्रों को देख-दाख लिया। कहीं कुछ अटपटा तो नहीं। आंचल ठीक-ठाक करके अपने को ढंक-ढंका लिया।

"तो फिर हम दोनों ही रह गए घर में।" पुरी साहब हंसकर बोले।

राधा कुछ नहीं बोली। वह 'फिर' शब्द पर अटक गयी थी। तो क्या पुरी साहब भी वही महसूस कर रहे हैं, जो वह कर रही है। असल रिश्ता तो इन्हीं दोनों का था। बच्चे बीच में आ गए थे। बड़े होकर अपने-अपने घर चले गए। और फिर वे दोनों रह गए हैं। फिर···

राधा का मन उलझ-उलझकर वापस लौट रहा था। छब्बीस वर्ष पहले···

चाय के बाद पुरी साहब टहलने चले गए।

उन्होंने राधा से भी चलने को कहा था, पर राधा स्वयं को तैयार नहीं कर सकी। कई वर्षों से वह पुरी साहब के साथ अकेली कहीं नहीं गयी थी। बाहर क्या, वह घर में भी कई वर्षों से उनके साथ अकेली नहीं रही थी।

पुरी साहब ने उसे घूमने चलने के लिए कहा, तो उसे अचानक लगा, उसके भीतर की घर-बारी प्रौढ़ नारी कहीं छिप गयी है। उसे संकोच-सा हुआ। कोई दोनों को अकेले घूमते देखेगा तो ? यह भावना तो बहुत पुरानी थी। बीच में कहीं ओझल हो गयी थी। आज फिर वह कहां से जाग उठी थी।

उसका मन फिर-फिर वापस लौट रहा था।

उसे लगा, वह कई वर्षों के पश्चात् अचानक ही न केवल पुरी साहब की उपस्थिति के प्रति सचेत हो गयी थी, बल्कि अपने संबंध के प्रति भी सजग हो उठी थी। वह संकोच और लज्जा फिर कहां से लौट आए थे। उसका मन बार-बार लौट रहा था।

आज रात का खाना भी राधा ने विशेष समारोह के साथ तैयार करवाया था। ऐसे ही शादी के बाद शुरू के दिनों में तैयार करवाती थी। उसकी सहेलियों ने उसे सिखाया था—'हाउ टु विन योर हसबैंड बाई स्टामक'।

पुरी साहब मेज पर आए तो अजाने ही पूछ बैठे, "क्यों भाई, आज यह दावत किस खुशी में है ?"

वह कुछ बोली नहीं, सचेत-भर हो गयी। उसे लगा वह स्वयं अपने मन में पूछ रही है कि ऐसा उसने क्यों किया। पर जो उत्तर आता है उसे वह नकार देना चाहती है। अतः उस उत्तर को अनसुना कर रही है। नहीं, ऐसा नहीं···

और उसका मन पीछे लौट रहा है।

खाना खाकर पुरी साहब पढ़ने के कमरे में चले गए और राधा के पग अजाने ही बेडरूम की ओर बढ़ गए। उसने अन्दर से चिटकनी चढ़ाई और झाड़-पोंछकर बिस्तर तैयार किया।

शाम को माली ने नया गुलदस्ता बनाकर ड्राइंगरूम में रखा था। राधा वह भी उठा लायी। कोने की मेज पर रखे पुराने वेस में उसने सारे फूल सजा दिये। नरगिस के फूल ! कमरे में भीनी-सी गंध भर गयी।

अन्त में राधा ने एक परीक्षक दृष्टि डाली। कमरा एकदम तैयार था। कई वर्ष पहले यह कमरा ऐसा ही लगता था। बीच में तो एकदम बदल ही गया था।

चिटकनी खोलकर राधा बाहर आयी। बरामदे में रखे गमले में से तोड़कर गुलाब की एक सुन्दर-सी कली बड़े जतन से उसने अपने जूड़े में लगायी। अब वह एकदम तैयार थी। पर शायद कली लगाते समय बालों की एक-आध लट इधर-उधर हो गयी थी। उसने हाथ से छूकर देखा, हां ! कुछ गड़बड़ तो थी।

वह आकर ड्रेसिंग टेबुल पर बैठ गयी और शीशे में स्वयं को देखकर अचानक ही चौंक गयी। उसे लगा, उसका जो रूप सवेरे से उसके मन में उभर रहा था और जिसे दिनभर वह नकारती रही थी, वही अब शीशे में उतरकर उसके सामने आ खड़ा हुआ है।

वह एकटक शीशे में अपने-आपको देखती रही। उसका चेहरा एकदम तप उठा। उसे लगा, अब वह स्वयं को नहीं देख सकती।

सहसा उसका हाथ उठा और उसने अपने जूड़े से गुलाब की कली नोंच ली। आवेश में बेहोश-सी चलती हुई खिड़की तक आयी और उसके हाथ ने वह कली बाहर अंधेरे में उछाल दी।

उसके बाद स्थिर कदमों से चलती हुई बिस्तर तक आयी। बेडकवर हटाया और बिस्तर पर औंधी पड़कर उसने अपना चेहरा अपनी हथेलियों से ढंक लिया।

२०.४.१९६६

वापसी

सरला चारपाई पर पड़ी देखती रही।

राजन सिगरेट पर सिगरेट फूंकता रहा था। यह उसमें उठती बेचैनी की निशानी थी।

आज काफी थक गयी थी सरला। दफ्तर में जिस दिन भी अधिक काम होता, उसका कचूमर निकल जाता था। और थकावट की हालत में उसे बोलने की इच्छा एकदम नहीं होती थी।

थककर तो वह आयी थी। राजन दिनभर घर में पड़ा रहा था। उसी को चाहिए था, कोई बात करता। बच्चे अभी स्कूल से आए नहीं थे। उनके आने के बाद कोई खास बात हो नहीं पाती थी।

पर राजन कुछ नहीं बोला। उसने नयी सिगरेट सुलगायी थी।

सरला के मन में क्रोध का एक भभका उठा। जी में आया कि उसे फटकार दे। इतनी सिगरेटें क्यों पीता है वह? पर दूसरे ही क्षण यह विचार मन से निकाल दिया। वह उसे सिगरेट के विषय में कुछ कहेगी तो उत्तर में राजन कोई कड़ी बात कह देगा। झगड़ा बढ़ेगा और वह उठकर घर से चल देगा। फिर जाने रात को कब आए। न दवाई खाएगा, न इंजेक्शन लगवाएगा। बाहर गया तो शराब भी पी सकता है। फिर कहीं तबीयत बिगड़ गयी तो?

इससे तो अच्छा है, वह चुप ही रहे। सिगरेट पी रहा है तो पीने दे। डॉक्टर ने कहा था, उसे इमोशनली डिस्टर्ब नहीं होना चाहिए।

"क्यों, तबीयत कैसी है?" सरला ने पूछ ही लिया।

"मेरी तबीयत को क्या हुआ है?" राजन गुर्राकर उठ खड़ा हुआ, जैसे सरला के शब्दों की प्रतीक्षा में रहा हो। उसने सिगरेट फेंककर पैरों से कुचल दी, "तुम

बीमारों की तरह मेरा हाल-चाल क्यों पूछती हो ? तुम्हें कितनी बार कहा है कि मैं बीमार नहीं हूं।"

सरला चुपचाप पड़ी उसे देखती रही। कुछ बोली नहीं। जानती थी थकी हुई आफिस से लौटी है। बोली तो कोई कड़ी बात कह देगी। व्यर्थ ही बात बढ़ेगी।

राजन खड़ा उसे देखता रहा। और फिर वापस जाकर चुपचाप चारपाई पर पड़ रहा। इतने में ही जैसे थक गया था। ऐसे हांफ रहा था, जैसे कोई ऊंची चढ़ाई चढ़ने के बाद सुस्ता रहा हो। उसके क्रोध का उबाल धीरे-धीरे बैठता जा रहा था।

सरला के मन-ही-मन में बहुत कुछ घटता जा रहा था। उसके जी में आया कि कहे, यदि बीमार नहीं हो तो मुर्दों की तरह घर में क्यों पड़े रहते हो ? जाओ बाहर की दुनिया में, मर्दों की तरह काम करो। बीमार पति का बोझ तो मैं फिर भी उठा सकती हूं, पर स्वस्थ पुरुष दिन भर घर में पड़ा रहे और मैं अपने लिए, अपने बच्चों के लिए भी कमाऊं और तुम्हारा भाड़ जैसा पेट भी भरूं। उस पर तुम्हारी रईसी के लिए खर्च जुटाऊं, यह मुझसे नहीं होगा।

महीनों हो गये थे राजन को पड़े-पड़े और दवाइयां खाते-खाते। डॉक्टरों का ख़याल था कि वह पागलपन की सीमाओं को छूकर लौटा है। पर अब वह खतरे से बाहर था। तभी तो सरला भविष्य के आसरे जिन्दगी को खींचे लिये जा रही थी। यह उसी का दम था कि घर के चारों प्राणी अब तक जीवित थे। नहीं तो भूख से न भी मरे होते तो राजन के दौरों ने उनके प्राण ले लिये होते। जब कभी उस पर दौरा पड़ता तो वह किसी की हत्या करने को तैयार हो उठता या फिर स्वयं ही जीने से इनकार कर देता।

अभी कल ही तो वह लिब्रियम, एस्केज़िन तथा अन्य ढेर सारी दवाइयां चुपचाप निगल गया था। सरला एकदम डर गयी थी। इतनी सारी गोलियां इकट्ठी खाकर वह बचेगा कैसे ? और वह अस्पताल जाने से भी इनकार कर रहा था।

पर वह उसे घसीटकर ले ही गयी। गोलियां खाने के पश्चात् वह कुछ शान्त भी हो गया था। ये गोलियां डॉक्टर ने मानसिक संतुलन बनाए रखने के लिए दी थीं। पर इतनी अधिक मात्रा में तो वे एकदम विष थीं। थोड़ी-सी हुज्जत के बाद वह चुपचाप साथ चल पड़ा था।

डॉक्टर सरला की बात सुनकर हैरान रह गया था। इतनी सारी गोलियां खाकर कोई जीवित कैसे रह सकता है ?

"आपने गोलियां क्यों खायीं ?"

"मुझे कुछ नहीं होता, डॉक्टर !" और राजन निश्चित-सा कोई गीत गुन-

गुनाता रहा।

"पर आपने खायी क्यों?"

"क्योंकि मैं जीना नहीं चाहता।" राजन बड़े निर्विकार भाव से बोला, "आई हैव नो चार्म इन लाइफ।"

डॉक्टर ने कुछ नहीं कहा। नुस्खे में परिवर्तन भर कर दिया। एस्केजिन की गोलियों का डोज दुगुना कर दिया और इन्जेक्शन रोज कर दिए।

जब तक राजन को अन्दर ले जाकर उसके पेट की गोलियों को उगलवाया जाता रहा, तब तक डॉक्टर सरला को समझाता रहा, "इनमें जीवन की इच्छा समाप्त हो गयी है। उसे जगाइए। जब तक भीतर से जीने की इच्छा नहीं उठेगी, दवाइयां कुछ नहीं कर सकतीं। आप उन्हें प्रेम दीजिए। उनके साथ केवल प्रेम और विश्वास की बात होनी चाहिए।"

"वह तो ठीक है, डॉक्टर!" सरला बोली, "पर आखिर मैं भी इन्सान हूं। कभी-कभी खीझ भी उठती हूं। क्या करूं?"

"खीझने से काम नहीं चलेगा।" डॉक्टर ने कहा, "और जैसे ही इनमें बेचैनी उठे, इन्जेक्शन जरूर लगवाइए।"

घर आते हुए सरला अपने आपको कोसती आयी थी। वह क्यों इतनी कठोर बनी थी अपने पति के प्रति? वह भी और सारी औरतों के समान दबकर, झुककर क्यों नहीं रह सकती? बराबरी का दावा करते-करते वह अपने पति से ही हाथ धो बैठती तो? घर के झगड़ों के कारण राजन क्या से क्या हो गया था। कितनी मुश्किल से वह इस अवस्था तक पहुंच पाया था, नहीं तो वह एकदम पागल हो चुका था···

रात भर सरला, राजन के सिर और पैरों की मालिश करती रही थी। मीठी-मीठी बातें करती रही थी। अच्छा खाना खिलाया, दूध पिलाया, फल खिलाए। स्वयं अपने हाथों से उसने सिगरेट सुलगाई। और तब राजन अपनी जड़ता से जरा बाहर निकला था। सवेरे जब वह दफ्तर गयी तो वह काफ़ी अच्छे मूड में था।

उसने देखा, राजन काफी हांफ चुका था। उसके चेहरे पर पसीने की बूंदें झलक आयी थीं। जब भी वह भीतर-ही-भीतर अपने आप से लड़ता था, ऐसा ही दीखता था।

सरला देखती रही। शायद वह अपनी बेचैनी से लड़ रहा था।

राजन चारपाई से उठा। सरला के पास आकर खड़ा हो गया।

"सरला, मैं फिर बेचैन हो रहा हूं। कहीं कुछ कर न बैठूं। तुम मुझे इन्जेक्शन लगवा दो।"

सरला का मन प्यार से आप्लावित हो उठा। बेचारा कितना संभालता है

अपने-आपको। पर बीमारी का क्या करे ?

इन्जेक्शन लगने के बाद राजन एकदम शांत हो गया। घर आया तो उसे नींद आ रही थी। इन्जेक्शन से नींद आती है—सरला जानती थी। और राजन जब भी यह इन्जेक्शन लगवा लेता था, बारह-चौदह घंटे शान्ति से बीत जाते थे।

राजन में यह परिवर्तन बहुत शुभ लगा सरला को। आज तक तो वह दवाइयां खाने से इनकार करता रहा है, क्योंकि वह ठीक होना नहीं चाहता था। जब उसे जीने की कोई इच्छा नहीं थी तो वह ठीक होने की ही कामना क्यों करता ?

दूसरे दिन रात को खाना खाकर राजन जिद पकड़ बैठा कि वह रात के शो में पिक्चर देखने जाएगा। इस तरह के दौरे उसे पहले भी पड़ते थे। सरला जानती थी—इस समय बाहर जाना उसके लिए खतरनाक था। रात को बाहर जाकर, खासकर पिक्चर देखकर, उसका मन घर लौटने को नहीं होता था। ऐसे अवसर पर वह हर बार भटक जाता था। और शराब पीकर जब वह घर लौटता, तो उसकी तबीयत और भी बिगड़ जाती। दौरे बढ़ जाते और डॉक्टरों के चक्कर और दवाइयों के डोज़ भी।

पर राजन अड़ गया था। वह रोकती कैसे ?

"कल चलेंगे पिक्चर।" सरला ने उसे बहलाने की कोशिश की, "इस समय गए तो तुम्हारी नींद खराब होगी और तबीयत बिगड़ जाएगी।"

राजन का मुख विकृत हो गया, "जब कुछ कहता हूं तो बहाने बनाने लगती हो। फिर क्यों चाहती हो कि मैं जिऊं। जीवित रहकर क्या करना है, यदि कोई इच्छा ही पूरी नहीं होती।"

सरला एकदम नर्म पड़ गयी, "ऐसी तो कोई बात नहीं है। मैंने तो यूं ही कह दिया था कि कहीं तुम्हारी नींद खराब न हो। मेरा तो अपना भी मन कर रहा है। कई दिनों से ढंग की कोई पिक्चर नहीं देखी।"

राजन खुश हो गया। सरला न केवल उसे रोक नहीं रही थी, स्वयं उसके साथ चल रही थी। उसे स्वयं पर शरम आने लगी—वह यह क्यों समझता है कि सरला उसकी बात नहीं मानेगी।

सरला ने सोचा—वह साथ जाएगी तो पिक्चर के बाद राजन को घर तो वापस ले ही आएगी। पिक्चर में उतनी बुराई नहीं थी, ज्यादा खतरा तो शराब से ही था।

खाना खाकर दोनों निकले। टहलते-टहलते कनॉट प्लेस आ गए। कनॉट प्लेस खाली पड़ा था। सात बजे ही दुकानें बंद हो गयी थीं। अब या तो रेस्टरां खुले थे या पिक्चर हॉल। कहीं-कहीं इक्का-दुक्का पानवाला बैठा था।

दोनों ने एक-एक कोका-कोला पी और ओडियन की ओर बढ़ गए।

"सरला !" राजन रुक गया, "यदि हम घर लौट चलें तो कैसा रहे?"

सरला समझ नहीं पायी कि राजन क्या चाहता है ।

"दिन-भर घर में पड़े रहने से तबीयत जरा घबरा गयी थी इसलिए जिद कर बैठा।" राजन उसे समझा रहा था, "बाहर खुले में जरा घूमने से मन संभल गया है। तुम ठीक कह रही थीं कि व्यर्थ ही नींद खराब होगी।"

राजन में जीवन के चिह्नों के साथ जीवन की इच्छा भी जागने लगी थी। डॉक्टर ने कह दिया था कि दवाइयों से जो काम हो सकता था, वह हो चुका है, शेष काम अब सरला का है । वह चाहे तो उसे फिर से सामान्य व्यक्ति बना सकती है।

"सरला जी ! अब आप चाहें तो उनसे अपने पैरों पर खड़ा होने का आग्रह भी कर सकती हैं। इससे उनमें आत्मविश्वास जागेगा, जो जीवन का चिह्न है।" डॉक्टर ने कहा था ।

सरला ने स्वयं भी देखा था कि राजन अब स्वयं छोटे-मोटे काम करने लगा है। उसे अपने हाथों से काम कर खुशी भी होती थी ।

राजन अब अपने दफ्तर जाने लगा तो सरला सन्तुष्ट हो गयी । अब वह ठीक हो गया था। जब काम से भागता था, तभी जीवन से भागता था । अब उसके मन ने जीने की नियति स्वीकार कर ली थी ।

बीमारी के दिनों में राजन पर बहुत खर्च हो गया था। सरला ने उसकी प्रत्येक इच्छा पूरी की थी, इसलिए उसे काफी खुला खर्च करने की आदत पड़ गयी थी । अब भी वह उसी प्रकार खर्च करता जा रहा था। तब जो खर्च हुआ था, वह सरला ने मजबूर होकर किया था। अब वह बात नहीं थी। तो अपनी आय का अधिकांश भाग राजन अपने ऊपर ही क्यों खर्च कर डालता है? वह यह क्यों नहीं समझता था कि सरला और बच्चों की आवश्यकताओं की पूर्ति भी उसी का काम है?

सरला आज फिर दफ्तर से बहुत थककर लौटी थी। आते ही चारपाई पर पड़ गयी। उसे लगा, घंटे भर से पहले वह अपने स्थान से हिल नहीं सकेगी। वह आंखें बन्द कर पड़ी रही।

तभी राजन दफ्तर से लौटा। बूट उतारकर उसने एक ओर फेंक दिये। बू मारती जुराबें भी उछाल दीं । एक कुरसी पर स्वयं बैठा, दूसरी पर पैर अड़ा लिये । उसने जेब से सिगरेट निकालकर सुलगाई।

"सरला ! भई, एक गिलास पानी देना ।

"प्लीज, आप ही ले लो न ।"

सरला अपनी जगह से नहीं उठी।

"मैं बहुत थक गया हूं।" राजन बोला।

"मैं भी दफ्तर से लौटी हूं।" सरला की आवाज जरा कठोर हो उठी, "चारपाई नहीं तोड़ती रही हूं।"

"पहले तो तुम मुझे सब कुछ चारपाई पर ही जुटा देती थीं।" राजन हंसकर बोला, "अब क्या सारा प्यार चुक गया?"

"तब तुम बीमार थे।" सरला बोली।

"भई! यदि बीमार रहकर ही आराम मिल सकता है तो हम फिर बीमार हो जाएंगे।"

सरला भीतर-ही-भीतर कहीं सिहर उठी। भगवान न करे ऐसा हो। यदि राजन कहीं फिर बीमार हो गया तो वह पागलपन की सीमाओं को पार कर जाएगा। अब सरला में उसे लौटा लाने का दम नहीं है।

वह उठी और जल्दी से पानी ले आयी। साथ ही चूल्हे पर चाय का पानी रखना न भूली। जानती थी, राजन अब चाय भी मांगेगा।

राजन को वेतन मिला तो वह अपने लिए कुछ चीज़ें खरीद लाया।

"सर्दियां आ रही हैं। सोचा, गर्म कपड़े ही ले लूं।" घर आकर उसने सरला को सूट का कपड़ा दिखाया।

सरला कुछ नहीं बोली। वह फटी आंखों से राजन को देखती रही।

"नहीं पसन्द आया?" राजन अपनी बात कहता गया, "भई, इससे महंगा हम एफोर्ड नहीं कर सकते। फिर कुछ और चीज़ें भी तो लानी थीं।"

वह अपने लिए एक सुन्दर-सी पाइप, तम्बाकू के दो-तीन डिब्बे, ब्लेड, आइसी कूल इत्यादि चीज़ें लाया था।

जब सरला ने किसी चीज़ पर कोई टिप्पणी नहीं की तो राजन झुंझला गया, "तुम कुछ बोलती क्यों नहीं?"

"तुमने बोलने लायक रखा ही कहां?" सरला बोली।

"क्यों, हो गया?"

"तुम गर्म सूट पहनकर मज़े से पाइप में इम्पोर्टेड तम्बाकू पियो और मुझको और बच्चों को भट्ठी में झोंक दो। तुम यह क्यों नहीं सोचते कि घर का खर्च कैसे चलेगा।"

सरला की आंखों में आंसू छलक आये थे। उसके मन में बहुत दिनों के बाद वे सारी शिकायतें उभर आयी थीं, जो समय-समय पर उसे राजन के प्रति रही थीं। क्या लाभ हुआ उसे अपनी जान लड़ाकर राजन को फिर से जीवन की ओर लौटा लाने का। यदि घर का सारा बोझ उसे ही ढोना था तो राजन की बीमारी

में इतना परेशान होने की क्या जरूरत थी।

और राजन के मन में भी बहुत दिनों के बाद वैसी ही बेचैनी जागी थी, जिसके कारण वह इन्जेक्शन लिया करता था। स्वस्थ होकर यदि जीवन कठोर हो जाता है तो उसे बीमार ही रहना चाहिए था। यदि सरला उसको बर्दाश्त नहीं कर सकती तो उसका इलाज कराने की क्या जरूरत थी।

२२.४.१९६६

दृष्टिदेश में एकाएक

अस्पताल के बिस्तर पर पड़े-पड़ उसका बूढ़ा शरीर थक गया था।

बिस्तर पर पड़े-पड़े भी कोई थक जाता है, यह उसे इन्हीं दिनों मालूम हुआ था। सारे अंग टूटने लगे थे। साठ वर्षों के इस लम्बे जीवन में वह इतने दिनों तक कभी भी अस्पताल में नहीं रहा था। आज नौ हफ्ते पूरे हो गए थे।

अस्पताल का पहला हफ्ता। वह एक हफ्ता उसने यों इस बिस्तर पर पड़े-पड़े काटा था, अपनी बारी के इन्तजार में। कोई भी काम नहीं था उन दिनों। खाली बैठे-बैठे ऊब होने लगती थी, जैसे आज हो रही थी। जब वह ऊबने लगता तब कभी बैड नम्बर सैंतीस से बातें करने लगता, कभी उन्तालीस से। पर उन बातों से मन नहीं बहलता था। इस वार्ड का हर व्यक्ति अपनी तकलीफ के बारे में ही बात करता था— या फिर अपने घरवालों की तकलीफ के बारे में। हंसी-खुशी की बात कोई नहीं करता था। ऐसे वातावरण में उसे अपनी तकलीफ और भी बढ़ती हुई लगती। जी बहुत ऊब जाता तो वह उठकर टहलने लगता। पर टहलना बड़ा खतरनाक था। ज़मीन पर पड़ी हुई छोटी-मोटी चीज़ों का पता नहीं लगता था। कभी कोई गिलास लुढ़क जाता, कभी चिलमची खनक पड़ती और कभी वह स्टूल से टकरा जाता।

दूर से आते हुए किसी आदमी का भी तो पता नहीं लगता था। जब वह व्यक्ति बहुत पास आ जाता, तब कहीं पता लगता। बहुत बचने पर भी कभी-कभी टक्कर हो जाती।

अब उसने बिस्तर पर पड़े-पड़े कई खेल आरम्भ किए थे। उसे पता था कि वार्ड के अन्त में दीवार पर घड़ी लगी हुई है। नर्सें और दूसरे अटेंडेंट उसी से समय देखा करते थे। हर आधा घंटे बाद बजने वाली उसकी घंटियां भी उसने सुनी थीं।

कभी-कभी जब वार्ड में एकदम सन्नाटा होता—जैसा कि गर्मी की दोपहरियों में अकसर हो जाता है—तो उस घड़ी की आवाज़ भी सुनाई देती—टिक्-टिक्। वह कल्पना करता—घड़ी का पेंडुलम चल रहा होगा उसी आवाज के साथ-साथ—धक्-धक्।

उसे घड़ी के पेंडुलम से लगाव-सा हो गया था, जैसा बीमारी में अकसर किसी-न-किसी से हो जाता है। उसे लगता, पेंडुलम उसका कोई बहुत निकट का सम्बन्धी है। सब कुछ इसी पेंडुलम पर ही तो निर्भर है। यह चलता है तो समय बीतता है। समय इसलिए बीतता है कि उसकी बारी आए। उसे लगता, उसकी बारी जल्दी लाने के लिए ही पेंडुलम चलता रहता है रात-दिन···

घड़ी का खेल किसी कारण अच्छा न लगता तो वह आवाजों को पहचानने की चेष्टा करता। यह जोर से खांसनेवाला व्यक्ति बायीं ओर कहीं अन्त में होना चाहिए। सदा कराहता हुआ यह स्वर दायीं ओर से आता है। घर्र-घर्र, ठक्-ठक्··· यह ट्राली है, जिस पर मरीज को लेटाकर ले जाया जाता है। कड़क-कड़क···यह दवा की ट्राली है। टक्-टक्···तीखी आवाज नर्सों के सेंडल की है। बिना आवाज के चलने का आभास डॉक्टर के क्रेपसोल के जूतों का होता है···

एक हफ्ते के पश्चात् जब उसका ऑपरेशन हुआ तो स्थिति और भी बदल गयी। इस बदली हुई स्थिति में वह पड़ा है, पूरे दो महीनों से। आंखों पर पट्टी बंध गई थी। कुछ भी नजर नहीं आता था। पहले समीप की चीजें तो दीखती थीं न। धुंधला-धुंधला तो कुछ पता लगता था। पास खड़ा व्यक्ति, खाना देनेवाला नौकर है या डॉक्टर, इतना तो मालूम हो ही जाता था। अब तो कुछ नहीं। दिन और रात तक का पता नहीं चलता।

दो महीने बड़ी मुश्किल से कटे थे।

अब तो पट्टी बंधे इतना समय हो गया था कि उसे लगता, उसने अपनी आंखों से आज तक कभी कुछ नहीं देखा। इसी प्रकार सोचते-सोचते ही यह बात उसके मन में इतनी पक्की हो गयी है कि वह उस पर विश्वास कर बैठा है।

ऑपरेशन से पहले जब उसे धुंधला-धुंधला दिखता था, कितनी साध थी मन में दुनिया को साफ-साफ देखने की! जैसे बाकी सब लोग देखते हैं। कितना बुरा लगता था उसे, जब घर में कोई ग्रुप फोटोग्राफ आता तो वह उन सारे लोगों में से अपने बेटों को नहीं पहचान सकता था, क्योंकि तसवीरें बहुत छोटी-छोटी होती थीं। कितना बुरा लगता था, जब वह घर में एक बेटे के भ्रम में, दूसरे से कुछ पूछ बैठता। या बहू के भ्रम में बेटी अथवा बेटी के भ्रम में बहू को कुछ कह देता।

जाने कब से मन में हीन भावना जमनी शुरू हो गयी थी। वह स्वयं को कभी दूसरों के साथ रखकर, बराबरी का दावा नहीं कर सकता था—अपनी इन्हीं आंखों के कारण। कैसे करता, जब उसके अपने ही मन ने यह कभी स्वीकार नहीं किया

थीं।

बड़े बेटे गिरीश ने जब ऑपरेशन की बात की थी, तब वह हंस पड़ा था; "जिन्दगी-भर जब कुछ नहीं हुआ, बेटे ! तो अब क्या होगा ? और अब करना भी क्या है।"

हां ! भला क्या लाभ है ऑपरेशन का ? जीवन-भर कुछ-न-कुछ इलाज तो वह करवाता ही आया है। तब कुछ नहीं हुआ तो अब क्या होगा ? और अब तो हालत पहले से भी अधिक बिगड़ गयी थी। दिन-प्रतिदिन बिगड़ती जा रही थी। फिर ऑपरेशन का मामला है, जाने कितना खर्च हो जाए ?

शेष सारी बातों का समाधान हो सकता था, पर पैसे ? वे कहां से आएंगे ? और जब वह कुछ कमाता नहीं है—कमा सकता भी नहीं है, तब फिर ऑपरेशन का भारी बोझ अपने बेटों पर डालना उचित होगा क्या ? गुज़ारे भर का ये मुश्किल से कमाते हैं बेचारे !

गिरीश ने कितना ज़ोर दिया था, कितना मनाया था। और अन्त में जब उसने अपनी सौगन्ध दे दी, तब पिता का मन हठ न कर सका।

गिरीश की ज़िद के सामने झुककर वह आ गया था यहां।

ऑपरेशन के बाद होश में आने पर आंखों पर बंधी पट्टी कितनी अखरी थी। मन में एक भय धीरे-धीरे सिर उठा रहा था। बहुत कोशिश की कि वह उस भय को कुचल दे। पर वह संपोलिया धीरे-धीरे सांप बन गया और अब नाग के समान उसके मन में फुंकारने लगा था। उसकी आंखें साफ नहीं देखती थीं। दूर की चीज़ें वह नहीं देख सकता था। पढ़ने में तकलीफ होती थी। अधिक सर्दी हो या गर्मी, आंखें सूज जाती थीं। पर एकदम अंधा तो नहीं था न वह।

अब उसने गिरीश के कहने में आकर ऑपरेशन करवा लिया है। आंखों पर पट्टी बंधी है और वह एक-एक दिन गिन रहा है। डॉक्टर के अनुसार ऑपरेशन ठीक-ठाक हो गया है। जिस दिन पट्टी खुलेगी, उसकी आंखें ठीक हो जाएंगी। वह दुनिया को एकदम स्वस्थ आंख वालों की तरह देख सकेगा।

पर पट्टी खुलने से पहले कोई निश्चित बात नहीं कही जा सकती। ऐसा भी हो सकता है कि कोई त्रुटि रह गयी हो। पट्टी खुलने पर ही उसका पता लगेगा और तब वह दुनिया के उस धुंधले रूप को भी नहीं देख सकेगा, जिसे वह इस ऑपरेशन के पहले तक देख लेता था।

आरम्भ में यह भय बहुत सशक्त हो उठा था, विश्वास की हद तक। दिन इसी चिन्ता में कट जाते थे। रातों को नींद नहीं आती थी। वह बिस्तर पर पड़ा-पड़ा उस बुरी घड़ी को कोसा करता, जिस घड़ी में वह गिरीश की सौगन्ध के मोह में आकर ऑपरेशन कराने की बात मान गया था। धीरे-धीरे आशंका पिघलने लगी थी और फिर एकदम वाष्प बन गयी थी। रोज़ ही वार्ड में किसी-न-किसी का

ऑपरेशन होता था। सब ठीक हो जाते थे। शायद ही कभी कोई ऑपरेशन असफल हुआ हो। फिर उसी से कोई दुश्मनी है क्या डॉक्टरों को!

आशा की वह छोटी-सी किरण दिन-प्रतिदिन स्फीत होती गयी और मन में उल्लास घिरता गया। डॉक्टरों से अधिक विश्वास गिरीश दिलाया करता था। ऑपरेशन के बाद, हफ्ते भर तक वह उसके पास रहा था यहां।

दो महीनों से वह एक बच्चे के-से विश्वास से उस भविष्य को देख रहा था। आज दस बजे पट्टियां खुलनी थीं। और बारह बजे की गाड़ी से गिरीश को भी आना था। कितना कुछ हो जाना था आज-ही-आज में।

और तभी वार्ड की दीवार-घड़ी ने आठ घंटियां बजायीं। सिर्फ दो घंटे रह गए थे पट्टियां खुलने में।

अपने भविष्य के विषय में इन दिनों इतना सोचा था उसने—इतना सोचा था कि एक तरह से अपने-आपको पूरा विश्वास दिला दिया था कि ऑपरेशन सफल हो गया है और उसको दृष्टि मिलने वाली है—जो शायद उसके पास पहले कभी नहीं थी।

और अचानक घड़ी के पेंडुलम जैसी ही कोई चीज़ उसके भीतर कहीं बहुत ज़ोर से बजी। वह धक्-सा रह गया। वह इतना निश्चित कैसे हो सकता है अभी से। माना कि प्राय: ऑपरेशन सफल हो जाते हैं, पर कोई-कोई तो बिगड़ भी जाता है न। वह कैसे समझ बैठा है कि बिगड़ने वाला ऑपरेशन उसी का नहीं होगा? यदि वाकई ऑपरेशन सफल न हुआ तो? आशाओं के ये जितने भी छोटे-छोटे पक्षी पाले थे, इनका क्या होगा? मुर्गी के चूज़ों-सी ये छोटी-छोटी आशाएं उसकी मानसी सृष्टि थीं। अब इन चूज़ों ने आंखें खोल दी थीं। उनकी आंखों के गोल-गोल पीले दायरे कितने स्पष्ट हो गए थे! उनके नन्हे-नन्हे शरीरों पर हल्के-हल्के सफेद रोएं आ गए थे। वे सब नष्ट हो जाएंगे, एक ही झटके में। इतने सारे चूज़ों का इस प्रकार नष्ट हो जाना वह सह पाएगा क्या?

सहसा उसके मन में बहुत सारा आक्रोश उमड़ आया। उसका सारा अन्तर उसमें भीग गया। कोई भी अछूता नहीं था उस आक्रोश से—न गिरीश, न डॉक्टर। कितने बड़े ज़ोखिम के कगार पर लाकर खड़ा कर दिया है उन्होंने उसे—वह सोच रहा था। संसार को साफ-साफ देखने का सपना स्वयं कभी नहीं पाला था उसने। उसे तो याद भी नहीं कि कभी उसकी आंखें ठीक भी रही हों। फिर क्या ज़रूरत थी कि उसे इस बुढ़ापे में इतने सुन्दर सपने दिखाए जाते? और अब, जबकि वह उन सपनों पर विश्वास कर चुका है, उन्हें सच मान चुका है, कहीं वे पूरे न हुए तो? इतना बड़ा धक्का उसका कमजोर बूढ़ा मन सह सकेगा? निराशा के इतने बड़े धक्के से हृदय की धड़कन रुक सकती है···उसने एक गहरी सांस ली। धड़कन का क्या है, वह तो दृष्टि मिलने की खुशी से भी बन्द हो सकती

है। और उसे लगा कि वार्ड के अन्त में दीवार पर लगी हुई घड़ी को किसी ने वहां से उतारकर उसके भीतर कहीं फिट कर दिया है। उसका पेंडुलम भीतर-ही-भीतर, उसकी खोपड़ी की दीवारों से बहुत ज़ोर-जोर से बज रहा है—ठक्-ठक्।

उसने अपने हाथों से झुर्रियों भरे माथे का पसीना पोंछा और करवट बदल ली। वह भविष्य की बात नहीं सोचेगा। पट्टी खुलने की बात नहीं सोचेगा। दृष्टि मिलने-न मिलने की बात नहीं सोचेगा। साठ वर्ष का वह हो गया है। जाने अब और कितने दिन है वह इस संसार में। दृष्टि मिलने-न मिलने से कोई बहुत बड़ा लाभ या हानि नहीं होगी उसको।

दृष्टि तो उसकी ऐसी ही थी बहुत पहले से। बहुत पहले से क्या, जब से उसे याद है, ऐसी ही थी। उसे आज भी वह दिन याद है जब चौथी कक्षा में बोर्ड पर लिखी हुई रकम न पढ़ पाने के कारण वह सवाल हल नहीं कर सका था। कितना पीटा था मास्टरजी ने उसे! वह कहता रहा था कि वह बोर्ड पर लिखी रकम नहीं पढ़ सकता, उसे वह नज़र नहीं आती। और मास्टरजी पीटते रहे उसे लगातार—"हां! रकम क्यों नजर आएगी कमबख्त तुझे। नजर आएगी तो सवाल न हल करना पड़गा। मसखरी करता है मेरे साथ? देखता हूं कैसे नजर नहीं आती रकम तुझे!"

रोता-सुबकता और पीठ सहलाता हुआ जब वह घर पहुंचा तो मार पड़ने के साथ-साथ बोर्ड पर लिखी रकम नजर न आने की बात भी घर जा पहुंची। बाबूजी कितने नाराज हुए थे उस पर। उसने पहले ही क्यों नहीं बताया यह सब उन्हें? बाबूजी नाराज थे—सबसे नाराज थे। मास्टरजी को बहुत फटकारा उन्होंने—उनको क्या हक था बाबूजी के फूल-से बच्चे को पीटने का। अंग्रेजी सरकार के दफ्तर के बड़े बाबू को नाराज करके मास्टर नौकरी नहीं कर सकता था।

बाबूजी अपनी पत्नी से भी नाराज थे, क्योंकि उसी की आंखों के कारण उनके बच्चे की आंखों में भी दुर्गुण आया था। पर उसे वह क्या कहते?

और तभी से इन आंखों को लेकर डॉक्टरों के यहां आना-जाना शुरू हुआ था। कई प्रकार की दवाइयां की गयीं, पर लाभ कोई नहीं हुआ। आंखों के कुकरे थे जो अकसर फूल जाया करते और आंख के पर्दे को घायल कर देते थे। कुकरों का डॉक्टर कुछ कर नहीं सके थे और दूसरा कोई इलाज नहीं था।

फिर बाबूजी का स्थानांतरण हुआ था और वह कुल्लू की पहाड़ियों में चले गए थे। वहां का एक दिन बहुत उभर-उभरकर आया करता है उसकी आंखों के सामने। बाबूजी दौरे पर बाहर गए थे और घर में अम्मा की सहेली जुबैदा चाची आयी हुई थी। जुबैदा चाची बड़ी हिकमन थी। बहुत सारे टोने-टोटके जानती थी और दवा-दारू भी। शहर भर की मसीहा वही थी। अम्मा ने अपने लाड़ले

की आंखों की चर्चा भी छेड़ दी। जुबैदा चाची ने पलकों को उलट-पलटकर उसकी आंखों को देखा और हाथ झटककर बोली— "लै बहन! तुमने भी खाहमखाह काके को तंग कर रखा है। भला कुकरे भी कोई चीज़ है? अभी ठीक करती हूं..." और वह चली गयी थी जल्दी-जल्दी। लौटी तो किसी पेड़ की जड़ लायी थी चाची। उस पेड़ का नाम उसे याद नहीं है। पर बड़ी तेज थी वह जड़—ब्लेड जैसी। चाची का कहना था, इससे वह कुकरों को छील देगी और सब ठीक हो जाएगा।

मां भी अपने बच्चे को जल्दी ठीक कर दूषित संतान उत्पन्न करने का दोष अपने माथे से धोना चाहती थी और दौरे से लौटे हुए अपने पति को प्रसन्न भी करना चाहती थी। जुबैदा चाची ने उस जड़ से छील-छीलकर उसके कुकरों को लहू-लुहान कर दिया। कितने दिनों तक मरहमपट्टी होती रही थी उसकी।

दौरे से बाबूजी लौटे तो उन्होंने सिर पीट लिया। घर में कुहराम मच गया। बाबूजी अपनी जाहिल पत्नी से बहुत परेशान हो उठे थे। सबसे ज्यादा परेशान तो वह खुद ही हुआ था। और आज भी हो रहा है।

उसकी जिन्दगी डॉक्टरों से बंधकर रह गयी। उसके दोनों छोटे भाई पढ़-लिखकर अफसर हो गए और वह बाबूजी की सिफारिश से केवल छोटी-छोटी नौकरियां करता रहा। जिन्दगी भर कभी कोई अच्छी नौकरी नहीं मिली उसे। इन्हीं आंखों के कारण डॉक्टरों ने भी साफ कह दिया था कि पुतली का पर्दा कुकरों के द्वारा हुए घावों के दागों से इतना धुंधला हो चुका है कि अब कुछ नहीं हो सकता।

आखिर अपनी नियति मानकर उसने जिन्दगी से समझौता कर लिया था। साठ सालों की ज़िन्दगी तक कभी यह बात नहीं उठी कि उसे अभी दृष्टि भी मिल सकती है।

और तब वर्ष बीतते गए। यहां तक कि वह अपने बच्चों का अभिभावक न रहा, वे ही उसके अभिभावक बन गए। उसने अपनी चिन्ता करनी भी छोड़ दी। तब एक दिन गिरीश अपने एक मित्र के साथ घर आया था, "पिताजी, यह मेरे मित्र हैं डॉक्टर कश्यप। हाल में ही इंग्लैंड से लौटे हैं, आंखों की बीमारियों के विशेषज्ञ होकर।"

"अच्छा!" वह हंसा था, एक फीकी-सी हंसी, "बड़ी खुशी हुई, डॉक्टर साहब, आपसे मिलकर! लेकिन आप बहुत देर से आए। मुझे स्वयं ही अब कोई आशा नहीं रही..."

वह समझ गया था कि गिरीश क्यों लाया है डॉ० कश्यप को। गिरीश भी समझ गया था उसके मन की बात। गिरीश जानता था कि आंखों की बीमारी उसकी दुखती रग है। उनकी बात करने से उसे कोई खुशी नहीं होती। उलटे

उसके घाव हरे हो जाते हैं। उसे याद आ जाता है कि वह साफ-साफ नहीं देख सकता।

"पिताजी, माफ कीजिएगा, आपको···" गिरीश सफाई देना चाहता था शायद।

डॉक्टर कश्यप ने उसे बीच में ही रोक लिया, "कोई बात नहीं, वर्मा साहब! मरीज तो निराश हो ही जाते हैं—पर वह डॉक्टर ही क्या जो आशा छोड़ दे। ऐसे केस ही तो हमारी कसौटी होते हैं···" और डॉक्टर कश्यप का स्वर बहुत मुलायम हो गया, "यदि मैं आपकी आंखें देखना चाहूं तो आपको एतराज तो नहीं होगा?"

न जाने क्यों वह इनकार न कर सका। बूढ़े मन में भी कहीं आशा थी—शायद इसी डॉक्टर के भाग्य में यश लिखा हो।

डॉक्टर कश्यप ने आंखें उलट-पलटकर देखीं। काफी देर तक देखता रहा, फिर दूसरे दिन अपने क्लीनिक में आने के लिए कहकर वह चला गया।

क्लीनिक में आधा घंटे तक निरीक्षण करने के बाद वह मुसकराया—"अभी कुछ नहीं बिगड़ा, गिरीश! मेरी बात मानो और पिताजी को दिल्ली के 'ऑल इंडिया इंस्टीट्यूट ऑफ मेडिकल साइन्सेज' में ले जाओ।"

"पर वे क्या करेंगे, डॉक्टर साहब!" उसे डॉक्टर का गिरीश से बात करना अच्छा नहीं लगा था। डॉक्टर उसे क्यों नहीं समझाता? अपनी तकलीफ वह जानता है, जितने इलाज आज तक हुए हैं, उनका उसे पता है—गिरीश को क्या मालूम!

"देखिए!" डॉक्टर ने बताया, "आपकी पुतली की जिल्द घाव के दागों से धुंधली हो चुकी है। ऑपरेशन करके यदि उस जिल्द को ही बदल दिया जाए···"

"ऐसा भी हो सकता है, डॉक्टर!" उसके मन में वर्षों से घुटी निराशा बोली थी।

"अब तो यह बड़ी मामूली बात हो गयी है!" डॉक्टर मुसकराया था।

और फिर घर में कितने दिनों तक हुज्जत होती रही थी पैसों को लेकर। जब वह अपने बेटों के लिए पिता का कर्तव्य पूरी तरह नहीं निभा पाया, तो उसे क्या अधिकार है उन पर अनावश्यक बोझ डालने का? पर गिरीश! वह किसी तरह नहीं माना था और उसे यहां आना पड़ा।

तभी वार्ड की घड़ी ने साढ़े नौ बजाए।

'बस, आधा घंटा और!' उसने सोचा।

जाने क्यों सहसा उसे लगा कि ऑपरेशन सफल नहीं हुआ है। डॉक्टर पट्टी खोलेगा और पूछेगा। वह आंखें झपकाकर देखेगा और उसे कुछ भी नजर नहीं आएगा। वह हंसकर कहेगा—"डॉक्टर, पट्टी तो खोलिए!" और डॉक्टर कैसा

मुंह बनाकर कहेगा—"ओह, इट इज अनसक्सेजफुल !" यह खूब ज़ोर से कहकहा मारकर हंसेगा और कहेगा—"मैंने तो पहले ही कहा था, पर मेरी कौन सुनता है ?"

खड़-खड़, घर्र-घर्र की आवाज़ से उसका ध्यान बंट गया। ट्राली लेकर कोई वार्ड में आया था। उस पर डालकर वे किसी को ले जाएंगे। जाने किसी का ऑपरेशन होना है या पट्टी खुलनी है या ··टक्-टक्···किसी नर्स के जूते की आवाज़।

उसे लगा, ट्राली उसी के बेड के पास आकर रुकी है। शायद उसे ही लेने आए हों। साढ़े नौ बजे तो काफी देर हो गयी। हां, दस भी बजने वाले ही होंगे। दस बजे उसकी पट्टी खुलनी है।

नर्स के जूतों की आवाज़ उसके पास आकर रुक गयी। फिर कागज़ के उलटने-पलटने की आवाज़ आयी। उसके सिरहाने, दीवार पर लटका हुआ उसका केस-रिकार्ड देखा जा रहा होगा। इस तरह कितने ही लोग रिकार्ड देखते हैं। यदि कोई रिकार्ड देख, उससे बिना बोले ही चला जाए तो उसे पता भी नहीं चलेगा कि वह कौन था—डॉक्टर, नर्स, कम्पाउण्डर, जमादार या कोई और।

"उठिए, बैड नम्बर अड़तीस !" रिकार्ड देखनेवाले ने कहा, "आपकी पट्टियां खुलेंगी।" यह इस समय रोज़ वाली नर्स की आवाज थी।

"उठो, भैया !" यह मर्दानी आवाज़ जाने किसकी थी।

वह उठकर बैठ गया। वैसे इस आवाज़ को वह पहचानता था। यह व्यक्ति पहले भी कितनी बार उसे इस प्रकार ट्राली पर डॉक्टर के पास निरीक्षण के लिए लेकर गया था। वह अकसर सोचा करता था—यह व्यक्ति क्या होगा यहां ? कम्पाउण्डर, चपरासी या जमादार ! अच्छा ! पट्टी खुल जाए तो देखूंगा इसे। भीतर ही कहीं वह हंसा, जैसे आंखें ठीक हो ही जाएंगी !

उस व्यक्ति ने एक हाथ उसकी गर्दन और कन्धों के बीच और दूसरा घुटनों के नीचे डालकर उसे पलंग से घसीट लिया। वह ट्राली पर सीधा होकर आराम से लेट गया। जब पहले दिन उस व्यक्ति ने उसे इस तरह घसीटा था तब बड़ा गुस्सा आया था उसे—क्या है ! आदमी हूं, कोई बिस्तर-ट्रंक नहीं हूं ! पर शायद ये लोग सबको इसी तरह घसीटते हों। किस-किस का ध्यान करें आखिर ! इनका तो सवेरे से शाम तक यही काम है ! अब उसे गुस्सा नहीं आता इस व्यक्ति पर।

ट्राली चली—घर्र-घर्र, ठक्-ठक्। और साथ जूतों की खट्-खट् ! ट्राली की चाल से वह अन्दाज़ा लगा रहा था कि वे वार्ड के सिरे पर पहुंच गए हैं। और जब ट्राली को झटका लगा तब वह समझ गया कि वे वार्ड से निकल आए हैं। ट्राली एक क्षण के लिए रुकी। वार्ड के साथ वाले ड्यूटी-रूम में थोड़ी-सी बात-

चीतहुई— बेड नम्बर अड़तीस पट्टियां खोलने के लिए डॉ० शर्मा के पास। और ट्राली फिर चल पड़ी। घर्र-घर्र, ठक्-ठक्…

बायीं ओर जाकर ढलान से ट्राली नीचे उतरी। अब वे डॉक्टर के पास कमरे की ओर जा रहे थे। ट्राली फिर रुकी। शायद कमरा आ गया था।

उसे उठाया गया और ले जाकर एक कुर्सी पर बैठा दिया गया। कमरा काफी ठंडा था और कुर्सी गद्देदार थी। वह समझ गया, उसे कमरे के बाहर बेंच पर नहीं, डॉक्टर के कमरे में कुर्सी पर बैठाया गया है। वह बैठा रहा। उसके आस-पास कोई आवाज़ नहीं थी।

फिर सहसा उसे आस-पास किसी के होने का आभास हुआ। कपड़ों की फड़फड़ाहट थी और साथ ही जूतों की ठक्-ठक्।

"कैसे हैं, वर्मा साहब?" डॉ० शर्मा का स्वर था।

"आपकी दया है, डॉक्टर।" वह उदासीन-सा बोला।

"तो पट्टियां खोल दें आपकी!" डॉ० शर्मा बड़े हल्के स्वर में बोल रहे थे।

"आपकी इच्छा।"

ओह! पट्टियों की बात, जिसे वह अब तक भूलना चाह रहा था, फिर उभर आयी।

डॉ० शर्मा बहुत अच्छी तरह बोलते हैं। फिर वह ऐसे उदासीन क्यों हैं? डॉक्टर को बुरा भी लग सकता है।

"हाऊ डू यू फ़ील, मिस्टर वर्मा?" डॉक्टर के हाथों का स्पर्श उसके सिर पर हो रहा था, "एक्साइटेड?"

"येस, ए बिट, डॉक्टर!" वह बहुत धीरे-से बोला।

"ओ.के. नाऊ वी सी।" डॉक्टर ने कहा।

और उसके सिर पर पट्टियों का दबाव कम होने लगा। धीरे-धीरे पट्टियां खिसकती गयीं। उसे लगा, वह जड़ होता जा रहा है। उसमें अब कोई संवेदन नहीं रह गया है। इस समय तो जाने क्या-क्या लगना चाहिए था उसे। पर क्या अनुभव हो रहा है उसे? कुछ भी नहीं। वह अनुभूति-शून्य है। क्या हो गया है उसे? वह बिलकुल उत्तेजित नहीं है या उत्तेजना की अधिकता से अनुभूति-शून्य हो गया है?

पट्टी का अन्तिम सिरा और उसके साथ की रुई उसकी गोद में गिरी। पट्टी खुल चुकी थी—अब? अब?

"हाऊ आर यू?" डॉक्टर ने पूछा।

"…" अब कुछ नहीं बोला।

"डोण्ट गेट एक्साइटेड।" डॉक्टर ने उसकी आंखों पर हाथ फेरा, "धीरे-धीरे आंखें खोलिए।"

वह जड़-सा बैठा रहा। और सहसा शरीर की सारी शक्ति लगाकर उसने पलकें खोलीं, पलकें खुलीं—और कुछ नहीं। सब अंधेरा—जैसा पट्टी बंधी होने पर था। उसने आंखें दो-तीन बार झपकीं और अंधेरे के पर्दे उठने लगे—धुंधलका—धुआं—हटता हुआ धुआं—और सब कुछ साफ़ था।

वह उठकर खड़ा हो गया।

"बी सीटेड।" डॉक्टर ने उसके कन्धों पर ज़ोर डालकर उसको बैठा दिया—"कैन यू सी?"

"एवरी थिंग, डॉक्टर!" उसने नजरें उठाकर डॉक्टर को देखा, आंखों में बच्चों का-सा उल्लास था। फिर उसने पास खड़ी नर्स को देखा। कुर्सी को देखा। उसके हाथों पर रखे अपने हाथों को देखा···

"गुड! कांग्रेचुलेशन्स।"

"थैंक़ यू सो मच, डॉक्टर! थैंक यू वैरी मच।"

डॉक्टर ने अपने हाथ की टार्च जलायी और काफी देर तक आंखों का निरीक्षण करता रहा। फिर बोला, "एवरी थिंग इज ऑल राइट। एक दवाई दूंगा आपको। महीना भर उसे आंखों में डालते रहिए। सब ठीक है।"

"मैं घर जा सकता हूं, डॉक्टर?" सहसा उसे लगा कि वह अब एक क्षण भी यहां नहीं रुकना चाहता। अपनी पत्नी और बच्चों से मिलना चाहता है। उन्हें बताना चाहता है कि अब वह सब कुछ देख सकता है···

"दो-एक घंटे आपके कागज तैयार होने में लगेंगे, फिर आप जा सकते हैं।" डॉक्टर ने कहा, "सिस्टर, साहब को बेड तक पहुंचा दो।"

"मैं खुद चला जाऊंगा।" और वह बाहर निकल आया।

सब कुछ कितना साफ है—यह बरामदा, यह कमरा, यह फर्नीचर! कितना साफ दीखता है सब कुछ। वह स्वयं रास्ता तय कर सकता है। अब उसे सीढ़ी से गिरने का भय नहीं है। कोई भी नाली वह बिना किसी संकोच के फलांग सकता है।

वह अपने वार्ड में आया। वह बायीं ओर से उस खांसनेवाले को देख सकता है। दायीं ओर के उस कराहनेवाले को भी देख सकता है।

वह आकर अपने बेड पर बैठ गया।

गर्दन घुमाकर उसने दीवारघड़ी की ओर देखा। अब तक वह इसी की ठक्-ठक् सुनता आया है। इसी के पेंडुलम की कल्पना करता आया है। पर अब वह घड़ी को देख सकता है। उसके पेंडुलम को हिलते हुए देख सकता है। वह किसी क्षण भी बता सकता है कि वह बायीं ओर है या दायीं ओर। वह उस घड़ी में लिखी गिनती इतनी दूर से पढ़ सकता है। इतनी दूर से···अपने पलंग पर बैठे-बैठ। और उस दिन चौथी कक्षा में उसके मास्टरजी ने कितना पीटा था, क्योंकि बोर्ड

पर लिखी हुई रकम नहीं पढ़ी गई थी। अब दें सवाल···अब वह क्लास में सबसे पीछे बैठकर भी सारी रकम पढ़ लेगा···

···और सहसा उसे कुछ हो गया···

···अब मिली हैं मुझे आंखें—जब मैं आठ साल का हो चुका हूं। अब, जबकि मैं फिर से स्कूल नहीं जा सकता। नौकरी नहीं कर सकता। जब मेरे बच्चे भी अपनी जिन्दगी में इतना आगे तक चल चुके हैं। उन्हें न अब मैं पढ़ा सकता हूं, न लिखा सकता हूं। अब, जबकि धक्के-मुक्के से वे जो कुछ बनना था, बन चुके हैं। यदि अब आंखें न ही मिलतीं तो क्या बिगड़ जाता। अब कौन-सा सवाल हल न कर सकने के कारण कोई पीटेगा मुझे।

पहले आंखें मिली होतीं तो उसके बच्चे भी अपने चचेरे-ममेरे भाइयों की तरह बड़े-बड़े अफसर होते। रिश्तेदारों के सामने वह दब्बू न बनता, स्वयं को उनसे हीन न समझता। अब क्या करेगा इन आंखों का?

वह अपने बेड पर बैठा गिरीश का इन्तजार कर रहा था। गिरीश बारह की गाड़ी से आएगा। उसे देखकर कितना खुश होगा। कहेगा, "मैं पहले ही कहता था, पिताजी! आप एकदम ठीक हो जाएंगे। आप नाहक ही मना कर रहे थे।"

ठीक तो है, गिरीश ने उसे आंखें दी हैं। उसे जताने का पूरा अधिकार है। पर उसे लगा, उसके मन में गिरीश के प्रति कहीं भी कृतज्ञता नहीं है। आक्रोश ही आक्रोश था अपने बेटे के प्रति उसके मन में। कोमल भाव नहीं था। अब तक कितना अच्छा था उसका जीवन। वह अपनी कमी को अपना भाग्य मान बैठा था। यदि उसके जीवन में, उसके बच्चों के जीवन में कोई कमी थी, तो उसका क्या दोष? वह तो स्वयं मजबूर था। गिरीश ने उसे क्या दिया—दृष्टि? उसे दीखता है अब साफ-साफ। हां, उसको दीखता है···उसको एक जीवन मिला था, जो एक मजबूरी के कारण बहुत गलत ढंग से जिया गया। अब जबकि जीवन का सारा रास्ता वह चल आया है, उस गलती को सुधारना चाहता है, पर सुधार नहीं सकता। कैसे सुधार सकता है! व्यतीत जीवन दुबारा नहीं जिया जा सकता। व्यर्थ जीवन की कोंच कैसे सहेगा वह? गिरीश के प्रति वह कृतज्ञ कैसे हो सकता है! गिरीश को क्या पता कि गिरीश ने उसे क्या दिया है।

३०.४.१९९६

सार्थकता

मेरी पत्नी ने बड़े जतन से अपने बाल धोए, झाड़े, पोंछे और फिर, यहां बालकनी में— जहां मैं बैठा हूं— तार पर सूखने के लिए टांग गई है।

पिछले साल जब हम दोनों हनीमून की दसवीं एनिवर्सरी मनाने के लिए कश्मीर गए थे तो लौटते हुए उसने ये बाल दिल्ली से खरीदे थे। बहुत देर तक हम घूमते रहे थे दिल्ली के बाजारों में। पर उसकी पसन्द के बाल नहीं मिल रहे थे। मैं बाजारों में इस प्रकार घूमने का आदी नहीं हूं। आदी होऊं भी तो कम-से-कम इस प्रकार की हेयर-हंटिंग मैं बर्दाश्त नहीं कर सकता। पर कोई अपनी पत्नी की इच्छा का विरोध कैसे कर सकता है जबकि वह हनीमून से लौट ही रहा हो। हनीमून चाहे वह दसवां ही क्यों न हो। शायद इसीलिए मेरी पत्नी अपनी एनुअल शॉपिंग हनीमून से लौटते हुए रास्ते में ही कर आती है।

हम इन बालों के लिए काफी भटके थे। जो बाल मेरी पत्नी अपने मायके से अपने सिर के साथ लायी थी, वे बहुत छोटे थे, अतः पूरक बाल काफी लम्बे चाहिए थे जो कि मिल नहीं रहे थे। फिर उसके बाल जड़ों की ओर से घने काले थे (अब भी हैं) और पूंछ तक पहुंचकर भूरे हो गए थे, शायद बहुत घिस जाने के कारण। उसके मल्टीशेड बालों के कारण काफी कठिनाई हुई थी हमें। जैसे-तैसे हमने ये बाल खरीद लिये थे, जो लम्बे तो काफी थे, पर न तो एकदम काले थे, न एकदम भूरे। इसीलिए इन बालों से उसे बहुत प्यार था। प्यार मुझे भी कम नहीं था, क्योंकि मुझे भी बहुत भटकना पड़ा था उनके लिए।

और अब वह उन्हें यहां टांग गई थी। यह बात खतरे से खाली नहीं थी।

हमारा यह फ्लैट इस बिल्डिग की छठी मंजिल पर है। बस छह ही मंजिलें हैं इस बिल्डिग में। अंग्रेजी के अक्षर 'एल' के आकार की इस बिल्डिग में अठारह

फ्लैट हैं। हर मंजिल पर तीन— दो साथ-साथ और तीसरा आमने-सामने।

इस ऊंचाई पर, जहां हम हैं, बहुत हवा चलती है; और जब चलती है तो वहशियों की तरह चलती है। खिड़कियां बन्द कर ली जाएं तो सारी-सारी रात खिड़की के शीशों पर सिर पटकती रहती है। आती है और बार-बार समुद्र की लहरों के समान गुर्राती-चिंघाड़ती हुई लौट जाती है। जब कभी कोई खिड़की पूरी तरह बन्द न हो और कोई कोना-खूंजा खुला रह जाए तो किसी बहुत भारी ट्रक के चलने की-सी आवाज करती हुई भीतर घुस आती है।

पर मेरी पत्नी यह बाल यहां क्यों डाल गई है। अभी हवा चलेगी तो ये उड़ जाएंगे और जाने किसके घर जा गिरेंगे। या शायद किसी के भी घर न गिरें, नीचे जा पड़ें। फिर चौकीदार उन्हें लिये-लिये हर फ्लैट में पूछता फिरेगा, "मेम साहब ! ये बाल आपके हैं ?"

अभी उस दिन मेरी पत्नी ने मुझे बताया था कि किसी की ब्रेसिअर्स उड़कर नीचे जा पड़ी थी और चौकीदार अपनी ईमानदारी में उसे लिये-लिये हर द्वार फिरा था, "मेम साहब ! यह बनियान आपकी है ?"

हर औरत एक बार ब्रेसिअर्स को देखकर संकुचित होती और फिर झूठे क्रोध से चौकीदार को घूरती और तब जोर से दरवाजा उसके मुंह पर बन्द कर देती —फटाक् ! बदतमीज चौकीदार ! अफसरों की पत्नियों से कोई ऐसे सवाल करता है।

थोड़ी ही देर में सबके दरवाजे बन्द थे और सब औरतें बालकनियों पर टंगी हुई देख रही थीं कि कौन उस ब्रेसिअर्स को स्वीकार करता है।

जब चौकीदार नीचे की मिसेज सिंह के पास पहुंचा तो उसने झपटकर उसके हाथ से ब्रेसिअर्स छीन ली और बिना कुछ कहे दरवाजा बन्द कर लिया। चौकीदार ने बन्द दरवाजे को पीले दांत दिखाकर चिढ़ाया और छड़ी हिलाता हुआ लौट गया।

मेरी पत्नी फिर बालकनी में लौट आती है, यह देखने के लिए कि उसके बाल सूखे हैं या नहीं।

जी में आता है कि उसे कहूं कि बाल यहां न टांगे। हवा चली तो सब उड़ जाएंगे। पर कहता नहीं हूं। वह बाल देखकर जल्दी से अपने गाउन को सम्भालती हुई ड्रेसिंग टेबुल की ओर लौट जाती है। वह शायद नहाकर आयी है इसीलिए गाउन पहन रखा है उसने। पर केवल बेल्ट के सहारे बंधा हुआ गाउन पहनकर बालकनी में आना और भी खतरनाक है। हवा चल पड़े तो गाउन अपनी जगह टिककर नहीं रहता और फिर सामने के छहों फ्लैटों के बेडरूमों से देखा जा सकता है कि गाउन के नीचे किसी ने क्या पहन रखा है—कुछ है भी या नहीं।

पर हवा नहीं चलती और मेरी पत्नी भीतर लौट जाती है। मेरा ध्यान फिर ब्रेसिअर्स की ओर लौट जाता है।

मिसेज पांडेय की ब्रेसिअर्स के भी बहुत सारे किस्से हवा के साथ इन फ्लैटों में उड़ते फिरते हैं।

मेरी पत्नी ने बताया था कि जब सवेरे पांडेय साहब आफिस जाते हैं और मिसेज पांडेय उन्हें लिफ्ट तक छोड़ने आती है तो उसकी ब्रेसिअर्स के दोनों स्ट्रैप पीठ पर ब्लाउज के बहुत नीचे तक झूल रहे होते हैं और स्तन ब्लाउज के नीचे पेट तक लटक आए होते हैं। सब लोग अपने-अपने फ्लैटों से मिसेज पांडेय को देखकर एन्जॉय करते हैं और मिसेज पांडेय नीचे धंसती हुई लिफ्ट की ओर देखकर हाथ हिलाती है—टा-टा···

इस विषय में मिसेज पांडेय से कोई कुछ नहीं पूछता। पर अपनी ओर से सब ही उस दृश्य के कारण-स्वरूप कोई-न-कोई कहानी सुना देते हैं। नीचे वाली मिसेज दास का कहना है कि मिसेज पांडेय लेट राइजर है। पांडेय साहब जब आफिस जाने लगते हैं तो बेचारी सीधे बिस्तर से उठकर या बिस्तर समेत ही लिफ्ट तक आ जाती है। कपड़े ठीक करने का समय ही नहीं होता।

मिसेज शर्मा इस बात को नहीं मानती। उसका विचार है कि मिसेज पांडेय बच्चे को फीड करती-करती पति को सी-ऑफ करने के लिए आ जाती है। पर कौन जाने अफिस जाने से पहले खुद पांडेय साहब ही फीड लेते हों। बेबी-फूड की कमी, आखिर वयस्क लोगों के कारण ही हो गई है इस देश में।

मेरी पत्नी फिर बालकनी में लौट आती है बालों को देखने के लिए। पर अब वह गाउन उतारकर साड़ी पहन आयी है। हवा से कोई खतरा नहीं है।

बाल भी शायद सूख गए हैं, या शायद गीले ही उतार लिये हैं। उसे जूड़ा करना होगा—बाल तो चाहिए ही, सूखे हों या गीले।

जाते-जाते वह सेकंड फ्लोर की बालकनी में खड़े बच्चे की ओर इशारा कर जाती है। मैं मुड़कर देखता हूं बच्चे ने सिर्फ छोटी-सी एक बुशर्ट पहन रखी है। उसकी मां ने उसे निकर नहीं पहनाई है। यह मिसेज कालरा का चौथा बच्चा है। तीन लड़कियों के बाद पहला लड़का। मिसेज कालरा इसे कभी भी निकर नहीं पहनाती। वह चाहती है कि सब लोग देख लें कि तीन लड़कियों के बाद उसने लड़का पैदा किया है।

मेरी पत्नी झपटकर फिर बालकनी में आ जाती है। उसके दो प्रकार के बाल उसके दोनों हाथों में हैं। जूड़ा अभी बना नहीं है।

"आप अभी बैठे ही हैं ?" वह मुझसे कहती है।

"तो ?"

"तो क्या ? वर्मा-वर्मी के घर नहीं जाना क्या ?"

वह मिसेज वर्मा को वर्मी, मिमेज शर्मा को शर्मी तथा मिसेज दास को दासी कहती है।

मैं सोचने लगता हूं और मेरी पत्नी झपटकर भीतर चली जाती है।

वर्मा-वर्मी के घर जाने से मैं बहुत कतराता हूं। छुट्टी के दिन तो और अधिक घबराहट होती है।

पिछली बार हम गए थे तो नौकर ने दरवाजा खोला था।

"साहब हैं?" मैंने पूछा।

"नहा रहे हैं।" नौकर ने बताया।

"मेम साहब?" मेरी पत्नी ने पूछा।

"नहा रही हैं।" नौकर ने फिर बताया।

हम दोनों ने एक-दूसरे की ओर देखा। हम जानते थे कि इन फ्लैटों में बाथरूम एक ही है। नौकर ने हमें देखा—"जी, वे दोनों इकट्ठे नहाते हैं।" उसने दांत दिखाए।

वर्मा के घर जाने का कोई मतलब नहीं है।

मेरी पत्नी फिर बाहर आ जाती है। वह जूड़ा कर आयी है और शायद मुझे दिखाने आयी है। जब कभी भी बाहर जाना होता है, वह जूड़ा करके एक बार मेरे सामने से गुजर जाती है, जैसे कोई मॉडल अपने आपको प्रदर्शित करती है, ताकि यदि मुझे कुछ कहना हो तो कह दूं। यह न हो कि लिफ्ट में जाते समय मैं उसका जूड़ा देखूं और अपने कठमुल्लापन के कारण उसे फिर से लौटा लाऊं, ताकि वह नये सिरे से मेरी पसन्द का जूड़ा बनाए।

पर मैं उससे जूड़े के विषय में कुछ नहीं कहता हूं। मैं सामने थर्ड फ्लोर के बेडरूम में बैठी एक लड़की के प्रतिबिम्ब को उनकी खिड़की के शीशे में देख रहा हूं।

"यह कौन है?" मैं अपनी पत्नी से पूछता हूं।

"कौन?" वह घूरकर देखती है, "ओह! वह···! मिसेज घोष की देवरानी है। नर्स है।"

"तुम्हें कैसे मालूम हुआ कि वह नर्स है?" मैं खिड़की के शीशे को घूरता रहता हूं।

"लो।" मेरी पत्नी को मेरे अज्ञान पर तरस आता है, "सब जानते हैं कि वह नर्स है। फर्स्ट नाइट में ही उसने अपने पति को छू-छूकर हर आर्गन का नाम बताया था। वह बेचारा नर्वस होकर चुपचाप लेट गया था।"

"आपको यह सब कैसे मालूम हो गया?" मैं और अधिक जानने के लिए अपनी पत्नी को घूरकर इस प्रकार देखता हूं, मानो मुझे विश्वास न हो रहा हो।

उसे मेरी अविश्वास की मुद्रा अच्छी नहीं लगती। वह सबूत पर सबूत देने लगती है, "उनकी पहली रात थी। भीतर सुहाग दीप सारी रात जलता रहा। मिसेज घोष ने की-होल से सब कुछ देखा और हम सबको स्वयं बताया था।"

"तुम सब बहुत गंदी हो।" मैं उसकी बात का मजा लेते हुए कहता हूं, "किसी के बारे में ऐसी बातें नहीं करनी चाहिए।"

"लो !" वह मेरे भोलेपन का मजाक बनाती है, "यहां लोगों को एक-दूसरे के सम्बन्धों की फ्री-क्वेन्सी तक का पता होता है। सब लोगों को सबकी वाइफों के पीरियड की डेट तक मालूम है। तुम हो सन्त। चलो, उठो।"

उसके तैयार होने के बाद मैं उसे पहली बार देखता हूं। वह पूरे मेकअप में है। और जब भी वह पूरे मेकअप में होती है, उसके चेहरे पर से वे सारी रेखाएं मिट जाती हैं, जो शादी के बाद के इन दस वर्षों में बन गई हैं। ऐसी हालत में वह मुझे उतनी ही अच्छी लगती है, जितनी शादी के समय लगती थी। और तब मेरा मन कहीं भी जाने को नहीं होता।

"कहां चलना है आखिर ?" मैं उसे निहारते हुए पूछता हूं।

मेरे निहारने का अर्थ वह समझती है और मुसकराने लगती है—"वर्मा-वर्मी के घर।"

"वहां नहीं जाएंगे।" मैं कहता हूं, "आज छुट्टी का दिन है, वे नहा रहे होंगे।"

वह शरमाकर मुसकराती है, "तो वडेराज को विजिट कर आते हैं।"

"वडेराज के घर इस समय !" मैं भी मुसकराता हूं, "वैसे इस समय मैटिनी शो कर रहे होंगे। वडेरा कहता है कि छुट्टी के दिन उसे एकस्ट्रा शो करना पड़ता है।"

"तो फिर ?" वह पूछती है।

"हम कहीं भी नहीं जाएं !" मैं कहता हूं।

"तो मैं बेकार ही तैयार हुई।" वह अपने तैयार होने की सार्थकता चाहती है।

"नहीं ! व्यर्थ क्यों हुई ?" मैं उठकर बेडरूम में चला जाता हूं।

"अच्छा ! तो बाल सूखने डाल दूं। मैंने गीले ही लगा लिये थे।" वह अपने जूड़े में से अपने बाल निकालकर सुखाने के लिए बाहर बालकनी में टांगने चली जाती है।

मैं बेडरूम की खिड़कियां बन्द करने लगता हूं। मैं नहीं चाहता कि सामने के फ्लैट वाले औरों के समान हमारा भी मैटिनी शो देखें।

मेरी पत्नी आती है और धड़ाम से मेरे पलंग पर गिर पड़ती है। वह बहुत खुश है।

"डालिंग ! ऐसे नहीं ।" मैं उसे समझता हूं, "नीचे के फ्लोर पर सबको मालूम हो जाएगा ।"

"होने दो ।" वह दुष्टता से मुसकराती है, "नीचे वाली बहुत शेखी बघारती थी । कहती थी, आपकी शादी को तो बहुत देर हो गई है । हमें तो रोज रात को डोज न मिले तो नींद ही नहीं आती । साली हमें बूढ़ा समझती है ।"

"समझने दो !" मैं उसे प्यार से समझाता हूं, "बूढ़ी होगी वह, होगा उसका बाप । तुम भी उसे अपनी मैटिनी शो के बारे में बता देना ।"

वह मुझे देखकर खुशी और शरारत से मुसकराने लगती है ।

तभी हवा का एक जोर का झोंका आता है और मेरी पत्नी के बाल उड़कर भीतर आ गिरते हैं । वह उन पर नाराज होती हुई, उन्हें फिर से टांगने के लिए बाहर चली जाती है और मैं सोचता हूं, अच्छा हुआ हवा का झोंका इस ओर का था, विपरीत दिशा का होता तो बाल उड़कर नीचे जा गिरते और चौकीदार उन्हें लिये द्वार-द्वार फिरता, "मेम साहब, ये बाल आपके हैं ?"

१२.६.१९६६

शटल

ईशरदास कमरे में टहलता-टहलता, फिर जाकर अपनी चारपाई पर बैठ गया। चारपाई खिड़की के पास दीवार के साथ लगी हुई थी, जहां तकिया रखकर, उससे टेक लगा, खिड़की की रोशनी में वह कुछ-न-कुछ पढ़ता रहता था।

जब वह स्वयं कमाता था, उसकी अपनी नौकरी होती थी— तब भी वह पढ़ता था। पर तब समय कम होता था और पुस्तकें बहुत सारी। वह बाजार जाकर अपनी मर्जी से पुस्तकें और पत्रिकाएं खरीद लाता था। जब कभी अवकाश मिलता, पढ़ने बैठ जाता। उसकी पत्नी भागवन्ती कितनी-कितनी बार उसे पुकारती, तब कहीं वह खाने के लिए रसोई में जाता था। खाते हुए भी पुस्तक हाथ से नहीं छोड़ता था। भागवन्ती पढ़ी-लिखी नहीं थी, न उसे पुस्तकों में कोई रुचि थी। गांव की सीधी-सादी लड़की थी, चुपचाप और खामोश—जो अब लड़की कम और औरत ज्यादा दिखने लगी थी।

भागवन्ती कभी-कभी चिढ़कर कहती, "रोटी तो आराम से खा लो, किताब कहीं भागी तो नहीं जाती।" और वह अकसर उसके हाथ से पुस्तक छीन लिया करती।

ईशरदास उसकी छीना-झपटी का विरोध नहीं करता था। वह जानता था कि घर में और कोई नहीं है। वह पढ़ने लगता है तो भागवन्ती अकेली पड़ जाती है। वह बहुत बोलती नहीं है, इसलिए पास-पड़ोस में उसका जाना भी कम है। वह अपनी पत्नी के अकेलेपन को दूर करना चाहता था, पर भागवन्ती के खामोश स्वभाव के कारण वे अधिक बातें भी नहीं कर पाते थे।

और घूम-फिरकर बात पुस्तकों पर आ जाती। ईशरदास जो कुछ पढ़ता, वह भागवन्ती को भी सुनाता। तब भागवन्ती को पुस्तकों से कोई विरोध न रहा।

पास-पड़ोस की औरतों की चुगली-बखीली से उसे अपने पति की पुस्तकें ही अच्छी लगने लगी थीं।

पर जब से बढ़ती हुई बीमारी के कारण ईशरदास को काम-धन्धा छोड़ना पड़ा था, तब से वह बहुत अकेला हो गया था। पुस्तकें अब भी घर में आती थीं, पर वे उसके बेटों की पसन्द की होती थीं। उसकी पसन्द और बेटों की पसन्द में बहुत अन्तर था। उसके बेटे जो प्रेम-कथाएं पढ़ते थे, ईशरदास को वे एकदम नापसन्द थीं।

फिर बेटों की बहुएं आ गई थीं। घर में उपन्यासों की जगह फैशनेबुल पत्रिकाओं ने ले ली थी। स्त्रियोपयोगी पत्रिकाओं का वह क्या करता? और कल जब इनके नन्हे-मुन्ने पढ़ने लायक होंगे और घर में 'चन्दामामा' और 'बालभारती' आने लगेगी, तब वह क्या करेगा।

आज भी ईशरदास के पास पढ़ने के लिए कुछ नहीं था। और उसे दूसरा भी कोई काम नहीं था। भागवन्ती बड़े बेटे के घर गई हुई थी। बड़ी बहू की तबीयत ठीक नहीं थी। बड़ा बेटा आकर मां को ले गया था।

ईशरदास को कभी-कभी बड़े बेटे पर क्रोध आता था। जिसका भी विवाह होता है और एक-आध बच्चा आ जाता है, वही बाप से अलग होकर रहना चाहता है। अलग होना था तो हो जाता, किन्तु अलग रहकर वे लोग बाप को कुछ देने को राजी नहीं थे। कहते—घर बसाकर पिता को खर्च के लिए नकद कुछ देना बड़ा कठिन है। हां, कोई उनके पास आ रहे तो उसका खर्च वे उठा लेंगे।

खर्च के बच्चे—ईशरदास सोचता – सारी उमर जो अपनी कमाई से खाता-पीता रहा हो और छाती तानकर जीने का आदी रहा हो, वह अब खाने के लिए इनके द्वार जा बैठेगा? कभी नहीं, ईशरदास भूखा मर जायेगा, पर इनके द्वार नहीं बैठेगा। नहीं दे सकते तो मत दो—कोई तुमसे आस लगाए भी नहीं बैठा।

वैसे भी वह जानता था कि बेटों का ऐसी बात से क्या मतलब होता है। वे उसे अपने पास रखकर कब खुश थे। उसे रखकर उन्हें करना भी क्या था, जो दिन-भर चारपाई पर पड़ा रहता या दिन-भर हर छपे कागज को पढ़ते रहने का प्रयत्न करता।

वे चाहते थे कि उनकी मां—भागवन्ती—जाकर उनके पास रहे। उनके बच्चों को संभाले। उनकी रोटियां पका दिया करे। और जब वे बाहर जाना चाहें तो घर की रखवाली किया करे। सालों को साहबी सूझती है। बीवियों से काम कराने से कलेजे में टीस उठती है। इतनी ही साहबी है तो रखें नौकर, रखें आया! वह तो होगा नहीं; चाहेंगे कि मां के रूप में रोटी भर देकर सस्ती और विश्वसनीय नौकरानी का इन्तजाम कर लें।

या फिर कोई छोटा भाई-बहन जाकर रहे उनके पास। मुडू की तरह भाग-

भागकर बाज़ार से चीजें ला दिया करे। या फिर उनकी मेम साहबों को चारपाई पर बैठे-बैठे पानी के गिलास या चाय के कप पकड़ाया करे। उन्हें कहीं जाना हो तो पहले ही बच्चे को घर के पिछवाड़े में ले जाकर बहलाता रहे।

ईशरदास इन बातों के लिए एकदम तैयार नहीं था। वह अपनी पत्नी या बच्चों से नौकरी करवाकर आर्थिक सहायता किसी रूप में नहीं चाहता था। जब नौकरी करने की ही नौबत आ जाएगी तो किसी और के घर नौकरी करेंगे, जहां नौकरी करके मुंह खोलकर अपना हक मांगा जा सके।

पर कभी-कभी, जब दोनों बड़े बेटों में से कोई आ जाता, कि उसकी पत्नी बिस्तर पर पड़ी हुई है और उसके घर में चूल्हा भी नहीं जला, तब भागवन्ती को जाना ही पड़ता था। ऐसे में ईशरदास भी अपने भीतर बैठे पिता को रोक नहीं पाता था और वह स्वयं ही भागवन्ती को कहता, "तुम चली क्यों नहीं जातीं? आखिर हम किस दिन के लिए हैं? कैसी मां है तू, बेटों के दुःख में भी हाथ नहीं बंटाना चाहती?"

और भागवन्ती उसे, अपने आपको, बेटों तथा बहुओं को कोसती हुई चली जाया करती। पीछे से ईशरदास कमरे में इधर-से-उधर चक्कर लगाया करता, सिगरेटें फूंका करता और खिड़की से बाहर सड़क की ओर ताका करता था।

वह जानता था कि वह बहुत बूढ़ा हो चुका है। उसमें और उसके बच्चों में जीवन की सामान्य आवश्यकताओं के सिवाय और कोई संपर्क नहीं रह गया है। वे दूसरी तरह के प्राणी हैं। वह उनके लिए एक ऐसी पुरानी वस्तु है जो घर में बेकार पड़ी है, पर मोह या लोक-लाज के कारण उसे किसी प्रकार बाहर फेंका भी नहीं जा सकता।

उसका कोई बच्चा उसके पास पांच मिनट बैठकर भी खुश नहीं था। वे उसके कमरे के बाहर बैठे खुसुर-पुसुर करते रहते हैं। फिर कोई एक आकर उसे आवश्यक सूचना दे जाता है। वे तो उसके पास नहीं ही आते, कभी-कभी ईशरदास ही वहां चला जाता है, जहां सब बेटे बैठे होते हैं; पर उसे देखते ही वे एक-एक कर खिसकने लगते हैं और अन्त में वहां ईशरदास अकेला ही रह जाता है।

एक भागवन्ती ही है जिससे वह कभी-कभार थोड़ी-सी बातचीत कर सकता है। वही उसकी बात समझ सकती है। वह भी उसी युग की है, जिस युग का ईशरदास है; पर उसके पास भी अधिक समय नहीं होता। वह उसके समान बेकार तो नहीं है। रसोई या गुसलखाने में पचासों काम उसकी प्रतीक्षा कर रहे होते हैं। और कुछ न हो तो वह घर की झाड़-पोंछ ही करती रहती है।

वह अभी तक घर के जीवन से जुड़ी हुई है। ईशरदास के समान, धारा से निकलकर किनारे आ लगे जड़ पत्थर के समान नहीं हो गई है। घर के हर जीव को उससे कोई-न-कोई काम पड़ता ही रहता है। चाहे उनके काम करती हुई ही,

पर वह उनसे सम्बन्ध बनाए हुए है।

पर जब दोपहर को वह आराम करने के लिए लेटती है, या शाम को थककर, आंगन में चारपाई डालकर पड़ रहती है, तब ईशरदास उसके पास आ बैठता है। उन दोनों ने पैंतीस साल एक साथ बिताए हैं। उसकी बातें भागवन्ती ही समझ सकती है। उन्होंने मिलकर इस घर को बनाया है। ये बच्चे पैदा किए हैं। उन्हें पाला-पोसा है। पढ़ाया-लिखाया है। उनमें से तीन के विवाह भी कर दिए हैं। चौथे के विवाह की बात चल रही है। पर बड़े दो अलग हो चुके हैं, और वह जानता है कि तीसरा भी मन-ही-मन अलग होने के सपने संजो रहा है। मियां-बीवी जो दिन-भर अपने कमरे में घुसे बातें करते रहते हैं—और क्या करते होंगे।

और जब भागवंती बड़े बेटे के पास चली जाती है तो इस घर में उससे दो बातें करने वाला भी कोई नहीं रह जाता। ईशरदास को अकेलापन बहुत अखरता है। वह अकसर सोचता है—उसके ये बेटे जिनकी शादियों को दो-दो, चार-चार साल हुए हैं, वे यह क्यों नहीं सोचते कि उनके बाप की शादी को पैंतीस साल हो गये हैं। ये साले अभी से अपनी बीवियों से एक दिन भी अलग नहीं रह सकते तो वह, जिसने पैंतीस साल में अपने आपको एकदम आश्रित बना लिया है—कैसे भागवंती के बिना रह सकता है। बुढ़ापे में और कोई साथ बैठकर प्रसन्न भी नहीं है—वे उसकी पैंतीस वर्षों की संगिनी को भी उससे अलग करने पर तुले हुए हैं।

अभी पिछले ही दिनों, भागवंती दूसरे बेटे के घर गई हुई थी। जब हफ्ते-भर के बाद वह यह कहकर कि, "तुम्हारे बाबूजी का हालचाल पूछ आऊं," उससे मिलने आयी थी तो कैसा भूचाल आया था घर में। ये सारे इधर-उधर मुंह छिपाते मुसकराते फिरते थे। साले समझते हैं कि बूढ़े सनक गए हैं। और कुछ नहीं, तो पैंतीस वर्षों के साहचर्य से उत्पन्न मैत्री भावना का तो ध्यान होता इन्हें। पर नहीं, ये तो समझते हैं कि इन्हीं के जोड़े भगवान ने अपने हाथों बनाए हैं। और किसी में तो लगाव है ही नहीं।

जब भागवंती चली जाती है तो ईशरदास मात्र अकेला ही नहीं रह जाता, और बातों की भी कितनी मुश्किल हो जाती है। सवेरे समय पर चाय नहीं मिलती। बहू अपने पति को चाय देकर समझ लेती है कि अब और किसी को कोई जरूरत ही नहीं रही। भागवंती सबको खिलाने से पहले, उसे रसोई में बुलाकर अपनी देख-रेख में खाना खिला देती है। वह जानती है कि उसे कौन-सी चीज़ नुकसान करती है, किस चीज़ में उसे कितना नमक चाहिए और कितनी मिर्च। पर बहू उसे रसोई में बुलाकर नहीं खिला सकती। वह थाली सजाकर उसकी चारपाई पर ही रख जाती है। कभी पानी देना भूल जाती है तो कभी फुलका। कभी सब्जी कम हो जाती है तो कभी सब्जी में नमक-मिर्च। जो कुछ

मिलता है, वह चुपचाप खा लेता है। दो फुल्के खाकर पांच-दस मिनट बैठा प्रतीक्षा करता रहता है कि शायद कोई फुल्का लेकर आए। या सब्जी कम हो जाए तो उसकी राह देखता रहता है पर जब कोई नहीं आता तो थाली उठाकर रसोई में रख आता है। उसे रसोई में थाली रखते देखकर बहू को भी याद आ जाता है—"बाबूजी ! सब्जी ! बाबूजी ! फुल्का···"

"नहीं, पुत्तर !" वह कह देता है, "सब ठीक है, मैं खा चुका हूं।"

वह नहाने जाता है तो किसी को ध्यान नहीं होता कि उसके कपड़े मैले हो चुके हैं। उसे धुले हुए कपड़े दे दिए जाएं। वह स्वयं नहीं जानता कि उसके कपड़े कहां रखे हैं। पैंतीस वर्षों से उसे अपने कपड़ों का पता नहीं है। यह काम भागवंती का है। वह जब नहाने आता है तो उसे गुसलखाने में कपड़े टंगे मिलते हैं। अब भागवंती अपनी किसी बहू की सेवा करने गई है इसलिए वह कई-कई दिन मैले कपड़े पहनता जाता है···

ऐसी ही कितनी बातें होती हैं। वह कुछ मांग नहीं सकता। भागवंती यहां होती है तो उसे कुछ मांगने की जरूरत नहीं होती। वह जानती है कि उसे किस समय क्या चाहिए। और कुछ मांगना पड़े ही तो पत्नी से क्या संकोच। जब घर उसकी पत्नी के अधिकार में है तो उसे भी हर चीज़ पर पूरा अधिकार है। पर भागवंती के जाते ही घर पराया हो जाता है। वह अपनी किसी भी बहू से कोई चीज़ नहीं मांग सकता। और उसकी कोई भी बहू यह नहीं जानती कि उसे किस समय क्या चाहिए। न ही कोई जानना चाहती है···

आज फिर भागवंती को गए हुए पूरे दस दिन हो गए हैं। दस दिनों से लगातार इसी तरह वह कमरे में टहल रहा है। सिगरेट फूंक रहा है और खिड़की के पार घूर रहा है। इन दस दिनों में उससे किसी ने सिवाय खाने के लिए पूछने के और कोई बात नहीं की है। घर के किसी पालतू जानवर की तरह उसे ठीक समय पर खाना मिलता रहा है—और बस। उसे भी किसी के संग की आवश्यकता है, उसे भी अकेलापन खलता है, यह किसी ने नहीं सोचा। इन दस दिनों में उसने एक बार भी पेट-भर ठीक से खाना नहीं खाया है। और इन दस दिनों में उसने केवल एक ही बार कपड़े बदले हैं···

आखिर इस तरह वह कितने दिन काट सकता है। बड़ी बहू की तबीयत जाने कब तक खराब चले। कौन जानता है कि वे लोग तबीयत ठीक करना ही न चाहते हों, वह कब तक इस प्रकार घुटता रहेगा। उसे लगा, उसका कमरा किसी ने बाहर से बन्द कर दिया है। और वह कमरा न रहकर पिंजरा बन गया है। फिर वह पिंजरा दिन-प्रतिदिन छोटा होता जा रहा है और वह उसमें दबता जा रहा है। वह इस घुटन में और नहीं रह सकता···

तो क्यों न वह थोड़ी देर के लिए बड़े बेटे के घर चला जाए। बड़ी बहू

बीमार है तो आखिर ससुर के नाते उसका भी तो कर्तव्य है कि उसका हाल-चाल पूछने जाए। जब उसकी बेटी की तबीयत ठीक नहीं होती तो क्या वह उसे देखने नहीं जाता ? आखिर बहू और बेटी में अन्तर भी क्या है ? फिर वहां भागवंती है। कुछ देर उसके पास भी बैठ आएगा। जाने उसकी तबीयत कैसी होगी। बेचारी को इस बुढ़ापे में भी इतना काम करना पड़ता है। फिर बेटे के बच्चे से भी कुछ देर खेल आएगा।

इतने सारे काम जब इकट्ठे आ पड़े तो जाना जरूरी दीखने लगा। मन-ही-मन ईशरदास ने तैयारी कर डाली। जी में आया कि अभी उठे और बड़े बेटे के घर की ओर चल दे। पर यहां किसी को कहे बिना चला जाना भी ठीक नहीं था। अब इस समय किसको बताए कि वह बड़े बेटे के घर जाना चाहता है।

घर पर कोई होगा भी कि नहीं। बहू तो होगी ही, पर उसे वह कहां खोजता फिरे। ज़ाने रसोई में हो कि अपने कमरे में, गुसलखाने में या आंगन में। उसे खोजना मुश्किल होगा। और वैसे भी बहू को कहकर चला जाना उसे ठीक नहीं जंचा। वह जानता था कि बाद में सारे लोग मिलकर उसका मजाक बनाएंगे।

अच्छा है कि वह दोपहर का इन्तजार कर ले। दोपहर को जो कोई उसे खाना देने आएगा, वह उसी को कह देगा कि वह शाम को बड़े बेटे के घर जाना चाहता है; या वह जा रहा है। हां, ठीक है, निश्चित रूप से कह देगा कि वह जा रहा है। जिसे जो कुछ कहना होगा, कह लेगा। उसकी सूचना देने और जाने के बीच में काफी समय होगा। इन सबकी प्रतिक्रिया भी मालूम हो जाएगी। उसे प्रतीक्षा कर लेना ही ठीक जंचा।

दोपहर को जब खाने की थाली लेकर बहू आयी तो उसने धीरे से कह दिया, "बहू ! शाम को मैं बड़े के घर जा रहा हूं। उधर का कोई काम हो तो बता देना।"

"नहीं, काम तो कोई नहीं है।" बहू बोली और उतावली में कमरे से निकल गई।

वह जाकर अपने पति से कहेगी—ईशरदास जानता है—और ये लोग बाकी लोगों को बताएंगे। एक-दूसरे को देखकर मुसकराएंगे और कहेंगे, "अम्मा के बगैर बाबूजी का अब भी मन नहीं लगता।"

पर ईशरदास उनकी परवाह नहीं करेगा। उनकी बात क्यों सोचे, जो अपनी बुद्धि से सोचने को तैयार नहीं। वह जानता है कि उन्होंने उसे एक मनुष्य के रूप में स्वीकार करना ही छोड़ दिया है...

थोड़ी देर में उनका तीसरा बेटा आया, "बाबूजी ! सुना है, आप अम्मा के पास जा रहे हैं !"

ईशरदास भीतर ही कहीं संकुचित हो गया— अम्मा के पास ! हां, वह अम्मा

के पास जा रहा है। "हां ! मैं बड़े के घर जा रहा हूं। बहू का हाल पूछ आऊं।" उसने दूसरे शब्दों में स्वीकार कर लिया।

"कब जाएंगे ?" लड़के ने पूछा।

"धूप ढलते ही शाम को किसी समय चला जाऊंगा।" ईशरदास इन सारे प्रश्नों का प्रयोजन नहीं समझ पा रहा था। चला जाएगा वह किसी भी समय। भला पूछताछ की क्या आवश्यकता ?

तीसरा लड़का भी शायद उसके भावों को समझ गया था। बोला, "आप इतनी दूर जाएंगे तो देर लगेगी ही। फिर कुछ देर बैठेंगे भी, इतने में अंधेरा हो जाएगा !" वह अपनी बात कहने से पहले रुका, "आप रात वहीं क्यों नहीं ठहर जाते ? कल सवेरे आ जाइएगा !"

रात ! ईशरदास सोच रहा था—प्रस्ताव बुरा नहीं है। इस तरह वह कुछ अधिक समय वहीं बिता आएगा। बोला, "पर मैं तो केवल उनका हाल पूछने जा रहा हूं !"

"ठीक है।" लड़का बोला, "पर इतनी हड़बड़ी की क्या बात है। आराम से जाइए और आराम से आइएगा। आखिर वह भी तो अपना ही घर है।"

ईशरदास को इससे इनकार नहीं था। पर सामान ? उसे एक-आध जोड़ा कपड़े भी चाहिए ही होंगे।

"तो मैं आपका सामान तैयार करवा दूं ?"

और वह ईशरदास के उत्तर के बिना ही कमरे से चला गया।

थोड़ी देर में बहू उसके पास एक थैला भी रख गई थी।

क्या-क्या रखा होगा बहू ने—वह सोच रहा था—शायद कपड़े रखे हों। शेव का सामान—दातुन। वह जानती है कि वह केवल नीम की दातुन करता है। हो सकता है कि यह बड़े के घर में न मिले। वे सब साहब लोग हैं—ब्रश करते हैं, दातुन को वहां कौन पूछता है।

और जाने बहू ने क्या रखा होगा। भागवन्ती उसका सामान तैयार करती तो एक थैले में ही उसकी जरूरत की सारी चीज़ें रख देती, पर भागवन्ती यहां होती तो उसे कहीं जाने की आवश्यकता ही न होती। पर चलो, ठीक है। जो कुछ बहू ने रख दिया, ठीक ही होगा। वैसे भी वह कौन-सा परदेश जा रहा है। बड़े के घर ही तो जा रहा है। जो चीज़ चाहिए होगी, वहां मिल ही जाएगी। वह भी तो आखिर घर ही है। वहां भी तो लोग बसते ही हैं। जरूरत की सारी चीज़ें मिल जाएंगी।

और वैसे भी अच्छा है कि वह वहां जाकर रह आएगा। तीसरे बेटे ने अच्छी ही बात सुझा दी। बड़ा यह शिकायत भी तो करता है कि वह कभी जाकर उसके घर नहीं रहा। उसकी शिकायत भी दूर हो जाएगी।

ईशरदास शाम होने के कुछ पहले ही निकल पड़ा और शाम होते ही बड़े के घर पहुंचा।

बेटा अभी दफ्तर से नहीं लौटा था। भागवंती और बहू घर पर थीं। बहू का हाल उसने पूछा। बहू ने बताया कि उसे अभी भी काफी कमजोरी है। किसी भी समय बुखार लौट सकता है।

पर ईशरदास को लगा, उसे भागवंती का हाल पूछना चाहिए, बहू का नहीं। वह जानता था कि बहू की तबीयत ठीक नहीं है और भागवंती यहां काम करने आयी है। पर देखने से उसे लगा कि भागवंती ही बीमार है, और बहू को कोई तकलीफ नहीं है। भागवंती बहुत ही कमजोर लग रही थी। उसकी तबीयत भी गिरी-गिरी थी।

"कैसी हो ?" ईशरदास बहुत सारे संकोच के बाद भी उसकी चारपाई की पाटी पर बैठ गया।

"ठीक हूं।" भागवंती ने जीभ से होंठ गीले करके बहुत मद्धिम आवाज में कहा। वह एक ओर खिसक गई, "आराम से बैठ जाओ !"

ईशरदास आराम से बैठ गया। भागवंती के विषय में उससे ज्यादा और कौन जानेगा। उसके चेहरे का इस प्रकार मुरझा जाना, बार-बार जीभ से होंठों को गीला करना, इस प्रकार धीरे-धीरे बोलना, जैसे बोलने के लिए भी ऊर्जा का संचय करना पड़ता हो। वह देख रहा था कि भागवंती ठीक नहीं है। जब वह ठीक होती है तो इतनी सुस्त नहीं होती। आलस्य उसका स्वभाव नहीं है।

"वहां सब लोग कैसे हैं ?" भागवंती ने पूछा।

और ईशरदास उसे एक-एक के विषय में बताता रहा। उसने अपने बारे में भी बताया कि वह वहां बहुत आराम से है। तीसरी बहू उसका बहुत ध्यान रखती है और उसे किसी भी प्रकार की कोई असुविधा नहीं थी।

वह बताता जा रहा था और साथ-साथ भागवंती के चेहरे की ओर देखता जा रहा था। वह जानता था कि भागवंती समझती है कि वह झूठ बोल रहा है। भागवंती उसे और अपनी बहुओं को अच्छी तरह जानती थी। पर मुख से शिकायत करने की आदत दोनों में से किसी को भी नहीं है।

ईशरदास के मन में बड़े बेटे के लिए बहुत सारा आक्रोश जमा होता जा रहा था। उसे अपनी मां की हालत नजर नहीं आती। जाने बेचारी को कितना खटना पड़ता है। इनकी अपनी बीवी की अंगुली भी दुख जाए तो आंखों से आंसू झरते हैं और मां चारपाई से लग जाए तो पता नहीं लगता। बीवी का रंग लाल सुर्ख हो रहा है पर उसे अभी कमजोरी है और इस बूढ़ी के शरीर में एक बूंद खून नहीं है, फिर भी यह काम कर रही है।

भागवंती पर भी क्रोध आ रहा था। आखिर उसे क्या पड़ी है इनके लिए

मरने की। जब अलग हुए हैं तो खुद सम्भालें अपने बीवी-बच्चों को। जब तक काम कर सकती है, करे; पर जान देने की क्या जरूरत है।

जी में आया कि भागवंती से कहे, "चल, उठ! तैयार हो जा। मैं तुझे अपने साथ ले चलूंगा। यहां रहकर मरने की जरूरत नहीं है।" पर वह जानता था कि ऐसे न भागवंती जाएगी, न उसे ले जाना उचित ही है। बड़ा बेटा नाराज हो जाएगा और ईशरदास किसी को नाराज करना नहीं चाहता।

दरवाजे पर कुछ खटका हुआ था और उसका पोता चिल्ला रहा था, "पापा! पापा आए। पापा···"

उसका बड़ा बेटा आ गया था।

वह चारपाई से उठ बैठा— मिल आए बेटे से। पर वह जानता था कि बेटा पहले बहू के पास जाएगा। हालचाल पूछेगा। वह उसे ईशरदास के विषय में बता देगी। तब वह स्वयं ही इस ओर आ जाएगा।

ईशरदास और भागवंती दोनों ही चुपचाप बैठे हुए थे। वह देख रहा था कि कब उसका बेटा आये। शायद भागवंती भी यही सोच रही थी।

बेटा आया, "नमस्ते, बाबूजी!"

"खुश रहो।" ईशरदास बोला, "कैसे हो?"

"क्या बताऊं?" बेटा भी बैठ गया था, "बड़ी परेशानी में हूं। उधर वह ठीक ही नहीं हो रही, इधर अम्मा भी कुछ ढीली हो गई हैं। समझ में नहीं आता क्या करूं।"

ईशरदास चुप बैठा रहा। वह क्या कहे?

"आपका क्या हाल है?"

"ठीक हूं।" ईशरदास ने कहा, "बहुत आराम से हूं।"

"थैले में क्या है?" और बिना उत्तर सुने ही बेटा बोला, "आपसे कितनी बार कहा बाबूजी कि आप कुछ न लाया कीजिए। आप जब भी आते हैं, कुछ-न-कुछ ले आते हैं···"

"मैं कुछ नहीं लाया, पुत्तर!" ईशरदास बोला, "मेरे कपड़े हैं।"

"अच्छा।" बेटा हंसा, "मैं अभी आया।"

और वह चला गया।

ईशरदास को जरा बुरा लगा। भला वह खाली हाथ क्यों आया? ऐसे खाली हाथ आना क्या अच्छा लगता है···पर लाता भी कहां से? उसकी कोई अपनी कमाई है। बेटों के तो अपने ही इतने खर्च हैं कि कुछ बचता नहीं। उसे रोटी मिल जाती है, यही बहुत है। उसके हाथ पर कोई कुछ रखे तब तो···

उसने बेटे को बता दिया था कि वह अपने कपड़े लाया है, पर बेटे ने कुछ कहा नहीं था। जाने क्यों कुछ नहीं कहा···

"आप कब आए, बाबूजी ?" बेटा लौट आया था।

"हो गया घंटा भर।" वह बोला, "अब चलूंगा। तुमसे मिलने के लिए ही बैठा था। बहुत दिन हो गये थे तुम्हें देखे।"

"मैं भी सोच ही रहा था उधर आने की।" बेटे ने कहा, "पर मेरा खयाल है कि आप अंधेरा होने से पहले-पहले ही चले जाएं, नहीं तो आपको मुश्किल होगी।"

"हां, ठीक है।" ईशरदास उठकर खड़ा हो गया, "ठीक वक्त पर घर पहुंच ही जाऊं तो अच्छा है।"

"आइए, मैं बस में चढ़ा आऊं।" बेटा बोला।

"नहीं, तुम बैठो।" ईशरदास ने थैला उठा लिया, "अभी दफ्तर से आए हो। थके होगे। फिर बहू भी अकेली है।"

वह मुड़ा, "अच्छा, भागो !"

बहुत दिनों के बाद उसने भागवंती को प्यार के नाम से सम्बोधित किया था।

बेटा उसे दरवाजे तक छोड़ने आया।

"बाबूजी, यह···" उसने देखा, बेटा उसे एक रुपये का नोट दे रहा था, "बस के लिए।"

एक बार ईशरदास के जी में आया कि अपनी जेब खनखनाकर कहे, "बहुत पैसे हैं बेटे, मेरे पास। पर फिर चुपचाप रुपया ले लिया। अगली बार आएगा तो बच्चे के लिए कुछ लेता आएगा।

"अच्छा, भई···" और वह चल पड़ा।

बेचारी भागो—वह सोचता जा रहा था—अगर मैं रुक जाता तो उसे और भी काम करना पड़ता—एक आदमी का बोझ और। अच्छा ही हुआ, बेटे ने उसे ठहरने के लिए नहीं कहा।

रास्ते में उसने बेटे के रुपये से सिगरेट की एक डिब्बी खरीद ली। घर लौटकर भी तो कमरे में बन्द होकर सिगरेट ही फूंकनी हैं—उसने सोचा—खत्म हो जायेंगी तो किससे मांगेगा।

एक सिगरेट उसने जला ली और धीरे-धीरे बस स्टैंड की ओर चल पड़ा। थैला व्यर्थ ही उसका एक हाथ उलझाए हुए था।

२०.६.१९६६

वेश्या का नौकर

एक ओर बूटाराम का तंदूर तप रहा था और दूसरी ओर उसका कलेजा।

"ठीक कर दूंगा एकदम। साली समझती क्या है अपने आपको!" उसके मन में मोह एकदम नहीं था। वह उसे उठाकर उसी आसानी से तंदूर में डाल सकता था, जिस तरह आटे के पेड़े को हथेलियों की चोट से फैलाकर तंदूर की तपती दीवार पर टांक दिया करता था।

उसका तंदूर रोज सवेरे-शाम तपता था—पर उसका कलेजा कभी इस तरह नहीं तपा था। वह अपने काम में मस्त था, कभी ध्यान नहीं दिया था इस तरफ उसने।

पहली बार उसे तब गुस्सा आया था, जब ड्राइवर संतोखसिंह ने ठिठोली की थी, "तेरा होटल तो बड़े-बड़े होटलों को मात कर रहा है, बूटे! कनाट प्लेस के भी किसी होटल में अभी तीवीं मनीजर नहीं आई।"

उसे बहुत बुरा लगा था। एक बार तो जी में आया कि हाथ में पकड़ा आटे का पेड़ा संतोखसिंह के मुंह पर दे मारे, "ले, स्साले!" उसके काले चेहरे और दाढ़ी पर आटा चिपक जाए। मजा मिल जाए उसे ठिठोली करने का। पर संतोख डील-डौल में उससे कहीं भारी पड़ता था, फिर उसका ग्राहक भी था। उसने कोई ऐसी गड़बड़ की तो न कभी संतोख उसके तंदूर पर खाएगा, न ही इस टैक्सी स्टैंड का कोई और ड्राइवर आएगा। बूटा वैसी हिम्मत नहीं कर सका।

असल में इन टैक्सी ड्राइवरों के बल पर ही उसका काम चल निकला था। जब पहले-पहल उसने मैदान में यह तंदूर शुरू किया था, तो इन ड्राइवरों के लिए नहीं किया था। तब उसका विचार आस-पास की गृहिणियों को आराम देने का ही था। फिर पिछवाड़े के बंगलों से एक-आध नौकर भी आने लगा था।

बूटे को बहुत आश्चर्य हुआ था। इन मेम साहबों को अगर फुल्के तंदूर पर ही सिकवाने हैं तो नौकरों का अचार डालना है क्या। लोग अपने आराम के लिए तो तंदूर से रोटियां लगवा लेते हैं, पर नौकरों के आराम के लिए तो कोई ऐसा नहीं करता। या फिर ये नौकर अपने आराम के लिए ऐसा करते हैं।

पर किनारे वाले बंगले का हरि उसे सच्ची बात बता गया था। वे तंदूर से रोटियां, नौकरों के आराम के लिए नहीं, अपने मजे के लिए लगवाते थे। जब कभी घर में मेहमान आते थे, बोतलें खुलती थीं, मुर्गे भूने जाते थे, तभी रोटियां भी तंदूर से लगती थीं।

और बूटे ने कई बार सोचा था कि वह अपने तंदूर पर मुर्गे भूनने भी शुरू कर दे और साथ कुछ बोतलों का भी प्रबन्ध कर ले। पर साथ ही उसने यह भी सोचा था कि उसके यहां न तो साहब आएंगे और न मेम साहब। फिर वह बोतलें रखकर पुलिस का खतरा क्यों मोल ले? बहुत होगा तो यह हरिया या उसके दोस्त आएंगे। ड्राइवर संतोखसिंह और उसके साथी आएंगे। यहां बैठकर पिएंगे तो साथ ही वाही-तबाही बकेंगे। अश्लील बातें करेंगे। कौन जाने कोई उसकी पत्नी जिन्दो को ही कुछ कह जाए। न-न! वह ऐसा काम नहीं करेगा। वह घर-बारी आदमी है। उस दिन ड्राइवर संतोखसिंह बिना पिए हुए, होश में ही सारी बात कह गया था।

पर झूठ क्या कह गया था संतोखसिंह। ठीक तो कहता था। इस साली के रंग-ढंग तो देखो—और उसका आक्रोश अपनी पत्नी की ओर मुड़ गया। मनीजर ही तो बन बैठी है…

पहले बूटाराम का ध्यान कभी इस ओर नहीं गया था। वह अपने काम में मस्त रहता था। बच्चों से समय निकाल जिन्दो जो कुछ कर देती थी, उसके लिए वही बहुत कुछ था। उसे लगता था, उसकी सहायता हो जाती है। जो कोई भी रोटियां बनवाने आता था, उसका आटा पकड़कर लाइन में रख देती थी। अनगूंधा आटा होता तो उसे गूंध देती। सख्त हो गया होता, तो मुक्कियां लगाकर उसे नरम कर देती। आटे के पेड़े बनाकर रख जाती। बूटा चुपचाप पेड़ा उठाता, दो-चार थपकियां लगाता और तंदूर में डाल देता। एक पूर लग जाता तो सलाखें उठाकर रोटियां निकाल-निकालकर बाहर डालता जाता। बाकी काम जिन्दो स्वयं सम्भाल लेती थी। फिर कोई सब्जी लेने आता तो उसे सब्जी डालकर दे देती और पैसे ले लेती। बूटे ने कभी ध्यान ही नहीं दिया था कि उनके काम आपस में बंटते जा रहे हैं।

शाम को आस-पास की औरतें आ जातीं तो जिन्दो चारपाई बिछाकर उनके बैठने का प्रबन्ध कर देती। किसी को 'बीबी जी', किसी को 'बहन जी', किसी को 'माता जी' कहकर उसने रिश्ते जोड़ लिये थे। उनका सारा काम जिन्दो ही

संभालती थी। बूटा तो बस रोटियां लगाया करता।

फिर बूटाराम का तंदूर अपने आप ही फैलने लगा था। कभी-कभार कोई खाना खाने ही आ जाता। बूटे ने अपना आटा भी रख छोड़ा था। वह उसके फुल्के सेंक दिया करता था और सब्जियां तो वह बनाया ही करता था। उसका तंदूर अच्छा-खासा ढाबा बन गया था। ग्राहक बंध गए थे और काम चल रहा था।

और तब संतोखसिंह ने एक दिन बोली मार दी थी तो तंदूर के साथ-साथ उसका कलेजा भी तपने लगा था।

आज सवेरे से ही वह जिन्दो के रंग-ढंग देख रहा था···

जिन्दो परे चारपाई पर बैठी अपनी छोटी लड़की को दूध पिला रही थी। जब तक वह दूध पिलाती रही, इधर भीड़ बढ़ती रही। बूटाराम अकेला सारा काम निपटा नहीं पाता था। उसका ज्यादा ध्यान तंदूर पर लगा था। जरा-सा ध्यान इधर-उधर करता तो फुल्के जल जाते।

जिन्दो ने लड़की के मुंह में से स्तन खींच लिया। आवाज देकर खेलते हुए बड़े लड़के की गोद में लड़की दी और स्तन को कमीज के अन्दर कर, कपड़े ठीक करती हुई आ गई—"हां, काका! क्या चाहिए? अच्छा, बाऊजी! भरा जी! सरदार साहब!" और जिन्दो ने एक-एक करके सब लोगों को निपटा दिया।

बूटाराम को अच्छा लगा। कैसे काम निपटा देती है जिन्दो। वह हाथ न बंटाए तो बूटा अकेला टापता रह जाए। अब बिजनेस इतना फैलाया है तो उसे संभालना भी होगा ही। पर बूटे के मन से संतोख की बात की फांस नहीं निकल रही थी। है तो जिन्दो मनीजर ही···

जब तक फुल्के लगवाने वाले निपटे, खाना खाने वाले आ गए थे।

"हां, बाबा! खाना खाओगे?" जिन्दो पूछ रही थी।

बूटाराम तंदूर से आंखें नहीं हटा सकता था, पर कान उसके भी उधर ही लगे थे।

बूढ़े ने हामी भरी तो जिन्दो ने लकड़ी का स्टूल मूढ़े के सामने रख दिया। बूढ़ा मूढ़े पर बैठ गया तो जिन्दो ने पानी का गिलास भरकर रख दिया। कटोरी में सब्जी डाली और फुल्के के लिए प्लेट उठाकर बोली, "जल्दी हाथ चला। ग्राहक आए हैं।"

बूटा भीतर-ही-भीतर आग हो गया। 'जल्दी हाथ चला।' साली बोलती कैसे है, जैसे मैं इसका नौकर हूं। ग्राहक आए हैं—ग्राहक नहीं, साली तेरे खसम आए हैं। उनका स्वागत करेगी। कैसे मीठे वचनों से सत्कार करेगी। आदर से बैठाएगी, पानी-धानी पूछेगी और मुझे कहती है, 'जल्दी हाथ चला।'

टैक्सियां धोने वाला लौंडा आया तो कैसे हौंका भरकर बोली थी—"आज

बड़ी देर कर दी।" जैसे सवेरे से उसकी राह देख रही हो। एक-एक ग्राहक के आने का वक्त तक मालूम है छिनाल को ! उनके आने से पहले बर्तनों की सफाई कर रखती है। मूढ़े के सामने स्टूल रख देती है। इतना खयाल रखती है उनका। तभी तो वे साले भी टाइम मिलते ही दौड़े आते हैं, जैसे भैंस छूटते ही मुंह ऊपर कर रंभाती हुई कट्टे की तरफ भागती है।

शाम तक यही सिलसिला चलता रहा। हर ग्राहक के आने पर बूटे को लगता कि फिर उसकी मालकिन का खसम आया है। उसे तत्परता से चाकरी करनी है। और उसका कलेजा फिर से तपने लगता। उसे लगता, वह किसी ऐसे घर में नौकर है, जिसकी मालकिन के अनेक पति हैं। पर इतने पति कैसे हो सकते हैं, इतने तो यार ही हो सकते हैं। तो वह एक वेश्या का नौकर है। बूटाराम को स्वयं ही ग्लानि होने लगी।

पर दिन-भर उसने जिन्दो से कुछ नहीं कहा। वह किसी ग्राहक के सामने उसे कुछ नहीं कहना चाहता था। जो कुछ भी है, वह उसके घर की बात है। वह किसी बाहरी आदमी के सामने कुछ नहीं कहेगा। और रात तक तंदूर कभी खाली ही नहीं हुआ।

आखिरी ग्राहक विदा करते-करते, वह एकदम टूट चुका था। जिन्दो बुरी तरह थक गई थी। उसने बच्चों को पहले ही रोटी डालकर दे दी थी। वे खा-पीकर सो गए थे।

जिन्दो ने जोर की उबासी ली। आंखों का पानी पोंछकर बोली—"मुझे भी रोटी डाल दे। बहुत थक गई हूं।"

सुबह का बंधा-बंधा बूटा अब छलक उठा, "उठके खुद डाल ले। मैं तेरे बाप का नौकर हूं !"

जिन्दो भौंचक खड़ी देखती रही। पर उसे भी बूटे की बात बुरी लगी थी। वह बच्चों को भी देखती है और दिन-भर तंदूर पर उसके साथ खटती भी है। फिर जरा-सा रोटी डालने को कह दिया तो क्या बुरा किया। वह भी तेज हो उठी, "नहीं। नौकरानी तो तेरी मैं हूं, जो तेरे बच्चों को भी देखती हूं और तेरे ग्राहकों को भी।"

बूटा आपे से बाहर हो गया, "ग्राहक मेरे हैं कि तेरे ! हरामजादी ! कुतिया ! आगे से जबान लड़ाती है। उनके सामने दिन-भर दुम हिलाती है और मेरे सामने भौंकती है।"

जिन्दो के लिए यह सब अप्रत्याशित था। वह चुप कैसे रहती, "तेरा दिमाग फिर गया है।"

"चुप ! हरामजादी बकवास करती है···" बूटे ने खींचकर चांटा जड़ दिया, "खबरदार, जो कल से तंदूर पर आयी। चुपचाप बच्चों को लेकर पड़ी रहा

करें।···आगे से बढ़-बढ़कर बोलती कितना है।"

"मैं भी अपने बाप की नहीं, अगर कल से तंदूर पर आयी तो···"

जिन्दो दबी जबान से उसे गालियां देती, जाकर चारपाई पर छोटी लड़की के पास लेट गई।

बूटे ने खाना नहीं खाया। तंदूर के साथ फर्श पर दरी बिछाई और चादर में मुंह-सिर लपेटकर चुपचाप पड़ गया।

५.७.१९६६

परिणति

अनुराधा बहुत देर से आयी और जब आयी तो बहुत उदास थी।

अमिताभ ने उसे देखते ही कारण पूछना चाहा—देर का भी और उदासी का भी; पर वह अनुराधा को बहुत अच्छी तरह जानता था। पूछने पर वह बड़ी सुविधा से सारा दोष परिवहन-व्यवस्था पर डाल सकती थी। और उदासी का कारण? वह अनुराधा नहीं बताएगी। जितनी बार पूछेगा, उतनी ही बार वह कहेगी, "कुछ नहीं हुआ। तुम तो खामखाह ही पीछ पड़ जाते हो!"

अमिताभ ने कुछ नहीं पूछा।

वे मोरिसनगर से यूनिवर्सिटी लायब्रेरी की ओर जा रहे थे। चुपचाप।

फिर अनुराधा ही बोली, "सुनो अमि! एक बात कहनी है, पर इस एश्योरेंस के साथ कि तुम उसका कारण नहीं पूछोगे, पूछताछ नहीं करोगे।"

अनुराधा स्वयं ही खुल रही थी। फिर अधिक कुरेदने की आवश्यकता? वह जानता था, अनुराधा उससे कुछ छिपा नहीं पाएगी। पहले थोड़ी-सी बात बताएगी, फिर आधी और जाते-जाते पूरी बात कह जाएगी।

अनुराधा को आश्वस्त करने के लिए ही उसने कह दिया, "नहीं पूछूंगा।"

सोचा था, उसके यह कहते ही अनुराधा शुरू हो जाएगी और बात समाप्त करने से पूर्व चुप नहीं होगी।

पर अनुराधा चुप ही रही।

अनुराधा की चुप्पी से अमिताभ के स्नायुओं पर बोझ बढ़ने लगा था।

लायब्रेरी की सीढ़ियां चढ़कर अमिताभ हटकर एक किनारे खड़ा हो गया। अनुराधा काउंटर पर चली गई। किताबें लौटाने में उसे पांच मिनट से अधिक नहीं लगे। कार्ड वापस ले, उसने अपने पर्स में डाले और साड़ी का पल्लू ठीक

करती हुई लायब्रेरी के स्टैक-हॉल की ओर मुड़ गई।

अमिताभ को साथ चलना पड़ा। उसको अनुराधा का स्टैक-हॉल में जाना अच्छा नहीं लग रहा था। वह बात, जो अनुराधा उसे बताने वाली थी, क्या है? अधिक प्रतीक्षा वह नहीं कर सकता था। वह जल्दी-से-जल्दी लायब्रेरी से बाहर निकलना चाहता था ताकि अनुराधा से वह बात पूछ सके। पर अनुराधा स्टैक-हॉल में जा रही थी, जहां से चार-पांच पुस्तकें छांटेगी, फिर उन्हें ईशू करवाएगी और तब बाहर निकलेगी। इस सबमें आधा-पौना घंटा तो लग ही जाएगा।

अनुराधा शेल्फें खंगाल रही थी। जिस शेल्फ के सामने जा खड़ी होती, उसकी कोई भी पुस्तक अनछुई न रहने देती! और तब तक अमिताभ की दृष्टि, आस-पास खड़े, पुस्तकें देखने में संलग्न लोगों को उलटती-पलटती रही।

अनुराधा ने तीन पुस्तकें चुनीं। अपने पर्स में से ईशू कराने वाले तीन कार्ड निकाले और उसे इंगित किया, 'आओ, चलें।'

अमिताभ आगे-आगे चलता हुआ, पहले ही दरवाजे से बाहर निकल, सीढ़ियों पर आकर खड़ा हो गया। अनुराधा पुस्तकें ईशू करवा, पीछे-पीछे ही आ गई।

"क्या बात है?" सीढ़ियां उतरते ही अमिताभ ने पूछा।

"बता दूंगी!" अनुराधा बोली। उसका स्वर टालने वाला नहीं था।

अमिताभ को लगा, अभी एक-आध बार और पूछना पड़ेगा।

वे चलते-चलते विधि-संकाय के पास से गुजरते हुए, रामजस कॉलेज के सामने आ खड़े हुए थे। रास्ते में अमिताभ और दो-तीन बार पूछ चुका था। अनुराधा बता देना चाह रही थी, पर अपनी आदत के अनुसार, असली बात न बताकर इधर-उधर की बातें करती जा रही थी। रामजस कॉलेज और दिल्ली स्कूल ऑफ इकॉनोमिक्स के बीच की सड़क पर आते ही वह ठिठक गई, "लो! मैं आज फिर भूल गई!"

"क्या भूल गई?" अमिताभ इस अप्रत्याशित बात से कुछ खीझ-सा उठा।

"भई! अब देखो, हम यहां तक आए है," अनुराधा बोली, "इस समय मिसेज शर्मा से भी मिलते चलते।"

"तो मिल लो न!" अमिताभ बोला, "मैंने कब मना किया है।"

"आज नहीं। मैं आज उनकी चीजें नहीं लायी।"

"न सही। अच्छा, अब यह बताओ, वह बात क्या है?"

"वह बात!" अनुराधा एक क्षण रुकी, "बुरा मत मानना और कुछ पूछना भी मत!"

"नहीं पूछूंगा!"

"देखो," अनुराधा बहुत हौले से बोली, "तुम अब हमारे घर मत आना। बाहर जहां कहोगे, जब कहोगे—मैं आ जाऊंगी। पर हम अब घर पर नहीं

मिलेंगे।"

"क्यों?" अमिताभ के मुख से अनायास ही निकल गया।

"तुमने कहा था, तुम कुछ नहीं पूछोगे!" अनुराधा ने याद दिलाया।

"हां-हां! अच्छा, नहीं पूछता।"

दोनों कुछ देर तक चुपचाप चलते रहे।

"बुरा मान गए क्या?"

"नहीं। इसमें बुरा मानने की क्या बात है!" अमिताभ बोला।

अनुराधा ने उसके मुख की ओर देखा—चेहरे से वह चिंतित नहीं दीख रहा था।

अमिताभ के मस्तिष्क से एक बहुत बड़ा बोझ हट गया। इतने-से समय में वह बहुत कुछ सोच गया था। अनुराधा ने जैसे ही बहुत उदास होकर कहा था कि उसे कुछ कहना है, तभी से उसके मस्तिष्क में अनुराधा की मौसी की बात बार-बार उभरकर आ रही थी।

अमिताभ ने अनुराधा की मौसी को एक ही बार देखा था, पर अनुराधा से सुना बहुत कुछ था। मौसी बहुत अमीर थी। उसकी कोयले की कुछ खानें थीं। उसके दोनों लड़के अमरीका में थे और बेटी किसी मंत्री के बेटे से ब्याही गई थी। पिछले दिनों मौसी ने अनुराधा के लिए बहुत सारे रिश्ते बताए थे। एक-से-एक बढ़कर लड़के: पढ़े-लिखे, अमीर मां-बाप के सुन्दर लड़के और अच्छी-से-अच्छी नौकरी पर लगे हुए।

अमिताभ मन-ही-मन इस मौसी से चिढ़ गया था और डरने भी लगा था। उन्हीं दिनों उसने बहुत सारे स्वप्न भी देखे थे कि एक चुड़ैल अनुराधा को उससे छीनकर लिये जा रही है। वह चीख रहा है, हाथ-पैर पटक रहा है, पर अपने स्थान से हिल नहीं पाता। और उसे चुड़ैल की शक्ल हर बार मौसी से मिलती-सी लगी थी।

अनुराधा ने अमिताभ की आशंकाओं का हमेशा मजाक उड़ाया था। उसका कहना था, मौसी अपने स्तर के रिश्ते बताती है। यह नहीं देखती कि अनुराधा के मां-बाप की हैसियत क्या है। और फिर, वह स्वयं वयस्क है। कोई बच्ची नहीं है कि मौसी जिससे चाहे उससे ब्याह दे।

चुपचाप चलते-चलते, काफी समय हो चुका था। अमिताभ ने नजर उठाई, अनुराधा का मुख निर्विकार था। ऐसा नहीं लगता था कि निकट भविष्य में वह कुछ कहेगी। सुबह से जिस बात का घनत्व उसके मुख पर छाया था, कहकर उसका विरेचन हो गया था।

"वैसे, अब हम कहां तक जा रहे हैं?" मन के हल्केपन को जताने के लिए वह हंसकर बोला।

अनुराधा ने रुककर उसे देखा, "कनॉट प्लेस चलें तो कैसा रहे। कुछ शॉपिंग कर लेंगे और कहीं बैठकर कॉफी भी पी लेंगे !"

अमिताभ चुपचाप चलता रहा। मल्कागंज के स्टैंड से उन्होंने एक स्कूटर-रिक्शा ले लिया।

कनॉट प्लेस के बरामदों में घूमते हुए अमिताभ सोच रहा था—अब वह अनुराधा के घर नहीं जाएगा। फिर वे कहां मिलेंगे? बाहर बहुत ज्यादा मिलना-जुलना उसे पसन्द नहीं था। पर यदि वे बाहर नहीं मिलेंगे तो कहां मिलेंगे? बिना मिले, रहने की बात सोच नहीं सकता। उसे लगा, कोई उसकी शक्ति को तौलना चाहता है।

वे हैंडलूम-हाउस के सामने से निकले तो अमिताभ रुक गया।

अनुराधा ने फिरकर प्रश्नवाचक दृष्टि से उसे देखा।

"अनु !" अमिताभ को अपना स्वर कांपता लगा।

अनुराधा एकदम पास आ गई।

"आज प्रेम में पहली बाधा आयी है।" अमिताभ बोला, "यह हमारे प्रेम की तीव्रता को तौलना चाहती है। मैं आज तुम्हें कुछ देना चाहता हूं।"

वह अनुराधा की बांह पकड़कर उसे हैंडलूम-हाउस के भीतर ले गया। उसे स्वयं लगा, वह बहुत रोमांटिक हो रहा है, पर उसने स्वयं को रोका नहीं।

अनुराधा ने एक सादी-सी, चौड़े लाल बार्डर वाली सफेद सूती साड़ी पसन्द की।

हैंडलूम-हाउस से निकलकर वे काफी देर तक शामियाना कॉफी-हाउस में बैठे रहे।

अमिताभ लौटा तो उस पर काफी गहरा अवसाद घिर आया था। आज घर पर मिलने पर बंधन लगा है, कल किसी और बात से भी रोका जा सकता है। अब अनुराधा से मिले बिना रहना सम्भव नहीं था। पर उसने ऐसा क्यों होने दिया? वह इतना कमजोर ही क्यों बना? वह अपने-आपको टटोल रहा था।

जब विवाह की बात शुरू हुई थी, वह अनुराधा को जानता भी नहीं था। इस बातचीत के बीच में बहुत सारे रिश्तेदार थे।

पर अब उसे याद भी नहीं है, कब औपचारिक बातचीत रोमांस में बदल गई। यह नहीं लगता था कि अमिताभ, कभी इस घर में अनुराधा को बड़े औपचारिक ढंग से देखने आया होगा या उसे उस रूप में बुलाया गया होगा। अमिताभ और अनुराधा एक-दूसरे की अपनी ही पसन्द लगते थे।

वे दोनों साथ घूमने जाते रहे। कई पिक्चरें उन्होंने इकट्ठे देखीं। अमिताभ

टिकटें खरीदकर पिक्चर-हॉल से टेलीफोन कर देता था। यदि घर का कोई बड़ा भी फोन उठाता तो वह कह देता कि वह पिक्चर-हॉल से बोल रहा है, टिकटें उसने खरीद ली हैं। वे अनुराधा को भेज दें। अनुराधा हर बार आती रही। कभी किसी ने आपत्ति की मुद्रा नहीं दिखाई। उन्होंने कई बार बाहर साथ-साथ डिनर खाया और फिर स्थिति यह हो गई कि अमिताभ, शाम को दफ्तर से छूटते ही अनुराधा के घर चला जाता। शाम की चाय वहीं पीता। उसे बुलाने की आवश्यकता नहीं थी। न वह कहकर जाता। सबको पता था, वह शाम को आएगा। जिस दिन न जाता उस दिन अवश्य यह पूछ हो जाती कि वह क्यों नहीं आया। अब, जब वह अनुराधा के साथ इतना बंध चुका है, यह वर्जन उसे समझ नहीं आया।

अलग होते हुए, अमिताभ के ध्यान में यह बात थी कि अगली बार मिलने का समय और स्थान अभी तय नहीं हुआ है। पर वह मौन रहा। अनुराधा ने मना किया है तो वही क्यों नहीं बताती, वह उसे कब और कहां मिलेगी। मिलने को उसी का मन नहीं चाहता, अनुराधा भी व्याकुलता से उसकी प्रतीक्षा करती है। फिर वही क्यों पहल नहीं करती ?

पर अनुराधा ने इस विषय में कोई बात नहीं की। हैंडलूम-हाउस से निकलकर वह साड़ी को निहारने में लगी हुई थी। कई बार अनजाने ही उसने साड़ी के पैकेट को अपने गालों से लगाया था, वक्ष के साथ जोरों से भींच लिया था।

उसी मग्नता में अनुराधा चली गई थी और अगली भेंट का कुछ निश्चित नहीं हो पाया था।

अमिताभ के मस्तिष्क की नसें तड़कने लगी थीं और उसे अपना दिल डूबता-सा लगा।

सवेरे उठा तो उदासी उसकी आत्मा के साथ चिपक गई थी। लगा, उसके शरीर में इंजेक्शन की सिरिंज डालकर उसकी सारी ऊर्जा निचोड़ ली गई है। बिस्तर से हिलने तक को मन नहीं चाहा। पर दफ्तर तो जाना ही था। दफ्तर जाएगा, काम में उलझा रहेगा तो अनुराधा को भूला रहेगा और तबीयत संभली रहेगी। कमरे में पड़े-पड़े तो तबीयत और घबराएगी।

नाश्ता करके तैयार होते-होते तक उसका विचार बदल गया था। वह पहले यूनिवर्सिटी जाएगा — उसने तय कर लिया था—फिर दफ्तर जाएगा। दफ्तर के लिए देर हो जाएगी, पर वह यूनिवर्सिटी अवश्य जाएगा। वह अनुराधा से शाम को मिलने का समय और स्थान नियत कर लेगा। वह जानता था, अनुराधा रोज सवेरे घंटे-डेढ़ घंटे के लिए लायब्रेरी जरूर जाती थी। वह दस बजे वहां पहुंचती थी और अमिताभ को साढ़े नौ बजे दफ्तर में अपनी सीट पर होना चाहिए था। काफी देर हो जाएगी, पर वह उससे मिलने जाएगा!

ठीक दस बजे अनुराधा उसे यूनिवर्सिटी-लायब्रेरी में मिल गई।

"तुम आ गए!" अनुराधा बोली, "मैं सोच रही थी, तुम्हें कहां कंटैक्ट करूं। अभी न मिलते तो शाम को तुम्हारे कमरे पर मैं जरूर आती। तुम दफ्तर नहीं गए?"

"दफ्तर!" अमिताभ हंसा; "जाऊंगा अभी।"

"दस तो बज गए?"

"हां!"

"बंधन कितना कठिन लग रहा है न?" अनुराधा उदास थी।

"हां, अनु!" अमिताभ जल्दी से बोला, "बताओ, शाम को कहां मिलोगी?"

"शाम को?" अनुराधा ने एक मिनट के लिए सोचा, "दफ्तर से सीधे वैंगर्स आ जाना। बाकी वहीं सोच लेंगे।"

"ओ० के०," अमिताभ बोला, "मैं चलूं फिर। देर हो रही है।"

वह बिना उत्तर की प्रतीक्षा किये लायब्रेरी से बाहर निकल आया। उसे काफी हल्का लग रहा था। स्नायुओं का बोझ काम हो चुका था। अब वह दफ्तर का काम कर सकता था।

अमिताभ दफ्तर से छूटते ही वैंगर्स पहुंचा। बस की प्रतीक्षा उसने नहीं की। पार्लियामेंट स्ट्रीट से वैंगर्स दूर ही कितना था। दस मिनट में पैदल पहुंचा जा सकता था और बस शायद मिलती ही आधा घंटे में।

अनुराधा कोने की मेज पर अकेली बैठी थी। उसने अभी तक आर्डर नहीं दिया था—या अभी-अभी ही आयी थी।

अमिताभ हाथ की दो-एक पत्रिकाएं मेज पर रखकर, कुर्सी पर पसरकर, आराम से बैठ गया। अनुराधा ने आंखें उठाकर उसे देखा और हल्के से मुसकराई।

"यूनिवर्सिटी से सीधी आयी हो?"

"नहीं!" अनुराधा बोली, "यूनिवर्सिटी मैं यह साड़ी पहनकर गयी थी क्या?"

उसने कल खरीदी हुई लाल बार्डर वाली सफ़ेद साड़ी पहन रखी थी।

"घर से होकर आयी हो?"

"हां।" अनुराधा बोली, "घर से होकर आयी हूं। साड़ी बदलकर आयी हूं, और लड़कर आयी हूं।"

"लड़कर?"

"हां।" अनुराधा ने बताया, "मैंने यह साड़ी पहनी तो सबकी आंखें खुल गयीं। पूछा, 'यह साड़ी कहां से ली?' मैंने बता दिया। मैं कोई डरती हूं किसी से! मम्मी ने बहुत डांटा। बोलीं, 'हम इतने गए-बीते हैं कि तुम अमिताभ से

साड़ियां ले-लेकर पहनो। शादी के बाद जो चाहे, लेती रहना, अभी कुछ मत लो।' उन्होंने कहा है, यह साड़ी तुम्हें वापस कर दूं। पर मैं कैसे कर सकती हूं ? मैंने कह दिया कि वापस नहीं करूंगी और बता दिया कि इसे पहनकर तुम्हीं से मिलने जा रही हूं।"

"तो घर से बाहर की पहली भेंट पर ही झगड़ा-वगड़ा आरम्भ हो गया ?" अमिताभ मुसकराया।

"झगड़े-वगड़े तो होंगे ही। आखिर उन्होंने ऐसी स्थिति···अच्छा, छोड़ो !" उसने बात बदली, "क्या खिला रहे हो ?"

दोनों ने मटन-कटलेट और दो-दो स्लाइस खाए। कॉफी पी और बिल चुकाकर बाहर आए।

"पिक्चर देखें, अनु ?" अमिताभ ने पूछा।

"देर हो जाएगी, अमि ! मैं इतनी देर के लिए घर पर कहकर नहीं आयी।"

"पर वह कोई ज़रूरी तो नहीं है।"

"अच्छा, चलो।"

हॉल में घंटा भर अनुराधा ठीक रही, फिर अमिताभ को लगा कि उसका मन नहीं लग रहा, वह अनमनी-सी होती जा रही है। उसने कई बार धीरे से पूछा, पर वह टाल गयी।

बाहर निकल, अमिताभ ने पूछा, "कैसी लगी ?"

"भई, सच यह है," अनुराधा का स्वर उत्साहशून्य था, "मैं एन्जॉय नहीं कर सकी। घर पर कहकर नहीं आयी थी। बिना बताए देर तक बाहर रहने की मुझे आदत नहीं है, इसलिए मन नहीं लग रहा था।"

"चलो," अमिताभ को उसकी स्थिति का एहसास हुआ, "मैं तुम्हें टैक्सी पर घर छोड़ आऊं।"

अनुराधा ने मना नहीं किया। वे स्टैंड तक आए।

"एक बात पूछूं, अमि ?" टैक्सी चलने पर अनुराधा बोली।

"हूं।" अनुराधा का अनमना हो जाना, अमिताभ को अच्छा नहीं लग रहा था।

"आज तुम्हारे कितने पैसे खर्च हुए ?"

"पांच वैंगर्स में, साढ़े सात पिक्चर में और···।"

"पांच के लगभग टैक्सी में !" अनुराधा बोली, "तुम्हें नहीं लगता, अमि ! कि ऐसे मिलना बड़ा महंगा पड़ता है ?"

"तो क्या हो गया ?" अमिताभ निश्चिन्तता से बोला, "कभी-कभार खर्च हो जाएं तो क्या है ?"

"कभी-कभार हो जाएं तो कोई बात नहीं, पर हमें तो रोज़ इसी प्रकार

मिलना पड़ेगा और रोज़ इतना खर्च…"

"ऐसा करो।" अमिताभ बोला, "कल छुट्टी है। लंच के बाद तुम ओडियन के स्टॉप पर मिल जाओ। कुतुब चले चलेंगे। वहां बहुत जगह है घूमने को। समय मजे में बीत जाएगा और खर्च भी नहीं होगा।"

"ठीक है।" अनुराधा बोली और फिर चुपचाप हो गयी।

अमिताभ देख रहा था, अनुराधा के मुख की तनी रेखाएं ढीली नहीं हो रहीं। वह उसी प्रकार तनी बैठी थी।

"क्या बात है, अनु? योजना पसंद नहीं आयी?" उसने पूछा।

"नहीं, वह बात नहीं है।" अनुराधा रोष भरे स्वर में बोली, "मैं इस प्रकार मिलना नहीं चाहती। हम अच्छे-भले घर में बैठे रहते थे। पर अब…" वह रुकी, "मुझे अपने घरवालों पर गुस्सा आ रहा है, जिन्होंने हमें घर से निकालकर इस प्रकार मिलने पर मजबूर किया है।"

अमिताभ कुछ नहीं बोला। उसे भी लग रहा था, इस प्रकार बाहर-बाहर मिलना दोनों के लिए ही स्वाभाविक नहीं था। घर पर मिलकर, एक प्रकार का उल्लास उसके मन में भर जाता था; उसका अब कहीं पता नहीं है। अनुराधा भी कितनी बदल गयी है। पहले वह मिलने उसके घर जाता था। बातों-ही-बातों में देर हो जाती थी। वह उठना चाहता तो अनुराधा उसे कितने आग्रह से ठहरने के लिए कहती थी। अब अनुराधा जल्दी-से-जल्दी भागकर घर पहुंचना चाहती थी। एक मिनट भी रुकना नहीं चाहती। जब तक उसके साथ होती है, उसके साथ होने का उल्लास भी उसके मन में नहीं होता, क्योंकि यह साथ होना भी एक मजबूरी है।

उसे लगा, न केवल अनुराधा के मन में अपने घरवालों के प्रति रोष है, वरन् वह भी धीरे-धीरे अपने मन में वही कुछ संचित कर रहा है। इस प्रकार यदि वे अपने मन में रोष संचित करते रहे तो वे व्यर्थ ही उनसे एकदम अलग-थलग हो जाएंगे। विवाह के बाद भी ये सम्बन्ध सहज नहीं हो पाएंगे और उसे यही लगेगा कि उसने अनुराधा के साथ विवाह नहीं किया, उसे भगाकर लाया है।

यह वह नहीं चाहता था। ऐसा क्यों हो, जब अनुराधा के डैडी ने स्वयं उसे चुना था। जो कुछ हुआ था और हो रहा था, उसमें उनकी सहमति थी। फिर इस खिचाव का लाभ?

अमिताभ ने टैक्सी रुकवाकर अनुराधा को उसके घर के पास सड़क पर ही उतार दिया और कल के कार्यक्रम की याद दिला दी। कोई और समय होता तो वह टैक्सी वहीं छोड़ देता और उसके साथ घर जाता। सबसे मिलता और शायद खाना भी वहीं खाता।

आज वह टैक्सी से नहीं उतरा। भीतर से ही 'वेव' करके विदाई ले ली।

अनुराधा ने भी रुकने-रुकवाने का कोई चाव नहीं दिखाया। एक बार हाथ हिलाया और मुड़कर चली गयी।

दूसरे दिन अनुराधा अमिताभ से मिली तो बहुत क्षुब्ध थी।

"फिर झगड़ा हुआ ?" अमिताभ ने मजाक किया।

"हां !" वह बोली, "पर अभी मत पूछना। कुतुब पहुंचकर बताऊंगी।"

बस में इतनी अधिक भीड़ थी कि न वे इकट्ठे बैठ सके, न कोई बात ही हो सकी। घंटा-डेढ़ घंटा दोनों अलग-अलग सीटों पर बैठे रहे। एक ही बस में होने के कारण सामीप्य का अहसास भर था।

कुतुब पर बस रुकी तो वे उतरे। छुट्टी का दिन था। ढेरों लोग दिन बिताने के विचार से आए हुए थे। कहीं भी एकांत नहीं था। वे कहीं ठहरे नहीं, चलते गए।

"क्या बात हुई, अनु ?" अमिताभ ने फिर पूछा।

"वह···बात तो कोई खास नहीं है।" अनुराधा ने कहा, "विनीता को कहीं जाना था। उसे मेरी लाल बॉर्डर वाली साड़ी भा गयी है। उसने मुझसे पहनने के लिए वह साड़ी मांगी ! मैंने इनकार कर दिया। मैंने किसी चीज़ के लिए उसे कभी मना नहीं किया। पर यह तुम्हारा उपहार है, प्रेम का प्रतीक है। मैं कैसे सह सकती हूं कि इसे कोई और पहने, चाहे वह मेरी अपनी ही बहन हो !"

"फिर ?"

"फिर क्या !" अनुराधा ने कहा, "विनीता आगे से तीखी पड़ी तो मैंने डांट दिया और वह रोने लगी। उसे रोते देख मम्मी नाराज़ हो गयीं और मुझे साड़ी दे देने को कहा। मैंने फिर इनकार कर दिया। जानते हो उन्होंने क्या कहा ! 'बड़ी तो कीमती साड़ी है, जैसे यही पहनकर फेरे लेगी। पच्चीस रुपये की साड़ी नहीं है।' मैंने भी कह दिया, 'अब तो चाहे कुछ भी हो, मैं इसी साड़ी में फेरे लूंगी।' ठीक है न ! तुम्हें कोई एतराज़ तो नहीं होगा ?"

अमिताभ अचकचा गया। उसने नहीं सोचा था, अनुराधा इतनी बड़ी बात कर जाएगी और उससे भी वचन चाहेगी। "पर, अनु ! यह साड़ी तो सफ़ेद है।" वह बोला, "फेरे तो लाल साड़ी में लिये जाते हैं।"

"वह सब मैं नहीं जानती।" अनुराधा बोली, "मैं तो इसी साड़ी में फेरे लूंगी। लाल रंग शुभ माना गया है, इसलिए सब लोग पहनते हैं। इसमें भी लाल बॉर्डर है। और जब मैं इसे ही शुभ मानती हूं तो किसी को क्या आपत्ति ! तुम्हें कोई आपत्ति हो तो अभी बता दो ?"

अमिताभ आपत्ति करने का साहस न कर सका। अनुराधा उसी से उलझ पड़ी तो ? अनुराधा उस साड़ी को इतना बड़ा मान देना चाहती है तो यह अमिताभ का भी सम्मान था।

"तो रानीजी फेरों के लिए बहुत व्याकुल हैं ?" उसने बात टालने की चेष्टा की।

अनुराधा में अपेक्षित प्रतिक्रिया नहीं हुई। वह उसी प्रकार गम्भीर रही, बल्कि कुछ और दृढ़ होकर बोली, "हां, अमि ! बहुत थक गयी हूं अब। मेरे अपने ! तुमसे परायों की तरह कुछ देर तक मिलकर संतोष नहीं होता। सोचती हूं—अब दोनों साथ-साथ रहें, चौबीसों घंटे। वह शादी के बाद ही हो सकता है।"

अमिताभ भी गम्भीर हो गया। बोला, "खासकर, कल से मैं भी सोचने लगा हूं, अनु ! कि अब शादी टालने का कोई अर्थ नहीं है। घर से दूर, सबसे छिपकर, थोड़ी देर के लिए मिलना बहुत कष्टप्रद है।"

कुतुब में वे अधिक नहीं ठहरे। वहां लोगों के बीच बैठने में उन्हें संकोच होता था। यहां बैठने वाले सब ही बाल-बच्चों वाले थे। उनके बीच ऐसे जोड़े का बैठना, जो परस्पर विवाहित नहीं लगता था—दोनों में से किसी को भी ठीक नहीं जंचा। एकांत खोजने के लिए कुतुब से कुछ दूर जंगल में जाना पड़ता। वह जोखिम का काम था।

अमिताभ सोचता है, तो उसे लगता है कि उसके पश्चात् उनके जीवन में एक लम्बा अवकाश है। उस अवकाश में वे लोग या तो नहीं मिले, या मिले तो अकेले नहीं मिले और कोई काम की बात, जो पूछनी हो या कहनी हो, पूछकर या कहकर अलग हो गए। अब कमरे से काम नहीं चल सकता था, इसलिए अमिताभ को मकान खोजना था। घर का सामान बनाना था। शादी के कार्ड छपवाने थे। वरी का सामान खरीदना था। बारात के जाने के लिए बसों तथा अन्य चीज़ों का प्रबन्ध करना था। रिसेप्शन की पार्टी का प्रबन्ध करना था। फिर कार्ड बांटने थे इत्यादि। इन कामों में बहुधा अनुराधा उसके साथ थी। पर ये सारे कार्य एक जड़ स्वप्नावस्था में हुए थे। उन्हें अमिताभ अपने जीवन का अंग कैसे मान लेता ! वह तो एक और तरह का जीवन था, जिसमें अमिताभ अमिताभ नहीं था, अनुराधा अनुराधा नहीं थी। वे दो जड़ पुर्जे थे, जो एक संवेदनशून्य अवस्था में कुछ निर्दिष्ट कार्य करते रहे…

उन दिनों अमिताभ कितना जूझा था अपने-आप से और अपने आस-पास से। कितनी ही जगहों से रगड़ खा-खाकर वह घिस गया था। उसकी अपनी तीखी रेखाओं का कहीं पता नहीं था। लगता था वह सारा का सारा भुरभुरा गया है। जहां कहीं किसी का हाथ लगता है, वहीं से तीखी रेखाएं घिसने लगती हैं और वह गोल, भद्दा और सामान्य होता जा रहा है। उसका अपना व्यक्तित्व कहीं खो गया था। कई वर्षों से उसने अपने व्यक्तित्व के जिन तीखे कोनों का निर्माण किया था, वे सब समाप्त हो गए थे। इस भुरभुराने में कहीं उसके किसी अपने

सगे का अनुरोध था और कहीं अनुराधा के सगों का। उन अनुरोधों का विरोध वह नहीं कर पाया था, क्योंकि वह किसी को नाराज नहीं करना चाहता था···

ब्राह्मणों की बताई हुई शुभ तिथि में, सेहरा बांधकर, घोड़ी पर सवार हो, रोशनी और बाजे-गाजे लेकर वह अनुराधा के द्वार पहुंचा था। मिलनियां हुईं, सेहरा पढ़ा गया, जयमाला हुई और फिर खाना-पीना।

फेरों पर बैठते हुए अमिताभ को लगा, विनीता आज अनुराधा के साथ कुछ अतिरिक्त रूप में जुड़ी हुई थी। वह एक क्षण के लिए भी उससे अलग नहीं हुई। जरा-सा कपड़ा खिसकने पर, उसे ठीक कर देती थी। अनुराधा को जरा हिलने भी नहीं देती थी। फेरे बहुत जल्दी समाप्त हुए और अनुराधा को भीतर ले जाकर वरी में दी गयी, विदा की गुलाबी साड़ी में बाहर लाया गया।

घर लौटते हुए कार में साथ बैठी अनुराधा अमिताभ को नयी-सी अनुराधा लगी। वह तो कोई और थी, जिसको उससे कोई लगाव नहीं था। वह पास बैठा था और उसने नजर उठाकर देखा तक न था। वह धीरे-धीरे उसे समझाता रहा और अनुराधा रोती रही। यह अनुराधा कोई और होगी—वह नहीं हो सकती, जिसने खुले रूप से उसे स्वीकारा था और उसे अपना कहने में कभी भी संकोच नहीं किया था···

एकान्त पाकर पुरानी अनुराधा लौटी। आंसू पोंछ डाले और मुसकराई।

"यहां आने का बहुत दुःख हुआ, अनु !" अमिताभ बोला, "रास्ते भर रोती रहीं।"

"रोना आ गया !" अनुराधा संकुचित होती-सी बोली, "यहां आने का दुःख तो नहीं है। आज सवेरे से घर में भूचाल आया हुआ था। तुम नहीं जानते, अमि ! वहां क्या हुआ ?"

"क्या हुआ ?"

"मैंने तुम्हारी दी हुई लाल बॉर्डर वाली सफेद साड़ी में ही फेरे लिये हैं, अमि !" अनुराधा बहुत भावुक स्वर में बोली, "उस पर उन्होंने एक दूसरी साड़ी लपेट जरूर दी थी, जिसे विनीता हर क्षण हटने से रोकती रही। मैं तुम्हारे प्यार में लिपटी यहां आयी हूं···एक वचन दोगे, अमि ?"

"क्या ?" अमिताभ हतप्रभ हुआ। आज की रात वह किसी वस्तु से इनकार नहीं कर सकता था।

"मैं जब न रहूं, अमि ! तो मुझे इस साड़ी में लपेटकर जलाना···"

"अनु !" अमिताभ ने उसे अपने कन्धे से लगा लिया, "आज ऐसी बातें न करो, अनु ! मैं तुम्हारी भावना समझता हूं।"

अनुराधा काफी देर तक रोती रही और अमिताभ उसे समझाता रहा। अमिताभ को याद नहीं कि वे लोग कब सोए।

महीना-भर पहाड़ों पर घूमते हुए कैसे निकल गया, अमिताभ को मालूम नहीं हुआ। वापस दिल्ली आने पर उसे अपने भीतर एक नया ठहराव-सा लगा। वह सन्तुष्टि का भाव था। पहले की व्याकुलता कहीं खो गयी थी।

अनुराधा नये घर, नये वातावरण में आयी थी। उसकी उस पद की अपनी जिम्मेदारियां थीं। वह उनसे आच्छादित-सी हो गई थी। उसे अकसर कहीं-न-कहीं यह बात चुभ जाया करती थी कि वह अनुराधा के रूप में कुछ नहीं है, जो कुछ है अमिताभ की पत्नी के रूप में है। व्यक्तित्व का तिरोभाव उसे भला नहीं लगता था। पर जब कभी उसने अपना स्वतन्त्र व्यक्तित्व दिखाना चाहा, वह अमिताभ से टकरा गया।

उसने जीवन में पति को सहायक के रूप में चाहा था, जो उसके काम कर दिया करे। वह नहाने जाए तो उसके कपड़े अलमारी से निकाल दिया करे। वह बाहर जाने के लिए तैयार हो तो भागकर उसकी साड़ी इस्त्री करवा लाया करे। अलमारी से उसके गहनों का सेट निकाल दिया करे। जब वह काम पर चली जाया करे तो पीछे से उसके उतारे हुए रात के कपड़े सम्भाल दिया करे। बिस्तर झाड़कर बेड-कवर बिछा दिया करे। ड्रेसिंग-टेबुल पर खुली पड़ी तेल की शीशी बन्द कर ठीक जगह पर रख दिया करे। उसका पफ् कम्पेक्ट-बॉक्स में डाल उसे बन्द कर दिया करे। कंघी में से बाल निकालकर, कंघी को ब्रश कर उसे ब्रश में लगा दिया करे। उसके गीले तौलिये को बाहर तार पर सुखा दिया करे और बिस्तर के सिरहाने पड़े चाय के कप और पानी के गिलास को रसोई में पहुंचा दिया करे। जब वह काम से लौटकर आए तो नीचे खड़े स्कूटर-रिक्शा को पैसे दे आया करे और ऊपर आते ही उसके सामने पानी का गिलास, चाय का कप, कुछ फल इत्यादि काटकर रख दिया करे। सोने से पहले बिस्तर पर से बेड-कवर हटा दिया करे और जब वह सो जाए तो उसे चादर ओढ़ा दिया करे।

पर अमिताभ ऐसा नहीं था। शादी से पहले वह जैसा भी हो, पर अब वह उसका पति था और पत्नी का सहायक बनने की जगह, पत्नी को अपनी सहायिका बनाना चाहता था। जिन बातों की अपेक्षा उसे अमिताभ से थी—उसने देखा था—उन्हीं बातों की अपेक्षा अमिताभ उससे करता था।

और फिर उन्हीं दिनों अनुराधा की तबीयत खराब रहने लगी थी। वह कुछ भी खा नहीं पा रही थी। जो खाती, उल्टी कर देती। हाथों-पैरों की सूजन बढ़ती जा रही थी। ब्लड-प्रेशर ऊंचा हो गया था। दो मिनट खड़ी रहती तो हांफने लगती। स्वभाव से भी बहुत चिड़चिड़ी हो रही थी। छोटी-सी बात पर लड़ पड़ती और फिर देर तक रोती रहती।

पिताजी का पत्र आया था कि अमिताभ बहू को इन दिनों दिल्ली में न रखकर घर पर छोड़ जाए ताकि उसकी देख-भाल की जा सके। वह वहां अकेला है और

उसे इस विषय में कोई अनुभव भी नहीं है। ऐसा न हो कि कोई गड़बड़ हो जाए।

पहले अमिताभ झिझका। वह अनुराधा के बिना रह सकेगा क्या? जब अनुराधा ने घर पर आने से मना किया था और रोज मिलने की सम्भावना कुछ कम हो गयी थी तो उसका नर्वस-ब्रेकडाउन होने लगा था। अब अनुराधा को कई महीनों के लिए छोड़ना पड़ेगा। पर, साथ रहकर भी तो वे विशेष प्रसन्न नहीं थे। रोज ही कोई-न-कोई झगड़ा हो जाता था। उसने अनुराधा से बात की। उसे लगा कि अनुराधा भी चली जाना ही पसन्द करेगी।

अनुराधा कानपुर चली गई।

शुरू के दो-एक दिन वह बहुत खाली-खाली रहा। उसे कोई काम नहीं था। विवाह के बाद उसने अपने सारे बाहरी सूत्र समेट लिये थे। अब कोई ऐसा स्थान नहीं था, जहां वह अपना समय काट सकता।

उसे लगा, वह एक विशेष प्रकार के जीवन का आदी हो गया है। सवेरे उठकर दफ्तर, दफ्तर के पश्चात् घर। घर में पत्नी की उपस्थिति। घर का खाना। छुट्टियों में घर की झाड़-पोंछ। वह इतना पालतू हो चुका था कि उसके लिए बहुत देर तक बाहर रहना सम्भव नहीं था।

फिर उसका मानसिक तनाव बढ़ने लगा था। उसे लगा कि वह फिर उसी प्रकार खिचा-तना रहने लगा है। फिर वह टची होता जा रहा है। दिल की धड़कन फिर उसके कानों में सुनाई पड़ने लगी है और उसकी छाती में जलन रहने लगी है। कहीं फिर उसका नर्वस-ब्रेकडाउन तो नहीं हो रहा।

अनुराधा का सप्ताह में एक-आध पत्र आ जाता। वह डॉक्टर के पास गयी थी। डॉक्टर ने क्या कहा था। उसके रक्त का फिर परीक्षण हुआ है। उसे बहुत सारी दवाइयां खानी पड़ रही हैं। वह दूध रोज़ पी रही है, अण्डा खा रही है, फल खा रही है। ये अनुराधा के उसके नाम पत्र नहीं थे—ये तो एक पत्नी की पति को दी गयी सूचनाएं थीं।

वह भी तो अनुराधा को याद नहीं करता। उसे भी अपनी पत्नी का अभाव खटकता है, जिसके बिना उसकी बहुत सारी आवश्यकताओं की पूर्ति नहीं होती। यदि उसकी पत्नी अनुराधा न हो कोई और होती तो क्या कोई अंतर होता? तब भी वह उसे इतना ही प्यार करता। क्योंकि हर पति को अपनी पत्नी से प्रेम करना चाहिए। यह उसकी भावना नहीं—घरेलू सुख-शांति के लिए उसका कर्तव्य था। वह बहुत दुर्बल व्यक्ति था—जिसने साहस के अभाव को आदर्शों की ओट दे रखी थी। वह शारीरिक आवश्यकताओं के लिए कहीं और नहीं जा सकता था, इसलिए बार-बार उसे अपनी पत्नी की याद आती थी। और पत्नी की जरूरत पड़ती थी, इसलिए उससे वह प्रेम करता था। जिससे उसकी आवश्यकताओं की

पूर्ति होती थी, वह उसी से प्रेम तो करेगा···

तो क्या वह अनुराधा से प्रेम नहीं करता ? या अनुराधा उससे प्रेम नहीं करती ? यह क्या सामाजिक और शारीरिक आवश्यकताओं के कारण किया गया एक समझौता मात्र है ? उसे अनुराधा न मिलती या अनुराधा को वह न मिलता तो क्या कोई अन्तर न पड़ता ? ' आज उसकी आवश्यकताओं की पूर्ति कहीं और से होने लगे तो क्या उसे अनुराधा की कोई आवश्यकता न रहेगी ? या अनुराधा की ही आवश्यकताओं की पूर्ति सरलता से कहीं अन्यत्र होने लगे तो अनुराधा उससे प्रेम नहीं करेगी ? फिर उस लाल बॉर्डर वाली साड़ी का क्या होगा···

अमिताभ किसी निष्कर्ष पर नहीं पहुंचना चाहता था। वह चाहता था कि किसी प्रकार दिन व्यतीत हो जाएं। अनुराधा यहां लौट आए। उसकी स्नायुओं का बोझ हल्का हो जाए और उसे यह सब सोचना ही न पड़े।

अनुराधा के आने में अभी बहुत देर थी। अभी उसे बहुत दिनों तक अकेले रहना था।

जितनी देर वह घर पर रहता उसका ध्यान बहुधा बाहर के द्वार की ओर लगा रहता। अकसर दरवाजा खटकता और वह जाकर खोलता तो वहां कोई न होता। उसे लगता उसके कान, उसकी अपनी इच्छा के कारण धोखा खाते हैं। वह चाहता है कि कोई आए। क्यों चाहता है ? क्या इसलिए कि उसका समय कट जाए या···घर में वह अकेला है ? इन दिनों नौकर भी नहीं है। वह निपट अकेला है। फिर वह किसकी प्रतीक्षा करता है ? किसी विशेष व्यक्ति से मिलना हो तो वह उसके घर जाकर मिल सकता है। फिर वह किसकी प्रतीक्षा करता है इस निपट अकेले घर में···?

उस दिन दरवाज़ा खटकने पर उसने खोला तो एक अपरिचित लड़की को खड़े देखकर चौंका। उसने आंखों में प्रश्न भरकर पूछा, "कहिए !"

लड़की हकलाई, "आपको विम चाहिए ?"

"जी नहीं।"

"आप विम नहीं यूज करते ?" लड़की ने काफी प्रयत्न करके पूछा।

"करते हैं।" वह बोला, "पर अभी हमारे पास है।"

उसने जबर्दस्ती दरवाज़ा बन्द कर दिया।

लड़की इस व्यवसाय में नयी थी। काफी संकुचित हो रही थी। मुख कैसा लाल हो रहा था। पर वह स्वयं क्यों तड़प रहा है ? वह क्यों जबर्दस्ती दरवाज़ा बन्द कर चला आया ? किससे डरकर ? वह उस लड़की को किसी बहाने से घर के भीतर भी ला सकता था। यह अलग-थलग फ़्लैट ! किसी को पता भी न चलता। वह घर में अकेला भी है एकदम···वह और अधिक तपता गया···लड़की एकदम सुन्दर नहीं थी। पर जवान तो थी। उसके द्वार पर आयी थी और घर

में वह अकेला था। अपनी इच्छा से दरवाज़ा बन्द कर उसे लौटा आया है—फिर वह पछता क्यों रहा है?

बुरी बात है, उसने सोचा—अनुराधा उसकी पत्नी है। वह उससे प्रेम करता है। वह और किसी के प्रति ऐसा व्यवहार नहीं रख सकता। उसे शर्म आनी चाहिए। अनुराधा सुनेगी तो क्या कहेगी। पर उसने अनुराधा के डर से नहीं, अपने ही डर से ऐसा किया था···और फिर यदि वह अनुराधा से प्रेम करता है तो अकेले घर में एक अपरिचित लड़की को अपने सम्मुख खड़े देख वह इस प्रकार तप क्यों उठा था···?

काफी लम्बी और तीव्र प्रतीक्षा के बाद उसे सूचना मिली, 'पुत्र के जन्म पर बधाई'। बच्चे के विषय में बहुत सारी बातें मन में उभरीं पर सबसे ऊपर एक ही विचार था, अब वह अनुराधा को ले आएगा। बहुत दिन हो गए हैं, अब और रुकना उचित नहीं है। उसने हिसाब लगाया, इक्कीस दिनों तक सारी रीतियां समाप्त हो जाएंगी, बाईसवें दिन अनुराधा वहां से चल सकती है। पिताजी को पत्र लिखकर उसने सूचित कर दिया कि वह बाईसवें दिन अनुराधा को ले आएगा। वह उनकी टिकटें बुक करवा दें। वह ठीक समय पर कानपुर पहुंच जाएगा।

बीच का अन्तराल उसने कैलेंडर की तारीखें काट-काटकर बिताया। कानपुर पहुंचकर वह अनुराधा और बच्चे से मिला। कोई असामान्य बात नहीं लगी। अनुराधा अन्य मांओं के ही समान बच्चे को छाती से लगाए दूध पिला रही थी। बच्चा चिपककर दूध पी रहा था। सामान्य-सा बच्चा था, जो कभी-कभी हंसता हुआ प्यारा भी लगता था और बहुधा रोता हुआ बदसूरत और घृणित भी लगता था।

अनुराधा इतने दिनों में काफी दुनियादारी सीख गयी थी। बच्चे के लिए खरीदी गयी नयी दरी, खेसियां, चादरें और उसकी फ्राकें इत्यादि उसने सम्भाल रखी थीं। बच्चा पुराने-फटे खेसों में ही लिपटा पड़ा रहता था। अभी बच्चा छोटा था इसलिए बहुत कपड़े गन्दे करता था। वह नहीं चाहती थी कि नये कपड़े खराब हों। इसलिए जो पुराने कपड़े यहीं छोड़ जाने थे, वह उन्हीं से काम चला रही थी। अन्य कपड़े वह दिल्ली में काम में लायेगी।

तैयारी पहले से हो चुकी थी। एक दिन वह वहां रुका भी, वह रास्ते की योजनाओं में बीत गया। रात-भर उन्हें गाड़ी में रहना था। बच्चे की तबीयत भी ठीक नहीं थी। वह बहुत टट्टियां कर रहा था। दवा साथ रख ली थी। पर वह कोई रामबाण तो थी नहीं। मां ने अनुराधा को रास्ते के लिए बहुत सारे निर्देश दिए। पिताजी ने अमिताभ को समझाया और वे घर से विदा हुए।

उनका कूपे आरक्षित था। तकलीफ नहीं थी, पर गाड़ी के चलते ही हवा तेज और ठण्डी हो गयी थी। अनुराधा ने बच्चे को अच्छी तरह लपेट-लपाट

दिया। अमिताभ ने उठकर सारी खिड़कियां बन्द कर दीं।

गाड़ी चल रही थी। कूपे में वे दोनों अकेले थे और कूपे की सारी खिड़कियां-दरवाजे बन्द थे। अमिताभ का शरीर सहसा तप उठा। उसने अनुराधा का मुख अपने हाथों में ले लिया। अनुराधा में कोई प्रतिक्रिया न हुई। वह उसी प्रकार बुत बनी बैठी रही।

"उदास क्यों हो, अनु ?" अमिताभ ने अपने रक्त के आवेश को संयत करते हुए पूछा।

"इसकी तबीयत ठीक नहीं है।" अनुराधा ने बच्चे की ओर देखा।

"दिल्ली पहुंचकर ठीक हो जाएगा।" अमिताभ ने उसे आश्वासन दिया, "किसी अच्छे डॉक्टर को दिखा देंगे।"

वह अनुराधा से सटा बैठा था, पर उसे अपने शरीर के तपने का ही आभास था। अनुराधा में कोई परिवर्तन नहीं आया था।

बच्चे ने फिर टट्टी की थी। अनुराधा ने उसे उसी गन्दे नेपकिन से साफ किया और धुला हुआ नेपकिन बांध दिया। वह गन्दे नेपकिन को तर्जनी और अंगूठे के नखों में लटकाए इधर-उधर ताकती रही।

"क्या है ?" अमिताभ चाहता था, अनुराधा इस सबसे जल्दी-से जल्दी निबट ले और वह अपना प्यार जताए।

"इसका क्या करूं ?" अनुराधा ने नेपकिन की ओर आंखों से संकेत किया।

"जाओ, धो लाओ।"

"मुझसे नहीं होता।" अनुराधा ठुमककर बोली, "यह रातभर टट्टियां करता रहे और मैं उन्हें धोती रहूं।"

"तो फेंक दो !" अमिताभ का स्वर उत्तेजित था।

अनुराधा ने सिर उठाकर उसे देखा। उसकी दृष्टि में कोई भाव नहीं था। बोली, "इस प्रकार फेंकने लगी तो दिल्ली पहुंचते-पहुंचते इसके पास एक भी नेपकिन नहीं रहेगा।"

अमिताभ उसे घूरता रहा, "तो क्या करोगी ?"

अनुराधा सोचती रही, फिर बोली, "इसे तो फेंक ही देती हूं।"

उसने खिड़की का पट थोड़ा-सा उठाकर नेपकिन बाहर फेंक दिया और मुड़ती हुई बोली, "इस ट्रंक को बर्थ के नीचे से बाहर खींचकर जरा खोल दो।"

"उसका क्या करना है अब ?" अमिताभ अपनी खीझ रोक नहीं पा रहा था।

"कोई पुराना कपड़ा निकाल लूं।" अनुराधा बोली, "उसी को फाड़-फाड़कर काम चलाऊं। नेपकिन बनाती जाऊंगी और गन्दे होने पर फेंकती जाऊंगी।"

अमिताभ अनिच्छा से उठा और ट्रंक को बर्थ के नीचे से घसीटकर उसका

ताला खोल दिया। कुण्डा पकड़कर ढक्कन उठाया और बोला, "लो, निकाल लो।"

अनुराधा ने कपड़ों को उलटा-पलटा। ऊपर-ऊपर ज्यादातर उसकी शादी की रेशमी साड़ियां थीं। उन्हें निकाल-निकालकर वह बर्थ पर ढेर लगाती गयी। और फिर उसने नीचे से एक लाल बॉर्डर वाली सफेद साड़ी निकाली। उसे उलट-पलटकर देखा और बोली, "यही ठीक रहेगी।" बाकी साड़ियां भीतर डालकर बक्स बन्द कर दी।

अमिताभ ने ध्यान से साड़ी देखी और उसका मन भीतर-ही-भीतर भुरभुरा गया। उसने कुछ कहा नहीं, चुपचाप एक-एक साड़ी उठाकर ट्रंक में पटकता गया। सारा सामान उसमें ठूसकर उसमें ताला जड़ा और पैर की ठोकरों से उसे बर्थ के नीचे धकेल दिया।

उसने एक नजर अनुराधा पर डाली। उसका ध्यान अमिताभ की ओर नहीं था। उसने साड़ी में से एक चौकोर टुकड़ा फाड़ लिया था। उसे दोहरा कर उसने तिकोन बनाया और नीचे के किनारे पर फाड़कर उसे बांधने का प्रबन्ध कर लिया। वह बड़ी मग्न होकर बच्चे को नेपकिन बांध रही थी।

अमिताभ ने गले की थूक निगली और चुपचाप ऊपरी बर्थ पर चला गया। उसे नीचे झांकने की हिम्मत नहीं हुई। रातभर वह साड़ी के फटने के स्वर और खिड़की का पट खोलकर नेपकिन बाहर फेंकने की आहट सुनता रहा। पर उसने अनुराधा से कोई बात नहीं की।

सवेरे अनुराधा ने ही उसे आवाज लगायी, "अब उठो भी। दिल्ली आ रही है।"

वह नीचे उतरा। अनुराधा से बिना आंखें मिलाए, उसने चीज़ें समेटीं। अटैसी-केस बन्द किया, बिस्तर बांधा और हाथ झाड़कर खड़ा हो गया।

"नीचे-ऊपर तो देख लो!" अनुराधा बोली, "कुछ छूटा तो नहीं?"

उसने पहले ऊपर की बर्थ को देखा, जहां वह रात को लेटा हुआ था। वहां कुछ नहीं था। फिर नीचे की बर्थ के नीचे झांका। वहां कोई कपड़ा-सा लटक रहा था। उसने हाथ बढ़ाकर कपड़ा खींच लिया। यह लाल बॉर्डर था—सफेद साड़ी, शायद रातभर में टुकड़े-टुकड़े करके बाहर फेंकी जा चुकी थी।

अमिताभ ने दांत भींचकर, बाएं हाथ से खिड़की का पट उठाया और दाएं हाथ से सफेद साड़ी का लाल बॉर्डर कहीं दूर फेंक दिया।

गाड़ी धीमी होती-होती दिल्ली जंक्शन के प्लेटफार्म नम्बर ग्यारह पर आकर रुक गई।

दूसरी आया

सुधा ने कभी सोचा भी नहीं था कि उसे बेबी का दूध इतनी जल्दी छुड़ाना पड़ेगा। वस्तुतः उसने दूध छुड़ाया नहीं था, वह छूट गया। शुरू से ही वह अपने दूध के साथ उसे बकरी का दूध भी देती आयी थी। उसका अपना दूध बेबी के लिए काफी नहीं होता था, फिर जब से वह स्कूल जाने लगी थी तब से उसे अपने समय को व्यवस्थित करने के लिए भी बकरी का दूध बढ़ा देना पड़ा था। सवेरे छह बजे वह उसे अपना दूध पिलाती, पर दूसरी बार पिलाने के समय—दस बजे—वह घर पर होती ही नहीं थी। दस बजे स्कूल लगता था, पर इतनी दूर था कि सुबह साढ़े आठ बजे ही घर से निकल पड़ती थी।

दो बजे भी बेबी को बकरी का ही दूध दिया जाता था। छह-साढ़े छह बजे आकर सुधा उसे अपना दूध दिया करती थी।

पहले दिन जब वह स्कूल गयी थी, तब उसका मन एकदम नहीं लगा था। न जाने, पीछे बेबी सोयी होगी या रो रही होगी। वैसे तो आया अच्छी ही लगी थी उसे, पर अभी नयी थी, उसकी असलियत भगवान जाने। वैसे भी इधर-उधर के किस्से सुनकर वह बहुत डरी हुई थी। किसी ने बताया था कि घर में कोई न हो तो आयाएं बच्चे के हिस्से का दूध खुद पी जाती हैं और बच्चे को पानी पिलाती रहती हैं। किसी ने अपने पड़ोस की आया के विषय में बताया था, जो बच्चे को मार-पीटकर कमरे में बन्द कर देती थी। और यह तो सुधा ने बहुत लोगों से सुना था कि बच्चे को छोड़कर आयाएं पास-पड़ोस में इश्क लड़ाने चली जाती हैं। ऐसी स्थिति में बच्चा चाहे चीखता रहे या अपने पलंग से ज़मीन पर गिरकर सिर फोड़ ले, या आंगन में फिरता हुआ मिट्टी के ढेले और कंकड़-पत्थर खाता रहे, इसकी उन्हें कोई परवाह नहीं होती।

पर उसकी बेबी अभी छोटी थी। लुढ़क-पुढ़क नहीं सकती थी। कुल डेढ़ महीने की तो थी ही। जिस स्थान पर लिटा दो, वहीं लेटी रह सकती है। आया चाहे तो उसे भूखी तो रख ही सकती है। घर में कोई है भी नहीं जो लौटने पर सुधा को बता सके। कितना अच्छा होता यदि वह आया से छिपाकर घर में टेप-रिकार्डर लगाकर आ सकती! घर पहुंचने पर सारी सूचना मिल जाती!

'पर हमारी आया वैसी नहीं है'—उसने मन को तसल्ली दी— कितना सोच-समझकर उसे रखा है! कितनी मुसीबत हुई थी आया खोजने के लिए। आरम्भ में ही मिसेज टॉमस ने उसे सलाह दी थी कि जवान और साफ-सुथरी आया घर में न रखे। यह बड़ा खतरनाक होता है। सुधा को सुधीर पर पूरा विश्वास था। कितना प्यार करता है वह उससे। और फिर स्वयं सुधा में क्या कमी है, जो सुधीर उसे छोड़कर आया के पीछे जाएगा? फिर भी जब कभी तीस वर्ष से कम उम्र की कोई साफ-सुथरी आया आयी, सुधा ने उसे नहीं रखा। और कोई बूढ़ी गन्दी आया, वह अपनी बेबी के लिए पसन्द नहीं करती थी।

बड़ी कठिनाई के बाद अन्त में सुधा को यह आया पसन्द आयी थी।

वैसे भी उसकी छुट्टियां समाप्त हो रही थीं। आया न रखती तो क्या करती! सुधीर को दफ्तर जाना था और उसे स्कूल। बेबी को किसके पास छोड़कर जाते?

वह दिन-भर अपने-आपको समझाती रही। आया के गुणों को मन-ही-मन दोहराती रही। वह कितनी अफेक्शनेट हैं। कितनी भली है··· वह स्वयं बेबी के प्रति जरा-सी कठोर होने लगती तो आया कितनी दीनता से कहती थी—'हाय, मेम साहब! ऐसा न करो!' नहीं, वह आया ऐसी नहीं हो सकती।

शाम के साढ़े छह के लगभग वह घर पहुंची तो बहुत थक गयी थी। बेबी को गोद में लिये सुधीर उसे बाहर ही मिल गया। उसे देखते ही वह समझ गयी कि वह बेबी के कारण ही परेशान है।

"सुधा, इसे जल्दी से दूध पिला दो।" सुधीर बोला, "बहुत रो रही है बेचारी।"

सुधा ने पर्स और हाथ की पुस्तकें एक ओर फेंकीं और बेबी को लेकर दूध पिलाने बैठ गयी। बेबी बहुत भूखी लगती थी। उसने जल्दी-जल्दी दूंध निगलना आरम्भ किया तो सुधा को लगा कि दूध के साथ-साथ उसकी अंतड़ियां भी खींचकर बाहर निकाली जा रही हैं। वह स्वयं भूखी थी और बहुत थकी हुई थी। अच्छा होता, यदि वह बेबी को दूध पिलाने से पहले थोड़ा-सा सुस्ता लेती और कुछ खा-पी लेती।

"सुधी!" सुधीर कह रहा था, "तुम कुछ जल्दी नहीं आ सकतीं?"

"क्यों?"

"बेबी को बहुत भूख लग जाती है और इस समय तक यह एकदम बेहाल हो जाती है ।"

"मैं तो सोच रही थी कि स्कूल से आकर, सुस्ताने और खाने-पीने के बाद दूध पिलाया करूं ।"

"नहीं, भई, इससे तो और भी देर हो जाएगी और तब तक बेबी का क्या होगा ?"

"पर ऐसे तो मेरी जान निकल जाएगी !" सुधा कुछ उत्तेजित हो उठी थी ।

"तो फिर शाम को भी इसे बकरी का ही दूध दे दिया करो ।" सुधीर ने कहा ।

और दूसरे दिन शाम को स्कूल से जब सुधा घर पहुंची, तो न बरामदे में सुधीर खड़ा मिला और न ही बेबी भूख से व्याकुल थी । बेबी आराम से सो रही थी । सुधीर सोफे पर लेटा हुआ कोई पुस्तक पढ़ रहा था और आया बेबी की धुली हुई फ्राकों पर लोहा कर रही थी ।

सुधा ने पूछा तो आया ने बताया कि साहब साढ़े पांच बजे तक घर आ गए थे और उन्होंने छह बजे ही बेबी को बकरी का दूध पिला दिया था और फिर बेबी सो गयी थी ।

सुधा को एक प्रकार की राहत-सी मिली । अच्छा किया सुधीर ने । अब वह सुस्ता भी सकती है और कुछ खा-पी भी सकती है । जब होश दुरुस्त होंगे तो बेबी को सम्भाल लेगी ।

रात को जब बेबी जागी तो वे लोग खाना खा चुके थे ।

सुधा ने बेबी को उठाया तो उसे लगा कि बेबी ही नहीं, वह स्वयं भी भूखी है । सुबह जागने पर एक बार उसने बेबी को दूध पिलाया था और अब पन्द्रह घंटों के बाद उसे गोद में लिया है । अब वह बेबी को खुद सम्भालेगी । उसने सोचा और आया को कह दिया कि अब उसकी जरूरत नहीं पड़ेगी, वह सो जाए ।

सुधा ने बड़े प्यार से बेबी को दूध पिलाया । जब तक बेबी दूध पीती रही, वह उसका सिर सहलाती रही और झुक-झुककर उसका माथा चूमती रही । दूध पीकर जब बेबी सो गयी तब भी बड़ी देर तक वह उसे गोद में लिये बैठी रही और जब उसे लगा कि अब काफी देर हो गयी है, तब वह उठी । एक हाथ में बेबी को लिये-लिये ही उसने दूसरे हाथ से उसका बिस्तर ठीक किया और उसे धीरे से लिटाकर बड़े जतन से ढांका और एक बार उसे हल्के-से चूमकर अपने बिस्तर पर लौट आयी ।

अगली बार जब वे लोग बेबी को लेकर डॉक्टर के पास गए तो उसने कहा कि अब बेबी को हर फीड में आठ औंस दूध पीना चाहिए । उससे कम पीने पर वह

कमजोर रह सकती है और अधिक पिलाने पर उसका हाजमा बिगड़ सकता है।

बोतल से दूध पिलाते हुए तो देखा जा सकता था कि बेबी ने कितना दूध पिया है, पर अपना दूध पिलाते हुए सुधा को पता नहीं चलता था कि बेबी ने कितना दूध पिया है और उसका पेट भरा भी है या नहीं। अनुमान के लिए अपना सारा दूध निकालकर, बोतल में डाल, उसने नापना चाहा, लेकिन कुछ पता न चला। उसके दूध का प्रवाह सदा एक-जैसा नहीं होता था। वह उसकी मानसिक और शारीरिक अवस्था पर बहुत कुछ निर्भर होता था। वैसे भी उसका अपना दूध इतना नहीं होता कि बेबी का पेट भर सके। आधा अपना और आधा बकरी का दूध देने का भी कोई अर्थ नहीं है। उसने सुबह और रात की फीड में भी बकरी का ही दूध देना आरम्भ कर दिया।

बहुत हल्का-हल्का लगा उसे। बेबी के कारण उसे अब बहुत सवेरे उठने की आवश्यकता नहीं थी। सवेरे सुधीर दूध लाता। आया पांच बजे उठकर अंगीठी जलाकर दूध गर्म कर लेती थी और छह बजे के आस-पास जैसे ही बेबी उठती—उसकी पहली आवाज़ पर ही—आया उसे कॉट से उठाकर ले जाती! बेबी दूध पीकर कब सो जाती, सुधा को पता ही न चलता। वह अपनी इच्छानुसार उठती, देखती बेबी सोयी हुई है। तैयार होती और स्कूल चली जाती। लौटती तो बेबी साफ-सुथरी, भरे पेट, प्रसन्न हालत में मिलती। जब कभी जागती, सुधा उसे कुछ देर खेलाती। आया से उसकी दिनचर्या पूछ लेती और फिर उसे आया को लौटा देती। रात को भी आया उसे दूध पिलाकर सुला देती और लाकर कॉट में डाल जाती। बेबी भी समय के साथ ऐसी सध गयी कि रात भर न जागती।

बेबी को आया और सुधीर ही पूरी तरह संभाल रहे थे। आया को अगर कोई कठिनाई होती तो वह सुधीर से ही पूछती। सुबह की फीड के समय सुधीर ही जगा होता था। शाम को फीड के समय भी वह आ चुका होता था। रात को तब तक सुधा या तो सो चुकी होती या स्कूल का काम कर रही होती थी। सुधीर ही इस बात की देख-भाल करता कि बेबी को ठीक समय पर दूध पिलाकर सुला दिया जाए।

सुधा रात भर आराम से सोती और दिन भर निश्चित रहती। उसे लगा, भाग्य से उसे बहुत अच्छी आया मिल गयी है।

एक इतवार का ही दिन ऐसा होता था जब सुधा घर रहती और बेबी की देख-भाल कर सकती थी। पर उस दिन भी घर के अनेक धंधे घेरे रहते। घर की सफ़ाई और झाड़-पोंछ करनी पड़ती। लगता था जैसे सप्ताह भर में हर चीज़ पर धूल की एक इंच की तह जम आयी है, घर भर में जाले तन गए हैं, ड्रेसिंग टेबल का शीशा धब्बेदार हो गया है, पलंगों की चादरें बदलने लायक हो गयी हैं, इत्यादि। इस दिन शॉपिंग भी आवश्यक हो जाती थी। कई चीजें चुक गयी होतीं

थीं। और सबसे बड़ी बात यह कि यही एक दिन था जब वे किसी से मिलने जा सकते थे, कोई उनसे मिलने आ सकता था या वे लोग कहीं घूमने जा सकते थे··· पिक्चर जा सकते थे···और इतवार बीत जाता, रात को थकी-टूटी सुधा बिस्तर पर आ गिरती और उसे लगता कि वह छुट्टी वाले दिन अन्य दिनों की अपेक्षा अधिक थक जाती है। छुट्टी का दिन बीत गया है और वह इस दिन भी बेबी की ओर तनिक ध्यान नहीं दे पायी है। वह अतृप्त-सी सोने का प्रयत्न करती, क्योंकि दूसरे दिन सवेरे से उठकर फिर स्कूल जाने की उसे तैयारी करनी होती थी।

दशहरे की छुट्टियां हुईं तो सुधा ने चैन की सांस ली। बहुत दिनों से पचासों काम जमा होते जा रहे थे, उन सबको निबटाने के अलावा इस बार बेबी पर भी ध्यान देना था। कई दिनों से जिस अतृप्ति को वह अपने भीतर पाल रही थी, उसे भी वह इन छुट्टियों में दूर कर लेना चाहती थी।

सवेरे-सवेरे वह घर की झाड़-पोंछ में व्यस्त रही। घर साफ करते-करते ही दोपहर का एक बज गया। वह जल्दी से नहाई, आया को खाना लगाने के लिए कहा। खाना खाकर उठी तो उसे लगा कि वह बहुत थक गयी है और उसे नींद आ रही है। बिस्तर पर लेटते ही वह सो गयी।

शाम को वह काफी हल्की थी। बेबी भी तभी सोकर उठी थी और बिस्तर पर पड़ी हाथ-पैर चला रही थी। सुधा उसकी कॉट के पास पहुंची तो बेबी ने उसे देखते ही मुसकान के साथ स्वागत किया। सुधा निहाल हो गयी। लगा, बेबी भी इतने दिनों तक उसी प्रकार अतृप्त रही है, जिस प्रकार वह स्वयं रही है।

उसने झुककर बेबी को उठा लिया और जैसे ही उसे जरा हिलाया, वह चीख-कर रो पड़ी। आया दौड़ी हुई आयी, "मेम सा'ब, मुझे दीजिए।"

और अनायास ही सुधा ने बेबी आया को दे दी।

आया ने बेबी को कन्धे से लगाया और मुंह से दो-एक बार अवां-अवां किया। बेबी एक-आध बार ठुमकी और फिर चुप होकर टुकुर-टुकुर उसे देखने लगी।

बेबी के चुप होते ही सुधा के भीतर कोई रो पड़ा। वह बेबी की मां है और उसे चुप नहीं करा सकी। आया ने उसे एक मिनट में चुप करा दिया। सुधा को बेबी का इस प्रकार चुप हो जाना अच्छा नहीं लगा। कितना अच्छा होता कि बेबी आया के पास जाकर एकदम जोर-जोर से रोने लगती और चीखें मार-मार कर बेहाल हो जाती।

छह बजे के आस-पास वह बेबी को दूध पिलाने बैठी तो बेबी ने दूध पीने से

इनकार कर दिया। पहले तो उसने मुंह में बोतल की 'निपल' ही नहीं ली और जब ली तो कुल्ले करने लगी।

पास खड़ी आया थोड़ी देर हंसती रही। फिर बोली, "लाओ, मेम सा'ब, मुझे दो।"

"नहीं।" सुधा के भीतर से कुछ उबल पड़ा।

आया सहमकर पीछे हट गयी और सुधा ने बेबी का मुंह दोनों गालों से दबा कर जबरदस्ती खोला और बोतल की 'निपल' मुंह में ठूंस दी, पर बेबी ने हार नहीं मानी और चीखकर रो पड़ी। उसने सुधा की गोद में इस प्रकार मचलना आरम्भ किया कि सुधा डर गयी। कहीं वह गिर न पड़े।

सुधीर दूर बैठा-बैठा देख रहा था। पास आकर बोला, "क्या बात है? क्यों रुला रही हो?"

"दूध नहीं पी रही।" सुधा विवशता से बोली।

"तो तुम्हीं मान जाओ!" सुधीर डपटकर बोला, "आया को क्यों नहीं दे देतीं? बच्चे को रुलाना जरूरी है क्या?"

सुधा ने चुपचाप बेबी आया को दे दी और स्वयं जाकर बिस्तर पर पड़ रही। उसके जी में आया कि वह फूट-फूटकर रोए। खूब रोए। उसके भीतर-ही-भीतर कुछ टूटता जा रहा था। उसे लगा, इस आया ने उससे बेबी छीन ली है, और फिर आया के विरुद्ध एक अनाम-सा क्रोध उसके मन में जनम आया।

दूसरे दिन, शाम को वह फिर बेबी को लेकर बैठी तो वह उसी प्रकार रोने लगी। आया के मांगने पर भी उसने बेबी उसे नहीं दी और उसे रुलाती रही। बेबी उसकी गोद में तड़पती रही, जोर-जोर से चीखें मारती रही और वह उसे कठोर नजरों से देखती रही। किन्तु सुधा को बेबी पर तनिक भी दया नहीं आ रही थी।

जैसे ही सुधीर के लौटने का समय हुआ उसने चुपचाप बेबी आया के हवाले कर दी। बेबी ने आया से दूध पिया, कुछ खेली और सो गयी।

रात को वे लोग सोने लगे तो सुधा बहुत धीरे से फुसफुसाकर बोली, "सुनो जी!"

"क्या है?" सुधीर ने उसे देखा।

"मैं दो दिनों से घर पर हूं।" सुधा बोली, "रसोई में भी मैं ही रहती हूं और बेबी को दूध भी अपने सामने ही पिलवाती हूं...।"

"तो?" सुधीर ने टोका।

"कल भी बेबी के दूध में से आध सेर दूध बच गया था और आज भी आध सेर बचा, जबकि पहले छटांक भी नहीं बचता था।"

"तुम्हारा मतलब है, पहले आया दूध पी जाती थी ?" सुधीर ने जैसे मजाक किया।

"हां।" सुधा ने गम्भीरतापूर्वक उत्तर दिया।

"चलो, कोई बात नहीं।" सुधीर हंसा, "जहां डेढ़ सेर बेबी पीती है, वहां आधा सेर बेबी की आया को भी सही।"

सुधा को बुरा लगा, "मेरी बला से ! तुम आया को रसमलाई खिलाओ, पर मैं उसका बेबी को मारना नहीं सह सकती।"

"वह बेबी को मारती है ?" इस बार सुधीर की आवाज में परिहास नहीं था।

"हां।"

"तुम्हें कैसे मालूम हुआ ?"

"मैं दोपहर को भीतर लेटी हुई थी और आया बेबी को सामने वाले बरामदे में खिला रही थी कि अचानक बेबी रोयी। मैं यूं ही, यह देखने के लिए कि बेबी क्यों रो रही है, खिड़की पर आ खड़ी हुई। क्या देखती हूं कि आया ने उसे दो-एक बार हिलाया-डुलाया और एक चांटा लगा दिया।

"तुमने कुछ कहा नहीं ?" सुधीर उठ बैठा।

"नहीं।"

"क्यों ?"

"मैंने सोचा कहीं मेरे कुछ कहने पर आया नाराज होकर चली गयी तो आप मुझे डांटेंगे।"

"पागल हो तुम भी !" सुधीर बहुत नाराज था, "चली जाएगी तो चली जाए। हम इस डर से बच्चे को पिटते नहीं देख सकते।"

फिर सुधा आया का बचाव करती रही और सुधीर उबलता रहा। वे लोग सोए तो यह निर्णय हो चुका था कि इस आया को निकाल देना है—परिणाम चाहे कुछ भी हो।

दूसरे दिन सुधीर ने बिना कोई कारण बताए, आया को निकाल दिया।

आया के जाते ही पहली कठिनाई लौट आयी। सुधीर को दफ्तर जाना था, सुधा को स्कूल। घर में तीसरा आदमी नहीं था। फिर तीन साढ़े-तीन महीनों की बेबी को अकेली छोड़कर कैसे जाएं ?

दोनों में से किसी एक का छुट्टी लेना अनिवार्य हो गया।

सुधा ने अभी-अभी तीन महीनों की लम्बी छुट्टी के पश्चात् स्कूल जाना आरम्भ किया था। उसका काम बहुत पिछड़ गया था। वह जानती थी कि उसने यदि एक दिन की भी छुट्टी मांगी तो उसकी हेडमिस्ट्रेस चीख पड़ेगी।

अन्त में सुधीर ने एक सप्ताह की छुट्टी की दरख्वास्त भिजवा दी। विचार था कि एक सप्ताह में किसी-न-किसी तरह नयी आया या नौकर का प्रबन्ध कर लेंगे।

स्कूल जाना आरम्भ किया तो सुधा का फिर वही कार्यक्रम हो गया। सुबह उठती तो बेबी सोयी होती। सुधीर ने बेबी को सम्भालना अच्छी प्रकार सीख लिया था। उसे ध्यान रहता कि बेबी के कारण सुधा की नींद खराब न हो। सुबह, सुधा के उठने से पहले, वह बेबी को फीड देकर सुला चुका होता। जब तक सुधा स्कूल न चली जाती, तब तक खाना बनाने में उसकी सहायता करता रहता।

सुधा के स्कूल जाने के बाद वह बेबी को दस बजे वाली फीड देता; घर को जरा ठीक-ठाक करता और अपना खाना—जिसे सुधा सवेरे जल्दी-जल्दी में बना गयी होती—गरम करता और खाता। दो बजे बेबी को फिर फीड देता। जब तक वह जागी रहती, तब तक उससे खेलता। वह सो जाती तो सुधीर कुछ पढ़ने लगता।

शाम को सुधा, स्कूल से लौटकर चाय बनाती। बेबी के दिन-भर के गन्दे किए हुए कपड़े धोती और फिर खाना बनाने बैठ जाती।

बेबी को सुधीर ही सम्भालता।

एक सप्ताह से सुधा को होश ही नहीं था। वह मन-ही-मन कितनी बार पछताई— व्यर्थ ही छोटी-सी बात पर आया को निकालकर जान मुसीबत में फंसा ली। आया थी तो कितना आराम था।

रविवार।

सुधीर ने शनिवार की शाम को ही घोषणा कर दी थी कि रविवार को सुधा बेबी को सम्भाले। वह आराम करेगा।

सुबह की फीड के समय तक सुधा जागी ही नहीं थी इसलिए सुधीर को ही उठकर काम करना पड़ा।

देर से उठकर, सुधा ने आराम से नाश्ता तैयार किया। नाश्ता करते-करते साढ़े नौ हो गए थे और बेबी जाग पड़ी थी।

सुधा ने रोती हुई बेबी को कॉट में से उठा लिया।

बेबी चुप हो गयी।

सुधा को लगा जैसे वह वर्षों बाद बच्ची को गोद में ले रही है। उसने उसे छाती के साथ भींच लिया। पर बेबी इसके लिए तैयार नहीं थी। उसने छूटने के लिए हाथ-पैर मारे और फिर रो पड़ी। सुधा उसे लिये-लिये घूमती रही, किंतु बेबी चुप न हुई।

पहले तो एक ओर खड़ा सुधीर मुसकराता हुआ देखता रहा, फिर बोला,

"लाओ, मुझे दो।"

"नहीं।" सुधा बेबी को लेकर और भी दूर चली गयी। 'वह मां है'—सुधा ने सोचा—'बच्चा यदि मां से चुप नहीं होता तो और किसी से नहीं हो सकता!'

"यह भूखी है।" सुधा, सुधीर की ओर मुड़कर बोली, "आप जरा दूध गर्म कर लाइए, मैं इसे चुप कराती हूं।"

सुधीर ने दूध उबाला। ठंडा किया। बोतल में डाला। निपल लगायी और बोतल लाकर सुधा के हाथ में दे दी और स्वयं छाती पर दोनों हाथ बांधे इस प्रकार खड़ा हो गया जैसे कोई तमाशा होने वाला हो।

बेबी रोती जा रही थी। सुधा ने उसे दूध पिलाना चाहा, पर वह निपल को पकड़ ही नहीं रही थी।

"दूध है बेटे, दूध!" सुधा ने उसे समझाया पर बेबी न समझी। सुधा ने काफी प्रयत्न किया पर बेबी ने निपल नहीं पकड़ी। रोती रही और अन्त में सुधा खीझ उठी, "पीती है कि नहीं?" उसने एक हल्की-सी चपत जड़ दी।

बेबी और जोर से रो पड़ी।

सुधीर तटस्थ न रह सका। बोला, "लाओ, तुमसे नहीं पिएगी।" उसने फुर्ती से बेबी को ले लिया।

सुधा की अंतड़ियां जैसे भीतर-ही-भीतर चटकने लगीं।

सुधीर ने बेबी को पूरा आठ औंस दूध पिलाया। कन्धे से लगाकर डकार दिलाई। उसकी ठोड़ी और गर्दन पर बह आए दूध को पोंछा। उसे झुलाया और सुलाकर कॉट में डाल आया।

सुधा के जी में आया—उठे और बेबी को इतने चांटे लगाए कि वह रो-रोकर बेहाल हो जाए। एक बार उसका मन हुआ कि सुधीर का मुंह नोंच ले। वह बहुत देर तक सुधीर को घूरती रही और फिर बिस्तर पर जा पड़ी।

उसकी आंखों के आंसू गालों पर लुढ़कते जा रहे थे। आया को उसने निकाल दिया है, पर सुधीर…? सुधीर से पीछा छुड़ाया जा सकता है क्या?

५. १. १९६७

अनुभवहीन

सुहासा एक साथ ही, दो विभिन्न स्थानों पर दो विभिन्न व्यक्तियों के साथ थी।

एक सुहासा न्यूयॉर्क में, एक बहुत ऊंचे भवन की दसवीं मंजिल के एक कमरे में अक्षय के पास बैठी थी। उसके लिए वह नगर अपरिचित था, वह भवन अपरिचित था। जिस कमरे में वह बैठी थी, उस कमरे में किस स्थान पर कौन-सी वस्तु रखी हुई है, जिस सोफे पर वह बैठी थी, वह सोफा किस प्रकार का है, सेंटर टेबल पर पड़े फूलदान में कौन-से फूल सजाये गये हैं। खिड़कियों और दरवाजों पर किस रंग के परदे लगे हुए हैं। हवा उन परदों से खेल रही है या नहीं—वह नहीं जानती थी।

कभी-कभी तो उसे अक्षय भी अपरिचित-सा लगा है। पर वह कैसे अपरिचित हो सकता है? वह उसका मंगेतर है। उसे न जानते हुए भी वह जानने का दम भरती है।

न्यूयॉर्क के उस कमरे की बात और है—वहां सुहासा कभी गयी नहीं है।

दूसरी सुहासा मिण्टो रोड पर चल रही थी प्रवीण के साथ। वे दोनों कनॉट-प्लेस की ओर जा रहे थे।

आज शाम से सुहासा प्रवीण के घर आयी हुई थी। दोनों ने शाम की चाय एक साथ पी थी। रात का खाना भी सुहासा ने ही बनाया था। दोनों ने साथ-साथ खाया था और अब खाने के बाद टहलने और कॉफी का एक प्याला पी लेने के विचार से कनॉट-प्लेस जा रहे थे।

प्रवीण से सुहासा उन्हीं दिनों मिली थी, जब वह लखनऊ में थी। एक ही

मुहल्ले में दोनों रहते थे। आते-जाते थे, कभी किसी के घर भेंट हो जाया करती थी।

प्रवीण का विवाह, सुहासा की भाभी की मौसेरी बहन से हुआ था। इस सम्बन्ध से पहले दोनों परिवारों का मिलना-जुलना बढ़ा था। पर जब से प्रवीण ने झगड़कर अपनी अनपढ़ पत्नी को मायके भेज दिया था, तब से मेल-मुलाकात कम हुई थी। और फिर एकदम ही बन्द हो गयी थी।

कुछ दिनों के बाद प्रवीण का लखनऊ में दिखाई पड़ना ही बन्द हो गया था। वह शायद कहीं चला गया था।

घरवालों ने सुहासा की सगाई अक्षय से कर दी थी और संक्षिप्त-सी मुलाकात भी करवा दी थी। सुहासा को एक ही नजर में अक्षय बहुत भा गया था। लम्बा-ऊंचा, गोरा-चिट्टा, हंसमुख युवक! सम्पन्न घर का, पढ़ा-लिखा, व्यवसाय से इंजीनियर। और क्या चाहिए था सुहासा को!

पर पहली भेंट में उसका मन मोहकर ही अक्षय अमेरिका चला गया था। वह न्यूयार्क की किसी फर्म में काम कर रहा था। थोड़ी-सी छुट्टियां लेकर आया था और सगाई कराकर लौट गया था।

उसकी चिट्ठियां धड़ाधड़ आने लगी थीं—अपने विषय में बहुत कुछ लिखा था। अपने काम के विषय में, अपने घर के विषय में, अपने मिलने-जुलने वालों के विषय में, अपने तौर-तरीकों के विषय में। सुहासा ने उन चीज़ों को अपनी पलकों से चुगा और सपनों से बुना था।

सहसा उसे लगा था कि वह अक्षय से प्रेम करती है—बहुत! ढेर सारा! उसे अक्षय को अपने से इतनी दूर नहीं जाने देना चाहिए था। या उसे स्वयं अक्षय से इतनी दूर नहीं रहना चाहिए था। इस दूरी के कारण, अक्षय सचमुच ही उससे दूर हो सकता है। और वह अपने अक्षय को खोना नहीं चाहती थी।

उन्हीं दिनों एक कॉलेज में लेक्चररशिप पाकर वह दिल्ली चली आयी थी।

अक्षय न्यूयार्क में बैठा था। शादी तक सुहासा को और कोई काम नहीं था। तब तक का समय काटने के लिए उसने यह नौकरी कर ली थी।

पर दिल्ली बहुत बड़ा शहर है। लखनऊ से बहुत भिन्न था यह। फिर लखनऊ में अपना घर था, परिवार था। मिलने-जुलने वाले थे।

दिल्ली में कौन था? अजनबी लोगों की इतनी बड़ी भीड़ और दिन-भर की भाग-दौड़!

और अचानक ही उस दिन स्टेट्समैन के बस-स्टॉप पर प्रवीण मिल गया था उसे।

सुहासा को लगा—कोई बहुत पुराना मित्र मिल गया। मन में एक विचित्र-

सी प्रसन्नता भर आयी। वे दोनों साथ-साथ ही प्रवीण के घर आये थे।

प्रवीण ने उसे बताया था कि वह लखनऊ से दिल्ली आ गया है और एक सरकारी पत्रिका के सम्पादक के रूप में कार्य कर रहा है।

मिण्टो रोड पर प्रवीण का घर—स्टेट्समैन से बहुत दूर नहीं था। दोनों पैदल ही चले आये थे।

सुहासा ने अपनी इस जिज्ञासा को पहले नहीं जाना था। वह प्रवीण के विषय में छोटी-से-छोटी बात भी जान लेना चाहती थी और अपनी एक-एक बात उसे बताना चाहती थी।

घर पहुंचकर प्रवीण ने जब ताला खोला तो सुहासा जरा-सी विचलित हुई, "आपकी पत्नी कहीं गयी हुई हैं क्या?"

"नहीं!" प्रवीण ने संक्षिप्त-सा उत्तर दिया था, "मैं यहां अकेला ही रहता हूं।"

अचानक ही सुहासा के भीतर से कहीं ऐसा भाव उठा था कि उसे यहां नहीं आना चाहिए था। पर वह क्या जानती थी कि प्रवीण यहां अकेला ही रहता है और उसकी पत्नी साथ नहीं है! उस झगड़े को तो कितना ही समय बीत चुका था। उसने तो निश्चित रूप से—बिना पूछे ही—यह मान लिया था कि वह झगड़ा समाप्त हो गया होगा और प्रवीण अपनी पत्नी को ले आया होगा। दोनों का मन-मुटाव दूर हो गया होगा और उनके घर में एक-दो बच्चे भी होंगे।

पर यह सब तो उसने प्रवीण से पूछे बिना ही मान लिया था न!

उसे इस प्रकार ठिठक जाते देखकर प्रवीण ने कहा था, "अरे, आप संकुचित क्यों हो गयीं, भई! मेरी पत्नी यहां नहीं है तो क्या हुआ, आपका पूरा आदर-सत्कार किया जायेगा। आप आइये तो!"

उसके मन की बात प्रवीण समझ न जाये, इसकी चेष्टा करती-सी सुहासा बोली, "हमने तो यही सोचा, कहीं आप चाय के लिए भी न पूछें तो। पत्नी न होने का बहाना काफी बड़ा होता है।"

"चिन्ता मत कीजिए।" प्रवीण बोला, "चाय क्या, आपको नाश्ता भी मिलेगा।"

प्रवीण ने स्वयं ही चाय बनायी थी। सुहासा ने हल्के-से एक-आध बार कहा भी कि वह चाय बना देती है, पर न तो प्रवीण ने ही इसे स्वीकार किया, न सुहासा ने अधिक बल दिया।

घर में बिस्कुट इत्यादि कई प्रकार के थे ही। और कुछ बनाने या बाजार से लाने की आवश्यकता प्रवीण को नहीं पड़ी।

चाय-पीते-पीते ही अन्धेरा हो चला था और सुहासा को अपने होस्टल जाने

की जल्दी हो आयी थी।

"वैसे तो आतिथेय के नाते मुझे आपको यहीं रुक जाने के लिए कहना चाहिए," चलते समय प्रवीण ने कहा था, "पर आप जानती हैं कि मैं इस घर में अकेला हूं और इस देश में यह बात अच्छी नहीं समझी जाती।"

सुहासा हंस पड़ी थी केवल। उत्तर उसने कोई नहीं दिया था। ऐसी बात के लिए उसके पास उत्तर था भी नहीं।

दूसरी बार प्रवीण से मिलने के पहले सुहासा ने काफी सोचा था मन-ही-मन। उसकी सगाई अक्षय के साथ हुई थी और शादी होने वाली थी। फिर उसका प्रवीण से मिलने का क्या अर्थ है? प्रवीण अकेला है यहां। उसकी पत्नी भी नहीं है, नहीं तो वह उसकी पत्नी से मिलने के लिए ही चली आती।

पर सुहासा अकेली है इतने बड़े शहर में। बहुत लोगों को वह जानती नहीं है। होस्टल की लड़कियों के साथ उसका मन नहीं लगता। तो यदि एक-आध बार प्रवीण से मिल लिया जाये, थोड़ी देर तक लखनऊ तथा समान रूप से जान-पहचान वालों के विषय में बातचीत कर ली जाये तो क्या हानि है?

बहुत तर्क-वितर्क किया था सुहासा ने मन-ही-मन।

और एक दिन जब होस्टल में मन बहुत उचाट हो रहा था तो वह प्रवीण से। मिलने के विचार से चली आयी थी।

प्रवीण उसे घर पर ही मिल गया था। अभी-अभी ही लौटा था दफ्तर से उसे देखते ही कुछ अतिरिक्त प्रसन्नता दिखाई थी उसने।

"आइए-आइए!" उसने सुहासा के बैठने के लिए स्थान बनाया, "मैं भी घबराकर घर से भागने की ही सोच रहा था। आपने बड़ा अच्छा किया, आप आ गयीं।"

"दिल्ली में मेरे मिलने-जुलने वाले बहुत कम हैं।" सुहासा ने स्थिति स्पष्ट कर देनी चाही। वह जानती थी कि पुरुषों को गलतफहमी बहुत जल्दी हो जाया करती है, "सोचा, आपसे ही मिल लिया जाये।"

"आपने बहुत अच्छा किया।" प्रवीण ने कहा।

आज सुहासा स्वयं आयी थी, इसलिए औपचारिकता बहुत अधिक न निभ सकी। उसने चाय बना देने के लिए कहा तो प्रवीण ने उसे रोका नहीं।

"आपकी शादी-वादी हो रही है या नहीं।" प्रवीण ने ऐसे खुलेपन से पूछा, जो सुहासा को अच्छा नहीं लगा।

उसने अपनी सगाई तथा अक्षय के विषय में बताया।

"अच्छा, तो आप भी मेरी ही तरह किसी से बंधी हुई हैं।" प्रवीण बोला, "और फिर भी मेरी ही तरह अकेली हैं।"

सुहासा चुपचाप उसे देखती रही। वह सोच रही थी— यह तुलना प्रवीण ने

यों ही कर दी है, या इसके पीछे कोई विशिष्ट संकेत भी है। पर प्रवीण ने फिर उस विषय में कुछ नहीं कहा और वह भी कोई निर्णय नहीं ले पायी थी।

पर आज, पिछले दिन से काफी अधिक देर हो गयी थी। अन्धेरा काफी घना हो गया था। सुहासा ने दो-एक बार चलने के लिए भी कहा, पर प्रवीण अपनी बात करता रहा। उसने बाहर घिर आये अन्धकार की ओर ध्यान ही नहीं दिया था।

अन्त में सुहासा उठ खड़ी हुई, "अब चलूंगी।"

"जाने का समय हो गया क्या ?" प्रवीण ने इस प्रकार पूछा, जैसे सुहासा के आने और जाने का कोई निश्चित समय रहा हो।

"अन्धेरा काफी हो गया है।" सुहासा बोली।

"ओह ! हां।" पहली बार प्रवीण का ध्यान अन्धेरे की ओर गया, "अन्धेरा तो काफी हो गया है। आप यहीं क्यों नहीं रुक जातीं ?"

वह मुसकरा रहा था।

सुहासा को उसके हास्य में एक प्रकार की धृष्टता लगी।

"यहां ?" उसने पूछा।

पर वह स्वयं नहीं जानती थी कि वह इस प्रश्न के माध्यम से क्या कहना चाह रही थी।

"जी हां !"

प्रवीण उसी प्रकार मुसकराकर बोला, "देखिए न, आप किसी की मंगेतर हैं, मैं किसी का पति। वैसे दिल्ली में आप भी अकेली हैं, मैं भी। क्या हम अपना अकेलापन भी नहीं मिटा सकते ?"

सुहासा जाने के लिए एकदम व्याकुल हो उठी।

रास्ते-भर वह अपने-आपको कोसती आयी थी।

आखिर उसे प्रवीण के पास जाने की जरूरत ही क्या थी ? कोई स्त्री इस प्रकार एक अकेले पुरुष से मिलने के लिए उसके घर जाये और चाय बना-बनाकर उसे पिलाये तो वह और क्या समझेगा ?

पर उसने बुरा भी क्या किया था ? वह दिल्ली में अकेली थी। उसका कोई मिलने-जुलने वाला चाहिए था। प्रवीण से पुरानी जान-पहचान थी। वह उसके पचासों काम कर सकता था। दिल्ली में अकेली रहती परदेसी लड़की को किसी-न-किसी पुरुष का सहारा तो चाहिए ही था।

अक्षय भी तो अमेरिका में पचासों लड़कियों से मिलता-जुलता है। वे लड़कियां उसके पास आती हैं। वह उनके घर जाया करता है। अक्षय ने स्वयं ही तो लिखा था···

ओह अक्षय ! यदि तुम मेरे पास होते ! या मैं तुम्हारे पास होती ! फिर क्या जरूरत थी मुझे किसी से मिलने की । फिर क्यों जाती मैं प्रवीण के पास ?

फिर सुहासा नहीं मिली प्रवीण से ।

अक्षय के पत्र अचानक ही बहुत बड़ी संख्या में आने लगे थे । उसने लिखा था कि वह भारत आ रहा है । बहुत थोड़े समय के लिए ही । वह एक दिन दिल्ली भी रुकेगा ।

और सुहासा स्वयं ही एक प्रतीक्षा बन गयी थी ।

अक्षय आया था दिल्ली । इण्टर-कांटिनेंटल होटल में ठहरा था ।

सुहासा ने कॉलेज से छुट्टी ले ली थी । एक ही दिन के लिए तो उसका अक्षय आया था । उस दिन कॉलेज क्या जाना ।

वह हवाई अड्डे पर नहीं गयी थी । अक्षय का विमान सवेरे पांच बजे आने वाला था । इतनी दूर इतने सवेरे अकेली लड़की का पहुंचना बहुत मुश्किल था ।

वह सीधे होटल ही पहुंची थी ।

उसके पहुंचने से पहले ही अक्षय नहा-धोकर तैयार हो चुका था ।

दोनों ने इकट्ठे ही ब्रेकफास्ट किया था ।

अक्षय बहुत खुश था उससे मिलकर, जैसे कोई बच्चा अपने पुराने साथी से मिलकर उसे अपने नये खिलौनों के विषय में बताता है ।

उसके पास बहुत सारी बातें थीं ।

उसके अमेरिका में बहुत कुछ ऐसा था, जो सुहासा के भारत में नहीं था । यहां तो बस या तो धूल थी या फिर धूप । अक्षय को यह देश एकदम पसन्द नहीं था । यहां जीने का कोई लाभ नहीं !

वहां अक्षय के बहुत मित्र थे, सखियां थीं । यहां के लोग उसे पसन्द नहीं थे ।

उसे वहां किसी चीज़ की कमी नहीं थी । हां, वाइफ की कमी जरूर खटकती थी । वह सुहासा को बहुत जल्द वहां ले जाना चाहता था ।

दिन-भर दोनों टैक्सियों में घूमते रहे थे । अक्षय को बहुत सारे लोगों से मिलना था । सुहासा उसके साथ ही लोगों से मिलती रही थी । अक्षय उसे बहुत कुछ बताता रहा था और वह सुनती रही थी ।

रात को काफी देर से दोनों होटल लौटे थे । दोनों ने खाना खाया था ।

सुहासा का मन लौटने का नहीं था । कल बहुत सवेरे ही अक्षय को चले जाना था । पर शादी से पहले अक्षय के साथ रात को होटल में रहना ''' वह निर्णय नहीं ले पा रही थी ।

अक्षय बाथरूप से लौटा तो सोने के कपड़े पहन चुका था।

सुहासा समझ नहीं पायी—इसका क्या अर्थ है ? क्या वह सुहासा को छोड़ने के लिए हॉस्टल तक नहीं चलेगा। क्या वह चाहता है, सुहासा रात उसके साथ गुजारे।

"अरे, तुमने कपड़े नहीं बदले ?" अक्षय ने आश्चर्य से पूछा था।

"मैं रात रहने के ख़याल से तो आयी नहीं थी !" सुहासा संकुचित-सी बोली।

"ओह ! कम-ऑन-डार्लिंग !" अक्षय ने उसे भुजाओं में भर लिया, "चलो, साड़ी उतारकर पेटीकोट में ही सो जाओ।"

"पर शादी से पहले···" सुहासा स्वयं को छुड़ाती हुई-सी बोली।

पर उसकी बात बीच में ही रह गयी थी। अक्षय ने उसकी साड़ी लगभग अलग कर दी थी।

"अमेरिका में बिना चार-छह रातें साथ बिताये, कोई भी शादी नहीं करता। तुम हिन्दुस्तानी तो जुआ खेलना चाहते हो। शादी के बाद तक लड़के-लड़कियों को पता नहीं होता कि वे लोग सेक्स के विषय में कुछ जानते भी हैं या नहीं !"

"नो-नो ! डार्लिंग ! नहीं !" सुहासा ने स्वयं को छुड़ा लिया था।

"नहीं तो न सही !" अक्षय हंसकर बोला, "शादी के बाद खुद को अनाड़ी पाकर आप ही पछताओगी। हमने सोचा था, कुछ सिखा दें···।"

"शादी के बाद ही सिखा देना न !" सुहासा हंसकर बोली।

सुहासा अकेली ही अपने हॉस्टल लौटी थी।

और दूसरे दिन बहुत सवेरे ही अक्षय विदा हो गया था।

सुहासा जानती थी कि अक्षय की मैत्री बहुत सारी लड़कियों से भी है। पर पिछली रात की बातों से लगा था, बात मैत्री तक ही नहीं है···

और उसे अपने प्रति एक भय व्याप गया था।

शादी के बाद यदि उस खेल में अक्षय मंजा हुआ खिलाड़ी और सुहासा एकदम अनाड़ी निकली तो ?

इस प्रकार बिलकुल अप्रस्तुत, अनजानी वह अक्षय के पास कैसे जायेगी !

उसके जी में आया कि वह अक्षय के साथ शादी करने से इनकार कर दे। पर इसके लिए घर से कोई भी नहीं मानेगा। वैसे भी अक्षय से अच्छा कोई लड़का उसकी नजर में नहीं था।

फिर ? वह शादी से इनकार नहीं कर सकती। बहुत दिनों तक वह अपनी अज्ञानता पर खीझी रही थी।

और फिर वह तीसरी बार प्रवीण से मिली थी। प्रवीण अचानक ही कनॉट-प्लेस में मिल गया था।

वे दोनों एक साथ घर आए थे, चाय पी थी, रात का खाना खाया था।

रात के खाने के लिए रुकना जैसे ही सुहासा ने स्वीकार किया था, प्रवीण मुसकराया था।

"देखो सुहासा, रात के खाने तक तुमको बहुत देर हो जाएगी।" उसने पहली बार सुहासा को 'तुम' से सम्बोधित किया था।

"कोई बात नहीं!" सुहासा ने कहा था, "तुम मुझे पहुंचा आना।"

प्रवीण हंसकर चुप हो गया था।

उसने अक्षय के विषय में बहुत-कुछ पूछा था। सुहासा ने बहुत-कुछ बताया था और खीझ में यह भी बता गयी थी कि अक्षय की बहुत सारी सखियां भी है।

"यह तो एकदम स्वाभाविक है।" प्रवीण ने कहा था, "भई, शादी अपनी जगह, जरूरतें अपनी जगह। तुमसे उसकी शादी होने वाली है—यह आश्वासन ही तो उसकी जरूरतों को समाप्त नहीं कर सकता न! अब तुम्हारी शादी अक्षय से होगी, मैं पहले ही विवाहित हूं। इसका यह अर्थ तो नहीं कि हम एक-दूसरे की जरूरत भी पूरी न कर सकें···।"

सुहासा कुछ नहीं बोली।

वह प्रवीण के दर्शन से सहमत नहीं हो पा रही थी।

पर उसे प्रवीण की जरूरत थी।

खाने के बाद प्रवीण ने बड़ी खुली आत्मीयता से उसकी कमर में हाथ डालकर अपनी ओर खींच लिया था। "आओ! अब सो जायें।"

सुहासा के भीतर बड़ी उग्र प्रतिक्रिया जागी। पर वह बहुत देर से स्वयं को तैयार कर रही थी।

उसने बिना कुछ कहे ही, स्वयं को छुड़ाना चाहा।

प्रवीण का मुख तप्त, लाल वर्ण का हो रहा था। उसकी सांस भी काफी तेज हो गयी थी। उसने सुहासा की गर्दन और कन्धों पर दो-तीन बार जल्दी-जल्दी चूम लिया।

"आज नहीं···।" सुहासा ने अपनी आवाज की तेजी को बहुत कठिनाई से दबाया। झटका मारकर प्रवीण को अलग किया और लगभग भागती हुई पहले कमरे से और फिर घर से निकल आयी।

पर बाहर आते ही उसके पैर शिथिल होने लगे। उसे अपने पर क्रोध आने लगा। उसे इस प्रकार भागना नहीं चाहिए था। आधा घंटा और ठहर जाती तो क्या हानि थी।

दूसरे दिन हॉस्टल में, अपने से मिलने के लिए आये हुए व्यक्ति के रूप में प्रवीण को देखकर, उसके भीतर एक प्रकार का उल्लास भर गया। उसे लगा अपनी मूर्खता से उसने जो चीज़ खोयी थी, वह फिर से पा गयी।

"आप मुझसे नाराज हैं क्या!" प्रवीण ने पुरानी औपचारिकता के साथ पूछा था।

"नहीं तो! एकदम नहीं!" उसने अपना उल्लास छिपाने का कोई प्रयत्न नहीं किया।

"ओह! तुम ऐसे भागी थीं कि मैं तो डर ही गया था!" प्रवीण के स्वर में खुलापन लौट आया था।

फिर सुहासा प्रवीण के साथ ही आयी थी। दोनों ने चाय पी थी। आज खाना भी स्वयं सुहासा ने बनाकर खिलाया था।

और यह सारा समय प्रवीण ने उसे अपनी जरूरतों का दर्शन समझाने में लगाया था। सुहासा ने सारा समय, अपनी शक्ति स्वयं को भागने से रोकने के लिए खर्च की थी।

खाने के बाद जब प्रवीण ने टहल आने और कॉफी पी आने का प्रस्ताव रखा तो सुहासा ने उसे मानने में अधिक तत्परता दिखायी।

वह चाहती थी कि आज उसे यहां इतनी देर हो जाये कि वह अपने हॉस्टल लौटने की बात भी न सोच सके।

और मिण्टो रोड पर एक सुहासा प्रवीण के साथ टहल रही थी। दूसरी अक्षय के साथ न्यूयॉर्क के एक बहुत ऊंचे भवन में, दसवीं मंजिल के एक अपरिचित कमरे में बैठी थी।

गे-लॉर्ड में कॉफी पीकर जब दोनों फिर वापस मिण्टो रोड पर, प्रवीण के घर पर आये तो रात के साढ़े ग्यारह बज रहे थे।

"आज हॉस्टल जाने की जिद तो नहीं है न?" आंखों में पचासों प्रश्नों के साथ प्रवीण ने कहा।

"नहीं!" सुहासा हंसी।

"आओ फिर!" प्रवीण ने उसे अपनी ओर खींचा।

सुहासा ने प्रतिरोध नहीं किया। दरवाजा बन्द हुआ। प्रवीण ने बत्ती बुझा दी।

सुहासा को अंधेरे में अपने शरीर से अलग होते हुए कपड़ों का अहसास होता रहा।

फिर कोई कुछ नहीं बोला। कुछ समय के बाद प्रवीण निढाल होकर उसकी बगल में लेटा हुआ पूछ रहा था, "खुश हो न?"

"हां!" वह धीरे से बोली, "बहुत खुश!"

उसे लग रहा था—उसके मस्तिष्क पर पड़ा हुआ, अनेक दिनों का बोझ हट गया है। अब वह अक्षय के सामने अनाड़ी सिद्ध नहीं होगी।

अब उसे अक्षय से कतराने की आवश्यकता नहीं है।

अब उसे प्रवीण से मिलने की भी आवश्यकता नहीं है।

१२.२.१९६७

किरचें

तीन दिनों के झुटपुटे के बाद आज पहली बार सूर्य निकला था। बादल छंट गये थे और धूप बहुत भली लग रही थी।

लि थी खुआंग की तबीयत दो-तीन दिनों से काफी खराब चल रही थी। सूर्य निकलने से उसको भी काफी राहत मिली थी। पता नहीं तबीयत ही कुछ सुधर गयी थी या मौसम का ही प्रभाव था।

लि का पति हो सवेरे से ही बाहर गया हुआ था। मौसम के सुधरने की वजह से ही उसका बाहर जाना संभव हो पाया था।

हो को बाहर भेजकर लि घर के छोटे-मोटे कामों में लग गयी थी। वह चाहती थी कि दोपहर के लगभग, जब हो लौटे, तब तक वह सारे कामों से निबट चुकी हो, ताकि दोनों आज के इस सुनहरे दिन की छुट्टी को फुरसत से बिता पाएं।

वियतनाम के हा बाक प्रान्त में, हीन-होआ नगर के बाहर की इस बस्ती में, जुलाई के महीने में ऐसे सुनहरे दिन बहुत कम आया करते थे। और इन दिनों तो लि ऐसे दिनों के लिए तरसकर रह गयी थी। पिछले कुछ दिनों से उसके मन में कुछ विशेष कामों के प्रति बहुत तीव्र उत्कंठा पैदा होने लगी थी। वह कुछ विशेष स्थानों पर जाना चाहती थी, विशेष तरह की चीज़ें खाना चाहती थी। लगभग दो वर्ष पहले इन्हीं दिनों जब लि पहली बार मां बनने की प्रतीक्षा कर रही थी, तो भी उसकी इच्छाएं कुछ इसी प्रकार तीव्र हो उठी थीं। पर वे इच्छाएं इन इच्छाओं से बहुत भिन्न थीं। तब लि मीठी चीजें बहुत खाया करती थी। पर इन दिनों उसे खट्टी चीज़ें बहुत भाती थीं। पहली बार लि का बेटा पैदा हुआ था—और लि अपने मन में जानती है कि इस बार उसकी गोद में बिटिया आने वाली है।

लि के मन में इन दिनों ममता बहुत उमड़ती है। उसे लगता है कि अब वह दो बच्चों की मां है। उसके भीतर दुगुनी ममता है। पर अभी अपनी अनजाई बिटिया को वह प्यार नहीं कर पाती। बस कभी-कभी एकान्त पाकर, अपने उभरे हुए पेट पर धीरे से हाथ फिरा लेती है। कभी-कभी अनदेखी-अनचीह्नी बेटी को पुचकार लेती है और उससे बातें कर लेती है। जब भीतर-ही-भीतर बहुत हिल-डुल होती है, तो बच्ची को प्यार से इस शरारत के लिए डांट भी देती है, "क्यों तंग करती है, बिट्टो मेरी !" वह उसे समझाती है, "अभी से इतनी शैतान है तू, तो जन्म लेने के बाद क्या करेगी ! न, बेटी ! मां को तंग नहीं करते !"

और अपने आप ही मुसकरा पड़ती है लि।

बाकी समय लि अपना सारा प्यार बेटे पर उंडेलती रहती है।

आज सवेरे से लि अपने बेटे के कामों में लगी हुई है। कभी-कभी झुंझलाकर सोचती है—काम ही किसका है उसे। एक इस बेटे का और एक इसके बाप का। दोनों बाप-बेटे परेशान करते रहते हैं। नन्हा काई भी बहुत शैतान हो गया है। लि की कोई बात नहीं मानता।

धूप निकल आयी थी, तो लि के मन में बेटे को नहला देने की बात भी आयी। दो दिनों से बारिश हो रही थी और लि ने नन्हे काई को इस डर से नहीं नहलाया था कि कहीं बच्चे को ठंड न लग जाए। पर आज धूप निकल आयी थी। आज उसे नहला ही देना चाहिए, बहुत गंदा हो रहा था। और फिर आज न नहलाया तो कल मौसम जाने कैसा रहे !

लि ने आंगन में नहलाने की चीज़ें इकट्ठी कर ली थीं और नन्हे काई को भी पकड़ लायी थी।

वह जोर-जोर से रोता जा रहा था। तीन दिनों से लि और हो ने उसे आंगन में निकलने नहीं दिया। इतनी देर तक कमरे में बन्द रहने के बाद काई आंगन में निकला था, तो वह मिट्टी से खेलना चाहता था, इधर-उधर भाग-दौड़ करना चाहता था और घर के आहते से भी बाहर निकल जाना चाहता था।

पहले तो लि के मन में आया कि बच्चे को थोड़ा खेल लेने दे। पर यदि एक बार वह छूट गया तो उसका दुबारा हाथ आना मुश्किल हो जायेगा। फिर देर भी हो रही थी। इसी तरह काम चला तो हो के घर लौटने तक वह अपना काम समाप्त नहीं कर पायेगी···

"न, बेटे ! रोते नहीं हैं।" उसने काई को समझाया, "और राजे बेटे, मां को तंग नहीं करते।"

काई रोता रहा और लि उसके कपड़े उतारती रही। पहले कमीज उतारी।

बनियान की बारी आयी तो काई एकदम मचल गया। वह उसके हाथों से छूट-छूट जा रहा था। एक बार तो वह लगभग हाथों से निकल ही गया था। पर लि ने उसे फिर घसीट लिया।

एक हाथ से लि ने काई को पकड़ा और दूसरे हाथ से पानी को छूकर देखा —पानी बहुत ठंडा नहीं था।

और तभी लि के भीतर बहुत जोर से कुछ हिलने-डुलने लगा।

लि ने गीला हाथ अपने पेट पर रख लिया, "न, बेटी, न। तंग नहीं करते। भैया को नहला लेने दे।"

एक ओर काई ज़ोर-जोर से रो रहा था और उसके हाथों से निकल भागने को मचल रहा था और दूसरी ओर यह…

"तुम दोनों भाई-बहन तंग क्यों कर रहे हो मुझे!" लि ने मुसकराकर अपने पेट के उभार की ओर देखा, "शैतान बच्चो!"

और वह सोच रही थी, इस समय हो घर पर होता तो उसकी सहायता कर देता।

उसके पेट के भीतर की हलचल बहुत प्रबल हो रही थी। बिट्टो अब और भीतर नहीं रहना चाहती—लि खुद को बता रही थी।

उसने अपना ध्यान उधर से हटाकर काई के सिर पर एक लोटा पानी डाला।

काई का रोना कुछ प्रबल हो गया।

"न, बेटे! नहाते हुए रोते नहीं हैं!" लि ने उसे समझाया, "जल्दी से नहा लो।"

उसने उसके सिर पर साबुन की टिकिया रगड़नी शुरू की। मुंह पर साबुन नहीं लगाया नहीं तो काई और भी अधिक जोर से रोने लगता, मुंह पर साबुन बाद में लगा लेगी। हाथों पर साबुन लगाया और मल-मलकर हाथों पर लगी मिट्टी उतारी।

काई की बहन फिर एक बार जोर से मचली थी।

और सहसा बहुत जोर से गूं-गूं ऊं-ऊं की आवाज हो उठी। लि चौंकी—क्या हुआ है बिट्टो को?…

पर दूसरे ही क्षण ध्यान आया, यह बिट्टो की आवाज नहीं थी। आवाज आसमान से आ रही थी। आवाज की दिशा में बहुत सारा धुंआं और गर्द-गुबार उड़ रहा था। साफ आकाश कहीं छिप गया था। सारा वातावरण मटमैला हो गया था।

और इन सबके बीच पांच विमान उड़े जा रहे थे।

लि को स्थिति समझने में क्षण-भर भी नहीं लगा। उसने साबुन से पुते नन्हे

काई को झपटकर अपनी गोद में समेटा, एक हाथ अपने पेट पर रखकर काई की बहन को सांत्वना दी और झपटकर भीतर की ओर भागी…

नहाने का पानी, साबुन और तौलिया खुले आकाश के नीचे पड़े थे।

चारों ओर शोर-ही-शोर था। आग और धुआं। मनों मिट्टी धरती की कोख से उछलकर आकाश की ओर जाती थी और फिर आग के समान धरती पर बरस पड़ती थी।

धमाके बहुत पास आ गये थे। लि को लगा उसका घर धमाकों से घिर गया था। वह घर में अकेली थी और उसके पास दो बच्चे थे। दोनों एक-से-एक शैतान…

अचानक आंगन में जोर का धमाका हुआ। नहाने का सामान धुएं में छिप गया और लि कमरे के बीचोंबीच औंधी गिरी। काई अब भी उसकी गोद में था।

लि के मुंह से जोर की एक चीख निकली। उसे लगा, कोई आग उसके बाएं नितम्ब को चीरकर भीतर घुसती चली गयी है।

काई चुप हो गया था और उसके हाथों से छूटकर नंग-धड़ंग, साबुन और मिट्टी से सना हुआ, उसके सामने बैठा था।

पीड़ा के मारे लि की आंखों से आंसू निकल आये। उसने अपने निचले होंठ को दांतों में भींच लिया। वह चाहती थी, दांत होंठ को चीरकर मांस में धंस जाएं, नितम्ब की पीड़ा से ध्यान हटाने के लिए वह अपने होंठ में दूसरा घाव करना चाह रही थी।

बाहर विमानों की आवाज दूर चली गयी थी।

लि ने दाएं हाथ से अपने पेट को दबाया और बाएं से अपने नितम्ब को टटोला। उसका हाथ नंगे नितम्ब पर पड़ा—कपड़ा वहां नहीं था—और हाथ किसी गर्म-गर्म चीज से गीला हो गया।

उसने अपने हाथ को आंखों के सामने लाकर देखा—सारा हाथ खून से लाल हो गया था।

लि ने पीड़ा से बचने के लिए अपने दांत फिर अपने होंठ में गड़ा दिये। हाथों-पैरों को समेटकर उठना चाहा और फिसलकर गिर पड़ी।

काई पास बैठा बहुत जोर-जोर से रो रहा था।

हो बस्ती की सीमा तक ही पहुंचा था कि विमानों की बूं-गूं-ऊं-ऊं से उसके कान खड़े हो गये। यह अनुभव उसके या बस्ती के किसी अन्य व्यक्ति के लिए नया नहीं था। अब तो वे लोग उसके आदी हो गये थे। वर्षों से यह लड़ाई चल रही थी और जाने कब तक चलेगी।

हर दूसरे-तीसरे दिन इसी प्रकार विमान उड़ते हुए आते थे। उनसे बम गिराये जाते थे और फिर बस्ती के परे हीन-होआ नगर पर आग, धुआं तथा धूल-ही-धूल नजर आती थी।

पिछले तीन दिनों से वर्षा के कारण ही जहाज इधर नहीं आये थे। आज धूप निकली थी तो विमान भी आ निकले थे···

हो समझ नहीं पा रहा था कि वह क्या करे। बस एक ही बात उसके मन में थी। ऐसे समय में उसे अपने घर पर लि और काई के पास होना चाहिए था। वैसे आज तक उनकी बस्ती पर कभी कोई बम नहीं गिरा था—पर विमान इसी प्रकार आते रहे तो किसी भी दिन गिर सकता था···

और अचानक विमानों से बम गिरने आरम्भ हुए। धमाके, आग और धुआं सब ओर फैल गया। किसी ओर कुछ नजर नहीं आ रहा था। हो चुपचाप जमीन पर औंधा लेट गया।

हो को समय का कुछ पता नहीं चला। कब विमान बम बरसाकर चले गये—वह नहीं जानता। उसके मन में एक ही प्रश्न था—लि और काई ठीक तो हैं न?

और जैसे ही उसे यह एहसास हुआ कि विमान आकाश पर मंडरा नहीं रहे, हो उठकर भागा।

उसका हृदय धड़क रहा था। आज पहली बार विमान उनकी बस्ती के ऐन ऊपर बम बरसाकर गये थे—ईश्वर भला करे!

छंटते हुए धुएं में से हो भागा जा रहा था।

अब धमाके नहीं हो रहे थे। पर शोर बहुत बढ़ गया था। हर घर से रोने और चीखने की आवाजें आ रही थीं। स्थानीय स्वयंसेवक और सैनिक अधिकारी भी प्रकट हो गये थे। मोटरगाड़ियां इधर-उधर भागती फिर रही थीं।

अपने घर पर दृष्टि पड़ते ही हो को लगा, उसके दिल की धड़कन बन्द हो जायेगी। उसके अपने घर के आंगन में बम गिरा था। हो ने जोर की एक चीख मारी और भागता हुआ घर के भीतर घुस गया। उसके गालों पर आंसू धारा-प्रवाह बह रहे थे।

उसके सामने लहूलुहान लि औंधी पड़ी थी और उसके सिरहाने बैठा काई रो रहा था।

हो घुटनों के बल बैठ गया, "लि! लि!"

लि ने कोई उत्तर नहीं दिया।

बाप को देखकर काई और जोर से रो पड़ा।

हो ने विवशता से इधर-उधर देखा। आसपास कोई नहीं था। उसने लि को

सीधा करने के लिए हाथ लगाया तो सहसा उसके शरीर के भीतर होती हुई उथल-पुथल को छू गया।

हो को समझ नहीं आ रहा था, वह क्या करे !

और तभी एक अधिकारी कई स्वयंसेवकों के साथ घर के भीतर आया। हो आंसुओं-भरी आंखों और बिसूरते होंठों से उन्हें चुपचाप देखता रहा।

अधिकारी एक ही नजर में सब-कुछ समझ गया। उसने झुककर लि को सीधा कर उसकी हृदय-गति देखी। और सहसा वह अपने साथियों की ओर मुड़ा, "जीवित है।"

स्वयंसेवक झुके और लि को उठाकर ले गये।

हो ने रोते हुए काई को गोद में उठाया और उनके पीछे-पीछे बाहर चला आया।

लि को उन्होंने एम्बुलेंस में लिटाया। उसमें चार-पांच घायल और भी थे। हो साथ वाली जीप में बैठ गया। काई रोना बन्द कर फटी-फटी आंखों से इधर-उधर देख रहा था।

सब-कुछ अपने-आप ही हो गया था। किसी ने भी किसी से कुछ नहीं कहा था।

पहले जीप चली और उसके पीछे-पीछे एम्बुलेंस चल पड़ी। वे हीन-होआ नगर की ओर जा रहे थे।

हो के मस्तिष्क में एक ही बात थी। ये लोग लि को साधारण घायल के रूप में ही ले जा रहे थे या यह जानते थे कि उसके शरीर के भीतर एक और नन्ही-सी जान सूर्य की रोशनी देखने को कसमसा रही है। लि की इस अवस्था के कारण नन्ही-सी जान भी खतरे में थी।

हो ने कितनी ही बार सोचा कि वह उठकर अधिकारी को यह बता दे। पर वहां कोई भी किसी से नहीं बोल रहा था। और हो की अपनी अवस्था भी ऐसी हो रही थी कि उसे स्वयं ही इस बात में सन्देह था कि उसके गले से आवाज भी निकलेगी क्या ?

सूर्य ढल चुका था। गाड़ियां अस्पताल के अहाते में प्रवेश कर रही थीं। और हो तब तक अधिकारी को कुछ नहीं बता पाया था।

हो बरामदे के एक कोने से दूसरे कोने तक टहल रहा था। वह रात भर इसी प्रकार टहलता रहा था। और अब ऊषा की पहली किरणें धरती को छू रही थीं।

हो को पता भी नहीं चला कि रात किधर गयी। वह तो यही जानता है कि डॉक्टर ने लि को सरसरी नजर से देखकर ऑपरेशन थियेटर में भेज दिया

था। उसे इतना भर बता दिया गया कि लि बम से छिटक आये हुए धातु के टुकड़े से घायल हुई थी और धातु का टुकड़ा लि के बाएं नितम्ब के भीतर घुस गया था और अभी भी भीतर ही था। उसे ऑपरेशन करके निकाला जा सकता है। लि थियेटर के भीतर बन्द थी और वह बाहर टहल रहा था।

काई एक बेंच पर सोया पड़ा था।

हो ने एक नजर काई को देखा। वह अपने घुटने पेट से लगाये गठरी बना, सोया पड़ा था। हो के जी में आया कि उसे एक चादर ही ओढ़ा दे। पर चादर कहां से लाता !

रात-भर हो टहलता रहा था। और किसी ने उसे यह भी नहीं बताया था कि लि कैसी है। वह बचेगी भी या नहीं— वह नहीं जानता था। यदि लि नहीं बची तो ?

'उसके मरने से पहले मुझे उससे थोड़ी बात कर लेने दो,' वह कहना चाहता था ? पर किससे कहता ? यहां कौन था जो उसकी बात सुनता ? जिस दरवाजे के भीतर उसकी लि को ले जाया गया था, उसके भीतर उसे जाने नहीं दिया गया था और स्वयं भीतर घुस जाने का साहस वह कर नहीं पाया था।

औ तभी दरवाजा खुला था।

हो पलटकर खड़ा हो गया। उसकी सांस रुकने-सी लगी।

"मिस्टर हो, आप आ सकते हैं।" खुले दरवाजे के बीच प्रकट हुई नर्स ने कहा।

नर्स उसे कई रास्तों से घुमाती हुई वार्ड में ले आयी थी। घायलों के उस जंगल में उसने एक बेड पर लि को देखा।

जीती-जागती लि उसके सामने लेटी हुई थी। उसकी आंखों से आंसू टप-टप गिर रहे थे। हो को देखकर लि एक बार जोर से सुबकी और फिर उसी प्रकार शान्त होकर रोती रही।

हो के सिर से मनों बोझ हट गया। उसके होंठों पर एक मुसकान फैल गयी, "लि ! रो क्यों रही हो ?"

वह आकर उसके सिरहाने के पास खड़ा हो गया। लि कुछ नहीं बोली। हो ने आश्चर्य से लि को देखा और फिर उसकी आंखें नर्स की ओर उठ गयीं।

नर्स उसके पास आ गयी थी। "हमें खेद है, मिस्टर हो ! हम आपकी बच्ची को नहीं बचा सके।"

"बच्ची !" और सहसा हो को ध्यान आया कि लि अपने शरीर में एक नन्ही-सी जान को भी पाल रही थी।

हो की आंखों में आंसू उतर आये।

"आप बच्ची को देखना चाहेंगे ?" नर्स उससे पूछ रही थी।

हो का सिर अपने आप ही स्वीकृति में हिल गया।

और फिर हो नर्स के पीछे-पीछे चलता हुआ, बहुत सारे गलियारों को पार कर एक कमरे के सम्मुख आया।

नर्स उसे वहीं रुकने का इशारा कर, स्वयं भीतर चली गयी।

वह बन्द दरवाजे को ताकता रहा। इस बन्द दरवाजे के उस पार उसकी बच्ची थी, जो कल लि के शरीर का अंग थी।

दरवाजा खुला। नर्स के हाथों में सफेद कपड़ों में लिपटा एक बच्चा था। नर्स ने कपड़े की तहें हटा दीं।

एक गोरा-चिट्टा, स्वस्थ बच्चा कपड़े के बीच पड़ा था। उसके मुख पर रोने के-से भाव थे। शायद चीखती-चीखती ही उसकी बच्ची मर गयी थी।

और नर्स ने बच्ची के सिर को एक ओर घुमाते हुए हो को बच्ची का बायां गाल दिखाया। गाल पर एक बड़ा-सा ताजा-ताजा घाव था। चमड़ी फटी हुई थी और नंगा लाल मांस दिख रहा था। खून चारों ओर जमकर काला पड़ रहा था।

"यह बम के उस धातु के टुकड़े से हुआ है," नर्स बोली, "जो श्रीमती लि के नितम्ब में घुस गया था।"

नर्स ने कपड़े से बच्ची को ढंक दिया।

"हमें खेद है, मिस्टर हो !" वह फिर बोली, "हम आपकी बच्ची को बचा नहीं सके। पर इतनी कम आयु का घायल इससे पहले कभी हमारे पास आया भी तो नहीं था !"

नर्स ने आंखें मींचकर अपनी आंखों में आये आंसू झटक दिये और दरवाजे के भीतर चली गयी।

थोड़ी देर बाद हो लि के बेड के पास एक स्टूल पर बैठा था। काई उसकी गोद में था, जो आश्चर्य से कभी मां को देखता, कभी बाप को। बोल कोई भी नहीं रहा था।

२६.३.१९६७

वृत

लालचन ने मोतीबाग का बस-अड्डा पार कर रेल-पुल के बहुत पहले ही बड़ी सड़क छोड़ दी थी। वह चुपचाप सिर झुकाए बीड़ी पीता हुआ, किनारे-किनारे चला जा रहा था।

इस प्रकार सिर झुकाकर, चुपचाप बीड़ी पीते हुए चलना लालचन का स्वभाव नहीं है।

ऐसा तो कभी-कभी होता है, जब वह किसी गहरी सोच में हो; नहीं तो लालचन बहुत मस्त रहता है। वह अपने सब साथियों से बड़ी पगड़ी बांधता है। पगड़ी क्या, पूरा पग्गड़। कोई भी कपड़ा राजस्थानी ढंग से वह सिर के ऊपर लपेट लेता है। गले में खद्दर की, खद्दर के ही बुतामों वाली बंडी होती है। सिलने के बाद जब पहली बार लालचन वह बंडी पहनता है तो उसका रंग सफेद होता है। दो-एक दिनों में ही वह या तो पीली हो जाती है या काली। उसके बदले हुए रंग का निर्णय लालचन का तत्कालीन काम करता है। यदि वह मकानों की सफेदी के काम में लगा होता है तो बंडी पीली हो जाती है और किसी भी अन्य काम में होने पर काली। वह घुटनों से ऊपर-ही-ऊपर लांग वाली धोती बांधता है—काफी कसी हुई। धोती का भाग्य बंडी से भिन्न नहीं होता। पांव में चमड़े की राजस्थानी जूतियां होती हैं—लाल रंग की; जिनके ऊपर पड़ी धूल उसका रंग स्पष्ट नहीं होने देती। और ऐसा लालचन बड़ा मस्त होकर गाता हुआ चलता है।

'यहि उमिर है गाने की।' लालचन सोचता है। बाईस वर्षों का है लालचन। अपने कपड़ों और मुख पर अनुभवों के छोड़े हुए चिह्नों से लालचन बाईस का लगता नहीं। काफी बड़ा लगने लगा है लालचन ! पर उससे उसे कोई

शिकायत नहीं है। अच्छा ही है—लोग छोकरा समझकर उसकी बात को नहीं टालते न?

सवेरे जब लालचन काम पर गया था तो बड़ा मस्त था। सारा रास्ता ऊंचे स्वरों में बहुत सारे लोक-गीत, जितने-जितने उसे याद थे, गाता गया था। कभी-कभी कोई और भी उसके स्वर में स्वर मिला देता था। पर ज्यादातर वह अकेला ही गाता गया था।

सवेरे सारी बस्ती के लोग एक साथ ही निकलते थे। सबके पास दोपहर का खाना, पोटलियों या डिब्बों में होता था और कुछ बच्चों वाली औरतों के पास उनके बच्चे होते थे। उनके मर्दों के पास बच्चों का सामान। किसी का बच्चा बहुत छोटा हो तो उसके मां-बाप छोटी-सी चारपाई का झूलना साथ लेकर चलते थे ताकि काम करते समय बच्चे को उस पर लिटाया जा सके।

और इस प्रकार यह काफिला चलता था। कोई विशेष बात न हो तो सब लोग गाते चलते थे।

लालचन अकेला था अभी उस बस्ती में। बस्ती के लोग अधिकतर उसके अपने ही गांव के थे। कभी-कभी तो लगता था कि उसका सारा गांव ही राजस्थान की पहाड़ियों से नीचे उतर आया है। पर कुछ लोग उसके आस-पड़ोस के गांवों के भी थे। लालचन के रिश्ते में बहुत सारे भाई और उनके परिवार थे यहां। पर स्वयं वह अकेला ही था। जिसके साथ् चलने वाली पत्नी न हो, जिसका खाना घर पर न पकता हो—वह अकेला ही था इस बस्ती में।

सब जानते हैं कि लालचन अकेला है। और सब जानते हैं कि सर्दी-गर्मी, धूप-बरखा में लालचन सारे रास्ते क्यों गाता चलता है।

रांगली भी समझती है इस बात को। इसलिए वह लालचन से दूर-दूर चलती है। किसी दिन लालचन दिखाई न पड़ रहा हो या उसकी आवाज सुनाई न दे तो वह उदास हो जाती है। उसको देखने को उसका मन मचलने लगता, कान उसकी आवाज को कहीं से चुग लेना चाहते हैं। पर जब वह दिखाई देता है—तो सारे दल में रांगली उससे इतनी दूर चलती है, जितनी दूर चलना सम्भव हो। जब कभी वह गाता है तो उसकी आवाज में कभी अपना स्वर नहीं मिलाती, चाहे सारी बस्ती ही उसके साथ क्यों न गा रही हो।

रांगली लालचन की बात तो समझती है पर अपने मन की बात नहीं समझती। सवेरे बस्ती से चलते हुए जब सब लोगों के हाथ में दोपहर का खाना होता है, और लालचन खाली हाथ होता है तो उसके जी में आता है कि वह अपने खाने के साथ उसके लिए भी चार टुक्कर रख लिया करे। पर जब कभी वह उससे बात करने का प्रयत्न करता है तो वह ओढ़नी और लंहगे को सम्भालती

हुई ऐसे जल्दी-जल्दी कदम बढ़ा देती है, जैसे उसके पीछे कोई जंगली भैंसा डकराकर दौड़ पड़ा हो। दोपहर को जब सब लोग किसी पेड़ की छाया में बैठे खाना खा रहे होते हैं तो लालचन इधर-उधर बौराया-बौराया डोल रहा होता है, या बाजार से कुछ खा आने की तैयारी कर रहा होता है तो रांगली का मन चीत्कार कर उसे अपने पास बुला लेना चाहता है। पर उसका गला सूख जाता है और वह टुक्कर कम खाती है, पानी अधिक पीती है। लालचन कभी किसी की रोटी में एक-आध गस्सा खा ले तो रांगली की छाती पर सांप लोट जाता है—पर वह उसे फटकार नहीं पाती।

कितनी बार रांगली के मन में आता है कि वह लालचन की झुग्गी को झाड़-बुहार आए। पर जब कभी उसके भैया-भाभी उससे लालचन के बारे में कुछ पूछते हैं तो वह सब दर्द-लिहाज छोड़कर, उनका मुंह नोंचने को पड़ती है।

आज सवेरे भी लालचन सारी टोली के आगे-आगे उसी प्रकार गाता हुआ काम पर गया था। और रांगली, सबके पीछे वाली कतार के एक कोने में उसका पीछा करती आयी थी। उसके कान उसके स्वरों को पीते आये थे।

पर काम पर जाते ही मेट ने सबको बता दिया था कि यह सड़क लगभग पूरी बन चुकी है। बस दो-एक दिन का काम और था।

इसका मतलब साफ था कि सारी बस्ती दो-एक दिनों में फिर से बेकार होने जा रही थी। उन्हें नये सिरे से काम खोजना होगा!

यह बात नयी नहीं थी। सारी बस्ती में किसी की भी कभी पक्की नौकरी नहीं लगी थी। सब लोग इसी प्रकार काम करते थे—कभी मकान बनाने का, कभी सफेदी करने का, कभी सड़क बनाने का और कभी खुदाई का। महीने-दो महीने काम चलता था और सबकी नौकरी छूट जाती थी। सब लोग फिर से नया धन्धा ढूंढ़ते हैं। दो-एक महीनों में वह भी छूट जाता है।

अब तो सब लोग इसके आदी भी हो गए हैं। एक धन्धा छूटने पर दूसरे की खोज करते हैं। चिन्तित कोई नहीं होता।

पर लालचन अभी तक इस बात का अभ्यस्त नहीं हुआ है। हर बार नौकरी छूटने पर वह चिन्तित हो जाता है और उसका मन डूबने लगता है···

वैसे तो सारी बस्ती का प्रयत्न यही होता है कि सब लोग, एक साथ, एक ही जगह काम करें। बहुधा उनको काम एक ही स्थान पर मिल भी जाता है। कुल पैंतीस-चालीस लोग ही तो हैं और हाथ-पैर से काम करने वाले को काम की कमी नहीं है। अब तक बहुत कम ही ऐसा हुआ है कि उन्हें अलग-अलग काम करना पड़ा हो। पर फिर भी···

यदि लालचन को वहां काम न मिल सका, जहां रांगली काम करती हो, तो

लालचन काम नहीं कर सकता। ऐसी जगह वह काम करेगा ही नहीं। इसलिए हर बार काम छूटने पर वह उदास हो जाता है···

आज सवेरे से— जब से मेट ने काम के समाप्त होने की बात कही— लालचन उदास भी है और चिन्तित भी।

लालचन अपनी टोली के साथ वापस बस्ती को नहीं लौटा था। पांच बजे, जब काम समाप्त हुआ तो लालचन सबसे अलग बाजार की ओर चला गया था। वह बाजार गया था खाना खाने। पर बहुत देर तक इधर-उधर भटककर वह बिना कुछ खाये-पिए ही बस्ती की ओर लौट आया था···

रेल के पुल के पीछे एक बहुत ऊबड़-खाबड़ मैदान है—वही लालचन की बस्ती है।

सारी बस्ती में बीस-पच्चीस झुग्गियां हैं। बांस-टीन, पेड़ों की टहनियों, पत्रों और पत्तों की चटाइयों से मिलाकर ये झुग्गियां बनायी गयी हैं। कहीं-कहीं मिट्टी का भी प्रयोग हुआ है। पर बहुत कम !

बस्ती में पैंतीस-चालीस लोग काम करने वाले हैं। कुछ बूढ़ हैं, कुछ बच्चे। बूढ़े और खेलने वाले बच्चे पीछे रह जाते हैं। शेष सब लोग, गोदी के बच्चों समेत काम पर चले जाते हैं। दिन-भर यहां सन्नाटा छाया रहता है। बूढ़े पड़े बीड़ियां पीते रहते हैं और बच्चे खेलते हुए कभी शान्ति पथ के बड़े-बड़े भवनों की ओर चले जाते हैं, कभी रेल की लाइन से कोयले चुन लाते हैं, और कभी-कभी मोती बाग बस-स्टैंड की ओर से, अवसर पाने पर भीख मांग लाते हैं।

लालचन जब लौटा तो बस्ती में बहुत सारा शोर हो रहा था।

हर झुग्गी से धुआं उठ रहा था। औरतों ने आते ही चूल्हे सम्भाल लिये थे। खेलने वाले बच्चे खेलकर लौट आए थे और कान-फाड़ शोर मचा रहे थे। छोटे बच्चे मर्दों ने उठा रखे थे और वे गोद में भी चीख रहे थे। मर्द आपस की बातों में उलझे हुए थे। बच्चों की ओर उनका ध्यान नहीं था।

लालचन को अपनी बस्ती में कुछ नया-नया-सा लगा। आज शायद ही कोई मर्द अपनी झुग्गी में था। सब ही बीच में खाली स्थान पर जमा थे और ऊंची आवाज में बातें कर रहे थे।

इस स्थान पर बड़े काका का खटोला सदा ही बिछा रहता था। बड़े काका बस्ती में सबसे बूढ़े और सबसे अधिक खांसने वाले व्यक्ति थे। दिन-भर अपने खटोले पर पड़े खांसते रहते थे।

आज सब उसी खटोले को घेरे हुए थे।

कहीं बड़े काका मर तो नहीं गए—लालचन ने सोचा—पर नहीं। किसी के मरने पर लोग चुप हो जाते हैं, इस प्रकार चीखते नहीं !

तभी उसने बड़े काका की जोर से खांसने की आवाज सुनी।

नहीं, प्राण गए नहीं अभी—उसने सोचा।

लालचन पास आया।

उसने सुना, चौथराम कह रहा था, "यहां पड़े हैं, तो किसी का क्या लेते हैं। हम कब कहते हैं कि यह धरती हमारी है, जिसकी है वह आए तो हम कहीं और चले जाएंगे। पर जब तक सपाट पड़ी है, तब तक हमें रहने क्यों नहीं देते।"

जीतमल बोला, "उनको भय है, हम यहां हवेली बना लेंगे। भगवान खाने को दे दे, बहुत है। हवेली कौन बना सकता है···"

लालचन ने और कुछ सुनने की जरूरत नहीं समझी। ऐसी बातें बहुत होती थीं। आए दिन ही कोई-न-कोई सरकारी आदमी आकर उनको झुग्गियां हटाने के लिए कह जाता था।

जिस दिन भी कोई आता उस दिन शाम को बस्ती में इसी प्रकार शोर हुआ करता था।

पर लालचन को कुछ नहीं लगा। उसे लगा, जब काम ही छूट गया तो झुग्गी का क्या। तोड़ दे सरकार, इसे भी तोड़ दे···।

ओम्प्रकाश जब मोती बाग के आखिरी फ्लैट से बाहर निकला तो काफी झल्ला गया था।

"सब नवाब हैं साले।" उसने मन-ही-मन सोचा, "इनकी मां···"

उसे इस तरह का काम कभी पसन्द नहीं आया था। पर यह काम है कि उसे ढूंढ़ता फिरता है।

उसके जी में आया कि हाथ में पकड़े रजिस्टर के वह चिथड़े उड़ा दे। पर नहीं, सारा रजिस्टर फाड़ने की जरूरत नहीं थी। एक पृष्ठ निकाले और उसमें से एक-एक नाम को पढ़ता हुआ देखे कि किस-किस परिवार में कौन-कौन-सी युवतियां हैं।

दूसरे ही क्षण उसने इसका विचार भी छोड़ दिया। वह राशन कार्ड बनाने आया होता तो उसके पास पूरी सूचना होती—सोलह से बीस वर्ष की आयु की नवयुवतियों की भी। उनके नाम, उनके पते, उनका वय···। पर वह तो वोटरों की लिस्ट बनाने आया था।

"वोटर—मतदाता।" उसने अपने आपको बताया, "जिनकी आयु इक्कीस वर्ष से अधिक हो। और इक्कीस वर्ष से अधिक की युवतियां अधिकांशतः विवाहित

थीं। नो यूज, मिस्टर ओम्प्रकाश ! इट इज यूजलेस ।"

वह सुबह से इस क्षेत्र में काम कर रहा था। हर घर में उसे नौकरों का सामना करना पड़ा था। नौकर या तो कुछ बताते नहीं थे, या उन्हें कुछ पता ही नहीं था। जब नौकर नहीं बता पाते तो साहब या मेम साहब का आगमन होता था।

और वह प्रश्न करता—

"आपके परिवार के कितने सदस्य इक्कीस वर्ष से ऊपर हैं ?"

उसे इस प्रकार घूरा जाता, जैसे पूछा जा रहा हो—आपसे मतलब ?

जब वह नाम, विवाहित-अविवाहित, ठीक-ठीक आयु इत्यादि पूछता तो लोगों के मुख पर वितृष्णा या अनन्त यातना के चिह्न उभर आते। उसके जी में आता उन्हें एक चांटा रसीद करके कहे, "बदतमीजो ! मैं अपने शौक के लिए यह कार्य नहीं कर रहा। सरकार की ओर से भेजा गया हूं। तुम्हारा नाम लिखूंगा तो तुम्हें मत देने का अधिकार मिलेगा। मैं वोटरों की लिस्ट बनाने आया हूं।"

पर ऐसी बात वह कह नहीं सकता था। उसने अपनी आंखें बन्द कर ली थीं···केवल कान खुले रखे थे। जो कुछ सुनता, लिखता जाता।

वह नहीं जानता था कि लोग उसे सच-सच बता रहे हैं या मनगढ़ंत बातें लिखाते जा रहे हैं पर कोई उपाय नहीं था। वह यह नहीं कह सकता था कि उसे घर के सारे सदस्यों को दिखाया जाए—सब लोग तो घर में होते भी नहीं हैं। कोई काम पर गया होगा, कोई किसी से मिलने गया होगा—कोई बाजार गया हो, कोई घूमने ही गया हो···

एक घर में उसने साहस किया भी था।

उस घर में मेम साहब नहीं, एक माताजी आयी थीं, उसके प्रश्नों का उत्तर देने के लिए। माताजी ने जब अपने चार बेटों और दो बेटियों के नाम लिखाए—जो सब-के-सब इक्कीस वर्षों से अधिक थे तो ओम्प्रकाश का मन खटक गया।

उसने एक बार परिस्थितियों को तौला। माताजी बहुत तेज-तर्रार नहीं लग रही थीं। बहुत पढ़ी-लिखी भी नहीं दीखती थीं। शायद इनसे पूछा जा सकता है। उत्तर नहीं भी देंगी तो क्या हुआ। ज्यादा-से-ज्यादा टाल ही देंगी न !

ओम्प्रकाश ने माताजी की ओर देखा, "माताजी ! मैं आपके बेटों से मिल सकता हूं ?"

उसने अपने स्वर को बहुत नम्र बनाया था।

माताजी ने हाथ में पकड़ी ऐनक नाक पर रखी। उसके शीशों के भीतर से एक बार घूरकर उसे देखा और बोलीं, "चीफ इलेक्शन कमिश्नर सुन्दरम को भेज दो, तो मिला दूंगी।"

ओम्प्रकाश अटपटा गया और बाहर चला आया। बाहर आकर सांस ली। पसीना पोंछा। रजिस्टर देखा तो कुछेक अधूरी बातें लेकर ही वह उस फ्लैट से निकल आया था।

"चलो, फिर सही।" उसने सोचा।

अभी झुग्गियों की बस्ती में भी उसे जाना था।

झुग्गियों की बस्ती में वह सवेरे भी आया था। पर तब इस बस्ती में कोई था ही नहीं। सब लोग काम पर जा चुके थे। कुछ बूढ़े थे और कुछ बच्चे। उनसे न वह ही कुछ पूछना चाहता था, न वे ही कुछ बता सकते थे।

वह लौट गया था।

इस समय बस्ती के पास पहुंचते ही, हर झुग्गी से उठते धुएं तथा बच्चों तथा बूढ़ों की चीख-पुकार से वह समझ गया था कि वे लोग काम से लौट आए हैं।

वह ठीक समय पर आया है—उसने सोचा।

बस्ती में घुसते ही बहुत सारे लोगों ने उसे घेर लिया था। पर उसने उनसे बात नहीं की। न ही उन लोगों ने ही उससे कुछ पूछा। वह चुपचाप आगे बढ़ता जा रहा था और वे भी उसे घेरे हुए साथ-साथ चल रहे थे।

उसे लगा, वह मतदाताओं की सूची बनाने वाला एक सरकारी क्लर्क नहीं है; बल्कि···बल्कि···शायद एक नेता है। उसका कैसा स्वागत हो रहा था यहां!

लोगों के मुख पर कुछ-कुछ घबराहट, भय तथा जिज्ञासा के चिह्न थे। केवल एक ओम्प्रकाश ही आश्वस्त था उस सारी भीड़ में! केवल वही जानता था कि यहां वह किसलिए आया है।

ओम्प्रकाश के मन की सारी झल्लाहट धुल गयी थी। मोती बाग के बड़-बड़े फ्लैटों में वह एक तुच्छ क्लर्क के रूप में गया था और यहां उसकी स्थिति एक सरकारी अफसर की-सी थी। यहां उसे किसी से कोई भय नहीं था। जिससे जो चाहेगा, पूछेगा। जिसे देखना चाहेगा, देखेगा!

वह बस्ती के मध्य में पड़े एक खटोले के पास जाकर रुक गया। उस पर एक बूढ़ा बैठा हुआ उसे आंकने का प्रयत्न कर रहा था। उसके मुख के भाव से लगता था कि उसे साफ-साफ दिखाई नहीं पड़ रहा।

ओम्प्रकाश के रुकने पर सारी भीड़ रुक गयी थी।

उसने देखा सब लोग उसे घूर रहे हैं। आगे-आगे बच्चे हैं और उनके पीछे पुरुष हैं। कुछ ने गोद में बच्चे उठा रखे हैं और कुछ छाती पर हाथ बांधे खड़े हैं। उनके भी पीछे कहीं-कहीं किसी स्त्री का घेरदार लहंगा दिखाई पड़ रहा था। सब लोग सांस रोके, उसके बोलने की प्रतीक्षा कर रहे थे।

वह उस बूढ़े के खटोले पर बैठ गया। अपने रजिस्टर को उसने गोद में रख लिया और दाहिने हाथ की तर्जनी से उसे खटखटाता हुआ बोला, "मैं सरकार की

और से इस रजिस्टर में आपके नाम लिखने के लिए आया हूं।"

उसने देखा, उन सब चेहरों पर एक त्रास और स्तब्धता पुत गयी।

धीरे-धीरे मर्मर उभरी और फिर कुछ आवाजें उठीं—

"क्यों ?"

"पर क्यों ?"

"हम नहीं लिखाएंगे नाम-धाम।"

और उन सारी आवाजों के ऊपर एक स्त्री उभरी। वह काफी हृष्ट-पुष्ट थी। लाल छींट का बहुत बड़ा घेरदार लहंगा उसने पहन रखा था और काली पूरी बांहों की चोली थी। सिर पर उसने मुस्से लाल रंग की ओढ़नी ले रखी थी। ओम्प्रकाश उसका मुख नहीं देख सका। उसका घूंघट काफी लम्बा था।

"ऐ बाबू !" वह ओम्प्रकाश के बहुत निकट आ गयी थी, "अपना पोथी-पतरा लेकर चुपचाप चले जाओ, नहीं तो हम ही फिकवा देंगे।"

"हां, फिकवा देंगे !" बहुत सारे मर्दों ने बड़े डरे-से स्वर में उसका साथ दिया।

ओम्प्रकाश इस प्रतिक्रिया के लिए तैयार नहीं था। पर आतंकित नहीं हुआ। वह मर्दों की आवाज की भीरुता को स्पष्ट पहचान रहा था।

"पर क्यों ?" वह हंसने की चेष्टा कर रहा था।

लालचन ने देखा, जाने कब रांगली आकर उस भीड़ के एक कोने में खड़ी हो गयी थी। ऐसा अवसर फिर नहीं मिल सकता—उसने सोचा।

आगे बढ़कर बोला, "बाबू ! हम क्या छीन रहे हैं किसी का। क्यों अपना भी टेम खराब करते हो। कल भी एक सरकारी आदमी आया था। हम कहे देते हैं, झुग्गियों को कोई हाथ भी नहीं लगा सकता।" उसने मुड़कर एक गर्वभरी दृष्टि रांगली पर डाली। हां, रांगली उसे देख रही थी।

"झुग्गियों की क्या बात है ?" ओम्प्रकाश ने रुचि लेते हुए पूछा।

अब और लोगों का आतंक भी कुछ कम हो गया था। जीतमल आगे बढ़ आया। बोला, "कल भी एक सरकारी बाबू आया था। कह रहा था, सरकार हमारी झुग्गियां गिराना चाहती है।"

"मैं इसलिए नहीं आया।" ओम्प्रकाश ने उन्हें समझाया, "मैं दूसरे काम के लिए आया हूं।"

"क्या काम है ?" बूढ़े काका ने पहली बार प्रश्न किया।

"देखो, बाबा !" ओम्प्रकाश बोला, "हर पांच साल के बाद जनता से पूछा जाता है कि वह किस पार्टी की सरकार चाहती है। मैं उसी के लिए नाम लिखने के लिए आया हूं। मैं तुम्हारे नाम लिखकर ले जाऊंगा, तो तुम लोगों से भी पूछा जाएगा कि तुम लोग किसकी सरकार चाहते हो।"

"तुम भोट के लिए आए हो ?" बूढ़े ने पूछा।

"हां !" ओम्प्रकाश को अपना काम आसान होता लगा, "तुम वोट समझते हो।"

"हां !" बूढ़े ने सिर हिलाया, "पिछली बार मैंने भोट दिया था।"

भीड़ में एक शोर-सा मच गया। सब लोग जानना चाहते थे कि भोट क्या होता है। जो जानते थे, वे शेष लोगों को समझा रहे थे।

शोर धीमा हुआ तो ओम्प्रकाश ने पूछा, "तो अपने नाम लिखाओगे न ?"

"नहीं।" चौथराम चीखकर बोला, "तुम कहते हो तो हम वोट दे आएंगे, पर नाम नहीं लिखाएंगे।"

ओम्प्रकाश के जी में आया, जोर से डांट दे एक बार, "अनपढ़ जंगली साले !" पर डांटने से काम आसान नहीं होगा।

एक क्षण बाद मुसकराकर बोला, "मैं इस रजिस्टर में लिखूंगा कि तुम लोग यहां के रहने वाले हो। उस पर सरकारी मुहर लग जाएगी। फिर तुम्हें यहां से कोई नहीं हटाएगा।"

उपस्थित भीड़ के मुख से चिन्ता की खरेपड़ियां उतर गयीं और खुशी का चूना पुत गया।

"अब लिखाओगे कि नहीं ?" उसने एक प्रकार से धमकाकर पूछा।

किसी ने कोई उत्तर नहीं दिया। पर ओम्प्रकाश समझ गया कि अब सब लोग तैयार थे।

थोड़ी देर में हर आदमी आकर अपना और अपने घरवालों का नाम और वय लिखा रहा था।

लालचन ने लिखाया—"नाम लालचन, बाप का नाम भुज्जामल। उमर—२२ साल। भुज्जामल का नहीं, मेरा…लालचन का।"

"और तुम्हारी घरवाली ?" ओम्प्रकाश ने पूछा।

लालचन का मुंह लज्जा से लाल हो गया—यह सरकारी रजिस्टर वाला बाबू क्या पूछ बैठा।

वह बिना कोई उत्तर दिए लौट आया।

सिपाही मिट्ठालाल ने निकर के नीचे से हाथ डालकर कमीज को खींचा। सड़क पर पैर पटककर बूटों की धूल झाड़ी—'ऐ भैण…'

वह जाने के लिए तैयार था।

मिट्ठामल की तबीयत सवेरे से जरा सुस्त थी। उसने सोच रखा था, वह अस्पताल जाकर डॉक्टर साब को सैलूट मारेगा। डॉक्टर साब मुसकराकर पूछेंगे, "क्यों जवान ?" मिट्ठालाल भी मुसकराकर कहेगा, "साब ! तबीयत खराब है।" डॉक्टर साब उसकी बात समझ जाएंगे। चुपचाप कागज पर लिख देंगे। मिट्ठालाल पूछेगा, "कितने दिन की रेस्ट है, साब ?" डॉक्टर साब कहेंगे, "अभी दो दिन का लिखा है, बाकी फिर लिखा लेना।"

"अच्छा, साब !" मिट्ठालाल सैलूट मारकर आ जाएगा।

और फिर दो दिन आराम से पड़ा रहेगा। डूटियों की झिक-झिक से बच जाएगा।

पर डॉक्टर साब के पास जाने से पहले ही उसे खबर मिली थी कि कारपोरेशन का इंतजाम आया है। डिमोलशन स्केड की डूटी थी।

एक बार जी में आया कि जल्दी से रेस्ट लिखा ले। पर दूसरे ही क्षण उसने विचार बदल दिया।

डिमोलशन स्केड की डूटी में जनाना पुलस भी साथ जाती है तो झुनझुना देवी भी जाएंगी और इधर होगा सब-इंस्पेक्टर रंगबहादुर सिंह ! नहीं। उसका जाना जरूरी है। डिमोलशन स्केड की डूटी में हमेशा इस साले रंगबहादुर सिंह की ऐश होती है। और झुनझुना देवी ! मिट्ठालाल का खून एक बार ही गरम हो गया। एक बार अकेली मिल जाए···बस पंद्रह मिनट ! फिर मिट्ठालाल खुद ही नौकरी छोड़कर झुनझुना को रंगबहादुर की गोद में डालकर चला जाएगा।

मिट्ठालाल की नसों के तनाव ने उसे डॉक्टर के पास रेस्ट लिखाने के लिए जाने नहीं दिया। उसने वर्दी पहनी। सोटी हाथ में ली और चल पड़ा।

डूटी-रूम के सामने कारपोरेशन का ट्रक खड़ा था।

मिट्ठालाल ने सब-इंस्पेक्टर रंगबहादुर सिंह को सैलूट मारा, "जयहिन, जनाब !" चिट्ठा मुंशी के पास जाकर डूटी वाले कागज पर सैन किया। और जाकर ट्रक में बैठ गया। ट्रक में नौ सिपाही और पांच मजदूर पहले से बैठे हुए थे। मिट्ठालाल समझ गया कि छोटा-सा ही काम है।

थोड़ी देर में लेडी हेड कांस्टेबल मोटी हरजीत कौर के साथ झुनझुना देवी और तीन और लेडी कांस्टेबलें आयीं। सिपाही को 'जवान' कहा जाता तो इन औरत सिपाहियों को 'जवानी' क्यों नहीं कहा जाता—मिट्ठालाल अकसर सोचता है।

सैलूट के बाद जब जवानियां भी ट्रक में बैठीं तो ट्रक चल पड़ा।

मिट्ठालाल एकटक झुनझुना देवी को घूर रहा था। थोड़ी-थोड़ी देर के बाद वह अपने होंठों पर जीभ फेर लेता था।

सब-इंस्पेक्टर रंगबहादुर सिंह आगे डरैवर के साथ बैठा हुआ जल-भुन रहा

होगा।

ट्रक इंक्वैरी ऑफिस के पास से होता हुआ राजपुर रोड पर निकल आया था। कश्मीरी गेट के पास से होकर जब ट्रक रिंग रोड पर आया तो मिट्ठालाल जान गया कि कहीं दूर जाना है। उसे थोड़ा सुकून मिला। इसका मतलब है— वह काफी देर तक झुनझुना देवी को ऐसे ही घूर सकता है। हैड कांस्टेबल हरजीत कौर वहां न होती तो शायद मिट्ठालाल झुनझुना देवी को अपनी गोद में बैठने का इशारा भी कर देता। पर हरजीत कौर ! वह औरत है तो क्या हुआ ! हैड कांस्टेबल है। वह जानता था कि वह उसे थप्पड़ भी मार सकती है।

उसने एक लम्बी सांस छोड़ी और शरीर का अकड़ाव दूर करने के लिए अपनी टांगें पसारकर, हाथों को ऊपर उठा शरीर को एक जोर का झटका दिया।

उसने सब-इंस्पेक्टर रंगबहादुर सिंह की बात सोची। सफर लम्बा हुआ तो मादर···का आधा खून रास्ते में ही जल जाएगा···

ट्रक अब नीति-मार्ग को छोड़कर शांति-पथ पर आ गया था।

रेलवे पुल पार करके ट्रक ने सड़क छोड़ दी और साथ के मैदान में मुड़ गया। आगे की जगह काफी ऊबड़-खाबड़ थी। आगे नहीं जा सकता था, इसलिए ट्रक रुक गया।

झुग्गियां वहां से कुल दस-बारह गज की दूरी पर थीं।

मजदूरों ने अपने कुदाल इत्यादि सम्भाल लिये और ट्रक से उतर गए।

सब-इंस्पेक्टर रंगबहादुर सिंह भी ट्रक से उतरकर उनके पास आ गया था। झुनझुना देवी पर नजर टिकाकर वह मजदूरों से बोला, "चलो !"

झुनझुना देवी ने एक बड़ी-सी मुसकान सब-इंस्पेक्टर की ओर उछाल दी।

"हत साली !" मिट्ठालाल का खून जल गया, "आज रात इंस्पेक्टर की ऐश है।"

मजदूर अपनी कुदालें संभालकर चले गए थे और झुग्गियों के पास पहुंचकर चुपचाप खड़े हो गए थे। सिपाही भी ट्रक से उतरकर मैदान में टांगें सीधी कर रहे थे।

इंस्पेक्टर के मुंह फेरते ही मिट्ठालाल ने इधर-उधर देखकर हल्के से झुनझुना की ओर एक 'चुम्मी' हवा में उछाल दी। 'मेरी जान !' होंठों में वह बड़बड़ाया।

और दूसरे ही क्षण वह कूदकर नीचे उतर आया। उसे भय लगा, कहीं हरजीत कौर अपनी छड़ी से उसे पीटना ही शुरू न कर दे।

नीचे पहुंचकर वह पलटा। झुनझुना उसकी ओर देखकर हंस रही थी। उस की छाती में आग तैरने लगी।

थोड़ी देर में सब-इंस्पेक्टर रंगबहादुर सिंह लौट आया और हरजीत कौर से बोला, "हैड कांस्टेबल ! तुम लोग चलो। मर्द तो चुप हैं। औरतें गड़बड़ कर रही हैं।"

मिट्ठालाल भी उनके साथ ही झुग्गियों के पास आया।

झुग्गियों के बीचोंबीच भीड़ जमा थी। मजदूर अपनी कुदालें पकड़े चुपचाप खड़े थे।

जगह-जगह चूल्हे जले हुए थे। लगता था औरतें रोटी पकाते-पकाते उठ आयी हैं।

हरजीत कौर बीच में खड़ी होकर डपटकर बोली, "क्या बात है ?"

एक मोटी-सी औरत आगे बढ़ आयी, "म्हारी झुग्गी क्यों तोड़ो ?"

"सरकार का हुकुम।" हरजीत कौर अफसरों की तरह बोली, "यह जमीन तुम्हारे बाप की नहीं है। इस पर तुम लोगों ने अपनी झुग्गियां क्यों बनायीं ?"

"तो परसों शाम को बाबू क्यों आया ?" लालचन आगे बढ़ आया था। उसने भीड़ में खड़ी रांगली को देख लिया था।

"कौन बाबू ?" इस बार सब-इंस्पेक्टर ने पूछा।

"वो बोला— हम सब यहां रहें। सरकार को म्हारा ओट चाहिए। म्हारा सबका नाम लिखा। फिर म्हारी झुग्गी क्यों गिराओ ?" जीतमल ने आगे बढ़कर कहा।

"देखो !" सब-इंस्पेक्टर की रौबदार आवाज गूंजी, "हम किसी बाबू को नहीं जानते। सरकार का हुक्म है कि ये झुग्गियां यहां नहीं रहेंगी। इसलिए हम इन्हें गिराने आए हैं। तुम लोग अपना-अपना सामान बाहर निकाल लो। ये मजदूर इन झुग्गियों को गिरा देंगे। जो उन्हें रोकने की कोशिश करेगा उसे ये जवान पकड़ लेंगे।"

एक सन्नाटा-सा तैर गया। रोते हुए बच्चे भी चुप हो गए थे।

"निकालो अपना सामान !" सब-इंस्पेक्टर ने फिर कहा।

"म्हारे बाल-बच्चे कहां रहेंगे ?" मोटी औरत ने फिर पूछा।

"यह दिल्ली में आने से पहले पूछ लिया होता।" सब-इंस्पेक्टर ने कहा और घूमकर मजदूरों से बोला, "चलो !"

एक बार फिर से शोर मच गया। मर्द झुग्गियों में से अपनी चीज़ें समेट रहे थे। औरतें बैठी रो रही थीं और बच्चे चीख रहे थे।

मजदूरों ने कुदाल चलाया तो वह मोटी औरत फिर झपाटे से आगे आयी। एक मजदूर को उसने धक्का दिया। मजदूर असावधानी में डगमगा गया।

हरजीत कौर दांत पीसती हुई आगे बढ़ी। उसने मोटी औरत को कंधे से पीछे

खींचकर उसके गाल पर जोर का तमाचा मारा।

सिपाहियों ने अपनी लाठियां संभाल लीं।

मिट्ठालाल झुनझुना देवी के पास आ गया था। पर सब-इंस्पेक्टर आकर उनके बीच में खड़ा हो गया।

लालचन भी रांगली के समीप पहुंच गया था। स्थिति एकदम तन गयी थी।

मोटी औरत अपने गाल पर हाथ रखे स्तम्भित-सी खड़ी रह गयी। और अचानक वह जोर से चीखकर रो पड़ी, "मार दियो री···अरे मैया ! मार दियो री।"

एक आदमी ने बढ़कर उसे पकड़ लिया, "छोड़ दे री ! जहां सबके छोरे-छोरियों रहेंगे, वहां हमारे भी रह लेंगे।"

औरतें फिर जोर से रो पड़ी थीं।

बच्चे फिर चीख रहे थे।

मर्दों ने अपना सामान बांध लिया था। पर लालचन के पास कोई सामान नहीं था।

मजदूरों ने मिनटों में झुग्गियां जमीन पर लिटा दीं और हाथ झाड़कर अलग खड़े हो गए।

"अब यहां झुग्गियां मत बनाना। समझे ?" सब-इंस्पेक्टर ने रौबदार आवाज में कहा, "आओ, चलें।" वह अपने साथियों की ओर मुड़ा।

और बड़े अनजाने ढंग से उसने झुनझुना के कंधे पर हाथ रख दिया, "चलो।"

सिपाही मिट्ठनलाल ने जलकर झुनझुना के कूल्हे पर चिकुटी काटी।

झुनझुना खिड़-खिड़ हंस रही थी।

मिट्ठालाल सोच रहा था, वह किसके लिए हंस रही है। आज रात शायद पता लग जाए।

पुरुषों की क्रुद्ध दृष्टि और स्त्रियों और बच्चों की चीखों ने बहुत दूर तक उनका पीछा किया।

चौधरी फुलवारीलाल का बेटा चौधरी गुलजारीलाल बहुत दिनों तक परेशान रहा था।

अपने पापा के चलते, वैसे तो वह बचपन से ही परेशान रहा था। पर जब

से वह चुनाव में खड़े हो गए थे तब से चौधरी फुलवारीलाल और उनका बेटा गुलजारीलाल ही परेशान नहीं थे—सारे ही चौधरी परेशान हो उठे थे।

पर चौधरी गुलजारीलाल सबसे ज्यादा परेशान था।

वैसे ही कम काम नहीं हैं इस साले पापा के पास—वह सोच रहा था—ऊपर से ऊल-जलूल काम ले बैठता है। अब यह भी भला कोई काम है। साले बंजारों के पीछे लगा दिया। और वो साले अपनी मां की···साथ लेकर चल दिए यहां से।

मतदाताओं की सूची साथ लिये चौधरी गुलजारीलाल की मोटरों को बहुत चक्कर काटने पड़े थे। पूरे चालीस वोट थे और साले पापा का खयाल था कि उनके वोट बहुत मजे में मिल सकते हैं। पापा उनके वोटों को छोड़ना नहीं चाहता था।

बहुत ढूंढ़ने के बाद पता चला था कि वे चालीस वोटर अब इन्कमटैक्स ऑफिस के पीछे रिंग रोड के उस पार झुग्गियां बनाकर रह रहे हैं। उन लोगों को वहां बनती बिल्डिगों में काम मिल गया था। और अब चौधरी गुलजारीलाल की कार उधर ही जा रही थी।

सूर्य डूब रहा था और चौधरी के क्लब जाने का समय हो रहा था। पर साला पापा और ये हरामी वोटर! हद हो गयी—उसने सोचा—दिन को ये उल्लू के पट्ठे कभी नहीं मिलेंगे। रास्कल्स! शाम को ही मिलेंगे अपनी झुग्गियों में। शाम को क्लब जाने के समय—पीने-पिलाने के समय। बोर कर दिया सालों ने···यह डिमोक्रेसी साली भी कैसी बेहूदा चीज़ है। किन-किन सालों के आगे नाक रगड़नी पड़ती है। और साले इस पापा का भी दिमाग खराब है।

अपनी नयी चमकीली कार को रिंग रोड से उतारकर ऊबड़-खाबड़ मैदान में चलाना चौधरी गुलजारीलाल को अच्छा नहीं लग रहा था। पर कार का रौब पड़ने पर काम आसान हो जाएगा—वह जानता था।

उसने झुग्गियों के एकदम पास जाकर अपनी कार रोकी।

कार के रुकते ही बहुत सारे बच्चों ने उसे घेर लिया। बच्चों ने बहुत पास आकर कार को छू-छूकर देखना शुरू किया। चौधरी फुलवारीलाल का बेटा चौधरी गुलजारीलाल अपनी कार की चमक को गंदे हाथों द्वारा नष्ट किए जाते हुए देखता रहा। कोई और अवसर होता तो शायद इन बच्चों को पीटता। पर इस साले पापा की खातिर···

"राम-राम, भाइयो!" वह झुग्गियों के बीच जाकर, हाथ जोड़कर बहुत जोर से बोला।

"राम-राम!"

"राम-राम।"

बहुत सारे उत्तर आए।

थोड़ी ही देर में बस्ती का हर प्राणी बाहर निकल आया था। उसके चारों ओर भीड़ लग गई थी।

"चौधरी!" तुम लोगों से एक बात कहनी है।" गुलजारीलाल ने अपने समीप खड़े व्यक्ति से कहा।

"बोलो!" वे लोग कोरस में बोल उठे थे।

गुलजारीलाल ने अपनी मोटी थुल-थुल देह को किसी प्रकार पास पड़ी खाली चारपाई पर टिकाया। उसने देखा—चारपाई उसका बोझ सह गई थी।

"बड़ों की बात है।" वह बोला, "बच्चों और औरतों को भेज दो।"

बच्चों और औरतों को भेज दिया गया। थोड़ी देर में वहां पुरुष ही बच गए थे।

तब चौधरी गुलजारीलाल ने कहा, "तुम लोग दिन-भर मेहनत करते हो। पर कितने पैसे कमाते हो?"

किसी ने कोई उत्तर नहीं दिया।

"बोलते क्यों नहीं?" उसने पूछा।

"तुम अपनी बात कहो।" भीड़ में से किसी ने कहा।

"बात यह है···" गुलजारीलाल कुछ सोचकर बोला, "मैं वोटों के लिए आया हूं।"

"म्हारे लोग सरकार को वोट नहीं देंगे।" लालचन सबसे ज्यादा चिढ़ा हुआ था सरकार से, "बिलकुल नहीं देंगे।"

"क्यों?" गुलजारीलाल इस रोष से हतप्रभ रह गया।

"सरकार ने पहले हमारे नाम लिखे। फिर हमारी झुग्गियां तोड़ दीं।" बूढ़े काका ने कहा और खांसने लगे।

"अच्छा-अच्छा।" गुलजारीलाल बात समझ गया, "सरकार को वोट मत दो। एकदम मत दो। तुम वोट मुझे दो।"

"तुम हमको क्या दोगे?" जगतूराम अपनी आंखें मिचमिचाकर पूछ रहा था।

"मैं···मैं···" गुलजारीलाल इसीलिए आया था, "मैं हर आदमी को दस-दस रुपये दूंगा।"

"दस-दस रुपये?"

"हां, दस-दस रुपये!"

"हमको क्या करना होगा?" गेंदासिंह ने पूछा।

"तुमको कुछ नहीं करना होगा।" गुलजारीलाल को अपना काम बड़ा सरल

लगा, "मैं यहां आऊंगा। तुमको ट्रक में बैठाकर ले जाऊंगा। तुमको एक-एक कागज और एक-एक ठप्पा मिलेगा। उस कागज पर जहां मैं कहूं, वहां ठप्पा लगा देना। बस···दस रुपये तुम्हारे।"

"और जो तुमने रुपए नहीं दिए तो?" लालचन ने फिर शंका की।

"अरे, नहीं! तुम अभी ले लो।"

और गुलजारीलाल का हाथ अपनी जेब में रेंग गया। उसने दस-दस के नोटों की एक गड्डी निकाल ली।

थोड़ी देर में वहां वेतन-कार्यालय बन गया।

गुलजारीलाल हर स्त्री-पुरुष का नाम और आयु लिखकर उन्हें एक-एक नोट पकड़ाता जा रहा था।

लोगों के हाथों में नोट आए, तो मुख पर चमक भी आ विराजी।

"तुम हमको ट्रक में वापस भी छोड़ जाओगे न, सेठ?" जीतू फिर आंखें मिच-मिचा रहा था।

"क्यों नहीं! क्यों नहीं!"

गुलजारीलाल का काम बहुत सरलता से हो गया था। इतनी सरलता की उसे आशा नहीं थी। कुल चार सौ रुपये का खर्च था और चालीस वोट पक्के। साला पापा भी क्या याद करेगा···

तीन बार राम-राम करके, चौधरी फुलवारीलाल का बेटा चौधरी गुलजारी लाल चुनाव के दिन आने का वचन देकर अपनी कार की ओर लौट आया।

संध्या के पांच बज रहे थे।

मिस्टर ए० बी० शर्मा बार-बार घड़ी देख रहे थे और सोच रहे थे कि सरकारी नौकर से बड़ा गधा कहीं नहीं मिलेगा।

मोतीबाग के इस पोलिंग बूथ में प्रीसाइडिंग अफसर क्या बना दिया गया—मन का संतुलन ही छीन लिया गया।

कितने दिन तैयारियों में बीत गए थे। और आज सवेरे से यहां बैठे-बैठे बोर हो रहे थे। आठ बजे से मतदान आरम्भ हुआ था और दस ही बजे, मन-ही-मन भगवान को साक्षी मान उन्होंने संकल्प किया कि वे फिर कभी पोलिंग के चक्कर में नहीं पड़ेंगे।

लोगों की अनन्त पंक्ति थी। पता नहीं लोग कहां से आते जा रहे थे। आठ बजे काम आरम्भ हुआ था, फिर सूरज ऊपर उठा। मध्याह्न हुआ। सूरज ढला।

पर लोगों की पंक्ति है कि समाप्त ही नहीं होती।

किसी तरह से चार बजे थे, फिर सवा चार, साढ़े चार, पौने पांच और अब पांच बजने वाले थे। धीरे-धीरे बड़ी सूई ने चलते हुए 'बारह' के अंकों को छुआ।

मिस्टर शर्मा ने चपरासी को आवाज लगाई, "दरवाजा बन्द कर दो।"

और तभी, जिस स्कूल में यह मतदान केन्द्र था, उसके गेट में से एक ट्रक भीतर आया।

मिस्टर शर्मा ने अपनी जगह पर बैठे-बैठे देखा कि ट्रक रुका है। उसमें बहुत सारे आदमी हैं। पहनावे इत्यादि से वे राजस्थान की ओर के मजदूर लग रहे थे। ड्राइवर की साथ वाली सीट से एक सूटेड-बूटेड व्यक्ति भी उतरा है और वह उनसे कुछ कह रहा है।

वे समझ गए कि यह व्यक्ति चुनाव में खड़े किसी प्रत्याशी का एजेंट है और इन मजदूरों को अपने साथ, अपने प्रत्याशी के पक्ष में वोट डलवाने के लिए लाया है।

यह बात मिस्टर शर्मा के लिए नयी नहीं थी। ऐसी-ऐसी बहुत सारी टोलियां दिन भर में उन्होंने देखी थीं।

चपरासी तब तक दरवाजे के पास पहुंच गया था और दरवाजा बंद कर रहा था।

उस सूटेड-बूटेड व्यक्ति ने चपरासी को द्वार बन्द करते देखा। वह अपने साथ आए उन लोगों से बातचीत छोड़ दरवाजे की ओर झपटा।

उसने चपरासी से कुछ कहा और चपरासी ने भी उत्तर दिया।

उस व्यक्ति की आवाज ऊंची हो गई, "मैं कहता हूं, अभी पांच नहीं बजे हैं।"

"मुझे साहब ने दरवाजा बन्द करने को कहा है।" चपरासी का उत्तर था।

और वह व्यक्ति बंद होते हुए दरवाजे के बीच से निकलकर, दौड़ता हुआ मिस्टर शर्मा के पास आ खड़ा हुआ।

"क्यों साहब ! चपरासी दरवाजा बंद क्यों कर रहा है ?" उसके स्वर में झल्लाहट भी थी और रौब भी।

मिस्टर शर्मा जब से इस कुर्सी पर बैठे थे, उनसे इस प्रकार कोई नहीं बोला था।

आवाज को कठोर बनाते हुए बोले, "क्योंकि मैंने उसे कहा है।"

"पर आपने अभी से क्यों कह दिया ?"

"क्योंकि टाइम हो गया है।"

वह आदमी मिस्टर शर्मा के नजदीक आकर तेज आवाज में बोला, "पर मेरी

घड़ी में अभी पांच नहीं बजे। अभी दस मिनट बाकी हैं।"

मिस्टर शर्मा एकदम नाराज हो उठे। "यहां का काम मेरी घड़ी के मुताबिक होता है, मिस्टर। आप अब वोट नहीं दिलवा सकते।"

"आपकी ऊपर वालों के पास रिपोर्ट भी की जा सकती है।" उसने कहा।

"जाइए! जहां मर्जी रिपोर्ट कर आइए।" मिस्टर शर्मा ने अपना सामान बटोरना शुरू करवा दिया।

"देखिए!" वह व्यक्ति कुछ नम्र हुआ, "चालीस व्यक्तियों के वोट रह जाएंगे। डिमाक्रेसी में..."

"तो आप समय रहते क्यों नहीं लाए उन्हें?" मिस्टर शर्मा अब भी खीझे हुए थे।

वह व्यक्ति बोला, "हमें बूथ खोजने में देर हो गई। डायरेक्शन का पता नहीं चला।"

"अब कुछ नहीं हो सकता।"

वह व्यक्ति क्षण-भर खड़ा उन्हें घूरता रहा, फिर चुपचाप लौट गया।

चपरासी ने दरवाजा भिड़ा दिया।

भीतर सारी चीज़ें समेटी जाने लगीं।

उस व्यक्ति के बाहर जाने के दूसरे ही क्षण बाहर बहुत शोर होने लगा।

मिस्टर शर्मा एकदम सशंक हो उठे। वे लोग चालीस-पैंतालीस व्यक्ति थे और सब-के-सब मजदूर! कोई उपद्रव भी हो सकता था।

'पर चिंता की कोई बात नहीं। इतने लोगों को संभालने के लिए यहां काफी पुलिस है।' उन्होंने सोचा।

फिर उन्हें लगा कि वह शोर उपद्रव वाला नहीं था। वह तो लगता था जैसे ऊंचा-ऊंचा बोलकर आपस में ही झगड़ रहे हों।

चपरासियों को कुछ आज्ञाएं देकर वे बाहर बरामदे में चले आए।

वह सूटेड-बूटेड व्यक्ति बीच में खड़ा था और सारे मजदूर—स्त्रियां और पुरुष—उसे चारों ओर से घेरकर खड़े थे और चीख रहे थे।

"देखो!" वह व्यक्ति उन्हें डांटकर बोला, "शोर मत मचाओ।"

वे सब चुप हो गए।

"तुम यह बताओ।" वह फिर से बोला, "तुम्हें दस-दस रुपए किस बात के दिए गए थे?"

"भोट के लिए!" बहुत सारी आवाजों ने कहा।

"तुमने वोट दिया?" वह आदमी चीखकर बोला।

"तो इसमें म्हारा क्या दोष?" एक मोटी-सी औरत कह रही थी।

"हां! म्हारा क्या दोष?" बहुत सारी आवाजों ने दुहराया।

"दोष किसी का भी नहीं है।" वह व्यक्ति बोला, "तुम्हें एक काम के लिए रुपये दिए गए थे। वह काम नहीं हुआ तो अब रुपये वापस करो। चार सौ रुपये ऐसे ही नहीं छोड़े जा सकते।"

"क्यों?" वह मोटी औरत फिर बोली, "तुम भोट ले लो। म्हारा एक आदमी मना करे तो बोलो।"

"हां-हां।"

और फिर एक शोर मच गया।

मिस्टर शर्मा भीतर चले आए।

भीतर का काम चलता रहा और बाहर शोर होता रहा।

जब भीतर का काम समाप्त कर मिस्टर शर्मा बाहर खड़ी स्टेशन वैगन में बैठे तब भी बाहर उसी प्रकार शोर मच रहा था।

सारे मजदूर ट्रक में चढ़े बैठे थे और वह व्यवित चीख-चीखकर उन्हें नीचे उतरने के लिए कह रहा था।

"म्हारे लोगों को म्हारी झुग्गियों में छोड़ आओ," मजदूर शोर मचा रहे थे "नईं तो वापसी का किराया दो।"

"खामोश!" उसने चीखकर कहा, "किसी को कोई किराया नहीं मिलेगा। दस-दस रुपये वैसे खा गये और अब किराया…"

मिस्टर शर्मा की स्टेशन वैगन गेट से बाहर निकलकर सड़क पर आ चुकी थी।

लालचन बड़ी देर से खड़ा देख रहा था।

बहुत सारे झगड़े के बाद भी चौधरी गुलजारीलाल का ट्रक उन्हें लौटाकर नहीं ले गया था। मजबूर होकर उन सबको ट्रक से उतरना पड़ा।

लालचन सबसे पहले उतरा था। उसे लगा था, कहीं देर की तो वे दस रुपये भी न छिन जाएं। जिस दिन से वे दस रुपये मिले थे, वह उनसे रांगली के लिए एक लहंगा खरीदने की बात सोच रहा था। पर पता नहीं रांगली उससे लहंगा लेगी भी या नहीं। वह कैसे कहेगा उससे लहंगा लेने को।

लालचन के ट्रक से उतरने के बाद एक-एक कर सब लोग उतर आए थे। लालचन को लगा था कि उन सबके मन में भी उन दस रुपयों के छिन जाने का भय होगा।

सबके उतरते ही ट्रक बहुत फर्राटे से स्कूल के अहाते से बाहर निकल गया था।

तभी स्कूल का चौकीदार आया था और उसने इन लोगों को भी बाहर निकाल स्कूल के फाटक पर ताला लगा दिया था।

अब वापस अपनी झुग्गियों तक जाने की समस्या थी।

लालचन के मन में एक अजाना-सा भाव जाग रहा था—क्यों न वे लोग फिर से रेल की लाइन से हटकर अपनी पुरानी जगह पर झुग्गियां बना लें। क्या जरूरत है इतनी दूर वापस जाने की !

"अब, भाइयो ?" जीतमल पूछ रहा था।

"मैं तो बहुत थका हूं।" बूढ़े काका ने कहा और खांसते-खांसते वहीं बैठ गए।

"थकी तो मैं भी हूं।" मोटी औरत भी बैठ गई।

सब एक-दूसरे की शक्ल देख रहे थे, कोई भी कुछ नहीं कह रहा था। पर वहां से हिलना कोई नहीं चाहता था।

लालचन मन-ही-मन हिसाब लगा रहा था, इतने लोग बस में वापस जाएंगे तो पंद्रह रुपए खर्च हो जाएंगे। इतने पैसे क्यों खरच किए जाएं ?

उसने झुकी-झुकी नजर से देखा—रांगली भी कुछ थकी-थकी लग रही थी।

रांगली का भोट नहीं था। वह अभी छोटी थी, पर फिर भी ट्रक में सैर करने के विचार से वह आ गई थी।

सबके सामने प्रश्न था—अब ?

"क्यों न हम अपनी पुरानी जगह को वापस चले जाएं ?" अंत में लालचन ने सलाह दी।

"और जो म्हारे छोरे-छोरियां वहां हैं ?" चौथराम बोला।

"एक जना जाकर उनको ले आओ।" रांगली के भाई ने कहा।

सब चुप हो गए। सब यही सोच रहे थे।

"और वहां का काम ?" बूढ़े काका ने शंका की।

"दो दिन का काम और है।" लालचन बोला, "आज ही मेट कह रहा था। फिर नया धंधा खोजना होगा। तो कल से ही खोजो।"

"और फिर कोई हमारी झुग्गियां तोड़ दे तो ?"

"वे तो टूटती ही रहेंगी।" लालचन बहुत उत्साह में था, "एक बार कोई हमारी बात नहीं माने तो हम दूसरी बार कोसिस ही नहीं करेंगे क्या ?"

उसने कनखियों से रांगली की ओर देखा।

रांगली ने पलटकर उसे देखा। उसकी आंखों में धृष्टता के लिए उपालंभ था।

"चलो, भई। वहीं चलो !" बूढ़े काका लाठी टेककर उठने लगे।

लालचन ने आगे बढ़कर काका को सहारा दिया और आगे-आगे चल पड़ा।

उसने एक गीत आलापना शुरू कर दिया था।

लोग कुछ देर असमंजस में खड़े रहे। फिर छितर-छितराकर रेल की लाइन की ओर चल पड़े।

लालचन गाता जा रहा था और मुड़-मुड़कर पीछे देखता जा रहा था।

और जब रांगली अपने भाई और भाभी के साथ लाइन की ओर चली तो लालचन का स्वर और भी ऊंचा हो गया। उसमें अनन्त उत्साह और उल्लास भर आया था।

३१.३.१९६७

मेरा अपना संसार

गाड़ी की गति सहसा ही धीमी होने लगी थी, शायद स्टेशन पास आ गया था। नहीं भी आया हो सकता। आगे से सिगनल नहीं मिला होगा, किसी ने चेन खींच दी होगी; इंजिन में कोयला-पानी कुछ कम हो गया होगा, कोई पुर्जा खराब हो गया होगा, उसी लाइन पर आगे से कोई दूसरी गाड़ी आ रही होगी। कुछ भी हो सकता था। जब मैं इस गाड़ी में थी—तो कुछ-न-कुछ होना ही था। कुछ हुआ हो या न हुआ हो, पर गाड़ी की गति सहसा ही बहुत कम हो गयी थी...

मैं उठ बैठी। मां की ओर देखा, वे अब भी आंखें बंद किए बैठी थीं। शायद बहुत अधिक थक गयी थीं। थकना तो उन्हें था ही। जिस व्यक्ति को दस कदम चलना दूभर हो, उसे एक दिन और एक रात की यात्रा यदि न थकाती, तो ही आश्चर्य होता। मां बीमार थीं। उनकी बीमारी मैं आज तक समझ नहीं पायी थी। उनके संबंध में, कोई भी दो डॉक्टर एक बीमारी के नाम पर सहमत नहीं होते थे। अंत में मैंने स्वयं ही खुद को समझा लिया था कि या तो उनको कोई ऐसी बीमारी है जो डॉक्टरों की समझ में नहीं आती, या दुनिया की सारी बीमारियां उनके भीतर इकट्ठी हो बैठी हैं। या फिर बुढ़ापा स्वयं ही एक भयंकर बीमारी है।

मैंने अपने सामान की ओर देखा, नग गिने। सब कुछ ठीक था। कुछ भी गुम नहीं हुआ था, सारे रास्ते में, इतनी लंबी यात्रा में कहीं भी कुछ चोरी नहीं हुआ था। और मैं थी कि अब भी इस बात पर विश्वास नहीं कर पा रही थी। आखिर यह संभव कैसे हुआ? चौबीस घंटों की इस लंबी यात्रा में मैं प्रति क्षण इस आशंका से पीड़ित रही थी कि कहीं-न-कहीं दुर्घटना हो जाएगी और या तो मुझे कुछ हो जाएगा या फिर मेरे सामान को। पर कुछ नहीं हुआ था। आशंकाएं अब

भी थीं, मन के भीतर कहीं दबी हुईं; पर बुद्धि ने इस सुखद आश्चर्य को स्वीकार कर लिया था।

इधर से निश्चित होकर, मैं खिड़की से बाहर झांकने लगी।

गाड़ी यमुना का पुल पार कर स्टेशन के अहाते में प्रवेश कर चुकी थी। प्लेटफार्मों के साथ-साथ लगे हुए विभिन्न प्रकार के खंभे छकाछक पीछे छूट रहे थे। इंजिन की आवाज का परिश्रम और दर्द, जो रास्ते भर मुझे परेशान करता आया था, अब कहीं खो गया था। उसकी आवाज में घर आ पहुंचने का उल्लास था, प्रसन्न निश्चितता !

मुझे भी एक प्रकार की प्रसन्नता-सी हुई। चलो, यात्रा समाप्त हुई। गाड़ी में बैठे-बैठे पैर अकड़ गए थे। रात को लेटने के लिए भी स्थान नहीं मिला था। शरीर की थकान ही मिटेगी। पर साथ ही एक अज्ञात-सा भय भी मन पर छा गया। यह आशंका कितनी ही बार मछली के समान मेरे मस्तिष्क के जल में ऊब-डूब चुकी थी—यदि सरला का भाई स्टेशन पर न आया तो ? और यदि आया भी और खोज या पहचान न पाया तो ? मैं भी तो उसे नहीं पहचानती। कभी देखा ही नहीं तो पहचानूं कैसे ? ऐसी स्थिति में क्या होगा ? इतने बड़े शहर में मैं कहां जाऊंगी ? मैं तो यहां किसी को जानती भी नहीं···

सहसा मेरे मन में अपने ही प्रति खीझ बढ़ने लगी। भला इस मूर्खता की क्या आवश्यकता थी ? एक पराए शहर में बिना किसी भी प्रकार की जान-पहचान के आ जाने का क्या अर्थ ? मुझे कम-से-कम सरला के भाई के इस आशय के पत्र की प्रतीक्षा तो कर ही लेनी चाहिए थी कि उसे सूचना मिल चुकी है और वह मुझे लेने के लिए स्टेशन पर अवश्य आएगा। या फिर किसी होटल का ही अता-पता ले आती, जहां जाकर ठहरा जा सकता। यदि वह मुझे लेने के लिए नहीं आया तो होटल में तो अब भी ठहरा जा सकता है, किंतु अपने अज्ञान में मैं किसी गलत जगह पर जा पहुंची तो···?

गाड़ी के पहियों ने ब्रेकों के बोझ में चूं-ऊं-ऊं की और गाड़ी एक झटके के साथ रुक गई।

जब से कुछ उजाला हुआ था और पिछले स्टेशनों पर लोग उतरे अधिक और चढ़े कम थे, तब से कम्पार्टमेंट में कुछ जगह बन गयी थी। मां अपनी थकान हल्की करने के लिए लेट गयी थीं और तब से आंखें बन्द किए हुए चुपचाप पड़ी थीं। गाड़ी के झटके ने उनकी आंखें खोल दीं, "स्टेशन आ गया, कविता ?"

"हां, मां ! आ गय ाहै।"

न मां के प्रश्न का कोई अर्थ था, न मेरे उत्तर का। सबको दीख रहा था कि स्टेशन आ चुका है। प्लेटफॉर्म पर काफी कोलाहल हो रहा था। बेपनाह शोर और हंगामा। लोग इधर-उधर भाग-दौड़ कर रहे थे। टिपिकल भारतीय स्टेशनों

कां-सा दृश्य था, जैसा पिक्चरों में दिखाते हैं। और इस सारी हलचल के बीच मैं एकदम जड़ हो गयी थी—निःस्पंद पत्थर। कुछ समझ नहीं आ रहा था कि क्या करूं? पहले कभी इस तरह एक अनजाने शहर में मैं आयी भी तो नहीं थी।

"कुली चाहिए, बहनजी?"

मैंने नजर उठाई। दरवाजे पर एक कुली खड़ा था। मैं जैसे होश में आयी। यह तो मैंने सोचा भी नहीं था कि कुली की भी आवश्यकता होगी। यह भला आदमी तो स्वयं ही आ गया है, नहीं तो यह काम भी मेरे सिर पर एक बड़े बोझ की तरह सवार हो जाता। और फिर मेरे भीतर कहीं, उसके ठहरने की आशा कम, उसके भाग जाने की आशंका अधिक हो गयी। मेरा संतुलन कुछ गड़बड़ा गया और मैं घबराहट में इतना ही कह सकी, "हां। सामान उतारो।"

कुली कम्पार्टमेंट में आ गया। वह ऊपर के फट्टे से मेरा ट्रंक उतार रहा था। नीचे की बर्थ पर बैठी मां भौंचक-सी कभी कुली को और कभी मुझे देख रही थीं। मैंने उनकी बांह पकड़कर उठाया, "उठो, मां!"

मां बहुत छोटे-छोटे पग लेती हुई, धीरे-धीरे दरवाजे तक आयीं। मैं पहले नीचे उतर गयी, फिर मां का हाथ पकड़कर उन्हें नीचे उतारा। कुली भी ठीक हमारे पीछे-पीछे सामान समेत नीचे उतर आया था।

"कहां चलना है, बहनजी?" कुली पूछ रहा था।

यही तो तब से मैं सोच रही थी, कुली को कैसे समझाती! पर कुछ तो कहना ही था—"देखो भई! मुझे लेने के लिए कोई आने वाले हैं।"

...मैं आगे न बोल सकी। 'कोई' का क्या अर्थ है। कुली आखिर क्या समझेगा। मैं तो ऐसे कह रही हूं जैसे कहना हो—'वे' आने वाले हैं। पर उसे समझाया भी कैसे जा सकता था। मैंने कुली की प्रतिक्रिया देखने के लिए सिर उठाया...

"वेटिंग रूम में ले चलूं, बहनजी?" कुली पर मेरी बात का कोई प्रभाव नहीं पड़ा था। उसे इस बात में कोई रुचि नहीं थी कि मुझे लेने के लिए कौन आने वाला है। वह शायद मेरा सामान कहीं भी—किसी भी जगह पहुंचाकर अपने पैसे लेने के लिए उत्सुक था।

पर यदि मैं वेटिंग रूम में चली गयी तो सरला के भाई को यह कौन बताएगा कि उसे वहां भी आना चाहिए, क्योंकि मैं उसे वहीं मिलूंगी। फिर मैं स्त्रियों के वेटिंग रूम में होऊंगी, वहां वह किसे पूछेगा! उसे कोई भीतर भी तो नहीं आने देगा। और शायद मैं वेटिंग-रूम के दरवाजे पर किसी अनजाने-अनपहचाने पुरुष की प्रतीक्षा में बदहवास खड़ी, एकदम पागल लगूंगी। क्या यह अच्छा नहीं है कि हम यहीं ठहरें। यदि वह स्टेशन पर आया तो इस पूरे प्लेटफॉर्म पर बैठे लोगों को तो देखेगा ही...

"नहीं, अभी थोड़ी देर यहीं ठहरो।" इतना कहने के लिए भी मुझे बहुत प्रयत्न करना पड़ा।

"ठैरें कैसे, मेम साहब!" कुली का सम्बोधन भी बदल गया और स्वर भी, "दूसरा बोझ भी तो उठाना है। एक गाड़ी में से एक बोझ उठाकर ही तो हम बाल-बच्चों का पेट नहीं भर सकते। आप ही सोचिए, महंगाई कितनी बढ़ गयी है···"

उसके स्वर का आक्रोश मुझे कोंच गया। पर ऐसी अवस्था में मैं ही क्या कर सकती थी। न तो मैं उसे दो बोझ उठाने के बराबर पैसे दे सकती थी—क्योंकि बाजार में बिकती चीज़ें मेरे लिए भी बहुत महंगी थीं; और न ही मैं उसके लिए और अपने लिए इस महंगाई को कम कर सकती थी।···मुझे तो किसी भी स्थिति में प्रतीक्षा करनी ही थी। वह कहीं भी चलने पर जोर दे रहा था और मैं कहीं नहीं जाना चाहती थी। कहां जाती? मैं परेशान हो उठी थी···

"वह तो ठीक है।" मैं स्वयं नहीं जानती थी कि मैं उसे क्या कहना चाहती हूं, क्या कह रही हूं, "लेकिन देखो···"

"सुनिए—आपको···"

कुली से उलझते हुए मैं अपने आस-पास से बेखबर हो गयी थी। यह भी भूल गयी थी कि मां वहीं हैं, उनसे भी कुछ मदद ली जा सकती है। इतने में समीप आ गए, इस स्वर से भी मैं अनजानी ही थी।

मैंने घूमकर देखा, एक व्यक्ति खड़ा था। उसने सफेद कमीज और सफेद पतलून पहन रखी थी। आंखों पर हल्का काला चश्मा था, आधुनिक फैशन का, चौड़ा और आंखों से बहुत बड़ा। समझ में नहीं आ रहा था कि उसे लड़का समझूं या पुरुष। लगभग दोनों के ही चिह्न उसमें दीख रहे थे। उसका चेहरा मुझे कुछ-कुछ सरला से मिलता हुआ-सा लगा।

"आप सरला के भाई हैं?" बिना मेरी चेतना की अनुमति के ही अपने-आप मेरे मुंह से निकल गया।

"जी!" वह बड़े आत्मविश्वास के साथ मुसकराया, "आप कविताजी हैं न?"

"जी!"

मैं जो अब तक अपनी आशंकाओं के मारे परेशान होकर कुछ अतिरिक्त सावधान थी, एकदम निश्शंक हो गयी। मेरे सिर का सारा बोझ उतर गया। मेरे शरीर और मन के स्नायुओं का तनाव सहसा ही ढील गया। मैं बहुत हल्की हो गयी थी। वह आ गया था।

मैंने उस पर एक भरपूर दृष्टि डाली। फिर परिचय कराया, "यह मेरी माताजी हैं।"

उसने चुपचाप हाथ जोड़ दिए। उत्तर में मां ने हाथ तो नहीं जोड़े, पर मुंह-

ही-मुंह में कुछ गुनगुनाती रहीं। शायद मां अपने अस्पष्ट शब्दों में उसे आशीर्वाद दे रही थीं। कदाचित मां ने भी महसूस किया हो कि उसके आ जाने से उनकी बेटी को कितनी राहत मिली है और इस प्रकार अपनी बेटी को परेशान देखकर, पैदा हुई उनकी परेशानी भी कम हो गयी है।

"आइए !" वह बढ़ा, "आओ, कुली !"

उसके आ जाने के बाद से अब तक कुली चुप था। उसने अब भी कुछ नहीं कहा, बस सामान उठाकर चल पड़ा। उसने यह भी नहीं पूछा कि वेटिंग-रूम में चलना है या बाहर, टैक्सी-स्टैंड पर चलना है या स्कूटर-स्टैंड पर, टांगा करना है या रिक्शा !···

हम तेरह नंबर प्लेटफॉर्म पूरा-का-पूरा पार करने के पश्चात् बाहर निकलने वाले रास्ते के मुख्य द्वार पर आ गये थे और फिर रास्ता रोके खड़े टिकट-चेकर को अपनी टिकटें देकर बाहर के बड़े-से वेटिंग हॉल में आ गये थे, जहां एक ओर पीतल की सलाखों से ढकी हुई बुकिंग विंडोज थीं, दूसरी ओर पूछताछ की खिड़कियां थीं, फिर टेलिफोन बूथ था, दो-तीन बैंच लगे थे जिन पर सामान रखकर लोग या तो फर्श पर बैठे हुए थे, या फिर इधर-उधर टहल रहे थे। और ढेर सारे लोग किसी अत्यन्त अव्यवस्थित घर की बिखरी हुई चीज़ों के सामान जगह-जगह इधर-उधर पड़े हुए थे।

कुली अब भी हम से दो कदम आगे-आगे ही भागा जा रहा था। मां बार-बार पीछे छूट रही थीं। उन्हें जल्दी चलने के लिए थोड़ा-सा घसीटती तो वह हांफ-सी जातीं। और वह हम में और कुली में सम्पर्क बनाए रखने के लिए कुली से कुछ पीछे और हम से कुछ आगे चल रहा था। इस बीच हम में कोई भी बात नहीं हुई थी। और इस प्रकार चुपचाप चलते रहना मुझ में अपराध-भावना को जन्म दे रहा था। वह मुझे लेने आया था, मेरे ठहरने इत्यादि का प्रबंध भी उसी पर निर्भर करता था। और उससे मेरा सम्बन्ध ही क्या था ! यही तो कि वह मेरी एक सहेली का भाई था। और मैं ऐसे मजे से चुपचाप चलती जा रही हूं, जैसे मुझे इससे कोई खुशी ही न हुई हो। मुझे लेने के लिए स्टेशन पर आना जैसे उसका कर्तव्य था और मैंने अपने इस अधिकार को चुपचाप स्वीकार कर लिया था। मुझे कम-से-कम अपनी प्रसन्नता, अपनी कृतज्ञता प्रकट करनी चाहिए। उससे बातचीत करनी चाहिए। कुछ जान-पहचान बढ़ानी चाहिए। उसे कुछ समीपता का अहसास देना चाहिए, ताकि हमें लेने आना उसे अरुचिकर न लगे।

···पर क्या यह सरला का भाई ही है ? सरला मेरे साथ ही पढ़ती थी। अधिक-से-अधिक चौबीस-पचीस वर्ष की होगी। यह क्या उसका छोटा भाई है ? पर छोटा लगता तो नहीं। मैंने तो सोचा था कि छोटा-सा लड़का होगा ! कहीं यह कोई और तो नहीं। मेरे साथ धोखा तो नहीं हुआ ? बड़े शहरों में तो सब कुछ

संभव है। पहले-पहल मुझे उसका चेहरा सरला से एकदम मिलता हुआ लगा था। पर तब शायद मैं बहुत घबराई हुई थी। हर व्यक्ति का चेहरा मुझे सरला और उसके छोटे भाई के जैसा लग रहा था। पर वह मेरे पास आया कैसे? उसे कैसे लगा कि मैं किसी की प्रतीक्षा में हूं और उसको मैं नहीं पहचानती?···पर कोई भी मुझे इस प्रकार परेशान देखकर समझ सकता था कि मैं किसी की प्रतीक्षा कर रही हूं। और फिर मैंने उसे बोलने का अवसर भी तो नहीं दिया था। स्वयं ही बोल पड़ी थी, 'आप सरला के भाई हैं?' इससे कोई भी समझ सकता था कि मैं सरला के जिस भाई की प्रतीक्षा कर रही थी, उसे पहचानती नहीं थी।···पर उसने मेरा नाम लिया था। मुझसे पूछा था कि मैं कविता तो नहीं हूं। यदि वह सरला का भाई नहीं था, कोई और था तो उसे मेरे नाम का पता कहां से चला? मेरे सामान पर तो कहीं मेरा नाम नहीं लिखा हुआ?—मैंने सरसरी नजर से देख लिया कि मैंने सामान के किसी नग पर अपने नाम की चिट नहीं लगाई थी। चलते हुए सोचा भी था, पर अच्छा किया कि नहीं लगाई। नहीं तो इसी सोच में मरती रहती कि कहीं उसने चिट से पढ़कर तो मेरा नाम नहीं जान लिया।

"आपको सरला ने लिखा था मेरे विषय में?" मैंने काफी प्रयास कर उससे पूछ ही लिया।

"आप मुझे ज्योतिषी तो नहीं समझतीं न?" वह मुसकराया, "यदि उसने न लिखा होता तो मैं कैसे जान पाता कि आप आज इस गाड़ी से आने वाली हैं और मुझे आपको रिसीव करने के लिए स्टेशन पर आना है।"

मुझे हंसी भी आयी और मन में कुछ खीझ भी उठी—अपने प्रति भी और उसके प्रति भी। मेरे प्रश्न का आखिर अर्थ ही क्या था? क्यों पूछा मैंने ऐसा प्रश्न? पर यदि मैंने पूछ ही लिया था, तो उसे इस प्रकार उत्तर नहीं देना चाहिए था। भला किसी अपरिचित लड़की से मिलकर कोई पहली ही बार ऐसी तीखी बातें कहता है। फिर मैं उसकी बहन की सहेली थी। बड़ों से भी कोई ऐसे बात करता है?

उसने जेब से एक पत्र निकाला, "सरला ने विशेष कुछ नहीं लिखा। केवल यही लिखा था कि उसकी एक सहेली कविता इस नगर में बसने के लिए आ रही है। मुझे उसे स्टेशन पर रिसीव करना होगा और उसके रहने के लिए मकान का प्रबंध भी करना होगा।"

मैंने पत्र उसके हाथ से ले लिया। पत्र सरला का ही था। मैं उसका हस्तलेख अच्छी तरह पहचानती थी। ऐसा घिच-पिच और कौन लिख सकता था!

मैं निश्चित हो गई। अब चिंता की कोई बात नहीं थी। मेरे साथ कोई धोखा नहीं हुआ था। वह वस्तुतः सरला का ही भाई था।

उसने सामान टैक्सी में रखवा दिया। मैं पर्स खोलती ही रह गई और उसने

कुली को पैंसे देकर विदा भी कर दिया। कुली ने अधिक पैंसों के लिए उसके साथ कोई झगड़ा भी नहीं किया था। इसका स्पष्ट अर्थ था कि उसने जितने पैंसे कुली को दिए थे, वे कुली की अपेक्षा से भी इतने अधिक थे कि वह बिना एक भी शब्द कहे, चुपचाप चला गया था। पता नहीं उसने कितने पैंसे दे दिए थे।

अब पर्स खोलना बेकार था। उसका जो रवैंया था, उससे मैं समझ गई कि वह मुझसे पैंसे नहीं लेगा। और यदि मैंने उसे पैंसे देने की कोशिश की, तो जाने आगे से क्या कह बैंठे। पहले ही प्रश्न का उत्तर उसने कितना वक्र होकर दिया था···मैंने पर्स खोलने के बदले, झुंझलाकर उसे बंद करने का प्रयत्न किया तो जिप खराब कर बैंठी। वह एक ही जगह अटक गई थी। अब न आगे खिसक रही थी, न पीछे। मां को मैंने मना किया था कि घटिया पर्स लेने की जिद मत करो। पर कौन सुनता है! थोड़े से ही सही, पर पैंसे तो बराबाद हुए ही।

टैंक्सी चल पड़ी तो फिर वैंसी ही चुप्पी छा गई, जो पहले से भी अधिक अखरने वाली थी। पहले कम-से-कम हम चल तो रहे थे। कोई-न-कोई काम हो रहा था। फिर हम कुछ आगे-पीछे भी हो जाते थे। उसका ध्यान कुली को देखने के लिए उधर बहक जाता था और मैं मां को संभालने में व्यस्त हो जाती थी। अब हम साथ-साथ बैंठे थे। बात न करने की, संकोच की या एक दूरी बनाए रखने की औपचारिकता काफी हो चुकी थी। मुझे अब उससे कुछ बातें पूछ ही लेनी चाहिए थीं। बातचीत का तार भी बना रहेगा और मुझे कुछ जानकारी भी मिल जाएगी।

मैंने उसकी ओर देखा। मुझे लगा कि उसके भीतर भी ठीक वही विचार-प्रक्रिया घट रही है, जो मेरे भीतर है और वह भी मुझसे कुछ पूछने ही वाला है। क्षण भर के लिए मैं सकपका गई। पर वह कुछ नहीं बोला।

"आपने हमारे ठहरने का प्रबंध कहां किया है?" मैंने ही पूछ लिया।

"अपने ही घर में।" वह इतने सहज ढंग से बोला था कि चाहते हुए भी मैं इस बात को उसकी चपलता अथवा परिहास समझकर न टाल सकी, न हंस सकी। वैंसे भी मैं इस प्रकार के उत्तर के लिए तैंयार नहीं थी। उनके घर में कैंसे ठहरा जा सकता है?

"पर क्या कहीं और जगह नहीं मिली?" न चाहते हुए भी मैंने अचकचाकर पूछ ही लिया।

"क्यों? आप हमारे घर में नहीं ठहरना चाहतीं?" उसने बिना मेरी ओर देखे कह दिया और फिर उसी प्रकार निष्क्रिय होकर बैंठ गया।

मुझे लगा कि उस वाक्य का रूप प्रश्न का अवश्य है, पर उसमें जिज्ञासा नहीं है। वह वाक्य तो उसने मेरी ओर ऐसे फेंक दिया है जैंसे हम किसी चलती सवारी में से केले का छिलका या वैंसी ही कोई निरर्थक चीज बाहर सड़क पर फेंककर

निश्चित हो जाते हैं और मुड़कर यह भी नहीं देखते कि उसके फेंके जाने का परिणाम क्या हुआ···किसी को उससे चोट तो नहीं लगी···कोई उससे फिसलकर गिरा तो नहीं···

पर प्रश्न तो मुझे ही संबोधित था, चाहे उसका अर्थ कुछ भी न रहा हो।

"नहीं, ऐसी बात तो नहीं है।" मुझे कुछ खुलकर कहना पड़ा, "पर आप तो स्वयं···" मैं कुछ अचकचाई—"जैसा मुझे सरला ने बताया था—अपनी मौसी के घर में हैं। आपका अपना घर तो यहां है नहीं। आपकी बात और है। मेरा तो उनके साथ कोई रिश्ता नहीं है। फिर मैं अकेली भी नहीं हूं, मां मेरे साथ हैं। उनके लिए कहीं हम बोझ न बन जाएं।" उसके चेहरे पर उभरती हुई प्रतिक्रियाएं देखने के लिए मैं रुकी और बोली, "···और वैसे भी कितना ही सामीप्य क्यों न हो, कोई किसी और के घर में कितने दिन रह सकता है?"

इतना कुछ कहने के पश्चात मुझे उसकी ओर से पर्याप्त मुखर प्रतिक्रिया की आशा थी। पर उसकी मुद्रा में कोई विशेष परिवर्तन नहीं हुआ। वह अब भी लगभग उतना ही निश्चित दीख रहा था, जितना पहले था।

"नहीं!" वह बहुत हल्के-से ढंग से मुसकराया, "आप गलत समझीं। यहां मेरी दो मौसियां हैं। जिनके साथ मैं रहता हूं, वह बड़ी हैं। जहां आप ठहर रही हैं, वह छोटी मौसी का घर है। और फिर आप उनके मकान में ठहर रही हैं, उनके घर में नहीं।"

यह व्यक्ति बातों में कैसे उलझा रहा है, मैंने सोचा।

"क्या मतलब?" शायद अनजाने ही मेरी आवाज में कुछ आवेश आ गया था। तत्काल ही मुझे झेंपकर कहना पड़ा, "मैं समझी नहीं।"

"मतलब यह कि जहां आप ठहर रही हैं, वह मौसी की ही कोठी का, पीछे की ओर का किराए के लिए अलग ही पोर्शन है।" उसने लगभग पहली बार इतनी खुली और भरी आंखों से मेरी ओर देखा।

"तब ठीक है।"

मैं निश्चित हो गई। मुझे यह व्यवस्था अच्छी लगी। मैं सरला की सहेली हूं—अब मैं सरला के परिवार के ही साथ रहूंगी; और फिर एक प्रकार से अलग भी। एक नये शहर में स्वतंत्र रूप से अलग-अलग रहने का भय-सा था मेरे भीतर। अब वह भय नहीं रहेगा। मैं उनके संरक्षण में निश्चित रह सकती हूं···पर मैं उनकी किराएदार होऊंगी और वह मेरे मकान-मालिक। किराएदार और मकान-मालिक में कोई-न-कोई खिच-खिच होती ही रहती है, कोई-न-कोई झगड़ा। कहीं ऐसा न हो कि उनकी किराएदार बनकर उनसे अनबन कर बैठूं और सरला जैसी सहेली भी खो बैठूं···मैं इस नयी चिंता के नीचे बुरी तरह दबी जा रही थी···

उसके इशारे पर टैक्सी एक गेट के सामने रुक गई। टैक्सी का दरवाजा खोलकर एक ओर से मैं उतरी और दूसरी ओर से वह। मैंने सहारा देकर मां को भी टैक्सी से उतारा। दरवाजा बंद करके मुड़ी तो देखा वह मीटर देखकर टैक्सी का किराया चुका रहा था।

"ठहरिए, मैं देती हूं।" मैंने खराब जिप के कारण खुले पर्स में जल्दी-जल्दी हाथ डाला।

तब तक पैसे चुकाकर वह घर की ओर मुड़ चुका था।

"क्या किया आपने !" मैंने अपनी आंखों में उलाहनों का ढेर भरकर शिकायत की।

"ठीक है, ठीक है।" उसने बुजुर्गों के समान मेरी पीठ थपथपा दी और तटस्थ भाव से आगे बढ़ गया।

मैंने उसकी ओर देखा — यह सरला का छोटा भाई है ? मैंने सोचा था, वह कोई छोटा-सा लड़का होगा। बात-बात में झिझकेगा, मुझसे शरमाएगा। कुछ कहूंगी तो उसके कानों की लवें लाल हो जाएंगी, आंखें झेंप के मारे झुक जाएंगी। और यह···! जैसे मुझसे बरसों बड़ा हो। व्यवहार भी कैसा खुला हुआ है इसका, आत्मीयतापूर्ण, जैसे वर्षों का परिचय हो मेरे साथ।

···पर कहीं उसके मन में मेरे प्रति दया का भाव तो नहीं है। कहीं सरला ने कुछ ऐसा तो नहीं लिख दिया। वह जान-बूझकर ही तो मेरे पैसों को खर्च होने से नहीं बचा रहा है। पर सरला का पत्र मैंने स्वयं भी देख लिया है उसके पास। उसमें तो ऐसा कुछ नहीं लिखा गया। मेरी खोजी नजरें उसकी ओर उठ गईं।

वह हमसे कुछ आगे बढ़, फिर से पलटकर खड़ा हो गया था—शायद हमारे चलने की प्रतीक्षा करता हुआ।

मेरी नजरों को अपने चेहरे पर महसूस कर बोला, "चलिए।" और फिर हम से आगे-आगे चलने लगा।

फाटक खोल, लॉन पार कर हम मकान के बरामदे में आए। एक महिला और एक युवती पहले से ही वहां खड़ी थीं—शायद हमारा स्वागत करने के लिए।

मैं नहीं जानती थी कि वे लोग कौन हैं, शायद वे सरला की मौसी और उनकी बेटी ही हों। उन्हीं के घर हम लोग आए थे। पर हो सकता है कि वे भी किराएदार हों। किराए के लिए उनके मकान में एक से अधिक पोर्शन भी हो सकते हैं। एक बार जी में आया, शिष्टाचारवश दूर से ही उन्हें नमस्ते कर दूं। पर फिर किराएदार वाले विचार ने मुझे संकुचित कर दिया।

"यह हैं मेरी छोटी मौसी—लिट्ल आंटी।" निकट पहुंचकर उसने परिचय कराया।

'लिट्ल आंटी' शब्द पर हंसकर मैंने हाथ जोड़ दिए। वह महिला किसी

प्रकार भी 'लिट्ल' नहीं थी—न अवस्था में और न डील-डौल में। पर उन्होंने भी 'लिट्ल' का बुरा नहीं माना था। हो सकता है, वह अंग्रेजी न समझती हों··· या फिर अपने स्नेहवश उन्होंने इस प्रकार के परिहास का लाइसेंस सरला के भाई को दे रखा हो।

"और यह है मेरी छोटी बहन—लिट्ल सिस्टर या लिट्ल गर्ल—सुषमा। आप कवयित्री हैं।" अब उसके स्वर का परिहास पहले से अधिक मुखर था।

मैंने सुषमा को देखा—एक लड़की, सुंदर-सी। लंबी-लंबी पतली अंगुलियों वाले नाजुक-से हाथ मेरी ओर जुड़े हुए तथा बड़ी-बड़ी खुली और साफ-शफाफ आंखें उसकी ओर ताकती हुईं, जिनमें खीझ भी थी और प्यार भी।

मैंने भी उत्तर में हाथ जोड़ दिए।

"और आप हैं कविता, सरला की सहेली और यह हैं उनकी माताजी।" उसने मेरा और मां का परिचय कराया।

हमारे परिचय के साथ उसने न अपनी ओर से कुछ जोड़ा था, न उसमें परिहास का रंचमात्र पुट भी आने दिया था, पता नहीं क्यों? हो सकता है कि औपचारिकता आड़े आयी हो या फिर मां की उपस्थिति के कारण···

"इन्हें जानती हैं आप?" सुषमा ने मुसकराकर, उसकी ओर संकेत कर मुझसे पूछा।

निश्चित रूप से सुषमा अब उसी की शैली में उसका परिचय देने जा रही थी। पर अभी मैं यह नहीं समझ पायी थी कि उनके परिहास में मुझे कहां तक सम्मिलित होना है। कहीं ऐसा न हो कि भाई-बहन के मजाक में मेरा योग उन्हें बुरा लगे। पर कहीं ऐसा न हो कि मेरी तटस्थता ही उन्हें खले।

"बस इतना जानती हूं कि यह सरला के भाई हैं।" मैंने बड़ी सावधान तटस्थता के साथ कहा, "और इनका नाम शैलेश है। बस!"

"मुझसे सुनिए इनका परिचय।" सुषमा ने उसे जीभ दिखाई, "आपको अंग्रेजी एकदम नहीं आती। निरे कोरे हैं इस भाषा में···"

"चलो-चलो, भीतर चलो।" मौसी बोलीं, "सारी लड़ाई बरामदे में ही जरूरी नहीं है। कुछ थोड़ी-सी भीतर के लिए भी रहने दो।"

शैलेश और सुषमा दोनों मुसकराए और शैलेश ने तनिक झुककर दरबारी अंदाज में हाथ फैलाकर हमें भीतर चलने का संकेत किया।

हमने आगे-पीछे, भीतर प्रवेश किया।

यह कमरा ड्राइंग-कम-डाइनिंग रूम था। ड्राइंगरूम वाला हिस्सा काफी खुला था—लंबे आकार में। कालीन, सोफा, छोटी तिपाइयों और सेंटर टेबल से फरनिश्ड। आगे चलकर बायीं ओर उसका गहरा विस्तार था। एक बड़ा-सा फ्रिज, गोदरेज का; और लकड़ी के प्राकृतिक रंग के सनमाइका वाली डाइनिंग

टेबल। दीवारों पर हल्के रंग का डिस्टैम्पर था। उन पर दो बड़ी-बड़ी पेंटिंग लगी हुई थीं, शायद तैलचित्र थे। पर चित्र में बनी हुई आकृतियां इतनी दूरी से स्पष्ट नहीं दीखती थीं। दीवारों में बने शो-केसों में कई प्रकार की शोभा-कृतियां थीं और दूर किनारे में रखे कॉर्नर टेबल पर एक बहुत ही प्यारे वॉज में एक नन्हा-सा मनी-प्लांट लगा हुआ था।

यहां आने से पहले न तो मैंने उनके इस प्रकार के मकान की कल्पना की थी और न ही यह समझा था कि हमें इस प्रकार का खुला और आत्मीय व्यवहार मिलेगा। सुषमा और शैलेश के व्यवहार की अनौपचारिकता तथा अपनेपन से मैं अपनी आशंकाओं से निकल आने में लगभग सफल हो गई थी, पर उनके मकान ने मुझे फिर से एक बार हतप्रभ कर दिया था। मैं अपने आपको ही ठीक से, पूरी तरह से नहीं पा रही थी।

अपने आपको पा लेने के लिए ही, एक कुरसी पर बैठते-बैठते मैंने सुषमा से पूछा, "क्या कह रही थीं आप ?"

सुषमा वापस, अपने पुराने मूड में लौटी, "मैं कह रही थी, इन्हें अंग्रेजी बिलकुल नहीं आती। आपने सुना ही है, ये छोटी मौसी का अंग्रेजी अनुवाद 'लिट्ल आंटी' करते है। वैसे भारतीय होने के नाते इन्हें भी अंग्रेजी बोलने का बहुत शौक है। स्वयं को अंग्रेजी का 'डॉक्टर रघुवीरा' कहते हैं और अंग्रेजी के मोटे-से-मोटे शब्दकोश को भी नये शब्दों का उपहार देने से बाज नहीं आते।"

"पूरा परिचय कराइए न !" अब तक मैं स्वयं को उनकी चुहल में सम्मिलित होने की अधिकारिणी मान बैठी थी, "आप तो इनके अंग्रेजी ज्ञान तक ही संकुचित रह गईं।"

"दैट्स राइट।" शैलेश हल्के से हंसा, "परीक्षा में एक प्रश्न अस्सी प्रतिशत अंकों के योग्य लिखकर भी यदि शेष प्रश्न छोड़ दोगी तो फेल हो जाओगी। परीक्षा में तुम्हारी उत्तर-पुस्तिका संतुलित होनी चाहिए, कवयित्री महोदया ! दैट्स माई एडवाइस।"

"थैंक्यू !" सुषमा बोली, और फिर मेरी ओर मुड़ी, "नाम है इनका शैलेश ! पर्वतों का राजा। पर्वत जैसा ही मस्तिष्क है इनका—मोटा और जड़। स्वयं को मेरा ओल्ड ब्रदर कहते हैं, जिसका हिंदी में पुनरानुवाद करते हैं—'बुड्ढा भाई'।"

"अच्छा।" मैं अनायास ही खुलकर जोर से हंस पड़ी।

"मैंने आपका साभान आपके कमरे में भिजवा दिया है और दो चारपाइयां भी डलवा दी हैं।" मौसी उनकी चुहल में से निकाल मुझे व्यावहारिकता की ओर खींच लायीं, "आप लोग जरा हाथ-मुंह धो लीजिए। चाय पी लें तो कुछ ताजा हो जाएंगी, सफर की थकान उतर जाएगी।" और फिर वे लड़ने वाले

उन भाई-बहन की ओर मुड़ीं, "ये तो बच्चे हैं। लड़ते ही रहते हैं।"

मौसी ने जिन-जिन बातों की चर्चा की थी, मैं उन सबको भूल बैठी थी। अब जैसे फिर अपनी वास्तविकता में लौट आयी। मुझे हाथ-मुंह धो लेना चाहिए था। पता नहीं, चौबीस घंटों की यात्रा में इंजिन के उड़ाए हुए कोयले और धुएं में से कितना कुछ मेरे चेहरे पर चिपका हुआ था। मैंने गाड़ी से उतरने के पहले टॉयलेट में जाकर शीशा भी नहीं देखा था। पता नहीं मैं कैसी लग रही थी।

मैं एक बार फिर इस तथ्य के प्रति सचेत हो उठी कि यह घर मेरा नहीं है। मैं एक पराए घर में हूं, जहां मुझे यह भी पता नहीं कि उनका बाथरूम किधर है।

मैं उठकर खड़ी हो गयी। शैलेश की ओर देखा। वह समझ गया और उसने बाथरूम की ओर संकेत कर दिया।

मां भी मेरे पीछे-पीछे चली आयीं। टैक्सी से उतरते ही मैं मां को भूल बैठी थी। इस सारे परिवेश में मां जैसे एक अनावश्यक चीज़ हो गयी थीं। उनका यहां क्या काम ? अब जैसे मैं फिर से उनके अस्तित्व के प्रति सजग हुई थी। कहीं मां भी अपने-आपको इस परिवेश में अनावश्यक तो नहीं समझ बैठीं। ऐसा हुआ, तो मेरे लिए और भी मुश्किल हो जाएगी। अपने-आपको ही एडजस्ट करना मेरे लिए बड़ी बात थी। यदि कहीं मां की आपत्तियां-निषेध बीच में आ गए तो और परेशानी होगी।

बाथरूम चमक रहा था, जैसे अभी-अभी कोई उसे हमारे लिए साफ करके गया हो। नल, शॉवर, फ्लश, बेसिन, बेसिन पर लगा हुआ शीशा— सब कुछ साफ-सुथरा और उजला-उजला था।

"लोग तो ये अच्छे लगते हैं।" मां मेरे कान में फुसफुसायीं।

तो मां प्रसन्न थीं ! मेरी आशंका निर्मूल थी। इस परिवेश में उन्हें अपना व्यर्थता-बोध नहीं कोंच रहा था। तो क्या मुझे ही वह व्यर्थ लगी थीं ! किसी और संसार का जीव—जो हंसी-खेल, चुहल-परिहास के बीच मुझे संगत नहीं लगता था···

खैर, मां प्रसन्न थीं। शायद उन्हें सब लोगों के व्यवहार में आत्मीयता मिली थी। मां को परायापन बहुत खलता है। यदि मां इसी प्रकार प्रसन्न रहीं तो उनको लेकर मेरे मन की सारी आशंकाएं निर्मूल सिद्ध होने जा रही हैं···

"मैं तो पहले ही कहती थी, मां।" मैंने उल्लास में आपे से बाहर होते हुए कहा, "सरला मेरी बड़ी अच्छी सहेली है।"

"वह तो ठीक है, बेटी !" मेरे अपने उल्लास ने मां के उल्लास को पिघला दिया था। वह फिर से उदास हो गयी थीं, "पर हम गरीब हैं, बेटी ! इसीलिए मैं कहती थी, यह पराया सुख···"

"सब ठीक है, मां। तुम यूं ही···" मैं कुछ आवेश में बाहर आ गयी।

ऐसे समय में मुझे ऐसी उखड़ी-उखड़ी उदास बातें अच्छी नहीं लगीं। भला ऐसे परिवेश में भी उदास होने की कोई बात है। इस हंसी-खुशी में उदासी का विष फैलाना मुझे अपराधजनक लगा। पर मां तो··· मुझे लगा कि शैलेश और सुषमा के परिहास ने मुझे कोई ऐसी पारसमणि दे दी है, जिसने मेरी सारी उदासी दूर कर दी है। मैं अब पहले जैसी आशंकित नहीं हूं। मुझे अब किसी की खुशी देखकर अपना दुःख याद नहीं आता है। मेरे भीतर से जैसे कुछ बदल रहा है, बदल चुका है···पर मां···

मौसी हमें सीधे डाइनिंग टेबल पर ले गयीं। मेज पर चाय लगी हुई थी। सुषमा और शैलेश भी पूर्व-सज्जित चीज़ों के समान ही वहां बैठे हुए थे। वे दोनों चुप थे। उनके चेहरों से लगता था कि वे इससे पूर्व भी बातें नहीं कर रहे थे। शायद उनकी चुहल भी दूसरों की उपस्थिति में ही जागती थी।

"तशरीफ रखिए न !" मुझे आते देखकर शैलेश बोला।

मैं बैठ गयी।

"आप इधर आ जाइए, बहनजी !" मौसी ने मां को बुला लिया। मां ने मुसकराकर एक बार मेरी ओर देखा और मौसी के पास में बैठ गयीं।

मौसी के इस काम से मुझको उन पर एकदम प्यार आ गया। मैं हैरान थी कि मौसी ने आखिर अपनी किस दिव्य दृष्टि से देख लिया था कि मां के चेहरे पर चिपकी हुई उदासी बार-बार किसी लिजलिजी चीज़ के समान मुझे छू लेती थी और मेरे भीतर उसके विरुद्ध क्रोध का एक भयंकर ज्वार-सा उठता था। मैं अनजाने ही शायद यह चाह रही थी कि मां की इस उदासी का यह बोझ कोई मुझसे ले ले, मांग ले, छीन ले···मेरा मन मौसी के प्रति आभार से आप्लावित हो उठा था।

पर यदि मां ने वैसी ही कोई बात मौसी से कह दी तो ? मैंने नजर उठाकर देखा। शायद मां भी अपने चेहरे पर से गरीबी के भाव बाथरूम में ही धो आयी थीं। मैं आश्वस्त हो गयी। शायद वह अपनी बात नहीं दुहराएंगी।

"आप अब शांत हैं न ?" शैलेश ने मुझसे पूछा।

मैंने देखा उसके बंद होंठों के दोनों किनारे शरारत से कांप रहे थे। सुषमा भी अपने गालों में उमड़ते हुए ठहाके को बहुत कठिनाई से नियंत्रित कर पा रही थी। शायद ये भाई-बहन फिर कोई पटाका छोड़ने वाले थे।

"जी !" मैं कहना चाह रही थी कि मैं उसकी बात समझ नहीं पायी। और यदि वह मुझे अवसर देता तो कदाचित मैं यह भी कहना चाहती थी कि अभी वह मुझे संभलने का अवकाश दे, मुझे व्यवस्थित हो जाने दे। ऐसा न हो कि उसका कोई परिहास मुझे चुभ जाए, जिससे मैं फिर से अपने उस उदासी के लोक

में लौट जाऊं। मैं उदास नहीं होना चाहती। मुझे उस ओर मत धकेलो···

"मेरा तात्पर्य यह है कि आप क्लांत तो नहीं हैं न ?" वह क्षण भर के लिए रुका, "देखिए, आप शब्दों के भारी-भरकमपन से घबराइए नहीं। मैंने पहले ही कहा था कि सुषमा कवयित्री है। इसलिए शांत, क्लांत, भ्रांत, श्रांत जैसे शब्दों का बड़ी विकट बहुलता के साथ प्रयोग करती है।"

"ऐ पहाड़ ! फिर शुरू हुआ।" सुषमा ने उसे ललकारा।

"सुषमा की बच्ची !" शैलेश भी उतने ही ऊंचे स्वर में बोला, "असाहित्यिक बातें मत कर। शैल जैसे ललित शब्द को छोड़कर पहाड़ जैसा कठोर शब्द मत बोल।"

"शैलेश !" मौसी बहुत देर के बाद बोलीं थीं, "कुछ ऐसी बातें करो, बेटे, जो मुझ जैसी अनपढ़ को भी समझ में आएं।"

तो मौसी अनपढ़ थीं। जब शैलेश 'लिटिल आंटी' कहता है तो हो सकता है, वह समझ ही न पाती हों कि वह क्या कहता है। इस सूचना से एक प्रकार का मुझे आश्वासन-सा मिला। मौसी के पास धन था, विद्या नहीं तो वे किसी धरातल पर तो स्वयं को हीन पाएंगी ही। मां को उनके साथ व्यवहार करने में अधिक असुविधा नहीं होगी।

मौसी ने जो कुछ शैलेश से कहा था, उसमें निषेध कहीं नहीं था, पर वह वाक्य निषेध का ही कार्य कर गया था। मौसी ने उसकी भाषा को समझने में ही असमर्थता जताई थी और सुषमा तथा शैलेश का अब तक का सारा परिहास भाषा पर ही आधृत था।

"सुनिए !" मैंने मात्र मौन की जड़िमा तोड़ने के लिए कहा, "आप मुझसे कुछ पूछना चाहते थे।"

"जी हां।" शैलेश का स्वर पहले से कुछ अधिक गम्भीर था, "आपके विषय में जो कुछ जानता था, वह बता चुका हूं, पर सुषमा आपका विशेष परिचय पाने के लिए उत्सुक है। मेरा मतलब है, आपके यहां आने का उद्देश्य इत्यादि।"

"तो आपको सरला ने कुछ नहीं लिखा ?" मैंने आश्चर्य से पूछा। मेरा विचार था कि वह उन्हें सब कुछ विस्तार से लिख चुकी होगी।

"कुछ नहीं।" उसने चाय का घूंट भरा, "सरला आपकी सहेली है, इसलिए हो सकता है कि यह सुनना आपको बुरा लगे कि आप उसे पूरी तरह नहीं जानतीं। वह पूरी डिक्टेटर है। उसका पत्र तो मैंने आपको दिखाया ही है। उसमें सूचना कोई नहीं है—मात्र आदेश है।"

"जी", मैंने कहा, "असल में मैं यहां स्थायी रूप से रहने आयी हूं। यहां गर्ल्स हाई स्कूल में मेरी नियुक्ति हुई है—टीचर के रूप में। मैं और सरला क्लासमेट थीं। बी०ए० हमने इकट्ठे ही किया है। उसने एम० ए० ज्वाइन किया और मैंने

बी० टी०। अब तक मैं वहीं पढ़ाती रही, पर उससे अच्छा ग्रेड मिलने के कारण यहां चली आयी हूं। चुनाव तथा नियुक्ति हो चुकी है। अब जाकर हैड मिस्ट्रेस को ज्वार्यनिंग रिपोर्ट ही देनी है।"

"आपके साथ और कोई नहीं है?" सुषमा ने इस बार सीधे ही मुझसे पूछा। उसका प्रश्न बड़ा अस्पष्ट था। आखिर साथ से उसका क्या तात्पर्य था? शायद उसे भी तुरन्त ही अहसास हो गया कि वह अपना अभिप्राय स्पष्ट नहीं कर पायी है। और उसके प्रश्न को गलत दिशा भी दी जा सकती है। उसने अपनी बात स्पष्ट कर दी, "मेरा मतलब है, आपके भाई-बहन, पिताजी इत्यादि।"

"एक भाई है मेरा। मुझसे छोटा है।" मुझे सतीश की याद आ गई। कितनी चिंता करता है मेरी, कितना घुलता है। चलते हुए बार-बार उसने कहा था, 'दीदी, जाते ही तुरंत अपने पहुंचने की सूचना देना। मुझे फिक्र लगी रहेगी।' और मैंने सुबह से उसे एक बार भी याद नहीं किया—बेचारा!" और फिर मैंने सुषमा को सूचना दी, "छोटा है। पर मुझसे बहुत बड़ा बन गया है वह!"

न चाहते हुए भी, मेरे स्वर का हल्कापन, बहुत खुलापन और स्थिरता—पता नहीं कहां चले गये।

"सारे भाई ऐसे ही होते हैं।" सुषमा ने इठलाकर शैलेश को देखा, "यह जो बैठा है पहाड़। है मुझसे छोटा— वय में भी और पढ़ाई में भी। पर फिर भी मुझ से बड़ा बनता फिरता है।"

"आप किस क्लास में हैं?" पता नहीं मैंने यह प्रश्न क्यों और कैसे किया। उस क्षण मेरे मन में इस प्रकार की किसी भी बात के प्रति कोई जिज्ञासा नहीं थी। मेरा ध्यान सतीश की ओर जाकर, वहीं चिपक गया था। ऐसे में और कोई जिज्ञासा कैसे होती! पर फिर भी पूछ ही बैठी थी मैं।

"मैं एम० ए० फाइनल में हूं और यह एम० ए० प्रीवियस में।" उसने मुझे बताया।

"पर सतीश ऐसे ही मजाक में बड़ा नहीं बना है।" स्वयं मुझे अपना स्वर बहुत गंभीर लग रहा था, "उसने मैट्रिक के बाद ही नौकरी कर ली थी। और यह सच है कि उसी ने मुझे पढ़ाया भी है। पिताजी मेरे अब नहीं हैं।"

"आप अपने भाई को साथ नहीं लायीं?" इस बार शैलेश ने पूछा।

"वह अपनी नौकरी नहीं छोड़ सकता।" मैंने बहुत संक्षिप्त-सा उत्तर दिया। पर अपना उत्तर स्वयं मुझे ही खल गया। जैसे मैं कुछ उग्र हो उठी। अशिष्ट था शायद यह उत्तर। मैंने बात को संभालने के लिए जोड़ा, "वह यदि नौकरी छोड़ दे तो अकेले मेरे वेतन में हम तीनों को परेशानी हो सकती है। और वह फिर अपनी उस बड़ी बहन का आश्रित नहीं बनना चाहता जिसे उसने पढ़ाया-लिखाया है।"

फिर वहां एक मौन छा गया। सहसा ही वातावरण काफी बोझिल हो उठा था। ऐसी स्थिति में सुषमा और शैलेश की नोक-झोंक भी नहीं चल सकती थी। उनके चेहरों से मुझे लग रहा था जैसे वे ग्लानि से पीड़ित थे—शायद उन्हें यह लग रहा था कि उन्होंने मुझसे वे प्रश्न ही क्यों किए, जिन्होंने मेरे दर्द को छुआ और मुझे उदास बना दिया। हो सकता है कि उनके मन में मुझसे क्षमा-याचना की भी बात आयी हो। कम-से-कम उनके चेहरों से ऐसा ही लग रहा था।··· और मैं यह सोच रही थी कि मैं एक अभिशप्त आत्मा हूं। मैंने ही अपनी काली छाया इन सब पर डाल दी है। पर मुझे क्या अधिकार है कि मैं अपने विषाद की भाप से इनके चमकते हुए उजले चेहरे धुंधले कर दूं, झुलस दूं! मुझे क्या अधिकार है कि मैं दूसरों की हंसी पर अपनी उदासी का मुलम्मा चढ़ा दूं! क्या ऐसा नहीं हो सकता कि मेरे विषाद से इनके चेहरे काले न हों और इनकी हंसी से धुलकर मैं उजली हो जाऊं? क्यों न मैं इनसे थोड़ा-सा प्रकाश मांग लूं और अपने जीवन का थोड़ा-सा अंधकार बलात् परे धकेल दूं···?

कोई कुछ नहीं बोल रहा था। मैंने बात ही ऐसी कह दी थी। मुझे क्या पता था कि ये सब लोग इतने सेंसेटिव हैं और ये मेरी आहत भावनाओं का इतना सम्मान करेंगे। अहा, तो मैं ही बोलूं तो बोलूं, इनमें से पहल शायद कोई नहीं करेगा। पर मैं भी क्या बोलती···

अंत में शैलेश ने मौन तोड़ा।

"अच्छा, आंटी! मैं अब चलूं।" वह उठकर खड़ा हो गया।

"बैठो-बैठो। इतनी भी क्या जल्दी है।" मौसी जैसे इसके लिए बिलकुल तैयार नहीं थीं। उन्होंने कभी नहीं सोचा होगा कि वह ऐसे उठ भागने की कोशिश करेगा। वह अचकचा-सी गई थीं, "कोई बहुत जरूरी काम है क्या?"

शैलेश के चेहरे का भाव बदला और मेरी जान में जान आयी। वहां अब वे सख्त-कठोर रेखाएं नहीं थीं। उसकी सहज मुसकान लौट आयी थी।

"नहीं, काम तो कोई विशेष नहीं है।" उसने हल्के ढंग से अपने कंधे उचकाए, "पर अब···।"

मैं जानती थी कि वह 'पर अब···' से क्या कहना चाहता है। मैं यह भी समझती थी कि उसका अभी से चले जाने का कोई विचार नहीं था। सरला ने हमें उसके पास भेजा था। वह अपनी जिम्मेदारी को समझता था। शायद वह यह भी जानता था कि वह अपनी मौसी के कितने ही निकट क्यों न हो, हम उस समीपता का अनुभव नहीं कर सकते। हम दोनों को इतनी जल्दी छोड़कर वह कैसे जा सकता था! पर मैंने ही अपनी बातों से उसे उठ भागने को बाध्य किया था। मैंने ही अपनी उदासी से धकेला था···मुझे माफ करो, शैलेश! मुझे क्षमा करो···

"सुनो, सुनो !" सुषमा ने उसकी बांह पकड़ ली, "पहाड़ तो कभी हिलता ही नहीं। तुम कहां चले ?"

"बैठो, बेटा, बैठो !" मौसी फिर बोलीं, और इस बार उनके स्वर में याचना स्पष्ट झलक थी।

"आंटी ! बैठता हूं। शाम तक यहीं रहूंगा। रात का खाना भी यहीं खा लूंगा, यदि आप कहेंगी तो। पर एक शर्त है !" शैलेश ने सबको सस्पेंस में डाल दिया था, पता नहीं क्या शर्त थी उसकी।

मैं यह भी देख रही थी कि मेरी उदासी भरी बातों द्वारा प्रस्तुत बाधा को शैलेश पार कर आया था। उसे उसके लिए अधिक प्रयत्न नहीं करना पड़ा था। उसका फिर से वातावरण को हलका बना देना मुझे अच्छा ही लगा था; और मैं सोच रही थी कि अब मैं ऐसी कोई बात नहीं कहूंगी, जिससे वहां फिर से चुप्पी छा जाए और शैलेश फिर से उठ भागने को बाध्य हो जाए।

"बोलो, बेटा, बोलो। क्या शर्त है तुम्हारी ? मेरे बस में हुआ, तो जरूर पूरी करूंगी।" मौसी एकदम गद्‌गद हो उठी थीं, और उनकी बातों में मुझे कहीं भी बनावट नजर नहीं आ रही थी, "धन्यभाग हमारे जो हम तुम्हारी शर्त पूरी कर सकें। तुम तो यहां आते ही नहीं।"

"शर्त यह है, आंटी !" शैलेश ने कनखियों से सुषमा को देखना आरंभ किया, "इस लिटिल सिस्टर से कहिए कि मुझे 'शैलेश भैया' कहकर पुकारे।" शब्द 'भैया' पर उसका स्पष्ट बल था, "अशिष्टता और बदतमीजी से तोबा करे और मुझसे यहां ठहरने की प्रार्थना करे।"

"चल !" सुषमा ने उसे एक धौल जमाया, "बड़ा आया भैया। मुझे सुषमा दीदी कहकर पुकारा कर। बड़ी मैं हूं।"

"तो मैं चला।" शैलेश खड़ा तो था ही, अब दरवाजे की ओर दो डग आगे भी बढ़ गया।

मेरा मन सहसा ही डोल गया—कहीं यह सचमुच ही न चल दे, बनी-बनाई बात मिट्टी हो जाएगी। मैं उसे रोकना चाहती थी। यदि अवसर मिलता तो मैं उससे कह भी देती। पर भाई-बहन के झगड़े में मैं क्या कहती। मां की आंखें भी उसे रुकने के लिए कह रही थीं। मां को भी मेरे ही समान शैलेश ही आत्मीय लग रहा होगा। सुषमा और मौसी उनके लिए भी अजनबी थीं। फिर शैलेश इतनी जल्दी हमें छोड़कर क्यों जा रहा है ? पर उसे न मैं रोक सकती थी, न मां। कैसे रोकतीं, क्या कहकर रोकतीं और किस अधिकार से रोकतीं !

"कह दे, बेटी !" मौसी ने सुषमा को मनाया, "तेरा ही क्या घट जायेगा। भाई की जिद ही पूरी कर दे। आखिर एक ही तो तेरा भैया है।"

"मम्मी ! तुम हमेशा मुझे ही दबने के लिए कहती हो। भैया है इसलिए

उसकी बात मान लूं, वह छोटा है इसलिए उसकी बात मान लूं, मैं बड़ी हूं इसलिए उसकी बात मान लूं।" सुषमा ने मिठास से भरपूर शिकायत की।

"तो क्या हर्ज है, बेटी !" मौसी बोलीं।

"अच्छा बाबा !" सुषमा ने जीभ निकालकर शैलेश को चिढ़ाया, "शैलेश भैया ! आप संध्या समय तक यहीं रह जाने की कृपा करें। मैं आपसे प्रार्थना करती हूं।"

"करबद्ध प्रार्थना कहो।" शैलेश ने टोका।

"चल, इतना कह दिया, कम है !" सुषमा फिर झगड़ पड़ी।

अब वह अधिक मनाने के मूड में नहीं लग रही थी। शैलेश कुछ कहता तो वह भी जिद पकड़ लेती। और मन-ही-मन डर रही थी कि कहीं सचमुच ही ये दोनों अपनी-अपनी बात पर अड़ न जाएं। सुषमा ने जिद पकड़ी और मनमौजी आदमी उठकर चल ही दिया तो और किसी का क्या बिगाड़ेगा, पर मैं तो अकेली पड़ ही जाऊंगी।

मैं शैलेश को एकटक देख रही थी। मैं चाहती थी कि वह एक बार मेरी ओर देख ले। मेरी ओर देखते ही वह अवश्य समझ जाएगा कि मैं क्या चाहती हूं। मैं कितनी कातर हो रही थी उस समय !

पर शैलेश ने मेरी ओर नहीं देखा। वह सुषमा को घूरता ही जा रहा था और सुषमा अपने स्थान से एकदम नहीं डिग रही थी।

"अच्छा, हमने आपकी प्रार्थना स्वीकार की।" अंत में शैलेश मुसकराया और फिर अपनी जगह पर बैठ गया।

मेरे मस्तिष्क का तनाव इस घर में आकर दूसरी बार शांत हुआ था। और राहत की इस स्थिति में मैं कुछ इतनी निश्चिन्त हो गई थी कि मुझे कोई बात ही नहीं सूझ रही थी। 'अब क्या किया जाए ?' मैं बार-बार अपने-आपसे पूछ रही थी और मुझे उसका कोई उत्तर नहीं मिल रहा था। पर कुछ नहीं करना—कुछ नहीं कहना भी मुझे अच्छा नहीं लग रहा था।

"अच्छा, मौसीजी !" मैंने अंत में बड़ी कठिनाई से मुंह खोला, "हमें जरा कमरे दिखा दीजिए। मैं सामान इत्यादि ठीक कर लूं।"

"मैं जाता हूं, आंटी !" उनके कुछ कहने से पहले शैलेश उठ खड़ा हुआ और बोला, "आइए।"

दो कमरे थे छोटे-छोटे। आगे छोटा-सा बरामदा था और एक काफी बड़ी अलमारी जैसी एक रसोई। छोटा-सा टॉयलेट भी एक ओर हटकर था। यह सारा भाग, मुख्य मकान से हटकर, पीछे की ओर बना हुआ था। लगभग स्वतंत्र। बाहर आने-जाने का मार्ग भी पृथक् था, जो सीधे बाहर के फाटक पर जाकर

निकलता था। किसी प्रकार के साझेपन अथवा बाधा-रुकावट की कोई आशंका नहीं थी। इससे अच्छा मकान मुझे और कहां मिलता !...पर किराया ? आखिर इसका किराया कितना देना पड़ेगा ? कहीं यह न हो कि किराया सुनकर मेरी सारी प्रसन्नता हवा हो जाए। फिर मौसी से जिस सूत्र से मैं जुड़ी हुई हूं, उसके कारण न उन्हें किराया कम करने के लिए कह सकूंगी और न ही मकान छोड़कर कहीं जा सकूंगी। फिर...देखा जाएगा...मैं इस समय इन झंझटों में पड़ना नहीं चाहती थी...न जाने क्यों इस समय चिन्ता की कोई भी बात मुझे अच्छी नहीं लग रही थी।

मुझे यह सब कुछ अच्छा लग रहा था। शैलेश ने बहुत अच्छा किया। सरला कितनी अच्छी है। नहीं तो न जाने मुझे कितना भटकना पड़ता। कितनी दु:खी होती मैं; और फिर भी कुछ सुविधाजनक खोज पाती या नहीं, कौन कह सकता है।

मौसी ने दो चारपाइयां भिजवा दी थीं। मैंने एक पर बिस्तर बिछा दिया। मां बहुत थक गई लग रही थीं। यात्रा की थकान और नयी जगह की आशंकाएं। कुछ देर पहले तक शायद मां ने अपने भीतर की संचित शक्ति के बल पर उन सबको कहीं छिपा रखा था और चेहरे को ताजा बनाए रखा था। अब या तो वह संचित शक्ति चुक गई थी या एकांत में कृत्रिम ताजापन बनाए रखना उन्होंने आवश्यक नहीं समझा था। एकदम निढाल हो गई थीं बेचारी। मैंने मां को लिटा दिया। उन्होंने कोई आनाकानी भी नहीं की। शायद अब वह स्वयं भी आराम करने की ही सोच रही थीं।

मैं और शैलेश दूसरे कमरे में आ गए।

"देखिए !" शैलेश ने ही बात आरंभ की, "मेरा अपने विषय में विचार है कि लोग या तो मुझे समझते नहीं हैं या फिर गलत समझते हैं—कुछ ग्रहों का चक्कर लगता है मुझे।" वह हंसा, "यदि आवश्यकतावश कुछ खुलकर बातें करना चाहूं तो मुझे गलत मत समझिएगा। आपको कोई संकोच तो नहीं होगा न ?"

"नहीं। संकोच कैसा ?" मैं भी हंसी। आखिर क्या पूछेगा वह मुझसे जिसके लिए इतनी भूमिकाएं बांध रहा है।...और सहसा मुझे कुछ याद आया।

"ओह ! आप एक मिनट बैठिए जरा।" पहले से वहां पड़ी हुई दो बांस की पुरानी कुर्सियों में से एक कुर्सी मैंने उसकी ओर बढ़ा दी। पता नहीं ये कुर्सियां भी मौसी ने हमारे उपयोग के लिए वहां रखवाई थीं या पहले के कोई किराएदार ही यहां छोड़ गए थे।

मैं दूसरे कमरे में जाकर ट्रंक में से सरला का पत्र निकाल लायी। उसने आते हुए, शैलेश के नाम मुझे एक पत्र दिया था। पर अब तक की गहमागहमी में मैं उसे

भूल बैठी थी।

शैलेश लिफाफा खोलकर पत्र पढ़ने लगा। जब तक वह पत्र पढ़ता रहा मैं उसके चेहरे पर आते-जाते भावों को पढ़ती रही। मुझे पता नहीं था कि सरला ने उस पत्र में क्या लिखा था। कुछ भी लिखा हो। इस समय तो शैलेश था मेरे सामने। कैसा गंभीर बना बैठा है, जैसे कुछ देर पहले तक उछल-कूद मचाने वाला शरारती लड़का कोई और था।

पत्र पढ़कर उसे लिफाफे में डालते-डालते तक, पहले वाला शैलेश जैसे लौट आया था। वह हंसा, "मैं व्यर्थ ही सरला को बदनाम कर रहा था। उसने आपके विषय में सारी जानकारी इस पत्र में दी है। और एक बड़ी ही रोचक बात लिखी है।" वह जोर से कहकहा मारकर हंसा, "जानती हैं क्या?"

"क्या?" मैं भौंचक्की-सी उसे देख रही थी। मेरे चेहरे पर कुछ हंसी-सी थी और सिर का पिछला भाग बुरी तरह खुजला रहा था—'क्या है वह मजेदार बात?'

"उसने लिखा है, आप इस शहर में नयी हैं, यहां किसी को नहीं जानती हैं और एकदम अकेली हैं। इसलिए जब तक आप यहां हैं, मैं ही आपका अभिभावक हूं—लोकल गार्जियन!" वह रुका, "आपको यह संबंध स्वीकार्य है?"

"मुझे क्या आपत्ति हो सकती है!" मैं हंसी की बात भी कह रही थी और गंभीर भी थी, "यदि कोई मेरी चिंताएं अपने ऊपर ले ले, यदि कोई मेरी देख-भाल करे और मुझे प्रोटेक्शन दे तो मैं आपत्ति करूंगी ही क्यों?"

शब्द मेरे मुंह से निकले ही थे कि मुझे लगा, वह अभी कह देगा—'यदि ऐसी ही बात है तो विवाह क्यों नहीं कर लेतीं?'

पर उसने ऐसा कुछ नहीं कहा। उसका खिलंडरा मस्तिष्क उस ओर गया ही नहीं, या फिर मेरी पीड़ा का परिहास करना उसे उचित नहीं जंचा होगा।

वह अब एकदम कामकाजी हो गया था।

"ऑल राइट।" उसने कहा, "अब आप यदि थकी हुई न हों तो सामान खोल डालिए। हम उसे टिका दें और फिर दोपहर का खाना खाने चलेंगे।"

"कहां जाएंगे?" मैंने पूछा।

"आंटी के यहां।" वह हंसा "और कहां खाएंगे! कहीं किसी रेस्टरां में खाने की इच्छा है क्या?"

"नहीं। खाने के लिए बाहर कहां जाना है!" मैं बोली, "पर मौसी के घर भी नहीं जाएंगे। आगे क्या कम कष्ट दिया है उनको। वह सब मैं कर लूंगी।" और इस भय से कि बात फिर कोई और मोड़ न ले ले, अंत में जोड़ दिया, "किराएदारों को कोई कब तक खाना खिलाएगा।"

"नो-नो।" उसका स्वर आवेश और आग्रह से भरा हुआ था, "वह सब

कुछ नहीं। आज आप हमारी अतिथि हैं। कल से आपको अलग कर दिया जाएगा। कल आप अपना चूल्हा-चौका संभाल लीजिएगा।"

मैं विरोध न कर सकी। विरोध करना तो दूर, कुछ कह ही न सकी। वास्तव में कुछ कहना भी नहीं चाहती थी। विरोध तो तब करती, जब यह सब मुझे अच्छा न लग रहा होता। कितनी आशंकाएं और कितने भय लेकर आयी थी मैं अपने साथ। यहां आकर इतना स्वागत हो रहा था, किसे अच्छा न लगता। और फिर यात्रा की थकान भी थी ही। इस समय चूल्हे-चौके से बचा जा सके तो ही अच्छा।

हम सामान खोलते रहे और यथासंभव सजाते रहे। बहुत अधिक सामान मेरे पास था भी नहीं और न ही कोई सजावट का सामान था। जरूरत भर की चीजें थीं, जिन्हें यथास्थान रखना भर था। उसके लिए न कोई कला-रुचि आवश्यक थी, न ही कोई परिष्कार-संस्कार। हां, कुछ पुस्तकें अवश्य थीं, जिनके लिए मुझे ऐसे स्थान की खोज थी, जहां वे खराब भी न हों और सुविधापूर्वक उपलब्ध भी हों। फिर उनके रखने में कोई-न-कोई क्रम भी अपेक्षित था ही।

शैलेश मेरे साथ सारा काम कर रहा था। वह सचमुच ही मेरा अभिभावक बन बैठा था। वह अपनी इच्छाओं को निस्संकोच मुझ पर आरोपित कर रहा था और मैं सचमुच उसकी प्रत्येक आज्ञा का पालन करती जा रही थी। मेरा नारी-मन जैसे अपने अहं के समर्पण में ही सुख पा रहा था। मुझे याद नहीं इससे पूर्व कभी इस प्रकार पौरुषपूर्ण अधिकार से किसी ने मुझे आज्ञा दी हो और मैंने सहर्ष उनका पालन किया हो।

"आप चुप क्यों हैं? कुछ बोलिए।" वह मेरी ओर मुड़कर बोला, "क्या आपको ऐसा नहीं लगता कि चुप रहने से उदासी बढ़ती है और बातें करते रहने से स्वास्थ्य ठीक रहता है?" मुझे लगा कि वह क्रमशः गंभीर होता जा रहा है, "इस समूचे देश की अस्वस्थता का कारण यह है कि यह देश अपनी बात नहीं कह सका है। उसे अभिव्यक्ति नहीं मिल रही है, क्योंकि इससे इसकी अपनी भाषाएं छीनकर इसे गूंगा कर दिया गया है।"

पर मैं उस समय देश, उसकी अस्वस्थता तथा भाषा-समस्या के विषय में सोचने और विचार करने के मूड में नहीं थी। मैं निपट वैयक्तिक धरातल पर उससे बातचीत करना चाहती थी। उसके विषय में अधिक जानना चाहती थी, उसके और निकट आना चाहती थी।

"मैं यह सोच रही थी," मैं खाली ट्रंक पर बैठती हुई बोली, "आपको मौसी ने इसलिए तो यहां नहीं रोका था कि आप उनको वहां छोड़ मेरे साथ सामान संजोते फिरिए।"

"ओह !" वह हंसा, "मौसी के लिए इतना ही पर्याप्त है कि मैं उनके आस-पास हूं, उनके मकान की परिधि के भीतर हूं।···वैसे भी अब यहां क्या देर है। हम अभी वहीं चलेंगे।"

"आपकी मौसी आपसे बहुत प्रेम करती हैं।" मैं जानती थी कि यह उसके लिए कोई नयी सूचना नहीं थी। न ही मैं उससे प्रश्न कर रही थी। यह मेरे मन का उद्‌गार मात्र था—या फिर शायद मेरा अपना भूखा हृदय कुछ कह रहा था। मैं स्वयं नहीं जानती कि इस वाक्य से मैं क्या कहना चाहती थी।

"हां, बहुत प्यार करती हैं मुझे।" उसने मेरी बात को सहज रूप में स्वीकार कर लिया, "कभी-कभी तो लगता है कि उनके मन में सुषमा से भी अधिक प्यार मेरे लिए है। बात यह है कि मेरी माताजी और दो मौसियां—ये तीन बहनें हैं। और मैं इन तीन बहनों का इकलौता बेटा हूं। समझती हैं न आप ? शेष सब बहनें ही हैं मेरी। इसलिए मैं बहुत लाड़ला भी हूं।"

"ओह !" मैंने प्रशंसा और ईर्ष्या की मिली-जुली दृष्टि उस पर टिका दी, "कितने भाग्यवान हैं आप। सारी बहनों का सम्पूर्ण प्यार अकेले आपको ही मिलता है।"

और मन में मैं सोच रही थी, क्या केवल बहनों का ही प्यार मिलता होगा इसे !

"काम भी तो सारी बहनों का मुझे ही करना पड़ता है।" वह जोर से हंसा, "पांच बहनों का अकेला भाई होना खतरे से खाली नहीं है। सारी बहनें अपना पूरा अधिकार चाहती हैं।"

सारा सामान खुल चुका था। अस्थायी रूप से सजाया भी जा चुका था। तभी सुषमा हमें बुलाने आयी।

"चलिए, खाना तैयार है।" उसने बड़े स्नेह और अधिकार से मेरी बांह पकड़कर मुझे उठाया, "आपकी माताजी कहां हैं ?"

"दूसरे कमरे में लेटी हैं।" मैंने बताया।

"सो तो नहीं रहीं ?" सुषमा शायद अपने आपसे ही कह रही थी, "सो रही हैं तो उठाना उचित नहीं हैं, काफी थकी हुई होंगी।"

पर मां जाग ही रही थीं। उन्हें इतनी जल्दी नींद आती भी नहीं है। मां ने उठकर खाने के लिए जाने में कोई आपत्ति नहीं की। कुछ आराम तो वह कर ही चुकी थीं। वैसे भी अपनी इच्छा को दूसरों पर आरोपित करने या किसी का विरोध करने की प्रवृत्ति नहीं हैं उनमें। उनकी शिकायत भी बड़ी मुलायम होती है।

खाना खाने के पश्चात भी मौसी ने हमें आने नहीं दिया। मां की थकावट का

विचार उन्हें था। उन्होंने उनके विश्राम के लिए वहीं व्यवस्था भी कर दी थी। कभी मुझे लगता था कि मौसी का यह सद्भाव सहज रूप से हम सबके प्रति है और कभी लगता कि वह हमें केवल इसलिए रोक रही हैं कि कहीं हमारे साथ-साथ शैलेश भी वहां से चला न जाए।

हमने शाम की चाय भी वहीं पी। शैलेश भी शाम तक वहीं रहा। कभी-कभी कोई औपचारिक-सी बात होती, कभी गंभीर बातें होती रहीं और कभी शैलेश और सुषमा आपस में भिड़ जाते। इन सारी बातों के बीच समय-समय पर तोड़-तोड़कर शैलेश ने मुझे अनेक सूचनाएं दीं—मेरा स्कूल कहां है। वहां तक कैसे जाना सुविधाजनक रहेगा। मुझे अपनी हैड मिस्ट्रेस से कैसे पेश आना चाहिए और नये और बड़े शहर की दृष्टि से मुझे कहां-कहां, क्या-क्या परिवर्तन करने होंगे इत्यादि। वह मेरे सारे कामों का उत्तरदायित्व अपने कंधों पर ले बैठा था और ईमानदारी से उन्हें निभाने की भी सोच रहा था।

मुझे कई बार लगा कि यह सब केवल इसलिए नहीं हो सकता कि मैं सरला की सहेली हूं। सरला के एक-दो पत्रों का प्रभाव क्या अपने भाई पर इतना अधिक होगा? या सरला से जो भी एक पत्र लेकर आएगा, उसके साथ वह ऐसा ही व्यवहार करेगा! या शायद यह उसका अपना स्वभाव ही हो।

मुझसे रहा नहीं गया। अंत में मैं हंसी की आड़ लेकर कह ही बैठी, "आप तो मेरी सारी चिन्ताएं अपने ही सिर पर ले बैठे हैं। इस प्रकार तो स्कूल में मेरे स्थान पर आपको पढ़ाकर भी आना चाहिए।"

पर मेरी इस बात से उसकी गंभीरता में कोई परिवर्तन नहीं आया।

"बात यह है," उसने उत्तर दिया, "आप सरला के द्वारा भेजी गई हैं। यदि आपको कहीं जरा-सी भी कष्ट हुआ, तो वह मुझे मार डालेगी। बड़ी जबर्दस्त लड़की है। नाम तो उसका सरला है, पर सरल एकदम नहीं है। बहुत टेढ़ी है। पूरी सख्ती से काम लेना जानती है।" वह हंसा, "इस सुषमा ने उसका नाम रखा है—वक्रा।"

"ओ झूठे!" सुषमा ने उसे टोका।

"मैं यदि आपके विचार सरला तक पहुंचा दूं तो?" मैंने उसे चिढ़ाने की चेष्टा की।

"कोई चिंता नहीं।" उसने अपनी आंखें बंद कर निश्चिन्त मुद्रा दर्शाई, "वह अपने इस 'लिट्ल ब्रदर' को क्षमा कर देगी।"

शाम को जब वह जाने लगा तो अनुदेश देने की मुद्रा में बोला, "सुषमा! इनका ख़याल रखना।" और फिर मेरी ओर मुड़कर बोला, "आप एकदम संकोच मत कीजिएगा। मेरी 'लिट्ल सिस्टर' बहुत अच्छी लड़की है—बहुत अफेक्शनेट। ममता भरी। जिस चीज़ की जरूरत हो, कह दीजिएगा। वैसे मैं कल आने की

चेष्टा करूंगा—शाम को।···अच्छा, बाई-बाई।"

"बाई-बाई!" मैंने और सुषमा ने हाथ उठा दिए।

रात को जब चारपाई पर लेटी तो दिन भर की सारी बातें सजीव होकर फिर एक बार आंखों के सामने घूम गईं। मैं क्या-क्या नहीं सोचती थी और सब कुछ किस आसानी से हो गया। शैलेश स्टेशन पर आया भी, उसने मुझे पहचाना भी और शेष सारा प्रबंध भी किस सुविधा से कर दिया। मेरा मन शैलेश और सरला—दोनों के प्रति कृतज्ञता से भर उठा। वास्तव में सरला ने ही मुझे इतना साहस दिया था कि मैं यहां आ सकूं। मैंने जब नये स्थान को लेकर अपनी आशंकाएं उसके सामने रखी थीं तो वह बहुत हंसी थी। मेरे कानों में अब भी उसके शब्द गूंज रहे थे, "तुम चिंता मत करो, कविता। मेरा अपना ऊटपटांग भाई वहां पढ़ रहा है। वह मौसी के घर पर रहता है और बहुत दिनों से वहीं है। वह सब ठीक-ठाक कर देगा।"

तब मुझे 'भाई' शब्द के साथ का विशेषण 'ऊटपटांग' सुनकर बहुत हंसी आयी थी। पर अब सोचती हूं तो लगता है कि शैलेश के व्यक्तित्व को किसी भी और विशेषण के माध्यम से प्रस्तुत करना कठिन होगा। वह सचमुच ही ऊटपटांग था। उसका मौसी और सुषमा के साथ अत्यन्त निकट का रिश्ता था—उसके अपने वैयक्तिक संबंध थे। वह उनके साथ किसी भी प्रकार का व्यवहार कर सकता था। पर क्या हमारे सम्मुख—पहले ही परिचय में क्या उनके साथ उसे उसी प्रकार पेश आना चाहिए था? जैसे उसने हमें नये, आगंतुक, अजनबी, अतिथि—कुछ भी न समझा हो। प्रथम क्षण से ही, वह आत्मीयता लेकर ऐसे मिला कि मेरी सारी आशंकाएं मिट गईं।

और फिर मेरी आंखों के सामने सतीश का चेहरा उभरा। एक भाई-बहन हम हैं, जिन्हें कभी इन सब बातों का कोई अवकाश ही नहीं मिला। हमने कभी सोचा ही नहीं कि भाई और बहन के बीच कभी कोई ऐसा संबंध भी हो सकता है। बेचारा सतीश! अपने इस छोटे-से जीवन में उसने क्या कुछ नहीं किया। अभी वह मैट्रिक में ही था कि पिताजी गुजर गए थे। उसने उसी तनाव की स्थिति में मैट्रिक की परीक्षा दी थी और फिर सत्रह वर्षों की आयु में ही जीवन के कोल्हू में बैल के समान जुत गया था। जैसे-तैसे मुझे उसने बी० ए० करवा ही दिया था। यह भी क्या कच्ची उम्र के छोटे भाइयों का काम होता है—पर उसने यह सब कुछ किया था। वह एक बड़े भाई के समान, एक पिता के समान छत्र बनकर मुझ पर छा गया था—मेरी सारी तकलीफें झेलने को, मेरी सारी जिम्मेदारियां उठाने को। वह मेरा रक्षक बन गया था—वह छोटा भाई, जो मेरे आंचल से छिपकर स्नेह पाने का अधिकारी था। उसने मुझसे कभी कुछ नहीं मांगा, सदा दिया ही

है। मैं किस मुंह से कहूं कि मैं उससे बड़ी हूं। बड़प्पन तो देने में है, लेने वाला क्यों स्वयं को बड़ा कह सकता है। और वह अकेला वहां पड़ा है—न संगी, न साथी। पर वह भी क्या कर सकता है ! वहां की मिली-मिलाई नौकरी एक बार छोड़ दे, तो जाने फिर कोई नौकरी मिले या न मिले।

मैं एकदम उदास हो गई।

काश, सतीश भी हमारे साथ यहां आ सकता !

जब मेरे यहां आने की बात उठी तो हम बड़े असमंजस में पड़ गए थे। मां या तो सतीश के पास रह सकती थी ताकि उसके खाने-पीने का प्रबंध हो सके या फिर मेरे साथ रह सकती थी ताकि अकेली युवती बेटी की नाम-मात्र की यथासंभव रक्षा कर सके और उसे लोगों के संदेहों और नजरों से बचाए रख सके।

पर मां तो एक ही थी। वह दोनों के पास कैसे रह सकती थी !

अंत में मां मेरे साथ आयी थी, क्योंकि मैं लड़की थी। बड़ी होकर भी छोटे भाई से दुर्बल समझी गई। अब यहां भी शैलेश मेरा अभिभावक बन बैठा है। तो क्या शैलेश को भी मेरे कारण वैसे ही सहना पड़ेगा, जैसे कि सतीश ने सहा है। पर क्यों सहे शैलेश ? सतीश ने सहा, क्योंकि वह इस अभागी बहन का अभिशप्त भाई था। शैलेश पांच-पांच स्नेहमयी भाग्यवान बहनों का भाई है। वह क्यों सहे ? फिर मैं कौन होती हूं उसका सुख लूटने वाली ? मेरा उस पर अधिकार ही क्या है ? नहीं-नहीं ! मैं अपनी सरला और उसके भाई का कोई अहित नहीं होने दूंगी। मैं अपने जीवन की काली छाया उन पर नहीं डालूंगी—नहीं पड़ने दूंगी। जब कभी कोई ऐसी संभावना होगी, कोई आशंका जन्म लेगी, मैं उनसे अलग हो जाऊंगी—दूर, बहुत दूर। हो सकेगा तो उनसे खुशी लूंगी, पर अपना दुःख उन्हें नहीं दूंगी, नहीं दूंगी।

फिर मुझे अपने स्कूल का ध्यान आया। कल जाकर स्कूल में हाजिरी देनी है। कैसा होगा, वह स्कूल जो मेरा स्कूल है, पर जिससे मैं पूर्णतः अपरिचित हूं ? वहां की हैड मिस्ट्रेस कैसी होगी ? अध्यापिकाएं ? छात्राएं ? सब कुछ मुझसे अपरिचित था। अज्ञात था। अपरिचय से मुझे भय लगता है। मैं अकसर अनजाने से घबराती हूं। मुझ पर फिर से एक भय-सा छा गया है।

दूसरे दिन मैं स्कूल गई।

स्कूल के रास्ते, वहां तक पहुंचने के लिए यातायात के साधन इत्यादि के विषय में मुझे शैलेश ने कल इतनी अच्छी तरह समझा दिया था कि वह सब कुछ मुझे जाना-पहचाना-सा ही लग रहा था। मैं रोज आने-जाने वाले व्यक्ति के समान स्कूटर वाले से किराए की बात कर सकी, उसे स्वयं रास्ते का निर्देश करती हुई स्कूल तक ले गई; और कहीं भी अपने आत्मविश्वास में कमी नहीं आने दी।

हैड मिस्ट्रेस तब तक नहीं आयी थीं, पर चपरासी ने मुझे बताया था कि वह ठीक दस बजे अवश्य ही आ जाती है। मैंने दफ्तर में जाकर हैड क्लर्क को अपना परिचय दिया तो उसने एक चपरासी को साथ भेज दिया। वह चपरासी, हैड मिस्ट्रेस का कमरा खोल, मुझे भीतर बैठा आया, ताकि उनके आते ही भेंट हो सके।

स्कूल की हैड मिस्ट्रेड मिस सेनगुप्ता के विषय में अब तक जो भी मुझे मालूम हुआ था, उसमें डरने वाली कोई वात नहीं थी, किंतु मुझे उनके मिस होने से ही भय लग रहा था। जाने क्यों और कैसे मेरे मन में यह बात बैठ गई थी कि अधिक आयु की ये अविवाहित स्त्रियां सामान्य नहीं रह पातीं। उनके अपने जीवन की अपूर्णता, उनकी अपनी अतृप्ति जीवन के प्रति उनके दृष्टिकोण को कुंठित कर देती है और वे अपनी तथा अन्य लोगों की नैसर्गिक इच्छाओं की शत्रु बनकर स्वयं को पीड़ित करती हैं और अन्य लोगों को भी।

पर सौभाग्य से पहले दिन मिस सेनगुप्ता में मुझे ऐसी कोई भी बात नजर नहीं आयी; नहीं तो इस स्कूल और उसकी हैड मिस्ट्रेस को लेकर मेरे मन में अवश्य ही कोई-न-कोई ग्रन्थी बन जाती, जो मुझे सदा ही परेशान करती रहती।

मिस सेनगुप्ता न केवल मुझे बहुत स्नेह से मिलीं, बल्कि बड़ी साफ-साफ बातें भी कीं। उन्होंने यह बताने में भी संकोच नहीं किया कि इस स्थान पर एक स्थानीय अध्यापिका को रखना चाहती थीं, जिसे वह अच्छी तरह जानती थीं। पर चुनाव उनके अपने हाथ में नहीं, शिक्षा-विभाग के हाथ में था, अतः मेरी नियुक्ति हो गई। मुझे वह अभी नहीं जानती थीं, पर उन्हें विश्वास था कि शिक्षा-विभाग ने उचित और उपयुक्त व्यक्ति को ही नियुक्त किया होगा। अतः मेरी नियुक्ति से उन्हें कोई परेशानी नहीं होगी और उनकी ओर से मुझे पूरा सहयोग मिलेगा।

इससे अधिक खुले मन की बातों की मैं कल्पना भी नहीं कर सकती थी। मुझे पता ही नहीं चला कि मिस सेनगुप्ता के प्रति श्रद्धा की भावना मेरे मन को कब अभिभूत कर गई और कब मैंने मन-ही-मन संकल्प कर डाला कि मैं पूरी ईमानदारी और अपनी योग्यता के अनुसार यथासंभव कार्य इस स्कूल के लिए करूंगी। स्कूल की हैड मिस्ट्रेस और व्यक्ति के रूप में भी मिस सेनगुप्ता को मुझसे कोई शिकायत न होगी। संकल्प कर लेने के पश्चात् मैंने कुछ टूटे-फूटे वाक्यों में अपनी बात उनसे कह भी दी। कहते हुए मैं इस तथ्य के प्रति सचेत भी थी कि मैं बहुत भावुक हो रही हूं, मेरी आवाज कांप रही है और मेरी आंखों में कृतज्ञता का गीलापन आ गया है।

मैंने उनकी मेज पर से ही एक कागज लेकर, वहीं बैठे-बैठे अपनी ज्वायनिंग रिपोर्ट लिखी और उनके सामने रख दी।

उन्होंने उसे पढ़ा और जब सिर उठाकर मेरी ओर देखा, तो मुझे लगा कि उनकी आंखें भी स्नेह-तरल हो गई थीं।

"ठीक है।" वह बोलीं, "आज का आपका काम हो गया। आप घर चली जाएं। थकी हुई भी होंगी। आराम करने के लिए, अपने-आपको एडजस्ट करने के लिए आपको थोड़े से समय की आवश्यकता होगी और हमें भी कुछ समय चाहिए। आप कल आकर चार्ज ले लें। आपको हर चीज़ तैयार मिलेगी।"

उत्तर में मैं कुछ न कह सकी। बस, किसी अज्ञात शक्ति ने स्वयं पकड़कर जैसे मेरे हाथ जोड़ भर दिए।

वह मुसकरायी और मैं बाहर चली आयी।

मैं काफी प्रसन्नता भरे मन से घर लौटी। रास्ते भर सोचती आयी। आज शाम को शैलेश आएगा। नयी गृहस्थी जमाने के लिए पचासों चीज़ों की आवश्यकता थी। अब जब यहां रहना ही है तो यथाशीघ्र उन्हें खरीद ही लाऊं तो अच्छा है। शाम को शैलेश को लेकर बाजार चली जाऊंगी और जरूरत की चीज़ें खरीद लाऊंगी। रास्ते भर बातें करते जाएंगे—मन भी लगा रहेगा और काम भी हो जाएगा।

शैलेश की बातों के विषय में सोचते ही मन कुछ और उल्लसित हो गया। मैं पहली बार सचेत हुई कि मैं शैलेश की बातों में कितनी रुचि लेने लगी हूं। एक ही भेंट में उसकी बातें मेरे लिए इतनी मूल्यवान हो उठी थीं। सरला का यह ऊटपटांग भाई इस शहर में मेरे लिए प्रथम और अंतिम सहारा था। यदि वह ही बोर और रूखा-सूखा होता तो मैं क्या करती। अच्छा ही है कि वह ऐसा ऊटपटांग निकला। मैं मन-ही-मन हंस पड़ी।

घर पहुंची तो मां बाहर दरवाजे पर बैठी हुई मिल गईं। वह मेरी प्रतीक्षा कर रही थीं।

"क्यों, मां ?" मैंने पूछा, "बाहर बैठी हो। आराम नहीं कर रहीं। कल की थकान उतर गई क्या ?"

मेरे वाक्य प्रश्नों के रूप में अवश्य थे, पर उनमें जिज्ञासा नहीं थी। मैंने जो कुछ कहा था, वह उल्लसित हृदय का उद्‌गार मात्र था। शायद मन में कहीं यह इच्छा भी थी कि मां उत्तर में कहेंगी कि थकान का अब तो कहीं पता ही नहीं है और वह बहुत प्रसन्न हैं।

पर मां के चेहरे पर वे भाव नहीं आ सके जिन्हें देखने की मुझे इच्छा थी।

"थकावट तो है ही, बेटी !" मां के स्वर में दर्द की कराह थी, "पर उसके साथ-साथ मुझे अकेलापन भी बहुत सालता है। तेरे जाने के बाद से एकदम अकेली पड़ गई हूं। यहां आस-पास किसी को जानती भी तो नहीं। तुम उधर स्कूल गई और मैं यहां दरवाजे की देहलीज पर आ बैठी। तब से तुम्हारे लौटने की बाट देख रही हूं।" और फिर मां का स्वर पहले से भी अधिक उदास हो गया, "सतीश की बहुत याद आ रही है, बेटी। बेचारा अकेला वहां न जाने क्या करता होगा।

कुछ खाता भी है या भूखा ही रह जाता है।"

मैंने मां की उदासी को बहुत महत्त्व नहीं दिया। बस यह तो ऐसे ही करेंगी। अब मैं दिन भर इनके पास तो नहीं बैठ सकती न ! स्कूल तो जाना ही पड़ेगा। फिर भी मैंने अपना स्वर तीखा नहीं होने दिया।

"आज तो मैं जल्दी आ गई, मां !" मैंने बताया, "कल से तो मैं शाम को ही आया करूंगी।"

"अच्छा ! जो होगा, देखा जाएगा।" मां घुटने पर हाथ रखकर उठीं, और ज्यादा देर तक बैठने के कारण ऐंठी-ऐंठी कमर को दोनों हाथों से दबाए भीतर आ गईं।

मैं कमरे के बीच में खड़ी चारों ओर देखती रही। जितना सामान मैं अपने साथ लायी थी, वह सारा कहीं-न-कहीं टिका दिया था। अब प्रश्न केवल उसे और अच्छी तरह सज्जित करने का था। कोई देखे तो उसे कमरे में व्यवस्था के साथ-साथ कुछ सौन्दर्य भी तो नजर आए···

और फिर मेरे भीतर से जैसे कोई आलोचक जागा—'कौन देखे ? किसके लिए कमरा सजाया जा रहा है ?'

मेरे भीतर का यह आलोचक यदा-कदा जागा करता है और फिर वह प्रश्नों के ऐसे ही चाकुओं से छील-छीलकर भ्रम की सारी परतें छील डालता है और मेरे अपने व्यक्तित्व की बेईमानी, दुराव-छिपाव को नग्न कर मेरी आंखों के सामने ला खड़ा करता है। इस आलोचक से कुछ भी नहीं छिपाया जा सकता। उसकी आंखें पारदर्शक हैं—सब कुछ देखती हैं, आर-पार।

मैंने बिना प्रतिरोध किए हुए अपने आलोचक के सामने स्वीकार कर लिया कि जिसके लिए कमरा सजाने की बात मेरे मन में आयी है, वह शैलेश ही है। मैं यह चाहती हूं कि वह यहां आए, यह कमरा, यह घर उसे अच्छा लगे। वह इनकी प्रशंसा करे, मेरी सुरुचि को सराहे।

फिर मेरे मन में उसके स्वागत-सत्कार की भी बात आयी। वह शाम को आएगा, तो उसे क्या खिलाऊंगी ? घर में बनी-बनाई चीज़ तो कोई थी नहीं और न ही अभी रसोई का सामान ही पूरा था कि उसके लिए कुछ बना लेती। घर के निकट, आस-पास ही कहीं कोई दूकान, कोई रेस्टरां इत्यादि कुछ है कि नहीं—मैं यह भी नहीं जानती, नहीं तो वहीं से कुछ मंगा लेती।

मन का उल्लास झाग के समान बैठ गया। सोचती क्या-क्या हूं और कर कुछ भी नहीं पाती।

शाम को पांच बजे के करीब शैलेश आया।

"कहिए, क्या हुआ स्कूल में ?" उसने बिना किसी प्रकार की भूमिका के

पूछा।

"क्या होना था !" मैं हंसी, "आपने सब कुछ समझा ही दिया था। ठीक-ठाक स्कूल पहुंच गई और सकुशल लौट आयी।"

"जैसे आपका स्कूल जाना और लौट आना ही महत्त्वपूर्ण है, वहां क्या हुआ वह सब निरर्थक है।" उसने कहा।

"वहां क्या होना था। ज्वायनिंग रिपोर्ट दे आयी।"

"पढ़ाया नहीं ?"

"नहीं। आज से नहीं पढ़ाया। कल से पढ़ाऊंगी।"

"क्या पढ़ाएंगी टीचरजी आप ?" उसने अपनी ठुड्डी के नीचे मुट्ठी रख, गोल-गोल आंखें कर मुझे देखा।

"धत्त ! यह क्या मजाक है !" अनायास ही मेरे मुंह से निकल गया। 'टीचरजी' शब्द उसके मुंह से बड़ा अटपटा-सा लगा था मुझे—पर मुझे भी यह नहीं कहना चाहिए था। कहीं वह यह न समझे कि मैं उसके मजाक का आनन्द नहीं ले पाती या फिर उसे मजाक करने का अधिकार ही नहीं देती। अब मैं स्वयं अटपटा गई थी।

"आप जरा बैठिए।" और मैं तेजी से कमरे से निकल गई।

मैंने रसोई में जाकर फुर्ती से चाय बनाई और उलटे पैरों लौटी।

"अरे ! यह आपने क्या किया ?" वह बोला।

"क्यों, हमारे घर की चाय भी नहीं पीएंगे आप ?" मैंने अपनी हीनता की ओर संकेत कर, उसी के आदर्शों में उसे बांधने का प्रयत्न किया।

"नहीं, ऐसी बात तो नहीं है।" वह पूरी तरह से गम्भीर था, "पर व्यर्थ की औपचारिकता से क्या लाभ ?"

"चाय के एक कप में न तो व्यर्थता है और न औपचारिकता।" मैं बोली, "आप नहीं पीएंगे तो मुझे बुरा लगेगा।"

"ऑल राइट," उसने कप उठा लिया, "तो आप ठीक तरह से सैटल हो गई हैं न ! मेरा मतलब है अब आप शांत हैं न, क्लांत तो नहीं हैं।"

वह मुसकरा रहा था।

इन शब्दों से कल वह सुषमा को छेड़ रहा था। आज वे ही शब्द वह मुझ पर चिपका रहा था। हो सकता है कि अब भी अपनी अनुपस्थिति में सुषमा ही इस परिहास की पात्र हो।

"जी, नहीं !" मैं केवल मुसकराकर टाल गई, "सब ठीक-ठाक है। क्लांति का कोई चिह्न भी नहीं है। पर···" मैं कहते-कहते रुक गई।

"पर क्या ?"

"चलिए, छोड़िए।" मैं झेंप-सी गई। मेरे मन में आखिर यह आया ही क्यों

कि मैं उसे साथ लेकर बाजार जाऊंगी। मैं तो इस प्रकार सोचने लग गई हूं, जैसे वह सरला का भाई न हो, कोई और हो जिसके साथ मेरे अफेयर चल रहे हों।

"कहिए न !" उसने जिद की, "संकोच की क्या बात है।"

"कुछ छोटी-मोटी चीज़ें लानी थीं।" मैं बड़ी अनमनी-सी बोली, "सोचा, कल से समय मिले या न मिले, आज आपके साथ ही बाजार हो आऊं। चीज़ें भी ले आऊंगी और बाजार भी देख आऊंगी। अगली बार से अकेली भी जा सकूंगी।"

"हां-हां ! क्यों नहीं !" वह बोला, "इसमें छिपाने की क्या बात थी ?"

"चलेंगे आप ?" मुझसे अपनी खुशी छिपाई नहीं गई।

"चाय पीने के बाद।" उसने कप जल्दी से मुंह के साथ लगा लिया, जैसे उसे कप छिन जाने का भय हो और उससे पूर्व ही वह चाय पी लेना चाहता हो।

मैं हंस पड़ी, "मैंने कब कहा है कि चाय पिए बिना चलिए।"

उसे साथ लेकर बाजार जाने की बात को मैंने इतना महत्त्वपूर्ण बना लिया था, पर उसने बड़े सहज ढंग से सब कुछ स्वीकार किया था। उसमें मुझे न कोई उत्तेजना नजर आयी, न तनाव, जैसे वह कोई बहुत नया-सा काम करने जा रहा हो। मुझे अपने हल्केपन पर कुछ खीझ हुई और उसके ठहराव के प्रति आदर उपजा।

चाय पी लेने के बाद हम बाहर निकले।

"सुनिए, यहां से···"

उसने मेरी बात बीच में ही काट दी, "आप मेरा नाम लेकर क्यों नहीं बुलातीं ? यह सुनिए-उनिए क्या होता है।"

मन से मैं स्वयं को उसके जितना निकट पाती थी, संबोधन में उतनी निकट नहीं थी—इस बात का अहसास मुझे भी था। किंतु, इस औपचारिकता के त्याग का अब तक कोई अवसर ही नहीं आया था। अब वह स्वयं कह रहा था···

"नाम से बुलाऊंगी," मैं बोली, "तो फिर आप भी नहीं कह पाऊंगी। 'तुम' कहूंगी।"

"इसीलिए तो कह रहा हूं कि नाम से बुलाइए।" उसने कहा।

एक दूरी को पार कर, समीप जाने के लिए, कई सीढ़ियां चढ़नी पड़ती हैं। शायद उसमें संबोधन की सीढ़ी अंतिम सीढ़ी है। क्योंकि यह तो संबंधों की घोषणा है। शेष सीढ़ियों को पार करने के लिए, दूसरे व्यक्ति की अनुमति आवश्यक नहीं होती, जबकि इस सीढ़ी के लिए दूसरे पक्ष की अनुमति आवश्यक होती है···

···और फिर एक बार मेरे भीतर का आलोचक जागा।

मैं किधर जा रही हूं ? क्या यह औपचारिकता की बाधाएं पार कर समीप आना मात्र है ? क्या सचमुच मेरे मन में कोई और इच्छा नहीं है ?···इस बार मैं

अपने आलोचक के सम्मुख भी बड़ी दृढ़ता से अड़ी रही—"नहीं, और कोई बात नहीं है।" अन्त में मेरा आलोचक ही टाल गया—"न सही। न होगी कोई और बात।" पर जाते-जाते वह चेतावनी दे गया, "फिर भी सावधान रहना। कोई बात हो न जाए।"

हमने शॉपिंग कम की, मटरगश्ती ही ज्यादा की। निरर्थक ही इधर-उधर घूमते रहे—एक दुकान से दूसरी दुकान पर और दूसरी से तीसरी पर। वह मुझे सारा बाजार दिखा रहा था, ताकि फिर मैं अकेली भी आ सकूं। और बिना किसी की सहायता के बिना ठगी जाकर शॉपिंग भी कर सकूं।

बाजार दिखाने के साथ-साथ उसकी अपनी यूनिवर्सिटी के विषय में रनिंग कमेंट्री भी चल रही थी। चुटकुलों के न समाप्त होने वाले प्रवाह के बीच उसने मुझे बहुत सारी बातें अपने विषय में बतायीं और पचासों बातें दूसरों के विषय में। यूनिवर्सिटी के प्रोफ़ेसर, रीडर और लैक्चरर क्या करते हैं, कैसे पढ़ाते हैं, किसकी शक्ल क़िससे मिलती है, कौन विद्वान और अच्छा अध्यापक है और कौन केवल खाना भरने का जोकर मात्र है।

बाद में जब कभी उन बातों के विषय में सोचा, तो मुझे यही आश्चर्य हुआ कि आखिर उसकी बातों में, दूसरों की नकलों में हंसी की ऐसी कौन-सी बात थी। पर तब मैं हंसती ही गई थी—बेतहाशा। जिन लोगों ने मुझे तब हंसते देखा होगा, सोचते होंगे, यह लड़की पागल है। पर उस समय मुझे इन बातों का कोई अहसास नहीं था। जब भीतर से गुदगुदी हो रही हो तो इन छोटी-मोटी बातों की ओर किसका ध्यान जाता है?

वह मुझे छोड़ने के लिए घर तक आया, पर घर के भीतर नहीं आया। मैंने कहा भी, पर वह टाल गया।

"अच्छा! अब चलूं।" उसने कहा, "थोड़ी देर अपनी 'लिट्ल आंटी' और 'लिट्ल सिस्टर' के पास भी रुकूंगा।"

"बहुत-बहुत धन्यवाद, शैलेश!" मैंने सायास कहा, "तुम्हें बहुत कष्ट दिया।"

उसने मुझे घूरकर देखा।

"हुश्!" और मेरे सिर पर उसने हल्के से एक चपत जमा दी।

मैं बड़ी देर तक अपने हाथ से सिर के उस भाग को छूती रही, जहां उसने चपत मारी थी। उसका यह काम मुझे तनिक भी अस्वाभाविक नहीं लगा था। वह यदि ऐसा कुछ न करता तो शायद मुझे उसका व्यवहार कुछ अस्वाभाविक लगता। यह तो उस ऊटपटांग लड़के का एक ऊटपटांग-सा काम था। उसका किसी को बुरा क्या लगता!

स्कूल में हर टीचर मिस सेनगुप्ता नहीं थी, इसलिए जहां हैड मिस्ट्रेस की ओर से मुझे कोई परेशानी नहीं हुई, वहीं अपनी सहयोगी अध्यापिकाओं के बीच सहज-व्यवस्था मुझे उतनी सरल नहीं लगी। यह नहीं कि वे लोग दुष्ट थीं या मेरे साथ दुर्व्यवहार करती थीं, किन्तु मैंने अपने प्रति वहां सहज भाव नहीं पाया। लोगों को या तो मेरे प्रति उत्सुकता थी या फिर सर्वथा उदासीनता। मैं उत्सुकता से भी चिढ़ जाती थी और उदासीनता से भी। अपने प्रति किसी की उत्सुकता देखते ही मैं स्वयं को चिड़ियाघर में आए नये जानवर के समान दिखने लगती। दूसरी ओर लोगों की उदासीनता—जैसे वहां मेरा अस्तित्व ही न हो·· मुझे और भी झुंझला देती थी।

मेरा वहां स्वागत होगा और मैं लोगों में एकदम घुल-मिल जाऊंगी, ऐसी आशा तो मुझे कभी भी नहीं थी। पर मुझे यह भी पता नहीं था कि वहां पुराने लोगों में संबंधों की कोई ऐसी दीवार होगी, जिसे भेदना मेरे लिए संभव ही नहीं होगा। उन सब लोगों में पुराने संबंध थे। वे एक-दूसरी के विषय में प्रायः सब कुछ जानती थीं। उनके पति एक-दूसरे के मित्र थे। उनके बच्चे परस्पर मिलकर खेलते थे या एक ही स्कूल में पढ़ते थे। मेरा उनके साथ ऐसा कोई भी सम्पर्क नहीं था। मेरे और उनके बीच कोई ऐसी सामान्य कड़ियां नहीं थीं, जो हमें सहज ही पास ले आतीं।

मेरी स्थिति बड़ी औपचारिक थी। कोई मीटिंग हो रही हो तो मैं उनके बीच बड़े सहज ढंग से बैठ सकती थी, क्योंकि सबको ही केवल बैठे रहना था और बोलने वाले की बात सुननी थी। किसी से कोई विशेष काम हो—निजी या आधिकारिक—तो मैं उनसे बड़े औपचारिक ढंग में उसके नाम के साथ मिस अथवा मिसेज जोड़कर बात करती थी। किन्तु इससे अधिक कुछ भी नहीं।

सबसे अधिक परेशानी खाली पीरियड को लेकर होती थी। दो-तीन पीरियड लगातार पढ़ाते-पढ़ाते थक जाती थी तो खाली पीरियड के लिए मन में इच्छा जागने लगती थी। पर जब खाली पीरियड मिलता था तो स्टाफ-रूम के एक कोने में सजी मेज के समान बैठी-बैठी तंग आ जाती। या फिर किसी पत्रिका या समाचार-पत्र के पृष्ठ पलट-पलटकर और उबासियां ले-लेकर समय काटती। फिर रिसेस का समय भी आता। मैं देखती कि सब लोग अपना-अपना लंच-बॉक्स लेकर, अपने-अपने ग्रुप में बैठे हैं। वे लोग एक-दूसरी के इतनी निकट थीं कि अपनी रोटी और सब्जी बांट लेती थीं। किसी दिन किसी के पास कोई विशेष अच्छी चीज़ हो तो छीन-झपट भी चलती थी···और एक मैं थी कि खाने के लिए भी कोई ऐसा नुक्कड़ ढूंढ़ती थी, जहां किसी की दृष्टि तक न पड़े। हाथों की ओट में एक-एक कौर मुंह में डालती हूं और यह भी चाहती हूं कि कोई मुझे उस कौर को चबाते हुए भी न देखे···

ऐसा तो नहीं था कि यदि मैं किसी के पास जाकर बैठती, उससे बातें करती, तो वह मुझे धक्का दे देती। या मैं भी अपना लंच बॉक्स लेकर किसी ग्रुप में मिल बैठती तो वे मुझे बैठने नहीं देतीं। पर स्वय जाकर, अपने प्रयत्न से किसी के साथ सम्पर्क बढ़ाने का उत्साह मुझमें नहीं था।

ऐसी ही मन:स्थिति में एक दिन मैंने महसूस किया कि मेरी ही तरह रीमा और ज्योत्स्ना भी कुछ उपेक्षित-सी हैं। इतना भेद अवश्य था कि मैं अकेली थी और वे दो थीं। फिर भी उन्हें अन्य लोगों से मिलते मैंने कम ही देखा था। वे प्राय: शेष टीचर्स से अलग ही रहती थीं।

मुझे यह भी पता लगा कि इस स्कूल में उनकी नियुक्ति मुझसे दो महीने पूर्व ही हुई थी। शायद यही कारण था कि वे मुझसे पुरानी होती हुई भी, अभी नयी ही थीं।

उन दोनों की मैत्री का जो आधार था, वह मुझ पर भी लागू होता था। मैं उनकी ओर आकर्षित होती गयी।

संयोग से उस दिन मैं स्कूल में अपेक्षाकृत कुछ जल्दी ही पहुंच गयी थी। इतनी जल्दी कि अभी न चपरासी ने स्टाफ-रूम का दरवाजा खोला था और न ही जमादार ने बरामदों की सफाई का काम पूरा किया था। मुझे देखकर चपरासी को अवश्य ही आश्चर्य हुआ होगा, पर उसने कहा नहीं। जल्दी-जल्दी स्टाफ-रूम के दरवाजे का ताला खोला और एक कुर्सी झाड़-पोंछकर मेरे बैठने के लिए तैयार कर दी। खिड़कियां इत्यादि भी खोल दीं और पूछा, "कुछ चाहिए तो नहीं, बहनजी?"

"नहीं, गिरधारी!" मैं उसके शिष्टाचार से हैरान थी, "मेहरबानी।"

वह स्टाफ-रूम की झाड़-पोंछ में लग गया।

मैं अकेलेपन से बुरी तरह परेशान हो रही थी। इस समय तो कोई भी आ जाए। ठीक है कि यहां अभी मेरी कोई सहेली नहीं थी, किसी से भी विशेष घनिष्ठता नहीं थी, पर इसका यह अर्थ तो नहीं है कि मैं किसी से बातचीत ही नहीं करूंगी। आज तो जो भी पहले आ जाए उसी के पास निस्संकोच बैठ जाऊंगी और घनिष्ठता बढ़ाऊंगी। पर अभी समय काफी था। मुझे घर से चलते हुए इस बात का अहसास नहीं था कि मैं इतनी जल्दी स्कूल पहुंच जाऊंगी।

···और तभी रीमा और ज्योत्स्ना के एक साथ ही स्टाफ-रूम में प्रवेश किया। मैं नहीं जानती थी कि वे लोग यहीं स्कूल के गेट पर संयोग से मिल गयी थीं या घर से ही एक साथ चलती थीं। जो भी हो, इस समय वे लोग ही आयी थीं और शायद अन्य लोगों की अपेक्षा उन दोनों से मैत्री मांगना मेरे लिए अधिक सरल था।

उन्हें भी मुझे यहां बैठे देखकर आश्चर्य हुआ। शायद वे भी इस तथ्य के प्रति

सचेत थीं कि वे लोग समय से काफी पहले स्कूल में पहुंच गयी थीं। उन्हें यह आशा नहीं रही होगी कि कोई उनसे भी पहले स्कूल में आया हो सकता है।

"हलो, कविता!" रीमा ने मुझे देखते ही जैसे चौंककर कहा, "अरे, तुम इतनी जल्दी..."

मुझे उसका इस प्रकार चौंकना बहुत ही अच्छा लगा। और कोई पुरानी टीचर होती तो मुझे इस तरह से इग्नोर कर जाती, जैसे मैं यहां हूं ही नहीं। न केवल उसने मुझे देखा, मेरी ओर ध्यान दिया; बल्कि उसने मुझे पहचाना भी, नाम से सम्बोधित किया और मुझे विश किया। तो ऐसा नहीं है कि मैं ही अपने मन में उनकी निकटता का अनुभव करती रही हूं, वरन् वे भी कहीं-न-कहीं अवश्य मुझसे जुड़ी हुई थीं।

"हां! आज काफी जल्दी आ गयी।" मैंने कहा, "समय का कुछ पता ही नहीं चला।"

"हम भी जल्दी आ गयी हैं।" ज्योत्स्ना बोली।

ज्योत्स्ना की आवाज शायद मैंने पहली बार सुनी थी। कितनी गहरी, ठहरी हुई, शांत और धीमी आवाज थी। मैं स्वयं भी बहुत धीरे से बोलती हूं, पर उसकी तुलना में मेरी आवाज काफी चीखती हुई-सी लग रही थी। मुझे कहीं यह लगा कि मैं उसके सामने बहुत हल्की पड़ती जा रही हूं।

रीमा ने शायद ये भाव मेरे चेहरे पर से पढ़ लिये थे, "ज्योत्स्ना बहुत धीरे बोलती है।" उसने मुझे बताया।

"मैंने पहले कभी इस ओर ध्यान ही नहीं दिया।" मैं बोली।

"तभी तुम्हें पता नहीं चला।" इस बार ज्योत्स्ना बोली, "यही तो यहां की टीचरों की शिकायत है कि मैं उनके विरुद्ध कानाफूसी करती रहती हूं, इसलिए धीरे बोलती हूं और मेरी समझ में यह नहीं आता कि आखिर लोग इतना चीखते क्यों हैं?"

मैंने कभी नहीं सोचा था कि वहां लोगों में एक-दूसरे के विरुद्ध इस प्रकार की भी कुछ बातें हैं। मैं तो केवल नयी-पुरानी के चक्कर में उलझकर ही रह गयी थी। पर मुझे उससे क्या? लोगों के मन में यदि ज्योत्स्ना के विरुद्ध भ्रांतियां हैं या उसके मन में किसी के लिए घृणा है, तो मुझे उन बातों से क्या लेना-देना। मैं शेष लोगों की अपेक्षा उनके अधिक निकट थी।

उस दिन से रीमा और ज्योत्स्ना से मेरी घनिष्ठता बढ़ती ही गयी। एक प्रकार से हमारी अलग मंडली ही बन गयी। अब शेष लोगों से मैत्री बढ़ाने की मुझे कोई इच्छा नहीं थी। हम जान-बूझकर ही अन्य अध्यापिकाओं से अलग और आपस में बहुधा इकट्ठी रहती थीं। रिसेस में मिलकर बैठतीं, छुट्टी होने पर एक साथ घर जातीं और प्रत्येक पीरियड के बाद, दूसरी क्लास में जाने से पहले एक-

दूसरे से जरूर मिलतीं ।

रीमा और ज्योत्स्ना के साथ मिल-बैठने पर इस बात का अनुभव मैंने और भी तीव्रता से किया कि स्टाफ में मैं केवल उपेक्षित थी, पर मुझसे किसी का विरोध नहीं था, जबकि रीमा और ज्योत्स्ना से शेष अध्यापिकाओं का कुछ बातों को लेकर विरोध था । ज्योत्स्ना की बहुत धीरे बोलने की आदत ने इस विरोध को बहुत बढ़ा दिया था । सामान्यत: लोगों को यह शिकायत थी कि ज्योत्स्ना उनकी बुराइयां करती रहती है । यदि ऐसी बात नहीं है तो वह भी सामान्य लोगों के समान उतने ही ऊंचे स्वर में बातें क्यों नहीं करती ?

पर इन बातों का न रीमा पर कोई प्रभाव पड़ता था, न ज्योत्स्ना पर । वे दोनों मस्त थीं और अन्य लोगों की उन्हें कोई चिन्ता नहीं थी । कभी-कभी मैं भी स्वयं को समझा लेती कि किसी के विरोध या मैत्री से क्या होता है । मेरा किसी से कोई झगड़ा नहीं था, फिर भी इस स्कूल में मैं यतीमों के समान पड़ी हुई थी । अब यदि रीमा और ज्योत्स्ना के साथ मिल जाने के कारण अन्य अध्यापिकाएं मेरा भी विरोध करने लगें तो मेरा क्या बिगड़ जाएगा···

···पर सदा ऐसा ही नहीं रहता था । मैं कभी-कभी बहुत उदास हो जाती थी । आखिर इन दोनों लड़कियों को छोड़कर शेष सब लोगों का विरोध कैसे झेल पाऊंगी मैं ! जब वे सब मुझे तीखी नजरों से देखती हैं तो मेरे भीतर जाने क्या-क्या टूट-टूटकर गिरने लगता है । मेरा दम घुटने-सा लगता है । जी चाहता है इस स्कूल को छोड़कर भाग जाऊं । पर कहां जाऊं ? जीवन में मुझे जो कुछ जैसा मिलता है, उसे वैसे ही स्वीकार करना पड़ता है मुझे । चुनाव का अवकाश ही कहां है !

हां, इस सामूहिक झगड़े ने मेरी चेतना को बुरी तरह ग्रस अवश्य लिया था । घर से स्कूल के लिए निकलती तो मन स्कूल की बातों में कुछ इस तरह बंध जाता कि मुझे अपना और अपनी वैयक्तिक परिस्थितियों का एकदम ध्यान नहीं रहता था । यह एक नशे की-सी अवस्था थी, जिसकी उत्तेजना में मैं अपनी उदासियों को भूलने का प्रयत्न करती···

और फिर इस बाहरी दबाव के कारण हम तीनों—मैं, रीमा और ज्योत्स्ना स्कूल के पश्चात अपने बाहरी जीवन में भी एक-दूसरी के समीप आ गईं । स्कूल के जीवन के परे भी हम एक-दूसरे का साथ चाहने लगी थीं । कहीं भी जाना होता, इकट्ठी जातीं । बाज़ार जाना हो, सैर-सपाटे की इच्छा हो, हम एक-दूसरी को न छोड़तीं ।

मुझे ऐसा लग रहा था कि स्कूल में तथा बाहर आने-जाने में साथ मिल जाने के कारण मेरा संकोच भी कुछ खुल गया था और मेरा घूमना-फिरना भी पहले से बहुत अधिक बढ़ गया था । पहले मैं बाज़ार जाने की इच्छा न होने के

कारण अपनी ज़रूरतों को टालती जाती थी, तब तक, जब तक, काम चलना ही असंभव न हो जाए। अब वही मैं नयी पेंसिल खरीदने के लिए भी अपनी सहेलियों को साथ लेकर समारोहपूर्वक बाज़ार चल पड़ती थी और उस एक पेंसिल के के लिए छत्तीस दुकानें घूमती थी। कभी हम तीनों रीमा के एक रूमाल के लिए सारे बाजार के बारह चक्कर लगातीं और कभी ज्योत्स्ना के हेयर पिन खरीदने में हमें तीन-तीन घंटे लग जाते थे। बाहर घूमने के कारण, रेस्टरांओं में खाना-पीना भी काफी बढ़ गया था और पिक्चरें भी मैं पहले से बहुत ज्यादा देखने लगी थी। इसका अनिवार्य प्रभाव मेरे खर्च पर पड़ने लगा था।

इस बात का अहसास भी मुझे एक दिन शॉपिंग करते हुए ही हुआ। मैंने सिल्क इम्पोरियम से अपने लिए एक गुलाबी साड़ी खरीदी और उसी शेड से मिलती-जुलती एक जूती पसंद की। पर पर्स में हाथ डालते ही मैं धक से रह गई। घर में या बैंक में मेरा एक पैसा भी नहीं था। मैं अपनी सारी पूंजी साथ लिये घूम रही थी और मेरे पास इस समय कुल पच्चीस रुपये शेष थे, जब कि उस जूती की कीमत ही तीस रुपये थी और अभी महीने के पांच दिन शेष थे···

"अच्छा मैं फिर आऊंगी।" मैंने दुकानदार से कहा और रीमा और ज्योत्स्ना को उठने का इशारा किया।

वे दोनों हक्की-बक्की बाहर आयीं।

"क्या बात है, कविता?" रीमा ने पूछा, "जूती पसंद भी की और ली नहीं। फिर भगी भी ऐसे जैसे कोई पागल भैंसा देख लिया हो।"

"मेरे पास पैसे नहीं थे।" मैंने धीरे से कहा।

"तो पैसे मुझसे ले लेती।" ज्योत्स्ना बोली, "पसंद की हुई जूती छोड़ने की क्या जरूरत थी!"

"नहीं। अब जूती अगले महीने लूंगी।" मैंने कहा।

"तब तक वह बिक भी जाएगी।" रीमा ने चेताया, "और फिर मैचिंग जूती के बिना कल वह साड़ी पहनकर स्कूल कैसे आओगी!"

"देखा जाएगा।" मैंने उन्हें टाल दिया।

मैं बहुत चिंतित भी थी और नाराज भी। नाराज मैं आपने आपसे थी। आखिर मैं कहां जा रही हूं! यह कौन-सा रास्ता मैंने अपनाया है? मैं अपनी हैसियत क्यों नहीं देखती? अपनी परिस्थितियां क्यों भूल जाती हूं···?

घर पर जब मां ने मेरी साड़ी देखी, तो 'हां, अच्छा है' कहकर टाल गईं और बोलीं, "बेटी! अपने लिए इतनी चीजें लेती है, कभी अपने छोटे भाई को भी कोई चीज भेज दिया कर।"

मुझे स्वयं पता नहीं कि मेरे भीतर कहां इतना विष छिपा था जो मां के इस

वाक्य से छलक उठा, "तुम्हारे लिए नयी साड़ी न ला दूं !"

पर मेरा अपना स्वर स्वयं मुझे ही पीड़ित कर गया। क्या हो गया है मुझे ! क्या कह रही हूं मैं और किसे कह रही हूं। उस मां को, जो बीमार होने पर दवा भी नहीं लेती क्योंकि बेटी के पैसे खर्च होंगे। जो अपने गऊ बेटे को—सतीश को—छोड़कर इसलिए मेरे साथ आयी है ताकि यहां मेरी नौकरी संभव हो सके और वहां सतीश के खाने तक का कोई प्रबन्ध नहीं है···

पर मां, भोली मां, मेरे व्यंग्य के विष को या तो समझी नहीं या उसने जान-बूझकर उस ओर ध्यान नहीं दिया। उसी प्रकार सहज ढंग में बोलीं, "हां ! वैसे तो मेरी भी यह साड़ी फट गई है। पर मेरी खैर है···"

मैंने जैसे पहली बार होश में आकर मां की फटी साडी को देखा और स्वयं को धिक्कारा। क्या मुझे नजर नहीं आता कि मेरी बूढ़ी मां के पास पहनने के लिए कपड़े नहीं हैं और मुझे अपने लिए सिल्क की साड़ियां और मैचिंग जूतियां चाहिए···

मैं अपने बिस्तर पर औंधी लेटकर बड़ी देर तक रोती रही। बार-बार स्वयं से प्रश्न करती कि आखिर मुझे क्या हो गया है ? मैं अपने आपको भूल गई। अपनी मां को भूल गई। अपने भाई को भूल गई। मेरी मां और मेरे भाई ने क्या-क्या कष्ट मेरे लिए नहीं उठाए। और आज मैं अपनी मां के फटे कपड़े नहीं देख पाती। मां यदि भाई को कुछ भेजने के लिए कहती है तो मैं व्यंग्य करने लगती हूं। आज तक भाई ने मुझे दिया ही था, कुछ लिया तो नहीं था। और मैं···

बीते हुए पिछले कुछ दिन मेरी आंखों के सामने घूम गए। मैं जैसे एक स्वप्न में जीती रही थी। उस जीवन में घूमना-फिरना था, मस्ती थी, पिक्चर हॉल थे या रेस्टरां थे। साड़ियां और जूतियां थीं। वहां दुःख-गरीबी, उदासी और परेशानी—कुछ भी नहीं था।···आखिर मेरी मां और मेरा भाई मुझे वह जीवन क्यों नहीं जीने देते ? वे मुझे बार-बार उस जीवन से निकालकर इस जीवन में क्यों ले आते हैं ? क्या वे मेरे शत्रु हैं ? मुझे उनसे भय-सा लगने लगा।

पर मैं उन्हें भूल कैसे गई ? मुझे कोई भी तो याद नहीं आया—न मां, न सतीश, न शैलेश ! ओह शैलेश ! तुम इतने दिनों से आए क्यों नहीं !

मैं स्वयं नहीं समझ पा रही थी कि आखिर मैं क्या चाहती हूं। मैं अपने लिए कौन-सा जीवन चाहती हूं। यदि मुझे मां और सतीश प्यारे हैं तो मैं रीमा और ज्योत्स्ना को क्यों नहीं छोड़ देती ? और यदि मुझे उनकी जरूरत है तो मैं मां और सतीश को भूल क्यों नहीं जाती ? और फिर शैलेश···आखिर मैं क्या चाहती हूं ?

रीमा और ज्योत्स्ना ने फिर पिक्चर का प्रोग्राम बनाया था और मैं बार-बार

स्वयं से प्रश्न कर रही थी कि मैं उनके साथ जाना चाहती हूं या नहीं। इसी द्वन्द्व में न मैं उन्हें खुलकर पूरी तरह 'हां' कह पायी थी और न पूरी तरह से इनकार कर देना मेरे लिए संभव हो पा रहा था। परिणाम यह हुआ कि वे लोग मेरे लिए भी टिकट ले आयीं और फिर मुझे जाना ही पड़ा।

मैं अपने मन के ताने-बाने में कुछ इस बुरी तरह उलझ गई थी कि मेरा ध्यान पिक्चर की ओर कम ही जा रहा था। मैं वार-वार मन को समझा रही थी कि यह सोच-विचार तो बाद में भी हो सकता है, जब पैसे खर्च ही किए हैं तो इस समय मैं ठीक तरह से पिक्चर ही क्यों नहीं देख लेती। थोड़ी देर मैं उधर देखती भी, पर फिर मन बहक जाता। क्या कर सकती थी !

मन के उचटने की इसी प्रक्रिया में मेरा ध्यान ज्योत्स्ना और रीमा की ओर बहक गया। मुझे लगा कि वे लोग भी पिक्चर में कम और अपनी फुसफुसाहटों में अधिक व्यस्त हैं। क्षण भर को परदे की ओर देखतीं और फिर एक-दूसरी को कोई संकेत कर देतीं; कभी मुसकराने लगतीं, कभी बहुत धीरे से कुछ कह देतीं।

मैं उनकी ओर देखती रही। उनकी बातों को सुनने की कोशिश भी की, पर कुछ समझ में नहीं आया।

अचानक ही मेरे मन में एक बात कौंधी, कहीं ये मेरे विषय में ही तो काना-फूसियां नहीं कर रहीं।

अब मुझसे रहा नहीं गया।

"क्या बात है, रीमा ?" मैंने धीरे से पूछा।

उसने चेहरा मोड़कर मेरी ओर देखा। अंधेरे में उसके चेहरे पर हल्की-सी मुसकराहट मुझे दिखाई दी और वह फिर ज्योत्स्ना की ओर मुड़ गई।

"क्या बात है, बताओ न !" मैंने उसकी बांह पर चिकोटी काटी।

वह झटके से घूमी, "कुछ नहीं है, रानो ! तू पिक्चर देख।"

तो ये लोग मुझे टाल रही हैं। मुझसे कुछ छिपा रही हैं। अब तक तो मैं समझती रही कि मैं इनकी सहेली हूं। इनमें से ही एक हूं। इनकी कोई बात मुझ से छिपी हुई नहीं है। और ये लोग मुझसे दुराव करती हैं। इसका अर्थ यह हुआ कि मैं अब तक मूर्ख ही बनती रही। मैं उनमें से एक नहीं हूं, उनसे कटी हुई हूं—अलग हूं। कुछ बातें ऐसी भी हैं, जिनमें वे मुझे भागीदार नहीं बनाना चाहतीं। या कौन जाने, ये बातें मेरे ही विषय में हों। मेरे विरुद्ध ही इन दोनों ने कोई दुरभिसंधि कर ली हो।

हॉल में मैं उनसे ज्यादा पूछताछ नहीं कर सकती थी। जिद भी नहीं कर सकती थी। चुप हो गई। पर चुप्पी से मेरे भीतर का आक्रोश बढ़ता रहा। मैं अपनी मूर्खता और उनकी नीचता से बहुत नाराज थी। स्कूल में यदि अन्य अध्यापिकाएं उनसे नाराज रहती थीं, तो क्या गलत करती थीं। स्कूल में जब हम

तीनों एक कोने में बैठकर दबी-दबी आवाज़ में बातें करती थीं और पूछने पर भी किसी को कुछ नहीं बताती थीं तो अन्य लोगों को कितना बुरा लगता होगा···

उसके बाद मेरा मन पिक्चर में एकदम नहीं लगा। कितनी बार जी में आया कि उठकर घर चली जाऊं। पर फिर कुछ सोचकर रुक गई। इन दोनों को यदि यहां छोड़ जाऊंगी तो ये लोग जो चाहेंगी बातें करेंगी। और इस समय मैं उन्हें इसके लिए अवसर नहीं देना चाहती थी। फिर उनसे लड़ाई करने से पहले मैं एक बार अच्छी तरह सोच लेना चाहती थी। स्कूल में मेरी अपनी और किसी भी सहकर्मी अध्यापिका से मैत्री नहीं थी। इनके साथ घनिष्ठता बढ़ाने के पश्चात मैंने अन्य लोगों की मैत्री के दरवाजे अपने हाथों बंद कर दिए थे। अब यदि मैं इन से भी लड़ बैठी···

पिक्चर समाप्त हुई। मैं चुपचाप उठकर, बिना कोई बात किए हुए उनके आगे-आगे बाहर आ गई। मैंने बाहर आकर भी अपना रुख नहीं बदला था, पर वे अवश्य बदल गई थीं।

"क्यों, कविता !" रीमा ने मेरे दोनों कंधों को अपनी बांह से ढांपकर पूछा, "बहुत चुप हो। हमसे नाराज हो क्या ?"

"नहीं, मैं नाराज कैसे हो सकती हूं। मुझे अधिकार ही क्या है ?" मैं चिढ़कर बोली, "तुम दोनों एक-दूसरे के कान में फुसफुसाए जाओ। मैं कुछ पूछूं तो कुछ मत बताओ।"

"अरे, इसी से रूठ गई मेरी लाडो !" उसने प्यार जताया, "हाऊ क्रुएल आर यू।"

मैं चौंकी। उसके स्वर में ग्लानि नहीं थी। ऐसा नहीं लग रहा था कि उसने कोई भूल की हो और वह स्पष्टीकरण देने जा रही हो।

"क्यों ?" मैंने पूछा।

"अरे, हॉल में भी कहीं ऊंची आवाज में बात की जा सकती है ? इतने तो लोग बैठे होते हैं वहां आस-पास। तुमको पता तो है कि बाद में तुम्हें हम बता ही देतीं।" उसने उलटे मुझे उलाहना दिया।

"पर बात क्या थी ?" मैं पूछे बिना न रह सकी।

"मैं तो ज्योत्स्ना से कह रही थी"—रीमा बोली, "कि जैसे पिक्चर में नर्स ने डॉक्टर को फंसाया था, वैसे ही वह अपने राकेश को फंसा ले।"

"क्या ?" मैं बुरी तरह चौंकी, "यह राकेश कौन है, ज्योति ?"

"तुम्हें नहीं बताया इसने ? बड़ी घुन्नी है।" इस बार भी रीमा ही बोली, "यूनिवर्सिटी में लेक्चरर है। यह बेचारी मरी जाती है और वह पूछता भी नहीं इसे।"

"तो तुम ट्रैपिंग की सलाह दे रही हो।" जाने मेरा आक्रोश कहां चला गया

था। मैं चुहल के मूड में आ गई थी।

"तो और क्या किया जाए !" रीमा ने बाध्यता की मुद्रा बनाई, "जब कोई सीधी तरह न माने तो और क्या हो सकता है ?"

"तुम क्यों नहीं फंसाती किसी को ?" मैं चुहल से शरारत पर आ गई थी।

"अरी, इसका क्या पूछती है !" ज्योत्स्ना अपनी सहज से कुछ ऊंची ही आवाज में बोली, "नेशनल स्टोर वाले को फंसाया है साली ने ! उसके स्टोर से दुनिया भर की चीजें उठा लाती है और वह है कि दाम भी नहीं लेता। जी-हुजूरी करता है, वह अलग।"

"अच्छा !" मेरे लिए ये सूचनाएं एकदम नयी और अनपेक्षित थीं। मैं हत-प्रभ-सी चुपचाप खड़ी थी।

"और तुम, कविता ?" इस बार ज्योत्स्ना मुसकरा रही थी।

"अरे, मैं कहां···!" मैंने स्वयं अपने स्वर की उदासी को पहचाना, "इतनी जगह कहां है दिले दागदार में।"

"बेचारी !" रीमा ने सहानुभूति जताई।

"कोशिश करो न !" ज्योत्स्ना ने कहा, "मुझे तो अपने भाइयों से डर लगता है। यदि किसी के साथ देख लें तो गला घोंटकर मार डालें। तुम्हारा तो यहां कोई है भी नहीं।"

"नहीं-नहीं !" मैं अचकचाकर जल्दी से बोली, जैसे मुझसे कोई पाप-कर्म करने के लिए कहा जा रहा हो, "मुझसे यह सब नहीं होगा।"

एक दिन शाम को शैलेश आया।

"हैलो, कविता !" कैसी हो ?"

सहसा आज जैसे मेरे भीतर का उल्लास भर आया। मुझे लगा कि जैसे जान-बूझकर स्वयं को इधर-उधर उलझाए रखकर मैंने उसे अपने चेतन मस्तिष्क से कहीं बाहर धकेल रखा था। पर जब वह स्वयं सशरीर मेरे सामने खड़ा हो तो फिर न मैं स्वयं अपने आपको ही बहला सकती थी और न ही उससे कुछ छिपा सकती थी।

"ठीक हूं। अच्छी-खासी हूं।" मैंने अपने उसी उल्लास के बहाव में कहा और फिर न चाहते हुए भी शिकायत कर बैठी, "कहो, कैसे आना हुआ ? तुम तो जैसे भूल ही गए कि तुम मेरे लोकल गार्जियन भी हो। इधर तो आते ही नहीं।"

"हां। मैं नहीं आता हूं।" उसने सिर हिला दिया, "पर तुम्हारी चप्पलें तो रिपेयर होने के लिए बाटा की दुकान में पड़ी हैं न !"

मैं हतप्रभ हो गई। यह व्यक्ति क्या कह रहा है। वे ही ऊटपटांग बातें। मेरी चप्पलें बीच में कहां से आ गईं। और किन चप्पलों की बात कर रहा है यह।

मैंने तो रिपेयर के लिए बाटा को कोई चप्पल नहीं दी थी।

"मैं समझी नहीं।" मैंने कहा।

"ऐसी बातें लोग नहीं समझते जिनके समझने में कोई लाभ न हो।" उसने अपनी गम्भीर मुद्रा छोड़ दी, "मैं यह कह रहा था कि मैं तो तुम्हारे घर आता नहीं, पर मेरे घर के चक्कर लगा-लगाकर तुम्हारी चप्पलें घिस गई हैं और वे रिपेयर के लिए बाटा में पड़ी हैं।"

मैं ठहाका मारकर हंस पड़ी—वे ही ऊटपटांग बातें। कैसे उलाहना दे रहा है।

"अरे, मैं तो तुम्हारे ही घर में रहती हूं।" मैंने कहा, "जहां तुमने लाकर टिकाया है, वहीं टिकी हुई तुम्हारी प्रतीक्षा कर रही हूं..."

और सहसा मेरे आलोचक ने मुझसे पूछा—'जो कुछ मैं कह रही हूं उसका अर्थ क्या है ? क्या व्यंजित करना चाहती हूं मैं ?' और व्यंजना की बात सोचकर मैं बौखला गई। जैसे कुछ समझ में नहीं आ रहा था। कुछ सूझ नहीं रहा था...

"और सुनाओ, क्या हाल-चाल हैं ?" उस बौखलाहट में मैंने औपचारिकता का सहारा लेना चाहा।

"हाल ! हाल तो अपना बहुत बुरा है। बहुत बुरा।" वह कुछ गंभीर भी था, और नहीं भी था। वह हंसा, "परीक्षा आ रही है, दौड़ती हुई। मजे हैं तुम लोगों के। पढ़ने-वढ़ने की कोई चिन्ता ही नहीं। जरा-सा टहलते हुए स्कूल चले गये। बच्चों को कुछ डांटा-फटकारा और फिर वैसे ही टहलते हुए घर चले आए।"

"हां-हां !" मैं भी हंसी, "बच्चों को डांटना-वांटना भी क्या जरूरी है। वैसे ही घर चले आओ तो भी क्या हानि है। छः-छः पीरियड गला फाड़ना पड़े तो तुम्हें भी पता लग जाए कि जरा-सा टहलते हुए जाना और जरा-सा टहलते हुए लौट आना क्या होता है।"

"अर्थात् तुम भी दुःखी हो ?" उसने पूछा।

"तुम क्या समझते हो ?" मैं मुसकराई।

"मैं क्या समझूंगा।" उसकी मुद्रा फिर गम्भीर हो गई, "ढाई हजार वर्ष पहले महात्मा बुद्ध नाम का एक व्यक्ति पत्थर की लकीर खींच गया है। उसने कहा था, संसार दुःखमय है। प्रत्येक व्यक्ति दुःखी है, जन्म ही दुःख का कारण है...।" उसने फिर अपना मूड बदला, "खैर छोड़ो, चलो, कहीं घूमने चलें।"

तो यह अपनी परीक्षा और महात्मा बुद्ध से दुःखी होकर मेरे पास आया है। इसे भी मेरी याद आती है। इसे भी मेरी जरूरत महसूस होती है।

"तुम बैठो जरा। मैं मां से पूछ आऊं।" मैंने कहा और दूसरे कमरे में चली

गई।

मां से पूछना तो बहाना मात्र था। हां, वैसे मां को सूचना तो देनी ही थी। फिर भी मैं कपड़े बदलने और हल्की, ऊपर-ऊपर से सही, कंघी करने का अवकाश तो चाहती ही थी।

मां को मैंने बताया तो उनका चेहरा उतर गया। उन्हें मेरा जाना अच्छा नहीं लगा। पर क्यों ? क्या फिर मां को अकेलापन अखरने लगा है ? पर अब तो मैं काफी-काफी समय तक बाहर रहती हूं। या मां को आज फिर सतीश की याद आयी है ? या···पर ऐसे ही अवसरों पर मां का उदास होना मुझे आजकल सबसे अधिक अखरता था। मैं जरा-सी उल्लसित हुई नहीं कि मां की उदासी मेरी प्रसन्नता की आग पर ठंडे पानी के छींटे दे देती थी। मेरा मूड बहुत खराब हो जाता था···और फिर मेरे मन में मां भी एक हौआ बनती जा रही थी। मुझे लगता था मैं अब मां से कतराने लगी हूं। उससे घबराने लगी हूं।

"क्या बात है, मां ?" मैंने पूछा।

मां ने मुझे ऐसी नजरों से देखा, जैसे कह रही हो कि क्या तुम स्वयं नहीं समझतीं।

फिर धीरे से बोलीं, "बेटी ! एक लड़के के साथ तेरा रोज-रोज का आना-जाना अच्छा नहीं है।"

मैं निर्णय नहीं कर सकी कि मां की इस बात पर मैं हंसूं या रोऊं। क्या समझती है मां ! क्या मैं नादान बच्ची हूं; या शैलेश कोई अपरिचित व्यक्ति है ! क्या मां यह नहीं समझतीं कि वह अपनी सरला का छोटा भाई है। मौसी का लाडला भानजा और सुषमा का चहेता भाई है। आखिर मां क्यों घबरा रही है !

"मां, यह एक लड़का नहीं है।" मैंने हंसकर बात को हल्के स्तर पर पहुंचाया, "शैलेश है, शैलेश।"

"कोई भी हो।" मां का स्वर तनिक भी नहीं बदला, "बेटी ! हम गरीब हैं। हमारे विषय में बातें जल्दी बनती हैं। अमीरों पर कोई अंगुली भी नहीं उठाता।"

मां की ये सारी बातें बहुत पुरानी थीं। मैं आज तक कई बार सुनकर भी इन्हें अनसुना कर चुकी थी। पता नहीं मां की चेतना में गरीबी का कनखजूरा क्यों चिपटा रहता है। धन का अभाव मुझे भी कोंचता है—पर असुविधा के धरातल पर। किन्तु मां को हीनता के स्तर पर ले जाता है। हम अमीर न सही, पर धन का यहां क्या प्रश्न है। शैलेश सरला का भाई है। उसने हमारी इतनी सहायता की है। वह हमारे लिए इतना उपयोगी सिद्ध हुआ है कि हम उसके कृतज्ञ हैं। और आज मां उसी को लेकर इतनी आशंकित हैं··

मैं मां की उपेक्षा कर शैलेश के साथ बाहर चली आयी। मैं नहीं चाहती थी कि शैलेश को किसी भी प्रकार यह पता चले कि दूसरे कमरे में क्या बात हुई थी; और यह तो बिलकुल ही नहीं चाहती थी कि उसे यह पता चले कि बात उसी को लेकर थी। पर मेरा मूड काफी खराब हो चुका था, इतना कि मैं छिपा नहीं पायी। मैंने बहुत चेष्टा की, पर शैलेश समझ ही गया।

"क्या हुआ, कविता? मां ने मना किया था क्या?" उसने पूछा।

तो वह समझ गया था! अब झूठ बोलने का भी कोई लाभ नहीं था। वैसे मैं झूठ बोल पाती भी नहीं।

"हां।" मैंने स्वीकार कर लिया।

"तो मुझसे क्यों रूठी हो, भई!" वह सीधे मेरी आंखों में देख रहा था, "मैंने तो महामहिम के सम्मान में कोई अशिष्टता करने का दुस्साहस नहीं किया।"

"तुमसे कहां रूठी हूं।" मैं चाहते हुए भी उसकी बात पर हंस नहीं सकी। बात कुछ अधिक गहरी थी, मूड हल्का नहीं हो सका, "मेरा मन मां के व्यवहार पर झींक रहा है। उन्हें तो प्रत्येक बात में कहीं-न-कहीं, कोई-न-कोई अनिष्ट ही दिखाई पड़ता है।"

मैं उसकी बात पर हल्की नहीं हो पायी थी और वह मेरी बात पर गंभीर नहीं हो पाया।

"तुम्हारी भलाई के लिए ही कहती हैं।" शायद वह मुझे चिढ़ाने के लिए ही उपदेश दे रहा था।

"भलाई-वलाई क्या।" मैं अभिज्ञ थी कि मां मेरी मां हैं। अपनी हैं। उनके और मेरे झगड़े हमारी अपनी बात है। बाहर के एक व्यक्ति के सामने उन झगड़ों को खोलना, मां की शिकायत करना उचित नहीं था। पर मेरा मन कब से किसी उपयुक्त पात्र की खोज में था, जिसके सामने ये सारी बातें कहकर वह हल्का हो सके। मैं विचित्र द्वन्द्व में ग्रस्त थी। चाहती भी थी और नहीं भी चाहती थी। स्वयं को रोक भी रही थी और बोल भी रही थी, "पहले ही मां कम नहीं थीं। अब तो और अधिक चिड़चिड़ी हो गई हैं। जरा-जरा-सी बात में रोने बैठ जाती हैं।"

"कारण क्या है?" उसने पूछा, "आखिर कोई बात तो होगी ही।"

"कारण क्या होगा!" मैं कुछ और आवेश में आ गई। शैलेश से किसी भी प्रकार का दुराव मेरे लिए संभव नहीं था, "मेरी शादी की चिंता लगी रहती है। सदा वही एक ही रट। अब नहीं होती मेरी शादी तो मैं क्या कर सकती हूं।"

और फिर अकस्मात् मेरे भीतर का आलोचक जागा, क्या मैं जान-बूझकर उससे इस विषय में बात कर रही हूं। क्या मैं उसे कोई संकेत दे रही हूं···

मैं अपने आलोचक की तीखी नजरों से घबरा गयी। मैंने तुरंत विषय बदल दिया, "…और फिर मां को सदा सतीश की याद आती रहती है। कभी-कभी बहुत अधिक याद आने लगती है। बेचारा अकेला होगा। खाता-पीता कैसे होगा? उसकी देख-भाल कौन करता होगा? इन्ही सब चिन्ताओं से उसका रोग और भी बढ़ गया है। और…" मैं बीच में ही रुक गयी।

"और क्या?" वह शायद अभी और बहुत कुछ सुनने की आशा में था।

"छोड़ो भी!" मैं अब तक स्वयं को काफी संभाल चुकी थी और सचमुच ही चाहती थी कि इस बात को और आगे न बढ़ाया जाए, "तुम भी क्या सोचोगे कि अपना दुखड़ा ले बैठी। मैं तो पिसती ही हूं निराशा की चक्की में, तुम्हें क्यों बोर करूं?"

"तुमने मुझे बहुत गलत समझा है, कविता।" सरला का वह ऊटपटांग भाई, अपने सारे बाह्य परदों को जैसे चीरकर, अपने यथार्थ रूप में मेरे सामने खड़ा था। वह अपने बाह्य रूप को ही वास्तविक रूप समझ लिये जाने से शायद दुःखी था और अपने वास्तविक स्वरूप को सम्मुख रहना चाहता था, "हम एक-दूसरे के लिए और कर ही क्या सकते हैं, सिवाय अपने छोटे-बड़े दुःख बांटने के। वैसे तुम न बताना चाहो, तो और बात है। मैं तुम्हें मजबूर नहीं कर सकता कि तुम अपने मन को मेरे सामने खोलो। पर, कोई हम पर विश्वास करता है और अपना दुःख हमारे साथ बांटता है, यह बात किसी को भी अच्छी ही लगेगी।"

मैं पानी-पानी हो गयी। यह लड़का, जिसे मैं गम्भीरतापूर्वक स्वीकार नहीं कर रही थी, कितना गहरा है यह! कितना दर्द होगा इसके मन में! कितनी सहानुभूति और कितना प्यार! यह चाहता है कि मैं अपना हृदय खोलकर इसके सामने रखूं—अपना दुःख-दर्द इसके साथ बांटूं। यह मेरी आत्मीयता मांग रहा है। हाय रे मेरे भाग्य!

"नहीं, छिपाने की कोई बात नहीं है। और फिर तुमसे क्या छिपाना, शैल!" मैं पूरी तरह अभिभूत थी। अपनी चेतना के नियंत्रण से मुक्त, किसी बाह्य शक्ति से परिचालित, "मां को चौबीस घंटे एक बात सताया करती है कि हम गरीब हैं। तो मैं अब क्या करूं? गरीब हैं तो क्या जीने के भी अधिकारी नहीं? जब कुछ करने लगो, कुछ लेने लगो, कहीं जाने लगो, खुशी की कोई भी बात करो तो बस वही एक रट—'हम गरीब हैं, हम गरीब हैं'।"

मेरे इस सारे आवेश ने उसे तनिक भी नहीं डिगाया। वह अपनी उसी गम्भीर मुद्रा में मेरे सामने था, शांत और अचल। उसके चेहरे पर नाराजगी, क्रोध, क्षोभ की कोई एक भी रेखा नहीं उभरी। वह मुझे समझा रहा था, "दोष उनका नहीं है, कविता! शायद आज की हवाओं में सांस लेकर हम उनकी स्थिति ठीक-ठीक समझ नहीं पाते। समझ सकते भी नहीं—क्योंकि वे हमारे अनुभव नहीं हैं। जिस

रास्ते से होकर हमारा जीवन गुजरता है, वह हमें उसी ढंग से सोचना-समझना और महसूस करना सिखाता है। उनके मस्तिष्क में युगों से कूट-कूटकर यह भरा गया है कि गरीबी हीनता का चिह्न है, एक अवगुण है। वह अपनी इस उम्र में अपनी चिंतन-पद्धति बदल नहीं सकतीं। उनसे नाराज होना व्यर्थ है।"

मैं हतप्रभ खड़ी उसे देखती रही। क्या यह वही शैलेश था?

फिर मैं बात को आगे नहीं बढ़ा सकी, चुप रह गयी। वह भी पता नहीं क्या सोचने में मग्न हो गया था। हम चुपचाप चलते रहे। वह कुछ बोला नहीं और मैंने भी उसका ध्यान भंग करना उचित नहीं समझा।

"मुझे तो बहुत भूख लगी है।" सहसा शैलेश ने मौन तोड़ा।

"घर पर कहते तो मैं कुछ बना देती।" मैंने कहा।

"घर पर तो रोज ही खाते हैं।" उसने मेरी ओर देखा, "कभी-कभी बाहर खाने में भी कोई हानि नहीं है।"

और जब तक मैं कुछ कहूं—'हां' या 'न', तब तक हम पास के रेस्टरां में प्रवेश भी कर चुके थे।

पिछले दिनों रीमा और ज्योत्स्ना के साथ मैंने कई बार रेस्टरां इत्यादि में खाया था, पर शैलेश के साथ पहले एक ही बार बाजार गयी थी। वह इस शहर में मेरा दूसरा दिन था। मुझे सारे नगर में कोई भी नहीं पहचानता था। तब मुझे कोई चिंता नहीं थी। पर आज शैलेश के साथ एक रेस्टरां में बैठे हुए देख लिये जाने का भय मेरे मन में था। फिर, मैं जिन रेस्टराओं में अब तक गयी थी—वे प्रायः इतने महंगे नहीं थे। फिर भी, अब तो मैं आ ही चुकी थी।

"बैठो!" शैलेश ने इशारा किया, और मैंने चुपचाप उसके संकेत का अनुसरण किया।

"बोलो, क्या खाओगी?" वह मीनू पर नजर जमाए मुझसे पूछ रहा था।

"तुम भूलते हो।" मैं मुसकरायी, "भूख तुम्हें लगी थी, मुझे नहीं। मैंने शाम की चाय के साथ काफी-कुछ खाया है।"

"तो तुम बैठकर सूंघना।"

उसने संकेत से बैरे को बुलाया और चीज सैंडविच तथा कॉफी लाने के लिए कह दिया।

हम खाते रहे, बातें भी करते रहे। उसने यह कहा जरूर था कि उसे भूख लगी है, पर खाते हुए उसने ऐसा कोई चिह्न नहीं दिखाया। प्रायः हम दोनों ने बराबर-बराबर ही खाया, जबकि मुझे एकदम भूख नहीं थी।

बातचीत में भी वह ज्यादातर मुझसे प्रश्न ही कर रहा था और मैं उत्तर देती जाती थी। उसके प्रश्न अधिकांशतः मेरे स्कूल और वहां के लोगों के ही विषय में थे। मैं नहीं जानती कि वह ये सारे प्रश्न अपनी जानकारी के लिए पूछ रहा था

या केवल शिष्टाचारवश। पर फिर भी मैंने उसे अपने स्कूल, मिस सेनगुप्ता तथा अन्य अध्यापिकाओं के विषय में पूरे विस्तार के साथ बताया। ज्योत्स्ना और रीमा के संबंध में भी बताया और यह भी बताया कि हमारी शेष लोगों से पृथक् एक टोली-सी बन गयी है।

वह फिर से मेरा अभिभावक बन गया था। वह मुझसे जो कुछ भी पूछता, उसके उत्तर को उत्तर के रूप में न सुनकर रिपोर्ट के रूप में सुनता था और अंत में वही एक प्रश्न—"कोई परेशानी नहीं तो है न?" और नकार में जब मैं सिर हिला देती तो वह निश्चिंत हो जाता।

अंत में हमने पिक्चर चलने का कार्यक्रम बनाया। दूसरे दिन इतवार था और मार्निंग शो में बड़ी अच्छी पिक्चर चल रही थी। मैं चाहती थी कि वह सवेरे मेरे घर आए, वहीं नाश्ता करे और वहीं से हम पिक्चर देखने जाएं। पर वह किसी भी तरह मेरी बात मानने को तैयार नहीं था। उसकी जिद थी कि मैं उसके घर आऊं और वहां से हम पिक्चर जाएं। आखिर हारना मुझे ही पड़ा। वह अपनी इच्छा से मेरी बात मान लेता तो और बात थी, पर जब वह अपनी जिद पर अड़ ही गया था तो मेरे लिए दूसरा मार्ग ही क्या था।

शैलेश मुझे छोड़ने के लिए घर पर आया।

"थैंक्यू!" मैंने भीतर जाने से पहले कहा।

"पगली!" उसने मेरे सिर पर हल्की-सी चपत जमाई और चला गया।

घर के भीतर आयी तो जैसे आपे में नहीं थी। पर मां के स्वर ने स्वप्न-लोक से खींचकर धरती पर खड़ा कर दिया।

"शाम की डाक में सतीश की चिट्ठी आयी है।" मां कह रही थीं।

सतीश का पत्र! मुझे झटका-सा लगा। मैं जैसे बार-बार अपने परिवेश को भेदकर किन्हीं ऊंचाइयों पर उड़ने का प्रयत्न करती थी, और यथार्थ का हाथ मुझे वापस अपने परिवेश में पटक देता था। सतीश का पत्र, निश्चित रूप से अपने साथ उदासी लाया होगा। उसने अपनी परेशानियों के विषय में लिखा होगा। हर बार वही होता है।

मैं जैसे खीझ गयी। आखिर अपने हर पत्र में सतीश ऐसी बातें क्यों लिखता है, जिनसे वह मुझे यह अहसास देता है कि उसने मेरे लिए अपना बलिदान कर दिया है। वह मेरे सुख के लिए ही वहां अकेला परेशानियां झेल रहा है। और मां यहां मुझे यह जताती रहती है कि यहां मेरे कारण अकेलापन सहना पड़ रहा है। आखिर ये दोनों क्या चाहते हैं?

पर दूसरे ही क्षण मेरे भीतर के आलोचक ने मुझे डांट दिया। मैं भाई का पत्र अपने हाथों में पाकर भी ललकपूर्वक उसे खोलकर पढ़ती क्यों नहीं? मैं कैसी

बहन हूं ! भाई का पत्र पाकर मुझे कोई खुशी नहीं हुई, उलटे मैं उससे नाराज हो उठी। हां, यदि वह जताता भी है कि उसने मेरे लिए त्याग किया है तो मुझे इसे मानने में इनकार क्यों हो ? उसने मेरे लिए त्याग किया है। मेरी परेशानियां अपने सिर ले ली हैं— इसे मैं मानती क्यों नहीं ? मेरे कारण ही तो वह वहां पड़ा है और मां यहां पड़ी है। मैं हूं ही ऐसी। सबको मेरे कारण परेशानियां झेलनी पड़ती हैं···

मैंने पत्र खोला और एक ही नजर में सारा पत्र पढ़ गयी। सतीश ने लिखा था कि वैसे तो पहले ही उसकी नौकरी का कोई भरोसा नहीं था —कच्ची नौकरी ठहरी ! पर अब उसकी नौकरी छूट जाने की आशंका और भी बढ़ गयी है। उसका अफसर भी कुछ कारणों से उससे प्रसन्न नहीं है। क्या मैं यह चाहूंगी कि वह अपनी वर्तमान नौकरी छोड़कर मेरे पास आ जाए और यहीं कोई अच्छी-सी नौकरी ढूंढ़े। वैसे भी उसकी उम्र अब बढ़ ही रही थी। जीवन में सैटल होने से पूर्व वह चाहेगा कि वह कोई अच्छी-सी पक्की नौकरी ढूंढ़ ले···

क्या लिख रहा है सतीश ? वह नौकरी छोड़कर यहां आना चाहता है। क्या उसे इस बात का पता नहीं है, बड़े शहर में खर्च भी बढ़ जाता है ? मैं यहां जो कुछ भी कमाती हूं, उसमें सरलतापूर्वक मेरा और मां का ही खर्च नहीं चल पाता। वह यहां आ जाएगा तो···! भला लगी-लगाई नौकरी छोड़ने का क्या अर्थ ? अफसर उससे ख़ुश नहीं है तो इसीलिए न कि सतीश ने उसे प्रसन्न रखने का कोई प्रयत्न नहीं किया।···और फिर सतीश ने अपनी बढ़ती हुई वय और जीवन में सैटल होने की बात भी कही है। क्या वह अपने विवाह की बात सोच रहा है ··?

मुझे लगा कि मैं चीख पड़ूंगी। सतीश ··! मेरा छोटा भाई अपने विवाह की बात सोच रहा है। क्या उसे नजर नहीं आता कि मैं, उसकी बड़ी बहन, अभी अविवाहित बैठी हूं। उसने यह क्यों नहीं सोचा कि मेरे लिए उचित वर खोजना, मेरा विवाह करना भी उसी का कर्तव्य है। आखिर वह मेरे विवाह की बात क्यों नहीं सोचता ?

पर मेरा आवेश क्षणिक था। दूसरे ही क्षण मेरा आलोचक मेरे सम्मुख खड़ा मुझसे पूछ रहा था कि क्या मैं विवाह करना चाहती हूं ? यदि मैं विवाह ही करना चाहती हूं तो मैं स्वयं ही अपने लिए कुछ क्यों नहीं करती— जैसे रीमा और ज्योत्स्ना कर रही हैं। या मैं मां को ही क्यों नहीं कहती कि वह मेरा विवाह कर दें। मैं यह ही क्यों चाहती हूं कि सतीश ही मेरे लिए सब कुछ करे। फिर यदि वह मेरे लिए कोई वर खोज भी दे तो मैं उससे विवाह कर लूंगी क्या ?

मैं स्वयं अपनी दृष्टि में गिरती जा रही थी—कितनी नीच हूं मैं, कितनी स्वार्थी ! अपने छोटे भाई को कभी कुछ न दे सकी, उससे लेती ही रही हूं। और आज वह मुझसे कुछ चाह रहा है तो मैं अपना स्वार्थ साधने की सोच रही हूं।

मेरे जी में आया कि मैं बिस्तर पर जा गिरूं और तकिए में मुंह छिपाकर खूब

रोऊं, देर तक ! और रोती-रोती सो जाऊं। पर मां मेरे सिर पर खड़ी थीं—वह जानना चाहती थीं कि सतीश ने अपने पत्र में क्या लिखा है ?

सुबह मैं शैलेश के घर पहुंची। उसने मुझे अपनी 'ओल्ड आंटी' से भी मिलाया और 'छुटकी बहन' सीमा से भी। वह अपनी 'ओल्ड आंटी' से भी कुछ अधिक शिष्टता से पेश आ रहा था और छुटकी बहन से तो खैर उसका स्नेह छलकता पड़ रहा था। मैंने सुषमा के प्रति उसके व्यवहार को देखा था—वह बराबर की चोट थी। इसलिए दोनों में नोक-झोंक चलती रहती थी। पर सीमा छोटी थी। वह शैलेश से किसी भी बात पर बराबरी नहीं करती थी। वह 'भैया-भैया' करती उसके आगे-पीछे घूमती रहती थी। इसलिए शैलेश भी उसके लिए बड़ा हो गया था। और बड़ा होकर वह सिवाय स्नेह के और क्या देता।

मेरे मन के जाने किस कोने में यह बात छिपी बैठी थी कि शैलेश ने अपने मेरे साथ पिक्चर जाने की बात को गुप्त रखा होगा। घर पर वह सरला की सहेली के रूप में मेरा परिचय दे सकता था, पर मेरे साथ पिक्चर जाने के लिए वह क्या कारण देता। वैसे भी यह आवश्यक नहीं होता कि लड़कों की गतिविधि की उनके घरवालों को सूचना हो ही। वे कहां-कहां घूमते-फिरते हैं, किसी को क्या पता। पर मुझे जानकर कुछ आश्चर्य ही हुआ कि उसने इस कार्यक्रम की पूरी सूचना घर पर दे रखी थी और सीमा हमारे साथ पिक्चर जाने के लिए तैयार बैठी थी···

मैं अपने मन में हुई प्रतिक्रिया को समझ नहीं पा रही थी। मुझे लग रहा था कि सीमा के साथ चलने की सूचना ने मुझे कहीं-न-कहीं उलझा दिया है। मेरे भीतर की सनसनी-सी अब समाप्त हो चुकी थी और मेरा उत्साह कहीं से टूट-सा गया था, फिर भी मुझे लग रहा था कि मैं एक बहुत बड़े जोखिम से बच गयी हूं। अब मैं सुरक्षित हूं। मेरा कोई अनिष्ट नहीं होगा, न ही मेरे हाथों किसी का अनिष्ट हो पाएगा।

जब हम पहुंचे तो बुकिंग आरम्भ हो चुकी थी। पर भीड़ अधिक नहीं थी, इसलिए एडवांस बुकिंग न कराने का खेद मन से मिट गया। अब टिकटें न मिलने के करण, घर लौटने की मजबूरी की स्थिति आने की आशंका नहीं थी। हम दोनों दीवार के पास, भीड़ से जरा हटकर, एक किनारे खड़ी हो गयीं और शैलेश टिकटें लेने के लिए चला गया

"दीदी ! दीदी ! यह देखो।" सीमा मुझे पोस्टरों के चित्र दिखा रही थी, "कितना सुंदर है न !"

"हां, सुंदर है।" मैंने कहा।

हम दोनों उन चित्रों को देखने लगी थीं। कुछ चित्र आज की पिक्चर के थे, कुछ आने वाली पिक्चरों के।

"कविता !"

मैंने घूमकर देखा, रीमा और ज्योत्स्ना थीं।

"हैलो !" मैं ललक के साथ आगे बढ़ी, "तुम लोग भी···"

पर उन दोनों में से कोई भी मेरे समान उत्साह से आगे नहीं बढ़ी। उतनी दूरी पर ही खड़ी वे कुछ कुटिल-सी मुसकराती रहीं।

क्या बात है?—मैं सोचती रही।

"खूब उड़ती हो हमसे !" ज्योत्स्ना ने अपने होंठों को कुछ अधिक मरोड़कर कहा, "मैं नहीं, मैं नहीं।' हूं?"

मैं सकपका गयी। ये लोग क्या जानना चाह रही हैं? इनकी आंखों में यह कुटिलता कैसी है, होंठों पर यह मुसकान?

"क्या मतलब?" मैंने पूछा।

"छोड़ री !" रीमा ने मेरे कंधे पर हाथ मारा। मुझे उसका एक सार्वजनिक स्थान पर ऐसा खुला व्यवहार कुछ अशिष्ट और दिखावटी लगा, "कौन है यह?"

"कौन? यह शैलेश?" मैंने कुछ भांपते हुए पूछा।

"मुझे क्या पता शैलेश या रमेश?" रीमा फिर मुसकराई।

शैलेश टिकटें लेकर आ गया और बात रुक गयी। मैंने शैलेश से उनका परिचय करवा दिया।

"आप लोग टिकटें ले आयी हैं या मैं ले आऊं!" शैलेश ने पूछा।

"नहीं, हम टिकटें ले चुकी हैं। धन्यवाद।" ज्योत्स्ना अपनी सधी हुई धीमी आवाज में बोली और साथ ही मुसकराई।

"अच्छा !" रीमा घूमी।

शैलेश हाथ जोड़कर एक ओर हट गया था और रीमा और ज्योत्स्ना के लिए रास्ता बनाते हुए मैं भी कुछ दूर चली गई थी।

जाते-जाते रीमा, मेरे कंधे को अपनी बांह से ढकते हुए, जैसे विदाई लेते हुए मेरे कान में फुसफुसाई, "लड़का तो अच्छा फंसाया है, पर अभी छोटा है।"

जब तक मैं सिर उठाऊं, उसे देखूं, घूमूं—वे जा चुकी थीं।

मैं सन्न-सी खड़ी रह गई। क्या सुना मैंने! वह क्या कह गई!

"चलो, दीदी!"

शैलेश हॉल के प्रवेश-द्वार के काफी समीप पहुंच गया था और सीमा मेरा हाथ पकड़े हुए मुझे खींच रही थी। मैं क्षण भर में ही कुछ की-कुछ हो गई थी। मेरे प्राण जैसे किसी ने खींच लिये थे। मैं ऊर्जारहित अचेत-सी साथ घिसटती चली जा रही थी।

'लड़का तो अच्छा फंसाया है···लड़का तो···फंसाया है···लड़का··· फंसाया।' मैं

होश में नहीं थी। मैं जैसे किसी पुराने खंडहर में फंस गई थी, जहां भूत और पिशाच मेरे कानों में चीखें मार रहे थे। आवाज़ें-ही-आवाज़ें थीं— चारों ओर आवाज़ें : तेज और मद्धिम—गूंजती हुईं। मेरी आंखें जैसे भय से बंद हो गई थीं, कान-ही-कान खुले थे। पर उन कानों में परदे पर होती हुई बातों की कोई आवाज़ प्रविष्ट नहीं हो सकी। सीमा मुझसे क्या पूछती रही, मैं नहीं जानती। शैलेश ने मुझसे क्या कहा, मुझे मालूम नहीं। मेरे दोनों कानों में तो असंख्य पिशाच चीख रहे थे—"हा-हा-हा···हू-हू-हू···फंसाया है···फंसाया है···"

रीमा ने नेशनल स्टोर वाले को फंसाया है। वह उससे मुफ्त में चीज़ें ले आती है और झूठी मुसकानें उसे दे आती है। वह उसके साथ खेल कर रही है। उसे धोखा दे रही है। मैंने भी शैलेश को फंसाया है—फंसाया है। वह अभी समझता नहीं, छोटा है। आयु में कम, बुद्धि का कच्चा। मैं चालाक हूं, बड़ी हूं। मैंने उसे फंसा लिया है। मैंने उसके भोलेपन का, उसके अज्ञान का अनुचित लाभ उठाया है। वह मुग्ध युवक है और मैं प्रौढ़ा नायिका हूं। मैंने उसे फंसाया है— उसे धोखा दिया है। शैलेश को धोखा—जो सरला का भाई है। सरला का ही नहीं, सुषमा और सीमा का भी एकमात्र भाई है। सरला—सरला जो मेरी सहेली है··· जिसने सदा मेरी परेशानियों में मुझे सहायता दी है···जो मेरे जीवन के अंधकार में सदा उल्लास के प्रकाश के समान आयी, उस सरला ने मुझ पर विश्वास किया। मुझे शैलेश के पास पहुंचाया—उसने मुझे शैलेश को सौंपा या शैलेश को मुझे सौंपा ! और अब मैं उस शैलेश को धोखा दे रही हूं। शैलेश को—जिसने मेरे होंठों की कंपकंपी और आंखों की उदासी छीन ली है, जिसने मुझे केवल हंसी-खुशी के फूल दिए हैं। मैं उसी शैलेश को धोखा दे रही हूं। उसे फंसा रही हूं। उसे सरला, सुषमा, सीमा, बड़ी मौसी, छोटी मौसी—सबसे छीन रही हूं।

नहीं-नहीं ! यह नहीं होगा। मैं सरला की ऋणी हूं, शैलेश की आभारी हूं। मैं सुषमा और सीमा से प्यार करती हूं—मैं उनके प्रति विश्वासघात नहीं करूंगी, उनको धोखा नहीं दूंगी। मैं भोले बालक को, इस खिलंडरे लड़के को फंसाऊंगी नहीं ! मैं उनका—किसी का भी अहित नहीं होने दूंगी। मैं अपनी काली छाया उनके सुनहरे जीवन पर नहीं डालूंगी, नहीं पड़ने दूंगी। सरला ! सरला ! मैं तुम्हारे प्रति अपराधिनी नहीं बनूंगी—सरला ! मैं तुमसे तुम्हारा भाई नहीं छीनूंगी। सरला ! नहीं, नहीं···

"कविता ! क्या सोच रही हो ?" शैलेश ने मेरे कंधे को छूकर मुझे जगाया, "इंटरवेल हो गया है।"

"इंटरवेल।" मैं चौंकी।

"क्या सोच रही हो ?" शैलेश ने फिर पूछा, "तुम्हें क्या हो गया है ? अरे, यह तो पिक्चर है—अभी देखना, हीरो-हीरोइन मिल जाएंगे। तुम तो बहुत ही

सेंसेटिव हो।"

"हां !" मैंने झेंप मिटाई, "मैं बहुत भावुक हूं।"

"बाहर चलोगी, दीदी ?" सीमा ने पूछा।

"नहीं सीमा, मैं नहीं जाऊंगी।" मैंने कहा, "शैलेश, इसे ले जाओ, आइसक्रीम खिला लाओ।"

"चल-चल, छुटकी !"

मैं पर्स में हाथ डाले पैसे ही टटोलती रह गई और वह सीमा को ले भी गया।

इंटरवेल के बाद भी मुझसे कुछ देखा ही नहीं गया, कुछ सुना नहीं गया। बार-बार जी में आता था कि उठकर भाग जाऊं। इस सारे परिवेश से निकल भागूं। शैलेश से बहुत दूर चली जाऊं ताकि कोई यह न कह सके कि मैं उसे फंसा रही हूं। चली जाऊं, चली जाऊं। सरला ने मुझ पर विश्वास किया है—मैं उसका विश्वास भंग नहीं होने दूंगी—एकदम नहीं। मैं अब शैलेश से नहीं मिलूंगी—बिलकुल नहीं मिलूंगी।

पिक्चर समाप्त हो गई। हम तीनों भीड़ में बहते हुए-से बाहर निकले। मैं अपने चेहरे पर बार-बार शैलेश की दृष्टि का ठहराव महसूस कर रही थी। वह शायद कुछ कहना चाहता था, पर कह नहीं पा रहा था। और मुझमें इतनी भी हिम्मत नहीं रह गई थी कि मैं अपनी ओर से उससे इतना ही पूछ लेती कि वह क्या कहना चाह रहा था।

"कविता !" अंत में शैलेश बोला, "मुझे पता होता कि तुम्हारा मन इतना कोमल और भावुक है तो मैं तुम्हें ऐसी गंभीर ट्रेजैडी दिखलाने के लिए कभी नहीं लाता। आय'म सॉरी, कविता !"

मैं एक झेंपी-सी हंसी हंसकर चुप हो गई। मैं नहीं जानती कि उसने मेरी हंसी का क्या अर्थ निकाला। फिर रास्ते में कोई विशेष बात हुई ही नहीं। हल्के-हल्के दो-एक प्रश्न उसने पूछे और मैंने हां-ना में ही उसे टाल दिया। मेरा मूड देखकर शायद उसने मुझे अधिक छेड़ना उचित नहीं समझा।

मुझे घर पर छोड़कर जब शैलेश और सीमा मुड़े तो मैंने उन्हें थोड़ी देर के लिए ठहरने को भी नहीं कहा। हल्के से मुसकराकर केवल विदाई में हाथ हिला दिया और उसकी पीठ पर एक भरपूर दृष्टि डालकर स्वयं से पूछा, 'क्या मैं इसको धोखा दे रही हूं ?'

मां भी मुझे देखकर चिंतित हुई, पर मैंने उन्हें भी समझा दिया कि पिक्चर दुखांत थी और उसी से मेरा मूड खराब हो गया है। मां मुझे कितनी ही देर अपनी क्षमता-भर समझाती रहीं। फिर यह कहकर मुझे छोड़ गयीं कि मैं आगे से

दुखांत पिक्चरें न देखा करूं···

सहसा एक नया विचार मेरे मन में उठा— मैं क्यों उन चुड़ैलों की बातों में आकर स्वयं को दोषी मान बैठी हूं? मैं कहां फंसा रही हूं शैलेश को ? वह तो स्वयं ही मेरे पास आता है। वह ही मुझे बाजार ले गया था। वह स्वयं ही मुझे रेस्तरां में ले गया था। उसने ही पिक्चर चलने के लिए कहा था। वह तो स्वयं ही मेरे समीप आता जा रहा है। मैंने कहां कुछ किया है ?

पर मैं उसे मना क्यों नहीं करती ? मैं उसे क्यों नहीं समझाती कि मुझसे अधिक घनिष्ठता उसके लिए हितकर नहीं है ? मैं उसे क्यों सही रास्ते पर नहीं डालती ? मैं उसे क्यों नहीं बताती कि उसका और मेरा कोई मेल नहीं है ? उसे मुझसे अच्छी, अच्छे घर की, कम वय की, सुंदर लड़की मिल सकती है—मिलेगी।

किंतु उसे यह सब समझा देने के पश्चात मैं उससे मिले बिना रह सकूंगी ? मेरे लिए उससे मिले बिना रहना संभव होगा ? वह भी तो मुझसे मिलना चाहेगा ···पर इन बंधनों को तोड़ना होगा। शैलेश और सरला के हित के लिए जैसे भी हो, मुझे यह करना ही होगा। मुझे सहना ही होगा। जितनी भी पीड़ा सहनी पड़े, मुझे शैलेश से दूर रहना होगा !

दूसरे दिन स्कूल में रीमा मिली, "कौन था वह ?"

ज्योत्स्ना मिली, "कौन था वह ?"

"मेरी मकान-मालकिन का भानजा है।" मैंने अत्यन्त सहज होकर उत्तर देना चाहा।

"वंडरफुल !' रीमा बोली, "बड़ा लंबा हाथ मारा है ।"

"किराया नहीं देना पड़ेगा।" ज्योत्स्ना बोली।

"तो तुम भी फंसा लो न किसी मकानवाले को !" मैंने चिढ़कर कहा।

"ऐसा भाग्य कहां !" ज्योत्स्ना ने आह भरी।

"मकान तो बड़ी ऊंची चीज़ है, लाडो !" रीमा ने मेरी ठोडी पकड़ी, "यहां तो वह एक साड़ी तक मुफ्त देने को तैयार नहीं। बहाना मार देता है, पिताजी नाराज होंगे। तुम्हारे तो कुछ ग्रह ही अच्छे हैं।"

मुझे उनका इस स्तर पर उतर आना बहुत बुरा लगा। अभी तो मैं कल का ताना ही पचा नहीं पायी थी और आज यह ! पीछे ही पड़ गई हैं चुड़ैलें। झूठ-मूठ बदनाम करती फिरती हैं। जैसी स्वयं हैं, वैसी ही सबको समझती हैं।

मेरे भीतर का आलोचक मेरे सामने खड़ा हो गया—'तो क्या मेरा शैलेश के साथ कोई नाता नहीं ? आकर्षण नहीं भी ? प्रेम नहीं भी ?' मैं कहती हूं — 'कहां है कुछ ! कुछ भी तो नहीं है। है तो बस मैत्री है !' वह नहीं मानता। घूरकर

मुझे देखता है—'मित्रता के तल में भी कुछ नहीं? क्या आकर्षण भी नहीं?' मेरी आंखें उसकी आंखों में नहीं देख पातीं। झुक जाती हैं और मैं स्वीकार करती हूं—'है। है। है क्यों नहीं!'

और फिर मेरे मन में द्वन्द्व मच गया—यह क्या है? क्यों है? मैंने क्या किया है, शैलेश स्वयं ही तो आता है।...वह स्वयं कहां आता है, मैंने ही तो उसे प्रोत्साहित किया है। प्रोत्साहित क्या, मैंने उसे आकर्षित किया है...मैंने ही... हां! रीमा ने कोई गलत बात नहीं कही! मैंने ही...मैं अपराधिनी हूं। मैं ठग रही हूं—सरला को भी, शैलेश को भी...

सप्ताह भर तक मैं किसी से नहीं मिली—न शैलेश से, न सुषमा से, न सीमा से, न मौसी से।

पर उस दिन शाम को सुषमा आ गई।

"क्या बात है, कविता?" उसने आते ही पूछा, "शैल से लड़ बैठी हो क्या?"

"नहीं तो।" मैं चौंक पड़ी, "तुमसे किसने कहा?"

"कहा तो किसी ने नहीं।" वह बोली, "पर मुझे ऐसा लगा।"

"नहीं। लड़ाई की तो कोई बात नहीं।" मैंने स्पष्टीकरण आवश्यक समझा, "अभी पिछले रविवार को तो मैं, सीमा और शैलेश पिक्चर गए थे। उसके बाद हमारी भेंट ही नहीं हुई।" मैंने उसकी ओर देखा, "तुम्हें ऐसा क्यों लगा?"

"वह आज सवेरे से यहां आया हुआ है।" सुषमा ने बताया, "एक बार मैंने पूछा, कविता से मिलोगे नहीं, तो टाल गया, दूसरी बार पूछा तो मारने दौड़ा।"

"पर क्यों?" मैं कुछ समझ नहीं पा रही थी, "ऐसी तो कोई बात नहीं हुई। तुम्हें अवश्य ही भ्रम हुआ है, सुषमा!"

"तो चलो।" उसने मेरी बांह पकड़कर उठाया, "तुम स्वयं ही उससे पूछ लो।"

'जाऊं?' और एक बड़ा-सा प्रश्न चिह्न मेरे मार्ग में बाधा बनकर खड़ा हो गया। फिर प्रश्नचिह्न एक दरांती में बदल गया। उसकी धार बहुत तेज थी और मेरी गर्दन उस दरांती में फंसी हुई थी— जाऊं? जाऊं?

मेरे मन में एक तेज आवाज कड़की और फिर देर तक मन की दीवारों से टकरा-टकराकर गूंजती रही—जैसे पहाड़ों की चोटियों पर बिजली कड़कती है और घाटी में देर तक इधर से उधर, उधर से इधर गूंजती फिरती है—मत जा! मत जा, कविता! मत जा! देख, कितना अच्छा अवसर है, उसने स्वयं ही तुझसे नाता तोड़ लिया। फिर ऐसा अवसर नहीं आएगा। मत जा!

क्या मैं शैलेश को कभी नहीं मिलूंगी?-- और मेरे पेट के निचले भाग की

अंतड़ियों में भयंकर पीड़ा हुई। मेरे होंठ सूख गए। सिर भन्नाने लगा।

मेरे मन की घाटी में 'मत जा', 'मत जा' की आवाज गूंजती रही और मैं सुषमा के साथ चल पड़ी।

मैंने देखा, शैलेश सचमुच रूठा बैठा था। उसने मेरे आने पर यह आभास भी नहीं दिया कि उसने मुझे देखा है, या उसे मेरे वहां होने का अहसास भर भी हुआ है। मेरे जी में आया, दौड़कर उसके सामने घुटनों के बल जमीन पर बैठ जाऊं। उसके चेहरे को अपनी हथेलियों में पकड़कर अपनी ओर घुमा लूं और उससे पूछूं कि आखिर वह किस बात से नाराज है।

पर मैंने स्वयं को संभाला। मैंने स्वयं को जरा-सी भी ढील दी तो मन बहक जाएगा। फिर सब कुछ आपे से बाहर हो जाएगा।

"क्या हुआ है तुम्हें, रूठे बच्चे?" मैंने अपने स्वर में हास्य का पुट देने की चेष्टा की।

"मुझसे बात मत करो।" उसने कुप्पे जैसा मुंह फुलाया और चेहरा दूसरी दिशा में घुमा लिया।

"कुछ बोलो भी तो।" मैंने बहुत संयमित ढंग से उसे मनाया, "कारण भी तो बताओ। मैंने तो कुछ किया ही नहीं, कुछ कहा नहीं।"

"हां! तुमने तो कुछ किया नहीं। मेरा ही दिमाग खराब है।" उसने अपना चेहरा विकृत कर मुझे देखा।

"देखो अपना सुंदर चेहरा यूं न बिगाड़ो।" मैं हंसी, "यदि कुछ किया है तो बताओ क्या किया है?"

"उस दिन जब पिक्चर गए थे तो तुमने कहा था कि तुम मेरे घर आओगी।" उसने तमककर कहा, "फिर तुम आयी भी नहीं और कोई सूचना भी नहीं भिजवाई।"

"मैंने कहा था कि मैं आऊंगी?" मैं चकित होकर स्वयं से ही प्रश्न कर रही थी, "मुझे तो कुछ भी याद नहीं।"

"तो मैं झूठ बोल रहा हूं?" वह ठीक बच्चों के समान मचला।

मैं क्या उत्तर देती? मुझे तो कुछ भी याद नहीं था। उस दिन मैं होश में ही कहां थी!

"अच्छा, गलती हो गई।" मैंने हंसने की चेष्टा की, "मुझे माफ कर दो।"

"तो फिर संधि?" वह छोटे से उस बच्चे के समान मचला जो मां से टॉफी की मांग पूरी करवा लेता है।

"हां!" मैं उसके उल्लास पर मुग्ध होती जा रही थी।

"पर एक शर्त पर!"

"क्या?"

"कल तुम मेरे घर आओगी।"

"कल। कल।" मेरे मुंह से 'नहीं' नहीं निकल सका। मेरी आंखें उसके चेहरे पर जाकर टिक गयीं। इसको कैसे इनकार करूं? इससे कैसे नाता तोड़ा जा सकता है, जो बच्चों के समान जरा-सी बात में रूठ जाता है और पल भर में मान भी जाता है! "अच्छा, मैं कोशिश करूंगी।"

"कोशिश नहीं।" उसने आज्ञा के-से स्वर में कहा, "आना होगा।"

"अच्छा-अच्छा, आऊंगी।" मेरे भीतर से कोई चीख-चीखकर कहा रहा था, 'आऊंगी। आऊंगी।' और मेरे भीतर का आलोचक जैसे एक कोने में खड़ा मुसकरा रहा था, 'बस, इतनी ही थी हिम्मत!'

"गुड।" वह उछलकर, कुरसी से, खड़ा हो गया।

"बस हो गया।" अब तक चुपचाप खड़ी सुषमा ने उसे चिढ़ाया, "बच्चों के समान रूठे और मान गए। और फिर कहेंगे, मैं तुम्हारा बड़ा भैया हूं।"

"चोप!" वह उसे एक धौल जमाकर अपनी 'लिट्ल आंटी' के पास चला गया।

रात भर मैं सो न सकी।

मुझे एक-न-एक निर्णय करना ही पड़ेगा। मैं उसे इस प्रकार अनिर्णय की स्थिति में लटकाकर नहीं रख सकती। मैं स्वयं भी इस द्वन्द्व में नहीं जी सकती। मुझे निर्णय करना ही पड़ेगा—जाऊं या नहीं? मैं न जाती तो शैलेश रूठ जाता। फिर वह शायद मुझसे कभी नहीं मिलता। यदि जाऊं—तो फिर हमारा मिलना-जुलना बढ़ेगा। वह मेरे समीप आएगा। मैं उसके सम्मुख विवश होती जाऊंगी और वह और निकट आएगा। फिर हो सकता है वह मुझसे कुछ चाहे। मैं उसे इनकार नहीं कर पाऊंगी। उसे सामने देखकर ही मेरा मन जैसे पिघलने लगता है। मेरे अंग शिथिल होने लगते हैं···नहीं-नहीं! मैं नहीं जाऊंगी। वह तो बच्चा है। उसे अपने भले-बुरे की पहचान नहीं है। मुझे ही बुद्धि से काम लेना चाहिए। मुझे उससे नहीं मिलना है···नहीं मिलना है···

दूसरा सारा दिन द्वंद्व में ही कट गया। मैं जैसे अवश-सी स्कूल गई। जैसे-तैसे काम करती गई। घंटियां बजती रहीं और समय गुजरता गया। स्कूल का काम समाप्त हो गया और मैं जैसे सम्मोहनावस्था में ही घर चली आयी। बार-बार मुझे लगता था कि अभी कोई दरवाजा खटखटाएगा। मैं दरवाजा खोलूंगी तो वहां शैलेश शिकायत की मुद्रा में खड़ा होगा या सुषमा खड़ी यह कहती मिलेगी कि शैल आज फिर रूठा बैठा है।

मैं बार-बार चौंककर दरवाजे की ओर देखने लगती थी, पर कोई नहीं आया। सूर्य की एक-एक किरण जैसे मुझे बुला-बुलाकर लौट गई; पर मैं न उठी,

न उठी। सुनहला सूर्य भी धुंधला गया और अंधकार चारों ओर पसरकर लेट गया। अब कोई बुलाने वाला भी नहीं रहा।

सहसा मेरे मन में ज्वार उठा। लहर पर लहर उठी। एक आवाज दूसरी को धकेलती हुई पहली के कंधे पर चढ़ बैठी, " मैं जाऊंगी! मैं जाऊंगी! मुझे जाना ही होगा।"

तभी मेरे मन की घाटी में दूसरा स्वर चारों दीवारों में सिर मारने लगा, "मत जा! मत जा!"

मैंने अपनी दो हथेलियों और दस अंगुलियों में कसकर अपना सिर पकड़ लिया और औंधे मुंह अपने बिस्तर पर जा गिरी।

अगले दिन सवेरे ही सुषमा मुझे बुलाने आ गई। फोन पर शैलेश मुझे बुला रहा था।

मैंने रिसीवर पकड़ा तो मेरा हाथ कांप गया, "हैलो।"

"कविता।" शैलेश का स्वर था, "वचन याद है अपना!"

"याद है, शैल।"

"फिर वह वादा ही क्या जो वफा हो गया?"

"नहीं, शैल, सुनो···"

"कुछ नहीं सुनना है मुझे।" उसका जिद्दी स्वर कुछ अधिक ऊंचा हो गया, "तुम आज आ रही हो या नहीं?"

मैं उसके स्वर की दृढ़ता से एकदम डर गई। और फिर पहले के ही समान मैं अवश हो गई। मेरे भीतर से किसी ने शत-शत स्वरों में एक साथ कहा, "आऊंगी, शैल! मैं आऊंगी!"

"ए लेडीज प्रॉमिस?"

"हां, शैल, मैं आऊंगी।"

"ओ०के०" उसने डिस्कनैक्ट कर दिया।

और सहसा मुझे होश आया—यह मैंने क्या किया! मैं उसे इनकार क्यों नहीं कर सकती? उसे वचन देकर, फिर नहीं जाती हूं—इससे तो अच्छा है कि उसे स्पष्ट मना कर दूं। झूठी तो न बनूं उसकी दृष्टि में। उसे मैं साफ-साफ यह क्यों नहीं कह सकती—शैल, मेरा अपना अलग एक संसार है। मैं, मेरी मां और मेरा भाई सतीश उस संसार के निवासी हैं। मैंने जो सोचा था कि मैं अपनी मां और अपने भाई के संसार से निकलकर तुम्हारे, सरला, सुषमा और सीमा के संसार में आ जाऊं; तो वह गलत सोचा था। मैं अपना संसार नहीं छोड़ सकती। मैं किसी के भी संसार में नहीं जा सकती—न तुम्हारे, न रीमा और ज्योत्स्ना के। मुझे यहीं पड़ रहने दो, शैल! मुझमें साहस ही नहीं है···पर इनकार, शैल

को ?

यह दिन भी कल के समान ही बीत गया। कल के ही एक-एक क्षण ने स्वयं को दुहराया। मेरे मन में ज्वार उठा, लहर पर लहर उठी, आवाज के कंधे पर आवाज जा चढ़ी। और फिर मेरे मन की घंटियां इनकार से भर-भर गूंजीं। मैं अपना सिर पकड़कर बैठी रही। सूर्य ढलता गया, ढलता गया। उसकी एक-एक किरण मुझे बुला-बुलाकर लौट गई। अंत में कोई बुलाने वाला भी नहीं रहा। अंधकार घने से घना होता गया—पर मैं बैठी रही…

□